U0936978

珍藏本·增订本

纪念版

汉译世界学术名著丛书

伦理学方法

〔英〕亨利·西季威克 著

廖申白 译

SINCE 1897
商務印書館
The Commercial Press

Henry Sidgwick
THE METHODS OF ETHICS
Macmillan, Co. , Ltd. London, 1922
根据伦敦麦克米伦公司 1922 年英文第 7 版译出

汉译世界学术名著丛书
（120年纪念版·珍藏本）
增订本出版说明

2017年10月，为纪念商务印书馆创立120周年，本馆推出“汉译世界学术名著丛书”（120年纪念版·珍藏本），计七百种。近五六年来，仰赖学界同人倾力支持，订正旧译，增补新译，拓展新著，积累日多。为满足读者需要，本馆在七百种的基础上，继续推出“汉译世界学术名著丛书”（120年纪念版·珍藏本·增订本）三百种。至此，“汉译世界学术名著丛书”累计出版已达千种。

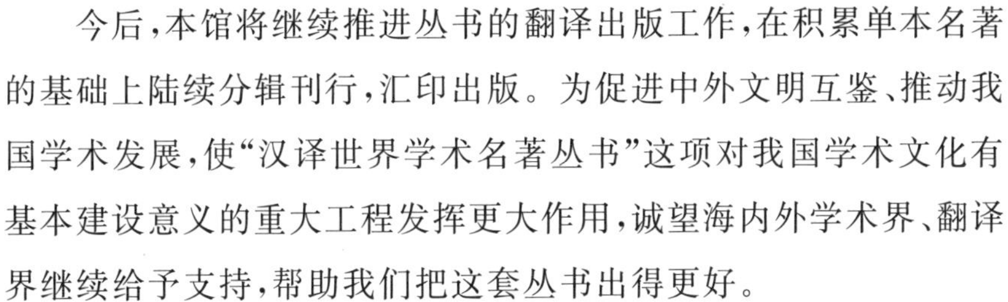

今后，本馆将继续推进丛书的翻译出版工作，在积累单本名著的基础上陆续分辑刊行，汇印出版。为促进中外文明互鉴、推动我国学术发展，使“汉译世界学术名著丛书”这项对我国学术文化有基本建设意义的重大工程发挥更大作用，诚望海内外学术界、翻译界继续给予支持，帮助我们把这套丛书出得更好。

商务印书馆编辑部

2024年2月

汉译世界学术名著丛书
（120年纪念版·珍藏本）
出版说明

2017年2月11日，商务印书馆迎来120岁的生日。120年前，商务印书馆前贤怀揣文化救国的理想，抱持“昌明教育，开启民智”的使命，立足本土，放眼寰宇，以出版为津梁，沟通中西，为中国、为世界提供最富智慧的思想文化成果。无论世事白云苍狗，潮流左右激荡，甚至战火硝烟弥漫，始终践行学术报国之志，无改初心。

逐译世界各国学术名著，即其一端。早在20世纪初年便出版《原富》《天演论》等影响至今的代表性著作，1950年代后更致力于外国哲学和社会科学经典的译介，及至1980年代，辑为“汉译世界学术名著丛书”，汇涓为流，蔚为大观。丛书自1981年开始出版，历时三十余年，迄今已推出七百种，是我国现代出版史上规模最大、最为重要的学术翻译工程。

丛书所选之书，立场观点不囿于一派，学科领域不限于一门，皆为文明开启以来，各时代、各国家、各民族的思想与文化精粹，代表着人类已经到达过的精神境界。丛书系统译介世界学术经典，引领时代思想，为本土原创学术的发展提供丰富的文化滋养，为推动中国现代学术和现代化进程做出了突出的贡献。

为纪念商务印书馆成立120周年，我们整体推出“汉译世界学术名著丛书”120年纪念版的珍藏本，寄望既利于文化积累，又便于研读查考，同时向长期支持丛书出版的译者、编者和读者致以敬意。

两甲子后的今天，商务印书馆又站在了一个新的历史时间节点上。我们不仅要铭记先辈的身影和足迹，更须让我们的步伐充满新的时代精神。这是商务人代代相传的事业，更是与国家和民族的命运始终紧密相连的事业。我们责无旁贷，必须做好我们这代人的传承与创造，让我们的努力和成果不仅凝聚成民族文化的记忆，还能成为后来人可以接续的事业。唯此，才能不负前贤，无愧来者。

商务印书馆编辑部

2017年10月

西季威克和他的《伦理学方法》

——代译序

摆在读者面前的这本书——亨利·西季威克（Henry Sidgwick）的《伦理学方法》（*The Methods of Ethics*）（下面简称《方法》），也许是贯通了两个世纪的道德哲学研究的唯一一本著作。一方面，它对于以往的主要道德哲学体系作了经典的研究，尤其是，它对于上一世纪在英美社会影响极大的、由边沁和密尔所建立的古典功利主义观点作了最系统、最清晰，也许迄今仍然是最好的阐述。另一方面，它所包含的结论以及批评者们对它所表达的思想的反叛又肇发了 20 世纪的伦理学研究。《方法》于 1874 年问世，在短短的三十余年内出到第 7 版，成为 19 世纪末 20 世纪初英语世界中影响最大的道德哲学文献。

西季威克的《方法》一书的成就是得到普遍公认的。这不仅是由于他在这本书中展示给读者的宽阔的哲学视野和独到的思考，而且是由于他第一次对以往全部的伦理学方法，即人们据以推断他们应当做什么的合理方法，作了深刻的概括和系统的研究。由于这些原因，《方法》一书甚至在持其他道德哲学观点的人们那里也赢得了极大的敬意。例如 C. D. 布洛德在 1930 年出版的《五种伦理学理论》中，就不无公正地承认《方法》是迄今“最好的道德哲学著作，

属于英语的哲学经典之列”。[1] 值得提到的是，尽管由于 G. E. 摩尔在本世纪初发表的《伦理学原理》把人们的兴趣引向分析的方面而使西季威克在几十年中湮没无闻，但是随着现代功利主义的复兴，以及另一方面，随着当代权利论道德哲学家 J. 罗尔斯对功利主义的批判和对道德哲学方法的研究，对西季威克的《方法》一书的研究兴趣在最近十几年内又明显地提高了。J. B. 施尼温德于 1977 年出版了《西季威克的伦理学与维多利亚时代的道德哲学》，并且不无根据地预言对西季威克的研究将会复兴。一本道德哲学著作成为两个世纪末道德哲学家们注意和研究的主要文献，这的确是一件饶有兴味的事。

一、西季威克的生平与思想历程

亨利·西季威克 1838 年 5 月 31 日生于英国约克郡斯基普顿镇的一个圣公会教士家庭。这时正是维多利亚女王的时代。经过工业革命，英国已经发展为一个资本主义强国，并倚仗其海上军事力量积极拓展海外市场。在国内，由于机器工业的发展和产业的日益集中，农村人口迅速流向新兴的工业中心。至 1851 年，英国本土的工业人口已经超过农村人口。与此同时，这个时代的社会宗教思想也经历了极大的变化。传统教义在知识阶层中受到挑战，劳动阶级中日益增长的不信教倾向也引起了上层阶级的越来越大的不安。面对这种状况，尽管国教中的高、低两教派在是否应当把对科学发

[1] 《五种伦理学理论》，1930 年伦敦第 1 版，第 143 页。

展所提供的知识的解释纳入教义问题上存在分歧，两者都坚决地为它们各自的教义辩护并致力于在信徒与俗人中间扩展影响。在这种背景之下，西季威克的父亲威廉·西季威克放弃了继承父业从事棉织厂经营的生涯，而立志从事哺育人的心灵的职业。他于1829年完成了在剑桥大学三一学院的学业，成为圣公会的一名教士，以后又被任命为斯基普顿中学的校长。老西季威克于1841年早逝，当时西季威克年仅三岁。他母亲带着四个孩子几次迁居，最后定居在布里斯托附近。西季威克在那里度过他的少年时代。也许西季威克通过他母亲受到他父亲的精神追求的影响，他1855年在拉格比读完中学后也进入了剑桥三一学院学习。但是他没有选择宗教，而是选择了哲学。这在很大程度上与在这之前他与T. H. 格林的两次谈话有关[①]，这位尔后的著名新黑格尔主义者比西季威克仅年长两岁，当时正在牛津大学学习。西季威克在三一学院主修古典作品。1859年他以出色的成绩留任三一学院研究员，后改任古典作品讲师。1869年，他发现自己的主要兴趣在于道德哲学方面，于是改授道德哲学。1872年他申请担任三一学院奈特布里奇道德哲学教授，这在三一学院一直是一个令人瞩目的职位，但由于他的宗教观点方面的原因未得到审查委员会的批准。获准担任这一教职的是T. R. 伯克斯。然而在1883年这一职位再出现空缺时，西季威克成功地获准担任这一教职。除《方法》外，西季威克生前出版的其他主要著作有：《政治经济学原理》(1883)、《伦理学史纲要》

① 见J. B. 施尼温德：《西季威克的伦理学与维多利亚时代的道德哲学》(下简称《西季威克的伦理学》)，1977年牛津版，第22页。

(1886)、《政治学原理》(1891)、《实践伦理学文集》(1898)。他逝世后由他人编辑出版的著作有:《哲学:其范围与联系》(1902)、《格林、斯宾塞和马蒂诺伦理学讲演集》(1902)、《欧洲政体之发展》(1903)、《杂稿与通信集》(1904)、《康德哲学与其他哲学讲演集》(1905)。此外,西季威克还曾担任《道德科学论丛》的选稿人,他于1866年曾坚决要求该杂志刊登有关边沁和密尔的哲学的论文。他生前是多种杂志的撰稿人,他的大量论文主要见于《剑桥大学学报》《学术》《雅典娜》《现代评论》《哲学杂志》《心灵》等。

西季威克的道德哲学形成于19世纪五六十年代。当时在剑桥大学影响较大的人物是S.T. 柯勒律治(1772—1834)。柯勒律治毕业于神学院,是一位才思横溢的诗人和思想家,并且曾深深受到康德哲学的影响。虽然柯勒律治从未成为剑桥大学的正式教授,但是他的思想却通过他的朋友J. 赫尔影响了三一学院的道德哲学教授们。W. 休厄尔(1794—1860)是当时的奈特布里奇道德哲学讲座教授和三一学院院长。他和他的继任者J. 格罗特都坚决捍卫直觉的道德观点而反对功利主义,在哲学上反对经验主义。虽然休厄尔从未承认过他接受柯勒律治关于精神与宗教的观点,而且他的观点事实上也与柯勒律治有很大差别,但是他阐述精神观念和宗教哲学的方式,以及他对康德的解释都受到了柯勒律治的影响。在道德哲学方面,休厄尔强调道德知识的直觉性、理性的认识功能以及这种功能发展的历史性。他认为,像科学真理一样,道德真理也是可以直觉地领悟的,但是领悟这种真理的直觉是历史地发展的。在民族的发展过程中,人们的道德概念也逐渐变得明晰,更接近作为道德自明真理的基本观念。人的道德功能就是理性。理性引导人建立规则,人通过这些规则领悟道德的观念。和人的社会生活所需的禁止施暴、偷窃、毁约、乱伦、违法的规则相应的道德观念是仁爱、公正、守诺、贞洁和秩序。这些本身自明的道德观念要在人们思考之后才在思想中成为自明的。[①]

我们从收入本书第 6 版序言的西季威克的思想自述中看出，他对于自己在学生时代所听到的休厄尔的道德哲学课程是不满意的。问题不仅在于，在西季威克看来，这些常识道德规则常常充满含糊性和歧义性，在不同人身上（甚至一个人的不同生活时期中）会得到不同的解释，并且在它们的要求相互抵牾时拿不出一条明确的原则来调节这种冲突，而且还在于，它们不得不允许一些例外，而且人们在解决这些例外时只能诉诸常识准则以外的其他考虑。西季威克写道："通过研究休厄尔的《道德的基础》，我的反叛意识更强烈了。"[②] 大概主要是由于这种反叛的愿望，西季威克才自60年代起专心从事道德哲学的研究，并从 1869 年转而讲授道德哲学的。事实上，作为他的研究成果的《方法》一书的主要内容就是针对休厄尔而写的，尽管他没有写明。

当然，推动西季威克从事道德哲学研究的还有另一方面的原因，即反思他自己的宗教信仰及对宗教的态度的需要。19 世纪对欧洲人来说，是基督教信仰面临全面危机的世纪。达尔文在 1859 年出版了《物种起源》，宣布一切物种都处在由于种系对自然界的适应与自身遗传变异而产生的发展、变化的过程之中，这对于相信物种是由造物主设计并且永远不变的人们就像当顶浇来一瓢冷水。

① 《西季威克的伦理学》，第 102—111 页。

② 本书第六版序言。

而在此三十年前，地质学家赖尔就已通过科学研究证明地球的年龄比圣经宣布的更古老。英国哲学家赫胥黎在这个世纪后半期发表的《人在自然界中的位置》(1863)和《进化论与伦理学》(1893)则进一步把达尔文和赖尔的理论引入人类自身，从而从根本上动摇了基督教教义所依赖的基础。与此同时，由于德国哲学家D. 施特劳斯的《耶稣传》的问世，对圣经本身以及对耶稣的研究也失去了它以往的神圣光彩。尽管这种研究在原教旨主义者们那里受到了顽强的抵制，但对越来越多的人来说，它已经成了一个科学的历史的批评的领域。科学与宗教的对垒日益分明，对宗教教义的怀疑也在日益加深，尤其是在知识阶层中。然而在五六十年代的剑桥，由于柯勒律治思想的影响，道德哲学家们普遍相信这只是一种虚假的对立。休厄尔认为宗教可以和科学相协调，因为它们揭示不同的真理。宗教揭示神谕的自明真理，它不因科学研究而受损害，反过来说，它也不能以科学来证明。相反，就人可以领悟的而言，宗教真理或上帝的教诲可以在人的道德信念、良心及其判断中得到证明。[①]

关于西季威克早期对宗教的态度，只有零星的资料。我们仅知道，在他于1859年毕业之前，他对宗教的观点较多地受到他的一个表兄和姐夫E. W. 贝森的影响，后者是一位极其虔诚、富于鼓动性，然而有些自负的英国高教会教士。1860年以后，他的观点经历了一个相当大的转变。资料表明，西季威克在这一时期之初阅读了密尔和孔德的著作，这极大地推动了他从正统的宗教观点转向对圣经的科学批判观点，推动了他同休厄尔的观点的分野。另一件有意

① 《西季威克的伦理学》，第101页。

义的事实是西季威克从1860年起参加了三一学院的哲学沙龙“使徒”小组的讨论活动。这个小组的主要宗旨是就各种哲学、宗教问题进行完全坦率的讨论。举例来说，西季威克在1864年的一次讨论中的发言题目是，“由宗教表态引起的道德退步是否可悲？”大概更主要地是由于这些讨论，西季威克在宗教观点上才最终摆脱了贝森的影响转向道德哲学。[①]

我们从西季威克的自述中看到，大约是在这一时期，他首先接受了密尔的体系，并进而研究了康德、巴特勒和亚里士多德，逐步形成了他自己的伦理学观点。开始萦绕在西季威克头脑中的主要问题是：宗教教义是不是真理？以及，应当如何对待它？这两个问题对于他具有实践的紧迫性。三一学院当时的校规规定：只有签字承认圣公会教义条款的人才能获得该院研究员身份。由于西季威克的宗教观点已经发生了变化，他感到签字承认这些信仰条款使他内心经历了激烈的良心冲突。他需要找到某种普遍原则来解决这一冲突。西季威克后来写道，

> “我尽我的最大努力依据一般原则来解决这一问题，我发现这非常困难，而且我应当说，正是在解决这一困难的努力中，我深入地作了一些思考，这些思想最后系统地表达在《方法》一书中。”[②]

① 《西季威克的伦理学》，第23页。

② 阿瑟·西季威克和埃莉诺·西季威克：《西季威克回忆录》，第38节。转引自《西季威克的伦理学》。

西季威克于 1869 年，即他开始在三一学院讲授道德哲学的那一年，辞去了他的研究员身份。我们从《方法》中看到，他所依据的是功利主义原则。

对后一问题的思考涉及了道德哲学的一些根本问题。在反思他自己的道德信念时，西季威克发现他怀有一种牢固的道德的（或宗教的）信念，即拿撒勒人耶稣所教导的利他主义或仁爱[①]。他发现他不可能从心灵中驱除这一信念。不论这一信念是否像一些哲学家所说是建立在自我利益之上的，他必须找到对这种直觉的解释。而这种解释，毋宁说就是一个更高的、可据以协调这一道德信念与自我利益的冲突的原则，因为他已经从巴特勒那里知道，自我利益是一种显明的责任。他在 1861 年给友人戴金斯的信中写道，他面临的最大问题是

> “把我的宗教本能和另一个正在形成中的信念，即个人的与社会的道德应当建立在统一的基础上，协调起来。”[②]

这是相互区别的两种不同冲动，不同推理，或者如巴特勒所说，实践理性的两种不同功能。但是巴特勒没有指出常识中的哪些准则是我们认为是最合理的。密尔的体系提供了一个明确的原则，但是关于道德的行为，他除了告诉人们这种行为是一种自愿的高尚行为，一种英雄主义的牺牲之外，也没有指出更多的东西。这种功利

---

① 《西季威克回忆录》，第 70 节。转引自《西季威克的伦理学》。

② 同上书，第 68 节。

主义显然需要一种直觉。必须找到这种直觉。康德指出道德冲动是绝对命令，但是这个原则太形式化，没有真正解决问题。而当回过头来审视巴特勒时，西季威克发现巴特勒才指明了这种直觉：良心或道德冲动也就是理性的权威，它——基于进化过程所表明的一种假设——指向人类的更好存在。它应当具有原则的效准，或者用康德的话说，应当是绝对命令，因为理性对欲望来说一般表现为更高的东西。[①]

当西季威克获得这种直觉之后，他认为需要弄清他自己有没有一个直觉的体系。他从亚里士多德那里得到启发：也许通过深入考察通行的常识道德能够发现这样的体系。但是考察的结果却出乎他的意料，他写道，

> "这一考察的结果，是以新的说服力和生动性把常识道德准则与我已经获得的直觉(即康德的原则)……的区别显露出来。"[②]

而且，他发现功利主义原则与康德的原则是完全吻合的，的确，普遍幸福难道不就是理性的绝对命令吗？于是，西季威克"又一次成为一个功利主义者，不过是在直觉的基础上"[③]。

西季威克大约在1869年完成了这一思想探索过程。作为结果，他给我们留下了这本书，这本他经过严格的自我反省而写成的著

① 本书第二版序言。
② 本书第六版序言。
③ 同上。

作。这是一位哲学家留给后人的凝聚着他毕生心血的书。直至他溘离人世之前，他还在一丝不苟地修订其中的内容，以求使它更准确地表达他的思想。

二、《伦理学方法》的主要思想

《方法》全书结构宏大，内容专深，叙述冗赘，初读者不免会遭遇一些困难。布洛德这样地描述过这种困难：

> “他（西季威克）不断地提炼、限定，提出反对意见，回答，再提出进一步的反对意见。所有这些反面意见、回答、反驳、再驳本身都是令人起敬的，并且也的确表现了作者的敏锐和坦率。但是读者却容易失去耐心，弄不清论据之所在，甚至会推案而起，觉得他满怀敬意地阅读了那么久，对书中的内容却毫无记忆或所记甚少……”①

为使读者减少阅读的困难，我结合自己在翻译过程中的理解，对几个重要的、对读者理解此书的思想具有紧迫性的问题，简要地介绍一下西季威克的观点，或许对读者有所裨益。需要指出，这既不是对西季威克的道德哲学的专门研究，也不可能是对他的思想的全面介绍。对这样一位大师，除非限定在某一专门的题目上，否则这样的工作就不可能在这样一篇短文中完成。为了弥补这一缺陷，

① 《五种伦理学理论》，第 145 页。

我从施尼温德《西季威克的伦理学》一书所附的“西季威克著作年表”和“参考书目”中挑选出对于读者阅读理解本书最有价值的条目，作为本书的附录，以期有益于热心阅读和研究西季威克的读者。

1. 正当（应当）与善

正当与善的概念以及对它们的区别的理解，对于理解《方法》一书具有首要的意义。对此只需举出一点作为说明：西季威克仅仅把正当而不是善同他所说的“伦理学方法”相关联。关于这两个概念的区别，西季威克写道，

> “在现代欧洲的道德意识中，这两个概念是明显不同的：一方面，人们通常认为服从道德规则的责任是绝对的，另一方面，又很少有人认为，人的全部善就在于服从道德准则，——我们可以说，人们已含糊地、尊敬地然而确凿无疑地把这种观点当作一个斯多葛派的悖论而摈弃了。”[①]

西季威克指出了这两个概念的两个最重要的区别。(1)正当或应当意含着能够，而善则不含有这样的意义。因此当我说A应当做X时，就意含着A有能力做这件事。诚然，我有时判断说我“应当”知道某个更聪明的人知道的事，但这种广义的应当常常只指涉所应去模仿的范型本身。而当我说A做X是善的时，我就没有表明A是否有能力做X。而且事实上，有许多善，尤其是行为的德性或

---

① 本书第三编第十四章第1节。

美德，是人们不能靠意志力获得的，至少是不能直接地、马上地靠意志力获得的。(2)正当或应当包含着命令，善则不含有这种命令。因此在上面的第一个命题中我是说A去做X是一个“有权威性的规定”，而在第二个命题中我就没有表明A应当去选择这种善而不是其他的善，“就还需要发现估价不同‘善’的相对价值的标准”[①]。

正当与善的概念还有定义性质上的区别。正当或应当是一个基本的、不可分析的概念，对它无法作出形式的定义。善的情况则不同。善是可以分析的。由于善一般地表现为我们欲求的目的，我们可以借助欲望来规定善。但如果把善规定为“被欲求的”东西，我们就将陷入极大的困难。由于我们所欲求的毋宁说是某种显明的善(或显得是善的东西)，我们最好只把“善的”界定为“值得欲求的”。[②]

正当概念和善概念还包含着自身内在的差别。正当可以用来指称行为本身的性质，例如在日常的道德谈论中。在这些场合，前已说明，人们或是在狭义上指所说的行为是在行为者能力之内的，或是在广义上指存在着这样的范型，行为者应当努力仿效它而不论这对他自身有利还是有害。正当还可以用于审慎行为。在这种场合，它表明实践理性的这样一种要求，即要行为者去采取达到某项目的的最适当的手段。[③]

善的概念区分为目的善和手段善。手段善的概念似乎是自明的。对手段善的领悟与对于德性的领悟类似，具有审美的性质。但

① 本书第一编第九章第3节。

② 本节第一编第三章第3节，第九章第3节。

③ 本书第一编第三章第3—4节。

是对目的善的特征需要作专门的分析。首先，我们不能断定说，目的善是与快乐相联系的，我们能从对行为的善性或德性的领悟中更清楚地看出这一点，因为对这种善性或德性的领悟毋宁说是审美的。但其次，我们又承认人们对目的善有“爱好”，而且承认有人有较好的爱好，我们承认这些有较好爱好的人的判断是有效准的。第三，但是这种善性的提高并不相应地提高快乐，而且我们观察到：从善事物中得到最大快乐的并不总是有最好爱好的人。例如品酒家尽管具有对于酒的极好爱好，但他们从酒中获得快乐的感受性却可能变得迟钝。①

2. 目的与方法

目的的概念在《方法》中的重要性在于，对于它的正确理解挑选出了我们可以视为合理选择对象的那些伦理学方法，并且规定着这些方法间的重要区别。

按照西季威克的观点，把人的超自然存在、理念以及神意作为目的的学说不属于伦理学的研究范围，因为伦理学所研究的目的只限于人的努力所能达到的目的，而且，他写道，

> “人们只是为了确定何种行为是达到这种善的正当手段而追求关于目的的知识的。”②

西季威克指出，按照常识道德的观点，行为的实践意义上的目

① 本书第一编第九章第2节。

② 本书第一编第一章第2节。

的常常就是行为的正当性本身。考虑到常识道德观念的这一特点，伦理学不能被看作关于目的和达到它的手段的知识。[1]

但是，尽管我们常常不直接诉诸于一个较远的目的而规定“应当”，我们常常还是隐含着这样的目的的。例如，当一位医师告诉他的病人他应当早起和从事体力劳动时，他就假定了他的病人在追求健康。但如果这位病人宁取闲适的生活牺牲其健康，这些准则对于这位病人便没有约束力。[2]

人们日常的慎思判断通常是隐含地假设这样的目的的。一个人可以把他自己的幸福作为他的目的，但是他也可能拒绝这一目的而选择其他目的。常识道德还把公正、守信、诚实等等看作无条件地、无需诉诸结果而具有约束力的。人们所持目的方面的每一区别都有方法上的区别与之相应。有两种自明的合理目的：幸福与完善。而且反思表明，只有这两种目的才是我们视为最合理的伦理学目的。由于幸福作为目的只能被单独地或普遍地追求，就产生了两种不同的快乐主义方法。一些人认为恰当行为的目的是个人自思考那一行为的时刻起至其生命终结时的真实的最大幸福（利己的快乐主义），另一些人则认为必须把普遍幸福作为行为的目的（普遍的快乐主义）。与幸福不同，完善作为目的不可能以单独的和普遍的这两种不同的方式去追求。因此在这里只能产生一种伦理学方法。而由于把人类本性的完善或美德作为目的的方法在很大程度上与直觉观点一致，这种方法被视为一种直觉主义方法。[3]

① 本书第一编第一章第 2 节。
② 同上。
③ 本书第一编第一章第 4 节。

3. 方法与分类

所以，西季威克所使用的“伦理学方法”一词具有特殊的意义。它不是指人们为达到某一具体的生活计划或目标而采取的手段，也不是指道德哲学家们构建理论体系所用的方法，而是指人们据以确定他们应当去做的事的合理程序。西季威克认为，作为一门研究（而不是一门科学），伦理学是研究“应当”（而不是研究“是”）的。而由于“应当”经常表现为人们运用一定的方法而作出伦理判断的结论，道德哲学家首先需要对人们得出这些结论的推理过程本身作一番考察。西季威克一再申明他写作本书的目的就是把人们的注意力引到人们据以得出结论的那些方法，而不是其结论上。[①]

西季威克发现，在常识的道德推理中，人们常常是用某种混合了的方法，即由各种不同方法合成的方法来指导自己。因为，

> “产生着不同方法并使各种目的的不同要求具有合理性的那些冲动和要求……是为一切心灵所承认的，与此同时，心灵还感觉到了把它们协调起来的需要，因而通常产生的结果就或者是不同原则与方法的一种混乱的组合，或者是它们之间的一种勉强的、不成熟的折衷。”

因此，道德哲学不能按照常识的道德推理的实际形态来研究它们，而要用道德哲学的方法把它们抽象化、理性化，使它们不能相互涵

① 本书第二版序言。

盖，把它们作为人们在合乎理性地决定他们应当做什么时不得不从中选择的不同方法来研究。[1]

A 利己主义（或利己的快乐主义）

利己主义指的是这样一种方法，它把行为作为达到个人幸福或快乐的手段，把自爱冲动作为行为的主导动机。在遵循这种方法时，行为者只把自身的快乐和幸福作为行为目的，追求对于自身的最大快乐余额。[2]

西季威克指出，利己主义方法通常或是建立在对快乐的经验反思的基础上，或是建立在对客观的幸福源泉的知识的基础上的。经验反思的方法就是：预先在观念中再现出我们依据对生理和心理原因的知识而期待的不同行为方案的全部感觉系列，按照它们在观念中显现的状况判断何种感觉系列在整体上是更值得欲求的，然后选择相应的行为方案。由于(a)快乐与痛苦的量度常常是模糊的；(b)感觉常常因时因地而异而且不可公度；(c)因而在借用过去的和他人的经验推断未来幸福时可能犯错误；以及更重要的，(d)对快乐斤斤计较的习惯可能会毁掉快乐自身，这种方法难于给人们提供一个普遍有效的行为准则。[3]

以对客观的幸福源泉的知识为指导的方法似乎避开了这些困难，并且和人们的一部分常识相符。但是考察表明常识在这方面的指导是有限的、含糊的。而且常识还提供给我们一个与上述指导相反的信念：按照常识的方式履行义务将能获得最大幸福。所以，这

① 本书第一编第一章第5节。

② 本书第一编第七章第1节。

③ 本书第二编第三章第1—7节。

种方法也终究不能达到一条明确的原则，而只能达到一些十分重要、不可忽视的考虑。[①]

B　直觉主义

直觉主义指这样一种方法，它不诉诸行为之外的其他目的来确定行为的正当性或善性，并且假定这种正当性或善性是可以直觉地认识的。在遵循这种方法时，行为者追求的是行为本身的正当性或善性。

a)义务直觉主义

义务直觉主义方法的假设是，人们可以直觉地把握的是行为的正当性，这种正当性或者是基于行为本身表现的德性(智慧、仁爱、公正、守诺)，或者是基于行为所履行的义务(诚实、豪爽、克制、贞洁、勇敢)。

西季威克区分了三种水准的直觉主义：感性的、教义的、哲学的。他认为常识道德观主要表现为感性的和教义的义务直觉主义。西季威克指出，尽管常识道德可以充当我们实践的指导，但它不可能成为独立的科学公理。因为第一，一种公理应当是以清晰而准确的词语陈述的、真正自明的、不与其他真理相悖并充分得到专家的一致意见的支持的，而常识的道德准则——即使能将它们明确地表达出来——不具备这些特征。其次，人们在遵循常识道德规则时必然会碰到不得不违反这些规则的例外情况，而在这样做时，按照西季威克的看法，他们所依据的实际上是功利主义的考虑。[②]

① 本书第二编第四章第1—3节，第五章第1节。

② 本书第三编第十一章第2、9节。

另一方面，在哲学家们那里得到系统表述的哲学的直觉主义比常识道德观具有更多的优点，因为哲学家们总是试图透过常识发现更深的原则。但是作为这种探索的结果的常常只是一些同义反复的命题，例如“合理地行动是正当的”，“我们本性中的较低级部分服从较高级部分是正当的”，等等。这些原则曾被柏拉图和亚里士多德以不同形式表达过，但是它们显然“只能表明德性表现于何处”，而不能提供“确定它们的明确方法”。[①]

b）价值直觉主义（或完善论）

价值直觉主义方法的假设是，人们可以直觉地把握的是行为的善性，而不是其正当性。这种善性不是因行为的目的而是因行为自身而是善的。

西季威克认为，完善论的方法最终仍然是诉诸功利的考虑的。因为首先，对终极善的概念的合理解释只能是“值得欲求的”性质：因其自身而善的东西必然是值得向往的意识状态，就是说，它或者属于幸福的概念，或者属于幸福概念的某些客观的概念联系。一方面，离开了幸福的概念，终极善（目的善）这种内在性质就不可能是值得欲求的。另一方面，善的范型或理想的善也或者以各种方式直接地带来快乐，或者以间接的方式带来探索的快乐，因而可以从功利主义方面得到说明。[②]

C　功利主义（或普遍快乐主义）

功利主义或普遍快乐主义指这样一种方法，它把行为作为达到与行为有关的所有人的最大幸福或快乐的手段，追求对所有有关

① 本书第三编第十三章第1—3节。

② 本书第一编第九章第3—4节，第三编第十三章第3节。

个人而言的最大幸福余额。按照西季威克的解说，“所有人”在这里指所有有感觉的存在物，“最大幸福余额”指减除痛苦后的快乐余额。

西季威克指出了功利主义方法的两点主要困难。首先，功利主义方法要求严格的苦乐量度计算，包括人际的苦乐量度比较和人类与其他感觉存在物间的苦乐量度比较，然而“我们实际的功利主义推理必然是粗糙的”。其次，功利主义时常忽略对幸福的分配问题，它不能确定在不同的分配方法中哪种方法更可取，因此，“我们不得不用某种公正原则来补充”功利主义原则。①

在指出功利主义方法的这些缺陷的同时，西季威克坚持认为功利主义方法具有利己主义方法和直觉方法所不具备的明晰性，它构成了对这种方法自身的证明。对于利己主义者来说，这种明晰性表现为当他强调他自己的最大幸福是唯一目的时他可以领悟的功利原则的约束性，也表现为当他强调他自己的幸福优先于其他人的幸福时他可以领悟的这一论据的虚假性。对于直觉主义者来说，这种明晰性则表现在下述事实中，即功利主义者可以一方面向他们表明直觉的道德准则具有歧义性和模糊性，因而需要一个更高的原则来解决由此产生的冲突；另一方面向他们表明功利主义原则如何在常识道德不得不允许例外的场合提供了这样做的合理理由。②

4. 功利主义与常识道德

对常识道德的反思是西季威克《方法》一书的中心内容。关于

① 本书第四编第一章第 2 节。

② 本书第四编第二章。

直觉主义的第三编是全书中最重要的部分，西季威克在那里全面地表明了他对于常识道德的观点。这种安排不是偶然的。的确，按照他的看法，常识道德观是直觉主义的，因为它把表现在行为中的某些品性和义务性视为可为直觉直接领悟的绝对命令。哲学的直觉主义和完善论比常识道德更哲学化，因而常常只在哲学家那里得到系统的表达，但是它们毋宁说只是常识道德观的升华物。

在这里不可能去谈论西季威克对常识道德观的心理学所作的描述与分析，因为这构成了本书的一个相当专门的内容。的确，他对于常识道德观的理论的和经验的分析提供了一种系统的观点，成为继亚里士多德以来在这一方面的最经典的阐述。

人们容易从中获得一种印象，即西季威克对常识道德观的批评是一种全面的“反叛”，表明他彻底摈弃了常识道德准则而转向功利主义。没有读完本书第四编的读者尤其容易产生这种印象。但这是一种误解。西季威克的工作毋宁说是调和性的：他试图为那些基本有效的常识道德准则找到一种具有自明性的原则，为功利主义原则找到一种它所缺乏的道德直觉。诚然，西季威克无情地批评了常识道德，但诚如他自己写道的，

> “我在第三编中所考察的道德不仅是别人的道德，而且是我自己的道德。它是——如我所指出的——‘常识[①]的道德’。我仅仅是在我分有这种道德的前提下来描述它的；仅仅是(1)

① 就其英文原意而言，common sense 在这里译为“常识”不甚达意，也许译为“共同感受”更贴切。但鉴于翻译界一般都将它与汉语中的“常识”对等，我在此仍取这一译法。

> 暂时地出于公正批评的目的，或(2)对于它的不完善性的实际意识使我不得不走出它的范围来评价它的时候，我才置身于它之外。诚然，我毫不留情地批评了这种道德，但是我认为我也同样无保留地揭露了快乐主义方法的缺陷与困难。”[①]

而且，作为他的探索的一个结果，他发现“功利主义与直觉主义之间的对立是出于一种误解”[②]。于是，西季威克得出结论，功利主义者的责任在于既从总体上支持又在细节上纠正常识道德，

> “功利主义者必须完全抛弃将现实道德视为纯粹外在的和习惯上的东西而反对它的倾向”，“我们不得不把它当作实现这一目的[③]的业已组合好的机器而接受下来，并且不可能一次性地替换它，而只能一部分一部分地改进它……”。[④]

5. 几点评论

首先，西季威克的一个主要贡献，是他真正经典地把功利主义阐述为区别于私人快乐主义的普遍快乐主义。功利主义在边沁那里同时与这两者联系着。这种功利主义因而受到两种批评：一方面，它被批评为个人自私的慎思活动的理论表达；另一方面，它被

① 本书第二版序言。
② 本书第六版序言。
③ 即生产所有感觉存在物的最大可能的幸福。
④ 本书第四编第五章第1节。

批评为对人的行为提出了过高的要求。西季威克明确指出“按照最有利于普遍幸福的方式去行动始终是个人的真正利益”这一命题是错误的。[①] 他的下述阐述具有经典意义：功利主义的理论根据不在于人们具有基本的自爱冲动这一事实，而在于对幸福这一合理目的的追求在反思中将引导人承认，应当合理地把这一目的理解为普遍幸福。这表明了对功利主义的主要的理论检验不在上述两个传统的方面，而在其他方面。

其次，西季威克极有意义地指出了功利主义与常识道德观之间的对立的表面性与非实践性，以及基本的道德对立只存在于这两者与利己主义之间。这一论点连同上面一点，澄清了我们对功利主义的理解中的两个重要之点。但是应当指出，根据当代的讨论，在可以做什么这方面，功利主义与常识道德的回答仍存在重要的区别。

第三，西季威克对常识道德观的批判具有理论的魅力和思考的启示，它暗示着对常识道德的多种可能的研究。也许需要研究的一点是：在其历史的演变中，常识道德有没有其相对稳定的因素。跨文化的研究也许还会提出更多的问题。仅就哲学的研究本身而言，我们已经从不同哲学家那里看到了不同的态度。而且，西季威克自己的态度也显然经历了一个从最初的强烈反感到趋于温和的转变；并且在明确接受功利主义原则的同时，承认常识道德准则在大部分场合中的有效性。一个曾敏锐地感到了常识道德的缛杂和外在压抑性并决心反叛它的哲学家得出了这样温和的结论，在他的功利主义考虑的后面或许还有什么未曾言明的思考吗？

① 本书第一编第六章尾注。

三、西季威克的主要批评者

在概略地介绍了西季威克的思想之后，陈述一些西季威克的反对者的意见将是有益的。由于这方面的文献浩如烟海，我只能挑选几位有代表性的作者的主要批评意见加以陈述。而且，我认为如果把这些批评意见按所涉及的背景的宽狭程度来组织，将更益于读者的理解。

1. G. E. 摩尔

对西季威克提出第一个严重驳难的是他的一个学生 G. E. 摩尔。摩尔在三一学院学习期间听了西季威克的课，并且觉得它太枯燥。关于摩尔，我们从西季威克那里看不到更多的评论。因为当西季威克逝世时摩尔正处于形成其思想的时期。但是从西季威克1900 年的一封信中我们看出他当时已经知道摩尔出版了他的《伦理学原理》，并且对他的思想的敏锐性有深刻的印象。[①]

摩尔对西季威克的第一个批评是，他不正确地把正当或绝对命令看作不可分析的直觉概念，并且宣称善是可以分析的。在他看来，这表明西季威克正好颠倒了两类不同性质的道德哲学问题的关系。这两类问题是：(1)哪些事物是因其自身而存在(善)的？(2)我们应当采取哪些行为？摩尔经过分析认为，对第一类问题的答案不可能证明或证伪，因为除其自身之外没有其他证据。对第二类问题

① 参见《西季威克的伦理学》，第 16 页。

则可以证明或证伪，因为对它们可以有多种不同的思考。因此第一类问题属于直觉[①]的范围，第二类则属于知识的范围。因此与西季威克的结论相反，恰恰是“善”概念(而不是“正当”概念)才是不可分析的单纯概念。摩尔认为，西季威克的第二个错误在于他进一步借助于欲望把“善的”定义为“值得欲求的”。尽管摩尔没有明确反对把“善的”与“值得欲求的”相等同，但是他实际上认为这是一个不增加任何知识的同义反复。而且，在更强的意义上，他认为功利主义者借助欲望给“善”下定义本身就是犯了“自然主义谬误”。[②]

2. C. L. 史蒂文森

西季威克受到的一个更严重的驳难来自摩尔的一个学生 C. L. 史蒂文森。史蒂文森比摩尔更深地受到休谟和逻辑实证主义的影响，并领导了 20 世纪伦理学中的情感主义运动。

史蒂文森提出了一种与西季威克完全相反的关于伦理判断的性质的观点，从根本上否定了他关于伦理学方法的理性主义观点。在史蒂文森看来，西季威克的一个基本错误在于：他依据人们推导伦理学判断的理性方法而认为伦理判断是理性的，然而这种理性根据(如果存在的话)只应当从对伦理判断本身的分析中寻找。诚然，西季威克本人显然也注意了这一点，他指出尽管我们对“应当”无法做出形式的分析，伦理判断仍然是一“可能的知识对象”，因为它的含义是：“我判定为应当的必然为所有真正在判断的有理性者都

① 摩尔强调他所说的“直觉”仅仅指所说的命题是不能证明的，而不是指一种认识方式。见他的《伦理学原理》，1983 年中文版，第 3 页。

② 见《伦理学原理》，第 16 页。

判断为应当的，除非我判断错了。”但是在史蒂文森看来，西季威克的说法仍然弄错了方向：他其实是把他所理解的伦理判断的命令功能的形式特征误作了判断本身的理性规定性，而这种命令功能在史蒂文森看来则宁可说是不存在的或产生于误解的。休谟早已表明，理性（假如它在伦理判断中存在的话）本身是不发布命令的。而且，对日常的伦理判断的语言的分析表明，关于“正当”“善”等等的伦理判断的基本功能是“向人们推荐某事件，要人们对该事件持赞成或不赞成的态度”，因而其功能主要是情感性的。①

与此相联系的另一个主要分歧在于，与西季威克的观点不同，史蒂文森认为伦理判断的情感意义是直接表达在判断之中的，而不是伴生的，或者，只是由于判断者内心隐含的信念而发生的。史蒂文森指出，伦理判断通常有两种意义，即描述意义和情感意义。例如当我说“这是善的”时，这意思就是：“我赞成它，你也赞成吧！”在这两个部分中，第一部分是说明性的，表明说话者的态度，第二部分是祈使性的，具有情感的意义，其目的在于影响听者的态度。而且在这两种意义中，后者是主要的。实际上，伦理判断“直接揭示并诉诸人的认识情感之天性，……具有超认识的功能”②。

3. J. 罗尔斯

对西季威克《方法》一书作出了全面的批判研究的首推美国当代著名道德哲学家、哈佛大学教授约翰·罗尔斯。前已指出，罗尔斯对西季威克的研究恰恰是道德哲学的研究者们对西季威克的新

---

① 本书第一编第三章第1节。

② 史蒂文森：《伦理学与语言》，1991年中文版，第18页。

兴趣的原因之一。

罗尔斯对西季威克的主要批评意见有原则性的与技术性的两部分。

就技术性的而言，罗尔斯的批评主要集中在两个方面，即西季威克的反思方法和他所表述的功利主义方法。关于前者，罗尔斯指出，西季威克在考察常识道德和道德原则时使用了反思的平衡这一恰当的方法，其观念是：不是仅仅进行道德概念的分析和演绎，而是用道德哲学的方法对我们的常识道德判断和已建立的道德理论作反思的平衡，即用理论修正常识判断中的虚假不实之点，再以修正了的判断修正道德理论，从而得出最符合我们的道德感的理论。但是西季威克忽略了这一过程的双向性。事实上他仅仅在用他得出的功利主义原则修正常识判断。这样，西季威克就排除了其他重要的可能性[①]。关于后者，罗尔斯指出，首先，像其他古典功利主义者一样，西季威克的方法也面临着人际功利比较的技术困难。因为，“值得欲求的”性质终究要化为愉快感来作度量，而且不言而喻，“存在着不同种类的其自身就不可比的愉快感，以及不同种类的量度、强度与持久性”，当它们相互冲突时，我们便无法权衡它们。其次，当西季威克用个人在不同时刻的幸福构成其整体幸福的观念类推不同个人的幸福构成普遍幸福的观念时，他就暗示了一种把所有人的欲望和快乐体验融合于一个公平的旁观者身上的观念。这个公平的旁观者必须是公正的，具有一切有关知识以及想象的自居

① 参见罗尔斯《正义论》，1988 年中文版，第 47—48 页。同时参见 S. 斯维德里克《西季威克的方法论》，载《哲学史杂志》第 23 卷，1985 年第 4 期。

力的。显然，功利主义方法要求的这种标准只能是一种非人格的标准。[①]

罗尔斯对西季威克的原则性的批判涉及更广的道德哲学背景，我们不可能在这里一一追索，而只能简要地举出罗尔斯基于公平的正义观拒绝西季威克的功利主义原则的主要理由。首先，罗尔斯指出，功利主义原则依据着一个错误的观念，即如果一个社会的主要制度被安排得能够达到社会成员的最大满足，这个社会就是组织良好的，因而是正义的。因此，如果少数人的利益牺牲能增加这种满足的总额，这种牺牲就是正当的。罗尔斯指出，这种伦理观提出了一种过于严格而且不合理的伦理要求，因为它一方面要求超出自然义务的善行，另一方面又允许"为了另一些已经更幸运的人的更大幸福而给一部分人以较小的福利和自由"。罗尔斯写道，合理地组织的社会制度的首要要求是正义，

> "正义是社会制度的首要德性……每个人都拥有一种基于正义的不可侵犯性，这种不可侵犯性即使以社会整体利益之名也不能逾越。"[②]

从这种观点来看，西季威克的功利主义原则显然是不可接受的。

其次，罗尔斯指出，作为一种目的论理论，在西季威克的功利主义理论中，善被规定为独立于正当并且优先于正当的。这种目的

① 《正义论》，第 543—544 页。

② 同上书，第 178—180 页。

论理论就在于："首先把善定义为独立于正当的东西，然后再把正当定义为增加善的东西。"而且，由于快乐被说成是唯一的善，它自身的价值序列似乎就不受任何正当观念的影响了。但是，罗尔斯指出，在一个按照公认的正义原则组织的社会里，人们将会普遍同意下述要求：他们的善的观念要符合正义原则的要求，或至少不违反它们。例如，一个"很欣赏别人的不自由的人会懂得他对这种欣赏没有任何权利"。人们将承认，他们的欲望和志向从一开始就要受到正当原则的限制。因此，西季威克的功利主义原则至少将在实践上表现出更大的不可行性。[①]

* * *

本书的翻译工作自1990年2月起至7月止，历时半年。在翻译过程中，在对西季威克若干观点的理解方面，曾得到中国人民大学哲学系宋希仁教授的许多指点。苏晓离同志亦做了必要的修改、补正的工作，付出了大量辛勤的劳动，从而使本译稿更臻于完善。在此一并表示深切的谢意。但由于本人水平尚为有限，于伦理学研究上也尚不专深，译文虽经反复推敲，仍不免纰漏之处，敬希热心的读者和专家们批评指正。

译　者

1991年12月于北京

① 《正义论》，第21—22、28、560页。

“那么，如果人们竭尽全力把那些琐碎的事弄得纯而又纯、准确而又准确，而对那些大问题却不加深究，这种作法，岂非可笑？”

——柏拉图

目　录

第二编 利己主义

第三编　直觉主义

第四编　功利主义

初版序言 v

在交给公众一本关于诸如伦理学这样的老生常谈的题目的新书时，似乎最好一开始就清楚地说明它的计划与目的。它的特点先要从否定的方面来加以说明。这本书主要不是形而上学的或心理学的，也不是教义性的或直接实践性的；除了为了说明，它不去涉及伦理思想的历史；在某种意义上它可以说是非批判的，因为它只极偶然地对各个道德学家的体系提出批评。它力求对人们获得有关应当的诸推理信念的不同方法做一番考察，这些方法一般地是明显地或潜含地存在于人类道德意识之中的，并且不断地由各个思想家们单独地或相互结合地加以发展，至今已形成了若干历史体系。

我一直避免简单地假设，在任何情况下均有可正当地或合理地去做的事（所有的伦理学推理中似乎都隐含着此种假设）[①]，以及这一点可以为人们认识，以避免从这些前提来探究道德能力的起源（the Origin of the Moral Faculty），这种探究花去了近代道德学家们的极大的一部分精力。假如人们公认我们现在已具有了认识上述这一点的能力，那么，在我看来，人们对这一认识的探索及其与精神的其他因素的联系也未必是伦理学的，就像对空间的研究未必是 vi

① 我无意排除以下假设：在一定情况下，两种或更多的选择对象可能是同等正当的（1884 年注）。

几何学的一样。[①] 然而，我不作关于伦理知识对象的本质的进一步的假设，因而我的这本书不是教义性的：其中涉及的各种不同方法都是从一种中立的立场，并且尽可能公正地加以陈述和批评的。所以，尽管由于我始终致力于思考我们在熟知的日常事务和实际实践中如何会推出一些结论，因而我关于这一题目的阐述在一定意义上较许多道德学家更实际，但是我的直接目的——把亚里士多德的话翻过来说——是知识而不是实践。我认为，教人以善的欲望在道德学家们心中的支配地位已经妨碍了伦理科学的真正进步；并且认为，将那种无利害的探索应用于伦理科学将大有裨益，我们在物理学方面的那些伟大发现主要是归功于这种无利害关系的探究。我本着这种精神从事这部著作的写作。出于这种观点，我从始至终地希望把读者的注意力引到方法本身上面来，而不是把它们引到我们的方法引出的那些实际结论上面去。我希望把我们大家都感到了的寻找并采取确定应当做什么的真正方法的迫切需要暂时搁置一旁，并希望去思考如果我们从一定的伦理前提出发会合理地得出何种结论，以及会以何种确定性和精确性得出这些结论。

我应当说明的是，第一编中的第四章是从发表于《当代评论》(*The Contemporary Review*)上的文章中重印(经过相当大的修改)的，它最初是作为一篇论“快乐与欲望”的论文发表在那里的。最后，我要向我的朋友维恩先生致谢，他在此书出版前及出版期间曾不辞辛苦地阅读了它并提出了批评意见。书中的几处修改亦是得益于他的。

① 这一陈述现在看来需加一点限定(1884 年注)。

第二版序言 vii

在准备此书的第二版之前，我发现了许多需作斟酌和补充之处。这些斟酌与补充的范围竟如此之大，以至为了对本书第一版的读者们有益，我认为最好以另一形式出版它。我必须承认在几个地方有一种观点上的改变，这个改变至少部分地是由于批评意见而作出的。例如，在第一编第四章（论“快乐与欲望”）——它受到贝恩教授和其他人的大量批评——中，尽管我仍然坚持以前在讨论心理学问题时所持的意见，那些批评已经使我对这一问题与伦理学的关系采取了一种不同的观点；而且这一章第一节的现在的形式事实上直接与第一版中的相应部分相矛盾。由此，在接下去的第五章论“自由意志”中，虽然我还没有发现这一章引出的评论能解决我在时间偏爱问题（time-honoured problem）上的困难，但是我认为我不应把这些困难直接强加给读者，而应当公开地从我的论题中排除对这些困难的考虑。因此，在这一版中，我小心地把自己限制在解释我对自由意志问题的实践方面所持的观点并证明其正当性这一范围之内。通过研究应用于实践的进化论，我还较原先的认识更进一步地承认这一理论的某种重要性。此外，在第三编和第四编的一些段落中，在间接论及基于对常识道德的反思而提出的较远目的与标

准时，我还用“好生活”（well-being）代替了“幸福”（happiness）。[1]然而最后这一修改（如我在第三编最后一章中所解释的那样）并不具有任何最终的实际后果。我也修改了我的“客观的正当性”
viii （objective rightness）的观点，读者在把第一编第一章第三节与第一版的相应部分加以比较时，就会发现这一点；但是这一修改也不具有实质的重要性。在我对于功利主义原则的阐述（第四编第一章）中，我把那个冗长的短语“最大多数人的最大幸福”按照它的提出者的最后建议缩短为“最大幸福”。最后，我尽可能地接受了对本书尾章提出的那些强烈的反对意见。这一章中保留下来的讨论，似乎仍然独立于全书的完整结构；但我已经通过改变其开头和取消尾段的大部分内容而努力使它有一新的角度。

在这一版的新变化中，更主要的是那些解释性的和补充性的内容。我一直致力于在我自己认为模棱两可的和表达不确切的地方，或我根据经验发现易被误解的地方作出更充分、更清晰的说明。所以，我力图对伦理学和政治学的相互关系作出较第一版中原有内容更有启发性的说明。其次，甚至在L. 斯蒂芬（Mr. Leslie Stephen）在《弗雷泽》（*Fraser*）（1875年3月号）上的引人注目的评论发表之前，我就已经感到，最好对我关于“实践理性”及“正当”“应当”等词所表达的基本概念的一般观点作进一步的解释。出于这一目的，我将第一编第三章全部重写了，并在第一章中作了相当大的改动。其他地方的改动，例如在第一编第六章和第九章以及第二编第

① 按照西季威克的区分，“幸福”指人的目的，“好生活”指人们可获得的善（Goodness）。——译者

六章中的改动，则主要是为了使行文更清晰和更成体系。第三编前三章中的变动也部分地是出于此种情况，不过我也力图避开考尔德伍德教授针对其中第一章提出的那些反对意见[①]。第三编的主要部分（第四至第十二章）只作了细微更动；但是在第十三章（论“哲学的直觉主义”）——这一章受到许多作者的建设性批评——中，我感到直接陈述我自己的意见较之把我自己限制在评论其他道德学家的意见（在第一版即是如此）的范围之内更为方便。在第十四章中又作了相当大的改动，主要是为了把我发表在《心灵》（第 5 ix
期）上的一篇论文“快乐主义和终极善”（Hedonism and Ultimate Good）中的部分内容吸收进来。第四编中的变动不很大，这些变动主要是为了去除一个我新近发现的错误观念，这一观念涉及到我对于着重考察的三种方法的一般态度。

在本书的修订过程中，我一直尽可能地从我至今所知的对此书的各种批评意见中吸取合理的东西，无论这些意见是来自公众的还是来自个人的。[②] 在我认为可以换一种无甚区别的方式来避免争端的地方，我常常采纳了反对的意见，甚至在我看来是不甚合理的意见。在我不能做出人们所要求的修改的地方，我也总是在上下文及注释中或以某种有益的方式对那些似真而非真的批评意见作出答复。在这样做的过程中，当我认为由于我的论敌在所论问题上的公认的教师地位而提及他们的名字将明显地有益于讨论时，我便指出了他们的名字；但当经验表明这样会引起不快时，我便小心地避免

① 参看《心灵》（*Mind*）第 2 期。

② 在未公开出版的批评意见中，我要特别提到我从卡维思·里德先生那里得到的极有价值的意见，我在修订此书中所作的许多工作要归于他的帮助。

提及名字。本书引起的争论已超出我的希望，因而我一直避免因纯粹私人利益（兴趣）方面的争论而使本书蒙损。由于这一原因，对于
x 仅由于误解而产生的批评意见，我一般不作答复，我相信这一版中有足够的内容来有效地防止误解。然而，对一个根本性的误解却需要再说几句。我发现一些批评者忽视了或没有注意到在初版序言及开首一章中对本书计划的说明；一些批评者还认为我是作为我主要考察的三种伦理学方法中两种方法的攻击者和另一种方法的维护者而写作的。所以我的一位评论者认为第三编（直觉主义）中只含有圈外人的敌意批评；另一位评论者又基于我的主要目标是“利己主义的压抑”（suppression of Egoism）这一假设写出了一篇文章；第三位评论者甚至出于本书的“主要论证”是对于普遍的快乐主义（Universalistic Hedonism）的论证这一（表面的）印象而写下一本小册子。由于我竟使如此多的批评意见搞错了方向，我在这一版中便极其小心地改变了导致这种情况的那些途径。我在第三编中所考察的道德不仅是别人的道德，而且是我自己的道德。它是——如我所指出的——“常识的道德”。我仅仅是在我分有这种道德的前提下来描述它的；仅仅是(1)暂时地出于公正批评的目的，或(2)对于它的不完善性的实际意识使我不得不走出它的范围来评价它的时候，我才置身于它之外。诚然，我毫不留情地批评了这种道德；但是我认为我也同样无保留地揭露了快乐主义方法的缺陷与困难（着重参看第二编第三、四章及第四编第五章）。而且，关于快乐主义的两个原则，我也并不认为以普遍幸福为目标的原则比指向个人自己的幸福的原则更合理。我的计划不是抽象地研究这种“实践理性的二重性”（Dualism of the Practical Reason）——我在其它地方

曾使用过这个名称，——但我的观点竟令那些了解我的观点的批评家们误解到如此程度，这实在令我惊异。我甚至设想他们会一直追 xi
索到这种二重性的起源——巴特勒的著名的布道词中，我就是从那里了解了这种二重性的。我赞同巴特勒的下述意见：“合理的自爱和良心是人的本性中的两种主要的或优先的原则”，我们具有服从这两个原则的“显明的责任”（manifest obligation）。我关于合理的自爱或它同良心的关系的观点——神学的除外——也与巴特勒没有实质的差别。在基本上把良心看作是实践理性的一种功能这方面我亦与巴特勒相近：巴特勒在《对比》[①]（第二部第八章）中说，“道德准则是我们知道其理由的那样一些准则”。我同巴特勒的区别只是当我问自己“我们常识中的哪些准则是我们真的认为是最终合理的”时才产生的。这个问题巴特勒似乎没有真正地提出来过，至少可以说他没有对此作出令人满意的答案。我所发现的这个问题的答案提供着一种合理基础。据我看，作为一种伦理学说，边沁的功利主义正缺乏这种基础。因而，这种答案使我能超越直觉主义者和功利主义者的对立。

① 巴特勒（1692—1752，英国圣公会会督、伦理学家）；《把自然宗教和启示宗教与大自然的构造和发展过程进行对比》。——译者

第三版序言

在第三版中我又作了较大的改动，同时，我还引入了相当多的新问题。其中一部分变动和补充的是由于我自己的伦理学的或心理学的观点而需要作出的；但是我不认为它们对于全书的主题有很大影响。而且，所引入的新问题主要是(1)为了去掉对我自己的观点的模糊的、模棱两可的及缺乏逻辑性的表述，——这些地方是通 xii 过其他人的批评[①]或我自己的反思而发现的，——或是(2)为了把以前两版中匆匆带过的或讨论过少的部分或方面——从这些部分或方面说明我的观点目前从两个方面显得很重要：一方面，按照我自己对这一问题的观点，需对本书作进一步的完善；另一方面，它最好能更好地适合英国伦理思想的现状——尽可能地充实得合乎理想而写作的。前一类变动中最为重要的是第一编第一章和第九章中、第二编第一章至三章，第三编第一、十三、十四章中的有关变动。在第二类变动中我要提到的是第一编第三章中对理性与道德行为的关系的讨论、第一编第五章中对意志的讨论、第二编第六章中对苦乐原因的讨论、第三编第二章中对常识道德的德性概念的讨论，

① 在这里，我必须承认我从我的学生们的评论和提问中，从同我有私人交往的人们的批评意见中得到的帮助。在后者中间，我应当特别提到黑斯廷斯·拉什多尔(Hastings Rashdall)先生对我的基本学说所作的有益研究。

以及第四编（主要是在）第四章中对进化论伦理学的讨论。

我还应补充说明，所有重要的更动和补充均已单独出版过，以便于购买了本书第二版的人们阅读。

第四版序言

第四版中主要有以下的变动。(1)为回答福勒先生(Mr. Fowler)在《道德原则》(*Principles of Morals*)中及马蒂诺(Martineau)博士在《伦理学理论类型》(*Types of Ethical Theory*)中的批评意见,我扩大了第一编第五章第3节关于自由意志的讨论。(2)由于后一著作的出版的影响,我改写了第三编第七章中涉及马蒂诺博士所持的伦理观点的部分。(3)为回答拉什多尔先生在《心灵》(1885年4月号)上的强有力的反对意见,我对第三编第十四章中的论点作了

xiii 补充。(4)在冯·基兹奇先生(Prof. v. Gizycki)的重要批评[《科学哲学季刊》(*Vierteljahrsschrift für Wissenschaftliche Philosophie*)第4卷第1册]——我在准备第三版时出于无意而忽略了这一批评——的影响下,我在一定程度上更动了尾章。我因此而补写了几页:为此(我很愿意指出这一点)我在本书的其它部分中压缩了一些显得冗长的段落,删掉了一些多余的成分,并把一些离题的内容并到注释之中,以便不增加篇幅。

这一版的索引具有一种新的特点,这一点得益于格顿学院的琼斯(Jones)小姐,她是《作为科学之前提的逻辑概论》(*Elements of Logic as a Science of Propositions*)一书的作者。

第五版序言

自本书第四版问世以来，我注意到了人们对于我的伦理观点和推理提出的许多批评意见，这些意见主要是涉及我在第一编第五章关于自由意志问题和第三编第四章关于终极善的快乐主义观点的陈述。我已相应地改写了这两章中的某些部分，希望能使我的论点更明确和更有说服力。细心的读者在把这一版与前一版加以对照时，会发现这些改动中有细微的观点变化；但是这些变动不影响论点的主要内容。在其它各章中，尤其是在第一编第二章，第三编第一、二章中，还有一些不很大的变动，主要是为了删去行文中的不足之处，（我认为）这些变动中绝不含有观点的任何实质性的变动。

我还要再一次感谢格顿学院的琼斯小姐，她审读了这一版的校 xiv
样，作了一些极其有益的修改并提出了一些极好的建议；同时，她还修订了索引，这个索引是她为本书第四版而编制的。

第六版序言

这一版《伦理学方法》的修订工作是由西季威克教授开始的，他一直把这一工作推进到(边码)第276页，在这一页上他对本书作了最后修改。其中最后的几处修改是教授在重病缠身时作出的，病情的加剧使他未能对以后的部分再作修改。直至他逝世，他竟未能再摸摸这本书；若不是重病临危，他是绝不会如此的。按照他的愿望，我将第277—509页原样地出版，只作了他曾指出的几个微小的修改及第四编第三章尾段中的一点增补。[①] 西季威克教授在这一版(边码)第276页之前所作的更动，主要见于第一编第一章至四章和第九章，以及第二编第三章和第六章。这一版(边码)第58页注①中提出把“康德的自由意志观念”作为本书的附录，该文实际上是根据西季威克教授以同一题目发表在《心灵》第8卷第51期上的论文重印的，这篇文章包含了本书第58页注中所表明的那些理论背景。

还有一个重要情况。在为这一版的出版作准备的过程中，在西季威克教授关于他自己所写的手稿中，有一个关于他在《伦理学方

xv 法》中提出的伦理观点的发展过程的简史，这些是为一次讲座准备

① 参看(边码)第457页注及第7版序注。

的手稿笔记。这部分手稿虽未完成，但基本是完整的和一致的。鉴于它对本书的学生们具有特殊的价值和吸引力，我决定把它加在这里。这一安排似在某种程度上与作者在第二版序言中的打算相吻合。而且，这样的安排可以使《方法》一书以后的学习者们能读到一篇极其有趣的伦理学的兼历史的导言式说明，且不打断全书的联系。

西季威克在这篇关于自己的说明中写道：

——“我首先形成的明确的伦理学体系是密尔的功利主义体系。我从中找到了摆脱我被教导去服从的，我认为在某种程度上是可疑和混乱的，且甚至当显得明晰时也仅仅是教义的、不合理的、不一致的道德规则的外在的、人为的压力的途径。通过研究休厄尔（Whewell）的《道德的基础》（*Elements of Morality*）——这本书是三一学院（Trinity）的学生们必读的——我的反叛意识更强烈了。正是从那本书中我产生了这样的印象：（与数学家们相比）直觉主义道德学家们所提出的定义和公理是远远不够的；这种印象长久地萦绕于我的脑际。

密尔观点中的两个因素——我已习惯地把它们区别为〔每个人都追求他自身幸福的〕心理的快乐主义和〔每个人都应追求普遍幸福的〕[1]伦理的快乐主义——都使我感兴趣，而且我一开始没有意识到它们之间的不一致性。

心理的快乐主义——人们普遍追求快乐的法则——吸引我的是它的坦率的朴实无华，而密尔所阐发的伦理的快乐主义，

① 方括号中的内容是第六版序言作者补加的，下同。——译者

则由于它要求人们自愿作出绝对的自我牺牲而对我有一种道德上的鼓舞力量。它们诉诸我的本性中的不同因素，但是它们把这些不同因素带入了一种表面的和谐之中：它们使用同样的词，如‘快乐’‘幸福’，而且密尔理论的说服力在很长时间内掩盖了行为的自然目的（私人幸福）和义务的目的（普遍幸福）之间的不一致。换言之，假如我对私人的和普遍的幸福的一致性产生怀疑，我也会由于一种更大的决心而坚信应当把这种怀疑抛到一边。

但是慢慢地我产生了一种感觉，即这种解决利益与义务之
xvi 间冲突的方法尽管对于实践也许还是恰当的，但对于哲学却不可能具有终极意义。我并不怀疑，对不进行哲学研究的实践者们来说，使自我利益服从于他们认为是更好和更高贵的‘利他主义’冲动和情操的准则是值得称赞的，但是寻找和阐明这种行为的理性根据却是伦理哲学的事情。

因此，我开始从方法上来考察利益与义务的关系。

要搞清利益与义务的关系，需要仔细地研究利己主义方法。我们假定我自己的利益是至上的。那么什么才真正是我的利益？我在何种程度上能认识有利于这种利益的行为？这种行为的结果又在何种程度上与义务（或人类的幸福）相符？这一考察与其说使我感觉到了密尔及早期功利主义者所感觉到的所谓直觉或道德感观念同快乐主义——无论是伊壁鸠鲁主义的还是功利主义的——之间的对立，不如说使我十分强烈地感觉到了这种利益与义务之间的对立。我的著作的三个部分——第二、三、四编——也就是这样安排的〔第二编——利己主义；第三编——直觉主义；第四编——功利主义〕。

其结果是，我得出结论：在世俗经验的基础上，在我的幸福和普遍幸福的冲突中不可能有一种完满的解决办法。关于我慢慢地、不情愿地得出的这个结论，可参看第二编第五章和本书尾章〔第二编第五章是论‘幸福与义务’；尾章是论‘三种方法的相互关系’〕。这一结论对我〔是〕最重要的。

在得出这一观念之后，是在道德上选择普遍幸福，还是心照不宣地把自我利益当作终极目标，就成了实践上必须解决的问题。但是其理由究竟为何呢？

密尔说，这种牺牲是‘英雄主义的’，又说，除非我总是习惯于作出此种牺牲时，它才对我是不‘好’的。这些话我先搁置一边。对于他的话我内心中的困惑是：这种牺牲是不是为着我自己的幸福的。如果不是，那么为什么〔我应当去作此种牺牲〕？只说‘假如我是个道德英雄，我就得先形成一种极其强有力的，甚至与我自己的快乐相悖的利他的意志行为习惯’，这没有什么用。我知道我在任何意义上都不是那种无理由地、出于盲目习惯地作此种牺牲的道德英雄。而且我甚至也不想成为那样一种英雄。因为我觉得，那种英雄无论多么值得崇敬，都肯定不是一个哲学家。我必须在一定程度上看出，为那个——我作为其中之一部分的——整体的善去牺牲对我是正当的。

所以，尽管我以前由于对休厄尔的研究而产生了对直觉伦理学的反感，尽管我愿意做密尔的学生，我还是不得不承认，需要有一种基本的伦理直觉。

在我看来，没有这种基本的直觉，功利主义方法——我已
xvii 从密尔那里了解了它——就不能成为一种一致的和谐的体系。

在此种心态之下，我重读了康德的伦理学。密尔曾说康德的伦理学是一种‘荒唐的谬误’[1]，这种观点曾影响了我；我以前曾在这种影响之下囫囵吞枣地读过康德伦理学。现在我较有诚意地重读它，并且它的基本原则——请只按照你同时认为也能成为普遍规律的准则去行动——给我留下了深刻的印象，参看〔《伦理学方法》〕第三编第一章第三节。它对福音书中的‘黄金规则’（‘Do unto others as ye would that others should do onto you’）[2] 的阐述恰好与我的理由相合。但我的确不赞赏康德把道德置于自由基础之上的做法[3]，尽管我一开始还没有看出——现在我清楚地看出了——这种做法中含有一种根本性的混淆：它混淆了在两种不同意义上使用的‘自由’，即仅当我们做正当的事，当理性压倒我们的倾向时才体现出来的‘自由’，和当我们做不正当的事时也同样体现出来并且明显地含有不应得的概念的‘自由’。简言之，康德伦理学吸引我的是他的伦理原则而不是这一原则的形而上学基础。我在〔《伦理学方法》〕第三编第一章第三节中简要地解释了这一点。在我们更深入地谈到康德时，我还要进一步研究这一原则。

---

① 康德（Kant）：《道德形而上学的基础》[*Fundamental Principles*（*Grundlegung zur Metaphysik der Sitten*）]，第 1、2 节；密尔（Mill）：《功利主义》（*Utilitarianism*）[1879 年第 7 版（大字本）]，第 5、6 页。

② 直译为：只对人家做你愿意人家也对你做的事。——译者

③ 《伦理学方法》，第 1 编第 5 章。

我觉得，任何对一个人正当的事必须对所有处于类似环境中的人们都正当——这是我所理解的康德准则——无疑是基本的、真实的且不无实践意义的。

但是我又觉得这个基本原则对于建造一个义务体系是不够的；而且，越思考它就越显得不够。经过思考，我认为它并没有真正解决引导我从密尔转向康德的那种困难：它并没有最终地确立自我利益对义务的从属性。

因为，合理的利己主义者，即一个从霍布斯那里懂得了自我保存是第一条自然法以及自我利益是社会道德的唯一合理基础，并且是它的实际（就其有效而言）基础的人——这样的思想者可以既接受康德的原则同时又仍然是一个利己主义者。

他会说，‘我愿意承认，当另一个人不得不痛苦地在他自己的幸福和普遍的幸福之间进行选择时，作为一个有理性的存在物，他必然乐于选择他自己的幸福；就是说按照我的原则他这样做是正当的。诚然，由于我对于他的同情不比对其他人的更多，因而作为一个无利害关系的观察者也许愿意他为普遍善而自我牺牲；但是我并不能期待他这样做，就像我若置身于他的地位也不愿那样做一样’。 xviii

我觉得似乎不可能真正地驳倒这一推理。从普遍的观点来看，一个人乐于选择较大的而不是较小的善——即使这种较小的善是当事人的个人幸福——无疑是合理的。不过，我认为个人乐于选择他自己的善也无疑是合理的。自我关心的合理性（rationality）如同自我牺牲的合理性一样不可抗拒。我不能放弃上述信念，尽管我的两位老师——康德和密尔似乎都不愿

接受这种信念：他们以各自不同的方式拒绝这种信念。

所以，〔假如〕可以这样说的话，在寻求一位老师——假如‘老师’这个词太强硬了，那么，我至少也是在寻求同情和支持——的过程中，我是一个不守师教的学生。我坚持着我已经获得的尽管与我从之获教最多的思想家们的观点相对立的信念。

正是在这个环节上，我接受了巴特勒(Butler)的影响。因为我在寻找一种伦理信念的过程中所达到的阶段，立即引导我去理解巴特勒，去从他的观点之中寻求所需的支持和理智的同情。

我说去理解巴特勒，因为至那时为止，我一直误解了他，正如我认为大部分人那时误解了并且也许仍然误解着他一样。他以往给我的印象是一位良心权威的鼓吹者；而他的论点简单地说来似乎就是：因为对我们的冲动的反省表明良心要求有权威，所以我们应当服从良心。我从未怀疑我的良心要求权威；虽然这是一种功利主义的良心而不是巴特勒的良心。因为，在这寻求原则的整个过程中，我始终出于实践的目的而坚持着我从密尔那里了解的学说，就是说，我仍然坚持把旨在普遍幸福的准则作为行为的最高指导性规则；并且，我认为我能回答巴特勒［在《对比》(*the Analogy*)的尾章“论德性”中］对这一观点的诘难。如我已指出的，我的困难在于良心——无论是不是功利主义的——要求必须与合理的自爱的要求相和谐，在于我暗暗假定了巴特勒将避开或压倒〔后一种要求〕。

但是恰恰是在更仔细地读了巴特勒之后，我快乐而惊奇地在他那里发现了一种与我在努力吸取密尔和康德的思想时涌上心头的念头十分相似的观点。我发现他直截了当地承认‘利益，我自己的利益，是一种显明的责任’，承认‘合理的自爱’〔是‘人的本性中的两种主要的或优先的原则之一’〕。这就是说，他承认‘调节能力的二重性’——或者，我更愿意说，‘实践理性的二重性’；因为在我同意采取他的‘权威’概念之前， xix
他所强调的‘权威’在我心目中就是理性的权威。

关于在此之后我在这一方面的观点，我现在要表明的是，我是从理性的权威这个方面——如果可以这样说的话——进入巴特勒的体系并接受他的有力和审慎的理智的影响的。但是他的影响的结果却是使我进一步远离密尔，因为我被导致放弃心理的快乐主义的学说，被导致承认‘无利害关系的(disinterested)’或‘有关他物的(extra-regarding)’的行为冲动，而这些冲动不是指向当事人的快乐的〔参看《伦理学方法》第一编第四章〕。事实上，在我称为伦理学的心理基础的问题上，我发现自己更接近于巴特勒而不是密尔。

而且，这一点又引导我重新思考我同直觉伦理学的关系。巴特勒这样一位严谨的作者对纯粹功利主义的谴责的说服力和激情自然地给我留下了深刻的印象。我不得不承认，我在一定程度上使自己成了一个直觉主义者。因为我慢慢地明白，假如我打算把旨在达到普遍幸福的最高规则看作有根本约束力的话，就必须把它建立在一种基本的道德直觉之上。在阅读早期英国直觉主义者莫尔(More)和克拉克(Clarke)的著作时，我发现我要求我的功利主义〔即一个有理性的当事人必然以

普遍幸福为目标的功利主义〕要具备的这一准则，也以这种或那种形式占据着突出的地位[参看《伦理学简史》(*History of Ethics*)第172、181页]。

这以后我便既从理论上也从实践上，承认了这种基本的道德直觉；同时，我也承认了康德的原则是普遍有效的，尽管它不能提供完善的指导。——在这种意义上，我那时成了一个“直觉的”道德学家。既已如此，何不更进一步呢？(当时流行的)休厄尔这样的正统的道德学家们说，存在着诸直觉的一个完整的理智的体系，但是应如何认识这些直觉呢？我不能接受巴特勒关于普通人的良心具有充分可靠性的观点，因为我觉得普通人们的一致意见与其说是真实的，不如说是口头上的。

在这种心态之下，我不得不再一次阅读亚里士多德(Aristotle)；关于他的方法——尤其是他的《伦理学》第二、三、四卷中的方法——的意义和要旨，我似乎有了一点新的感受(参看《伦理学简史》，第二章第九节第58页直到节尾)。

假定亚里士多德在那里提供给我们的不是外在于他的东西，而是‘我们’——他同其他人们——思考的并为反思确证了的东西，那么他提供给我们的就是通过仔细比较而具有了一
xx 致性的希腊的常识道德。苏格拉底用问号来进行的推理不正是这种常识道德吗？

我能不能仿效这一点，能不能以同样的对流行意见进行公正反思的方式，来在此时此地对**我们的**道德作同样的事呢？

难道在我搞清楚我是否已具有了一种道德直觉之前，我真的不**应当**做这件事吗？无论我会得出何种结论，这种结果都会

是有用的。

上述这一点便这样构成了本书最初写出的那部分内容(第三编第一至十一章)。而且在本书中，对亚里士多德风格的某种模仿最初也十分明显；尽管我已经尽力去掉了我觉得矫糅造作的和学究气的部分，这种模仿还在一定程度上存在。

但是这一考察的结果，是以新的说服力和生动性，把常识道德的诸准则(甚至最强烈最严格的准则，如诚实和守信)与我已经获得的直觉(即康德的原则，毋宁说，我现在把公正中的唯一确定的因素——‘类似情况类似处理’——视为康德原则的一个具体应用)，与功利主义基本原则的区别显露出来。这后一种原则与康德的原则完美地相互和谐。我当然可以希望它成为一个人们应按照提高普遍幸福的方式去行动的普遍法则；从普遍的观点来看，它实际上非常明显地是我可以有意义地意欲的唯一法则。

于是我又一次成为一个功利主义者，不过是在直觉的基础上。

但事情还不仅如此。我对常识道德所作的反思还一再地令我看清了它作为一个规则体系具有倾向于提高普遍幸福的特性[参看《伦理学方法》第470、471页]。

先前在第二编中对快乐主义方法的反思也已表明了快乐主义方法的缺陷。那么该怎么办呢？第四编第五章指明了对常识的保守态度[待评]：‘在一般情况下坚持常识，仅在反对常识的论据是决定性的——尽管快乐主义方法也很粗糙——才偏离和努力改造常识’。

我在这种心态之下出版了这部著作。我想说出我所感

> 觉到的东西，即功利主义与直觉主义之间的对立是出于一种误解。实际上是个人利益同这两者之中的任何一种道德之间存在着一种根本的对立。若不采取关于世界的道德统治的假设——在这点上我同意巴特勒和康德——我感到值得信任的任何方法都不能解决这种对立。
>
> 但是在直觉主义同功利主义之间，我却找不到任何真实的
> xxi 对立。……我认为密尔和边沁的功利主义需要有一个基础：这种基础只能由一种基本的直觉来提供；另一方面，我对常识道德所能做出的最缜密的考察也向我表明：除了与功利主义完满一致的那些原则之外，不可能再有任何清晰的、自明的原则。
>
> 不过，对功利主义方法的研究也使我看出了［它的］缺陷，即仅仅对行为的效果作经验考察是不够的。而且，由于意识到功利计算这种指导在许多场合都具有实践上的不完善性，我仍然基于进化过程所表明的一种一般假设——即道德情操和意见总是指示着有益普遍幸福的行为——而不无担忧地在这些场合中尊重并以常识作为指导，尽管我不承认这种假设能强过另一种基于功利计算的强有力的可能性。”

还需要提到的只是，在这一版中的目录与索引作了一些修订，以便与正文中的变更相吻合。

E. E. 康斯坦斯·琼斯

1901 年 4 月于

剑桥，格顿学院

第七版序言

这一版是第六版的重印版，仅有的一些更动（对一些誊抄笔误的纠正除外）是第六版第457页的一段话和这一版第457—459页上的字形的更动，以及（1）标码和索引中、（2）第六版序言中提到这段话的地方，和（3）第457页上插注中的相应的字形更动。

E. E. 康斯坦斯·琼斯

1906年12月

第一编

总　论

第一章　导论 1

1. 人们对于被称之为伦理学的这项研究的研究范围历来理解不一，并且常常表达得十分含糊。但是，如果把一种伦理学方法解释为使我们能确定个人“应当”做什么——或对他们来说做什么是“正当”的，——或“应当”通过意愿行为去力求实现什么的合理程序，那么为了本书的目的，我也许一开始就需要对伦理学的界限作出充分的界定[①]。在使用“个人”这个词时，我暂先把伦理学的研究同政治学的研究[②]相区别，这种政治学的研究力图确定恰当的宪法和受其制约的社会场合中的正当的公共行为。在我看来，伦理学的研究和政治学的研究都不同于实证科学的研究，因为它们的特殊而基本的目标都是确定应当如何行为，而不是确定目前如何、已经如何或将来如何行为。

伦理学的学习者总是力图获得关于应当的系统而精确的一般知识；在此意义上，可以使用“科学的”这个词来说明他的目标和方

① “正当”和“应当”这两个概念的准确关系在本编第 3 章中作了讨论。这里我假定它们在大多数场合可以替换地使用。

② 我在我认为是最普通的意义上使用“政治学”这个词，表示关于正当的或好的立法和政府的研究或科学。这个词还有一种更广的意义，按照这种意义，也就是说，如果把政治学理解为关于正当的社会关系的理论，它就将包括大部分的伦理学。见第 2 章第 2 节。

2 法的性质。但我宁愿将伦理学称为一种研究而不是一门科学，因为人们普遍认为：一门科学的研究题材必须在某种程度上是实存的。事实上，“伦理的科学”这个词若不违反其一般用法，就只能或者指研究意愿行为及其动机，以及道德的情操和判断这些实际的人类个体精神现象的心理学；或者指研究我们称之为社会的有组织的人类群体所表现的类似现象的社会学。然而我们注意到，大多数人并不是仅仅出于好奇，也不是为了确定实际存在、已经存在或将要存在的事情而从事心理学或社会学研究的。通常地，他们不仅想理解人类行为，而且想调节它；他们从此种观点出发，把“善”与“恶”、“正当”与“错误”的观念应用于他们所描述的行为或制度；并因此（我想这样说）而从心理学或社会学的观点转到伦理学或政治学的观点上。我的伦理学定义旨在清楚地表明这一转变的根本性质。诚然，在任何理论中，这两类研究——实证的和实践的——都有着密切而全面的相互蕴涵关系。在任何理论中，我们关于应当的观点的具体内容，都必然主要地来自我们对是的理解；我们都只有通过仔细研究实际现象才能透彻地了解实现我们理想的手段；而且，若一个人问自己“我应做什么或者说应以什么为目标”，对他来说最重要的都是考察他的伙伴们对类似问题会作出何种回答。然而，十分明显的是，确定能解释人类的各种行为以及人们关于行为的各种情操与判断的一般法则或一致特性，仍然极其不同于确定在这些行为中哪一种才**正当**，以及这些歧义的判断中哪一种才**有效**。在我看来，正是对后一类问题的系统思考构成了伦理学与政治学的特殊而独有的目标。

2. 在上面一节所使用的语言中，我不得不考察陈述伦理学基本

问题的两种不同的形式。我们马上将看到，这两者之间的差别将引出一些相当重要的结论。伦理学时而被看作对真正的道德法则或 3
行为的合理准则的一种研究，时而又被看作对人类合理行为的终极目的——即人的善或“真正的善”——的本质及获得此种终极目的的方法的一种研究。这两种观点都是人们熟知的，并且将在本书中得到缜密的考察。但是一般说来，前者在现代伦理思想中似乎更突出，更易被应用于现代伦理学体系。因为在某种程度上，伦理学所研究的善只限于人的努力所能获得的善；与此相应，人们只是为了确定何种行为是达到这种善的正当（正确）手段而追求关于目的的知识的。所以，无论一种终极目的——而不是任何意愿行为——的概念在一种伦理学体系中是何等突出，无论对此概念能作出何种解释，如果要使它能指导实践，我们最终不过是对行为的准则或指导性规则作了某些说明。

另一方面，倘若伦理学的观念基本上是对人的“终极善”和达到它的手段的研究，那么，如果不去滥用的话，这种观念便不能普遍适用于我们可以习惯地看作直觉的道德观点。按照直觉道德观点，当行为符合于某种被直觉地领悟为具有无条件约束力的义务准则或原则时，它就是正当的。按照这种观点，终极善的观念对于确定什么是正当行为并不必然是根本性的，除非作出这样一个假设，即正当行为本身——或者在正当行为中所实现和发展的个性——是人的唯一的终极善。但是直觉的伦理学中并不包含这样一个假设；我还进一步认为，这个假设也与现代基督教社会的道德常识不相符。因为，即使我们同意巴特勒的“尘世的幸福是圣恩，上帝是它的主人和所有者”，以及相应地，人们不应把义务行为建诸于对

它能否引导他们达到幸福的知识之上的说法，我们通常还是认为，人类的善或好生活（well-being）的完整概念必须既包括获得幸福（happiness），又包括履行义务。对那些持这种见解的人们来说，在某些场合，人们应视为其行为的**实践上的**终极目标和正当行为的标
4 准的东西，可能与人的终极善观念没有逻辑的联系，以至于在这些场合，无论后者对于一个伦理学体系的完整性是如何地必不可少，它对于从方法上确定正当行为却并不重要。

正是由于考虑到刚刚提到的直觉观点是广为流行的，考虑到它在我的讨论中最终占据的突出地位，我一直避免使用“行为技艺”这个词——一些人认为它更恰当地表达了伦理学的含义——来给伦理学下定义。因为当用技艺这个词来说一本书的内容时，它似乎指的是有关达到一个给定目的的正当手段的系统的、直接的知识（区别于隐含的知识或我们称之为技能的有条理的习惯）。倘若我们假定行为的正当性取决于它是否有益于某种较远的目的，那么毫无疑问，当这个目的已经确定时，确定人类在不同关系和环境中的行为的正当规则的过程就自然而然地属于技艺的概念。但是倘若考虑到在实践的意义上道德行为的终极目的常常就是行为的正当性本身——或在这种行为中实现并为这种行为所肯定的德性——并且在每一场合或每一类场合这一点都可为人们直接地了解，我们就不能说“技艺”这个词适用于此类知识的系统陈述。所以，由于我不希望从任何与这后一观点不相容的假设出发，我便宁可把伦理学看作关于正当或应当的科学或研究；当然，这种科学或研究是以个人的意愿行为为基础的。[1]

---

① “善”的概念同“正当”或“应当”概念的关系将在本编最后的一章（第 9 章）作进一步的考察。

3. 然而，如果接受这种关于伦理学的范围的观点，尤其是由于我自己已经认为在本书中作某些有关“道德能力的本质”的心理学的探讨是正确的这一原因，就会产生这样一个问题：为什么人们普遍认为伦理学在很大程度上是由这类心理学讨论构成的。因为，为什么这类讨论属于伦理学——恰如关于计数能力或感觉和知觉能力的讨论分别属于数学和物理学一样——的问题在一开始还未出现。 5
为什么我们不直接从某些前提出发去陈述应当做什么或追求什么，而绕开我们把握其真理的能力如何的问题呢？

答案之一是道德学家有一种实践的目标：我们欲望获得关于正当行为的知识是为了按照它去行动。我们无法不相信我们视其为真实的事，但是我们却能不做我们视其为正当或明智的事，并且事实上常常做我们认为是错误的或不明智的事。所以我们不得不指出我们自身中存在着非理性的行为动机：它们同我们的知识相冲突，并且阻碍着把知识付诸实现。我们的实践判断与我们的意志之间的联系的不完善性本身，也迫使我们寻找关于那种联系的本质的更精确的知识。

但这还不是全部。人们永远不会问：“为什么我应当相信我视其为真实的事？”但他们常常问：“为什么我应当做我视其为正当的事？”不难回答说，这个问题是无意义的。因为只有借助于某些其它的关于正当行为的公认原则才能回答这个问题，而且也只有与这些原则相联系，这一问题才能被恰当地提出，等等。但是我们的确普遍不断地提出着这个问题，因此仅仅说明这一问题是无意义的还不能令人满意。我们还需要某种对它为什么总被提出这一点的解释。

可以做出的一个解释是，由于我们的行为不仅是由道德判断驱动的，而且是由独立地影响着道德判断的欲望和倾向驱动的，对“为什么我应做这件事”这一问题的真正合乎我们需要的回答就不仅要证明一个特定行为是正当的，而且要在我们自身中激起一种做出这种行为的突出倾向。

我不否认，这一解释对于处于某些情绪中的某些心态是真实的。但我认为，当一个人严肃地问“为什么他应当做”某事时，他通常是在内心中作出了一种决定，即他要去追求可以由论证证明为合理的行为，尽管这种决定也许与他的非理性倾向可能导致的决定极其不同。我们一般都同意：对合理行为的确定在任何场合都必须符合一些原则；在应用这些原则的过程中，当事人的倾向——当其区
6 别于上面所说的那种决定时——只是我们不得不考虑的若干因素之一，而且常常不是最重要的因素。但是一般地说，当我们问这些原则是什么时，人们的常识的实践推理中便真正出现了在职业道德学家们的体系与正式陈述中得到了明确表达的各异的回答。由于这种差异，当哲学家冒着陷入悖论的危险去追求原则的整体及方法的一致性时，非哲学的人却容易立即抓住不同的原则，并去运用多少相互混杂了的不同方法。假如情况是这样，对于前面提到的这种对终极理由的持久的、未得满足的需要，我们就可以做出另一种解释。因为，如果在普通人的思想中潜含着对终极理由的不同观点——尽管这些观点的相互关系未被清楚地了解，——那么，由于对“为什么”这一问题的任何单一的回答将只能来自其中的一种观点，并且将总是给来自某些其它观点的提问留下余地，这种回答就将不会是完满的。

我自己相信这是对此种现象的主要解释，本书的计划正是基于这一信念之上的。诚然，我们不可能把导向对立结论的那些推理都看作有效的。我还进一步认为：只要两种方法相互冲突，我们就必须修正或拒绝其中的这种或那种方法，这是伦理学的一个基本假设。但是我认为，在开始进行伦理学研究时，承认普通的实践思考使用着极其不同的方法是十分重要的。

4. 那么有哪些不同的方法呢？有哪些不同的原则是**自明地**易于被人类常识作为终极原则而接受下来的呢？回答这个问题需要小心，因为我们常常不直接诉诸一个较远的目的而规定“应当”作这件或那件事，或者“应当”以这件或那件事为目标，尽管仍然隐含地假设着这样一个目的。显然，这些规约只是康德所谓的假言命令，这些规约对一开始没有接受此目的的人没有约束力。

例如：从事任何一种艺术教育的教师总是假定他的学生希望 7
创作艺术作品或想创作高质量的作品，他告诉学生说他**应当**以另一种方法来使用鞋钻、锤子和刷子。一位医师总是假定他的病人希望健康，他告诉他的病人说他**应当**早起、平静地睡觉和从事重体力劳动。如果那位病人在深思熟虑之后宁取轻松、闲适的生活而牺牲其健康，这位医师的准则便落了空，它们对这位病人没有约束力。再举一例：一个世俗的人在制订穿衣、处世、谈话的规则和生活习惯时，也总是假定他的听者们希望在社会中生活下去。规定着常被称为“对自己的义务”的那些内容的各项规则大概也是出于类似观点而提出来的。我们可以说：这些规则是建立在一个人把他自己的幸福视为一种终极目的这样一个假设之上的；假如一个人竟如此例外以致不关心他的幸福，他就不属于这些规则适用的范围。简言之，

在这些表述中，“**应当**”仍然隐含地相对于一个**有选择的**目的。

不过，我并不以为对问题作这样的说明便已足够了。我们并不都漠然地看着一个人拒绝采取正当的手段去获得他自己的幸福，除非他根本不希冀幸福。多数人将带着某种非难把这种拒绝视为不合理的，所以，他们会隐含地同意巴特勒的“利益，一个人自己的幸福，是一种显明的责任”的论断。[①] 换言之，他们会认为一个人**应当**关心他自己的幸福。这样使用的“应当”一词不再是相对的：幸福在这里是作为一个终极目的出现的，对它的追求——至少在由其它义务加给的限制之内——借用康德的话来说，似乎是由理性“绝对地”规定的；就是说，没有关于一个较远的目的的隐含假设。而且，甚至正统的道德学家们也广泛地认为，所有道德最终都是建立在“合理的自爱”[②] 的基础之上的；就是说，对任何一个人来说，只有当遵守道德规则从总体上符合他的利益时，这些规则才最终对他有约束力。

然而，常识的道德见解当然只把审慎的义务或德性看作一般义
8 务或德性的一个部分，并且不是最重要的部分。常识的道德见解承认并且反复灌输其他的基本原则，例如公正、守信和诚实的规则，并且在对于具体事例的日常判断中倾向于把这些规则看作无条件地、无需诉诸较远后果地具有约束力的。在日常的伦理学的直觉观点中，作为哲学反思的一个结果，这些规则中的“绝对”命令被直接而明确地坚持着，德性——至少是刚刚提到的那些德性——在行

① 见巴特勒：《人类本性布道集》(*Sermons on Human Nature*)，“前言”。

② 这个术语是巴特勒使用的。

为中的实现也是严格而不偏离地与这些规则一致的。

另一方面，许多功利主义者都坚决主张，人们相互规定为道德规则的所有行为规则都实际上是——尽管部分地是无意识地——作为达到人类或所有感觉存在物的普遍幸福的手段而被规定的。而且，更多的功利主义思想家们还认为，无论这些规则起源于何，只有当遵守这些规则有益于普遍幸福时，它们才是有效的。我在后面将详细地考察这种论点。这里我只想指出：如果这样来理解旨在达到普遍幸福的义务，使它包含所有其它义务，并把它们作为它的运用，我们便又一次被引导到了作为被绝对地规定的终极目的的幸福概念。区别只在于：在这里是普遍幸福而不是任何个人的私人幸福。这也就是我自己对于功利主义原则的观点。

同时，在从方法上研究被认为是相对于私人幸福或普遍幸福的正当行为时，没有必要假定目的本身是由理性决定或规定的。我们只需假定在推导有说服力的实践结论时，目的被当作终极而至上的东西。因为，如果一个人把一个目的当作终极而至上的东西而接受下来，那么，哪一种推理过程能使他确定出那些最有益于这一目的的行为，他就隐含地以哪一种推理过程为他的“伦理学方法”。[①] 然而，由于所持的目的方面的每一点区别都至少有方法上的某种区别与之相应，如果人们作为终极的东西而实际接受下来的所有目的 9
（它们使其余所有东西都在“主导性的激情”的影响下从属于它们的实现）都被当作原则，并要求伦理学的学习者为所有这些原则构造合理的方法，他的任务就会是非常复杂而广泛的。但如果我们把自

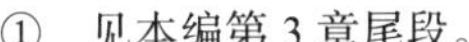

① 见本编第 3 章尾段。

己限制在人类常识似乎将其作为合理的终极目的而承认的那些目的的范围之内，我想，这一任务就被减少到力所能及的范围之内了。这一标准将至少能排除许多被人们实际上看作至上的目标。例如，许多人宁为名望而牺牲健康、财产和幸福，而就我所知，却没有一个人在深思熟虑之后坚持认为名望是一个因其自身原因便值得人们去追求的目的。仅当名望(1)对获得它的个人是一种幸福源泉，(2)是他的美德、德性或理智的一个象征，或者(3)肯定着他所获得的成就给社会带来的巨大利益，并同时激励着他与他人以后取得更大成就时，它才把自己提到反思的心灵之前。当我们再来考察“利益”观念时，它也同样引导我们回到幸福或人类本性的美德的观念上，因为人们通常认为，一个人只有使别人更幸福或使之更有智慧、更有德性时，才能增进他人的利益。

我们在后面[①]还要考察，除了这两个目的之外，是不是还有别的目的能被合理地看作终极的。但是我们也许可以说，有强烈而广泛的理由被看作合理的终极目的的仅有的两个目的，自明地就是我们刚刚提到的那两个目的，即幸福和人类本性的完善或美德。“美德”在这里不含有优于他人的本意，而是意指对人类完善的一种理想型式的部分实现或接近。我们必定看到，由于这两个目的中的前一个目的只能被普遍地追求，或每一个人为他自己而单独地追求，接受这个目的便引导我们采取两种显然不同的方法。尽管一个人无疑常常要通过为他人而劳动和为他人而放弃自身来最好地提高他自己的幸福，我们关于自我牺牲的常识概念却似乎隐含着下述意

① 见本编第 9 章和第 3 编第 14 章。

义：最能导致普遍幸福的行为并不——至少是在这个世界上——总 10
是同时倾向于促进行为者的最大幸福。[①] 在那些认为“幸福是我们生存的目的和目标”的人们中间，在涉及以哪一部分人的幸福为目标才最终是合理的问题时，我们似乎发现了一种根本的分歧。对一些人来说，“个人在行动时始终恰当的行为目的，是他自那一时刻起直至生命终结时的真正的最大幸福”。[②] 而另一些人则认为，理性的观点才基本上是有普遍意义的：一个人不可能合理地把他自己的幸福看作终极而至上的目的，却不把其他人的幸福看作此种目的——至少是当两者都应得其幸福并对之具有敏感性时；——所以，如同在政治学领域一样，“在道德领域”必须把普遍幸福作为“正当和错误的真正标准”。[③] 诚然，人们可能接受一种介乎这两者之间的中介性目的，可能去促进诸如一个人的家庭、民族或种族这样的某一部分人类的幸福。但是任何这样的限制都似乎是人为的；除非它是促进普遍幸福或维护一个人自己的幸福的最实际的方法，否则便不会有人主张它本身是合理的。

美德或完善的情况则似乎与此相反。[④] 诚然，初看上去它与幸福具有相同的性质[⑤]：作为目的的美德似乎既可从个人方面又可从

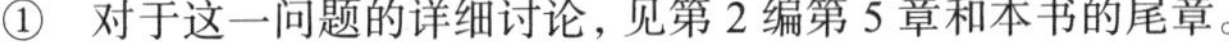

① 对于这一问题的详细讨论，见第 2 编第 5 章和本书的尾章。

② 边沁（Bentham）：《回忆录》（*Memoirs*）（鲍尔林版，第 10 卷），第 560 页。

③ 仍见边沁：《回忆录》，第 79 页。见本编第 6 章尾注。边沁以后的功利主义者，在这两个原则中时而把一个时而又把另一个作为至上的原则。

④ 我使用“美德”和“完善”这两个词来表示同一种终极目的，但它们所指的方面有所不同。这两个词都意指一种具有复杂的精神特性的理想，但是用“完善”时指的是这一理想本身，而用“美德”时指的是我们在人类经验中所实际看到的情形，即对这一理想的部分实现或接近。

⑤ 人们也许会说，在这里可能出现比在幸福那里更对立的关于合理目的的观点，

11 普遍方面去追求；而且也可以设想这样一些场合：一个身处其中的人可能相信他唯有牺牲自己的美德才最能提高他人的美德。但是，把美德视为终极目的的道德学家们从来没有赞成过这种牺牲，至少是在道德美德的范围之内他们没有这样做过。没有人曾指导一个人去提高他人的德性，除非这样做和他自身中的德性的实现相容甚至有联系。① 所以迄今为止，似乎无需把以个人的美德或完善为终极目的的确定正当行为的方法，同旨在达到人类共同体的美德或完善的确定正当行为的方法分别开。由于德性通常被视为人类美德的最有价值的因素，——并且是在同其它任何一个作为合理选择对象的可与之竞争的因素比较时一般都更可取的因素，——任何一种方法，如果它把人类本性的完善或美德视为终极目的，都将在很大程度上明显地与基于我所称的直觉观点的方法相一致；因而，我决定把这样一种方法视为这后一种方法的一种特殊形式。② 把以幸福为终极目的的两种方法区别为利己的和普遍的快乐主义将很方便。按照边沁及其继承者们的教导，“功利主义”这个词更多地被了解为后者；我将始终在这个意义上使用这个词。要找到一个完满地对应于利己的快乐主义的词有些困难。我将常常直接称之为利己主

因为我们不必局限于（在幸福的例子中即是如此）对感觉存在物的考虑。无生物似乎也有它们自己的完善和美德，并且能被制作得在它们的属类中更好或更坏，这种完善或它的一种样式似乎就是美术的目的。但是我认为，反思表明无生物的美或其它任何一种特性都不能被视为自身就是善或值得向往，从而与感觉存在物的完善或幸福无关的。参见本编第 9 章。

① 康德严厉地否认把他人的完善当作我的目的这一点能够成为我的义务。参见下文第 3 编第 4 章第 1 节。

② 见第 3 编第 14 章，我在那里说明了只给作为终极目的的完善观念以一种从属地位的理由。

义；但有时称之为伊壁鸠鲁主义更方便：虽然这个名字更确指一种具体的历史体系，但它已通常在一种更为宽泛的意义上使用，而我恰恰希望在这种广义上使用它。

5. 对最后面的这句话需要有进一步的解释，为明确起见，在这里给出这一解释是必要的；然而，它毋宁说是对本书的计划和目的的解释，而不是对通常理解的伦理学问题的性质和界限的解释。 12

有一些公认的阐述伦理学问题的方法，但我认为其中没有一种是合意的。我们可以从现有的体系出发：或者历史地研究它们，追溯它们在若干世纪中的思想演变；或者按照它们的相近关系比较和区分它们；或者评价它们的内在一致性。我们还可以尽量地增加这些体系的数目，并且在做了如此之多不成功的努力之后，声称已经获得了关于伦理学问题的真正理论，声称其它一切理论都应受它检验。这本书既不含有对一种体系的阐释，也不含有不同体系的自然史或批评史。我力图界定并阐明的是几种而不是一种伦理学方法。这些方法在这里也不是作为出于调节实践的需要已经被使用或提出的方法而被历史地研究的；毋宁说，它们是作为选择对象而被研究的。在我看来，当人的心灵试图构筑一个完整的实践准则，并以一种完美一致的方式行动时，它必然不得不在这些方法之间——就它们不能被调和而言——进行选择。所以，可以把它们称作理性化了的自然方法，因为人们通常用一种由各种不同方法合成的、或多或少由语言的模棱两可伪装起来的混合方法来指导自己。产生着不同方法、并使各种目的的不同要求具有合理性的那些冲动和原则，在一定程度上是为一切心灵所承认的；与此同时，心灵还感觉到了把它们协调起来的需要——因为，前面已经说明，两条相互冲

突的行为规则不能皆为合理是实践理性的一个先决条件；——因而通常产生的结果，就或者是不同原则与方法的一种混乱的结合，或者是它们之间的一种勉强的、不成熟的折衷。那些职业的道德学家们构筑的体系也不能避免这些缺陷。著作家们常常不作充分分析就去综合，他们更迫切感觉到的是综合的实践需要，而不是分析的理论需要。像在其它地方一样，在这里，伦理学理论的发展也似乎在某种程度上被实践考虑的优先性阻碍了。即使从实践应用本身
13 来考虑，也应当把对正当行为的理论研究与它的实践应用更完全地分开。因为，集科学方法与忠告方法于一身的阐述方法很容易失去它本来要结合起来的两种结果：它将搞乱人们的头脑并且将不能激励心灵。所以，像在其它科学那里一样，在这里我倾向于认为，由于清晰地说明一个未解决的问题总是解决它的一个步骤，在已知的和未知的东西之间划出一条尽可能清楚的界限将是有益的。然而，在伦理学著作中，一直存在一种忽视和无视这个问题上的这些困难的倾向。这种倾向或者无意识地产生于著作者不能满意回答的那些问题必定是一些不应当提出的问题这一潜在信念；或者有意识地产生于他不可以去动摇他的读者心目中的道德这一潜在信念。后面这种本意良好的想法常常自相矛盾：以这种方式掩盖着的困难很容易以论争的形式重新出现，那时它们将不再被小心地掩饰，而是出于论争的目的被昭然于众目之前。这样，我们就一方面在趋向于模糊不清的折衷，另一方面又在随便任意地扩大分歧；这两种过程都无助于消除最初存在的那种模糊性，也无助于消除潜藏于我们常识的实践理性的基本概念中的歧义性。消除或减少这种不明确性问题和混乱即是我在本书中向自己提出的唯一的直接目的。为了

更好地完成这个任务，我一直避免直接提出对主要伦理学疑难问题和论争的完备而终极的解答，这样的一种解答将把对各种方法的阐述变为对一个折衷的体系的制订。与此同时，我又希望对构造这样一个体系有所建树，因为在对不同思维方式的各种逻辑结果作了公正而精确的研究之后，判断它们的相互关系和不同要求也就容易多了。在对实践原则进行反思时，下述情形并不乏见：无论初看起来这些原则要求我们多么果断地同意它们，无论构成它们的概念对我们是多么熟悉和明晰，一当我们缜密地考察了应用它们的那些结 14
果，它们便在我们眼中换了一副模样，就产生了一个颇为可疑的方面。真实的情况似乎是：大部分已被严肃提出的实践原则，只要它们有自己的适用范围，便多少满足了人类的常识。它们在我们的本性中有一个相应的部分，其基本假设是我们倾向于接受的，是我们发现在一定程度上支配着我们的习得行为的。如果有人问我，“你不认为为你自己求乐避苦最终是合理的吗？”“你没有一点道德感吗？”“你不直觉地认为某些行为是正当的而其它一些行为是错误的吗？”“你不承认普遍幸福是一个至上的目的吗？”对所有这些问题，我都回答说“是的。”当我不得不在不同的原则或从它们引出的推论中进行选择时，我才遇到了困难。我们承认当它们相互冲突时进行这种选择是必要的，也承认时而让一个原则占上风时而又让另一个原则占上风是不合理的，但是这却是一种痛苦的必要性。我们只能希望所有方法最终会殊途同归；以及希望我们在做出选择之前，能够在一定程度上占有对每一原则的尽可能完备的知识。

所以，我在本书中的目标是尽我所能地清晰而详尽地阐释我认为隐含于我们常识的道德推理之中的不同的伦理学方法，指出它们

的相互关系，并且在它们似乎相互冲突的地方，尽可能指明冲突之所在。在进行这一努力的过程中，我也附带地讨论了一些我认为在确定采取何种伦理学首要原则方面至关重要的问题。但是阐明这些原则并非我的初衷，提供对行为的一组实践的指导意见也不是我的本意。我始终希望把读者的注意力完全引到伦理思考的过程上而不是其结论上。因而，我始终不把任何实证的实践结论作为我自己的东西来陈述，除非是出于说明的需要。此外，我也决不冒昧地对任何论争的观点妄下断语，除非是在对原则的定义缺乏精确性或明晰性的地方或在推理方面缺乏逻辑性的地方。

第二章　伦理学与政治学之关系 15

1. 在上一章中我说过，伦理学和政治学都是实践的研究，它们都把存在于实证科学范围之外的某种东西，即对应当追求的目的或应当无条件服从的规则的确定，包括于它们的研究范围之内。在进一步讨论之前，从伦理学的观点来看，最好先大致地确定这两个同类的研究之间的相互关系。

前已说明，伦理学旨在确定个人应当做什么；而政治学则旨在确定一个国家或政治社会的政府应当做什么，以及它应当如何构成，后面这个题目包含了有关被治理者应当实施的对政府的控制的全部问题。

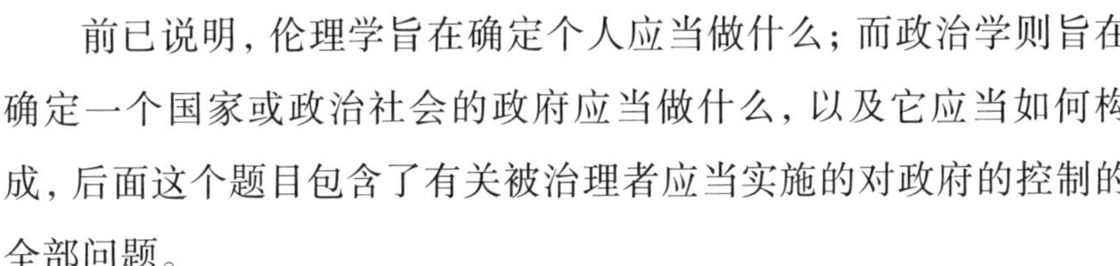

初看起来，这样设想的政治学似乎是伦理学的一个分支。因为政府的所有行为都是单独的或相互联合着的个人的行为；而且那些坚持并且不时修改他们国家宪法的人们——他们服从、影响或者也许还偶然地反抗政府——的所有行为也是这样；此外，只要这些行为得当，它们就似乎是基于伦理原则而决定作出的，或能够被这些原则证明为正当的。但是这一论点不是决定性的。因为根据类似的推理，伦理学也将不得不囊括所有技艺，无论是自由的技艺还是工业的技艺。例如，对一位船长和他的下级来说，安全地驾驶他们的船便是他们的道德义务中的一个主要部分，但是我们并不认为伦

16 理学包括一种对航行规则的研究。人们可能回答说：并非人人都是水手，但是至少在一个由普通政府治理下的国家中，每个公民都有重要的政治义务；只要可能，他就应当按照他对于政治义务的知识去履行这些义务。但是，以此类推，注意自己的健康也是每个成年人的道德义务中的一个重要部分，所以谚语说："四十岁的人要么是个傻瓜，要么是他自己的医生"；然而我们并不认为伦理学要把这种医学技艺包括进来。

伦理学与政治学之间的特有的重要联系，是以一种与此不同的方式产生的。政府的工作在于通过颁布和实施法律来调节被治理者的外部行为，不仅是调节一个活动范围内的行为，而且要调节他们所有社会关系中的行为，只要此种行为是建立强制规则的一个恰当问题。此外，不仅这种调节应当同道德相互协调——因为十分明显，人们不应当被强迫去做他们不应当去做的事，——而且一个人所在国家的法律将在一个重要的范围内，恰当地决定他的道德义务的具体内容，甚至决定他在法律强制范围之外的义务。所以，我们通常在"公正"的名义下，把"给每个人以他应得的东西"看作是个人的道德义务，甚至当——由于某种偶然性——另一方并不具有依法实施其权利的能力时也是这样。非但如此，在考虑什么是另一个人"自己的"东西时，我们还假定他一般是受他所在国家的法律指导的，要是那个法律改变了，他的道德义务也就会随之改变。以此类推，夫妻之间、子女与父母之间的相互的道德义务，亦将随着他们的法律关系方面的变化而改变其内容。

但当我们更详细地考察伦理学和政治学之间的这种关系时，我们看到：在现实的或实证的法律与理想的或作为应当的法律之间必须划一条界限。政治理论是为后者制定原则的，但是以刚才说明的方式确定着此地此时的个人的正当行为的基本上是实证法而不是理想法。毫无疑问，假如我觉得实证的法律与理想的法律之间存在广泛的不一致——（例如）假如政治理论使我相信从根本上改变财产法是合乎理想的——这种信念就可能影响我对于我在现存法律下的道德义务的观点，但是这种影响的范围是模糊而不确定的。假如 17
我是一个建立了奴隶制的社会中的一个奴隶主，并且愈来愈相信人身的私有财产应当通过法律来废除，这并不意味着我将把立即解放我的奴隶视为我的道德义务。我可能认为直接而普遍地废除奴隶制不仅毫无希望，而且甚至对奴隶本身来说也不恰当：这些奴隶需要获得一种对于自由的循序渐进的教育。所以，眼下最好是作出一些能消除奴隶制的最坏方面的法律改变，同时树立一个人道地、温和地对待奴隶的榜样。类似的推理也可应用于对废除生产资料或公职——公民社会的或宗教的——方面的私有财产的考虑。一般地说，政治理想应当对道德义务发生影响的范围，部分地取决于实现理想的前景显得遥远还是切近，部分地取决于直接实现它的紧迫性或便利程度。同时，这两种考虑的意义又可能随着所能接受的政治方法而变化，因而更精确地确定它们是属于政治学的事，而不属于伦理学。

概括地说，我们必须分清两个问题：(1)一个人此地此时对正当行为的确定，应在何种程度上受实证的法律以及政府实际制定的其它命令的影响；以及(2)它应在何种程度上受有关政府的职能与结构应当如何的政治理论的影响。前一个问题，即确定服从政府的理由和界限，显然属于伦理学。由于政治义务的一般观念超出了单纯的服从，由于这种众所周知的观念因不同国家的各异的政治条件而产生的巨大差异，政治义务的一般观念也明显地属于伦理学。（“好公民”一词在美国所合理构成的关于公民的现实政治义务的观念，
18 将与它在俄国所合理构成的观念极其不同。①）而且，就这种一般观念涉及生活的政治方面而言，它将是伦理学的主要问题。只是由于政治思想不能直接确定现存条件下的政治义务而只能对其发生影响，对政治理想的讨论才以一种较为模糊和间接的方式进入了伦理学的视野。

2. 我已经从一种伦理的观点陈述了伦理学对于政治学的关系；在我看来，这种关系是与前一章中对伦理学的定义一致的。然而在有些思想家对于伦理学理论的观点中，却含有一种与上述的极其不同的与政治理论的关系。他们恰恰不是把理论的或“绝对的”伦理学看作对此地此时应该做什么的研究，而是把它看作对于在一个其完善达到理想程度的人类组成的社会中行为的规则应当如何的研究。所以我们的研究主题就成了双重理想性的。因为它不仅要规定与是不同的应当，而且要规定在一个其本身并非*是*而仅仅是*应当*的社会中的应当。按此观点，理论的或“绝对的”伦理学的结论就会像理论的政治学的结论一样，与现实生活的实践问题处于一种间接而不确定的关系之中。由于在严肃的政治理论中，人们常常认为只有政府而不是受治理的社会才处于一种理想状态之中，我们甚至可以说，这种间接而不确定的关系在伦理学中更突出些。然而对政

① 人们可能怀疑是否应当用“好公民”这个词来称呼后者，而不用“俄国沙皇的忠实臣民”来称呼他。但是这种怀疑只是在表明我所指出的差异。

府和受治理者这两方面的研究却不大可能融合为关于理想的社会关系的理论，除非把那种理想的社会设想为不需要政府，以致通常意义上的政治学[①]完全消失。

那些持此种观点的人们[②]引证几何学来说明伦理学应当处理理 19
想地完善的人类关系，正如几何学处理理想的直线和完善的圆一样。但是几何学并没有忽视我们在经验中碰到的那些不规则的线所具有的空间关系，它能够也的确为了实践的目的以相当高的精确度来确定它们，尽管它们当然比那些完美的直线的空间关系复杂得多。在天文学中也是这样，假如星体像人们曾经相信的那样是作圆周运动的，这对于研究的目的来说将是更方便的。但是下述事实，

① 如前面指出的，政治学时常被人们在一种较宽泛的意义上使用，以便表示那种关于理想社会关系——无论是被设想为通过政府强制而确定的还是相反情况——的理论。

② 在撰写本节时，我主要考虑了斯宾塞先生在《社会静力学》(*Social Statics*)中提出的学说。鉴于斯宾塞先生已在他的《伦理学资料》(*Pata of Ethics*)中重新表述了他的观点，并且对我的观点作了答复，我便有必要指出本节的第一段不是针对他的后一著作中提出的那种“绝对的”和“相对的”伦理学观点的。在我看来，这种观点与《社会静力学》中的学说有实质性的差别。在《社会静力学》中，作者不仅坚持认为——在《伦理学资料》中亦如此——“表达着在一个理想社会中的正常行为”的绝对的伦理学应当“优先于相对的伦理学”，而且还坚持认为绝对的伦理学是一个哲学的道德学家可能关心的唯一的一种伦理学。用斯宾塞先生的话来说——“已经提出的任何道德体系，如果它承认现有的缺陷，并且鼓励因这些缺陷之需而作出的行为，就应当自我谴责……道德法则……要求把人类的完善作为其先决条件。哲学的道德学家只考虑正直的人……说明他与另一些正直的人们处于何种关系之中……他无法解决一个由于存在着狡诈的人而引起的问题。”(《社会静力学》第1章)在同一本书的尾章中的下述一段话中，相对的伦理学被更明确地排除了(重点号是我加的)：——“人们很可能争辩说，尽管完善的道德法十分明显地超出了不完善的人们的能力范围，我们仍然需要一些其它的法作为我们目前的指导……说不完善的人需要一种承认他的不完善性并把它考虑进来的道德法，看上去似乎合理，但是并非真的如此……一个承认人的目前的不完善性并把它们考虑进来的道德体系不可能被设想出来，而且即使被设想出来，也没有任何作用。”

即它们并不是在作圆周运动而是在作椭圆运动，甚至是在作不完美的和紊乱的椭圆运动，决不会把它们排除出科学研究的范围。由于耐心和勤奋，我们甚至已经知道如何去归纳出原理以及计算这些更为复杂的运动。出于教育的目的而假设行星在作完美的椭圆运动可能是有益的。但是作为天文学家，我们想知道的是星体的真实运动及其原因。与此相似，作为道德学家，我们自然要探讨在我们所生活的现实世界中应当做什么。在这两种情况中，我们都不可能指望在我们的一般推理中再现出实际考虑的全部复杂性，但是我们努力地尽可能地接近它。只有这样，我们才真正把握了一个人类普遍地在寻求其答案的问题："什么是一个人在他目前条件下的义务？"因为下面的这种回答，即在获得一种理想的社会关系的努力中人们看清了他们的全部义务，是极其自相矛盾的。而如果我们不这样回答，我们便必须根据现实环境来确定我们对现实的人的义务，这一
20 点正是伦理学的学习者力图以一种系统的方式去做的。

因此，对一种理想社会中的道德的研究至多只是一种准备性的研究；在这种研究之后，随着推理的过程，还需要从对理想道德的研究转到对现实道德的研究。所以，我们不得不问：这样一个准备性的结构在何种程度上是值得向往的？在回答这个问题时，我们必须区别不同的伦理学方法。因为，直觉主义者普遍认为，真正的道德在所有社会条件下都绝对地规定着自身即为正当的事物，至少是规定着主要的义务，例如应当讲真话和应当信守诺言，以及"即使天塌下来也要主持公正"。而只要持这种意见，在确定义务时似乎就不可能在社会现实状态和一种理想状态之间划出根本的界限：（例如）公正的一般定义在任何意义上都同时适用于这两种状态，正

如它的绝对的严格定义适用于这两种状态一样。然而，甚至一个极端的直觉主义者也承认，公正及其它义务的具体内容是随着社会制度而变化的。如果直觉主义者说：若能把一个理想共同体的“绝对的”公正清晰地作为公正的一种样式来沉思，我们就更能获得在现实条件下唯一可能的纯粹“相对的”公正，这似乎是有道理的。当我们从一种直觉的观点考察了公正的定义之后，我们就将能更清楚地判断这种情形在何种程度上是真实的。

当涉及那种把普遍幸福作为一个终极目的和至上标准的方法时，这一问题采取了一种较为简单的形式。[①] 在这里我只需问，对一个非常幸福的人类群体的社会关系的系统思考，在何种程度上能指导我们去提高人们在此地此时的幸福。眼下，我不想否认对此种方法的详尽研究对解决此项任务是有益的。但是很容易指出这项
任务中包含着一些严重的困难。 21

因为，正如在日常慎思中我们不得不考虑在人生的某些（内部的与外部的）条件下什么是最好的一样，我们在沉思理想社会时也不得不这样做。我们需要沉思的宁可说不是被假定为应去实现的目的——这样的目的仅仅是可以想象的、尽可能长久且不被打断地持续着的最令人愉快的意识——而是人们所寻求的实现这种目的的方法。而这两者又必须被设想为存在于离我们自己的状况不太遥远的条件之下的，以便我们至少能努力去仿效它们。由于这一点，我们还必须知道我们的环境在何种程度上是可以调节的，正如已被

① 我暂时不去考虑把完善作为一种终极目的的方法。因为前已指出，除非把它更清楚地与普通的直觉方法区别开，否则在眼下的问题上便不可能令人满意地讨论这种方法。

构想出来的这类理想社会的种种结构所表明的，这是一个十分困难的问题。例如，柏拉图的理想国在许多方面都与现实极其不同，然而他却把战争作为一种持久不变的事实来沉思，认为它存在于理想国之中，而且这种战争的存在实际上是他的结构的突出目的。与此相反，最严肃的现代乌托邦都明确地拒绝考虑战争。的确，理想将常常通过我们对现存的恶的幻想式逃遁，沿着我们恰巧想象出来的变化的方向，与现实背道而驰。例如，持久的婚姻现在产生着某种不幸，因为夫妻的感情不总是持久的，但是这些关系被看作是必要的；这部分地是为了使男人和女人们免于情欲的反复无常之害，但主要地是为了更好地哺育儿童。现在，有些人可能觉得，我们在一种理想的社会状态中可能会更信任父母对子女的感情，而不大需要控制异性间情感的自然运用，因而“自由的性爱”是理想的；而另一些人则认为夫妻感情的持久性是自然而正常的，因而我们在逐步接近理想时必须消除任何违反此规则的行为。又如，我们在现实社会中所享受的幸福，似乎由于幸福手段的不平等分配以及人类被分为富人和穷人而极大地减少了。但是我们可以设想这种恶以两种相当不同的方式被消除：或者被富人方面已经变得强烈的重新分配
22 他们的份额的倾向所消除，或者被能使穷人为自己获得更多份额的那些社会安排所消除。在前一种情况下，理想的内涵是要把目前正在进行着的、自发的、偶然的施舍活动极大地推广和系统化；而在后一种情况下，理想的内涵则是要消灭此种活动。

简言之，情况似乎是，当我们离开了现实社会的坚实基础时，我们就陷入无垠的迷雾之中：在此我们可以构造任何一种样态，却不能像现实物理世界中的直线和圆接近于几何科学的直线与圆那

样，提出现实状态无可置疑地向其接近的确定的理想。

然而有人会说，由于研究人类过去的历史能使我们在某种程度上预见人类未来的存在形式，我们能够通过研究人类过去的历史推导出这种确定的理想样态。但即使如此，这也不意味着我们能得到对我们目前行为的更明确的指导。我们来作一些我们所能够作的最有利的，甚至远远超乎于科学的历史学家们的最武断的自信之上的假设。我们假设人类的历史过程是一个人类不断走向更大幸福的进步过程。我们进一步假设我们不仅能确定人类未来社会条件的某些必然界限，甚至能确定未来共同体的不同部分之相互关系的详尽内容，以至能看清他们循之便能获得最大幸福的那些行为规则的轮廓。但即便如此，在我们目前生活的环境之中，仿效这些规则在何种程度上会是值得我们向往的，仍然是相当可疑的。因为根据假设，这种预知的社会秩序仅仅呈现为我们的社会进步中的一个更先进的阶段，而不是我们应当在一个较早阶段上努力去尽可能实现的类型或样式。它在何种程度上应当被看作这样一个样式的问题还有待确定；而且在考虑这一问题时，我们的行为对目前这一代人的影响也将是最重要的考虑因素。①

① 读者将在本书后面的一章中看到对这一问题的进一步考察。参见第 4 编第 4 章第 2 节。

23 # 第三章　伦理判断

1. 在第一章中，我把被我们判断为正当的或我们应当去做的行为看作是“可推理的”或“合理的”，同样地，我把终极目的看作是“为理性所规定的”。我还把由这种可推理的认识提供的行为动机与“非理性的欲望和倾向”作了对比。这种阐述方式是许多不同学派的著作家们都使用的，并且似乎合乎所论问题上的常识观点及常识语言。因为我们通常认为，错误的行为基本上是不合理的，且能够用论证来指出其不合理性。虽然我们不觉得人们单靠理性的影响就能行为得正当，我们还是认为诉诸理性是所有道德说服活动中的主要部分，并且是为道德学家或道德哲学家，而不是为说教者或演说家所注意的部分。另一方面，我们也普遍地同意休谟的说法：“理性意味着真的或假的判断，它永远不能自身就是意志的动机”；并且认为，行为的动机在任何场合都是某种不合理的欲望，这其中包括由当下的苦乐所提供的行为冲动。因此，在我们继续讨论之前，似乎最好稍详细地考察一下此种论点的根据。

我们先尽可能清晰地确定所提出的问题。我假定，任何一个人都已切身地了解了非理性的或不合理的欲望同理性的冲突意味着什么。(例如)我们大多数人都时常觉得肉体欲望在驱使我们走向为我们判断为不明智的堕落，愤怒在驱使我们做出被我们看作不公

正或不友好的，因而为我们所不赞成的行为。正是当这种冲突产生 24
时，这些欲望才被说成是不合理的，因为它们驱使我们听从与我们的审慎判断相反的意志。我们有时屈服于这些有诱惑力的冲动，有时则不屈服于它们。由于在抵抗它们时我们不得不发挥一种意志力——这种意志力有些类似于体力消耗时所需的那种意志力——所以也许正是当我们不屈服于它们时，我们才能最明显地感觉到这些不合理欲望的推动力。不仅如此，由于我们并不总在考虑我们的义务或利益，这类欲望就常常在我们没有判断那些意愿行为是对还是错时，就对它们发生了影响。（例如）一个普通的健康人进餐时的情况便是如此。在这些情况下，最好是称这些欲望为“非理性的”，而不是称它们为“不合理的”。这两个词都不是说所谈及的这些欲望——或至少是它们之中较为重要者——在正常情况下均与理智思考过程无缘。诚然，某些行为冲动在发生影响时，似乎有如我们所说的，是“盲目的”或“本能的”，而没有任何对行为目的或达到目的的手段的明确意识。但我认为，只有对那些很少得到意识的关照、并且只需要一些熟悉而习惯的行为来实现其切近目的的冲动，才能这样说。在所有其它场合中，——即在我们在伦理学讨论中所主要关心的行为中，——行为所指向的结果，以及至少是实现此种结果的部分手段，是或多或少清晰地再现在意识中，并且先于引起那些旨在实现此种结果的行为的意志的。所以，我所说的“非理性的”欲望以及它们所驱使的意志对结果的影响，不断地以两种方式被理智思考过程所修正：首先被关于实现所欲目的的手段的新的感觉或观念再现物修正；其次被关于引起新的欲望与反感的现实的和可能的事实——尤其是慎思行为的多少可能的结果——的新的描述

或观念再现物修正。

25 所以，问题就在于：如果理性的唯一功能是把有关现实的或可能的事实——它们以上面描述的方式修正着我们的各种冲动所产生的影响——的观念呈现于心灵之前，上面对于理智对欲望及意志的影响所作的说明是否不全面？以及，把那种通常被描述为“欲望同理性的冲突”的经验径直地视为欲望与反感自身中的冲突是否不恰当？

我认为情况不是这样。就所有的或大多数的心灵而言，普通道德判断或慎思判断对意志具有某种——尽管常常是不充分的——影响。不可能合理地把这些判断解释为有关人类目前或将来的情感存在或感觉世界的某些事实的判断；它们所直接或隐含包含的由“应当”或“正当”[①]这个语词表达的基本概念，与表达物理或心理事实的所有概念有着根本的区别。这个问题具有这样的性质：在思考它的时候，我们最终必须诉诸人们对他们的实践判断和推理的反思；而且在诉诸这种反思时，先指出解释包含这个基本概念的那些实践判断或命题的全部努力的不充分性，而不去研究上面从否定方面加以规定的这一概念的独特性，也许是最方便的。这些解释使我们注意到：有些情感无疑伴随着道德判断或慎思判断，并且在形成被判断为正当行为的意志和践履这些意志方面，通常具有或多或少的影响。就此而言，这些解释还含有一些真理。然而就其声称是对于这些实践判断的含义的解释而言，我认为它们是完全失败的。

在考察这个问题时，最重要的是把我区别为“道德的”和“慎思的”这两类判断分开来考虑。诚然，在一种更广泛的意义上，这

① 这两个词的意义上的区别将在后面加以讨论。

两类判断均可被称为“道德的”判断。我们也看到，“所有有效的道德规则最终均有其慎思基础”是一种得到有力支持的见解。但是在日常思考中，我们清楚地区分着关于义务的认识或判断和关于因 26
当事人的私人利益或幸福而是“正当的”或“应当去做”的行为的认识或判断。而且我认为，对后一类判断的进一步考察——我目前想作的正是这件事——将不会消除这种区别的深刻程度。

然而，这种区别本身要求对正当概念作出一种解释，并且这种解释要排除它在道德判断中的特有意义。人们通常强调，“正当”专指手段的一种特性，而不是目的的特性，所以它的特有意义仅仅在于指出：被判断为正当的行为是实现某种被理解了的——若不是被直接表达了的——目的的最适合的或唯一适合的手段。以此推之，人们在说某事是“应当去做的”时候，这种肯定陈述总是至少心照不宣地诉诸某种较远的目的而作出的。考虑到这个词在日常谈话中的部分用法，我也承认这是一个合理的解释。但是显而易见的是：(1)某些种类的行为——出于公正、诚实和守信等信念的行为——通常被视为无条件正当，而不需虑及其较远的结果；并且(2)我们也与此相似地把采取某些目的——例如社会的共同善或普遍幸福——看作是“正当的”。在这两种情形中，上述的解释都显然是不能为人们接受的。[①]

① 例如，当边沁解释说［见《道德与立法原理》(*Principles of Morals and Legislation*)第1章第1节注］，他的基本原则“陈述着所有那些其利益可能不能作为人类行为的正当而恰当的目的的人们的最大幸福”时，我们不能认为他使用“正当”这个词真的是指“有益于普遍幸福”的行为，尽管他在同一章中的其他地方(第9和第10节)的语言可能意味着这一点，因为把普遍幸福作为行为目的将有益于普遍幸福这一命题，尽管不完全是一种同义反复，也很难作为一种道德体系的基本原则。

因此，我们不得不撇开对某种较远目的适合这一概念而找到“正当”或“应当”的意义。在这里我们碰到这样一种意见：我们通常狭义地称为道德判断或道德命题的那些判断或命题，实际上仅仅肯定着表达它们的那个人心中的一种特殊情感的存在；当我说“应当讲真话”或“讲真话是正当的”时，我仅仅意味着讲真话的想法在我心里激起一种赞同的或满意的情感。而且，某种程度的此类情
27 感，它们大概通常都被看作“道德情操”，在日常生活中总是伴随着对实际事例的道德判断。但是，说命题“应当讲真话”仅仅陈述了我对讲真话的赞成态度，而命题“不应当讲真话”也仅仅表达了另一个人不赞成讲真话的态度，因而我们应当把这两个共存的事实表达在两个相互矛盾的命题中，这是十分荒谬的。这一荒谬性是如此明显，以致我们必然假定那些持有与我相反的见解的人们也并不真想否认它。毋宁说他们只是想坚持说，我赞成讲真话这个主观事实就是我们**有理由**陈述的全部东西，或者是任一有推理能力的人经反思均会承认的全部东西。而且，无疑还存在大量的客观形式的陈述，如果它们的有效性有疑问，我们通常就不愿意坚持说它们不是主观的陈述。假如我说“这里的空气新鲜”或“那个食物不合口味”，那么这不等于说我的意思只是我喜欢这里的空气或不喜欢那个食物。但是如果别人同我来争论，我就可能满足于只肯定这些情感在我自己心里的存在。然而依我所见，此种陈述与那种道德情感的陈述极其不同。根据我的经验，道德赞同的特有情感是不可分离地与一个信念结合在一起的，这个信念——潜含的或显明的——就是：被赞许的那项行为“真的”是正当的，亦即只要不犯错误，它就不可能被其他人的心灵所拒绝。如果我因为其他人没有此种信念，

或因为什么其他原因而放弃它，我当然仍然可以保持一种引起那项行为的情操，或者——更常见的也许是——保持一种与相反行为相抵触的情操，但是这后一种情操将不再具有严格意义上的“道德情操”所具有的特质。在伦理学讨论中，这两种情操间的此种差别常被忽略，但任何因论证而发生道德见解变化的经验都能说明这种差别。假定某个一直受诚实情操影响的人现在相信：在他感觉到的某类特殊场合，讲真话不是正当的而是错误的。他可能将仍然感到对违反讲真话规则的抵触情感，但是这种情感在性质与程度上与引发他去做一种诚实的德性行为的情感不大相同。我们或许可以称其 28
中一种为“道德的”情操，称另一种为“准道德的”情操。

上述论点也针对下述观点，即赞成与不赞成不简单地是一个人对某类行为的爱恶，而是由于对他人感受的类似爱恶的同情的再现而复杂化了的爱恶。毫无疑问，这种同情是道德情感的正常伴随物，而且当缺乏它时保持道德情感就会更为困难。然而，这部分地是由于我们的道德信念通常和我们社会的其他成员的道德信念一致，而且这种一致在很大程度上取决于我们对这些信念的真理性的信心。[①] 但是，按照我们刚才的假定，假如我们真的因论证而获得了一种新的道德信念，并且这种信念不仅同我们自己的一贯情操相对立，而且同我们所在社会的情操相对立，我们就有了一个决定性的经验，它表明：道德情操——按照我对它们的界定——在我们心中的存在与我们的头脑再现出来的对我们的伙伴的同情相冲突，这种冲突不亚于道德情操同我们自己的爱恶的冲突。即使我们想象

① 见第3编第11章第1节。

与我们的信念对立的同情一直扩展到把整个人类——我们把自己设想为与之对立的阿塔那修斯——都包括进来，只要我们的义务信念是坚定的，我们所说的道德情感在想象中仍然相当不同于与它对立的复杂的同情，无论我们如何扩展、完善和加强这种同情。

2. 所以，我不认为“应当做 X”这一命题只表明某种情操在我自己或他人身上的存在；我发现，如果这样看待我自己的道德判断，就必然抹杀伴随情操中的“道德”一词所指称的特质。不过，还有另一种对“应当”的解释，这种解释不把人们普遍感觉到的对某类
29 行为的爱恶看作同情地再现于判断者的情感中、从而构成情感中的道德因素，而把它们看作使被要求去履行“应当”行为或“义务”的人痛苦的原因。按照这种观点，当我们说一个人“应当”去做某事，或者做这件事是他的“义务”时，我们是指他不这样做会受惩罚，这种特殊的惩罚就是直接或间接产生于他的伙伴们对他的厌恶的、日益增长的痛苦。

我认为，这种解释表达了人们在日常思考和谈论中使用“应当”和“义务”这些词语时带有的部分意义。我们通常把“道德责任”这个词与“义务”同等地使用，也通常用它来表示隐含于动词“应当”中的意义，并因而用它表示这一概念与法律责任概念的一种对比。而且，在实证法中我们不可能否认“责任”与“惩罚”之间的联系：如果一个法律总被违反而不实施惩罚，就不能说它已经在一个社会实际地确立了。但是，如人们通常认为的，对法与道德之关系的更缜密的反思似乎表明：必须把这种对于“应当”的解释——虽然不能完全排除这种解释——与对“应当”一词的特殊的伦理学用法区别开。因为日常思考对法律规则与单纯的道德规则的观念上

的区分，似乎就在于前者与惩罚有联系，而后者则与惩罚没有联系。我们认为有些事是应当强迫人去做或不做的，另一些事则是他应当无强制地去做或不做的；我们还认为仅仅前一类事才属于法律的范围。诚然，我们也认为在法律强制不甚理想的许多场合，对道德非难及其后果的惧怕成了对一切人的意志通常有用的约束。但是显而易见的是，当我们说一个人“在道德上而不是法律上应当”去做一件事时，我们并不等于说他“如果不做此事就将受舆论惩罚”。我们常常把这两个陈述联到一起，同时又清楚地区别着它们的含义。而且（既然谁都知道舆论总爱犯错误），有许多事我们更认为是人们“应当”去做的，尽管我们完全知道他们不做这些事也不会受严厉的社会惩罚。诚然，在这些场合，人们通常会说社会对不道德行为“应当”表示不赞成，然而在这一断言中，“应当”一词显然不 30
意味着那些不赞成者应惧怕社会惩罚。其次，所有或多数有高度道德意识的人都时常发现他们自己与他们所属社会的公认道德相冲突，并因而——如前已论及的——有一种决定性的经验，这种经验表明：义务对**他们**不意味着人们将谴责他们没有去做的那些事。

同时我也承认，确如我在第一章第三节中已指出的，在我们经反思发现原先确认的责任是以流行意见和流行情操本身为基础时，我们也经常提出一些形式上与道德判断相似、在日常思考中未与道德判断区分开来的判断。文明社会的成员们受舆论准则的左右，受社会惩罚的强制，然而经过反思的人尽管也服从舆论准则，却不把它视作道德准则或有绝对约束力的。的确，舆论准则显然是不确定的、可变的；同时，在同一政治社会内，舆论准则又因阶级、职业和社交范围的不同而异。这种舆论准则总在相当大的程度上支持着

普遍接受的道德准则。只要舆论的要求不与道德直接冲突，多数经过反思的人都认为按照这些要求去做——我们可以举例说，在较重要的事情上按名誉准则去做，在较细微的事情上按礼貌规则和良好教养规则去做——一般说来是有道理的。人们或者是出于私人利益的原因，或者是由于认为尽可能地合群有利于普遍幸福和福利，① 而坚持按照舆论的要求去做。所以，在未经反思的人们的日常思考中，由社会舆论所加给的义务常常与道德义务区别不清。而且，许多词汇的通常含义几乎就没有区别这两者。例如，如果我们说一个人由于一怯懦行为而“丢脸”了，人们就不清楚我们是说他遭到了蔑视，还是说他该受到这一蔑视，或是两者兼而有之。当名誉准则
31 与道德相互冲突时，我们的意思才变得明显。(比如)如果一个男人因出于宗教理由拒绝了一次决斗而将被流放，那么尽管他拒绝决斗是对的，有些人也会说他“丢脸了”，而另一些人则会说德性行为不会真的丢脸。常识关于“不正当的”或“不正确的”行为的观念也有类似的模糊性。不过在这些场合，这种模糊性一经反思就变得很清楚了。而且，一旦发现了这种模糊性，它还有助于更清楚地表明“正当行为”“义务”、我们“应当”或有“道德责任”去做的行为同仅仅符合于流行意见标准的行为之间的区别。

不过，还有另一种将“应当”解释为潜在惩罚的方法，这种方法不能完全等同于某一基本的心理实验。可以把道德绝对命令看作神法：违反了它就要受神的惩罚。在基督教社会中，这些解释当

① wellbeing 一词在上下文中有时也译作福利，但是应当指出这是不尽达意的。——译者

然一般被看作是充分的和普遍适用的。不过，那些其行为受独立的道德信念影响、并有时与其社会的法律或舆论相对立的人们，就未见得持此信念。甚至在许多相当相信世界的道德统治的人们中，也不能将“我应当做这个”这一判断等同于“如果我不做这个神将惩罚我”这一判断，因为相信前一命题的真实性正是相信后者的真实性的重要理由。其次，当基督徒们像他们通常所做的那样，说神的“公正”（或其他道德品性）就表现于惩恶扬善时，他们的意思不只是说神将这样地赏罚，而且是说他这样做是“正当的”[①]。当然，正当在这里并不意味着他（如果做错了什么事）会受惩罚。

3. 所以，我们的常识道德判断中使用的“应当”或“道德责任”概念既不指（1）判断者心中存在一种特殊情感（不论是不是由于对他人心中的类似情感的同情地再现而变得复杂），也不指（2）某些行为规则是由违反它们便会受到的惩罚（无论这类惩罚来自对被规定 32
或禁止的行为的一般爱恶，还是来自某种其他原因）支持着的。那么，人们可能问，它究竟意味着什么呢？我们能给“应当”“正当”及其他表达相同基本概念的语词什么定义呢？对此，我应当回答说，这些语词共有的概念太基本了，以至对它无法作形式的定义。我这样说并不意味着这一概念属于“心灵的原初结构”，就是说，不意味着它在心灵中的存在不是一个发展过程的产物。我并不怀疑，人类思想的总构架——包括表现为最单纯、最基本的成分的那些观念——是通过一个缓慢的心理变化过程，从某种确切地说是没有思想的低等生物发展来的。但是我不知道有什么能证明把这些化学

① “应当”一词由于一个前已说明的原因而不适用于此。

观念转换为心理学观念是对的。[①]我不知道有何理由可以把心理前因看作其心理后果的基本构架，而不顾两者间的明显的不相似性。由于不存在这些理由，心理学家必须把审慎的反思所表明的东西视作基本的。在使用这一标准时我发现：我们一直在考察的那个概
33 念——它也一直存在于我们的思想中——不能被分解为任何更简单的概念：我们不能通过尽可能准确地确定它同其他在日常思考中同它联系着的概念、尤其是那些它容易与之相混淆的概念的关系，来使它变得更明确。

在这样做的过程中，重要的是要指出和区别人们使用“应当”一词的两种不同含义。在最狭窄的伦理学意义上，我们总是把我们判断为“应当的”行为，看作是任何作此判断者能够出于意志而做出的行为。我不可能认为，我“应当”去做某件我同时断定我自己无力去做的事。然而在较宽泛的意义上——人们不能随意地抛开这种意义——我有时判断说，我“应当”知道一个更聪明的人可能知道的事，或“应当”感觉到一个更好的人在我的处境下可能感觉到的情感，虽然我也许知道我不能靠任何意志力直接在自身中产生这种知识或感觉。在这个例子中，“应当”一词只意指一种我“应当”——在其严格的意义上——尽可能去模仿的理想或范型。这种宽泛的意义似乎就是我们在艺术准则及政治判断中通常带有的那

① 在化学上，我们把前因（元素）看作存在于后果（化合物）之中并构成这一后果，因为化合物在重量上相等于元素，并且我们一般能分解化合物并得到元素。但是我们在精神现象的发展中看不到类似特点。心理后果并不是完全地相似于其前因，也不能被分解为这些前因。我应当说明，在这里我不是在讨论道德判断的有效性是否被对其心理前因的发现所影响的问题。这个问题我以后再作讨论。见第 3 编第 1 章第 4 节。

种意义。当我判断说，我的国家的法律和宪法“应当”是另外一个样子时，我当然不是指我自己或其他某人能只凭意志而改变现行法律与宪法，[①]然而无论在狭义上还是在广义上，我都有这样的含义：应当是一个可能的认识对象；就是说，我判定为应当的必然为所有真正在判断问题的有理性者同样判定为应当的，除非我判断错了。

当在此借助“理性”来诠释这类判断时，我并非想对下述问题，
即有效的道德判断是否总是通过推理或通过对个人的特定义务的
道德直觉从普遍原则或公理中获得的问题，预先做出判断。没有
多少人认为：道德能力主要是在出现个别的问题时去解决这些问
题，把普遍的义务概念直接应用于每一个个别的问题，并依靠直觉
来确定个人在这些具体境况下应当做什么。而且我承认，按照这 34
种观点，对道德真理的理解更类似于感性知觉而不是理性直觉（如
人们通常理解的那样），[②]因而道德感一词似乎更贴切。但是，感觉
（sense）一词使人联想到感受（feelings）——它们可能因人而异但
都不错——的能力，而不是一种认识的能力。[③]我觉得避免这种联
想是至关重要的。所以，我认为最好是用如上所解释的理性一词来
指称道德认识能力。[④]关于这种对理性一词的用法的另外一点证明

① 我甚至也不是指个人的某种联合体能完全实现那种我认为“应当”存在的政治关系状态。当然，如果与实践没有任何关系，我的观念就会是空洞的。不过它可以只描绘一种范型，一种在实践上能够去接近的范型。

② 我们很少认为具体的物理事实要用理性去把握。我们认为理性能力的任务主要是在判断或命题的关系上做些较为困难的推导；并把直觉理性（这种理性在这里有些问题）的作用限于对诸如逻辑公理和数学公理这样的普遍真理的把握。

③ 我经常用“认识”来指一些人宁愿称为“显明的认识”的那种意义；就是说，我不想肯定认识的有效性，而只想肯定它的存在是一个心理事实，以及它的要求是有效的。

④ 在本编第 8 章第 3 节中，我将提出对理性一词的广义用法的另一点证明。

是：即使一个道德判断一开始就与某种特殊行为相联系，我们也通常认为它能推及属于可被严格确定的某类行为中的任一其他行为。所以，我们心照不宣地把道德真理理解为是内在地具有普遍性的，虽然我们最初对它的理解是特殊的。

进一步说，当我——在“应当”一词的具体的伦理学意义上[①]——把“应当做某事”这一认识或判断当作理性对有关个人的“命令”或“戒律”来谈论时，我的意思是这种认识在理性存在物自身中提供着一种行为冲动或动机。当然，这只是与其他可能与它相冲突的动机并存着的一种动机，并且不总是——也许也不经常地——处于支配地位。事实上，“命令”或“绝对命令”这个词本身
35 似乎就意味着动机之间可能存在冲突。这个词用上级的意志同从属者的意志之间的关系，来比喻地描绘理性同单纯的倾向或非理性冲动之间的关系。日常道德谈论中使用的“应当”“义务”“道德责任”这些词，似乎也意味着存在这种冲突。因此，这些词不适用于我们认为不具有与理性相冲突的冲动的那些理性存在物的行为。然而，我们可以谈论这类存在物，说它们的行为是“合理的”或（在一种绝对的意义上）“正当的”。

4. 我知道有些人将倾向于直接拒绝上述所有论点，说他们能够在他们的意识中找到我刚才力图描述的任何无条件的或绝对的命令。如果这种命令真的是通过某种自省而得出的最后结论，我便无话好说。至少是，我不知道怎么把道德责任概念传递给一个完全不

---

① 本书经常在这一意义上使用“应当”一词，只有在上下文表明唯有“应当”的广义，即政治的“应当”适用的地方才除外。

知道这一概念的人。不过我想，许多主张如此拒绝那些论点的人只是想否认他们有任何诉诸行为后果的有关行为的道德责任的意识。他们并不真的否认他们把某种或某些目的——无论是普遍幸福或按另一方式理解的福利——看作最终合理的，而且他们也认为那些可能与它冲突的个人欲望的满足应当服从于这些目的的实现。但是，如前所述，按照这种观点，无条件的命令显然还是诉诸于一个被——明显地或隐含地——视为所有人都“应当”追求的目的。而且也很难否认，把一个目的视为最终合理的本身就意味着承认一种责任，即应当去从事最有利于实现这一目的的那些行为。这种责任其实不是“无条件的”，但是它不依赖于任何非理性的欲望或反感的存在。而且，前一小节所谈到的内容也并非意在把直觉主义作为功利主义或其他使道德规则从属于普遍善或福利的方法的对立面来论证。例如，我所谈的丝毫不违背下面这一观点，即讲真话只作为社会保存的手段才是有价值的。只有我承认它作为手段是有价值的，我才能说它意味着社会保存——或某种更进一步的目的，相对于它，社会保存又成了手段——必定本身就是有价值的，因而是 36
理性存在物应当去追求的东西。如果人人都认为我们无需追求社会保存之外的其他目的，那么在这里，“理性”的基本“命令”就将是“社会应当得到保存”。但是，就讲真话被看作达此目的的必不可少的或最适当的手段而言，理性也命令说我们应当讲真话。这两种命令中所使用的“应当”概念，就是我一直在力图澄清的那个概念。

所以，甚至那些认为只是由于对道德规则的遵守符合个人的利益，这些规则才应被遵守——因而把道德规则视为审慎规则的一种

特殊形式——的人，就他们也承认私人利益或幸福是一个对它的追求最终是合理的目的而言，他们也并不因上述看法而摆脱“理性的命令”。即使把实践理性只解释为自我关心的审慎，实践理性与不合理欲望之间的冲突也仍然是我们意识经验中的确定无疑的事实。诚然，康德和其他一些人都认为，不能把提高自己的幸福说成是个人的义务，因为“人人都必然欲求的东西不能属于义务概念”。但是，即使“人的意志始终指向他自己的幸福”这一说法在某种意义上是真实的，[①]也不能由此推论说，一个人总在做他认为将最有利于他自己的**最大**幸福的事。正如巴特勒所指出的，一种人们熟知的经验是，人总是沉溺于爱好或情欲之中，即使这种放纵在他们自己看来明显地与他们视为其利益的东西对立，正如它在他们看来与他们视为其义务的东西对立一样。所以，“应当”概念——它表达在理性判断对非理性冲动的关系中——也将在任何利己主义的体系中占有地位，正如它在被理解为不诉诸行为者的利益而规定着义务的日常道德规则中占有地位一样。

然而，人们可能坚持说，利己主义没有恰当地把行为者自己的最大幸福当作他“应当”去追求的东西，而只把它当作他有一种突
37 出的欲望去实现的终极目的：这种终极目的可能暂时被特定的情欲或爱好所克服，但当这些瞬间即逝的冲动失去了力量之后，它一般仍能保持其突出地位。我承认这是人们对利己主义行为的普遍看法，我还打算在后面的一章[②]中考虑这种看法。但是，即使我们撇

① 我在下一章中将指出我对这一说法的异议。

② 见本编第 9 章。

开“行为之任何目的都是由理性无条件地或‘绝对地’规定的”这一信念，上面所解释的“应当”也不会因此就从我们的实践理性中消失。它仍然存在于“假言命令”之中，这种命令规定着达到任何我们决意追求的目的的最佳手段。当(例如)一个医生说“如果你希望健康你就应当早起”时，这句话不等于说“早起是获得健康的一项必不可少的条件”。这后一命题表达着生理事实之间的关系，这些事实正是前一命题的基础。但是“应当”这个词不仅仅指这种事实之间的关系，而且意指采取一个目的的同时又拒绝采取达到它的必不可少的手段这一做法的不合理性。有人可能争论说，这一做法不仅是不合理的，而且是不可能的：既然采取一个目的意味着对于它的欲望占优势，那么，如果人们由于对必不可少的手段十分反感而不采用这些手段——尽管他们承认它们是必不可少的——他们对这一目的的欲望就不是占优势的，因而就不再追求这一目的了。但是，按照我的看法，这一观点产生于一种不全面的心理分析。据我对自己意识的观察，把一个目的当作突出的——绝对的或在某种限度内是突出的——目的，是一种区别于欲望的颇为独特的心理现象。它是一种意志，虽然它与引发直接行动的意志十分不同。行为的决心是欲望与行动意志两者的中介，我们可以以某种方式把行为的决心放到将来某一时刻去实行。我们不断地下这类决心，而有时当实行它们的时刻到来时，我们却由于情欲或仅仅由于习惯而做了相反的事，同时却没有意识到这违背了我们先前的决心。我们的实践理性将意志的这种不一致性谴责为不合理的，它甚至不对行为决心或行动意志做出肯定的或否定的判断就这样谴责。有一种与此 38
类似的不一致性，即采取一个目的而又总是拒绝采取任何我们可以

看出是实现它的必不可少的手段。而如果在事到临头时我们不采取这些手段,却又不有意识地放弃这一目的,那就很难否认我们“应当”采取这些手段而不是拒绝采取这些手段。我所描述的这种一般决心与具体意志间的矛盾肯定是一种人所共有的经验。

第四章　快乐与欲望 39

1. 在上一章中，我没有确定引发我们去服从理性命令的那种冲动的情感特征。之所以如此，是因为这些情感在不同的心灵中大相径庭，甚至在同一心灵中也是瞬息万变的，而且没有冲动的意志方面的相应变化。例如，在合理利己主义者的心灵中，主导的冲动一般是巴特勒和哈奇森称为“冷静的”或“冷酷的”自爱的东西；而在把普遍幸福作为目的和正当行为标准的人的心灵中，去做被判断为合理的行为的愿望本身，常常不同程度地与同情和善心交织在一起。又如，如果一个人把发布命令的理性——无论它的命令为何——视为外在于他自己的，他对正当性的认识就伴随着一种对权威的敬畏。这种权威在一些人那里可能被设想为非人格的，但更多地是被设想为一个高贵的人的权威，以至于这种情操与通常由处于不同关系中的人引起的情感交织着，并变成宗教的情操。这种把理性视为外在权威的观念，这个自我意志反叛着的观念，常常被不可抗拒地强加在反思的心灵上。然而另一些时候，理性与自我的统一却将自身呈现为一种直接的信念，这时对权威的敬畏让位给自尊；而且，如果我们认为理性自我能被感性冲动的僭越力量所解放的话，那种对立的、更强有力的自由情操就产生了。再如，由作为道

40 德美的理想的德性观念引起的渴望或羡慕情感也是相当不同的。[①]还可以提到情感的其他方面，它们都与一种浅显的关于它们引发的行为的**正当性**的认识——隐含的或显明的——密不可分。诚然，这些不同情感的道德价值与效验差别甚大，这一点我以后将会论及。但是，只要对正当性的认识不改变，它们的基本实践效果似乎就是不变的。所以，伦理学所关心的主要就是这些认识，它的目标是使这些认识摆脱疑惑与谬误，并尽可能地使之系统化。

不过，关于引发意愿行为的情感，有一种观点有时被认为避开了所有关于调节行为的原则的争论。我所指的是意志始终由现实的或可能的苦乐决定这一观点。我可以把这一学说界定为心理快乐主义。这一学说常常被人们与我称为利己的快乐主义的伦理学方法联系在一起，并经常被与之相混淆。这一观点的一个自然推论似乎马上就可以看出，这就是：如果一个行为目的——我自己的快乐或我的痛苦的免除——是由不变的心理法则明确地为我确定的，理性就不能为我规定另一个不同目的。

然而反思表明，这一推论中含有一个未经证明的假设，这个假设即：一个人的苦乐是不依赖于他的道德判断而被决定的。但十分可能的却是：我们对产生于任何行为过程的快乐的期望，都主要取决于我们关于它是否正当的观念。事实上，上面谈及的这一心理学理论，还会要求我们去设想那个未经证实的假设对有良心的人——总是按照其道德信念行事的人——普遍适用。对行为所带来的快乐的期望与关于这一行为是正当的判断之间的联系，在不同人身上可

① 美学与行为的道德理想之间的关系将在本编第 9 章中讨论。

以是不同的。我们一般把真正道德的人设想为这样的人：他从他正在做被他判断为正当的事这一行动中得到快乐，因为他就是这样地 41
判断它的。但是，即使是在道德感很弱的那些人身上，对一个行为所带来的快乐的期望，也可以是这一行为是正当的这一判断的一个必然结果，并通过对世界的道德统治的信念在某种程度上把德性与自我利益协调起来。

所以，我的结论是：在心理学命题“我的快乐或我的痛苦的免除始终是我的行为的现实的终极目的”与伦理学命题“我自己的最大幸福或快乐对于我是**正当的**终极目的”之间，不存在必然联系。然而，有人可能回答说，如果我以接受后者那样的计量上的精确性来接受前者，即如果我承认我根据我的自然法则就必然始终在追求我自己的最大可能的快乐（或最小的痛苦），那么我至少不能把与此相抵牾的目标设想为是理性规定的。而且，我也觉得这一点是无可否认的。如果像边沁[1]所肯定的，“每个人在每一行为场合都必然被引导去追求按照他自己在那一时刻对那一场合的观点将是最有利于他自己的最大幸福的行为”，[2]那么，对任何了解这一点的人来说，理性再命令他去追求其他行为就是不可想象的。但我觉得，这么一来，命题“他‘应当’去追求**那种**行为”又变得没有多大意义了。因为，不可避免地在我的行为中实现的心理法则，不允许我把它设想为理性的“一个准则”或“命令”；这后者必然是一个我意识到可

① 我在此采取由于边沁而变得流行的对“幸福”的准确的快乐主义解释。我觉得这是对这一术语的最恰当的用法。但是我在后面（第1编第7章第2节）还考虑了其他用法。

② 《宪法的准则》（*Constitutional*），“导言”，第2节。

以有所偏离的规则。然而我并不是说，目前坚持心理快乐主义的作者们会不加限定地肯定上面引述的边沁的那个命题。这些作者将会和 J. S. 密尔[①]一道承认：人们常常由于“品性上的不坚定”而不是理智上的不完善，而“选择较切近的利益，尽管他们知道它将只
42 有较小的价值；当他们在两种肉体快乐之间选择时更是如此……他们沉溺于感觉享乐以致损害健康，尽管他们完全知道健康是更大的善。”[②]

因其如此，利己的快乐主义似乎成了心理快乐主义的一种可能的伦理理想。如果能够表明每个人在行动时的终极目的始终只是他自己的**某种**快乐（或痛苦的免除），这种说明就将清楚地指明他**应当**去追求他自己的**最大**快乐。[③]前已指出，不可能从心理学原理中有说服力地推出伦理学原则。但是心灵却有从一种观点转向另一种观点的自然倾向。如果我们意志的现实的终极动机始终是我们自己的苦乐，那么由与这种苦乐的量成比例的动机驱动，因而去选择在总体上是最大的快乐或最小的痛苦，就似乎是自明地合理的。此外，这种心理学理论似乎违背于道德意识高度发展的人们普遍持有的一种伦理观，这种伦理观就是：一项旨在成为最有德性的行为必然不是只为着相伴随的快乐而做出的，即便那快乐是道德感受上的快乐；所以，如果我只从获得我相信将伴随行为产生的道德自我

---

① 《功利主义》，第 2 章，第 14 页。

② L. 斯蒂芬先生在《伦理学的科学》（*Science of Ethics*）（第 50 页）中认为，“苦乐是行为的唯一决定性原因”，但同时又认为，人们“都将承认，我们不总是由对于将到来的快乐的计算决定的”。

③ 或者更准确地说，“快乐对痛苦的最大余额”。

褒奖的激情这一欲望出发而采取某一行为，这一行为就将不是真正有德性的。

因此，重要的似乎是对心理快乐主义——即便是较含糊的心理快乐主义——作一缜密的考察。

2. 在开始这一考察时，最好先对有争议的问题做出更准确的限定。首先，我将承认：快乐是一种感觉，它激起意志朝着保持它或产生它——如果它是现实地呈现出来的则保持它；如果它只是在观念中再现出来的则产生它——的方向行动；相应地，痛苦也是一种 43
感觉，它激起旨在消除它或厌恶它的行动。[①] 将这两种情形下的被感觉到的意志刺激分别称为欲望[②] 与反感似乎是方便的，尽管应当指出，欲望在日常生活中严格地指当快乐不是现实地呈现出来、而

① 我觉得，这一命题所需的修正与限定——在把它当作完全真实的命题接受下来之前——就目前论证的目的而言并不是很重要的。见第 2 编第 2 章第 2 节。

② 在本书中“欲望”主要指一种被感觉到的冲动或刺激，它引发旨在实现所欲对象的行动。然而存在着这样的感觉状态——有时还十分强烈——根据“欲望”一词的用法，它适用于这些状态，不过在这里冲动性似乎并不存在或至少是潜在的，因为所欲结果的实现被认为是无希望的，并且一直被认为是如此。在这些场合之下，所谓的“欲望”仍然存在于意识中，只作为对一种认识到了的善的需要感，一种不比对以往快乐的悔恨记忆更有或更没有冲动性的感觉。就是说，在这种情形下，欲望可能产生一种去幻想的间接的冲动，它使需要一种甘苦交集的幻想得到满足。换言之，就其是痛苦的而言，这种欲望能激励行动或思想，这些行动或思想将导致欲望自身的消除，但是它的本来的冲动，即去为实现所欲结果而行动的冲动，则不再被感知了。

我在这里不打算讨论这样的心态：

“飞蛾追求着星辰，
黑夜追求着翌晨”。

我简单地指出它，是因为某些作者（如贝恩博士）似乎把存在动机而不存在去依此行动的能力这种情形，当作欲望的唯一的或典型的例证来思考，因而直接排除了我认为从伦理学观点看来是具有根本重要性的欲望（按照我的用法）的条件，这种条件就是：旨在实现所欲结果的行动立即被视为是可能的。

只是被再现于观念中时被感觉到的冲动。这样，所争论的问题就不再是所呈现或再现出来的快乐是否总伴有一种去保持那现实的感觉或实现所再现出来的感觉的冲动，以及相应地，痛苦是否总伴有一种反感；而在于是否根本不存在不以苦乐为其目标的欲望和反感，是否除了行为者自己的感觉之外，根本不存在产生或厌恶某种结果的意识冲动。在我提到过的密尔的那本著作中，他解释道，“欲望一事物和感到它是令人愉快的，在严格的语言意义上是指称同一心理事实的两种方式。”如果情况是这样，我们就看不清我们所要讨论的问题在何种程度上要通过“实践的自我意识与自我观察”来确定；同样，要反驳它也会陷入一种术语上的矛盾。真实的情况
44 是：快乐一词的歧义性已经搞乱了对这一问题的讨论。[①] 当我们说一个人在“快乐地”或“情愿地”做某事时，我们通常指他在自愿地选择这一事实，而不一定指所旨在达到的结果是选择者期待的某种感觉。如果我们仅仅用“令人愉快的”指影响选择并对意志施加一定吸引力的东西，那么，说我们欲求令人愉快的东西——或甚至说一个事物愈显得令人愉快我们就愈欲求它——就是一个无可争议的断语，因为它是同义反复。但是，如果我们用“快乐”指前面界定的那一类感觉，我们的欲望始终有意识指向的目的是否就是由我们自己去获得这类感觉，就成了一个真正有争议的问题。这也就是我们必须理解的密尔在说“它如此显明，以至不会引起争议”时所指的东西。

① 这种混淆的最奇特形式出现在霍布斯那里，他实际上把快乐等同于爱好——“导致快乐的这一动机，是一种去接近愉快事物的诱惑。”

相当奇怪的是，一位知名的英国道德学家竟把与密尔认为如此显明的经验完全相反的东西看作是我们意识经验的普遍事实，甚至看作是必然真理。众所周知，巴特勒把自爱或旨在达到我们自己的快乐的冲动，区别于“旨在达到具体的外在目标——名誉、权力、他人的伤害或福利的具体动机”，并认为后者引起的行动也“像动物的全部行动必然出于本性那样地出于利益的，因为无人能不从一种欲望、选择或他自己的偏爱出发”。这些具体的情欲或爱好，他继续说，“**必然被**利益追求的**观念本身规定着**，因为利益或幸福观念就在于，爱好或情感以其对象为快乐”。我们根本不可能追求快乐，除非我们有对某事物而不是对快乐的欲望，因为快乐存在于这些“无利害的”冲动的满足之中。

按照我自己的经验，巴特勒当然是过分强调了他的体验。[①] 因为我觉得，许多快乐——尤其是视觉、听觉和嗅觉的快乐，以及许 45
多情感的快乐——都与先前的欲望没有可感知的关系，而且，似乎完全**可以想象**我们的基本欲望能被引导得完全以这些快乐为目标。但是作为一个事实，我觉得从我的冲动——感官的、情感的以及理智的等等——的整个情况来看，我还是能区分出其对象是某物而不是我自己的快乐的欲望的。

① 我认为，哈奇森对这一论点的阐述更站得住脚，也更难于提出反例。也许更值得提到的是，休谟也持有巴特勒的观点，他几乎以著名的布道语言表达了这一观点。他说，“有些人人都承认的肉体需要或爱好必然优先于所有感官享乐，并且直接引导我们去追求物质占有。例如饥渴以吃喝为其目的；而且，从这些基本爱好的满足中产生一种快乐，这种快乐又可以成为另一类间接的、利益相关的倾向的对象。”休谟于是发现，“那个把区别于自爱的无利害的仁爱包括进来的前提，也与自然本性有类似之处”。见《道德原理探究》（*An Enquiry Concerning the Principles of Morals*）“附录 2”。

我先以一般被视为最低层次的那些冲动为例对这一点作一说明。就我的观察来看，食欲是导致进食的一个直接的冲动。进食无疑一般都伴随着一种多少强烈的合意感。但是我想，严格地说，我们既不能把这种合意感说成是食欲的对象，也不能把它说成是这种刺激着饥饿者的意志的快乐本身的观念再现。诚然，食欲经常伴有进食的快乐，但是缜密的考察似乎表明这两者决非不可分离。甚至当它们同时发生时，快乐也似乎不是食欲本身的对象，而只是一种能与前者区别开的间接欲望的对象。**美食家**——这种间接欲望在他身上非常强烈——常常被它刺激着去从事旨在刺激食欲的活动，而且常常被引诱得去控制食欲本身，以便延长和改变满足这种快乐的过程。

的确，食欲不同于对伴随的快乐的欲望这一点是如此明显，以致许多作者都已把它对意志的刺激（以及一般欲望对意志的刺激）视为一种对当下的痛苦的反感。然而，我觉得这是在心理分类上的一个明显的错误。诚然，欲望是一种类似于痛苦的意识状态，在这
46 两者中我们都感受到一种刺激，它激发我们从当下状态转入一个不同的状态。但是，对痛苦的反感是一种冲动，它激发我们摆脱当下状态并逃入某种别的状态中，这种别的状态只是被否定地再现为与当下状态不同；而在欲望中，冲动本身则指向某种肯定的未来结果的实现。当然，当一个强烈的欲望由于某种原因不能引起行动以实现它的效果时，它总在一定程度上引起痛苦；由此也产生出了对这种欲望状态的一种间接的反感，它把自己与那种欲望混淆起来，而且极容易被与那种欲望相混淆。然而在这里，我们又可以通过观察它们时而引发的不同行为而区别出两种冲动。因为，尽管对未实现

的欲望所引起的痛苦的反感，可以作为一种额外的刺激令人们去实现欲望的满足，但它也可以（而且常常可以）引发我们去通过压制那种欲望而摆脱这种痛苦。

只要人们承认欲望带来的痛苦常常不相应于它的强度，以致它的意志冲动不能被解释为对其自身的痛苦性质的一种反感，是否所有欲望都在某种程度上具有痛苦性的问题就是一个心理学问题而不是伦理学问题。[①] 就我的经验而言，我将毫不踌躇地对这一问题做出否定的回答。我们再来考察食欲的例子。我当然不觉得作为我正常生活中的一个因素的食欲是一种痛苦的感觉。只有当我生病或当我的食欲的满足被反常地推迟了时，它才变得痛苦。而且一般地说，只要我们未感觉到欲望失去了激发人去满足它的那种基本冲动，它就不仅本身不是一种痛苦的感觉——甚至当其满足仍很遥远时也是如此，——而且还常常是一种总的看来极其令人愉快的意识状态的一个因素。的确，渴望的意识所产生的快乐构成了生活的满足整体中的一个重要成分。说这类快乐——我们可以一般地称其为追求的快乐——比获得的快乐更重要，这话已近于陈腐。在许多 47
场合中，正是对追求的快乐而不是获得的快乐的期待，吸引我们投入一种追求。在这些场合，尤其容易把获得所追求的对象的欲望与对获得的快乐的欲望区别开。这是因为，由于追求本身激起一种对被追求之物的欲望，这种获得只在期待之中才成为令人愉快的。举一个包含竞赛的游戏——多数游戏都包含此种竞赛——的例子。在进入竞赛之前，普通游戏者不会有对竞赛胜利的欲望。的确，在他

① 对这一点的进一步讨论见本章尾注。

真的参加竞赛之前，他常常不能想象他如何从这种胜利中产生快乐。在比赛开始前，他头脑中欲求的不是胜利，而是为胜利奋争的令人愉快的兴奋。这种短暂易逝的胜利欲望只对于这种快乐的充分发展才是必不可少的。这种欲望一开始并不存在，它是被竞赛本身刺激得强烈起来的。而且，它被刺激得愈强烈，竞赛本身就变得愈令人愉快，本来是无所谓的胜利也就提供出强烈的享乐。

一些更重要的追求也表现了同样的现象。例如，常常发生这样的情况，一个人感到他的生活倦怠而乏味，他开始投身某种科学的或于社会有益的工作，不是为了目的而是为了这个活动本身。很可能在开始时这项活动是令人厌倦的。但很快，像他所预见的，一种获得预期目的的欲望被激起了，这部分地是由于与其他同事的情感共鸣，部分地是由于他为实现这一目的自愿付出了持久的努力。于是，他的追求愈发热切，愈发成为一种源泉或快乐。诚然，在这里情况仍然是：他对目的的欲望愈强烈，对实现那个目的的期望就愈令人愉快。但是，说所期待的这种快乐是产生出这一快乐的那个欲望的对象，将是一个明显的错误。[①]

① J. S. 麦肯齐(Mackenzie)教授在其《伦理学手册》(*Manual of Ethics*)(第3版，第1编第2章注释)中为欲望的普遍痛苦性进行论证，他强调说，“追求的快乐”其实是“阶段性的获得”的快乐，产生快乐的是先于最终获得的部分获得。就某些形式的追求而言，这种观点似乎有些真理，但就其他形式的追求而言，我觉得这种观点没有什么真理。快乐的主要因素似乎是充满渴望和希望的，也许需要运用思维技艺的活动在意识中的反映。例如，在对科学真理或历史真理的追求中就常常是这样。我花费了大最令人愉快的时间，寻求对涌上心头的、可能解答一个困难的历史问题的推测的证据，而根本没有任何“阶段性的获得”，因为我没有发现有意义的证据；但是快乐在追求的较早阶段上也仍然是真实的。再举猎鹿、在势均力敌的对弈中争取胜利或马拉松赛跑——在这种赛跑中，在接近目的地之前没有竞赛者能胜过其他人——的共同经验为例，在这些例子中我也没有发现任何类似的“阶段性的获得”。

当我们将这些快乐与先前讨论过的那些快乐加以比较时，另一 48
个重要的区别便显现出来了。在前者中，尽管当食欲显现在意识中时，我们能将食欲与伴随食欲的满足的对快乐的欲望区分开来，但这两者之间却并非不相容。对进食的快乐的欲望在贪食者身上占着支配地位；这一事实根本不妨碍作为这些快乐的必要条件的食欲在他身上的发展。然而，当我们考察追求的快乐时，我们似乎在一定程度上觉察到这两者之间的不相容性。在这里，为获得充分的享受，减少一点自我关心是必要的。一个男人如果总是持一种彻头彻尾的伊壁鸠鲁式的生活态度，总是将他自己的快乐当作他的主要的注意目标，他就不能充分领略寻猎精神；他的渴望永远不会变得那样敏锐，而正是这种敏锐性才使快乐达到其巅峰。这里所涉及到的是我们可称为快乐主义的基本悖论的东西，其意义就是：旨在达到快乐的冲动若过甚便会毁掉快乐。在消极的感官快乐的例子中，就看不到或至少是很少能看到这种情形。但是一般地说，对于我们的积极的享乐——无论它们（以及许多情感的快乐）所伴随的活动被叫作“肉体的”还是“理智的”——我们总是可以说：只要我们将我 49
们的主要注意力集中在它们身上，我们就不可能获得它们，至少是不能最大限度地获得它们。这不仅是因为对伴随的快乐的欲望不能充分地激发我们去运用我们的能力，以及这些能力要得到充分发展还需要其他更为对象性的、“有关他物的”冲动。我们还可以进

但即使假定麦肯齐先生的观点比我设想的更有普遍性，它所涉及的问题在我看来也与我正在讨论的问题相去甚远。因为，我们仍然可以说，优先的欲望的存在是获得的快乐——无论是“阶段性的”还是“一次性的”——的一个基本条件，欲望也不是本身就被感知为痛苦的。

一步说，如果要最大限度地运用这些能力并获得由此产生的最大满足，这些其他冲动就必须暂时占据主导地位并具有吸引力。可能许多英国中年人都认为事业比娱乐更令人愉快，但是如果他们在其事业中始终将精力放在伴随着事业的快乐上，他们恐怕就不会这样想了。同样，也只有那些具有令精神暂时从自我及其感觉上转移开的好奇心的人们，才能最大限度地获得思考与研究的快乐。此外，在各种艺术中，创造力的运用也伴有强烈而高雅的快乐，然而事情又似乎是：为了获得它们，就必须忘记它们。真正的艺术家在创作时似乎有一种实现他的美的理想的欲望，这种欲望十分突出，且在那时完全地吸引着他。

典型的仁爱情感的情形初看起来有些令人感到困惑。一方面，当我们所爱的那些人们快乐或痛苦时，我们自己当然也感觉到同情的快乐和痛苦；而且这种爱或友情的共鸣本身就是令人愉快的。所以，如果把仁爱行为解释为最终旨在获得这两种快乐中的一种或同时获得这两者，或旨在消除行为者的同情的痛苦，这至少是合理的。但是我们会看到，首先，由于同情而在我们身上产生的仁爱行为冲动常常如此地不相应于我们对自身中的同情的快乐与痛苦的实际意识，以至把后者当作仁爱冲动的对象可能是自相矛盾的。的确，我们常常只感到：关于实际痛苦的谈论在我们身上引起的刺激，如目睹一场悲剧的刺激，与其说是痛苦的还不如说是愉快的。而在此同时，它又在我们身上产生一种去消除它的冲动，甚至当消除它的
50 过程是痛苦而费力的、并且要我们牺牲自己的各种各样的快乐的时候也是如此。其次，事情常常是：最容易使我们自己摆脱同情的痛苦的方法，是把思绪从造成外在痛苦的原因上面转移开。而且，我

们有时还感到有一种利己主义的冲动在让我们去这样做，这时我们能清晰地把这种冲动与激发我们去解除先前的那种痛苦的正当的同情冲动区别开来。最后，人们要想明显地体验更受人赞许的仁爱快乐，似乎就需要有一种预先就存在的、为着他人而不是我们自己而行善的欲望。正如哈奇森解释的，我们能够为伴随着仁爱情感的快乐而培养这种情感（正如贪食者培养食欲一样），但我们不能凭意志产生这种情感。只要它存在着——即使它最初产生于一种纯粹利己主义的冲动——它就基本上是一种为着他人而不是我们自己而行善的欲望。

自我舍弃和自我忘却似乎是前面指出的其他高尚冲动充分发展的基本条件，但恐怕不能说，它们在正常情况下是并且永远是仁爱行为的特征。因为在正常情况下，爱——当它是一种强有力的情感时——似乎包含一种对与之同样强烈的互爱的欲望。所以，把人们相互联系起来的情感愈强，人们对自我及自身的苦乐的意识似乎也就愈强。不过，我们至少可以说，这种自我抑制和意识专注于对他人及其幸福的思考的情形是所有强烈情感的一个共有的附带因素。据说强烈地爱着的人们有时会感觉到他们欲望中的利己主义因素与利他主义因素的对立，并感觉到一种去压制前一种因素的冲动，这种冲动有时通过古怪的行为和过度的自我牺牲表现出来。

如果对我们的道德意识所作的反思表明，“德性的快乐仅在它不是所追求的对象这一特殊条件下才能获得”，[1]我们不必因这种现象的反常性而怀疑这一观察结果。我们只不过对心理法则作了另

① 莱基（Lecky）：《欧洲道德史》（*Hist. of European Morals*），“导言”。

51 一种说明，我们已经看到，这种法则贯穿于我们的各种欲望之中。与在理智的或理性的刺激中一样，我们在感觉刺激中也发现了严格意义上的无利害冲突现象。低级而琐碎的外在目的不仅可以刺激高尚而理想的欲望，也可以刺激这类感觉欲望。而且，除了道德良心的满足之外，也还存在着只有不直接被追求时才能获得的纯粹的肉体生活快乐。

3. 迄今为止，我一直专注于“有关自身的”冲动与“有关他物的”冲动的不相容性，把这种不相容性视作它们的根本区别的一个证明。我不希望过多地阐述这一不相容性。我相信，这一不相容性在最常见的情况下是非常易逝的，并常常只是暂时的。而且，我们的最大幸福——如果这是我们的慎思目标的话——一般地是通过在意识中以不同节律变换这两种冲动而获得的。我认为，人的有意识的欲望更多地是主要与外物有关；但是，只要存在着有其中一种倾向的强烈欲望，人们对相应快乐的感受就变得十分敏锐；最有献身精神的热诚者在他的工作中也是不断地从对这类快乐的意识中获得鼓舞的。但是重要的是指出，自爱冲动与某种有关外物的冲动之间的人人熟知的、明显的冲突，并不是需要得到辩解的悖论和假象，而是对我们的不存在这类冲突时的正常意识的分析也会引导我们去预见的现象。如果我们一贯从那些以某种其他事物而不是以我们自己的幸福为直接对象的冲动出发去行动，那么，当这类冲动有时激发我们去做出一次快乐方面的无法得到补偿的牺牲时，我们在正常情况下就会服从这种冲动。例如一个不善自我控制的人在长时间的节食之后，很容易放开肚子暴食一顿，乃至达到他知道会损害他的身体的程度。这不是因为在他放纵暴食时，与对他的健康的

损害相比，进食的快乐更值得他重视；而只是因为他感觉到一种进食的冲动，这种冲动压倒了他的慎思判断。又如，人们牺牲全部生活乐趣甚至生命本身去博取死后的名声，不是出于任何他们将能从中获得快乐的奇特信念，而是出于一种将来得到他人的尊敬的直接欲望，以及一种对这一名望而不是对他们自身快乐的偏爱。而且，52
当这一牺牲是为某种理想的目的——例如真理、自由或宗教——而做出时，人们可能真去牺牲其幸福，而不仅仅是去牺牲对一种优于其他幸福的、十分优雅的快乐（或一种特殊痛苦的免除）的偏爱。这种偏爱无疑是可能的，一个人可能觉得为他的理想而献身的高尚而严肃的快乐是“无价之宝”，并远比所有其他快乐更有价值。但是，他同时也会感到这种牺牲不会回报他，不过还是决心这样去做。

概括地说：我们的意识中的积极冲动远不是为我们自己获得快乐或免除痛苦，我们在意识中处处能发现有关外物的冲动，这些冲动指向某种既非快乐也非痛苦之免除的事物；我们的最重要的一部分快乐实际上是以这类冲动的存在为基础的，尽管在另一方面，它们在许多场合中与我们对自身快乐的欲望如此不相容，以至这两种冲动不易同时共存于意识之中；这两种冲动有时陷入不可调和的冲突之中，并引发相反的行为过程。此外，当这种冲动指向最明显地与快乐在伦理学意义上相抵牾的目的——为着德性自身缘故的对德性的爱，或去做自身即正当的事的欲望——时，这种不相容性（尽管重要的是在其他例证中指出它）无疑变得尤其突出。

4. 我的论点所依据的心理学观察也许不会受到直接的反驳，至少就我的主要结论而言可能是这样。但是有两种推理一直被人们用来贬低这个结论的意义，而不是直接地拒绝它。首先，人们强调说，快乐尽管不是人类行为的唯一有意识的目标，但也始终是它无意识指向的结果。对这个命题可能很难进行反驳，因为谁都不否认，一个被欲求的目的的获得总是在某种程度上伴有快乐。而且一旦离开意识的检验，我们似乎就找不到明确的方法来确定，在行为
53 的诸多结果之中哪一个是行为的目的。然而，由于同一原因，这一命题也至少是同样地难于证明的。我还进一步认为，如果我们从无意识方面认真着手考察人类行为，我们只能把它设想为有机物各部分运动的一种组合。如果我们试图确认某种此类运动的“目的”，合理的结论就会是：它是某种物质的结果，某种有利于有机体个体或其所属种系的保存的有机条件。事实上，不论是内省的结果还是外部观察的结果，都不能为快乐（或痛苦的免除）是所有人类行为的目的这一学说提供支持。毋宁说，这一学说似乎是由这两种结果的一种武断的、不合理的结合支持着的。

但其次，人们有时说，无论我们目前的成人意识的情形如何，我们原初的冲动总还是完全指向快乐[①]或痛苦的免除的，指向其他对象的冲动也是由于“观念的联系”而从这些冲动中派生出来的。我找不到任何哪怕是倾向于支持这一说法的证据。就我们能观察儿童的意识而言，这两种因素——有关他物的冲动与对快乐的欲望——似乎是以存在于成年生活中的同样方式存在于儿童生活中

---

① 我必须请读者来仔细廓清本章所讨论的问题——这一问题涉及欲望与反感的**对象**——把它与冲动的**原因**是否始终存在于在先的苦乐经验之中这一不同的问题区别开。这后一问题对于伦理学的意义尽管并非不重要，但却显然不及这里所讨论的问题直接。而且，把这后一问题放到以后去讨论也更为方便。参见下文第 2 编第 6 章第 2 节，和第 4 编第 4 章第 1 节。

的。如果有什么差别的话，这个差别似乎就在于它们的方向是相反的。由于儿童的行为更本能而更少反思，它们更多地是由有关他物的冲动而不是由指向快乐的意识激发的。诚然，当我们追溯意识的发展过程时，这两类冲动愈发变得不可区分。然而，这一点显然并不证明我们把其中一种冲动视作派生这两类冲动的更原始的冲动是合理的。即使假定能够证明我们最早的爱好都纯粹是对快乐的爱好，这对我们正在讨论的问题也无所裨益。我想强调的是，人们 54
现在在正常情况下并不只欲求快乐，而且也在相当大的程度上欲求其他事物。尤其是，有些人还具有对德性的冲动，这种冲动可能也的确与他们对于自己的快乐的有意识欲望相抵牾。从伦理学的观点来看，说所有的人曾经欲求过快乐纯系所答非所问，除非假设存在这样一种原初的人的爱好本性：对他来说，按照这种本性去行动是正当的或最好的。但是，恐怕没有任何一个快乐主义者会明确地坚持这种看法，尽管直觉主义学派的作者们无疑经常做了这一假设。

注释。——一些心理学家把欲望看作基本上是痛苦的。我觉得，按照这一术语的日常用法，这种观点是错误的。虽然这一观点并不必然会把欲望本身对意志的刺激与对招致痛苦的欲望的反感对意志的刺激这两者相互混淆——我在本章主要关心的即是反对这种混淆——它还是有某种导致这种混淆的倾向。因此有必要指出，我与刚才提到的心理学家们——我选择贝恩博士作为这些心理学家的主要代表——的意见分歧主要（尽管不完全是）产生于定义上的分歧。在他的《情感与意志》一书的第二部分的第八章中，贝恩博

士将欲望定义为“意志的那样一个方面：在那里存在一个动机而不存在按之行动的能力”，并对此做了下述的说明：

> “一个住在狭小而不见阳光的阁楼里的人为自己想象出尽享阳光和宽敞空间的快乐，这个未满足的理想要求一些适合于获得这种现实的行为，他起了床并走出了那房间。现在我们假定这同一种理想的快乐在一个囚徒的心中产生了。由于没有能力实现这一冲动，他不断地受到这一动机的引诱，而他的状态被称为渴望、渴求、想往和欲望。如果所有动机冲动能立即得以满足，欲望就没有地位，……有一种障碍在阻止着行为，它导致那种冲突状态，并使得欲望成为一种或多或少是痛苦的心态。”

在这里，我同意当欲望者被禁止从事获得所欲对象的行为时，欲望常常在一定程度上是痛苦的。但我的确不认为在这些情况下欲望始终是痛苦的，尤其是当它伴随着希望时。举饥饿为例。在日常生活中，当我胃口很好想吃饭时，我并不感到饥饿是痛苦的——除非我已禁食许久了——尽管习惯和对我的消化的关心使我在汤送上来之前先不去满足我的食欲。不过我承认，当旨在享受的行为被禁止时，欲望很可能是痛苦的。

55 但是，显然不能把欲望这一术语的用法限制于这种场合。假设贝恩博士的囚徒后来有了一把锉刀，并且看清了经长期努力——这将首先包括锉断铁窗条，此外还有其他行为——后逃离监狱的路线。说当他开始锉铁窗条时他的欲望就最终停止了，这当然是可笑的。诚然，关注于获得自由所需的复杂行为，可能使这个囚徒深深地为别的观念和感觉所吸引，以至对自由的欲望可能暂时地不呈现于他的意识中。但是，由于引发他的整个活动的那种刺激是产生于未实现的自由观念的，所以这一观念以及相伴随的欲望感，在正常情况下将在这一过程中间断性地再现于意识中。同样地，在其他场合下，尽管人们常常为所欲求的目的工作而未意识到指向这一目的的欲望，然而说他们在这样工作时永远感觉不到欲望，恐怕仍然是可笑的。我认为，对这个词的用法的这种限制无论如何也不会为研究欲望的伦理学作者们所接受。而且，贝恩教授自己在某些段落中似乎也采取了一种更宽泛的意义。例如，他在我前面已经引用过的那一章中说，“当我们为遥远的目的工作时，……我们有一种欲望。”如果承认对欲望的感觉至少有时是意识的一个成分，与旨在获得被欲望对象的活动共存，或间或介入这一过程，那么我将冒昧地认为，当这一感觉在这些条件下被人们注意到时，他们将不会根据人类的共同经验，把它描述为基本上是痛苦的。

举一个包含身体锻炼与技能竞赛的运动的简单例子。也许很多为健身目的与社交目的而参加这类运动的人们，在开始时都感觉不到取胜的欲望。也许只要他们还是这样无所谓，这项运动就是乏味的。然而，作为旨在取胜的活动的结果，自觉的取胜欲望通常会被激发出来；这种感觉愈强烈，整个比赛过程就愈令人愉快。如果承认这是人们的正常经验，那么就必须同时承认，这种场合中的欲望是一种我们在内省时不可能发现一丝一毫的痛苦性质的感觉。

很容易再举出大量类似的为着一种目的——无论是运动的还是严肃的生活事务的——而进行的竞赛活动的例子，在这些活动中，一种获得所期待的目的的敏锐欲望与对获得那一目的必需的活动的实际享受不可分离；同时在那里，我们不能在欲望中发现任何痛苦性，无论我们多么努力地想通过内省分析把这种痛苦从它的伴随感觉中区分出来。

我觉得，我力图去消除的这种错误产生的部分原因是：它忽略了上面这些情况，并且只考虑欲望因这种那种原因而受到阻碍、因而无法达到其激发旨在获得所欲对象的活动这一正常效果的情况。
56 然而，另一部分原因似乎是欲望与痛苦之间存在相似性，我在本章的正文中已经讨论了这种相似性。这种相似性即不安宁，它无疑是欲望状态以及——日常生活中的——痛苦状态的一个特征。在“不平静”一词指某种程度的痛苦的意义上，需要细心地把“不安宁”这一特征与“不平静”区别开。这种错误还与“此生幸福在于知足常乐”——霍布斯以他通常那种有力的风格反驳过这种观点——这样一种同样错误的观点有关。此外，它还与劳动和紧张的活动基本上是痛苦的这一普遍流行的观点——这一观点在许多欧洲语言中留下了印记——有某种共同之处。应当说，在这两种观点上，不同人们的经验中存在着相当对立的意见。但我认为至少在英国人中，认为欲望始终是痛苦——在我一直试图表明的、道德学家们以及日常谈论在使用痛苦这个词时通常带有的那种意义上——的人是十分少见的，正如认为劳动始终是痛苦的人是少见的一样。

第五章　自由意志 57

1. 在前几章中，我先探讨了合理性的行为，然后又探讨了无利害的行为，而没有预先交代令人头疼的意志自由问题。长期以来的两方面的经验已经表明，探讨这一问题所面临的困难是如此之大，以至我急切地想尽可能把它们缩小到最低程度，并尽可能使我的论题不受它们的干扰。我觉得，我们没有任何心理学的证据把无利害的行为等同于“自由的”行为或“合理的”行为；另一方面，给合理行为和自由行为下定义也至少是误入歧途，并且倾向于模糊关于自由意志的争论所提出的真正问题。在上一章中，我一直试图说明，完全无利害的行为，即不考虑我们的可预见的快乐余额的行为，不仅存在于我们的最慎思的、最具自我意识的意志体验中，而且存在于我们的最本能的意志体验中。按照我的设想，无论人的行为的合理性可能在多大程度上是由优先于或外在于他自己的意志的原因决定的，合理的行为都仍然是合理的。所以，合理地行动的观念，按照我在第三章中的解释，并不像一般自由主义者在反对决定论者时强调的那样，与“自由地”行动的概念有密切关系。我所以说“一般自由主义者”，是因为在康德的追随者关于自由与合理性的联系的论述中，似乎混淆了自由这一术语的两种意义，这两种意义是在任何关于自由意志的讨论中都需要仔细地区分清楚的。当康德的 58

一个追随者说人“就其按理性的指导而行动而言是一自由的主体”[①]时，这一论述很容易赢得普通读者的赞同。因为，诚如休厄尔所说，我们通常都“认为我们自己是我们的理性而不是我们的欲望和情感。我们说欲望、爱、愤怒驾驭着我们，或者，我们自己控制着它们。如果我们决定宁取某种遥远而抽象的善而舍弃直接的快乐，或者决定按照一个给我带来了目前痛苦的规则去做（这一决定意味着理性起了作用），我们就更加把这些行为看作我们自己的行为。”[②]所以，在用法上我并不反对用“自由的”指称成功地抵制了欲望或情欲的诱惑的意愿行为。而且，我还充分意识到把对自由的强烈情感与理性、道德联系起来的道德说服活动在效果上的优点。但是，如果我们说就一个人是在合理地行动而言，他是一个“自由的”主体，那么当他在不合理地行动时，我们显然不能在同一意义上说他是根据自己的“自由的”选择而不合理地行动的。一般自由主义者想坚持的正是这后一命题。由于他们认为在自由与道德责任之间存在联系，他们一直强调表明道德主体的“自由”的根本重要性。而且，与责任这样地联系着的自由显然不是仅仅表现或实现于合理行为中的自由，而是在正当与错误之间进行选择的自由，这种自由既表现或实现于对正当的选择中，也同样表现或实现于对错误的选择之

① 我觉得不把康德的自由意志概念放入本章讨论的范围是一种变通的办法，这部分地是考虑到正文中提到的那种混淆，部分地是由于它依赖于一种不从属于时间条件的因果性观念，这种观念在我看来是全然站不住脚的，尽管本书并未计划讨论这一观念。但是，考虑到康德的理论对当前伦理思想的广泛影响，我认为最好通过一个附录（见“附录”）对他的自由意志观念做一简要的讨论。

② 休厄尔：《道德的基础》，第1编第2章。与此同时，像我后来说的，我们有时也把我们自己等同于在意识中与理性相冲突的情欲或爱好；而且这时，理性规则就似乎成了一种外在约束，对它的服从也似乎成了一种苦役，如果还不是奴役的话。

中。例如，基督教的“故意的罪孽”的意识之中就隐含了“人们的确
审慎地、有意地选择不合理的行为”的意思。一般自由主义者们不 59
仅宁取自我利益而舍弃义务（这种选择宁可说是同合理性要求相冲突，而不是同明显的不合理性相冲突），而且（例如）宁取感官享乐而舍弃健康；宁取复仇而舍弃名望，等等，虽然他们知道这种选择不仅违反他的义务，也违反他们的真正利益。[①] 所以，把理性与情欲之间的冲突在意识中再现为“我们自己”与一种自然力量的冲突，并不真正符合我们的整个经验。如果我们愿意，我们可以说：当我屈服于情欲时，我们成了我们的欲望和爱好的奴隶，但是我们必须同时承认我们的奴役是自己选择的。那么，我们能在不仅假定故意的做恶者的意志前因（内在的与外在的）与我们的不同，而且假定这些前因未曾改变过，因而他可能是做了正确的选择的意义上，说他对恶的选择是“自由的”吗？我认为，这一点是关于自由意志的争论所提出的实质性问题；由于人们普遍认为它是伦理学的至关重要的问题，我现在打算简略地考察这一问题。

2. 我们可以方便地从更准确地定义意愿行为概念——按照所有的伦理学方法，只有最严格的伦理学意义上的“正当的”“应当的”这些谓语才适用于这一概念——开始。首先，意愿行为是“有意识的”，区别于人类机体的“无意识的”或“机械的”行为或运动。

---

① 苏格拉底和苏格拉底学派在设想一个人审慎地选择他知道对他是坏的事物时陷入了困难。这个困难也使亚里士多德在说明有目的的行为时，甚至在他明确坚持恶的“意愿性”和“责任性”的时候，陷入了真正的决定论。对现代思想来说，这一困难似乎被对于道德的和慎思的判断的区分以及“利益”与“义务”之间的明显的冲突而减小了。由于我们已经十分熟悉在意识上既与利益对立又与义务对立的慎思选择观念，我们在设想在意识上与这两者对立的选择时就不那么困难了。见本编第 9 章第 3 节。

一个其机体在作这类无意识的或机械的运动的人，在他完成这些动作之后才意识到——如果有意识的话——它们。相应地，人们也不能因这些动作而指责作为道德人的他，或者把这些动作判断为道德
60 上恶的或无礼的；尽管有时从其结果考虑可以把它们判断为好的或坏的，并且这意味着只要能间接地凭借意识的努力做到，就应当鼓励或制止它们。

因而第二，在有意识的行为中，行为者不因为他的意愿行为的完全未预见到的效果而被看作应受道德谴责，除非是以一种间接的方式受此种谴责。诚然，当一个人的行为已产生了某种未预见到的伤害时，公众的道德判断常常谴责他的粗心。但是，反思的人们将普遍承认，由于他的粗心是对义务的某种主观疏忽造成的，在这类情形下严格的道德谴责只能以一种间接的方式与当事人联系起来。所以，道德赞许或道德谴责的恰当的直接对象似乎只能是人的意志的结果，因为它们是他有意识地造成的，即是在他思想中再现为他的意志的确定的或可能的[①]结果的。或者，更严格地说，这种对象只能是如此地指向那些结果的意志本身，因为我们并不认为一个人因其邪恶的意图由于外部原因而没有实现就可以避受道德谴责。

如果我们把“动机”理解为我们感觉到的对我们行为的某些被预见到的结果的欲望，上面这种观点初看上去似与行为的道德取决

① 最方便的是把“意图”看作不仅包括那些行为者**意欲**去实现的意志的结果，也包括他并未意欲去实现、却预见到将是确定的或可能的意志的结果。我们在何种程度上对我们行为的全部未预见到的结果负有责任，或者——在涉及由明确的道德规则规定的行为的情况下——在多大程度上只对它们在一定范围内的结果负有责任，我们将等到考察直觉主义方法时再来研究。

于其动机这种常识意见不同。但是，我认为那些持此意见者不会否认我们应当为所有我们在意愿中预见的被禁止的结果而受谴责，无论它是不是欲望的对象。人们的确都认为行为也像其被预见到的结果一样，可以因某些欲望或反感的存在而“更好”或“更坏”。[①]
不过，就这些感觉并不都处于意志控制之下而言，有关“正当的” 61
和“错误的”的判断——在这些术语的最严格的意义上——似乎不能被恰当地用于评判这些感觉本身，而只能被用来评判一个人是否有意识地作了制止坏动机和鼓励好动机的努力，或者评判他是否有意识地把一种欲求对象当作追求的目的——这也就是一种意志——这种意识活动。

所以，我们可以得出结论说，正当与错误判断恰当地与伴有意图的意志相联系着，无论意向的结果是外在的东西，还是产生在行为者自己的感觉或品性上的某种效果。这一结论把那些严格地说是没有意图的有意识的行为排除在这类判断的范围之外。例如，当突然产生的强烈的苦乐感引起了动作时，我们意识到我们做了这些动作，但这些动作并未通过观念上的再现而优先于动作本身或它们的效果。这类行为有时被我们专门地称为“本能的”行为。我们认为，我们只应间接地对这类行为负责，因为它们的任何坏结果都应当是通过自愿地形成更完善的自我控制习惯而被预先防止的。

我们必须进一步指出，我们的常识的道德判断承认“冲动的”

① 在后面的一章（本编第9章）中，我将更充分地考察“正当的”与“错误的”这对范畴与我们实践推理中的“好（善）的”与“坏（恶）的”这对更模糊、更宽泛的范畴的关系。

做恶和“**慎思的**”做恶之间的重要区别，对后者的谴责比对前者更强烈。我们不可能十分清楚地在这两者之间划出一条界限，但是我们可以把“冲动的”行为规定为这样一些行为：在这些行为中，起刺激作用的感觉和被刺激起来的行为之间的联系是如此简单和直接，以至虽然还明显地存在着意图，但个人对所指向的结果的选择意识是十分短暂的。而在慎思的意志中，始终存在一种有意识的选择，把结果当作两个或更多的实践上的选择对象中的一个。

所以，在极其显然地是道德谴责和道德赞许的对象的意志中，“意志”这一心理事实似乎不仅包括意图或对行为结果的观念的再现，而且包括选择、分析、确定这些结果的自我意识。按照我的理解，自由意志的争论中的核心问题可陈述如下：我把我的慎思的意志归诸其中的那个自我是一个具有严格确定的道德性质的自我，一
62 个部分地是天生的，部分地是由我以往的行为和感觉、由它已无意识地接受了的所有生理影响形成的独特品性，以至我的全部善的或恶的行为在任何时候都完全是由这一品性确定性质，以及由我的环境或那时对我发生作用的外部影响——这其中包括我自己当时的身体状况——引起的吗？或者，我能够始终按照我现在认为是合理的和正当的方式，无论我以前有过什么样的行为与经历，去选择自己的行为吗？

在上面的问题中，一个唯物主义者会用“大脑与神经系统”取代“品性”而得到一个更清楚的概念。但是我一直避免使用含有唯物主义假定的术语，因为决定论并不包含唯物论。对眼下的目的来说，这一区别是不重要的。实质性的争论在于意志对于先前事态的因果性依赖的程度，无论我们是把它们称为“品性与环境”，还是称

为“头脑与外在力量”。[①]

在决定论方面，存在一个极有力的复证。就除开意志之外的各种事物而言，事件是确定地与直接先于它的事态相联系的这一信念，现在已为所有有资格的思想家们所接受。由于人类精神已经发展了，由于人类经验已被系统化和拓宽了，这一信念已经在深度上和广度上，以及在信念的明确性、确定性和应用的广泛性上，稳定地发展了。在一个又一个的事实部门，与之对立的思想样式减少并减弱了、直到最后完全消失了，唯有这个神秘的意志的城堡例外。在其他地方，这一信念已经如此牢固地确立了，以至有人宣布说与它对立的信念是难以置信的，还有人甚至认为这种对立的信念从来就是难以置信的。每一种科学研究都接受这一信念。同时，我们不仅将发现事件是以可被认识的方式被决定的，而且将发现不同事件的不同的被决定的样式，从根本上说是同一的和相互依存的。63
此外，十分正常地，随着对可认识的宇宙的基本统一性的信念的提高，不允许自由主义者们为人类行为要求例外的个性的倾向也更增强了。

而且，当我们把眼光转到人类行为上时，我们注意到，人们都承认人类行为的一部分，即那个无意识地产生的部分，是由生理的原因决定的。我们还发现，在这种行为和那种有意识的和意愿的行

① 决定论者经常把每种意志都设想为被统一的法则同我们以前的意识状态联系在一起。但是，即使我们很熟悉一个人过去的意识，我们能从中找到的一致性也只能给我们提供了解他的未来行为的不完善的指导，正如——

(1)所有仍然潜在着的或不完全表现出来的天生倾向与情感，以及

(2)所有其效果未曾完全再现于意识中的以往的生理影响恐怕得不到说明一样。

为之间无法划出清晰的界限。不仅前一类行为当中有许多除了无意识这一点外完全类似于后一类的行为，我们还进一步看到，我们出于习惯而不断从事的活动从有意识的行为变成了——全部地或部分地——无意识的行为。而且，我们愈深入地去研究，我们就愈是不得不接受一个结论：任何由有意识的意志产生的行为无不能在一定环境下无意识地产生。当我们缜密地考察我们的有意识行为时，我们也发现：从我描述为"冲动的"那些行为——在一瞬息即逝的感觉或情感的刺激下突然做出的行为——来看，很难说它们不完全地是由刺激的强度和我们的已被预先确定的气质与品性在其运作时的状态决定的。而且在这里，如前已指出的，在这些冲动的行为与那些渐渐显出明显的"自由选择"意识的行为之间，划出一条清晰的界限也同样是困难的。

其次，我们一直基于品性与环境的因果性原则来解释[①]除我们自己之外的所有人的意愿行为。的确，不这样解释他人的行为，社
64 会生活就将是不可能的。因为，人在社会中的生活每天都包含着对他人行为的大量的微小预测，这些预测建立在一般人的、特定阶层的人的或个人的经验之上。于是，这些人必须被看作有确定性质的物，被看作其效果可被计数的原因。我们一般都在预测我们知道其过去行为的那些人的未来行为；而且，如果我们的预测由于某种原因而出了错，我们并不把这种不一致性归咎于自由意志的影响，而是把它归咎于我们对他们的品性与动机不完全了解。此外，在从预

① 我不是说这是我们对于他人行为所采取的唯一观点，我认为（我马上就将提出这一观点）在从道德上判断他人的行为时，我们通常使用自由意志的观念。但是我们不常把自由意志看作一种限制着另一种原因并与之相矛盾的原因。

测他人转向预测社会时，不论我们是否相信一种“社会科学”，我们都允许并且参加假定着同一因果性原则的对社会现象的讨论。无论我们多么不同意某些理论，我们都不怀疑这个假定的有效性。如果我们在以往或当前的历史中发现了什么不可解释的问题，我们从不把它归诸于自由意志的特殊表现。不仅如此，在考察我们自己的行为时，无论我们觉得自己在当时多么“自由”，无论我们的意志选择显得多么不受当时的动机与环境约束，多么不受我们以往曾是和曾感觉到的东西的制约，但当这一行为一旦成为过去并且我们从自己的行为之链来审视它时，它的因果关系和同我们生活的其他部分的相似性就显现出来了，而且我们也通常把它解释为我们的本性、教育与环境的一种效果。我们甚至还把这一观念用于我们的未来行为，而且我们的道德情操越发展，我们就越把它用于这些未来行为。因为，随着我们的一般的义务感的提高，我们的道德教养中的义务感以及我们的自我改善的欲望也不断提高。道德的自我教养的可能性取决于下述假设：我们能通过当下的意志在一定程度上决定我们在或近或远的未来的行为。与此同时，我们的确也习惯于对我们的未来采取与此相反的、自由主义的观点。例如，我们相信我们完全能抵制今后的诱惑，虽然我们以前不断地屈服于它们。但是应当指出，正如各派道德学家们都承认甚至强调的，这一信念**始终在极大程度上**是幻想的和误入歧途的。虽然自由主义者们极力主张我们在所有时刻都**能够**按照与我们已获得的倾向和先前的习惯 65
相反的方式去行动，他们也和决定论者们一样教导说，要打破习惯的微妙而不易觉察的束缚并不像想象的那样容易。

3. 要克服决定论的这一复证的巨大影响，必须直接地肯定在慎

思行为这一瞬间的意识。当我有一清晰的意识在诸种行为可能——我把其中之一设想为正当的或合理的——中进行选择时，假如除了我的欲望的条件和意愿的习惯之外没有其他障碍，我必定发现：我不可能不认为我能去做我认为是正当的或合理的事，无论我去做不合理的事的倾向可能多么强烈，也无论我过去可能多么一贯地屈服于这些倾向。[①] 我承认，对恶欲每让一步都将使恶欲重现时抵制它的困难更大，但是，在这种困难与不可能性之间似乎仍有一条不可逾越的鸿沟。我不否认，人的经验中也包括这样一些情况：某些冲动，例如对于死亡或极端的痛苦的反感或对烟酒的病态的嗜好，达到了竟被人们当成不可抵抗的支配性选择的强度。我认为我们通常是这样判断的：当达到这一强度时，个人就不能在道德上对在这一支配性冲动下做出的行为负责。但是，这样提出的道德问题至少是非常少的；在日常所见的屈服于诱惑的例子中，这种对冲动的不可抵抗性的意识不会产生。在日常生活中，无论欲望或愤怒对我们的冲击多么猛烈，它并不表现为是不可抵抗的。如果我在这样一个时刻审慎地考虑，我就不能把这一冲动的力最当作我做那种在其他场合我认为是不合理的事的理由。我可以假定我对于自由意志的
66 信念**可能**是虚幻的，可以假定如果我知道我的本性，我就**可能**看清楚：在这样一种品性和这样的环境之下，我在所说的那个时刻做出与我的合理判断相反的举动是被预先决定的。但是，如果不同时设想我关于我现在称为“我的”行为的东西的整个观念已根本改变了，

① 对于一种“没有意志动机的任性举动”，我们从伦理学观点所关心的不是纯粹的不确定的选择的可能性，而是在合理的和不合理的动机之间选择的可能性。

我就不能设想我自己能看清这一点。我不能设想：如果我从这一方面沉思我的机体的活动，我会像我现在所做的那样让它们去请教我的“自我”，即请教在做如此沉思的心灵。由于这种论据方面的冲突，思想家们对于意志自由的理论问题意见不一就不足为怪了。我自己也不想现在就对这个问题做任何决断。但是我觉得，重要的、不无裨益的是指出：以这种或那种方式解决这一问题的伦理学意义可能被夸大；而且任何严肃而缜密地考察这一问题的人都将发现这种意义是极其有限的。

我发现，我刚才谈及的夸大解决意志自由问题的伦理学意义的倾向主要存在于自由主义方面。一些自由主义作家强调说，意志自由观念可能不属于实证科学，而是与伦理学和法学不可分离的。在判定说我“应当”做某事时，我意味着我“能够”做这件事；同样地，在赞扬或谴责他人的行为时，我意味着他们“本来能够”不那样做。据说，如果一个人的行为是一个最终能——当我们向回追索时——把我们引致先于他的个人存在的事件上去的因果链条上的环节，他就不能真的有功或有过；而如果他既无功又无过，去奖励或惩罚——甚至赞扬或谴责——他就是违反常识的道德感的。在考察这一论点时，最方便的是首先假定除了问题本身可能引起的怀疑或冲突之外，在我们的正当观念中不存在任何怀疑或冲突。另外，把关于自由意志对于道德行为的重要性的一般性讨论与它对于奖惩的重要性的特殊问题分开来，也将使这一考察更方便。因为，在奖惩行为中，必须着重注意的不是奖惩者的当下的自由，而是现在被奖惩的人的过去的自由。 67

关于一般行为，决定论者同意一个人在道德上只是有责任去做“他能够去做”的事，但是他解释说，“他能够去做”的意思是如果他愿意去造成有关结果，那一结果就将产生。我认为这就是“我能够做我应当做的事”这一命题的公认的意义，它的意思是“如果我愿意我就能够做”，而不是“能够愿意去做”。不过，问题仍然在于：“我**能够**选择我在正常思考中判断为应当去做的事么？”在这里，我自己的观点是：在上文所解释的限定之内，我必然认为我**能够**选择。然而，我也可以认为这个观念是虚幻的，并就我的未来行为判断说我当然将不这样选择，因而这一选择对我并不真的可能。在我看来，如果这个假定成立，上述判断就不可避免地会排除或削弱慎思行为中的道德动机。我或者将不认为选择去做那些我否则就会判断为合理的事对于我是合理的；或者，如果我的确认为它对于我是合理的，将断定它所包含的那个义务观念是虚幻的，正如自由观念是虚幻的一样。就此而言，我承认自由主义关于决定论具有使道德沦落的效果的论点，如果以一种现实的意义来理解这一论点的话。但是我认为没有多少这样的例子：在这里，即便按照决定论原则也能合理地推断——而不仅是极其可能——我将审慎地选择我判断为不明智的事。[①]在日常生活中，从一个人以往的经验以及他对
68 于人类本性的一般知识中，不大能合理地推断他会选择恶。而且在

① 我认为，当一个人屈服于诱惑并判定“抵抗毫无用处”时，在绝大多数情况下，他是由于受干扰推理过程的欲望与情欲的影响，而在半意识的自我诡辩中做判断的。我不怀疑，在一个已把决定论当做一种思辨的意见而接受下来的人的心中，这种自我诡辩可能采取一种决定论的形式。但是，我觉得没有理由认为自由主义者不是处于同样的自我诡辩的危险之中，尽管在他身上这种自我诡辩将采取一种不同的形式。例如，当一个决定论者推理说：“我今晚当然要像往常一样喝一杯白兰地，所以下决心不去喝也没有用”时，自由主义者的推理将会是：“我想戒掉白兰地，但是明天再戒掉它将和今天戒掉它一样容易；所以我姑且再多喝一杯，等到明天再戒掉它。”

慎思时，我也不可能把“我能够不去做正当的事”这一可能性——无论它有多么大——当作不这样做的理由，[①]尽管它的确提供了一种强烈地意欲某种行为的合理理由，正如一种强烈的做某种恶的可能性为避免它的特殊努力提供了一种合理理由一样。的确，在我看来，一个自由主义者也会考虑他在一个具体场合能够不去做正当的事的可能性，并且把这类考虑看作是启发思想的。所以我觉得，在日常生活中，确定我的自由意识选择我可能断定为合理的东西的形而上学根据与伦理学的思考是不相干的，除非对意志自由的肯定或否定在一定程度上改变着我关于何种行为合理——就我能够做出它而言——的观点。

对于第一章提到的合理行为的两个公认的终极目的，我不认为会有这种观点上的改变。如果从一种自由主义观点把幸福——无论是私人的还是普遍的——视作行为的终极目的，那么即使采取决定论观点也没有理由拒绝它。如果美德本身就值得崇拜和欲求，那么当然无论个人对它的接近是否是全然由天资与外部影响决定的，它都是值得崇拜和欲求的，除非美德概念包含着自由意志概念。自由显然不包含在我们通常所说的身体完善与理智完善的理想之中，在我看来它也同样不包含在我们通常称之为德性的品性美德的概念之中。勇敢、节制与公正并不因为我们能在由精心的教育发展了的优越天资中找到它们的根源，就变得不值得崇拜。[②]

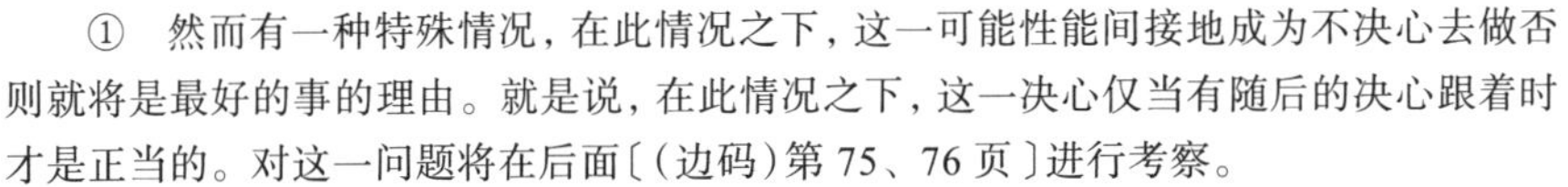

① 然而有一种特殊情况，在此情况之下，这一可能性能间接地成为不决心去做否则就将是最好的事的理由。就是说，在此情况之下，这一决心仅当有随后的决心跟着时才是正当的。对这一问题将在后面〔(边码)第 75、76 页〕进行考察。

② 诚然，我应当承认，通常的优点概念愈来愈变得不能说明任何问题〔见(边码)

69 那么，对自由意志的肯定或否定能否影响我们关于获得幸福或美德的最合适手段的观点呢？在考察这一点时我们必须区别两种情形。一种情形是：人们相信手段与目的之间的联系是基于经验的或其他科学的根据而存在的；另一种情形是：人们对于这种联系的信念是从对于世界的道德统治的信念推演出来的。按照人们所接受的关于世界的道德统治的观点，履行义务是人获得其幸福的最好手段，这一幸福主要在于它在另一世界中被期待产生的结果；在那个世界里，神将对善恶做出赏罚。所以，如果人们对世界的道德统治和人的来世生活的信念是建立在自由意志的假设之上的，后一假设就显然主要具有重要的伦理学意义，不过实际上不是在确定一个人的义务方面，而是在把这种义务与他的利益调和起来方面具有这种意义。我认为，这一点是“否认自由意志的存在将消除履行义务的动机”这一观点中的主要真理成分。而且，就(1)有利于一个人的利益的行为过程总会被——不特于神学思考——视作背离他的义务，以及(2)在消除这一背离的神学推理中自由意志是一个必不可少的假设而言，我承认这一论点的有效性。关于对世界的道德统治的信念将于后面的一章[①]中得到考察，对来世生活的信念则似乎不属于本书的讨论范围。[②]

如果我们把注意力集中到手段与目的之间的可从科学上加以

第 71、72 页〕。但是我不认为，由于我们不再把获得完善视作值得称赞的事，完善便不能作为我们向往的目的。人们从未感到过关于神迹的“优点”的概念不能说明任何问题这一点会贬损神性的完美。

① 见第 2 编第 5 章和本书尾章。

② 然而我应当指出，有相当多从利益的观点相信世界的道德统治的神学家已经是决定论者了。

认识的联系方面，现在被思考的行为似乎就不大可能是一个较远目的的手段，因为它是被预先决定了的。然而，人们可能强调说，在考虑我们在一个场合中应当如何行动时，我们必须把他人的——也把我们自己的——可能的未来行为考虑在内；在考虑这些未来行为时，解决自由意志问题，以便我们可以知道是否能够从过去推知未 70
来，是必要的。但是在这里，我还是觉得，解决这一问题不会逻辑地引出任何明确的实践结果。因为，不论我们多么愿意承认自由意志是一个原因，自由意志的实际运作都会把对人类行为的最科学的预测当成虚假的。而且，既然根据假设自由意志是一个完全未知的原因，我们对于它的认识就不可能引导我们去修正任何预测，它至多只能影响我们对它们的信赖程度。

我们可以借助一个想象出来的极端的例子来说明这一点。假定我们以某种方式认识到了所有的行星都赋有自由意志，并且它们只是靠运用其自由意志抵制强烈的离心或向心倾向才保持其周期运动的。我们对太阳系的未来的总信心可能受到损害——尽管不容易说清损害的程度[①]——但是我们的天文计算的细节却显然可以不受影响：自由意志不可能被当作推算的一个因素。我还假定，如果心理学和社会学真的成了精密的科学，对人类行为的预测的情形也会与此相似。然而在目前，心理学和社会学还远不是精确科学，以至这一附加的不确定因素甚至还没有获得任何情感效果。

概括地说：就我们推断关于我们自己的或他人的未来行为如

① 为确定这种程度，我们应首先解决另一个有争议的问题，即我们关于未来将相似于过去这一判断的可推理性的问题。

何的确定结论而言，我们必须把它们视作由不变的法则决定的；如果它们不完全是如此被决定的，我们在此范围内的推理就可能犯错误；但是除此之外我们无法知道别的。另一方面，当我们力图确定(基于任何原则)在两种可能的行为中做何种选择是合理时，决定论观点则是解决不了问题的，正像它在前一个例子中是必不可少的一样。无论从哪一种观点来看，解决自由意志争论中的分歧最大的形而上学问题，对于普遍的行为调节的实践都是不重要的；除非我们从伦理学转向神学，把义务与利益两者的调和建立在一个要求自由意志假设的神学论据之上。

71 4. 到目前为止，我一直在证明：除了在某些例外情形下或基于某些神学假设，采取决定论不会合理地改变一个人关于何种行为对于他是正当的观点，或改变他做出这一行为的理由。然而，假如正当行为的理由仍未改变的话，引发那一行为的动机就可能被削弱，因为如果他把自己的行为看作先于他而存在的原因的结果，他就不会为他的行为而悔恨。我承认，就悔恨情感意味着始终把自责集中于被谴责的自我身上而言，它必然不存在于一个相信决定论的人心中。不过，我看不出为什么一个决定论者的想象力会不及一个自由主义者生动，以及为什么他的同情会不及后者敏锐，他对善的爱不及后者强烈。因而我也看不出为什么对他的缺点和他以往曾引起坏行为的有害品性的厌恶不会成为悔恨情感那样有效的道德改善的动机。因为我觉得，一般人都认为环境中、机体中以及理智中的缺点也与道德上的缺点一样有害，一样可以克服；他们至少是像他们费心去克服道德缺点那样去克服他们环境中的、机体中的以及理智中的那些不会使他们产生悔恨的缺点的。

这一点又引导我进一步去考虑决定论学说对赏罚的影响。我认为必须承认：在常识的报复的惩罚观点、日常的“功”“过”概念及“责任”概念中都包含着对自由意志的假设。如果把邪恶行为以及它所表现出来的坏品性视作先于或外在于行为者的存在的那些原因的效果，我们就不能把因通常意义上的、由那些原因造成的伤害而引起的道德责任加到他身上。但同时，决定论者又能够赋予“恶绩”和“责任”这类术语以一种不仅清晰和确定，而且从一种功利主义观点来看是唯一恰当的意义。按照这种功利主义观点，如果我肯定甲对某一有害行为负有责任，我是说因这一行为而惩罚他是 72
正当的，这主要是为了使对惩罚的恐惧能阻止他和其他人今后再做出类似的行为。这两种惩罚观之间的差别在理论上是十分广泛的。然而，当我去缜密地考察流行的公正观念[①]时，我将努力表明承认这一差别也不会有任何实践的效果。因为在赏功或罚过的实践中，人们必定受决定论对劳绩的解释所包含的那些考虑的指导。例如，把法律惩罚作为威慑手段和矫正手段——而不是报复手段——的作法，就似乎是出于社会秩序和福利的紧迫的实践需要，而远不是出于任何决定论哲学。[②]进一步说，如我在后面将指出的，如果严格地采取报复的惩罚观而全然撇开遏止的惩罚观，我们的公正观念就会与仁爱相抵牾，因为惩罚被视作了一种完全无用的恶。同样，在谈到引发赞扬和谴责行为的那些情感时，我也承认在一个相信决定

① 见第 3 编第 5 章。

② 例如，我们认为有必要惩罚后果十分严重的过失行为，即使我们不能证明它是由于故意忽视义务而造成的；我们也认为有必要惩罚反叛与暗杀行为，即使我们知道它们是出于一种真诚的为神服务或造福人类的欲望。

论的人心中，鼓励好行为和阻止坏行为的欲望必然取代以善报善、以恶报恶的欲望。但是我仍然看不出为什么决定论者的道德情操在提高德性和社会福利方面，不会像自由主义者的情操一样有效。

5. 然而，确定意志（无论是否在形而上学意义上是自由的）的实际作用的范围显然具有重要的实践意义，因为这将在严格的意义上廓清伦理学判断适用的范围。这一探讨十分不同于对形而上学的自由的探讨。如果用决定论的术语来说，它就是一种对于具有充分动机的人类意志可能产生的效果的探讨。这些效果似乎主要有
73 三类：(1)肌肉收缩所引起的外界变化；(2)构成我们意志生活的观念和感觉流的变化；(3)以后在某些环境下按某些方式行动的倾向上的变化。

(1)意志的因果关系的最明显、最突出的部分是由能因肌肉收缩而造成的事件构成的。关于这些事件，人们有时说我们所意欲的正是这种肌肉收缩，而不是那些较遥远的效果，因为这些效果还要求其他原因共同起作用，因而我们永远不能完全确信这些结果会产生。但是严格地说，我们也不能确定肌肉的收缩会发生，因为我们的肢体可能是瘫痪的，等等。意志的直接结果是运动神经中的某些分子变化。然而，既然我们在意愿的过程中意识不到我们的运动神经及其变化，并且也的确常常意识不到跟随着这些变化的肌肉收缩，将上述事物之一描述为意愿心态的正常“对象”，就似乎是一种词语上的误用，因为我们有意识地意欲和企求的几乎总是某种较远的效果。不过，我们肌肉的某种收缩几乎是我们对外界的意愿的全部效果的一个必不可少的前因；而且当这种收缩结束时，这种因果关系在我们身上的那个部分也就完成了。

(2)我们能够在一定程度上控制我们的思想和感觉。诚然，我们通常称为“情感控制”的相当一部分内容似乎属于刚才谈到的题目：我们对自己的肌肉的控制使我们能抑制感觉表现，能抵制它对行为的激励作用。一般地说，作为给倾向于保持和延续那个行为的感觉提供的减压口，这种肌肉控制将达到某种超感觉的力量。但是，在我们的肌肉收缩和我们的思想之间则没有这种联系。经验还表明：大多数人能够按其意愿确定其思想的方向，并追求某种既有的沉思，虽然一些人无疑比其他人更有这种能力。在这些场合，意
志力的作用似乎是使我们的意识集中于它的一个部分，以便这个部 74
分变得更生动、更明晰，使其他部分变得模糊以至最终消失。这种意志力只对于引发一种观念流才是必需的，这种观念流在被意志拓开之后，就无需努力也能持续下去；在回忆一系列以往的事件或进行一种熟悉的推理时，情况就是这样。通过这种意识上的集中，我们能使自己摆脱许多我们不想长期陷入其中的思想与感觉。但是，我们做到这一点的能力是非常有限的。如果那种感觉是强烈的并且其原因是持续不变的，它就要求一种非常的意志努力来解除它。

(3)然而，我尤其希望读者注意的意志效果是人的未来行为倾向上的变化，我们必须把它视为关于未来行为的一般决心——就它们是有效的而言——的一个结果。甚至去做某一特定行为(如果经验表明它是值得去做的)的决心也必须被视为旨在在下此决心者身上产生出这类变化，它必须将以某种方式修正他在一个可预见的未来场合按某一特定方式行动的倾向。但正是在下关于未来行为的一般决心时，了解意志力的作用范围对于我们才是最有实践意义的。我们举一个例子。一个男人一直有每晚贪饮白兰地的习惯。

一天早晨，他下决心从今以后不再喝白兰地了。在下此决心时他带有这样一个信念：凭借一个当下的意志他能如此彻底地改变他贪饮白兰地的习惯倾向，以至几小时之后他将抵抗住他的强有力的对酒的习惯性的渴望。这一信念是否站得住脚的问题，与决定论者和自由主义者之间通常讨论的问题是不同的，但是这两个问题可能被混淆。人们有时模糊地认为，对自由意志的信念要求我们坚持这样一个观点：依靠一种强有力的努力，我们能在任何时刻、任何程度上改变我们的习惯。而且无疑常有这样的情形：当我们做出这样的努力时，我们暂时相信它们将是完全有效的；这之后的一段时间我们愿意抱着这种信心做某些事情，也愿意立即做某些事情。但是我认为，在经过反思之后，没有人会坚持认为这类未来行为是处于他的掌握之下的，就像立即做一个选择是他力所能及的一样。不仅经验
75 的延续告诉我们，这类关于未来的决心有一个限度并常常有不充分的效果，而且常识信念也实际上与据认为是证明着它的自由意志学说本身不一致。如果我能凭借当下的意志充分确定一项要在几小时之后发生的行为，那么当做出这一行为的时刻到来时，我就将发现我自己不再是自由的。因此我们必须采取下述的结论：每一个这样的决心都只有一种有限的效果，并且当下这一决心时，我们不可能知道通过履行我决心去做的行为，这种效果能实现到何种程度。同时我们也很难否认：这类决心有时成功地打破了旧习惯，并且即使没做到这一点，它们也常常用一种艰苦的努力取代了平静而轻松的放纵。所以，比较合理的假定是：这类决心经常产生某些这类效果，无论它们是靠发生内心冲突时产生出新动机来把自己表现为理性的决心而起作用，还是以实际冲破习惯的方式直接削弱习惯的冲

动力量，虽然是在较小的程度上。[①]

如果这种关于意志范围的观点被接受，我相信，它将驱散上一节——关于自由意志之争的实践上的不重要性——的论证还留在读者心中的任何疑惑。因为，人们可能还一直模糊地认为，尽管按照决定论，如果我们没有根据相信我们以后会坚持某种德性的行为，我们在某种场合履行它就会是错误的，但根据自由假设，我们还是 76
应当大胆地经常做若坚持去做就将是最好的事，并且同时意识到坚持这样做是我们能力之内的事。但是，如果人们承认凭借当下的决心，我们只能对我们在将来某一时间的行为倾向产生有限的效果，承认当下的意识不能告诉我们这种效果对那个未来场合将是充分的，也不能告诉我们——的确如此——这种效果实际上会有多么大，那么这种假设的区别就会消失。因为在那时，大多数极端的自由主义者就必定会承认：在我们保证在未来坚持做某项行为之前，我们应当仔细地估计——根据我们自己的经验和关于人类本性的一般知识——我们在可能碰到的环境中保持目前决心的可能性。我们不应当心安理得地默认任何缺点或自我控制的缺乏，这当然是道德上最重要的一点。但是事实仍然是：这种缺点不可能只靠意志来克服。而且，我们在任何时候靠任何意志努力为克服这一缺点所作的任何事情，都显然既是自由主义的理性所要求的，也是决定论的理性所

① 应当指出，由于外部原因而产生的强烈的情感激荡有时没有意志也能带来这类变化。因此可以推论：在任何情况下，正是一种强烈的情感印象才产生出这种效果；意志的作用只在于将我们的注意力集中到改变习惯将获得的利益或将避免的恶上面，并因而强化这些利益与恶的印象。但是，虽然这种自愿的沉思是帮助达到善良决心的有益助手，构成决心的却似乎不是这种意志的努力。我们能够清楚地区分这两者。所以，不能把意志的这第三种效果归结为第二种效果，对它必须单独加以阐述。

要求的。按照其中的任何一种理论，合理的结论都是：在我们自己的缺点的程度方面，我们应当欺骗我们自己，或者在预测我们的行为时忽略它，或者假定它比其实际所是的更容易克服。

第六章 伦理学的原则与方法 77

1. 前三章的结论可概述如下：

伦理学的目的是把多数人对于行为的正当性或合理性——无论行为被视为本身即正当的还是为达到某种公认为最终合理的目的的手段——的明确认识系统化，并排除其中的错误。[①] 这些认识在正常情况下伴有各种被叫作“道德情操”的情感。但是不能说伦理判断仅仅是肯定这一情操的存在。实际上，道德感的一种基本特征就是它伴随着一种明确的认识而不仅仅是感觉。其次，我将这些认识称为“命令”或“绝对责任”，因为只要它们与被审慎思考的行为相联系，它们就伴有某种可能与其他冲动相冲突的去做被视为正当的行为的冲动。假如这种冲动能有效地引发正当的行为意志，那
么，确定先于这些意志的情感状态的确切特征，对于伦理学来说就 78
是至关重要的。即便对一个人的意志起作用的力量仅仅是获得他预期的快乐的欲望，或仅仅是对将由于做恶而产生的痛苦的反感，确定情感的确切特征对于伦理学也仍然是重要的，尽管在此情形之

① 如前所述，确定相对于一个最终目的——幸福或完善——的正当行为的方法的适用性，不必然要求把这一目的认识为是理性规定的；它只要求把这一目的当作终极的和绝对的。然而，我在本书中只考虑那些公认为合理的目的，而且将在后面再去阐明我觉得是隐含在这一认识中的自明的实践准则。参见后面的第 3 编第 13 章。

下我们看到他的行为不符合我们关于真正德性行为的常识概念，尽管我们也没有根据把这类欲望或反感视作人类意志的唯一的甚至正常的动机。第三，确定我们是否始终在——形而上的意义上——“自由地”做我们明确地视为正当的事并不总是那么重要。按照“应当”一词的最严格的用法，我“应当”去做的事始终“在我的能力之内”，这就是说：只要我不缺乏做此事的动机，我做此事就不会有障碍；而且在日常生活中，我在慎重思考时不可能把缺乏动机当作没有去做这件我否则便认为是很合理的事情的理由。

那么，我们一般把什么视为做或不做这些事的有效理由呢？前已指出，这一点正是本书讨论的出发点，它所涉及的主要不是对任何这类理由之有效性的证明或证伪，而是对与普遍接受的不同终极理由逻辑地联系着的不同方法——或确定在具体场合中的正当行为的合理程序——的批判性阐释。在第一章中我们发现，这类理由来自被视为终极目的的幸福概念和完善（包括德性或作为一个主导因素的道德完善）概念，以及由无条件的规则规定的义务概念。行为的终极理由的观念中包含着这三个方面之间的区别，该区别相应于我们认为人类存在中具有的那些最根本的区别，即当下意识与意识经验流之间的区别，以及（意识经验流中的）行为与感觉之间的区别。因为，完善是作为一个人的发展的理想目标而被提出来的，是被当作一种永恒的实体来考虑的；而我们在说义务时，指的却是我
79 们认为应当去做的那种行为；与此相似，我们在说幸福或快乐时，指的是一种最终为人们欲求的或值得欲求的感觉。然而，被普遍接受为行为的终极根据的理由似乎不只包括这三个概念。许多信教的人们认为行为的最高理由是神的意志；而对有些人来说，“自我

实现”“自我发展”是真正的终极目的，对另一些人来说，“符合自然的生活”才是真正的终极目的。不难理解为什么这些人认为上述观念对伦理学基本问题做出了比前面提到的那些观念更深刻、更令人满意的答案：它们不仅表达了“应当”本身，而且通过一种显然很简明的对于现实的关系而表达了应当。神、自然、自我是存在的基本事实，对于什么将实现神的意志，什么是“符合自然的”，什么将实现我们每个人的真正自我这些问题的知识，似乎不仅能解决最深刻的伦理学问题，而且能解决最深刻的形而上学问题。

但是，正是由于这些概念把理想同现实结合了起来，它们的适当领域就不属于我所限定的这种伦理学，而属于哲学这一涉及所有知识对象之间关系的至高至尊的研究部门。把这些概念引入伦理学可能会在“是”与“应当”之间造成根本的混乱，它会破坏伦理学推理的全部清晰性。假如说这种混乱能避免，一旦这些概念的真正的伦理学意义被阐明，它也似乎总是引导我们走向前已指出的这种或那种方法。

神学的“神的意志”观念陷入此混乱的危险性最少，因为在这里“是”与“应当”的联系非常清楚明确。我们把神的意志的内涵设想为直接存在于观念中：它的实现是应当去追求的目标。诚然，在理解何以不管我们做得对或错，神的意志都可能得不到实现，以及，就算它能实现，它的实现何以能提供做正当行为的最终动机这方面，存在着困难。但是，这一困难应当由神学而不是由伦理学去解决。实践上的问题是：假如神在一种特殊的意义上要求我们做应当去做的事，我们在多大程度上要在具体场合中弄清这一点。弄清这一点必然或者靠启示，或者靠理性，或者靠这两者的结合。如果

把外部启示当作标准，我们显然就超出了我们所研究的范围；另一
80 方面，当我们试图靠理性弄清神意时，理性的观念就把自身呈现为一种常识的形式：在此形式之下，一个宗教的心灵会倾向于把它理解的任何确定行为的方法都看作合理的。我们不可能知道一个行为是符合神意的，同样，我们也不知道它是由理性命令的。例如，在常识的意义上，信教的人可以要么假定神希望人们幸福，在此情形下我们应当注意幸福的生产；要么假定神希望人们完善，并假定完善应当是我们的目的；要么假定不论神的目的如何(也许我们无权探究他的目的)，他的法则都是可直接认识的，都事实上是直觉的道德的首要原则。或许还可以这样解释：神的意志要通过考察我们自己的身体结构或我们所居住的这个世界的结构来了解，所以“符合神的意志”似乎可以归结为“自我实现”或“符合自然的生活”。不论神的意志观念在提供做我们相信是正当的事的新动机方面多么重要，它都不能提出——无论是靠启示还是靠理性——正当性的任何特殊标准。

2. 我们先放过“神的意志”概念来思考“自然”“自然的”“符合自然”这些概念。为得到一个区别于“自我实现”[①]的原则，我假定我们要去符合的“自然”不是每一个人自己的个别的本性，而是从其环境分离或关联的方面来考察的人的一般本性，[②]并假定我们应当通过能从对人们实际生活的观察中抽象出来的人类生存方式

① 在下一章里对“自我实现”概念进行考察将更为方便，在那里我将区别对“利己主义”——我用这个词指称三种主要的伦理学方法之一——的不同解释。

② 按照作者在此处所作的这一区分，本译文将指称人的属性的“nature”一词译为“本性”，以区别于更为广义的“自然”。——译者

找出正当行为的标准。

这样，在一定意义上，每个有理性的人当然都必须“符合自然”。就是说，在追求任何目标时，他都必须使自己的努力适合于他的存在的具体的——生理的或心理的——条件。但是，如果他在追求一个终极目的或接受一个正当行为的绝对标准时将超出这种条件并且符合“自然”，那么假如不是出于严格的神学假设的话，这必定是 81
基于对展示于经验认识的世界中的意图的或多或少是明确的认识之上的。如果我们在自然中没有发现意图，如果我们借助经验而了解的这个世界的复杂过程被设想为无目的然而有秩序的变动之流，关于这些过程及其法则的知识就可能在实际上限制理性存在物的目的；但是我不能想象它如何能确定他们的行为目的，或如何能成为无条件义务规则的源泉。而且事实上，那些把“自然的”当作一个伦理学概念来使用的人的确都认为：通过沉思人的冲动、人的生理结构或他的社会关系的实际作用，我们可以找到肯定而彻底地确定他被指定去过的那种生活的原则。然而我认为，只要不陷入根本的思想混乱，所有以这种方式从“是”中推导“应当”的努力都显然要失败。例如，假如我们按照被理解为冲动和倾向体系的人类本性观念来寻求实践上的指导，我们就必须明显地赋予“自然的”以一种特殊的意义。诚如巴特勒所指出的，在某种意义上任何冲动都是自然的，但遵循这一意义上的自然显然没有什么意义。这是因为，除非我们意识到不同冲动的冲突并且希望知道该遵循何种冲动，否则义务问题就不会产生。“自然的”这一概念也无助于表明理性的至尊地位是自然的，因为我们开始时就假定了理性所规定的行为是符合自然的，因而这样去思考会陷入循环论证。我们要去遵循的自

然如果打算成为我们的实践理性的向导，它就必须与后者区别开来。那么，我们如何把“自然的冲动”——在它们要成为合理选择的向导的意义上——与非自然的冲动区别开呢？那些忙于确定这种区别的人们一般都这样解释：自然的或者指**普通的**，与罕见的、例外的相对；或者指**原初的**，与后来发展阶段上的相对；或者否定地指不是人类行为意志的效果的东西。但是，我看不出有何理由一概而论地认为自然讨厌例外的东西，或喜欢时间上较早的东西而讨厌较晚的东西。当我们反省人类历史时，我们发现某些人都崇拜的冲
82 动，例如，对知识的爱和热情的博爱，是既比人们认为较低级的其他冲动更罕见，又比它们更晚出现的。其次，把社会制度、我们对人类的各种安排和设计的运用，及我们伙伴的慎思行为的这种那种结果在我们身上产生的全部冲动当作非自然的、与神的意图相反的东西而抛开的作法，显然是得不到证明的，因为把社会和人类行为排除于自然的目的之外是武断的。许多以此种社会的方式产生的冲动显然或者是道德的，或者是有益于道德或在其他方面是有益的。尽管其他如此产生的冲动是有害的和错误的，我们也似乎只能靠注意它们的效果，而不是靠任何反思能加给“自然”概念的规定，来将后者与前者区别开。我们还发现：如果我们回到关于我们本性的生理观点上，并试图弄清我们的肉体结构是为着何种目的而被如此构成时，这种思考也确定不了什么东西。我们能从我们的营养系统推论说我们是由于一种更高的意图而进食的；我们也能推论说，我们是由于这种意图而以这样那样的方式运用我们的各部分肌肉、大脑及感官的，但是这几乎等于什么也没说。因为实践的问题几乎始终是我们应当在何种范围内或以何种方式运用我们的身体组织，

而不是我们是否应当去运用或不用它们。对这一问题的明确答案似乎不能借助一种推论过程从对人的机体以及人们的实际肉体生活的观察中引出。

最后，如果考察在社会关系中的人——作为父亲、儿子、邻居、公民的人——并试图确定与这些关系相联系的“自然的”权利与责任，我们发现“自然的”观念只是提出了一个问题，而不是提供了一个解答。对一个未经反思的人来说，社会关系之中的习惯的东西通常就是自然的，然而反思过的人却不会把“符合习惯”当作一个基本的道德原则。所以，问题在于从一个具体时刻的具体社会已靠习惯确定了的权利与责任中，找出一种超出习惯规定的、有约束力 83
的因素。这一问题只能诉诸社会存在的终极善——无论将它设想为幸福还是完善——或诉诸某种直觉地理解的社会义务原则，而不是诉诸于“以社会的幸福或完善为目标”的原则来解决。

而且，即使采取更现代的自然观——这种观点把有机界看作是展示着一个持续而渐近的生命变化过程，而不是展示着一个不变种系——也于事无补。因为，假如承认这一“进化”像这一名称所表示的，是一个不仅从旧到新而且从较少特质到较多特质的过程，那么坚持说我们**因此**应当把这些特质当作终极善，并应完全致力于加快到达一个不可避免的未来的进程就是荒谬的。我们都希望将是的东西会比目前是的东西更好，但是，似乎没有更多的理由把“应是的东西”与“必然将是的东西”简单地等同起来，而不是把它与“通常是的东西”或“原先是的东西”联系起来。

概括地说：我以为人们所提出的自然定义还没有使这一概念真的能提供一个独立的伦理学首要原则，而且没有人认为“自然的”

像“美的”一样，虽然无法定义但仍然很明确，以致可以从一个简单的不可分析的术语中派生出来；所以我认为，我们不能从“自然的”这一概念中引出关于行为的正当性的明确的实践标准。

3. 这一节的讨论将表明：对于履行被判定为正当的行为的终极理由的不同观点，并不都在实践上导致达于这一结论的不同方法。的确，我们发现，几乎任何方法都可以通过某种——常常是可行的——假设而与某种终极理由联系起来。由此便产生了伦理学体系的分类与比较方面的困难。因为当我们考察方法或终极理由时，它们常常有不同的近似处。在我对这一问题的讨论中，我最注意的是方法上的差异。出于这一原因，我一直把那种以完善为终极目的的
84 观点当作直觉主义——这种理论借助于直觉地认识的义务准则来确定正当行为——的一种形式；与此同时，我也一直尽可能明显地把伊壁鸠鲁主义或利己的快乐主义同普遍的或边沁的[1]快乐主义区别开来，并且将功利主义这一术语专指普遍的或边沁的快乐主义。

我意识到这后两种方法一般被认为是密切联系在一起的，而且不难找到这样看的理由。首先，它们都把行为规定为达到一个区别于行为并且存在于行为之外的目的的手段。所以，它们都制订相对的而非绝对的、仅当有利于那个目的时才有效的规则。其次，按照这两种方法，终极目的是同质的，就是说，都是快乐；或者更严格地说，是减除了痛苦后的可获得的最大快乐。此外，一个原则所推荐的行为当然也在极大程度上是另一原则所鼓励的行为。虽然只在一种理想的政体之中，“正确理解的自我利益”才能完全免除所有

① 见本章尾注。

社会义务，但是在一个宽容的、组织良好的社会中，除非在非常例外的环境下，自我利益总能刺激大多数人去实现自己。另一方面，一个普遍快乐主义者也可以合理地认为，他自己的幸福是他最能去提高、因而尤其要由他负责去提高的那部分普遍幸福。而且，这两种体系的实践上的结合肯定远远超出它们在理论上的结合。一个人在行动中在利己的快乐主义与普遍的快乐主义之间摇摆，比他在实践上坚守其中之一要容易些。不论人们的道德理论如何，很少有人自私到这般田地，以致他(们)常常要靠伊壁鸠鲁式的谋算所不鼓励的自然的同情冲动去提高他人的幸福；大概更少有人不自私到这般田地，以致他(们)由于相当顽固的信念而从未能从他自己的善中发现“所有人的善”。

再说，根据边沁的心理学说，即每个人都在追求他自己最大的显明的幸福，也可以得出下述推论：对一个人指出将有利于普遍幸
福的行为是没有用处的，除非你同时使他相信那一行为将有利于他 85
自己的幸福。所以按照这种观点，在实际地解决道德问题时必须把利己的考虑和普遍的考虑这两者结合起来。既然是这样，人们也许就可以预期边沁[1]或他的原则会走得更远些，会把他们赞同和鼓励的普遍快乐主义建立在他们认为是必不可少的利己主义的基础之上。而且，我们还发现，J. S. 密尔也的确想在心理原则和伦理原则——他同意边沁的这种区分——之间建立一种逻辑的联系，并且想说服他的读者相信，由于每个人都自然地追求他自己的幸福，所

① 见本章尾注。

以他应当追求其他人的幸福。[①]

不过，我觉得不容否认的是，功利主义与直觉主义之间的实践上的相似性，实际上比这两种快乐主义之间的更大。我将在下章中提出这种看法的理由。在这里我将仅仅指出，尽管许多道德学家强调人类常识直觉地表明的关于正当与错误的判断在实践上是有效的，他们还是认为普遍幸福是一个目的，认为道德规则是达到它的最好手段，并且认为对于这些规则的知识是由自然或神为着达到这一目的而嵌入人们头脑的。这样一种信念意味着，尽管我把符合一条对我而言是绝对的规则当作*我的*行为的终极标准，支持这条规则的自然的理由或神的理由仍然可以是功利主义的。按照这一观点，功利主义的*方法*是当然要摈弃的；正当行为与幸福之间的联系不是由一个推理过程决定的。但是，我们不能说功利主义的原则要统统摈弃，毋宁说是人类理性的局限性可能阻碍了我们充分理解真正的原则与正确的行为规则之间的真实联系。然而，这种联系经常在很
86 大程度上为一切反思的人们所承认。实际上，在大多数场合，遵守公认的道德准则倾向于使人类生活安宁和幸福。这一点是如此明显，以至最激烈地反对功利主义的道德学家（如休厄尔）在试图表明道德规则的“必要性”时，都不自觉地诉诸于功利主义的考虑。

而且，在现代英格兰，在伦理学论争的第一个阶段，即在霍布斯对利己主义的公开阐释引起了探讨道德的哲学基础的真正热情之后，功利主义就以同直觉主义友好结盟的形式出现了。当坎伯兰

① 我们在后面的一章中将有机会考察密尔关于这一点的论据。参见第 3 编第 8 章。

宣布“所有有理性的人的共同善”[①] 是目的，道德规则是它的手段时，他的目的不是要取代常识道德，而是要支持它以反对霍布斯的危险的标新立异。我们发现，克拉克抱着赞同的态度引用坎伯兰的话，而克拉克被公认为代表着直觉主义的一个极端。

沙夫茨伯里在提出一种“道德感”理论时，似乎也没有梦想它能永远驱使我们去做并不显明地有利于整体的善的行为，他的追随者哈奇森还把道德感的激励作用与仁爱的激励作用等同起来。在我看来，巴特勒是一个沉思了通常理解的德性与“最能产生幸福余额的行为”之间的不一致性的第一位有影响的作家。[②] 当休谟把功利主义作为解释流行道德的模式提出来时，人们就看出或是怀疑它具有一种片面的破坏性倾向。但是直到佩利和边沁的时代，功利主义才作为决定行为的方法，作为要主宰所有传统准则和取代所有现有道德情操的方法而被提出来。而且，甚至这种最终的对立也只是理论上和方法上的对立，而不是实践结果上的对立。在普通人的心灵中，实践上的冲突主要存在于自我利益和以任何方式确定的社会义务之间。实际上，从实践的观点来看，以“最大多数人的最大幸 87
福”为目的这条原则，显然是比常识道德更明确地反对利己主义的。

因为，常识道德似乎让人在某些明确的限制和条件下自由地追

① 应当指出，坎伯兰和沙夫茨伯里都不在纯粹而绝对的快乐主义的意义上使用(实质性的)“善”这一术语。但是沙夫茨伯里主要是在快乐主义意义上使用这一术语的，而坎伯兰的“善”则既包含着完善也包含着幸福。

② 见《对比》的附录“关于德性本质的演讲Ⅱ”。在这个重要之点上指出巴特勒观点上的一种缓慢的变化，也许是有趣的。在他的先于《对比》10 年出版的《人的本性布道集》的第 1 篇中，他也像沙夫茨伯里（Shaftesbury）和哈奇森（Hutcheson）一样没有注意到良心与仁爱之间需要某种和谐。然而，第 7 篇布道的一个注释似乎是第 1 篇布道的观点和“演讲”的观点之间的转变的环节。

求他自己的幸福，而功利主义则要求自我利益更多地、无止境地服从共同善。所以诚如密尔所指出的，功利主义有时受到从两个完全对立的方面提出的非难：在一种与利己的快乐主义的混杂体那里，它被称为卑贱的、低下的；与此同时，它更可能被指责为树立了一个过高的不自私的标准和对人类本性提出了过分的要求。

要完全澄清功利主义的原则和方法，还有许多问题要谈，但是最好是等我们开始考察它的细节时再来谈论这些问题。比较方便的是，把功利主义的详细研究作为我们对方法的考察的最后阶段。因为一方面，在讨论普遍的快乐主义之前先讨论利己的快乐主义，会使这种讨论简单些；另一方面，在我们把对直觉道德的解释同更令人疑惑、更困难的功利主义对后果的计算结果加以比较之前，最好是先对直觉道德作出尽可能清晰的阐释。

在第一编的后三章中，我将尽力消除有关其他两种方法——我用利己主义和直觉主义来分别地指称它们——的本质及关系的含糊之处，以便在第二编和第三编中更缜密地考察它们。

注释。——我用边沁的名字来指称把普遍幸福作为终极目的和正当行为标准的伦理学说，这是因为这个世纪在英格兰教授这一学说的思想家们都把边沁当作他们的大师。而且，我觉得边沁肯定——尽管贝恩先生看来怀疑这一点（见《心灵》1888 年 1 月号，第 48 页）——在他的观点形成的早期就明确采取了最为综合性的
88 功利主义学说。我也不认为他曾有意识地放弃或修正这种学说。我们发现他 1773 至 1774 年间在他的一部著作（参见《边沁著作集》（*Works*），鲍林版，第 10 卷，第 70 页）中写道，爱尔维修已经“建立

了一种关于行为的正当性的标准”，这种标准就是：“当种行为倾向于扩大社会中的幸福总量时，它就是正当的行为”。而且，我们发现他 50 年后（参见《著作集》第 10 卷第 79 页）在一段他后来未暗示过任何不同意的话中，对他的早期观点作了如下描述：——“由于普里斯特利的早期的一本小册子的影响……光与热联系到了一起。于是，借助‘最大多数人的最大幸福’这一术语，我第一次看清了一片思想的旷野，看清了一个……在人的行为中确定任何正当的或错误的东西的真正标准，无论是在道德的领域还是在政治的领域。”

与此同时，我必须承认，在其他地方，边沁也同样明确地把利己的快乐主义作为“私人伦理学”，以区别于立法原则。在他死后出版的《义务论》中，这两个原则似乎被下述学说调和起来了：即使从纯粹的世俗观点来看，按照最有利于普遍幸福的方式去行动也始终是个人的真正利益。这后一个命题在我看来是错误的。诚然，这一命题不是边沁在其生前出版的或者准备出版的著作中明确地提出来的。但是，从他的一般著作中可以看出他持有这种观点（见他的《著作集》第 10 卷，第 560、561 页）。

89

第七章　利己主义与自爱

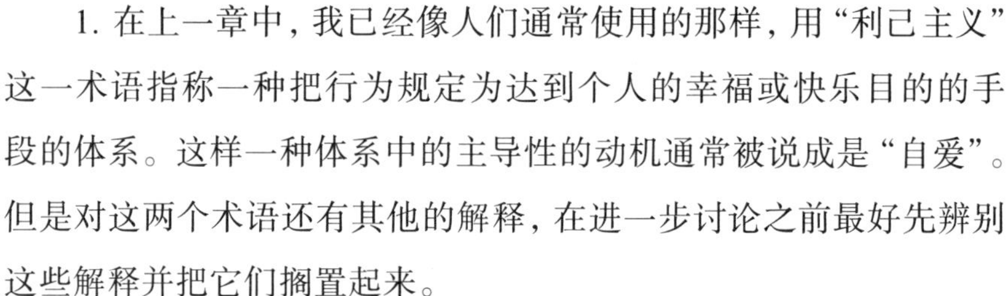

1. 在上一章中，我已经像人们通常使用的那样，用“利己主义”这一术语指称一种把行为规定为达到个人的幸福或快乐目的的手段的体系。这样一种体系中的主导性的动机通常被说成是“自爱”。但是对这两个术语还有其他的解释，在进一步讨论之前最好先辨别这些解释并把它们搁置起来。

例如，“利己的”这一术语本来是被不恰当地用来指霍布斯在试图构建道德时所依赖的那个基础的。霍布斯认为，社会秩序能稳定地建立在这一基础上，并避开它似乎遭受到的来自未开化的良心的反复无常行为的风暴和骚动。但是严格地说，决定着合理利己主义的那些准则——霍布斯称为“自然律”——中的第一准则即“寻求和平、信守和平”的，不是我所界定的利己主义目的，即个人的可获得的最大快乐，而是“自我保存”。在霍布斯的体系的发展过程中，我们常常发现被当作终极目的和正当行为标准的是保存——而不是快乐——或保存与快乐的折衷物。①

又如，在斯宾诺莎的观点中，合理行为的原则必然是利己的，

① 例如霍布斯说，假设一个人打算为某种目的而放弃自然状态的无限制的权利，这种目的就“不是别的而是一个有生命的人的安全，以及维护生命不受困扰的手段”。[《利维坦》(*Leviathan*)，第 14 章]

并且是（如霍布斯主张的）自我保存的冲动。像其他一切事物一样，斯宾诺莎说，个别心灵在追求着它的存在，只要它能继续追求的话；90
这种努力实际上就是它的真正本质。诚然，这种冲动的对象不可能与快乐或愉快分离，因为快乐或愉快是“一种激情，灵魂要经过这种激情达到更高的完善”。不过，这种冲动原本不是以快乐为对象，而是以完善或实在为对象的，如我们现存所说的，是以自我实现或自我发展为对象的。按照斯宾诺莎的看法，最高的完善或实在存在于所有事物依其作为神创造物的必然秩序的明晰的综合之中，存在于甘心接受所有产生于这一综合的东西的意愿之中。在这种状态中心灵完全是积极的，没有掺杂任何激情或消极性。这样，它的基本本质便在最大可能的程度上实现了或体现出来了。

我们看得出：这一概念也就是自我实现的概念，它不仅是由哲学家规定的，而且是为哲学家而规定的；例如，那个反思的德国戏剧家在叫喊：

我无法理解
这样一个空谈家，
一个侈谈道德的家伙，
何以竟迎合了我的意志，我的思想……
一旦我不再思考，我也就不复存在[①]

时，其意义便与一个行动着的人所理解的十分不同。

---

① 席勒（Schiller）：《华伦斯坦》（*Wallenstein*）。

此外，艺术家也常把他的艺术创作当作一种自我实现；处于某种心态转变之中的各种年纪的道德学家们，也把为义务牺牲的倾向当作自我发展的最高形式，并且认为真正的自爱总是激发我们去服从我们自身中的主导原则——理性或良心——发出的命令，因为在这一服从中我们将实现我们最真实的自我，尽管这一服从也充满痛苦。

简言之，我们看到，利己主义这一术语只是表明在制订行为的首要原则时要诉诸于自我。就此而言，它并不真的表现这类原则的实质内容。因为，我们的所有冲动——高级的和低级的，感官的和道德的，等等——都同样地与自我联系在一起，以致当一种冲动产生时，我们就倾向于把我们自己与之等同起来，除非两种或更多的
91 冲动陷入了严重的冲突。所以，自我意识的突出特征可能就在于它可以屈服于任何冲动。就利己主义仅仅表明了自我意识的这一特征而言，它是一种适用于各种行为原则的共同形式。

然而，有人可能会说，恰当地说，我们不是靠屈从于在自身中恰巧属支配地位的冲动，而是靠在适当的比例和程度上运用构成我们本性的所有不同的官能、能力和倾向，来“发展”或“实现”自我的。但是在这里存在一个重要的模糊之处。我们所说的“适当的比例和程度”究竟指什么？这些术语可以指一种这样的理想：个人的心灵必须经过训练，通过限制它的某些自然冲动并加强其他的冲动，通过发展它的较高级的能力而不是较低级的能力，才能达到这一理想。它们也可以仅仅指各种倾向在每个人生而具有的个性中的最初的结合与比例。这可能意味着，为了我们能够“是我们自己”并且“过我们自己的生活”等等，我们应当尽可能令我们所处的环境

和我们想去运用的官能适合这一比例。按照前一种解释，合理的自我发展仅仅是追求自我的完善的另一个说法；而按照后一种解释，自我发展似乎不真正是作为一种绝对目的，而毋宁说是作为达到幸福的一种手段而提出来的。因为，假设一个人具有显然将引向他个人的不幸的天生倾向，那么谁也不会鼓励他尽可能充分地发展这些倾向，而是会以某种方式鼓励他改变或克制这些倾向。至于寻求幸福的最好途径是否就是让一个人的本性自由发展，我们将在后面考察快乐主义时再作研究。

所以，总体来说我的结论就是：考虑到自我实现概念的不明确性，在论及伦理学方法的著作中应当避免使用这一概念。由于相似的理由，我们也必须摈弃对于利己主义的常识性解释，这种解释把利己主义的终极目的描述为个人的“善”，因为“善”这一术语能概括关于正当行为的终极目的的所有可能的观点。实际上，全部古希腊的伦理学讨论所假定的，可以说就是这种意义上的利己主义。就 92
是说，讨论的各方都假定一个有理性的人[①]将把追求他自己的善当作他的最高目的，争论的问题只在于应当正确地把这种善理解为快乐、德性，还是某种第三者。如果我们追随亚里士多德，只去注意人生中能获得的善，并将这种善称为好生活（εὐδαιμονία），我们也消除不了这种模糊性。因为我们还可能与斯多葛派一道说，构成人的好生活的是德性的或卓越的活动而不是快乐。实际上，只要亚里士多德自己去确定好生活的内容，他所持的就是这种观点；虽然他

① 我在后面将试图解释，为什么在现代思想中命题“我自己的善是我的唯一合理的终极目的”竟不是一种同义反复，即使我们把“善”定义为我们追求它最终是合理的这样一种东西。参见后面的第 9 章与第 3 编第 13、14 章。

不像斯多葛派那样，把对德性的追求和对快乐的追求看作彼此冲突的，并认为“最好的快乐”是最有德性的行为的不可分离的伴生物。甚至英语的幸福一词也不能幸免于一种类似的模糊性。[①] 诚然，人们通常是像边沁那样使用这个词的，认为幸福是依赖于快乐的，或毋宁说是指那种由快乐构成的东西。而且我认为，正是在这种意义上使用它才最方便。然而，在日常的谈论中，幸福这个词毋宁说有时是被用来指一种具体的合意的意识。人们把这种合意的意识区别于有限的特殊的快乐——如感官爱好或其他强烈的、热烈的欲望的满足——把它看作更平静的、更不受限制的快乐。我们把这种意识描述为伴随着一个“健康身体的健康心灵”的正常活动的感情，那些特殊的快乐被看作是它的刺激物而不是它的构成因素。还有些时候，我们从一种明显的非快乐主义的意义上理解“幸福”或“真正的幸福”，在这种场合，它是指结果而不是指任何合意的感觉，尽
93 管我认为这一用法明显地与通常的用法不同。[②]

① 亚里士多德用 εὐδαιμονία 指他在其他地方称为“人的”善或“实践的”善的东西。我们除“幸福”或“福祉”之外没有更好的词来解释这一术语，这一事实已经引起了不少对他的体系的误解。例如，斯图尔特说“对许多最杰出的古代道德学家来说……整个伦理学被归结为这样一个问题……什么在总体上最有利于我们的幸福？”［《积极的道德能力的哲学》(*Philosophy of the Active and Moral Powers*)，第 2 编第 2 章］这番话即便不是失之谬误，也肯定是把他的读者引到错误的方向上去了。因为在斯图尔特那里——也像在大多数英国作家那里一样——“幸福”被明确地看作是由“快乐”或“享乐”构成的。

② 例如格林(Green)说，“就我们关于真正的幸福的观念有其内容而言，构成这一观念的确定内容的是我们主要感兴趣的那些对象的实现，**而不是我们在实现它们时将会体验到的随之而来的快乐**”［《伦理学导论》(*Prolegomena to Ethics*)，第 3 编，第 4 章，第 228 节。也见第 238 节］。更值得指出的是，J. M. 密尔断言“钱”——也像“权力”或“名望”一样——通过观念而成为“幸福的一个部分”，“个人的幸福观念的”一个“成分”。但是，这似乎只是一种措辞上的不严谨，一种追求大众风格的行文上的小毛病。

2. 所以，为明确起见，我们必须把最广泛的意义上的快乐，即包含着每一种“高兴”“享乐”或“满足”的快乐，规定为自爱的对象和我已界定为利己的快乐主义方法的目的，除非某种具体的快乐可能因其与某种更大的快乐不相容，或必然带来伴随着它的或随之而来的痛苦而被排除。巴特勒[①]及追随他的其他英国道德学家们似乎正是这样理解自爱的：他们把自爱理解为一个人对自己的一般快乐、对可获得的最大快乐——无论是从何种来源获得它——的欲望。事实上，正是基于这种一般性和综合性，巴特勒才在他的体系中把“规范性”和“可推理性”说成是自爱的特征。对任何冲动的满足都产生某种适意或快乐；所以，当对立的冲动都要求得到意志的确认时，我们就由追求一般快乐的欲望驱使着去比较我们预见会分别伴随着这种或那种冲动的快乐；当我们确定了哪一组快乐最大之后，94
自爱或对一般快乐的欲望就去加强相应的冲动。所以一当冲动相互抵牾，自爱就被召唤来发挥作用，因此它自然而然地成了其他行为动机的调节性的、指导性的（如巴特勒的论证那样）因素。按照这种观点，只要自爱在发挥作用，我们就仅仅在考虑快乐或满足的**总量**；用边沁的形象说法，“当快乐的量相等时，小孩玩的弹图钉游戏也像财富一样好。”

因为密尔已经明确说过，“我们在说幸福时所指的是快乐和对痛苦的免除”，而且他的意思不可能是钱要么是快乐要么是痛苦的免除。事实上，他在同一段话中就使用了“幸福的源泉”和“快乐的源泉”这些短语来替换“幸福的成分”，他的真正意思更准确地表达在前面两个术语之中。就是说，他真正想强调的区别是以下两种心态之间的区别，即认为钱只作为购买他物的手段才有价值的心态和与花钱的观念无关的、只要意识到占有钱就感到快乐的心态——例如守财奴的心态。

① 见《布道集》第11篇：“……自爱或对我们自己的幸福的一般欲复的冷酷原则。”

然而，许多人似乎认为这一观点是极其荒谬的。而且，密尔在阐发边沁的学说时也认为最好是放弃这一观点，以便既考虑到快乐的量差，又考虑到它们的质差。在这里我们可以指出，首先，如果我们只用“快乐”指（就像常常所指的那样）部分地令人愉快的整个意识状态，把某些种类的快乐描述为在质上劣于其他种类的就与前面引述的边沁的观点非常一致，如果再把随后的状态也考虑进来，就更与它一致。因为，有许多快乐甚至在被人们享受时都不能免于痛苦，而且更多的快乐还有痛苦的后果。用边沁的话说，这些快乐是“不纯的”。而且，由于在估价快乐时必须把痛苦作为一个负量抵销掉，称它们在种类上是劣等的就十分符合对快乐的度量。其次，我们必须小心，以免把**快乐**的强度混同于**感觉**的强度。一种快感可能很强烈很吸引人，然而不及另一种更精细更优雅的快感令人愉快。在作了这些解释之后，我认为：为了不自相矛盾地推导出把快乐作为合理行为的唯一终极目的的方法，我们必须接受边沁的命题：快乐的所有的**质的**比较必须分解为量的比较。因为，大家都理解，所有的快乐之所以被叫做快乐，是因为它们有一共同的令人愉快的性质，因而能根据这一共同的性质来比较。所以，如果我们在追求的东西是快乐本身和唯一的快乐，我们显然总是宁取更令人愉快的快乐而舍弃较少令人愉快的快乐；其他的选择都是不合理的，
95 除非我们的目标是快乐之外的东西。当我们说一种快乐比另一种更好——例如，当我们说互爱的情感在质上优于满足了的爱好的快乐——时，我们常常是说它们是更令人愉快的。当然，我们地可以指别的意思；例如，我们可以指它们是更高尚的、更激励人的，尽管在令人愉快的程度上差些。但是，这样我们显然是在引入一种非

快乐主义的偏爱的标准，而且即使引入了这种根据，所采取的方法也是直觉主义与快乐主义的一种复杂的混合物。

概括地说：如果我们只把利己主义理解为一种旨在自我实现的方法，那么几乎任何伦理学体系都可以归入这种利己主义而不致改变其基本特征。而且，甚至当我们进一步把利己主义规定为利己的快乐主义时，如果我们承认快乐的质是一个区别于并且高于量的必须考虑的因素，我们仍然不能完全把它与直觉主义区别开。所以，还存在一种纯粹的或计量的利己的快乐主义；作为一种从根本上区别于所有其他方法并被广泛认为是合理的方法，这种快乐主义似乎应当得到深入的考察。按照这种快乐主义，在从各种可能的行为中进行选择时，有理性的行为者把对他自己而言的最终的苦乐的量视作是唯一重要的，并且始终寻求可获得的快乐对于痛苦的最大余额。如果不违反"最大幸福"这个词语的用法，我们也可以称快乐对于痛苦的最大余额为"最大幸福"。人们在使用"利己主义""利己的"这些更流行的词语时，最通常意指的似乎就是这种观点与心态，所以我将允许我自己在这种更为精确的意义上使用这些词语。

96 # 第八章 直觉主义

1. 我一直用“直觉的”这一术语指称这样一种伦理学观点：它把符合于某些由义务无条件地规定的规则或命令[①]视作道德行为的实践上的终极目的。然而，“直觉”“直觉性的”及类似的术语——这些术语在伦理学讨论中被人们广泛地使用着——所暗指的确切的对立面却相当模糊，我们现在必须尽力消除这种模糊性。强调我们有关于行为的正当性的“直觉性知识”的作者们通常是想说，这种正当性是靠简单地“直观”行为本身而不虑及其后果而确定的。实际上，这种观点不可能扩大到整个义务领域，因为不在某种程度上虑及后果的道德是永远不会有的。人们通常把审慎或深谋远虑视作一种德性。所有现代的德性栏目中也都包含着合理的仁爱，这种仁爱旨在促进他人的一般幸福，因而必然要考虑行为的甚至十分遥远的效果。还必须指出：很难在行为与其后果之间划出界限，因为我们的每一行为意志所引起的那些效果构成了一个无限延展的连续序列；而且，就在形成意志的时刻我们预见到那些效果是可能的
97 而言，我们似乎是有意造成这些效果的。然而我们发现，在关于各

① 我使用“命令”这一术语把后面（第 2 节）将提及的一种观点包括进来，这种观点把最终有效的道德律令设想为是与具体行为联系着的。

种行为的常识概念中，在行为的概念上的、并且被视作行为之一部分的结果与被视为行为的后果的那些结果之间，实际上存在着一条界限。例如，在向陪审团说明真相时，我可能预见到我的话在与其他陈述及迹象一道起作用时，将不可避免地引导陪审团的先生们对被控者的罪行或清白做出错误的结论，正如我也预见到他们将对我在作证的这件具体事实产生正确的印象一样。不过，我们通常会认为后一种思虑或意图使那个行为成为一种诚实行为，而前一种思虑或意图只与一种后果有联系。所以，我们必须理解：不虑及后果——这是直觉观点在此处的含义——仅仅适用于某类特定的行为（例如讲真话），在这些场合，术语的通常用法充分地规定着何种结果应当包含于行为的一般概念中，以及什么应当被视为行为的后果。

但是还必须指出，人们可能并且的确不仅将直接的结果，而且也将遥远的结果判断为自身即为善的，因而也将它们视为不论其对我们的情感影响如何我们都应努力去实现的。我一直假定这就是把人类社会的普遍完善——区别于幸福——作为其终极目的的人们的观点；而且，它似乎也是许多致力于提高技艺或知识这样的具体结果而不是提高道德的人们的观点。如果把这种观点与快乐主义明确地区别开，它就可能归入直觉观点的类别中，但却是在比前一段中所规定的更宽泛的意义上。就是说，它可能意味着，所说的那些结果是*直接地*被判断为善的，而不是从它们产生的快乐经验中被推断为善的。因而，我们必须允许对“直觉”的更宽泛的用法，使之相当于“对应做的事或应当追求的事物的直接判断”。然而，应当指出，把“直觉性的”或“先验的”道德与“归纳的”或“经验的”

道德简单地对立起来，会引起某种思想混乱。因为，“归纳的”道德学家声称靠归纳而认识的东西，通常不是“直觉的”道德学家声
98 称靠直觉而认识的东西。在前一种情况下，从方法上确定的是某些种类的行为有助于达到快乐的性质；在后一种情况下，从方法上确定的是这些行为的正当性。如果快乐主义打算提供规范性的指导，它只能借助于快乐是人的行为的唯一合理的终极目的这样一个原则，而且这个原则不可能靠从经验中归纳的方法来认识。经验至多能告诉我们所有的人都始终在把快乐当作他们的终极目的来追求（我已在上文中尽力说明它不能证明这个结论），而不可能告诉我们人们应当这样去追求它。如果这后一命题从私人幸福或普遍幸福方面得到合理的肯定，它必然或者是被直接地视为真实的，因而我们可以说它是一个道德直觉，或者最终地是从至少包含一个这种道德直觉的前提中推导出来的。所以，可以合理地说，从本书前面[①]所采取的观点来看，无论是私人幸福的快乐主义还是普遍幸福的快乐主义，都可以在某种意义上被合理地称为“直觉的”。然而，普通的有道德的人以及大多数认为存在着道德直觉的作者的流行的看法似乎是，某些种类的行为是无需虑及后果而被无条件地规定的。因而，在对直觉方法的详尽考察——我在第三编中打算进行这种考察——的主要部分[②]中，我将相应地把这一理论当作直觉方法的一个独有特征。

① 我已在第 3 章尾段中解释说，一种不同的有关快乐主义体系的观点也是可以接受的。

② 在考察哲学的直觉主义时所需要的，是这里所界定的较宽泛意义上的“直觉”。见第 3 编第 13 章。

2. 其次，“直觉的”道德与“归纳的”道德的通常对立也容易从另一方面被误解。因为一个道德学家完全可以坚持认为行为的正当性是不凭借它们产生的快乐就可以认识的，尽管他的方法仍可被恰当地称为归纳的。这是因为，他可能认为，正如物理学的普遍公式依赖于具体观察一样，在伦理学中，普遍真理只能靠对有关具体行为的正当性或错误性的判断或知觉的归纳来获得。

例如，当亚里士多德说苏格拉底使用了归纳推理来推导伦理学问题时，他所指的就是这种归纳。[①] 我们被告知说，他（苏格拉底） 99
发现他自己和其他人可能是无知的。就是说，他们自信地使用一般性的词语，而当需要时却又不能解释那些词语的意义。他打算提出的医治此种无知的药方，是通过考察和比较每一词语在不同场合的用法来探讨它们的真正定义。例如，公正的定义要靠比较通常被判断为公正的不同行为，并提出一个将符合所有这些具体判断的一般命题才能获得。

同样，流行的良心观点也似乎常常包含这样的含义：具体判断是最可信的。“良心”是一个公认为指称道德判断能力的词，我们普遍认为可以用它来谈论判断者的行为和动机。而且，我们通常认为良心的命令是与具体行为有关的。例如，在任何场合，只要一个人被嘱咐说，他应当“相信自己的良心”，这句话的通常意思似乎就是：他应当去运用一种从道德上判断这种情况的能力而无需去诉诸一般规则，即便这样做违反经系统的推导而从这些规则中获得的结

① 然而必须记住：亚里士多德把经归纳获得的一般命题看作比具体判断——心灵要经过这些判断而达到一般命题——更确定和处于一种更高意义上的知识之中的。

论。正是基于这种良心观点，人们常常表现出来的对于“决疑法”的轻蔑才最容易得到证明。因为，如果那种具体情况能靠良心圆满地解决而无需诉诸一般规则，适用于从一般规则中推断具体例证的“决疑法”就至多是在画蛇添足了。但是，话又说回来，按照这种观点，我们在实践上就将根本不需要任何这类一般规则或科学的伦理学了。诚然，我们可以从这些具体的良心判断中归纳出一般命题并把它们系统地排列起来，但是这样一个体系可能具有的任何意义都将是纯粹思辨的。这也就是一些有良心的人们对体系化的道德表现出冷漠或敌意的原因。因为他们感到，他们根本不需要这种体系化的道德，而且他们还担心，培养这种道德会使心灵处于同实践的
100 不恰当的关系之中，并且还不如不培养它更有利于那种在具体道德判断表现出来并发挥作用的有实践意义的能力的恰当发展。

在某种意义上，可以将上面描述的这种观点称为“极端直觉的”观点。在其最极端的形式中，它只承认简单的直接的直觉，并且把所有推导道德结论的模式当作多余的东西而摈弃。而且，如果我们可以扩展“方法”这个术语，使之包含一种借助于简单的判断完成的过程，我们在这种观点中还可以发现直觉方法的一个阶段或一种形式。

3. 但是，尽管所有道德主体都有这类具体的直觉，尽管这些直觉构成了大多数心灵的一大部分道德现象，相比之下却只有很少的人对它们感到完全满足，以至没有对于某种更高的道德知识的需要，甚至从严格的实践观点上看也没有这种需要。这是因为，这些具体的直觉对于反思的人们来说并不表明它们自己是不容怀疑和无法反驳的。当他们平心向自己提出了一个伦理学问题时，他们发

现自己不总是意识到关于这一问题的明确的、直接的直觉。其次，当一个人比较他的良心在不同时刻的声音时，他常常发现很难使它们一致起来：一个行为在此时会涉及道德的这一方面，在彼时又会涉及道德的另一不同的方面，尽管我们对于它的环境与条件的知识没有实质地改变。此外，我们也慢慢地意识到，不同心灵对于所有同样可以作判断的现象的道德感常常相互抵牾：一个人赞成，另一个人则谴责。这样，人们对于个人的具体道德判断的有效性就产生了怀疑；我们也就被引导去诉诸更可靠地建立在一致意见的基础上的一般规则，来尽力消除这种疑惑。

而且事实上，尽管上面讨论的良心观是隐含在非常流行的语言中的，它仍然不是基督徒与其他道德学家通常表达出来的良心观点。这些人毋宁说是把良心过程比作一种决疑推理——例如法庭上的推理——的过程。在这里，我们始终有一个现成的普遍规则体 101
系，任何具体行为在被宣布为合法的或违法的之前，必须接受其中一条规则的审查。成文法的规则通常是不能靠个人的理性来发现的，这一事实教人懂得了他应当去服从法律，而法律的本质则主要必须由某种外在权威来告诉他。当争论或疑难迫使普通人去进行良心的推理时，情况常常是：他们有一种按正确的行为规则去行动的真诚的冲动，但是他们在复杂的或令人疑惑的场合却不能有意识地使他们自己看清这些规则的本质；他们不得不去请教他们的牧师或他们的圣书，或去请教他们所属的那个社会的舆论。就这种情形而言，严格地讲我们不能说他们的方法是直觉的；他们遵循着普遍公认的而不是被直觉地理解的规则。然而，另一些人（或许在某种程度上说是所有其他人）的确使自己看清了所有的或大多数的通行

规则的真理性[1]与约束性。他们可能仍然把“一致意见”当作这些规则的有效性的论据，但是只是把它作为支持个人的直觉的论据，而不是作为替换或克服这种直觉的东西。

所以，我们在这里又有了第二种直觉的方法，它的基本假设是：我们不可能通过真正明确的和最终有效的直觉看清某些一般规则。这种直觉方法认为：这些一般规则是隐含在普通人的道德推理中的，他们在大多数实践中能充分地理解这些规则，并且能大致说清这些规则；但是要十分精确地陈述它们，则需要一种专门的明确而稳定地思考抽象道德概念的习惯。这种方法还强调：道德学家的作用因而也就是去从事这种抽象的思考，去尽可能系统地把思考的结论组织起来，并通过适当的定义与解释来消除模糊性和防止自相矛盾。当人们提到直觉性的或先验的道德时，他们所指的一般就是这样一种体系，我们在第三编中将要考察的也主要是这种体系。

4. 然而，在有哲学素养的精神那里，“常识道德”，甚至是被提炼得尽可能精确和有序的常识道德，则常常是一个不令人满意的体
102 系，尽管这些精神仍然没有去怀疑常识道德的一般根据。这些精神发现，很难把我们通过反思人类日常思想，甚至是我们自己也抱有的思想而获得的一般道德命题视作科学的首要原则。即便这些规则能被规定得如此精确，以至它们能完全符合并概括整个人类行为领域而不致相互抵牾并留下不能回答的实际问题，所达到的体系也仍然是准则的偶然堆砌，它仍然有待于理性的综合。简言之，我们

① 严格地说，仅当规则从祈使语气（“做某事”）变为陈述语气（“应当去做某事”）时，真假性才在形式的意义上属于这些规则。

不是倾向于否认公认为正当的行为真的是正当的，我们可能想得到有关它*为什么*是正当的更深一层的解释。从这一要求中便产生了第三种直觉主义或直觉主义的第三个阶段。这种直觉主义尽管在主要方面接受常识道德，但仍然试图为自己找到一种它不能为自己提供的哲学基础，仍然试图得到一两条更绝对、更不容反驳的可从中推导出流行准则——公认的或是稍加修正和改动了的——的真实而明确的原则。[①]

可以把上面描述的直觉主义的三个阶段看作直觉性道德形式演进的三个阶段。我们可以分别地称它们为感觉的直觉主义、教义的直觉主义和哲学的直觉主义。我在上面只是以最模糊的方式界定了哲学的直觉主义。事实上，到目前为止，我只是把它作为这样的一个问题提了出来：我们不可能预见对于它能提出多少种解答。但是，现在就来考察它似乎是不理想的，因为在缜密地考察了常识道德之后再来研究它将更令人满意。

绝不要认为这三个阶段在普通人的道德推理中是彼此截然分明的；那样彼此截然分明的直觉主义将不再是与任何一种快乐主义截然分明的直觉主义了。实际道德推理中最常见的样式是方法之 103
间的松散结合或混和。大多数有道德的人可能相信他们的道德感或道德本能总能指导他们行为端正，但是他们也相信存在着一些在不同行为领域中确定正当行为的一般规则，并且相信可能找到一种对这些规则的哲学的解释：借助于这种解释，这些规则便可以从为

① 应当指出，这类原则将不必然地是排除后果这种狭义上的“直觉的”原则。而只在泛义上是与“应当”有关的自明原则。

数更少的基本原则之中推导出来。不过，为了有系统地指导行为，我们仍然需要知道我们应当把什么样的判断当作有终极效准的。

到目前为止，我主要在讨论因（被视为有终极效准的）直觉性信念的一般性程度的不同而产生的直觉方法上的差异。然而，还存在另一类差异，它们产生于有关道德直觉中被直接把握的性质的不同观点。这类差异尤其细微也尤其难于以清晰、准确的语言来确定，所以我把它们留到后面的单独一章中去说明。

注释。——直觉的道德学家不总是充分地说明他们的体系，以便表明他们是把关于具体行为的道德判断视作有终极效准的，还是把规定着具体行为的一般规则，或者把更普遍、更基本的原则，视作有终极效准的。例如，D. 斯图尔特用“感觉”一词指道德能力的直接运作，而在此同时，当他描述被如此感觉着的东西时，他所想的又似乎总是一般规则。

不过，在英国伦理学作者中间，我们大致能把主要从事常识道德的定义与系统化的人们与旨在使道德直觉的内容更哲学化的人们区别开。而且我们发现，这一区别与一种时间阶段上的差异相吻合。也许我们没有想象到，更哲学化的学派反而出现得更早。对这一现象的解释要部分地诉诸于直觉方法在这些不同时期维护和发展自身时所反对的那些理论。在第一个阶段，所有的正统派道德学家都在忙着反对霍布斯主义。虽然霍布斯体系建立在唯物主义与利己主义的基础上，它却是旨在成为伦理学的体系的。它主要接受了公认的社会道德规则，并把这些规则解释为被揭示了的自我利益指示每一个人去服从的和平生活的条件；仅仅假定这些规则所属

的那个社会不仅是理想的，而且凭借一个强有力的政府而成为现实的。这种观点的确使义务的理论基础极其不稳固，不过，由于假定了一个相当好的政府，霍布斯主义可以立即着手解释并建立——而不是理解——常识道德。因而，尽管霍布斯的一些反对者（如卡德沃思）满足于仅仅重新肯定道德的绝对性，更有思想的人则感到必 104
须用体系来对付霍布斯的体系，用解释来对付霍布斯的解释，他们必须走出常识的教义而达到某种更不容置疑的确定性。这样，当坎伯兰在“所有有理性的人的共同善”的概念中找到这一更深的基础时，克拉克则力图表明作为完全自明的、在沉思人及其关系时必然浮现于心头的公理的公认规则的更根本的性质。然而，人们发现克拉克的努力也不令人满意。随着把道德阐发为一种科学真理体系的尝试陷于困境，依赖于道德意识的情感方面的倾向便盛行起来。但是一旦伦理学的讨论转变为心理学的分析与分类，道德情操所依赖的义务的客观性观念就慢慢地消失了。例如，我们看到哈奇森在问为什么道德感不应当像味觉一样因人而异，而没有想到把这些变异都看作合理的会对道德有何危害。然而，当新学说得到休谟这个可怕的名字认可时，人们就看清了它的危险的本质，以及把道德意识中的认识因素再次提高到突出地位的需要。而这一工作后来成了苏格兰学派对在休谟那里达到极点的经验主义哲学抗议的一部分。但是，这个学派声称它的特有优点是它基于自己的理由而反对经验主义，并且通过经验主义者承认他们已注意到了的心理经验事实，来揭露经验主义者所否认的假设。这样，在伦理学中，人们毋宁说是被引导去解释和重新肯定常识道德，而不是去提供不易诉诸常识经验来证明的更基本的原则。

105 第九章　善

1. 到目前为止，我们一直在谈论行为的被我们的道德能力区别为“正当性”——这一术语是英国道德学家们普遍使用的——的那种性质。我们一直认为这个术语以及在日常用法中替代它的那些词指说一种理性的命令或绝对责任的存在，它或者无条件地或者诉诸于某些更远的目的地规定某些行为。

然而，人们还可以采取这样的一种有关德性行为的观点：在这里，尽管对道德直觉的有效性不存在争议，但是这一规则或命令概念在任何场合都仅仅是潜在的或隐含的，道德理想也被呈现为诱人的而不是命令的。当我们把我们受到道德鼓舞而做的行为。或它所体现的品性，判断为自身即为“善的”（而不仅仅把它看作获得某种更远的善的手段）时，我们所采取的似乎就是这种观点。前已指出，这也就是古希腊的一般道德哲学，甚至包括斯多葛派的基本伦理观念，尽管斯多葛派的体系由于过分强调自然法的观念而构成了古代伦理学与现代伦理学之间的转变环节。这一历史的说明可以表明用行为“善”观念取代行为“正当”观念——这种变化初看起来只是一个用词上的变化——的一个重要结果。古代伦理学讨论区别于现代伦理学讨论的主要特点，是它表达关于行为的常识道德判断时使用的是一般概念而不是特殊概念。德性或正当的行为常常

只被看作一种善，因而，按照这种道德直觉的观点，当我们试图使 106
自己的行为系统化时，首先碰到的问题就是如何确定这种善同其他种类的善的关系。希腊思想家们所争论的从始至终就是这个问题。我们很难理解他们的思考，除非抛开现代伦理学的那些准法律性的概念，并且（像希腊思想家们那样）不去研究“义务及其基础是什么”，而去研究“在人们认为是善的对象之中何种对象真的是善的或至善的”；或者，按照道德直觉提出的这一问题的更特殊化的形式，去研究“我们称为德性的那种善，以及人们赞赏和崇拜的那些行为特性与品性特性，与其他善事物的关系是怎样的”。

所以，这就是这两种直觉判断之间的首先要指出的区别。在把行为视作“正当的”这一认识之中包含着一种履行这一行为的有权威性的规定。但是，当我们把行为判断为善时，就没有清楚地表明我们应当去选择这种善而不是去选择所有其他的善事物，就还需要发现估价不同“善”的相对价值的标准。

所以，我打算考察“善”概念在应用方面的全部意义。作为前提，我将不去直接讨论只有作为获得某种更远的善的手段才是善的东西，因为我们之所以需要寻求一种比较的标准，只是为着去比较终极善的组成成分。诚然，如果我们只考虑只有作为获得某种更远的善的手段才是善的东西．我们就可以不诉诸人的欲望或选择，而直接把“善”解释为“适合”或“符合”于产生某些效果这一目的。但是，当我们也把善概念应用于终极目的时，我们就必须为它寻找一种既适用于手段又适合于目的的意义。

2. 然而，对于“善”这一术语有这样一种简单的解释——人们普遍认为这一解释是真正的解释——按照这种解释，我们判断为善

的任何事物都可以隐含地被设想为达到快乐目的的手段，即便我们在判断中并未明确地诉诸这一目的或其他较远的目的。按照这
107 一观点，根据事物的“善性”而进行比较似乎实际上是在把它当作快乐的源泉而进行比较，所以任何把我们关于善性的——无论是行为和品性中的还是其他事物中的——直觉系统化的尝试，都必定合理地把我们径直引向快乐主义。而且，如果我们考察“善性”这个词用于那些未被明确地视为获得欲望的某种较远目标的手段——而不是用于品性与行为——的事物的情形，我们无疑会发现：在我们对产生于对象的快乐的领悟与我们关于这对象本身即是“善的”的认识之间，有一种密切的契合。生活中的好事物，比如好饭、好酒、好诗、好画、好乐曲等，是给人以感官的或情感的快乐的事物，这一点也为把“善的”解释为“令人愉快的”提供了一个显明的支持。然而我认为，如果我们反省一下把这个词用于最类似于行为的场合——即用于我们可称为“爱好的对象”的东西——的情形，我们就将发现这种解释显然得不到常识的支持。首先，如果某种对象具有那种特殊的善这一判断与对产生于它的快乐的领悟密不可分，我们就必然看到对善性的肯定一般是与一种特殊的快乐相联系的。如果那个对象恰巧给我们一种不同的快乐，我们就不把它称为善的，至少在不作任何限定的情况下。例如，我们不会只因为一种酒有益于道德就说它是好酒，我们也不因为一首诗有道德鼓舞作用就说它是好诗。由于这一点，当我们考察“善的”一词用于行为的情形时，我们到目前为止就没有理由假定它与从行为中产生的**全部**快乐有关或相契合。毋宁说对行为的善性或德性的领悟似乎与对

物体中的美[1]的领悟相似。对这种美的领悟常常伴有一种我们称为“审美的”快乐，但是它与被辨别的美的事物的一般有用性或愉快性却没有明显的联系。事实上，我们常常认识到事物之中的美德是 108
有害的和危险的。

但是其次，在谈到审美快乐以及我们通常判定为善的快乐的源泉时，我们公认的见解是：某些人有较“好的爱好”，另一些人则只有较“不好的爱好”；在考虑人们喜欢的事物的真正的善性时，我们也只把有好爱好的人们的判断看作有效准的。我们认为每个人是他自己的快乐的最高法官，他的决定不能对其他人有效，至少就他是在自己的实际经验内比较不同快乐而言是这样。但是，对任何对象的善性的肯定却包含着一个关于普遍效准的假定；如我们都相信的，我们认为具有好爱好的那些人的判断基本上再现出了这种效准。而且，当指称“爱好”的对象时，“好的”并不是指“令人愉快的”，它只是指如此描述的审美判断符合于所指向的理想，偏离这一理想则意味着错误与不足。从善的、令人愉快的事物中获得最大快乐的似乎也并不总是有最好的爱好的人。我们熟知下述的事实：

① 然而，有必要区别应用于人的行为的**道德善**观念与**美**观念，尽管它们之间存在许多相似性，并且常常被——尤其是被希腊思想家们——等同起来。诚然，这两个观念本身与对行为的沉思所产生的相应的快乐情感常常是不可分的：一个高尚的行为像一幅奇景、一张画、一首乐曲一样感染我们；而且，对人类德性的刻划也是艺术家用来创造他的独特效果的很重要的一部分手段。不过，更缜密的观察表明，不仅许多不美的或至少是给我们的印象不美的行为，而且许多罪行与邪恶，也有其光彩与崇高性。例如，诚如勒南所说，像恺撒・博吉亚那样的一生也是“像风暴、像深渊一样美的”。的确，我觉得，在这类情形中，美表现于罪犯的极有天赋的行为和混杂着邪恶的优点之中，但是，不等于说撇开那种邪恶能够不损害其审美效果。因此我认为，我们必须把对行为美的感受与对道德善的感受区别开来。

品酒家、赏画家等等，甚至在他们从这些对象获得快乐的感受性已经相对地迟钝和消失殆尽时，还保持着鉴赏他们评定的这些对象的优点，并确定它们在优点等级中的相应地位的理智能力。我们看到的更多的是：新奇感与充实感根本与爱好和判断无缘；一个有新奇感和充实感的人从劣等对象中能比另一个人从最好的对象中获得
109 更大的快乐。

概括地说：即使承认我们称为“善的”事物能产生快乐，以及善性在思想中与快乐不可分离，也不能推断说可以把对行为的善性的共同评价看作是对它所产生的快乐量的评价。这是因为，(1)通过对比我们知道，一般地说，在行为是爱好的对象时，善性的提高可能不相应于从行为中产生的所有快乐，而是相应于一种特殊的快乐，在这个例子中即相应于行为在一个无利害关系的旁观者身上产生的思辨的满足；并且，(2)甚至是这种特殊快乐，善性也不能按自身的性质普遍地产生，而(经常)只是在有好的道德爱好的人身上产生；而且即使在这些人身上，我们也能把对于善性的理智上的领悟——它涉及一种理想的客观标准的观念——同伴随着它的令人快乐的情感区别开，也能假定意识的这种情感因素可以无限地减少。

最后，一旦我们从形容词的“善”转向名词的“善”，我们马上就可以看到：任何断定人们的快乐或幸福是他们的善或终极善——作为一个有意义的命题而不只是一个同义反复——的人，都不可能把名词的善理解为“快乐”或“幸福”。我想，快乐主义者常常会做出的这类断语显然意味着，无论快乐与善这两个术语所指之物可能多么一致，它们的意义仍然是不同的。而且，从形容词到名词这一语法变化也似乎不包含任何根本的区别。

3. 那么，我们能够把什么表述为“善的”这一术语的一般意义呢？我们能按照霍布斯及其以后的许多人的说法，说“任何人欲望的任何对象即是他可以因自己的理由而称为善的东西。任何人反感的任何对象即是他可以因自己的理由而称为恶的东西”吗？为简化讨论，我们将只考察一个人因对象自身之故（不是作为达到某种效果的手段）以及因他自身之故（不是出于为着他人的仁爱）而欲求的东西，即他自己的善[①]和终极善。我们首先必须回答下述的反对意见，即一个人常常欲求他知道总体上是于他有害的东西，如欲求 110
肯定对他不好的饮香槟酒的快乐，以及当他知道其真正利益在于和解时欲求复仇的满足。我们的回答是：在这些场合，所欲求的结果总是有其他效果伴随着或跟随着，当这些效果产生时，它们引起的反感大于对所欲结果的欲望；然而，尽管可以预见这些坏效果，人们却不可能预感它们；而在观念中再现这些效果又不足以修正作为一个当下事实的欲望的主导方向。但是，即使承认这一点，并且把注意力仅仅放在所欲的结果上而撇开其伴随因素与后果，所欲求的东西也始终不过是表面上的善；一旦产生了结果，人们可能就不觉得它是善，或至少不觉得它像表面看上去那么善。它可能变为一个“死海的苹果”，一吃就成了灰烬。[②]更可能的是，结果将部分地符

---

① 按照关于“善的”常识观点，似乎存在着这样的情形：按照一个人能形成的最合理的“善”观念，他完全牺牲他自己的善显然能实现他人的更大的善。事实上，这种牺牲是否永远是真正必需的，以及如果是必需的，它对将完全牺牲其自身善的个人是否真的合理的问题，是伦理学中最深刻的问题。我将在后面的几章（尤其是第3编第14章）中缜密地考察这些问题。在这里，我只希望避免用我关于“我自己的善”的定义对这些问题作出预断。

② a Dead Sea Apple，古代传说中一种外表美丽、摘下来便成为灰烬的果子。——译者

合于期望，但仍在很大程度上达不到期望。而且有时候，甚至是在屈服于欲望的时候，我们还意识到欲望所抱有的对“善”的期望的虚幻性。所以，我的结论是，假如我们想把终极善的因素设想为可以做量的比较——例如，我们在说我们宁取一“较大的”善而不取一“较小的”善时，我们就在做这种比较——我们就不能把欲望的对象简单地等同于“善”或“真正的善”，而只能把它等同于“表面上的善”。

但是进一步说，一个审慎的人对于他认为无力凭意愿行为去得到东西——如好天气、好身体、巨额财富或卓越的名望，等等——总是习惯于或多或少成功地压制其欲望。但是，他在降低这类欲望的实际强度方面的任何成功都没有使他认为，所欲望的那些对象不(如原来以为的)那么“善”。

111 所以，情况似乎是：如果我们借助于与“欲望”的关系来解释“善”概念，我们一定不要把它等同于实际**被欲求**的东西，而宁可把它等同于**值得欲求**的东西。在这里，“值得欲求的”不一定指“**应当**被欲求的东西”，而是指可能被欲求的东西，如果它被判断为可以靠意愿行为获得——假定欲求者有对这一获得状态或结果在情感上和理智上的完善预测——的话。

不过，由于其伴随因素与后果，对一种被设定为追求目标的具体善的选择，仍然可能在整体上有害，尽管所获得的具体结果与先前欲望中所想象的一样。因而，假如存寻求“终极善”的定义时我们指的是“整体的善”，那么如果遵循上段中的思路，我们就必须与此相区别地表明它与欲望的关系。首先，我们必须把眼界限制于通过意志而具有了实践性的欲望上，因为我仍然可以把我断定为对它们的追求在整体上是不明智的那些结果视作值得欲求的。但是，即便作了这一限制，我的“整体的善”同我的欲望的关系也是十分复杂的。如果我不能预知追求我的整体的善的全部后果，不能在作决定时在我的想象中充分表现出这些后果，说我的整体善是我实际上应当欲求和追求的，就是根据不充分的。当然，合理行为的一个基本特点是同等地考虑我们的每一瞬间的意识经验，至少是就它们在时间中的差别而言。但是尽管一个人可能事后并不对一个行为的后果如此反感以致使他为之后悔，这一事实也不能完全证明他做出的那个行为是为着他的“整体的善”的。的确，我们通常认为某些行为的最坏后果之一是它们改变了人的欲望倾向，并使他们欲望他们的较小的善而不是较大的善。我们还认为，如果当一个人可能有更好的东西时却不曾摆脱上述状况，并且至死都只过着一只心满意足的猪的生活，这种状况对于他就是最可悲的。为避免这种反对意见，我们只能说：如果一个人能准确地预见并且在当下的想象中充分地表现出所有对于他来说是可能的不同行为选择的所有后果，他的将来的整体的善也就是他现在总的说来会去欲求和追求的东西。 112

这一假设的冲动力量的综合包含着一个如此独具匠心的、复杂的观念，以至于说当我们谈到一个人的“整体的善”时是指这样一种综合都有点自相矛盾。不过我无法否认：这种假设的综合欲望的对象，对“善的”（实质性的）和“值得欲求的”这两个术语作出了一种易懂的也易于让人接受的解释，因为它使人们在日常谈论中使用这些词时具有的模糊意义获得了一种哲学的精确性。而且情况似乎是：在某种程度上，如此设想的对于“善”的平静的、综合性的欲望，通常产生于反思的心灵中的理智的比较与经验，尽管它比较

模糊。这样获得的“善”概念有一种理想的成分，它是某种并不是始终被人们实际欲求和追求的东西。但是，这种理想的成分完全可以借助于实际的或假设的事实来解释，并且不引入任何与有关存在的判断有根本区别的价值判断，也不引入任何“理性的命令”。[①]

然而我觉得，这种对于我的“整体的善”的平静的欲望是有权威性的，因而也隐含着这样一种理性命令：当与它抵牾的欲望要把意志引入相反方向时，就去追求这种善。我觉得承认上面这一点——像巴特勒那样——更符合常识。不过，我们仍然可以使“命令”或“绝对责任”的概念隐含着和不说出来，就像它在关于“我的善”及其反面的日常判断中是隐含着和没有言明的一样。我们可以解释说，“我的整体的终极善”指——假定只考虑我自己的存在——当我的欲望与理性一致时我实际上将会欲求的东西。按照这种观点，“整体的终极善”不能诉诸具体的题材来限定：必须把它看作我作为一个有理性的人应当欲求和努力实现的东西，并且假定我自
113 己同等地关心着所有存在。我认为，当为被不虑及其后果地判断为自身即为“善的”或“值得欲求的”时，人们所采取的正是这后一种观点。前已指出，这样一个判断——就其不包含一条去履行它的明确律令而言——不同于关于“正当”行为的判断，因为它没有回答这种具体的善是否是我们在那些环境下的最大的善的问题。我们现在还看出：由于这一判断并不意味着善的或美德的行为像“正当的”行为那样，严格地处于我们的能力之内，就像它不意味着其他

① 前已指出（第三章第4节），就我的“整体的善”被当作一个行为目的而言，“应当”概念——它意指理性的命令或绝对责任——适用于达到这一被采取的目的的必要的、最适当的手段。

的善事物处于我们的能力之内一样，它与某某行为是正当的这一判断的差别变得更大了。事实上，行为的许多美德是不能靠意志力获得的，至少是不能直接地靠意志力获得的。所以，我们常常感到，承认他人行为中的善性并不伴有一条去同样行动的明确律令，而毋宁说是伴有

> 那激起一种仿效意愿的
>
> 　　　　模糊的欲念。

行为的善性成为一种较远目的的情形就是这样。就此而言，获得行为的善性不属于直接意志的范围。

4. 有待考察的是，应当用什么标准把行为或品性[①]——例如被直觉地判断为自身即为善的行为与品性——的价值与其他善事物的价值划一并把它们相互比较。我现在不打算确立这样一种标准，但是对此作一些思考可以使我们把比较限制在必需的范围之内。我认为，如果我们缜密地考察通常被判断为善的那些稳定的结果，而不是考察人的品性，我们就会发现：离开了人的存在，或至少是离开了某种意识或感觉，任何东西都不具有这种善性。[②]

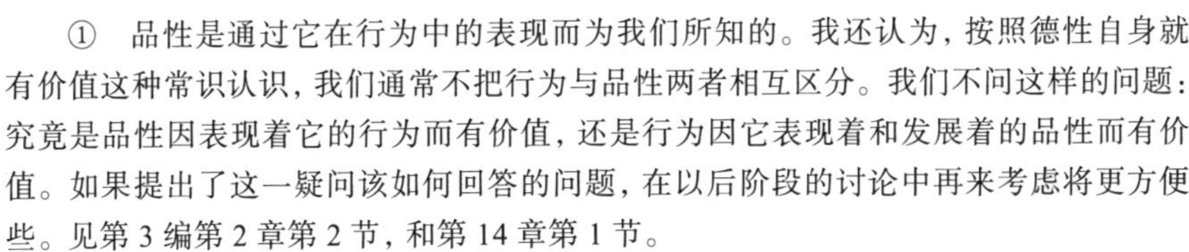

① 品性是通过它在行为中的表现而为我们所知的。我还认为，按照德性自身就有价值这种常识认识，我们通常不把行为与品性两者相互区分。我们不问这样的问题：究竟是品性因表现着它的行为而有价值，还是行为因它表现着和发展着的品性而有价值。如果提出了这一疑问该如何回答的问题，在以后阶段的讨论中再来考虑将更方便些。见第 3 编第 2 章第 2 节，和第 14 章第 1 节。

② 诚然，有一种人们有时带着极大热情而接受下来的观点。按照这种观点，整个宇宙，而不仅仅是有理性的或感觉的存在物的某种状态，被思考为是“非常善的”，正如《创世纪》中的造物主被描述成在思考着它一样。但是，这样一种观点很难发展为一种

114 例如，我们通常认为某些无生命的对象、景观具有美的特性，因而把它们判断为善的，而把其他具有丑的特性的对象、景观判断为恶的；但是谁也不会认为，离开人对审美创造活动的可能的沉思还能合理地在外部自然中创造美。事实上，当人们坚持美是客观的时候，人们通常并不是说它是作为美而存在的，是不依赖于同任何一种心灵的关系的，而是说存在着某种对所有人的心灵都有效的美的标准。

然而，人们可以说，虽然我们不能设想美及其他通常被判定为善的结果是不依赖于人（或至少是不依赖某种精神）而存在的，但是作为目的它们是如此地独立于它们赖以存在的人，以至我们可以想象它们是在与人的完善或幸福相竞争。例如，虽然可以说美的事物不值得去创造，除非是作为沉思的可能对象，人们仍然可以致力于创造美的事物而不虑及将沉思它们的人。同样，知识也是一种唯有在心灵中才能存在的善，然而人们可以更有兴趣去发展知识而不是使某些特定的心灵占有知识，可以把前者当作一种终极目的而不虑及后者。

不过我想，一旦清晰地理解了各种可能性，人们就会普遍地认为：我们对善、知识与其他观念上的善以及所有外在物的追求，只是就它们有利于人的存在的（1）幸福或（2）完善（或美德）而言才是合理的。我之所以说“人的”，是因为尽管大多数功利主义者觉得应当把低等动物的快乐（及痛苦的免除）包括在被他们视为行为的

伦理学方法。为着实践的目的，我们需要把宇宙的某些部分设想为至少是不如它们本来可以成为的那么善。而且，仅根据其自身并离开它们与意识的或感觉的存在物的关系，而在无感觉世界的不同部分之间划一条如此清楚的界限，似乎也没有根据。

正当目的的幸福之中，却没有人强调我们应当完善牲畜，除非作为 115
达到我们目的的手段，或至少是作为我们的科学沉思或美学沉思的对象。其次，我们也不能把高于人之上的存在物的存在作为一个实践的目的。我们当然也把善的观念用于神的存在，正如我们也把它用于神的创造一样，事实上我们还极其突出地把善观念用于神的存在。当人们说“我们应当努力赞扬神”时，其含义似乎就是我们的颂扬使得神的存在更好。不过，明确地说出这种含义似乎有些不虔诚，因而神学家们都避免直接地说出它，避免对作为人类义务之根据的神的存在的善性加上可能的附加因素。此外，在目前，我们也不可能把我们的行为对除神之外的其他超人的智能存在物的影响作为科学讨论的问题。

因而，我有信心这样说，如果人除了幸福之外还应当追求其他作为终极实践目的的善，它只能是人的存在的善性、完善或美德。这一概念在多大程度上包括了德性之外的内容，它与快乐的准确关系如何，以及如果我们把它作为基本概念将逻辑地引出何种方法，我们将在后面去讨论，即在详尽地考察了其他两个概念——即快乐与德性，我们在接下去的两编中将致力于考察它们——之后再去讨论，那样将更为方便些。

第二编

利己主义

第一章　利己主义的原则和方法 119

1. 本编的目的在于考察那种已被界定为利己主义的确定合理行为的方法。我把利己主义一词等同于利己的快乐主义，指个人把他自己的最大幸福当作其行为的终极目的。人们可能怀疑是否应当把这种观点包括在公认的“伦理学方法”之内。因为人们有足够的理由认为，满足人类一般道德意识的道德体系不可能建立在明确的利己主义基础上。在后面的几章[①]中我将详细地讨论这些理由。而在目前，仅仅指出按最有利于个人自己的幸福的方式去行动是合理的这个原则是人们普遍接受的就足够了。我们发现，直觉主义和普遍快乐主义（我用严格意义上的功利主义一词指称后者）的主要代表人物都明确地接受这一原则。我已经指出，虽然边沁把最大多数人的最大利益当作“正当与错误的真正标准”而提了出来，但他也把每一个人追求他自己的最大幸福视作“正当的和恰当的”。巴特勒也同样乐于承认：“我们的幸福观念与痛苦观念偏偏就是对我
们最切近、最重要的观念……同时，虽然德性或道德上的正直的确 120
就在于热爱并追求自身即为正当的和善的事物，但是当我们冷静地坐下来时，我们既不能向自己证明这种追求的正当性，也不能证明

---

① 见本编第 3 章第 2 节和第 5 章。

任何其他追求的正当性，除非我们相信它将是为着我们的幸福，或至少是不违背它的”。[①]

甚至克拉克(clarke)也承认，“假如放弃生命会使人永久丧失从坚持德性这一行为中获益的可能性，那么人们由于坚持德性而放弃生命就是完全不合理的。”[②]

一般地说，在基督教信仰的时代，人们也明确地、自然而然地认为，德性的实现基本上是一种对行为者的幸福的明智的有远见的追求。这一观点不只是那些心地冷酷而狡诈的人们才有；我们看到，贝克莱主教这样一位勇敢而高尚的牧师也强调这一观点。当然，这只是基督教观点的一个方面或一个因素。相反的观点，即从自我利益的动机作出的行为不可能是有德性的观点也不断地表现出来，它或者公开与前一种观点相抵牾，或者与之相调和。不过，前一种观点——尽管不那么精致和高尚——似乎是更为普遍的观点。的确，说常识认为倾向于提高行为者的幸福的“有利害的”行为自明地是合理的，而且那些坚持无利害的行为本身是合理的人们有责任提出证据，这并不失实。

但是，如前所述，在常识的“利益”“幸福”等概念中存在着相当大的模糊性和歧义性，以至于为了使用它们来进行科学的讨论，我们就必须在保持它们的主要意义的同时使这种意义更精确。按照我的判断，如果我们把“最大可能的幸福”理解为所能获得的快
121 乐对于痛苦的最大余额，我们就能达到这一结果。在这里，快乐和

① 巴特勒:《人类本性布道集》，第 11 篇。

② 克拉克:《波义耳演讲集》(*Boyle Lectures*)(1705)，第 116 页。

痛苦都带有广泛的意义，分别包括所有合意的和不合意的感觉。进一步说，如果采取这种计量的目的定义，为了保持一致性，人们就应当按照快乐的令人愉快性的大小而相应地追求它们，因而人们就不可以基于其可能占有的某种其他的质去选择较不令人愉快的意识，而舍弃更令人愉快的意识。密尔和其他人所强调的质方面的差别仍然可以被视为优先选择的根据，但这只是就它们能被分解为量的差别而言的。这就是当我们认真排除了全部歧义性与不一致性之后，通常被称作“利己的”实践推理大致具有的推理样式。而且，也只有这种更精确的“利己的”实践推理，才值得我们去作详尽的考察。所以，我们必须把一个利己主义者理解为一个这样的人：当他面临两个或更多的行动方案时，他尽可能确定每一行动方案可能导致的快乐与痛苦的量，并且选择他认为将给他带来快乐对于痛苦的最大余额的行为。

2. 然而必须指出，如上面所解释的，采取利己主义的基本**原则**决不必然包含着寻求个人自己的快乐或幸福的日常经验方法。一个人可以追求他的最大可能的幸福。而不去根据经验确定可能伴随着某一特定行为方案的苦乐的量，并且相信他有某种更有把握的推理方法来确定长远看来将使他最幸福的行为。他可以基于积极的宗教而相信这一点，因为神已经应允用幸福来奖赏遵守特定诫命的行为。他也可以基于自然宗教而相信这一点，因为公正而仁爱的神必定已经安排好了世界，让德性长远地看将得到相应的幸福。例如，正是基于这两种理由的一种综合体，佩利把他视为确定义务的方法的普遍快乐主义与他视为自明地是合理行为的基本原则的利己主义联系起来。其次，一个人也可以靠一种先验的、纯粹伦理的

推理把德性与幸福联系起来。例如，亚里士多德就假定“最好的”
122 行为始终与最大的快乐不可分离，“最好的”生活靠道德直觉、一般人或受到良好抚育和教养的人共有的道德观点来确定。此外，把最大快乐判定为一种具体行为的结果的推理还可以是心理学的或生理学的。我们可以获得某种关于快乐与某种其他生理或心理事实的联系的一般理论，按照这种理论我们可以推断将伴随着特定行为的快乐的量。例如，人们都认为，对我们的不同肉体功能和精神功能的完全健康的、和谐的运用，长远看来是最能增进快乐的。按照这后一种推理，尽管我们无保留地接受快乐主义，我们却不需要去估价和比较具体的快乐，而是要规定“完全健康”和“功能的和谐”的概念，并且去考察如何能达到这些目的。不过，主张上述几种推理方法的人通常要求助于日常经验——至少是用它们来确认或证明——并且承认苦乐的痛苦性与令人愉快性只有体验着它们的人才直接了解。总起来说，利己的快乐主义的明确方法似乎始终是我们所说的经验-反思方法。我认为，这种方法也就是利己的慎思中使用得最多的方法。所以，最好先对这种方法进行考察，弄清它包含的前提，并估价它的推论的准确性。

第二章　经验的快乐主义 123

1. 不仅包含在利己的快乐主义的经验方法中，而且包含在作为目的的“最大幸福”的观念中的首要的、最基本的前提，是苦乐的可公度性。我这样说所指的是，我们必然假定所寻求的快乐和所回避的痛苦相互间有明确的量的关系，因为否则就不可能把它们设想为我们力图去尽可能扩大的那个总体中的潜在成分。这一假设也并非绝对需要排除以下的假设，即某些种类的快乐远比其他种类的快乐更令人愉快，以致前者中所能设想的快乐量最小者也胜于后者中所能设想的快乐量最大者。因为，如果肯定这一假设，唯一的结论就会是：把后一类的快乐看作实际上不存在，可以简化对前一类快乐的计算。[①] 不过我认为，至少在所有日常的慎思推理中，人 124
们都隐含地假设：人能够经验的苦乐在其令人愉快性及与之相反的

① 我们有时听到一些热心的、有激情的人们说，存在着一些有高雅情趣的感觉，一旦迷上了它们，低级的愉快意识无论多么持久也赶不上它们。不过这种说法可能是有意夸张的，并且也不打算作为科学的陈述。但是说到痛苦，有一位有见地的、敏锐的作者一直特意地强调，“折磨”与“轻微的刺痛”不可同日而语，这种区别是一个实际的经验事实；而且他的看法还带有一些重要的、实践上的结论[见 E. 格尼(Edmund Gurney)：《第三者》(*Tertium Quid*)文集中的“痛苦的伦理学”一章]。然而这种理论不合乎我自己的经验，我觉得它也不会为人们的常识所支持。至少是我没有发现，在以谨慎著称的人的实际的深思熟虑中，对极度痛苦的认识会使他为了尽可能避免这种痛苦而把引起可以设想的最大轻微刺痛看作合理的。

性质之间有一定比率。就这种比率能够被阐明而言，快乐（或痛苦）的强度可以比照其持久性来比较。[①] 如果我们设想根据某种明确的比率，一种有限存在的快乐（或痛苦）在强度上胜过另一种快乐（或痛苦），这一观念似乎就含有这样的意思：如果后者在延续的时间上——不是改变其强度——持续下去，它就将在某一时刻在量上与前者持平。

所以，如果能把快乐按照某种明确的等级排成一个等级表，我们就有必要把零快乐值——或完全中性的感觉——假设为可开始度量快乐的正值的原点。一旦我们来考察快乐主义必然包含的快乐同痛苦的比较和结算，这一假设就显得更清楚。因为，痛苦必定被推断为快乐的负值，在计算幸福的总值时要由正值来抵销和减除；因此我们必须设想一个从正值到负值的意识中的过渡点，作这样的设想至少在观念上是可能的。我们并非完全需要假定这种完全无差别的或中性的感觉的实际存在。不过经验似乎表明：一种至少是十分接近于它的状态甚至是司空见惯的。我们肯定经历过从快乐
125 到痛苦——或者反过来——的连续的转变，因此（除非我们把全部转变都设想为突变），我们必定至少在瞬间处于这一中性状态之中。

① 边沁举出就快乐计算而言较为重要的快乐或痛苦（单独地加以考察）的四种性质：(1)强度，(2)持久性，(3)确定性，(4)近似性。如果我（如上面所论证的）假定强度可以与持久性相公度，其他性质对苦乐的相对值的影响就不难确定。因为，我们习惯于用数字来估算或然性的值，用这种方法我们能准确地（就不确定性的程度能被准确地确定而言）说出对一种快乐的怀疑在多大程度上能贬损它的量值。近似性则是一种只在它减少不确定性时才被考虑的性质。因为，我今后一年中的感觉与我下一分钟的感觉——只要我能同样有把握地预见它们——对于我是同等重要的。的确，这种对于一个人的意识生命的所有部分的同等的、一视同仁的关心，也许是关于合理的——相对于冲动的——快乐追求的常识观念中最重要的东西。

在上面的阐述中，我已含蓄地拒绝了伊壁鸠鲁的悖论[①]，这个悖论是：无痛苦状态就是最大可能的快乐；以至于如果我们能绝对地免除痛苦，我们也就达到了快乐主义的目标；在此之后我们可以改变我们的快乐，但不能提高它。这一理论违背常识和人们共有的经验。但是另一方面，我觉得，如果把这种中性的感觉——我已称之为零快乐值——视为我们意识的正常状态，认为我们只是有时从这里沉入痛苦，有时从这里走向快乐，这也同样是错误的。自然并不对人们如此刻薄。按照我的经验，只要身体健康并且排除了痛苦、厌倦和劳累，按照日常习惯去运用生命功能就常常会给人们带来适度的快乐，并很快替代那些接近于无差别的状态。所以，我们可以冒昧地说，虽然“不动心”被很大一部分后亚里士多德时期的希腊道德学家视为理想的存在状态，它在他们那里并不真的被设想为“没有一点快乐与痛苦”，而毋宁说是被设想为一种平静的理智地思考的状态，这种状态在哲学的心灵中可以轻松地达到一种高等的快乐。

2. 我们还需要赋予苦乐概念以作量的比较所需的精确性。在讨论这一点时以及在以下的对于快乐主义的讨论中，较为方便的将是在大部分地方只论及快乐，并同时假定可以把痛苦视为快乐的否定量，以及假定与快乐有关的任何陈述也都可以借助于术语上的明确改变而相应地用于痛苦。

按照斯宾塞先生的意见，与快乐相等同的短语是“一种我们试图引入意识并保留在意识中的感觉”。[②]与此相似地，贝恩先生说，

① 参见西塞罗：《论界限》，第1篇第11章第38节。

② 斯宾塞（Spencer）：《心理学原理》（*Principles of Psychology*），第2部分第9章第125节。

“在现实的或真实的经验中，应当把苦乐等同于动机力量。”我承认快乐通常激起欲望，但是我仍然不认为，我是完全按快乐刺激旨在
126 保持它们的行为意志的程度来判定它们的大小的。当然，决不能这样来理解贝恩先生或斯宾塞先生，说他们认为所有快乐——当被实际感觉到时——都激起某种努力；因为休息的快乐和洗热水澡的快乐等就显然不是这样。必须把这些场合中的刺激理解为隐含的和潜在的，仅当需要以行动来防止快乐的停滞或减弱时刺激才成为现实的。例如，一个劳累之后享受着休息的人模糊地意识到一种对其现实状态的强烈依恋，意识到一种去抵制改变这种状态的冲动的愿望。由于习惯性的压抑，人们可能变得感觉不到轻微苦乐的刺激。例如，在一个习惯于克制的男人身上，去延续吃喝的快乐这种刺激通常在他还未达到吃喝的快乐之前就停止了，他只是偶尔才感觉到需要去控制自己的要吃饱喝足的冲动。所以，一种延续着的中等强度而又不那么要紧的痛苦——例如一种隐隐持续的牙痛——有时似乎让人感觉不到去采取措施的刺激，然而它仍然是痛苦。可以恰当地把这种情况下的刺激设想为潜在的，因为假如问我们是否愿意摆脱一种即使不那么厉害的牙痛，我们肯定会回答说愿意。

但是，即使我们只去考察刺激十分突出和强烈的那些情形，贝恩先生把“苦乐”等同于动机力量的作法，在我看来也不全都合乎我们共有的经验判断。他自己就把“突发的巨大的兴奋可能产生”的“朝向一个方向的不合比例的积极力量”，同“除了当下娱悦之外不激起任何努力的”“欢娱心灵的恰当结构”作了对比。[①] 而且在另一个地方他还解释说，借助于包围着“我们的快乐情感”的“激动氛

① 贝恩：《情感与意志》（*The Emotion and the Will*），第3版，第392页。

围”，“我们的欢乐情感都可能不恰当地阻滞心灵”，使心灵“不去估算快乐与痛苦，而沉入被称作‘激情’的状态”，在这种状态之中，人不“仅为快乐的量值驱动”，也为“引人入胜的激动力量驱动”。[①] 127
在这种情形中，贝恩先生似乎认为“意志的这些干扰和反常将**很少**影响实际感觉”。[②] 但是我觉得，激动的快乐对于意志可能具有与它们的快乐强度不成比例的刺激，甚至当它被实际感觉到时。贝恩先生本人在一段话里似乎也承认这一点。他在那里写道，“剧烈的快乐和痛苦对意志的刺激也许比一种与之等量的刺激更强烈”。[③] 我还发现，某些强烈地刺激人去消除它的感受既不十分痛苦也没有轻微的痛苦，例如日常生活的刺痒的感觉。如果是这样，**对于度量的目的来说**，把快乐规定为我们力图在意识去保持的那种感觉显然是不准确的。那么，我们还能说存在着一种由“快乐”一词所表达的可度量的感觉性质，一种独立于与意志的关系并且严格说来不能根据其简单性来定义的性质——就像“甜”这个词所表达的感觉性质，我们也在不同程度上意识到它的强度——吗？这似乎是某些作者的观点。不过，当我反思快乐的概念时，当我在我所采取的那种综合性的意义上使用这个词，以便把最精致微妙的理智的、情感的满足，以及较粗俗狭隘的感官享乐都包括进来时，我觉得我在这样规定的感觉中所能找到的唯一的共同性，就是“值得欲求的”这个一般术语——在前面解释的意义上——所表达的那种与欲望和意志的关系。所以，我建议在为了作量的比较而考察快乐的“精确的值”

① 贝恩：《精神科学与道德科学》（*Mental and Moral Science*），第 4 编第 4 章第 4 节。

② 同上书，第 5 章第 4 节。

③ 同上书，第 3 编第 1 章第 8 节。

时，我们把快乐规定为这样一种感觉：当它为智能存在物所体验时，它至少是隐含地被领悟为值得欲求的，或者——在比较之下——值得偏爱的。

然而在这里又产生了一个新问题。当我存上一章中说，作为快乐主义的一个基本假设，按照其强度去选择快乐并且在优先选择方面不允许质差别的理由超过量差别的理由是合理的时候，我就隐含
128 了这样的意思：基于与量相对的质——如“更高级的”或“更高尚的”——的理由的快乐选择实际上是可能的。而且实际上，人们还普遍认为这种非快乐主义的偏爱是司空见惯的。但是，如果我们采取上文中刚刚给出的快乐定义，即它是一种我们领悟为值得欲求的或值得偏爱的感觉，说较少令人愉快的感觉能够始终被视为比更令人愉快的感觉更可取，就似乎是自相矛盾的。

这一矛盾可以用以下方式来避免。大家都会承认，一种感觉的令人愉快性只对于感觉者才是直接可认识的。所以，尽管（我将马上来证明）由于快乐计算涉及与只再现在观念中的感觉的比较，它可能因再现的不完善而有错误，但是如果只就当下的感觉性质而言，就没有人能反驳那个有感觉的个人的偏爱。然而，一旦我们把意识状态的那种值得偏爱的性质（如“崇高”或“优美”）判定为与其令人愉快的性质不同的，[①] 我们就似乎是在诉诸于某种其他存在物——而不仅仅是有感觉的存在物——也能诉诸的共同标准。所以，我的结论可能就是，当一种快乐被断定为在质上优于——尽管

① 前已指出，我们在说“一种快乐在质上优于另一种快乐”时，可能是指从令人愉快性这方面考察它是值得偏爱的。在这种情形下，种类上的区别便分解为程度上的差别。

在令人愉快性上不及——另一种快乐时，被挑选的并不真的是那种感觉本身，而是某种精神条件或生理条件或它所产生的关系，这种条件或关系被视为我们常识思考中可认识的对象。因为，如果我在思想中把某种感觉同它所有的条件、伴生物，以及它对同一个人或他人尔后的感觉的全部影响区别开来，并且把它只作为一个孤立主体的瞬间的感觉，我就必定会觉得：除了我们称之为它的令人愉快性的那种性质之外，不可能在它身上再找到任何其他的、其程度仅对有情感的人才是直接可认识的、值得偏爱的性质。

应当指出，如果采取这种快乐定义，如果如前面所提出的把“终极善”理解为“最终值得欲求的东西”，伦理快乐主义的基本命题就主要具有一种否定的意义。因为，“快乐是终极善”这一陈述 129
将只意味着这样的意义：除了有感觉的个人在感觉到它时领悟为值得欲求的那种感觉之外，没有什么东西是最终值得欲求的。如果是这样，人们就可能反驳这个定义，说它不可能为一个有斯多葛派倾向的道德学家接受，这样一位道德学家在承认快乐是一个事实的同时，会拒绝承认它始终是最终值得欲求的。但是我认为，这样一位道德学家应当承认，“一种感觉本身是值得欲求的”这一隐含着的判断是与“它是快乐的”这一认识不可分地联系着的，尽管他同时认为健全的哲学表明这些判断是虚幻的。事实上，这似乎已经实际上是斯多葛派的观点了。

无论是不是这样，我都认为，应当把被纯粹的快乐主义视为最终合理的那种偏爱定义为对于只作为感觉而被估价——按照有感觉的个人在感觉到它时明确地或隐含地作出的估价——的感觉的偏爱，而不虑及它所由产生的那些条件和关系。相应地，我们可以把

下述命题，即所有只作为感觉而被估价的快乐与痛苦对有感觉的个人来说都具有肯定的或否定的可认识度，作为我所称的度量的快乐主义——这种概念隐含在把“快乐对于痛苦的最大余额”作为终极目的的观点之中——的基本假设。我们还可以进一步指出，只有当我们认为这些值得欲求性已明确地呈现于经验中时，我们才能运用经验的快乐主义方法。

还有一个更进一步的基本假设，我们在采取只作为纯粹的理论来考察的快乐计算方法时也许没有涉及到它，但是如果把这种方法作为确定正当行为的实践方法提出来，它就肯定隐含在这种方法之中。这个假设就是：我们能够通过深谋远虑和计算来提高我们的幸福和减少我们的痛苦。要把它正式地陈述出来也许有些学究气：事实上谁也不否认，我们的苦乐所依赖的条件在某种程度上是可为我们认识和控制的。但是我们将看到，本书一直强调的观点是：快乐观察与快乐计算的实践有一种不可避免的减少我们的普遍快乐——
130 或其中最重要者——的倾向，以至于我们寻求这种实践能否获得我们的最大幸福，或至少是我们试图以科学和精确性寻求这种实践能否获得这种幸福，成为了一个问题。

注释。——人们有时也认为，快乐主义者的一个必要假设是人类实际上能获得快乐对痛苦的余额：这是一个极端的悲观主义者可能会拒绝的命题。但是，“生命在总体上是痛苦的”这一结论并不表明一个人以减少痛苦为终极目标——假如这也是可能的——是不合理的；尽管这一目标无疑将直接导致无痛苦的自杀，这是一个彻底的利己主义者的仅有的合理选择，除非他期待着另一种生活。

第三章　经验的快乐主义（续） 131

1. 因此，假设快乐被定义为这样的一种感觉：当一个有感觉的个人在感觉它时，就是说，当它仅被作为感觉考虑而不虑及其客观的条件或结果、或直接处于他之外的其他人的认识与判断中的任何事实时，他明确地或隐含地将它领悟为值得欲求的。再预先假设一般的感觉都可以基于这一观点而被相当明确地——就实践目的而言——相互比较，并且基于经验而被了解为多少在某种确定的程度上是令人愉快的。在作了这两点假设之后，利己的快乐主义的经验反思方法就将是：预先地再现出我们依据对生理原因和心理原因的知识而期待于对我们是可能的不同行为方案的不同感觉系列；按照其被观念再现的状况判断何种感觉系列在整体上是值得偏爱的——把各种可能性考虑在内——并采取相应的行为方案。有人可能反对说，对于实践来说这种计算太复杂了，因为对未来的任何完整的预测都会涉及到大量有不同概率的偶然因素，要计算这之中的每一种偶然的感觉的快乐值将是漫无止境的。但是，我们也许可以通过抛开所有不明智的行为和略去不大可能和不大重要的偶然因素，来把这种计算减少到可行的范围之内，并且不严重地损害其精确性。我
们在某些具有更明确的目的——如策略和医疗——的技艺中就是这 132
样做的。因为，如果将军在命令一次进军或医师在建议病人改换住

处时，把与所寻求的目的有关的全部情况都考虑进来，他们的计算就将是不可行的，所以他们只让自己去考虑那些最重要的情况。我们也同样可以这样地运用快乐主义的生活艺术。

然而，还有几种针对着快乐主义方法的更为深刻的反对意见，而且在一些作者那里，这些反对意见采取了全然拒绝功利主义方法的极端形式。我们将缜密地考察这些反对意见，这似乎是获得对这种方法本身及可以合理期待它产生的那些结果的明确观点的最便利方式。

不过我应当指出，我们这里所谈到的只是那些我们可称之为利己的快乐主义内部的反对意见的论点，即针对着用这种快乐主义获得它旨在达到的结果的可能性的论点。我们不是现在就要去考察一个人把他自己的幸福作为其终极目的是否合理，以及从采取这一目的中、从个人存在的现实条件中产生的行为规则在何种程度上将与关于正当的流行见解一致。按照本书的计划，这些问题将放到后面去讨论。[1] 我们目前所要讨论的是旨在表明快乐主义作为一种合理方法的内在的不可行性的那些反对意见。

我们碰到了第一种反对意见；如果这种意见是完全可以成立的，它就必定被承认为决定性的。格林断言，“快乐作为一种感觉——区别于它的非感觉的条件——不可能被共‘识’”。[2] 如果这是对的，合理的快乐主义就显然是不可能的。但是，这一命题似乎也同样针对着常识，针对着经验论心理学家们的普遍假设。这些心

① 见本编第 5 章、第 3 编第 14 章，以及本书尾章。

② 见格林为休谟的《人性论》第 2 卷所写的导言第 7 节。对这一陈述的内容格林在他的《伦理学引论》(*Prolegomena to Ethics*)中作了重述。

理学家在精心地、系统地考察苦乐的精神条件和生理条件时，必然
假定这些感觉能在思想中与它们的“非感觉的条件”区别开来。我 133
还发现，这位我刚才引述的作者本人在晚些时候的一本书[①]中对于快乐作了长篇的论证，这些论证只有彻底领悟并潜心思索了快乐与其条件之间的区别的人才能理解。事实上，他把这样一种区别提高到了极其细微的程度。例如，他要求我们去区分通过“相当于意志的全部欲望而追求的自我满足”同“存在于全部自我满足——如果它们被获得了——中的快乐”，然而另一些道德学家则把自我满足视为一种快乐。[②]强调我们能把快乐与自我满足区别开，但又不能把快乐与它的条件区别开，这对我来说简直是一个天大的悖论，以至无需去反驳。也可能格林仅仅想说，我们不能把快乐想象成独立于非感觉的条件，快乐必然随着它的条件的变化而变化。如果对他的陈述作这样的解释，我就并不拒绝它。但是，它至少是不大能回答下面的问题，即快乐能否独立于其条件而**被估价**，或者对在不同条件下达到的快乐能否作量的比较。我没能得到目睹一场悲剧的快乐或者目睹一场滑稽戏的快乐，也没有得到相应的数不清的复杂奇想和思索——当然这两种情况下的奇想与思索是非常不同的——但是总的来说这并不妨碍我自信地确定这场悲剧或滑稽戏能否给予我最大的快乐。

我接下来谈谈格林先生针对快乐主义关于行为的最高目的是“最大可能的快乐总量”的观念的另一种反对意见。（应当说明：这

① 格林：《伦理学引论》，第 158 节。

② 例如巴特勒在《人类本性布道集》第 11 篇中说，“每个人都有对于他自己的幸福的欲望……（所欲求的）对象是我们自己的幸福，快乐和满足。”

一观念应当是“快乐对于痛苦的最大可能的余额”，不过这一差别对目前的论证说来不很重要。）他说，这个短语“没有内在的意义”，但是他为这一陈述所作的证明在不同著作中却是不同的。他先是大胆地断言“快乐感觉不是能彼此相加的量”，[①]这显然是因为“在
134 一种快乐感觉开始之前，另一种已经停止了”。然而这后一部分陈述也同样符合时间的各个部分的情况，但是说小时、天、年“不是能彼此相加的量”就显然是可笑的。这也许是格林在写《伦理学引论》之前的想法；至少是在这部著作中，他承认可以在“思想”中把“快乐感觉”状态彼此相加，而仅仅否认它们能在“享受或对享受的想象中”彼此相加。[②]但是，作这一让步也就承认了对未来感觉作快乐主义计算所要求的全部东西。没有一个快乐主义者曾经说，他力求尽可能去扩大的幸福是他马上享受着或他幻想马上享受着的东西。除非快乐的易逝性有损于它的令人愉快性——我马上要来考察这一观点——否则我就不认为实现快乐目的的可能完全取决于它是否与以后的快乐相互衔接。在另一段话中，格林似乎主张，“将被用作一个标准的目的”必须“能使我们把引导人们接近它的行为与相反的行为区别开”。[③]然而，只有人们用“目的”指一个在不断地接近之后我们突然达到的目标或结果，它才会具有这种作用。但是我认为，伦理学的作者通常并不是在这种意义上理解目的这个词的。我在使用目的一词时的全部意义就是：它是人们合理地追求的一个对象，一个不是作为获得更远的对象的手段、而是因其自身之

① 格林：休谟《人性论》，第 2 卷“导言”，第 7 节。

② 格林：《伦理学引论》，第 221 节。

③ 同上书，第 359 节。

故而被追求的对象，无论它是否在以后的追求活动中被人获得。只要人们所期待的快乐对于痛苦的余额可能以这种或那种方式因目前的行为而变得更大或更小，[①]"最大幸福"就可以像能为人们同时占有——或以某种方式独立于时间条件——的"至善"一样，提供一种行为标准。

2. 然而有人强调说，对快乐的易逝性的意识或者当时就使得快 135
乐不那样令人愉快，或者在以后产生一种痛苦；而且，对快乐的审慎的、系统的追求还倾向于加强这种意识。假如这一命题是由经验证明了的，它当然就对利己的快乐主义方法构成了一种重要的反对意见。这一观点似乎也存在于刚才引述的那位作者的思想中（虽然他没有把它明确地提出来）。他断言"自我满足不可能出现在任何快乐之中"，[②]因为作为"一个坚持并沉思着持久的自身的自我的满足"，自我满足必然至少是相对持久的。[③]我还猜测，他的一个没有说出来的意思是，当一个快乐主义者在寻求自我满足而没有得到自我满足时，他的沮丧中掺杂着痛苦或快乐的丧失。[④]如果这样一种观点是对的，如果靠坚决地采取某种其他的行为原则能获得所失却的自我满足，那么对快乐的有系统的追求当然就在一定程度上是自相矛盾的。所以，缜密地考察这种观点在多大程度上是对的是十分

① 格林在几处地方似乎明确地承认这一点。例如他在第 332 节中说，某些"为创造有利于好品性的条件所必需的"措施，"也在总体上倾向于使生活更令人愉快"。在另一处他又说，"不难看出：对那些能够受痛苦影响的人来说，过度的痛苦产生于"对某些义务的蔑视。

② 格林：《伦理学引论》，第 176 节。

③ 同上书，第 232 节。

④ 我不能肯定这一点。因为如前所述，格林明确地区别自我满足与快乐，并且不直接断言自我满足的丧失中掺杂着痛苦。

重要的。

就我自己的经验而言，只要人们公平地期待着相当于以往所得到的那样多的快乐，甚至只要一个人所面对的生活还能提供给他一些快乐，快乐的易逝性本身就并不真的是一个不满的源泉。但我并不怀疑，对所有的人或多数人来说，幸福的一个重要因素来自对占有“相对持久的”快乐源泉的意识。这种快乐的源泉或者是外存的，如财富、社会地位、家庭、朋友；或者是内在的，如知识、文化，以及对富有成就的个人或团体的优雅生活的强烈而生动的兴趣。然而在我看来，这并不构成对快乐主义的反对意见。从快乐主义的观点来看，一旦理智发现存在着各种不断产生出享乐的确定对象、持久的快乐源泉和大量不朽的兴趣，理性的意志就会宁取较大者而舍
136 弃较小者，就将不遗余力地献身于对它们的追求之中；这是相当明白的事情。[①] 有人可能回答说，如果人们有意识地把快乐的持久源泉只当作达到快乐主义目的的手段来追求，它们就将不能产生人们在追求它们时所欲获得的幸福。我在一定程度上同意这一点。但是我认为，如果充分考虑了我们的冲动通常具有的复杂性，人们就将发现这一说法并不妨碍人们采取快乐主义，而仅仅是指出了快乐主义者必须提防的一种危险。在前面的一章[②]中，我已经按巴特勒的观点，区分了严格地说来是指向快乐的冲动与并不指向快乐的“有关外物的”冲动，尽管我们的许多甚至大多数快乐就在于这后一类冲动的满足，因而也依赖于它们的存在。我在那里证明，这两

① 萨利(James Sully)：《悲观主义》(*Pessimism*)，第 11 章，第 282 页。

② 第 1 编第 4 章。

类冲动在许多情况下是如此地不相容，以至它们不容易同时共存于意识之中。然而我还说到，在我们的日常活动中，这种不相容性只是暂时的，并且不妨碍通过在意识中以不同节律变换这两种冲动而达于一种真正的和谐。不过，人们似乎不能否认这种和谐可能受到干扰，也不能否认下述情况：一方面，个人可能为满足某种切近的具体欲望而牺牲他们的最大可能的幸福，并且也的确在这样做；另一方面，自爱也同样可能不相称地占据心灵，以至与那些同具体对象“无利害关系的”冲动的健康而强有力的产物不相容，而这种“无利害的”冲动的预先存在恰恰是获得任何自爱所寻求的高级幸福的必要条件。但是，我不打算根据这一点推断快乐追求必然是自相矛盾的和无效的。我只想说，当带着一种关于人类本性的法则的知识来运用利己的快乐主义原则时，这一原则将在实践上自己限制自己的手脚。这意思是说，一种获得所追求的目的的合理方法要求我们在一定程度上不去考虑、并且不去直接追求这个目的。我在前面已经把这一结论称为“利己的快乐主义的基本悖论”。但是，尽管它把自身表现为一个悖论，一旦人们看清了上文中所指出的危险，它在实践中就不难表现出来。因为无论人们可能追求什么，他们总是使他们原来致力于去追求的对象或目的从视野中消失，并且去关心 137
达到这一目的的手段，把它们当作目的本身，甚至最终为获得这些仅仅在间接的和派生的意义值得欲求的东西而牺牲原来的目的；这只不过是大家都司空见惯的经验。再说，如果人们经常这么容易而普遍地由于手段而忘记目的，按照合理利己主义的说法，就没有理由说人们这样做会存在困难。事实上，普通人在取乐和作各种消遣时就是在不断这么做的。

诚然，正如在日常生活中如果我们一开始除了对快乐的欲望之外没有冲动，我们便不能靠意志力产生出欲望——尽管它们在一定程度上能被意志力压制——一样，在行动上表现出靠追求他物来获得快乐这一实践的悖论可能看起来也很困难。不过，甚至是在这一假设的情况下，这一困难也没有它看上去那样大。因为，我们的活动对于我们情感本性的反作用是如此之大，以至我们通常可以使自己对任何目的发生兴趣，我们只需专心致力于它的实现就能做到这一点。这样，即使我们假定一个人一开始除了他自己的快乐之外绝不关心任何事情，我们也不能推断，假如他相信具有其他欲望和冲动对于获得那个最大可能的快乐是必要的，他产生不出这些欲望和冲动。但是这一假设是永远不会实现的。当一个人基于利己主义原则或其他原则致力于使他的行为系统化时，除了纯粹的快乐欲望之外，他总是意识到自身中的大量不同的冲动与倾向：它们把他的意志引到具体的方向上，引导他追求具体的结果，以至于他只能置身于某种外在影响之下；而且，这些欲望和冲动无需意志的力量就开始起作用。

然而，人们有时认为，存在着一类十分重要的优美而高尚的冲动，如对德性的爱、私人感情，或爱神和服从神的宗教冲动，自爱的至尊地位以一种特殊的方式与这类冲突相抵牾。但是，至少从关于
138 这些冲动的常识观点来看，人们并不承认有这种困难存在。追随沙夫茨伯里的道德学家们主张人的真正利益是在自身内培养真正无利害的社会情感，但是他们中间没有人认为这些情感的存在与合理自爱的至尊地位根本不相容。同样，基督教牧师们也一直强调宗教生活是真正的最幸福的生活，但是他们并不认为真正的宗教与“一

个人最切近、直接关心的是他自己的幸福”的信念不可调和。

另一些人似乎把宗教意识和人的情感抬到更高的阶段，在这个阶段上所要求的是一种更严格的无利害性。他们坚持说，宗教意识或人的情感的本质在其最典型的形式中是绝对的自我舍弃和自我牺牲。这些情感当然与自爱不相容，无论人们如何小心地对自爱加以限制。一个人不可能既希望追求自己的幸福又愿意放弃它。可是，如果自愿放弃幸福是维护这种幸福的真正手段又该怎么办呢？自爱能够不仅间接地降低它在意识中的突出地位，而且直接地、无保留地消灭它自身吗？

在我看来，这种情感的技艺是不可能有的。我还必须进一步承认，一个拥护合理利己主义原则的人一般是抛弃了伴随着绝对的自我牺牲和自我舍弃的特殊快乐的。无论这种快乐有多么高雅，为获得它所需的情感培养和升华的高峰相对地都只有很少的人能达到，以至它不包括在人们通常的幸福评价之中。因而，我不认为对合理利己主义的有意义的反对意见能建立在这种利己主义同这一特殊意识的不相容性的基础上。我也不认为人类常识经验真的支持下述观点，即如果把对于个人自己的幸福的欲望视为至上的和调节性的，它就必然使冲动与情感能力受损和枯竭，从而毁掉它自己的目的；尽管在这一方面这种观点的确显示出一种严重的、微妙的危险。

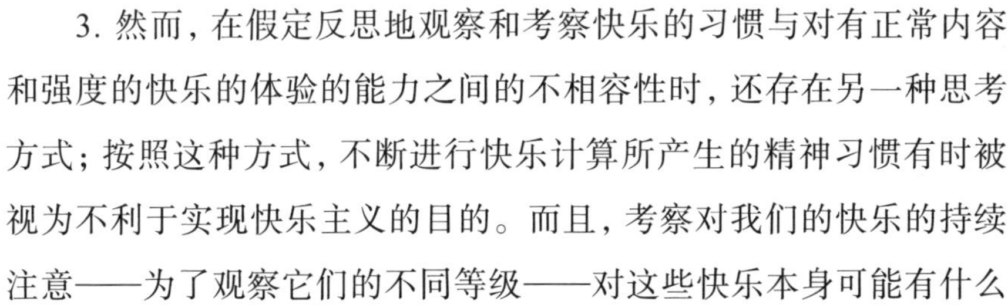

3. 然而，在假定反思地观察和考察快乐的习惯与对有正常内容和强度的快乐的体验的能力之间的不相容性时，还存在另一种思考 139
方式；按照这种方式，不断进行快乐计算所产生的精神习惯有时被视为不利于实现快乐主义的目的。而且，考察对我们的快乐的持续注意——为了观察它们的不同等级——对这些快乐本身可能有什么

影响也显然是重要的。这种思考初看上去会在快乐观上引导我们走向不可调和的矛盾。因为，如果快乐只是由于被感觉到才存在，那么结论就将是我们愈意识到它，我们拥有的快乐就愈多；而且我们的注意力愈被引向它，我们似乎就愈加意识到它。另一方面，汉密尔顿的话，即“知识与感觉”（认识与苦乐）经常“处于一种颠倒了的比例”之中，却非常符合我们的常识经验。意识的纯认识因素似乎既不令人愉快又不令人痛苦；由于这一点，我们的意识愈是为认识所占据，它留给感觉的地盘就愈小。

然而这个看法依赖于一个假设，这个假设就是：我们意识的总强度是一个常量，所以当它的一个因素的绝对量增加时，其余因素的绝对量最必然相应地减少。我不认为经验为我们提供了有效根据作这个一般假设。毋宁说情况倒是：在我们的生命中，理智与感觉常常可以同时趋向弱化，以至同一个精神刺激可以同时强化这两者。

不过，似乎还是存在这样一个事实：一种达到我们的意识所能容纳的最大强度的极其强烈的感觉，通常会由于一次瞬间的认识努力而被削弱。由此产生了在准确观察我们的情感时的一个普遍困难：我们的认识愈是敏锐，愈是热切，被认识的对象似乎就愈是缩小，愈是衰弱。那么，我们将怎样把这一事实与前面指出的命题，即快乐只是由于我们意识到它才存在这两者协调起来呢？似乎可以这样来回答：意识是感觉的必不可少的和不可分割的条件，对当下感觉——撇开了任何明确的再现成分的感觉——的意识本身并不能
140 削弱感觉。但是，我们通过内省的认识而走出了当下感觉的范围：我们把它与记忆中或想象中的感觉进行比较和分类，而再现和比较

这些其他感觉倾向于削弱对现实快乐的当下意识。

所以，我的结论是：存在一种由于试图观察和估价快乐而削弱快乐的真正危险。但是情况似乎是，仅当存在着极其强烈的快乐，而且仅当观察和估价的尝试是在实际享受着快乐的瞬间作出时，危险才产生出来。由于生命的最欢乐的时期常常有接近于中性的感觉间隔着，——在这些间隔中对刚刚过去的快乐可以进行比较和估价而不致有任何伤害——我不认为基于这种危险的反对意见有特殊的重要性。

4. 在我看来，更为严重的反对意见是：在采取快乐主义标准时，不可能以明确可信的结果对苦乐进行综合性的、方法上的比较。诚然，我不可能怀疑人们习惯于从强度上比较苦乐。我也不可能怀疑当我们从一种意识状态转入另一种意识状态时，或者当我们被以某种方式引向对很久以前的一种意识状态的回忆时，我们常常毫不迟疑地宣布当下的状态或多或少比那个过去的状态更令人愉快：宣布某些经验是“值得”花费那些努力去获得的，或是“值得”忍受随后的那些痛苦的，而另一些经验则不值得。但是即便承认了这些，我还是可以认为：(1) 日常经验中所做的这种比较既是偶然的又是非常粗浅的，根本不可能像系统的快乐主义所要求的那样把它普遍化，也不可能把它准确地应用到在性质上极其不同的所有可能的状态上；以及，(2) 尽管我们不得不不断地作这种比较，但当被人们普遍地实践时，它仍然可能是虚假的，而且我们永远不可能测度出这种虚假性的精确的量。这种虚假性甚至被柏拉图指出过，他把它当作不相信意识对于*当下*快乐的肤浅肯定的一个根据。柏拉图认为较粗俗的肉体快乐的表面强度是虚假的，因为在这些意识状态之前

的是痛苦；这些状态实际上不过是痛苦的免除，因而不过是中性的、
141 既不令人愉快又不令人痛苦的，——我在前面已把这种例子称为零快乐值——它们只是在和先前的痛苦相对照时才显得令人愉快。

然而，有人曾回答这种批评说：在对快乐进行估价时，不可能真的诉诸于当下的意识决定；在这里现象是实在，我们不能从其中区分出其他的实在。如果只就当下状态而言，我也觉得这种说法是对的。但是如果这样，撇开前面指出过的在观察一种快乐时既要感觉到它又不能减少它这一困难不说，在估价快乐的强度时，我们就显然必须把它与某种别的状态相比较。而这后者一般说来必定是一种观念上的再现，而不是一种现实的感觉。虽然我们有时能同时经历两种或许更多的快乐，但在这类情况下，我们却很少能令人满意地比较它们。这或者是因为这两者的原因相互影响，以至哪一种快乐都达不到其正常的强度；或者是——也更经常地是——因为这两者共同交织成一种令人愉快的意识状态，以至我们不能分别地估价它们。但是，如果说根据上面这种情况，至少我们的比较中的一方应当是想象中的快乐，我们就会看到任何这种比较都可能出错，因为所想象的感觉可能没有充分地再现相应的实际感觉的令人愉快性。而且，在这种利己的比较——我们现在讨论的正是这种比较的有效性——中，我们要比较的主要就是再现在意识中的因素：我们希望在两个或更多的可能的行为方案中进行选择，因而需要预测未来的感觉。

我们再进一步考察人们通常进行这种比较的方式，这样我们就能看清我们不相信这种比较的正面的根据。

在出于实践的目的而估价我们面对的不同快乐的价值时，我们

通常最相信我们的预想。我们把自己置身于未来之中，并想象在假设的条件下这样一种快乐能达到的总量。就其包含着意识的作用而言，这种想象似乎主要取决于我们以往的快乐经验。我们通常是一般地或从总体上回忆这些快乐，虽然有时也清楚地记起一些重要的单独快乐的具体例子。但是，我们也部分地受被我们借用的他人 142
经验的影响。而且在这里，我们有时明确地诉诸其他人向我们讲述的具体经验，有时诉诸据认为是再现了人类共同经验的传统的一般概念。

所以，这样一个过程似乎不大可能不出错。的确，也从未有人妄称它不会出错。事实上，道德说教者们很少强调它不会出错，反而强调人对快乐的预测会不断地出错。我们每个人都常常承认自己的错误，也更为经常地把其他人由于对他们自己经验的不正确解释，或对别人经验的无知或忽视，而未能正确预见的错误说成是他们的错误。

那么如何消除这些错误呢？答案显然就是：我们必须用一种更为科学的推理过程来取代那种本能的、在很大程度上是隐含着的推理，从基于对我们自己和他人经验的大量细致观察的归纳性概括中推断我们在未来的特定环境中的快乐或痛苦的大致程度。这样，我们必须搞清的就是：首先，我们每个人在何种程度上能准确地估价他以往的苦乐经验。其次，这利对于以往经验的知识在何种程度上使他能确定地预测他在未来的最大可能的幸福。第三，为了作出这类预测，他在何种程度上可以借鉴他人的以往经验。

关于第一个问题，我们必须记住的是：仅仅一般地知道我们从这种或那种源泉得到快乐和痛苦是不够的，我们还需要大致地知道每种感觉的正值或负值；除非我们能对它们作量的估价，否则要获得我们的最大**可能的幸福**就只是一种空想。这样，我们就必须当每种快乐出现时，或当它在想象中被回忆起来时，从量的方面把它同想象中的其他快乐加以比较。同时问题也就在于：这类比较在何种程度上能被看作是可信的。

就我自己的情况而言，当我反思我的快乐与痛苦并试图从强度方面比较它们时，我仅仅能在十分有限的程度上——甚至是分别
143 取它们的最简单的形式——从这类比较中得到清晰明确的结论，不论我是在经历一种快乐时作这类比较，还是在借助于想象而回忆起来的两种意识状态之间作这类比较。甚至当我比较同一类感觉时情况也是这样。而且，感觉在性质上愈是不同，这种模糊性和不明确性便愈是严重。我先举据认为是尤其清晰明白的感官满足为例。假设我正在享受一顿美餐。如果我问自己，这道菜或酒是否比另一道菜或酒给我带来更大的快乐，有时我能答得上来，但更多的时候却答不上来。如果对我已经采取过的两种体育锻炼形式进行反思，结论也将是一样。假如一种锻炼形式是相当合意的或乏味的，我自然而然地就会注意到它，但是我却不会自然而然地去进一步判定它们的令人愉快性或痛苦性，而且即使这样做了，这种努力也不会有任何明确的结论。理智训练和具有突出的情感特征的意识状态的情形也是如此。甚至在被比较的感觉的原因与性质都相似的情况下，也只有当它们在令人愉快性方面的差别极大时，快乐比较才能产生明确的结论。但是，当我试着排列出不同种类的快乐的等级时，当我试着把（例如）劳动同休息，把激动同安宁，把理智的运用与情感的宣泄，把社会扩张的兴奋与审美感受的兴奋加以比较时，

我的判断就会更加摇摆不定，而且在大多数场合我不能有信心地作出决断。如果说边沁称为“纯粹的”（即无痛苦的）快乐的那种东西的情形是如此，那么那些更常见的、一定量的痛苦或不适与快乐掺杂在一起——尽管以后者为主——的意识状态的情形就更是如此。如果无法说出两种不同的满足状态中哪一种是更大的快乐，那么就更加无法把一种平静的满足与一种热切而充满希望的不安，或对令人痛苦的障碍的胜利征服加以比较。而且，也许更难把纯粹快乐与纯粹痛苦加以比较，更难说出据我们判断一种快乐的多大数量正好能抵销另一种快乐——当它们不是同时产生时——的给定的量。我们也已经看到，对同时产生的感觉的估价一般都不能令人满意，因 144
为它们各自的原因相互影响。

5. 其次，如果这些判断不是那么清楚明白的，它们就更不是一贯的。我在这里并不是说一个人对某种快乐的价值的估价不同于另一个人的估价，因为我们已经认为每一个有感觉的个人是他自己的感觉的愉快性和痛苦性的最高法官。因而，这种估价上的差异并不影响判断的有效性，也不会引起什么困难，除非有人试图借用其他人的经验。我指的是一个人对他自己的快乐的相对值的判断可能因时间的不同而不同，——尽管它依据于同一种以往的经验——以及这一变化是不相信任何具体比较的有效性的一个合理根据。

产生这种变化的原因似乎部分地在于被再现的感觉的性质，部分地在于进行这种再现的心灵的一般状态。先说说被再现的感觉的性质。我们发现，以往的各种不同的苦乐并不都能同等地再现于想象之中。例如，一般地说，我们的较具情感特征的、较间接的痛苦比较容易再现出来，而较具感性特征的、较直接的痛苦则相反。

比如说，在这一时刻，我更容易想起以往一次晕船前的那种预感所带来的不适，而不是想起那次晕船的实际痛苦，尽管根据我对当时判断的回忆，我推断前者与后者相比是微不足道的。由于这种原因，我们过去的艰辛、劳累及焦虑——当我们经过一段时间而想起它们时——常常会显得令人愉快。这是因为，就其本身而言，生活之中伴随着艰苦斗争的激动和亢奋感必定是令人愉快的；我们所回忆的正是这一点而不是那种痛苦。我们在估价快乐时前后不一致的另一个原因是十分明显的。我们都知道这种偶然的或周期性的变化也取决于我们的精神或肉体状况的变化。例如，在欲望的满足这方面，大家都注意到的一个事实就是：我们在饱足状态中无法充
145 分估价这些满足，而在欲求它们的状态中又容易夸大它们。（我并不否认：先前的欲望愈强，所产生的快乐就愈强；所以这种快乐不是仅仅如柏拉图所说的，只是**显得**更强烈的，而是由于先前欲望的力量而实际上**是**更强烈的。不过，人们的确有这样一条常识经验：被强烈欲求的快乐也常常让人失望。）

似乎没有什么特殊的反感状态是由身体原因决定的，并且是与我们特别喜欢其伴随的快乐的那些痛苦联系在一起的。但是，大多数人都可能由于对某些痛苦的期待而被掷入被我们称为恐惧的激情的反感状态中，并且被导向对这些痛苦做出比我们心情较为平静时更糟的估价。

其次，当我们感觉到某种痛苦或不安时，我们可能低估一种很不相似的痛苦。例如，当身处险境时我们便推崇安稳，而忽视它的**无聊**；而安稳的无聊又反过来让我们想起以往的伴随着危险的激动，把它几乎视为纯粹是令人愉快的。当我们专心于某一种具体的

令人愉快的活动时，伴随着不同活动的快乐也容易受到我们的谴责：在这种场合下，那些快乐似乎成了粗俗的或微不足道的。由于这种倾向，在经历一种快乐时，我们几乎反对精确地确定它的量度。热切的欲望——它对于令人愉快的整个活动状态常常是必不可少的——一般都包含着一种与此相似的偏见。事实上，任何一种强烈的激情——在这种激情中我们的思想总是集中在一个单独的结果或一组结果上——无论是反感、恐惧、希望还是不安，都同样倾向于使我们不恰当地估价其他的快乐与痛苦。广而言之，我们不可能把一种我们在想象它时不能体验的快乐想象为十分强烈的，例如在劳累了一天时所想象到的理智训练和身体锻炼的快乐，以及当我们对特殊情感的感受性暂时变得麻木时所想象到的情感的快乐。另一方面，我们也不大容易像哲学家们常常设想的那样，靠冷静的、无激情的估阶来避免错误。因为有许多这样的快乐：要想充分地体验
它们，就要有对于它们的欲望，甚至要有热情和高度的亢奋；我们 146
在完全平静的状态中不太可能充分地评价它们。

6. 这些思考进一步廓清了前一章中所陈述的经验计量的快乐主义的那些假设的范围。这些假设就是：(1)我们的每种快乐与痛苦都有一种明确的量度；(2)这种量度可以从经验上加以认识。首先，如果快乐仅当被感觉到时才存在，“每种苦乐都有一种明确的强量或强度”这一信念就必然是一个不能以实证经验来证明的先验的假设。因为，快乐的量度只能相对于其他同类的或不同类的感觉。但是一般地说，既然这种比较只能在想象中进行，它就只能产生一个假设的结论。这个结论就是：如果几种感觉能被人同时感觉到——正如它们被分别感觉到时一样——人们就会认为一种感觉以

某种确定的比率比另一种感觉更值得欲求。所以，如果有人问我们有什么理由认为这一想象的结论有效地再现了现实，我们除了说对经验的反思必然使我们产生对这一结论的普遍有效性的信念，以及这一信念至少不与经验相矛盾之外，就无法再说什么了。

第二，即使假定我们的每一种快乐与痛苦都的确有一个明确的令人愉快性或令人痛苦性的量度；也还有一个问题，即我们是否有办法准确地度量这些量。我们有没有理由假定心灵永远处在这样一种状态中，以致能作为一个纯中性的、无色彩的中间者来想象各种快乐？经验明确地向我们表明，在我们身上常常表现出一些情绪，由于这些情绪我们便产生出赞成或反对一种具体感觉的偏见。那么，我们难道不会始终具有某些这样的偏见吗？我们难道不会始终更喜欢某些快乐，更厌恶某些痛苦，而对于其他苦乐就不如此敏感吗？我认为人们必定承认：就感觉的值得欲求的程度可以基于一个完全无差异的零点而用正值和负值来度量而言，对每种感觉在这一等级表中的地位的准确认识，至多是一种我们永远说不出我们在多大程度上接近了的观念。不过，在我们判断的偏差中，以及在我们的失望之中，我们仍然有对于错误的经验：我们可以追寻这些错误的原因，至少是大略地考虑到这些错误，同时在思想上纠正这种想象中的缺陷。既然我们为指导实践而需要的不是去估价个人的过去经验，而是去估价在特定环境或条件下获得的某类苦乐的量值，我们就能够借助于在不同时间和不同情绪下作出的大量观察和想象性的比较，在一定程度上减少这种估价的错误概率。如果这些观察与比较相互吻合，我们就可以合理地对这一估价的结论抱更大的信心。如果它们不相互吻合，我们也至少能通过制定出一个不同估

147

阶的平均值来减少错误。然而，显然不能指望这样一种方法产生出更好的结论：它只能产生一种大致接近于所假设的真理的东西。

7. 所以，我们必然得出下述结论：我们对任何以往苦乐的快乐值的估价都可能含有一定程度——我们无法准确计算这种程度——的错误，因为所有观念地再现的不同感觉的愉快性，都随着再现的心灵的实际状况的变化而不断地起伏和变化。我们现在需要指出，由于相似的原因，即使我们能充分考虑到——并且充分地排除——对我们以往快乐的比较中的这类错误，它也会重新出现在从过去推断未来的论证之中。这是因为我们感受具体快乐的能力将会改变，或者可能从我们具有构成我们计算的材料的那些经验以来就已经实际地改变了。我们可能对过去的某些快乐感到厌腻，或由于我们身体结构的内在的变化而丧失了对于它们的感受性；我们可能提高了我们的必然与痛苦相联系的对痛苦的感受性；同时，改变了的生活条件也可能在我们身上产生出了新的欲望与反感，或赋予了幸福的新源泉以更重要的意义。在完成我们现在确定的行为过程之前，可能会出现上述之一种变化或所有这些变化。对一位已成为少妇的女子来说，她在少女时代对其快乐的最精细的估价（假定这是一 148
位有着超出必要程度的反常反思习惯的少女）不会有什么好处；年轻人的快乐计算也总是需要随着时间的流逝而不断得到修正。

然而人们可能会说，在做这样一种预测时，谁也不会并且实际上也没有完全依赖于他自己的经验。当他试图估价新环境和新因素，以及没有尝试过的行为规则和生活样式对他的幸福的可能影响时，他经常部分地是从其他人的经验来论证的。我认为这一般地说来是对的。但是，在把根据他人经验的推理也包括进来时，我们就

不可避免地引入了一种新的错误可能性。因为，这种推理是从人类有一种相似的本性这一假设出发的，而这一假设根本不是真实的，尽管我们永远无法准确地知道它在多大程度不真实。由类似原因而在不同人身上产生的感受可以是显著地不同的。关于这一点我们有充分的证据。这些证据使我们相信上述假设会在许多场合中把我们完全引入歧途。基于这种理由，柏拉图关于哲学家的生活比耽溺于感官享乐者的生活更快乐这一论点的推理，大概是不充分的。柏拉图论证说，哲学家尝试了两类快乐：感官的和理智的，并且宁去过一种哲学生活的快乐；所以耽溺于感官享乐者应当相信哲学家的选择并起而效之。但是谁知道这位哲学家的身体结构不是处在一种竟使得——在这个例子中——感官享乐相当衰弱的状况之中呢？另一方面，耽溺于感官享乐者的心灵也可能只能够获得哲学家的快乐的一鳞半爪。如果是这样，一般地说，假如我们要以另一个人的经验为指导，我们就不仅要相信他总是在准确地观察、分析和比较他的感觉，而且要确信他对于所涉及的那些不同苦乐的相对感受性恰与我们的相契合。如果他在内省观察方面是没有经验的，他就可能把外部条件当作他自己的幸福，于是他对他的经验的表达就可能全是错的。但是，无论他多么准确地分析和确定了他的感觉的原因，我们也始终不能有把握地说类似原因会在我们身上产生类似的效果。而且，如果我们的这位老师不得不从记忆中搜寻某些很久以前的苦乐作为比较的材料，这种不确定性就更要大得多。例如，在成年人与年轻人之间不断进行的争论中，智慧并不像初看上去那样总是明显地在成年人一边。当一位长者基于审慎的理由而
149 告诫一位青年不要去追求某种快乐，因为不值得为它而牺牲掉那些

可能的快乐，也不值得为它而忍受随之而来的那些痛苦时，这位青年就很难知道这位长者在何种程度能回忆起——即使他曾经感觉到过——他要这位青年放弃的这种快乐的全部令人销魂之处。

其次，这种错误根源还将以比上面所指出的更广泛、更微妙的方式令我们陷入困境。因为，我们已经借助于如此之多的方式——通过实际观察和与他人的口头交流，通过书籍及其他信号表达方式——而在我们的一生中不断同情地领悟着对他人的苦乐经验，以至于我们简直不可能说清这种领悟在多大程度上已经与我们自己的经验交织在一起，并且当我们把这种经验再现于自己的记忆中时已改变、修正了它。例如，如果没有突然的、强烈的失望令我们醒悟的话，我们就很容易在苦乐根源的重要性方面忽视我们自己的经验与他人经验之间的差异。有同情心的人们只有凭借相当的细心与注意，才能把他们自己的爱憎与他们伙伴的爱憎区别开来，而且我们永远无法说明这种区别是否彻底。

此外，从过去推断未来的实践推理还由于我们能够改变自身这一事实变得更为复杂。由于我们不适当地适应了某些快乐，如艺术的快乐、研究的快乐、运用肌肉组织的快乐、社交的快乐、善行的快乐等等，并且不适当地麻痹了对某些痛苦的根源，如劳累、不安、禁欲等等的感受力，我们过去的经验可能已经极大的改变了。我们还可能有能力掌握某些能深刻地改变自己的感受性的训练或麻痹自己的方法。当我们试图估价另一个人的经验时，这种复杂情况就更为突出，而且也更难应对。这是因为，我们可能发现，他对于一些我们不仅从未经历过而且不相应地改变我们的本性便不可能经历的快乐作了极高的估价。例如，大家都认为宗教生活的快乐，即

向神祈祷、赞美神以及将灵魂奉献给神所带来的精神快乐，只有当一个人皈依了宗教或完全改变了自己的本性之后才能体验到。同
150 样，当一个非道德的人开始尝试为义务而牺牲他的感性爱好时，这种牺牲也不适合于他的本性；然而这种牺牲却能给真正有德性的人一种深刻而强烈的快乐。与此相似，几乎所有更优雅的理智快乐和情感快乐都需要借助于教育与文化才能为人们享受。由于这种教育并不总能成功地产生出明显的感受性，那些被要求为着这种教育与文化而牺牲他们的其他快乐的人，就经常会怀疑这种牺牲是否值得。

我想，上述这些考虑必定严重地降低了我们对我所称的利己的快乐主义的经验反思方法的信心。我并没有得出结论说，我们应完全摈弃这种方法。我意识到尽管存在着我所强调指出的所有这些困难，我仍然不断地在借助于快乐与痛苦同结果的实际联系而比较它们。但是我得出了这样一个结论，即为了使行为系统化，借助于某种其他方法——如果我们发现某种我们有理由依赖的方法的话——来把握和补充这类比较的结果，至少是极其值得欲求的。

第四章　客观的快乐主义与常识 151

1. 在我们考察那些离经验更遥远的寻求个人自己的幸福的方法之前，我们最好先来考察一下下面的问题，即依靠对通常被人们当作快乐的根源而追求的不同对象的价值的流行意见和公认估价，我们能在多大程度上避免反思比较方法的那些困难和不确定性。

人们追求并有意识地估价幸福的客观条件和根源而不是幸福本身，显然是更为正常的事情。而且人们可以貌似合理地说，依赖于这类对于对象的估价，我们避免了使反思的感觉比较方法陷入窘境的那些困难；同时，关于不同的快乐根源的量值的常识观点表达了人类世世代代的共同经验的最后结论：在这种人类的经验中，由于每一个人的经验的局限性，以及由于在做不同估价时所带有的不同情绪而产生的那些对立见解已经相互抵消和中和了，这些对立意见也就不复存在了。

我并不想低估常识在指导我们的幸福追求方面的价值。然而我认为，当我们把这些常识观点作为推导有体系的利己主义的前提来思考时，我们必须承认它们面临着一些严重的反对意见。

首先，常识最多只能提供给我们一种对一般人或典型的人说来是真实的估价。我们已经看到，任何具体的人都将或多或少地偏离 152
这种典型。因而，在任何场合，为了从常识观点中获得值得信赖的对个人行为的指导，每个人就不得不根据他自己的经验来纠正常识观点的估价，而这个纠正过程看起来又必定包含了我们试图避免的全部困难。但是第二，人们的经验是被限制于一定范围之内的，这个范围过于狭窄，以至它的结果对于我们目前的思考没有什么意义。大多数人把他们的大部分时间花在旨在克服饥馑和严重的肉体不适的劳作上面。在生产出肉体所需的食物、睡眠等等之后，他们还保有的简短的闲暇毋宁说是通过由冲动、无聊与习惯所决定的方式而消费的，而不是通过对可能的快乐作慎思估价的方式来消费的。这样看来，我们这里所说的常识只能是相对富有而消闲的少数人的常识。

但是第三，我们又无法确信众人——或其中的一部分——在一般的和正常的情况下不受前面指出过的某些不正确的观察的影响。我们靠相信常识而避开“洞穴的幻象”，但是我们靠什么来避开“种族的幻象”？再说，常识对于幸福的不同根源的估价中似乎包含了各种观念上和观点上的混乱，我们在规定快乐主义的经验方法时所努力消除的正是这些混乱。首先的一点就是它未能区分自然欲望的对象与所经历的快乐的根源。我们已经看到（第一编第四章）这两者不是完全一致的。的确，我们发现：人们不仅不断地感觉到一些这样的欲望，他们根据大量经验知道，满足这些欲望所引起的痛苦多于快乐；他们还不断地放纵这些欲望，这样的例子多得不胜枚举。所以，我们不能认为对所追求对象的值得欲求性的流行的估价直接表达了人们的苦乐经验。人们容易把他们强烈欲求的任何东西都看作是值得欲求的，无论他们是否觉得它在总体上有利于幸福。因而，常识观点倾向于表达欲望的一般驱动力与对满足它们的后果的一般经验这两者的折衷。

我们还要考虑常识中包含的道德与纯粹快乐偏爱之间的混淆。153
因为，甚至当人们明确地期望从他们选择的行为过程而不是其他行为过程获得更大幸福时，他们也常常是由于认为它是正当的、更美的或更高尚的行为才如此寄厚望于它的。他们或多或少无意识地作了这样一个假设（我们将马上来考察这一假设）：最道德的行为最终也将是最有利于行为者的幸福的行为。他们似乎还作了一个没有充分根据的只与审美偏爱有关的类似假设。

此外，对道德观点与审美观点的说明还提出了下述的疑惑：我们是以人们公开宣布的偏爱为指导，还是以他们的行为引导我们推论出来的那些偏爱为指导？一方面，我们不能怀疑，人们常常由于品性的弱点而未能去追求他们真诚地相信从长远观点看将给他们以最大快乐的事物。另一方面，由于纯粹的对德性快乐或优雅的快乐的偏爱是纯粹的德性或优雅的爱好的标志，那些不能真正感受到这种偏爱的人就有意无意地受到一种对这种德性偏爱的名望欲的影响，他们对于快乐的口头上的估价也就是被如此地修饰和改造了的。

2. 但是，即使我们没有普遍的根据来怀疑常识能证明的我们追求幸福的最佳方法，我们仍然难于找到常识在这一问题上的明确的、自圆其说的意见。我不仅是说常识随着时代和国家的不同而变化，即我们可以按照人类生活的一般条件的变化来解释常识；而且是说如果我们只考虑我们时代和我们国家的流行的常识，我们也会
发现严重的冲突和模糊性。我们可以举出一系列为流行意见中的 154
普遍的一致意见所支持的幸福根源，例如健康、财富、友谊、家庭

感情、名望、社会地位、权力、有趣而合意的职业与消遣（包括对知识之爱及那些更为高雅的、半是感性半是情感的感受性——我们称它们为审美的感受性——的某种形式的满足[①]），等等。但是，如果我们要探讨这些大家普遍追求的对象的相对值，我们从常识那里就得不到明确的答案，除非大家都同意健康比所有其他间接目的都更重要——尽管我们不能从人类现实行为中推导出这种一致意见。基于更为缜密的考察，我们发现：就是对于这些幸福根源的绝对值的估价，这种假设的一致意见也不像初看上去那样明确。不仅有大量的、有影响的集团不同意流行意见，我们还发现大多数人本身，以及支持着流行意见的人类常识本身，都以一种奇特而出人意料的方式欢迎并赞许不同意者对流行意见的反驳。人们惊人地愿意承认，在他们的日常习惯与追求中指导着他们的那些对幸福的估价是错误的和虚假的，而且仿佛是，帷幕还不时地张开并且令这种错误与虚假性昭然于众目之下。

这首先是因为，人们赋予肉体欲望与需要的满足以极高的价值。有钱人要花大量的金钱与思虑来以奢侈的方式满足这些欲望与需要。虽然他们并不常常有意地为了这种满足而牺牲健康，——常识把这种作法谴责为不合理——但仍然可以说他们常常勇敢地接近这种不理智的边缘。

不过，这些人又喜欢说，“饥饿是最好的调料”，以及“节制和劳动将使粗茶淡饭胜过名厨烹出的最美味的菜肴”。而且，他们还常常十分真诚地论证说，从这些快乐来看，富人与相对较穷的人相比真的没有任何好处或很少有什么好处，因为习惯不久就使得对所

① 我将在下一章中再来考察把道德强调为一种幸福根源的观点。

要求的东西的奢侈的满足对富人说来不那么令人愉快，并使得它反不如他原先的欲望的轻微满足给予穷人的快乐多。这个论点还常 155
常被推广到能用财富购买的所有物质享受上。人们常常断言习惯同时也使我们在享用这些物质享受时对它们感到无所谓，使我们毫不留恋地抛开它们，以致使富人的纯粹肉体生活的快乐不及穷人的多，而只比穷人的更不可靠。从这个论点到那个最终的结论只差一小步，这个结论就是：这个大多数人都致力于追求、并且获得时便相互祝贺的财富，这个如此多的人为之以健康冒险，为之折寿，并为之牺牲了家庭幸福乃至更高雅的好奇与艺术的快乐的财富，在绝大多数情况下真的是一种十分可疑的所得，因为对多数人来说，随之而来的操心与焦虑将抵销它所购买的那些奢侈品所带来的那一点点好处。[①]

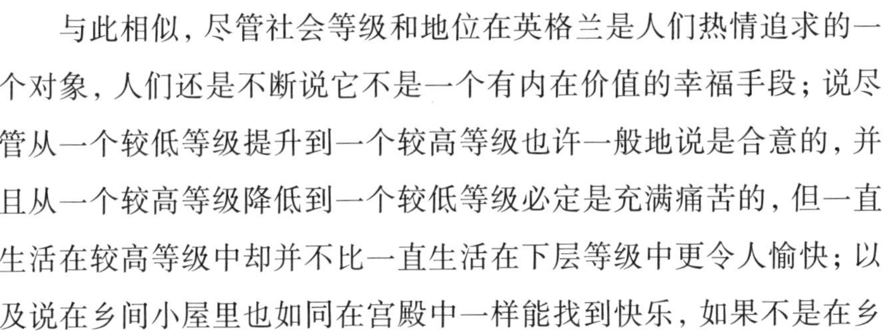

与此相似，尽管社会等级和地位在英格兰是人们热情追求的一个对象，人们还是不断说它不是一个有内在价值的幸福手段；说尽管从一个较低等级提升到一个较高等级也许一般地说是合意的，并且从一个较高等级降低到一个较低等级必定是充满痛苦的，但一直生活在较高等级中却并不比一直生活在下层等级中更令人愉快；以及说在乡间小屋里也如同在宫殿中一样能找到快乐，如果不是在乡舍里更容易找到快乐的话，等等。

① 我们惊奇地发现，《国富论》(*Wealth of Nations*)的作者，那一大批政治经济学家——人们通常认为这些人是主张幸福的物质手段高于其他手段的——的奠基者，竟宣称“财富与伟名只是区区小利”，以及“就身体和心灵的安宁而言，所有不同的生活地位都处在同一水平上，而且在路边悠闲地晒着太阳的乞丐拥有连国王都在奋力寻求的安全性”。见亚当•斯密(Adam Smith)：《道德情操论》(*Moral Sentiments*)，第4部分第1章。

人们关于产生于名望与声誉的满足的空洞性和虚夸性的谈论就更多了。的确，身后的名望是前面提出的那个命题的一个突出的例证，这个命题就是：人们公认的行为目的部分地是由那些既不指向快乐也不符合于快乐经验的欲望的平均力量决定的。因为，身后的名望在常识视为对个人是善的或值得欲求的那些对象中似乎处于很高的地位。对名望的追求并不总是与审慎相对立，哪怕当它引导一个人为着一个他从来不期待实际知道的结果而牺牲其他重要的幸福源泉时。不过，从一种利己主义的观点来看，只要稍加思考就会看出这样一种追求自明地就是不合理的，[①] 而且每个道德说教
156 者都认为这是个十分明白的大众化的问题。对于现世的名望的实际意识当然对大多数人说来都是令人高兴的，不过道德说教者也不难指出：即使是这种意识也伴有如此之多的不利，以至使得它的快乐值变得十分可疑。

其次，对权力的值得欲求性的流行的估价也是相当高的；而且，我们愈缜密地分析地考察人们的实际动机，对权力的追求也许就显得愈广泛和突出。因为，许多人似乎是把财富、知识、甚至声誉当作获得权力的手段来追求的，而不是为着它们自身的缘故或者为着其他快乐而追求的。不过，当人们得知权力追求——正如对名望的追求一样——是被一个永远满足不了的、只会被可能的成功弄得更不安宁的自负的奢望激起的时，人们还是愿意承认：不仅伴随着权力的追求，而且伴随着权力的占有的焦虑，以及与权力的占有密不

① 诚然，可以诉诸伴随着这种追求的希望与期待的快乐来证明它是自爱。但是这显然是一种事后的考虑。一个被身后名望刺激得竟然“蔑视快乐并操劳终日”的人，在最初决不是为着希望与期待的快乐而追求它的。

可分的嫉妒与危险，都永远超过权力所带来的快乐。

任何人都不能否认某种社交活动对于人的幸福是必要的。但是人们也时常宣称，社会中较富有、较消闲的那部分人所实际追求——在此种追求中他们花了不少时间、烦恼和金钱——的那种社交活动只能提供最小、最不足道的快乐的结果。

诚然，我们发现，在现代道德说教者中间，人们十分普遍地把家庭感情当作一种幸福手段。而且，家庭感情在大多数人的生活计划中占有突出的地位。然而我们仍然可以怀疑，除开性激情的满足之外，一般的人是否真的把家庭生活看得那么高。的确，一当文明社会的任何一部分处于人人能自由地放纵情欲、不负担养育子女的 157
责任而不会受到社会非难这样一种状态之中，独身生活就会流行，它甚至已经流行得令立法者们大伤脑筋了。而且，虽然常识总是在谴责这类行为，但它似乎只是在谴责它是反社会的，而不是在谴责它是不明智的。

这样，我们的考察就表明了最重要的那部分常识判断具有极大的不稳定性和不确定性；如我所说过的，肉体的舒适与享受、财富、名望、权力、社交，都是被常识意见最明确而肯定地推荐为快乐的根源的。这是因为，虽然人们高度地评价产生于技艺和产生于对自然美的沉思的快乐，以及产生于好奇心及一般理智的运用的那些快乐，人们还是很难表述出一种关于这些快乐的“常识意见”，因为这些快乐常常得到的较高评价似乎只表达了少数人的真实经验。而且，虽然这些评价已经使得众人或有闲暇的那部分人相信文化是一种重要的幸福资源，我们仍然不能说这些评价产生了关于文化相对于前面提到的那些幸福根源的重要性的公认的意见。大多数人真

正给予较高评价的正是这后者，他们对于文化的不同因素则只给了相对较低的评价。

但是，在对于幸福的根源的看法这一方面，即使我们假定人们的一致意见比公正的反思所似乎表明的更完善、更明确，它的价值也会由于相当重要的那部分少数人的不同意见——我们迄今还没有提到这种意见——而受到损害。例如，许多信教者把所有世俗快乐视为卑贱的和无聊的，认为它们是如此地充满着虚夸和空虚，以至对它们的热切追求只有通过不断翻新的幻觉才有可能，并且只能走向一次次的失望。不少没有任何宗教偏见的经过反思的人也有这种观点，例如悲观主义近年内赢得的大量拥护者们就显然持有这种观点。事实上，许多不是悲观主义者的哲学家也已经提出了一种有

158 关人们追求的日常对象的价值的与此类似的判断。只要我们把缜密精确地反思种种意识的事实当作哲学家的专门工作，在哲学家和一般人的争论之中，我们就将不愿意只根据人数来确定结论。另一方面，前已指出，哲学家的感受性和感觉能力并没有完全再现一般人的感受性和感觉能力。因而，如果他冒昧地把他的个人经验当作一个普遍标准，他就可能夸大某些快乐并贬低另外一些快乐。也许提供了关于这一点的最有说服力的例子的，不是那些唯心主义的或先验论类型的思想家们，而恰恰是伊壁鸠鲁和霍布斯这样的公开的快乐主义者们。我们既不能把伊壁鸠鲁关于无痛苦即是最高快乐的思想视为对人类日常经验的准确表达，也不能把霍布斯关于好奇心的满足“在强度上远胜于所有的肉体快乐”的断言视为这种表达。这样，我们就处于一个两难境地之中：我们在正常情况下是把众人的常识意见当作有关幸福的条件的有普遍效准的信念的，然而这个

众人在观察和记录他们经验的能力或习惯上却是有缺陷的。而且事情常常是，一个人愈是——靠本性与实践——一个好的观察者，他必须去观察的现象就愈是与普遍人所观察的现象不同。

3. 总起来说，我认为人们必须承认：这种快乐主义方法不可能借助于有关幸福根源的常识判断来避免不准确性和不确定性。在此同时，我也不想夸大把这种方法与常识判断合成一种比较一致的、可能成立的学说——一种对于指导实践不无用处的学说——的困难。因为，首先必须指出，这些得到常识推荐的幸福根源只是在偶然情况下和有限范围内才相互抵牾，并同时被呈现为选择对象。例如，对财富的追求常常也产生出权力（除开财富所包含的权力之外）和声誉。就欲望的这些对象全部是我们有能力获得的而言，我们通常能通过就业而最便利地得到它们，职业本身就给我们带来通常伴随着一个人的最好能力的强有力的运用的那些快乐。这种合 159
意的职业既不与情感的——社会的和家庭的——充分发展不相容，也不与有教养的娱乐（如果要使这种娱乐真正有趣的话，就必须始终小心地把它限制在一定的量度之内）相冲突。而且谁都不怀疑，从事职业活动或娱乐活动到伤害健康的程度会损害幸福，过度沉溺于感官的满足就更不用说了。

至于那些有关感官享乐、财富、权力、名望等等的虚假性的哲学的或半哲学的悖论，我们可以这样来解释人们之所以普遍接受它们的原因：在常识关于这些欲望对象的估价之中存在一种普遍的夸张倾向，这种倾向引起一种反动和一种同样过分的对于它们价值的暂时的贬低。我们已经看到（见第三章），人们容易把他们希望和渴求的他们所匮乏的快乐估价得过高。例如，权力和名望显然伴有焦

虑和憎恶，当它们被再现于渴望的意象中时，这些焦虑与憎恶便被忘却了。不过对大多数人来说，它们的确在总体上带来一部分幸福余额。又如，与大多数在同贫困作斗争的人们所设想的不同，奢侈品对日常的生活快乐似乎极少有益。辛苦挣来的饭菜，以及几乎不能再享受第二次的娱乐，都伴有特殊的快乐，这些快乐必定胜于富人所能支配的过分的快乐。所以我们可以公平地说，幸福的提高远不是与财富的增长同步的。另一方面，当我们把文化的、权力的、名望的及仁爱的快乐都考虑进来，并进而考虑到财富对于防止贫困的痛苦和匮乏的焦虑的可靠性——对财富所有者自己以及对他所爱的那些人——时，我们就很难怀疑财富的提高一般说来也带来幸福的某种提高，至少是在一个人的收入不超出现实社会的大多数人的收入时是这样。因此，总起来说，合理的结论就是：尽管断言幸福“被平等地分给了所有等级和职业的人”是夸夸其谈，幸福还是比根据人们的外部环境所推测的分配得更平等些，特别是从伴随着运用情感的那些快乐的重要性来考虑是这样。其次，常识也很倾向于
160 承认这样一个事实，即存在着一些有着特殊气质的人们，对于他们来说，日常的生活快乐与更高雅的享受相比的确是微不足道的。常识还倾向于承认，人们一般都受——在一定时期内——吸引着他们的冲动左右，这些冲动使他们走出了常识判断还相当广泛地和普遍地有效的范围。(例如)没有人指望一个爱者除了爱的快乐之外去关心其他事情，也没有人认为一个热心人在使一切都服从于他的热心嗜好时是在牺牲其幸福。

事实上，我们可以说，除了审慎的人没有理由便不会忽视的那些相当不明确的一般规则外，常识并不打算提供更多的东西。人们

所能找到的理由可能或者来自一个人对自身本性的某些特殊性的知识，或者来自他有理由相信比一般人更类似于他自己的另一些人的经验。不过，我们看到，在如此借用他人的特殊经验的过程中相当有可能犯错误。简言之，我们不能指望这类方法——即或者诉诸于大众的常识意见，或者诉诸于有教养的人们的常识意见，或者诉诸于我们判定为最类似于我们自己的那些人们的常识意见——能准确地或明确地解决利己的行为方面的困惑。

所以问题就在于：在苦乐的原因方面，我们能否获得某种如此明确的、可应用于实践的一般理论，以至借助于它我们可以一方面摆脱常识的或宗派的意见，另一方面摆脱经验反思方法的缺陷，并且把快乐主义的生活艺术建立在真正科学的基础之上？我将在本编的最后一章中考察这一问题。但是在考察它之前，我希望缜密地考察一个有关获得幸福的手段的常识信念。虽然这个信念并不宣称它是建立于一种科学的基础之上的，但是那些持此信念的人仍然普遍相信它比我们上面考察的流行意见有更大的确定性。这个信念就是：通过按照常识认可和规定的方式履行自己的义务，一个人 161
就将获得他的最大可能的幸福，除非他可以偏离这一标准而服从一个更真实的行为观念，而且借助于这个观念普遍善将得到实现或提高。[①] 由于这种意见对于一位道德著述者具有特殊的重要性，我们最好以单独的一章来讨论它。

① 在下一章中，我没有对个人的良心明显地与他的时代和他的国家的普遍道德意识相抵牾的情况作具体的考虑。这是因为，虽然人们通常认为始终服从自己的良心命令——即便在可能犯错误的情况下——是一个人的义务，我们仍然不能说，按照他的良心命令去做——即便当这样做与公认的道德相悖时——他将始终能获得他的最大可能的幸福。

162 # 第五章　幸福与义务

1. 我们在文明人——至少是达到一定文明阶段的人——中间发现一种普遍相信幸福与义务的相互联系的倾向。但是，我们仍然怀疑能把这一信念断定为经验的普遍陈述，而不是把它断定为神的直接启示，或世界由一个至善至能的存在物统治这一信念的必然推论。彻底地考察后一信念的有效性是人类理性所能尝试的最重要的工作。但是它本身包含着对自然的和启示的宗教的彻底研究，而这件工作很难被包含在本书的范围之内。[①] 所以我在这里将只考察由来自经验的论据支持，并被视为将往我们的尘世生活中实现的义务与幸福的一致性。在作了这样的限制之后，也许很难说这种一致还是“广泛地为人们相信的”。的确，人们可以指出：对于在未来世界中为完全表现和实现世界的道德统治而实行赏罚的必要性的普遍承认就已经隐含了相反的信念。然而，反思将表明这种含义不是

163 必然的。因为人们可以坚持说，为了使德性的行为方式始终是最明智的，即使是在现在也要赏善罚恶，尽管赏罚并不足以满足我们的公正感。即使承认有德性的人常常被置身于如此反常的环境之中，以致他的生活不如许多德性较少的人那样幸福，人们仍然可以坚持

① 在本书的尾章中将对这一问题作一些于本书这样一部著作相适合的讨论。

说，尽管存在着这些相反的表象，他凭借德性仍然将获得他在这类环境下所能获得的最大幸福。而且，一些著名道德学家根据人类生活的实际经验一直明确地坚持这一观点，一些受欢迎的牧师和道德说教者似乎也常常基于相似的根据而颇为自信地宣传这一观点。所以，对这种意见作一个缜密而公正的考察似乎是比较理想的。在进行这一考察的过程中，在我们目前的探讨阶段，我们将不得不使用公认的义务概念而不作出进一步的定义或分析。但是，我们要考察其观点的那些人通常假定：当这些观念表达在普通的有正常表意能力的人们的道德意识中时，至少是近乎于有效的和可信的。前面的几章也已充分表明：快乐主义的普遍陈述必须借助于大量的考察和决定性的优点来确立；在思考这类问题时，考虑细微的差别，假装在我们的精神平衡活动中注意权衡相对较小的幸福，将是无济于事的。[①]

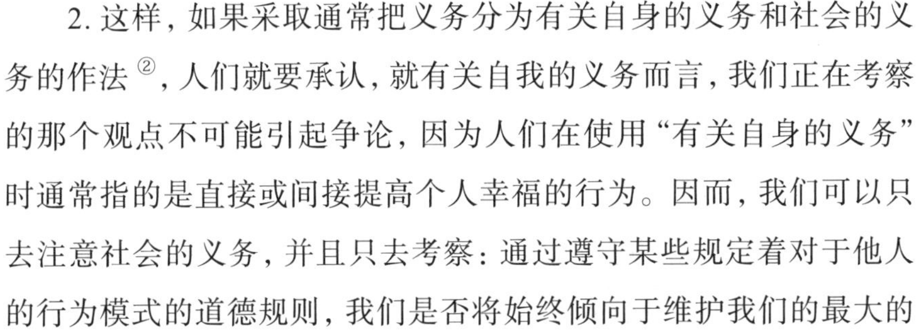

2. 这样，如果采取通常把义务分为有关自身的义务和社会的义务的作法[②]，人们就要承认，就有关自我的义务而言，我们正在考察的那个观点不可能引起争论，因为人们在使用“有关自身的义务”时通常指的是直接或间接提高个人幸福的行为。因而，我们可以只去注意社会的义务，并且只去考察：通过遵守某些规定着对于他人的行为模式的道德规则，我们是否将始终倾向于维护我们的最大的

① 由于相似的理由，我在这里将把“义务”和“德性的行为”的概念视为在实践上也是一致的。同时，我将在后面再对关于这两个词的通常用法的反思所揭示的这两个概念的区别作些讨论。见第 3 编第 2 章。

② 我相信，任何对这一划分的日后看来可能是必要的修正（参见第 3 编第 2 章第 1 节和第 7 章第 1 节）都不会使本章的结论无效。

幸福余额。

在这里，稍加修正地采取边沁的术语，并且把遵守道德规则所
164 产生的快乐和违反它们所产生的痛苦看作这些规则的“制裁”，是十分方便的。我们可以把这些“制裁”区分为外在的和内在的。前者将包括“法律的制裁”——或由直接或间接的君主的权威实施的刑罚——和“社会的制裁”。社会制裁的或者是可以期待的、我们伙伴的赞许和一般善良意志将给予我们的快乐，以及他们将由于这种善良意志和他们对善行为的有用性的评价的激发而提供的服务；或者是由于他们的不信任和厌恶而为我们惧怕的烦恼和损失。义务——就其不同于除开道德之外的自我利益的行为要求而言——的内在制裁存在于伴随着德性行为的欢娱情感中，存在于无悔的心态中，或更间接地产生于由于坚持有德性的倾向和习惯而在行为者的精神结构上造成的那种影响。这种划分对于我们目前的目的之所以重要，主要是因为与这些不同制裁分别联系着的规则体系可能相互抵牾。任何社会的实证的道德都经历着发展，并且因此也发生着变化；在这些变化为许多人接受之前，它们影响着少数人的良心。所以，始终以最强的社会制裁来支持那些规则，可能不仅不符合社会中那些最有道德洞察力的成员的直觉，甚至与这种直觉相冲突。由于类似的原因，法律与实证的道德可能在细节上有分歧，因为一个人们普遍认为服从它是错误的法律是不能长久存在的。很容易找到这样的法律：它们要求着被社会中或多或少开明的人们——尤其是被某个有自己的共同意见的教派或政党——视为不道德的行为。而且，任何个人都可能与这个启蒙了的部分比与其他部分有更密切的联系，以至对他而言，社会制裁的作用可能实际上是与法律

制裁的作用相反的。

在考虑这些能直接为我们预见的制裁是否在所有场合中都足 165
以令一个合理利己主义者履行社会义务这一问题时，制裁之间的冲突是一个需要考虑的十分重要的问题。因为，我们愈是强调道德行为的法律制裁或社会制裁，我们在证明义务与自我利益在例外场合——在这些场合中我们发现这些制裁与我们视为义务的东西相对立——中的一致性时困难就愈大。

但是，即使我们撇开这些情况不谈，有一个事实也仍然是十分明显的，这个事实就是：道德的外在制裁本身并不总是足以使不道德的行为也被视为不明智的行为。诚然，我们必须承认，在一个有正常的宽容精神的组织良好的社会里，即在一个处于正常条件下的普通文明社会里，所有严重的、公开的违法活动都是与明智相反的，除非它是一个成功的暴力革命过程中的一个事件。我们还必须进一步承认，暴力革命也许很少是——也许永远不是——由联合的、完全处于明智的自爱控制之下的个人造成的；因为它必然普遍而广泛地破坏社会安全及其他幸福手段。不过，只要现实的人不都是合理利己主义者，就可能出现这类无秩序的时期，而且我们不能说，**在现存环境下**一个人应当“寻求和平、信守和平”是合理自爱的一条明确的普遍准则。因为，打乱政治秩序可以使一个善于混水摸鱼的冷酷奸诈的人得到远远超出他在和平时期所能希望得到的攫取财富、名望和权力的机会。简言之，虽然我们可以承认，一个完全由合理利己主义者组成的社会一经组成就具有保持稳定而有秩序的状态的倾向，我们却不能由此推论说，在任何现存社会中所有的

合理利己主义者都将始终站在秩序一边。[①]

166 但是，至少在我们熟悉的最有秩序的社会中，对法律与司法的管理没有完善到这样的程度，以致隐蔽的犯罪活动从可能受到的刑罚来看成了愚蠢的举动。无论这些刑罚与犯罪的好处相比可能有多么严厉，都会有这样一些场合：在这里罪行被发现的可能性非常小，因而基于合理的计算，那个几乎有把握的所得与被惩罚的微小可能性相比远远超过了后者。最后，也没有一个社会的实际法律完善得使任何公然的反社会行为都不能逃脱其惩罚，或只受到极轻的、与破坏法律所带来的好处相比是微不足道的刑罚。

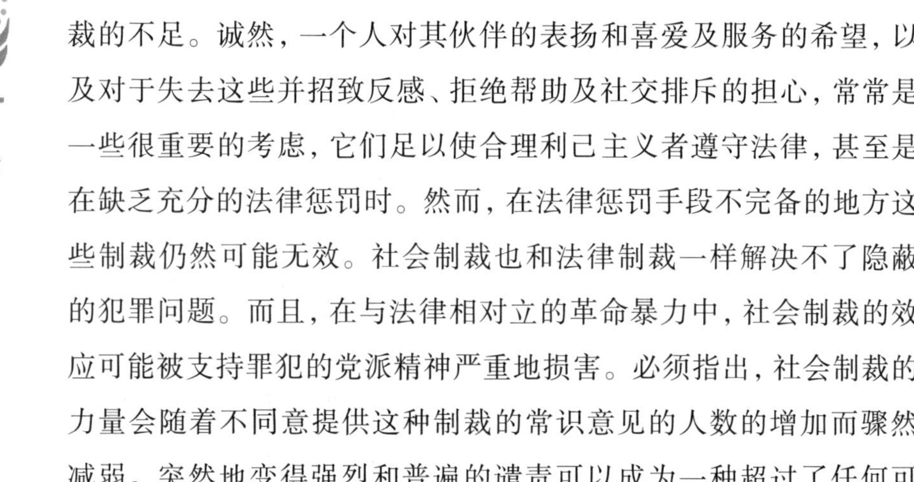

3. 我们接下去考虑一下社会制裁在何种程度上弥补了法律制裁的不足。诚然，一个人对其伙伴的表扬和喜爱及服务的希望，以及对于失去这些并招致反感、拒绝帮助及社交排斥的担心，常常是一些很重要的考虑，它们足以使合理利己主义者遵守法律，甚至是在缺乏充分的法律惩罚时。然而，在法律惩罚手段不完备的地方这些制裁仍然可能无效。社会制裁也和法律制裁一样解决不了隐蔽的犯罪问题。而且，在与法律相对立的革命暴力中，社会制裁的效应可能被支持罪犯的党派精神严重地损害。必须指出，社会制裁的力量会随着不同意提供这种制裁的常识意见的人数的增加而骤然减弱。突然地变得强烈和普遍的谴责可以成为一种超过了任何可以想象的好处的惩罚，因为无论一个人可能喜欢别的什么，如果没有他的伙伴的友善的关心，他就不可能过得很快活。因而，在沉思

① 我在这里不是在考察忠实地致力于实现普遍福利的革命者的情况，因为这类革命的道德一般地是很不明确的，以至革命者的情况不能为这里论及的问题中的任何一方（秩序的或破坏秩序的）提供明确的论据。

那种被描述为不得不怀疑最亲近他的人们——甚至家人——的君王
的通常的形象时，我们会愿意承认这样一种生活必然包含着极端的
不幸。但是当我们沉思现实生活中的僭越者、阴险的政客、不正当
的叛乱的成功领导者，以及——广而言之——其地位使他们逃脱了
法律惩罚的大罪犯时，他们头上的道德罪名在对他们行为的得失的
利己的计算中似乎算不了什么。这是因为，这种厌恶只是被社会中
一部分人表达出来的，而且它的声音常常被众人——他们的崇拜主
要不是出于道德的考虑——的高声喝彩淹没了。此外也不缺少这 167
样的哲学家和历史学家：他们的判断表现了相似的撇开道德考虑的
特点。

所以，似乎不能断言人们的法律义务的外在制裁将始终足以把义务与利益统一起来。从不属于法律范围的那些道德义务来考虑，一个与此有关的断语可能更是得不到证明的。我在这样说时，充分意识到了那个可称为互惠原则的概念的意义；功利主义者们一直试图用这个原则来证明个人利益与他的社会义务的一致。（他们说）德性或者是有用的性质，或者是直接合于他人之意的性质。例如，它们或者提高一个人的服务的市场价值，使其他人以更高的价钱购买他的服务，并分配给他更高级、更有趣的职务；或者他人出于感激和为了享受他回报的交往的快乐而赞美他。其次，由于人是一种爱模仿的动物，这些性质的展示自然而然地通过榜样的影响而从他人那里得到这些性质的展示。我并不怀疑对这些好处的期待是培养许多德性并避免许多恶性的一个充分的动机。例如，基于这些原因，为了赢得他人的信任，一个合理利己主义者一般都将严格准确地实现他的保证和恪守他的主张；为了逐步得到更重要、因而更受

尊重、更有吸引力的职业，他将热情地全身心地投入他的工作；他将克制可能影响他的效率的那些情欲与爱好；他将不表现出粗暴的愤怒，甚至对佣人和下属也不使用不必要的命令口吻；他将始终对他的同事和上司彬彬有礼、殷勤周到和和颜悦色，并且将马上对他们表现出只作为耗费而与所提供的快乐不成比例的善意。然而，反思似乎表明：这种推理所荐举的行为并不真的与道德义务一致。因
168 为首先，一个人为了获得社会成功所需要的是他要**显得**于他人有用而非**是**于他人有用。所以，这种动机将不能阻止一个人去做暗暗损害他人的事，或甚至心照不宣地以一种实际上有害而表面上却不那么说的方式去行动。第二，一个人有时不是由于其德性，而宁可说是由于其恶性而于他人有用的，或者更多的是由于不道德性与他的善性、有用性的某种混合而于他人有用的。第三，道德所规定的义务行为对所有的人都是同样的，而且我们应当尽可能避免伤害任何人。但是按照互惠原则，我们主要地应当向富人、有权势者表现我们的有用性，并且避免伤害那些能报复我们的人。与此同时，如果我们能得到实际的好处，我们就可以合理地免除我们对于穷人和弱者的义务，除非他们能激起那些能伤害我们的人的同情。最后，某些恶性（例如许多感觉性和过分的奢侈）并不引起对任何人的直接的或明显的伤害，尽管从长远观点看它们损害普遍幸福；所以，没有什么人强烈地感到要制止或惩罚这种伤害。

当然，在上面提到的例子中，和公开的不道德必然联系在一起的坏名声本身是一个重要的考虑。但是，我不认为人们会坚持说，这种考虑总是足以使人为了明智的理由而反对做坏事，至少是充分分析了作为人的好名声或坏名声的主要基础的公众意见的模糊

不定的倾向，并考察了它们所包含的那些相互抵牾、大相径庭的成
分的人不会这样说。许多道德学家已经指出了现代欧洲的名誉法
则（或为有教养的社会阶层中的人们所坚持的较为重要的规则）与
整个社会中公开宣布的道德之间的背驰。然而，这决不是一种特殊
准则在某些地方与它所在社会的公认道德规则相背驰的唯一例证。
许多宗教派别与党派，也许还有大多数的行业和职业，都按照它们
的特殊社会功能和关系而一定程度地表现出这种现象。我所指的 169
是：一种独特的道德意见可能会发展起来，并在一定范围内与普遍
的公众意见相抵牾。一般地说来，这种背驰主要表现在对流行道德
所谴责的实践——如军人中的特许行为，某些时代和某些国家的政
治家中的贿赂，牧师和宣传家中的各种程度的不诚实，以及商人中
的各种形式的欺骗——的赞扬或原谅上。在这些例子中，普遍存在
着强烈的不服从更严格的规则的诱惑（事实上，似乎是由于这种诱
惑的持续的压力，更严格的规则被放松了）。与此同时，社会制裁
也被削弱了，以至有时很难说它是否比另一方面更有力量。因为在
这些环境中，如果一个人遵守更严格的规则而没有遭到他的那些同
行的蔑视和反感，他至少会被叫作怪人和想入非非的人。如果他这
样做时不仅抛开了自己的利益，而且抛开了他的亲戚朋友或同党的
利益，人们更会这样地称呼他。我们所说的这种对不道德行为的职
业性的或者宗派性的原谅常常并不十分明显和公开，因而不成为一
个与更广泛地为人们公认的规则相抵牾的规则。但是，它仍然能够
削弱支持着这一公认规则的社会制裁。而且，除了这种特殊的背驰
现象之外，我们还可以在一般意义上说，在最文明的社会中存在着
两种不同的实在的道德，它们都得到一部分公众的支持：较为严格

的道德规则得到公开的传授和宣传，而较为松弛的道德规则却在私下里被当作任何有意义的社会约束所能支持的唯一规则。一个人常常不会由于拒绝遵守较严格的道德规则而招致社交上的排斥和职业发展的实际障碍，甚至也不会招致来自他本能地最想与之交往的那些人中的任何一个人的深刻厌恶。而且在这些环境之下，所遭到的名誉损失本身还不至于被感觉为一种极大的恶，除非是当它被那些对名誉的快乐与痛苦特别敏感的人们感觉到的时候。此外，有许多人的幸福似乎如此地不取决于道德学家以及一般人——就他们
170 支持道德学家而言——的赞许与否，以至对他们来说，以牺牲所有其他的善来换取这种赞扬是不明智的。

4. 所以，我们必然得出这样的结论：如果人们能表明由个人所在社会的公开宣传的公认道德规定给他的行为与合理自爱可能引发的行为是一致的，这在许多情况下也仅仅是或主要是借助于内在的制裁而做到的。在考察这些内在制裁的意义时，我将略去对于来世生活中的赏罚的期待中包含着的苦乐。这是因为，由于我们现在要假定人们不考虑超验的感觉也可以做出合理利己主义的计算；为了自圆其说，我们就要同时排除对这类感觉的令人愉快或令人痛苦的期待。

因此，我们来思考一下伴随着（不虑及任何后果的）义务行为的满足本身和违反义务的行为所引起的痛苦本身。由于在前两章中已作了讨论，我在这里当然将不再把这些苦乐与其他苦乐作比较。但是我觉得下面这种信念，即这些感觉总是强烈得使道德更能得到幸福，恐怕是没有经验的根据的。如果论及单独发生的义务行为，这一点将是无可否认的。我们来举一个仍属于经验范围的极端

的例子。义务的召唤常常驱使一名士兵或其他某种社会公职人员，或一种受迫害的宗教的信奉者，去选择确定的、痛苦的，本可以用名誉上的微小损害（甚至无需任何损失）而避免的死。要证明这种行为从一种利己主义观点来看始终是合理的，我们就需要假定：在义务可能存在、可能被认识到的所有场合，违反义务的行为可能招致的痛苦本身[1]可能如此之大，以至从快乐的观点来看不值得再活下去。这个假定当然是自相矛盾的和夸张的。我们不知道哪个社 171
会中的大多数人能够引导我们作出结论说，他们的道德感本身构成了他们的幸福之中的如此突出的一个因素。在更常见的例子中，即当义务召唤一个人去为德性而放弃相当多的一部分给人带来幸福的普通事物——而不是生命——时，我们似乎也必然地会得出相似的结论。那么我们还能够说，所有的（或大多数）人都是被如此构造的，以至要满足健全的良心他们就必须作出这类牺牲，或者，拒绝作出这类牺牲所引起的悔恨就肯定将超过牺牲中所包含的痛苦和损失吗？[2]

① 在对这个问题的论证中，我想用“道德的痛苦”（或快乐）这一概念把由于对他人感觉的同情而产生的所有痛苦（或快乐）都包括进来。在目前的讨论中，插进一大段关于同情对于道德感的关系的讨论是不方便的。但是我可以说，我认为对下述事实是不会有什么争议的，这个事实就是：一方面，这两种情感的感受性在许多心灵——无论它们以前如何——之中实际上是有区别的；另一方面，在日常的道德意识中同情感与严格意义上的道德感又是不可分割地混合在一起的。所以，就目前论证的目的而言，在这两者之间划一条明确的界限并不十分重要。然而，由于功利主义者们尤其强调内在的制裁，我认为有必要在本书的尾章中对于同情作进一步的考察。因此，关于这个问题，读者可以参看本书的尾章。

② 对这一问题的最惊人的肯定回答是上一世纪的基督教作者们作出的。他们把不坚信道德的人看作牺牲自己此生的及冥界的幸福的傻子。这些作者们热忱地投身于德性的**实践**，然而这种实践并没有使他们对德性爱到可以为它而摈弃——甚至在日常

然而，也许没有什么人直接地坚持这样说。柏拉图在他的《理想国》里，以及站在他这一方面的其他作者们所致力于证明的，并不是义务在任何具体时刻都将给它所托付的任何人带来比其他行为过程更大的幸福。毋宁说，他们想证明的是过有德性的人的生活是一个人的根本利益之所在。但是即使他们想证明的是这一点，也很难说他们的证明能够成立。我认为，如果我们考察通常支持着这一论点的那个推理过程，这种不成立性就将显露出来。

先说说柏拉图的论证。他把有德性的人的灵魂观念地再现为各种冲动的一个组织良好的国家：在这里，每种情欲和爱好都完全服从正当的理性的最高权威，并且只在理性规定的界限内发挥作

172 用。然后，他把这样一种心灵的安宁的和平与一连串卑下的冲动或某种支配性的情欲压倒了理性的心灵的混乱加以对比，并问我们哪一种是——即便撇开外部的赏罚——最幸福的。但是，我们完全可以接受柏拉图的所有论断而不接受他对于所提的这个问题的结论。因为在这里，冲突并不存在于理性和情欲之间，而毋宁说存在于——用巴特勒的话来说——合理自爱和良心之间。我们来假定一个利己主义者把他的全部冲动都置于理性控制之下，并且仅仅来考察一下这种控制的运转方式。在前面我们已经看到，即使把生命的调节和组织计算得最有利于获得自我利益的目的，它们也在某些地方明显地与义务感引导一般人去进行的类似活动相背驰。为了坚持柏拉图的观点，我们就必须证明这种表象是虚假的，并且证

环境之中——德性所排除的感官享乐和其他享乐的程度。所以，在谈及还没有靠习惯形成和加强其德性冲动的人们时，如果假定抵制良心的召唤尔后可能引起的痛苦总是会使人对其他一切令人快乐的事物都无所谓，这将是十分荒谬的。

明一个在某些情况下令我们痛苦、损失和死亡的自制体系仍然是自我利益所要求的。我们不能说我们的本性中只有这种反利己主义的调节存在，以及我们只能在这种调节与无之间作选择。很容易设想这样一个合理利己主义者：他严格地控制着自己的每种情欲和冲动，——包括他的社会情操——把它们限制在对它们的享受不致牺牲某些更大满足的限度之内。而且经验也似乎给我们提供了许多这种人的例子：他们至少是接近于这种类型的，正如另一些人接近于正统的道德学家的理想一样。所以，假如能够表明良心的调节是达到个人幸福的最好手段，那也必定是由于与良心所维系的秩序相比，自爱所维系的秩序在总体上包含着一种幸福上的牺牲。而且，如果真的是这样，也似乎只是从伴随着道德情操的满足的特殊情感快乐，或压抑和扭曲这些情操而产生的特殊痛苦或幸福的丧失的方面来考虑时，自爱维系的秩序才包含着这种牺牲。

然而，在作进一步讨论之前，我们必须解除一个可能已困扰了读者一段时间的困惑。如果一个人认为追求他自己的利益是合理的，那么他自己就显然不能谴责按照这一原则作出的任何行为，也不能赞许相反的行为。因而，良心的快乐与痛苦似乎就不能被打进 173
关于一种行为方案是否符合于合理利己主义的计算之中。因为在利己主义者的心灵中，它们不能与任何未确定是否合理——基于其他理由——的行为模式联系起来。这在一定程度上是对的。但是在这里，我们必须再次提到（第一编第三章第一节中指出的）一种区别，即做我们相信是合理的事的一般冲动与同合理性无关的喜欢或讨厌某些特定行为的特殊情操的区别。在普通人身上的道德情操之中，这两种感觉难以分清地混和在一起。人们通常都相信，与常

识的道德情操相联系的行为总是从某一方面说来是合理的。然而，我们可以设想这两者是分开的。而且事实上，像前面指出过的，当一个人被一种思考过程诱导着采取一种与他一直接受的观点不同的道德观时，我们就获得了这种分离的经验。在这种情况下，在他的心灵中还始终留有某些不再由他关于正当与错误的慎思判断来维系的准道德的喜爱与反感。所以，我们有足够的理由相信：无论大多数人可能多么坚定地采取了利己的快乐主义原则，他们都仍然会感觉到有一些情操在引导他们去履行社会义务，——人们通常都承认在他们的社会中存在这种情况——不管这些情操引发的行为在他们看来是否合理和正当。因为，这类情操将总是得到他人的同情、他人所表达的赞许与谴责、喜爱与反感的有力支持。而且，既然人们同意我们公认为德性的行为普遍地与明智的自爱所命令的行为相一致，一个合理利己主义者的行为习惯就将自然而然地（为自己）培养起这些“准道德的”感觉。所以，问题并不在于利己主义者该不该珍视这样的情操，并让它们发展到大家都允许的那个确定的程度，而在于他是否能不断地鼓励它们，使它们发展到将超过最强烈的相反考虑的程度；或者换种说法，在于明智是否要求他任它们自由地发展，任它们发展到任何程度。我们已经看到，我们有理由相信合理自爱将通过限制它的意识的作用，通过允许无利害的冲动自由地发挥作用而最终达到其目的。我们能够接受下面这个进
174 一步的反论，即合理自爱完全放弃它对于某些这类冲动的主宰地位对于它是合理的吗？

基于对事实的缜密考察，我认为，自爱的此种弃位不大可能真的在一个健全的人，一个仍然把他自己的利益视为其行为的合理的

终极目的的人的心灵中发生。诚然，这样一个人也可能决心无保留地献身于德性的实践而不去考虑他的利益的具体内容。他也可能作出一系列符合于这个决心的行为，而且这些行为可能逐渐地在他身上形成去作类似行为的强烈的习惯倾向。但是，这些德性的习惯似乎不能永远如此强烈，以至获得了对一个健全而有理性的意志的绝对控制。一旦出现了这样的一些场合：在这里，德性要求这样一个人作出一种极端的牺牲，而且无论他多么不习惯于权衡他自己的苦乐，这项要求的不明智性都必然迫使他注意到它，他就必然总是能重新审慎地思考，并且无需参照他过去的行为而行动（就其处于意志控制所及的范围内而言）。然而，人们可能会说，虽然一个重新获得了其合理利己主义信念的利己主义者不可能任其意志听凭道德热情的左右，不过，假如他可能改变其信念并且宁取义务而舍弃利益，或者，假如我们把他与另一个作了这种选择的人加以比较，我们就将发现，这一选择总的看来增进了幸福。人们可能坚持认为，虽然这种与坚持利己主义原则相容的德性的（或准德性的）习惯也有愉快感伴随着，但是这种情感如此逊色于使灵魂无保留地、充满激情地屈服于德性所产生的快乐，以至即使只从眼前的生活来考虑，获得一种能使这一屈服成为可能的信念竟真的成了一个人的利益之所在；尽管在某些情况下，这种信念必然会引导他以一种从其本身来看无疑是不明智的方式去行动。这当然是一个站得住脚的命题，而且我十分倾向于认为它对于有特别高雅的道德感的人们说来是对的。但是，虽然不能根据一个命题的快乐计算方法上不甚完 175
善这一点就作出否定它的结论，但是像我已说过的，就大多数人的情况而言，上述命题却似乎有悖于经验的一般结论。对实际情况的

观察使得我作出这样的假定：大多数人由于他们自身结构的缘故，对于产生于其他源泉——感官的满足、对权力和名望的占有、强烈的友情，或对科学、艺术的追求，等等——而不是产生于良心的快乐（与痛苦）有着敏锐得多的感觉，以至于甚至从小就对他们进行教育，也不能够成功地使他们的道德情感达到所需要的突出程度；而且，在缺乏这类教育的地方，就更不可能只靠转变信念使他们的道德感受力发达到如此的程度，以至使他们把决心为履行义务而作出一切牺牲明确地视为自己的实际利益。

概括地说：虽然履行对他人的义务和实践社会的德性总的说来是获得个人幸福的最好手段，并且也很容易以修辞学的方法和常识的方法表明德性与幸福之间的一致性，但是，当我们缜密地分析和估价德性给有德性的人带来的后果时，我们似乎就不能说这种一致是彻底的和普遍的。我们可以设想：在这样的一个乌托邦里——在这里，人们在道德问题上的看法就像他们现在在数学上的看法那样一致；并且，法律完全与道德观点相吻合，所有的违法行为都会被发现并受到充分的惩罚——德性与幸福之间的这种一致性就会日臻完善。我们还可以设想：通过加强这个社会的所有成员的道德情操，而不是通过任何外在环境中的改变（于是这类变化便真的成为不必要的），就可以产生同样的结果。但是事实似乎是：现存社会和现实的人距离这个理想愈远，基于利己的快乐主义原则的行为规则就愈可能与大多数人习惯于视为被义务和德性规定的那些行为规则相背驰。

第六章　演绎的快乐主义 176

1. 在上一章中我们已经看到，我们有理由得出这样的结论，即尽管在日常情况下服从公认的义务规则倾向于提高行为者的幸福，我们却没有足够的经验根据说履行义务的行为是获得这一目的的普遍的、可靠的手段。然而，即使情况与此相反，即使能够表明利己主义者在任何情况下以任何代价履行义务都是合理的，按照常识的道德概念，实现这一原则的系统化尝试也仍然不能解决如何确定寻求幸福的正当方法的问题，或是使其失去意义。因为，公认的道德准则允许我们在一定限度内追求我们自己的幸福，甚至还把它看作是道德所要求的。[①] 不过，公认的道德准则更突出地反复强调我们要提高与我们以各种方式特殊地联系在一起的其他人的幸福。所以，无论从哪一方面来说，我们在前面讨论过的确定和度量幸福的各种因素的问题，仍然有待于我们去回答。

我们也仍然需要回答，对苦乐的原因的科学研究在多大程度上能帮助我们解决这个实践上的问题。

很明显，要基于对快乐的考虑确定两种行为方案中的哪一种更好，我们不仅需要衡量不同种类的苦乐，而且要弄清怎样产生快乐 177

---

① “对我们自己的利益或幸福的关心似乎是……一种德性，而相反的行为则似乎是错误的和应当受谴责的。”见巴特勒《对比》一书的附录“关于德性本质的演讲”。

或避免痛苦。在最重要的慎思决定中，复杂的后果之链是被人们当作最初激起我们的行动意志和构成我们活动的终极目的之间的中介物而思考的。我们能以何种准确性对这些链条的每一环节作出预见，这显然取决于我们对各种自然现象中的因果联系有多少知识（隐蔽的或明确的）。但是，如果我们认为幸福的不同因素和直接根源都已被充分地弄清了，并得到了充分的估价，那么对于产生每种幸福的条件的研究，就不再属于一本关于伦理学方法的一般性著作的范围，而宁可说属于低于一般行为技艺的这种或那种特殊技艺的范围。在这些次级的技艺中，有一些技艺有或多或少的科学基础，而其他的还只处于经验阶段。例如，如果我们已经确定了我们应当在何种程度上追求健康，在生理学的基础上制订一个追求健康的详细计划就属于系统的卫生学技艺。另一方面，就我们追求的是权力、财富或家庭幸福而言，我们就将主要地通过一种不系统的形式而从他人经验中取得指导；这常常或者是通过别人对于我们自己的特殊情况的劝告，或者是通过我们对类似环境中的成功与失败的考虑而实现的。无论是何者，对这类特殊技艺的阐述都似乎不属于本书的范围。同时，这种阐述也不能帮助我们解决在前几章中已经考察过的对苦乐的度量上的困难。

然而人们可以认为，对苦乐的原因的知识能够使我们走出确定获得某种快乐和避免某种痛苦的手段这个狭小的范围，并且使我们能以某种演绎的估价幸福要素的方法来取代我们已看出其缺陷的经验反思方法。[①]

---

① H. 斯宾塞先生在一封致 J. S. 密尔的信——这封信收在贝恩先生的《精神科学与道德科学》（*Mental and Moral Science*）中，并且在斯宾塞先生的《伦理学资料》第 4

诚然，一种完全无需对行为的令人愉快的和令人痛苦的后果进行估价的快乐主义方法几乎是不可设想的，正如一种无需对星空作任何观察的天文学方法是不可设想的一样。然而可以设想，通过从比较容易作经验测度的事例中进行归纳，我们能够获得一些一般原则，它们将能给我们提供在复杂的事例中作这种经验测度的较为可信的指导。我们也许能够从这些事例中弄清快乐与痛苦的某些一般的心理或生理的伴生现象，或者弄清它们的前因；这些现象与前因比苦乐本身更容易认识、预见、测度、产生或避免。我愿意希望这个逃避经验快乐主义的疑难的避难所将来能对我们开放，但是我认为这在目前是不可能的。根据我所能作的判断，我们在目前还没有令人满意地建立起关于苦乐的原因的一般理论。虽然有一些这样的理论被当作部分真实的或可能的理论而在一定程度上为人们接受，但是，人们显然不是出于我们这里所要求的那种实际应用的 178

章第 21 节中被部分地重印——中提出这一观点。他在那里说，“道德科学的任务是从生命法则与存在条件中推断何种行为必然倾向于产生幸福，何种行为必然倾向于产生不幸”；当它作到了这一点时，“它的推导应当被视为行为法则，并且不论人们对幸福或痛苦的直接估价如何都应当得到遵守”。然而我应当说，斯宾塞先生在他的最晚期的著作中表明，这种他设想为可能的推导中的唯一有说服力的例子并不是与此时此地的人们，而是与生活在一个理想社会中的人们的行为相联系的：这些人们所处的条件如此地不同于现实人类的条件，以至他们的全部活动所产生的“快乐之中完全不掺有痛苦”（《伦理学资料》第 101 节）。按照斯宾塞先生的观点，这种乌托邦中的行为法则构成了“绝对的伦理学”的主题，他把这种伦理学区别于由生活在目前不完善的社会条件下的不完善的人们的行为构成的“相对的伦理学”。他承认，这种相对的伦理学的方法在很大程度上“必然是经验的”（《伦理学资料》第 108 节）。我将在本书稍后的一处地方（第 4 编第 4 章），即当我开始研究普遍快乐主义的方法时，再来考虑被斯宾塞先生称为绝对伦理学的体系在何种程度上能够成立，以及它的结构在何种程度上能指导实践的问题。在这里，我只研究下述的问题，即演绎的伦理学在何种程度上能给一个在此时此地追求着他自己的最大幸福的人提供实践的指导。

目的而接受它们的。

在寻求关于苦乐的原因的一种普遍适用的理论方面所存在的主要困难不难得到解释。人们可能认为：苦乐也像其他心理事实一
179 样，普遍具有某些我们尤其无知的脑神经活动为其不可分离的伴随物；相应地，我们可以或者从先前的生理事实或者从先前的心理事实中寻找苦乐的原因。但是，在一类重要的事例中，苦乐的可认识性前因明显地是生理上的事实；而在另一类重要的事例中，它们又明显地是心理上的事实。困难就在于要建立一种同样适用于这两类事例的理论，或把对这两类事例的研究结果不加任何可能未经证实的假设而统一到一个一般结论之下。在与感性相联系的苦乐——尤其是痛苦——中，最为重要的可认识性前因显然是生理上的。我并不否认，当人们预见到痛苦时，这种痛苦所际遇的心态对于它的量可以有相当大的影响。的确，在睡眠状态下，痛苦感可能由于一种先前的信念而在表面上完全被抑制住，以至人将不会感觉到它。不过，在普通状态下，痛苦感——也许是在大多数人的经验中的最强烈的痛苦感——大都要从外面侵入和干扰我们的心理生活。从痛苦感的先前的心理事实中寻找它们的量或质上的主要原因，也是没有意义的。这一点不能推及到那些最重要的感官快乐，因为先前的欲望即使不是这类快乐的一个绝对不可缺少的条件，似乎也至少是使它们获得很高强度的必要条件。不过，这些欲望本身的主要原因显然仍然是有感觉的个人的机体的——而不仅仅是神经的——生理状态和生理过程。这一点对于那类较不明确的快乐说来也是对的，这类快乐是人们的日常幸福即伴随着日常生活的“良好感觉”中的一个重要因素，也是生理意义上的好生活的一个标志。

另一方面，当我们研究属于理智的运用或私人情感的运用方面的苦乐——或属于对艺术或自然中的美（或其对立面）的沉思的快乐（以及某种程度的痛苦）——的原因时，由于我们对伴随着或先于这些感觉的神经过程的无知，生理学理论就对我们帮助不大。

这也就是我的总的结论。我在本章中将进一步说明和解释我的理由。然而，对关于苦乐的心理学理论或生理学理论作某种详尽 180
讨论似乎不属于我的研究范围。我将只限于研究一些主要的一般性陈述，它们对伦理学的学生们有特殊意义。这或者是因为伦理学的动机已经促使人们接受这些陈述，或者是因为它们似乎对于实践有部分的、有限的指导性，虽然还不足以作为一般理论。

2. 我们先来考察一种基本上是心理学方面的理论，这种理论至少具有悠久性的优点——因为人们公认它产生于亚里士多德[①]——并且至今仍以这种或那种方式流行着[②]。这种理论表达在汉密尔顿的下述命题中："快乐是我们所意识到的意志力量的自发的、不受阻碍的运作的反映；痛苦是这样一种意志力量的过度紧张的或受到压抑的运作的反应。"[③] 在这里，也像人们普遍所作的一样，汉密尔顿（W.Hamilton）把**积极**的状态区别于**消极**的状态。但是汉密尔顿解释说，基于意识不仅仅指主体的消极性这一理由，"活力"及类

① 简单地说，亚里士多德的理论就是：每种正常的感性知觉或合理活动都有其相应的快乐，最完善的感性知觉或合理活动也是最令人愉快的；能力的最完善状态是处于最好状况下的能力在最好的对象上面的运动。快乐紧紧跟随着活动，使活动"像妙龄青春一样"臻于完美。快乐也像构成生命的活动一样有不同的种类，最好的快乐是哲学生活的快乐。

② 见布耶里埃（Bouillier）：《快乐与痛苦》（*Du Plaisir et de la douleur*），第 3 章；迪蒙（L. Dumont）：《感觉的科学理论》（*Theérie scientifique de la sensibilité*），第 3 章；也见斯托特：《分析心理学》，第 12 章；我在后面还会引用这一章中的观点。

③ 汉密尔顿，《形而上学演讲集》（*Lectures on Metaphysics*），第 2 卷第 12 篇。

似的术语“应被理解为不加区别地意指为我们意识到的我们全部的高级生命过程和低级生命过程”。然而我认为，这种理论显然主要是为着适合属于理智生活本身的苦乐而被提出来的，它只是被有些牵强地运用到属于人的肉体生活的一部分重要的苦乐上的。因为汉密尔顿解释说，他的(a)“自发的”和(b)“不受阻碍的”这两个术语分别意味着(a)不存在由外加力量造成的“强迫性的压抑”或“强迫性的刺激”，以及(b)不存在来自意志所熟悉的对象的控制或障碍。但是，这些术语似乎没有适用于通常说的消极的感官感受的含义。例如，构成对牙疼的意识的肉体过程的感觉和模糊的观念再
181 现完全没有受到意识的压抑或刺激，正如构成伴随着一次热水浴的意识的那些感觉和观念再现没有受到这类压抑或刺激一样，除非痛苦的呈现本身就意味着受到了强制——因为我们是不情愿地经历它的——以及快乐的呈现本身就意味着未受到强制。但是，在这种意义上，受强制的和未受强制的就是那些有待解释的效果的特征，并因而不能被看作这些效果的原因。

的确，我觉得这种理论的伦理学方面的意义与价值似乎就在于它强调了这个方面。它倾向于纠正在估价快乐方面的一个粗陋的错误，它通过引导人们强烈地注意我们在日常的快乐追求中可能估价得过低的一组十分重要的快乐，即专属于一个充满强有力活动的——无论是纯粹理智的，还是实践的并部分是生理性的——生命的那些快乐，而纠正这种错误。[①] 它以同样的方式清除了一个

① 在亚里士多德对于这一理论——它在亚里士多德那里仅仅是一种快乐理论——的阐述中，展示哲学生活比沉溺于感官享乐者的生活更优越(从它所提供的快乐着眼)的伦理学动机是相当明显的。

流行的疏漏，这个疏漏就是：人们由于某种劳动是痛苦的，由于在多数人的经验中，解除劳累之后的快乐即休息的快乐和消遣的快乐比强有力的活动的快乐更明显，因而认为劳动在正常情况下就是痛苦的。但同时，即使我们把这种理论只局限在直接与意愿的活动相联系的那些苦乐——理智的或生理的——上，我也觉得它不仅没有明确的指导意义，而且没有足够的理论上的精确性。因为，它似乎意味着我们的能力的运用总是由于障碍的存在而变得不那么令人愉快，但是这无论就主要是理智的活动还是就主要是生理的活动说来，都显然是不真实的。某些障碍无可否认地通过引发克服它们的力量与技能而提高着快乐，竞赛和运动的例子就清楚地表明了这一点。即使我们把引起痛苦的障碍仅仅理解为是压抑和减弱活动的，

我们也会看到这种理论得不到经验的支持，除非这种压抑引起了未 182
满足的欲望的特殊的不适。例如我发现，假如输并不妨碍获得我认为十分重要的目的的话，娱乐活动（而不是不舒适的活动）总往使其目标处于不明显的状态之中，或者使语意隐匿于一种奇怪的语言之中。甚至在其有限的应用中，汉密尔顿的理论也显露出一个根本的缺陷，这就是它忽略了正常的人类活动的目的论特点。

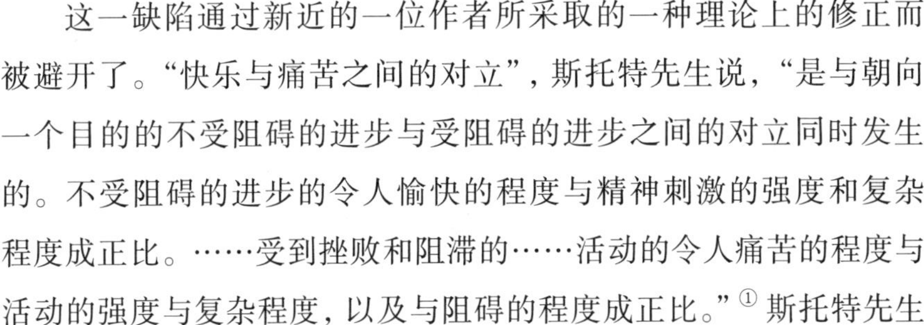

这一缺陷通过新近的一位作者所采取的一种理论上的修正而被避开了。“快乐与痛苦之间的对立”，斯托特先生说，“是与朝向一个目的的不受阻碍的进步与受阻碍的进步之间的对立同时发生的。不受阻碍的进步的令人愉快的程度与精神刺激的强度和复杂程度成正比。……受到挫败和阻滞的……活动的令人痛苦的程度与活动的强度与复杂程度，以及与阻碍的程度成正比。”[①] 斯托特先生

① 斯托特：《分析心理学》，第 12 章第 2 节。

承认，在把这个解释的原则应用于感官的苦乐时存在着困难。[①]而且，与汉密尔顿不同，斯托特承认“不太长久和强烈的与困难的斗争可以与它自己的痛苦性不相称地提高成功的快乐”。但是，这一修正似乎使前面提出的命题从我们目前的实践观点来看变得不太重要了，无论它们在理论上有多么大的价值。我还认为，先前的欲望，作为意愿活动伴生的苦乐的一个条件，也应当得到更明确的承认。当欲望十分强烈时，克服前进路上的困难的充满希望的努力愈大，它——除实际的成功之外——也就愈令人愉快；与之相对照，失望或对失望的恐惧则倾向于令人痛苦。但是当欲望不十分强烈时，遭到挫折的活动和没有实现的期望给人的震动则毋宁说是合意的而不是相反。例如，假定我出于高兴而去散步，想走到一个邻村去，恰遇一场意料不到的洪水挡住了我的去路。如果我没有要走到
183 那个村子去的强烈欲望，惊奇以及最终改变我的散步计划就可能在总体上是一件令人愉快的事。

从伦理学的观点来看，作为快乐的一个条件的热切欲望的重要性是值得注意的。它为那些从个人幸福的观点来压抑指向不能实现的目的，或指向与明智所勾划出的生命过程不相容的目的的众所周知的准则提供心理基础，也为那些从个人幸福的观点鼓励和发展合理欲望的、较为粗略的准则提供心理基础。

假定我们抛开“不受阻碍的”这一可疑的术语而保留汉密尔顿关于“过度紧张的或受压抑的运作”是痛苦的条件的观念，并与

① 我将在后面考察斯托特先生进一步提出的，直接与他的心理学一般原则相符并补充了这个原则的心理学理论。

此同时转向一种生理学的观点，用“活动”一词来指一种器官的活动，我们就实际上回到了斯宾塞先生的学说。这种学说是说，痛苦是器官的过度的或不充分的活动的伴生物，而快乐则是适度的活动的伴生物[①]。在考察这种理论时，把痛苦与快乐分开来考虑将会方便些。因为，这种理论显然主要是建立在痛苦经验（而不是快乐经验）之上的，尤其是建立在汉密尔顿的理论似乎不适用的感官痛苦之上的。例如，如果我们逐渐提高可感觉的热、压力和肌肉的伸缩力，我们在某一确定点上就会感到痛苦，“震耳欲聋的”声音是极其让人不舒服的，面对赤道带的烈日而没有墨镜也很快就会令人不堪忍受。其次，斯宾塞指出，某些痛苦产生于其正常活动不产生感觉的器官的过度活动，例如当消化器官负担过重时。不过，在这类情况下，痛苦并不明显地是由于所说的器官的活动**在程度上的**加强而发生的，也不是由于活动性质上的某些变化即某些初发的乏力或紊乱而发生的。因伤病引起的痛苦，甚至因吃了不适当的而不是过量的食物而引起的暂时的消化系统的不适的考察，都突出地表现了这后
一原因，而不是表现了刺激量的增大。我觉得，一个与此相似的解 184
释特别适用于斯宾塞先生所说的产生于“不充分的”活动的痛苦。他把这类痛苦说成是“不舒适或渴望”，但是前已指出[②]，肉体欲望和其他欲望可能是一些被强烈感觉到的、不带有明显痛苦的行为冲动。按照我的经验，当它们变得极其痛苦时，我们也总是可以假定，在主要的有关器官或在整个有机体中存在着某种导致混乱的干扰。

① 斯宾塞：《心理学》，第 9 章第 128 节。

② 本书第 1 编第 4 章。

例如，按照我的经验，食欲可能会极其强烈而不带有明显的痛苦；当我发现它是痛苦的时候，经验就告诉我最好暂时地缓和一下吸收功能，指示在我的消化器官中存在某种紊乱。[1]

无论如何，经验证据表明：一个器官的“过度的”活动显然远比其“不充分的活动”更加是痛苦的原因。的确，对这种经验证据的思考已经使一部分心理学家们采取了这样一个一般结论，[2]即没有什么感觉性质是绝对令人愉快或不愉快的，每种感觉都从逐渐增强的过程中的某一点开始变得令人愉快，并继续着此种性质直到达到一个极点，它从这里立即变得与痛苦没有差别。然而，我自己的经验却不支持这个一般结论。我同意格尼的说法[3]，“有许多味道和气味，它们的最微小的量都是不合意的”；而另一些产生于感官刺激的感觉则相反，它们仅当刺激达到现实的生理条件允许的最高强度时才是极令人愉快的。

185 无论我们把痛苦在其中作为一个直接结果或者伴生物的神经活动看作只是在量上过度的，还是以某种方式把它看作是在质上不适的或紊乱的，这其中的任何一种解释都显然不能给我们提供重要的实践指导。因为，离开了关于痛苦的经验本身，我们就没有确定何种神经活动是过度的或紊乱的一般手段。即使我们在某些事

---

① 需要补充的是，在情感的快乐与痛苦中，导致快乐的大脑神经过程的量概念似乎是完全不可能与导致痛苦的同类量概念相分离。羞耻、受挫的报复、被伤害的爱所引起的痛苦，似乎不可能通过任何分别与苦乐相联系的印象或观念的强度差别，同名望、成功和互爱的快乐区别开。

② 见冯特（Wundt）：《生理心理学原理》（*Grundzage der physiologischen Psychologie*），第 10 章。

③ 格尼（Edmund Gurney）：《声音的力量》（*The Power of Sound*），第 1 章第 2 节。

例中有这种手段，这些事例也提不出理论能帮助我们解决的实践问题。谁也不怀疑我们在一切日常生活环境下都应当避免伤病。然而在例外情况下，我们也把它们作为许多恶之中的最小者来选择，这时关于它们引起痛苦方面的准确作用的精确的知识对于我们的选择不会有什么帮助。

然而有人可能会避开痛苦转过来谈论快乐，并且说我们一直在考察的那个一般陈述给一条古老的戒律，即在追求快乐时应“避免走极端”，提供了心理生理学的基础。但是，我们必须指出，人们之所以在实践上需要这一戒律，主要是由于使那条心理生理学的一般陈述能成为真实的所需的那些限定。在过度的刺激不是立即地、而是经过一个或长或短的间隔之后才引起痛苦这类重要的例子中，那条陈述就尤其需要加以限定。例如，对许多人来说，只要在喝酒时不致达到令大脑不再能履行功能的程度，喝酒还是令人愉快的。只是在“第二天早晨”，或者在那些“十分适应的”酒徒那里是直到很多年的习惯性的酗酒之后，才会产生痛苦。还应当指出，由于过度的运用而产生过度痛苦的，并不总是其运用给我们提供快乐的器官。例如，当我们被引诱吃得过量时，那种起诱惑作用的快乐主要是通过味觉神经而起作用的，而这些味觉神经并没有负担过重；直接产生痛苦的是消化器官，而它的微弱的、模糊的快乐本身不大会引诱贪食者去吃得过量。在危险的精神刺激的例子中，对过度的惩罚通常就更为间接了。

总起来说，即使我们知道快乐像德性一样在于中道，我们也必须承认这一命题不能提供关于如何去获得它的实践指导。因为首先，知道了器官的过度的与不充分的活动都产生痛苦，也仍然存在

186 着下述问题：如斯宾塞自己所说，什么决定着在具体场合中使活动令人愉快的较低限度和较高限度。我马上将要考察斯宾塞对这一问题的回答。但是，还有一个与此同样明显的问题斯宾塞并没有直接回避，这个问题就是，为什么在我们的生理器官——它们在意识中有与之相应的部分——的正常活动中，仅仅有些是不同程度地令人愉快的，许多（如果不是大多数的话）则是近乎于无差别的。（例如）似乎不能否认，味道与气味通常或者是合意的或者不合意的，大多数触觉和许多视觉与听觉则既不是可感觉地[1]合意的，也不是可感觉地不合意的。又如，在健康生活的日常事务中，吃喝通常是令人愉快的；而穿衣脱衣、走路和肌肉运动，则一般地说在实践上既不是合意的也不是不合意的。

习惯的作用似乎不是对于这类现象作充分解释。[2]当然，以同样的方式频繁重复的活动倾向变为自动的，并倾向于失去它们在意识中的相应部分；而且，快乐上的无差别性显然在某些情况下是此类活动转向无意识的一个阶段。例如，到一个未去过的城市去出差通常是令人愉快的，它会使人看到许多新奇的景象；但是在一个自己住着的城市中出差通常就是（在快乐上）无差别的，或者近乎是无差别的，尽管如果一个人的注意力强烈地被公务吸引着，他的这种注意力可能被相当无意识地运用。另一方面，习惯的作用又常常有相反的效果：使一开始无差别的或甚至不合意的活动变得令人愉

---

① 我说“可感觉地”是因为在我看来，那个受到非难的心理学问题，即是否存在**严格意义上**的中性的或无差别的意识状态的问题，从实践的观点来看并不是十分重要的。见萨利：《人心》（*Human Mind*），第 13 章第 2 节。

② 见斯托特：《分析心理学》，第 12 章第 2 节。

快。例如习惯性的生理爱好或理智爱好的情况就是这样。的确，道德学家们一直用这类经验——我认为这是相当合情理的——来鼓励人们履行有些使人厌烦的义务，他们的理由是通过习惯的作用，对这些义务的厌烦将会消失，而从履行义务的行动中得到的收益却是永恒的。的确，斯宾塞先生把这类经验看得如此重要，以至他竟冒昧地把一个预言，即“快乐最终将伴随着所有由社会条件要求的行为样式”，建立在这类经验的基础上。然而，不仅从最先提到的习惯在快乐上的无差别性倾向来看，而且从习惯的第三种倾向，即 187
它逐渐使活动变得令人厌烦——它先是使活动变得无差别甚至变得令人愉快——的倾向来看，这种做法都过于乐观了。例如，我们的理智逐渐对单调的活动变得厌烦，而且这种厌烦有时会变得十分强烈。同样，一种一开始合口味的饮食会由于老不变样而慢慢让人厌腻。

因此，我们必须寻找对伴随着正常活动的快乐的不同强度的与此不同的解释。我们能够从斯宾塞先生提出并由格兰特-艾伦先生发展了的理论——即正常的器官活动的令人愉快性取决于它们的**间隔性**，以及“快乐的总量近乎……反比于”有关的神经纤维的“刺激的自然频率”——中得到这种解释吗？这个理论当然能够从下述事实中得到一些支持，这个事实就是：被普遍视为最大的感官快乐的，是伴随着正常地在较长的间隔时间中未被运用的器官的活动的那些快乐。不过，还有许多事实它无法解释，例如可在任何时间通过不同强度的刺激而获得的快乐的巨大差别，即谚语“只有能吃能喝才有口味”所表达的现象，以及视觉器官在完全失眠后不能像通常那样提供可感觉到的更敏锐的快乐这一事实。我们似乎必须

寻找间隔在某些情况下的令人愉快的效果的特殊原因。这种原因不可能仅仅是当长期未运用的、得到良好培养的神经中心受到刺激时产生的神经活动的更大强度。因为，如果原因只是这种更大的强度，那么，为什么对于我们逐步达到的充分的神经活动——例如当我们全力地、精神抖擞地从事一项日常工作时——的正常意识常常是近乎于无差别的呢？

在对于我们所探讨的这一问题的各种相互抵牾的假设——我认为，这其中没有一个得出了被普遍认为是概括了全部问题的结论——中，我选择一种具有特殊的伦理学意义的假设来进行讨论。

按照这种假设[①]，伴有快乐的器官活动应被设想为“干扰”之后
188 的“平衡的恢复”，所以，在正常活动中可感觉的快乐的缺乏，应被解释为先前的干扰的缺乏。这种观点明显地适用于某些在正常生活中具有偶然性——虽然并不少见——的快乐：解除生理痛苦或解除巨大烦恼的紧张之后的快乐，以及在不寻常的理智或肉体努力之后的休息的快乐。但是，当我们试图把它普遍地应用于感官快乐时，“平衡”概念在被用于生命有机体的生活过程时的不明确性就显露出来了。因为，我们的生理生命是由一系列的变化构成的，其中绝大部分的变化是周期性地重复出现的，只在若干小间隔后略有变化。我们很难看出，为什么我们应当把“干扰”或“平衡的恢复”的观念与某一个正常过程而不与另一个相联系。例如，我们很难看出，为什么应当把耗费了能量的状态看作偏离平衡的，而不把得到滋养的状态看作偏离平衡的。事实上，要使我们所考察的这个假设

① 见斯托特：《分析心理学》，第 12 章第 4 节。

完全适用于正常的感官快乐，我们就必须从生理学观点转向心理学观点，就必须注意作为一种意识上**不平静的**状态的**欲望**的心理状态，这种状态的本质是一种朝着获得所欲对象的方向摆脱这一状态的被感觉到了的冲动。所以，从生理学的观点来看，我们的假设可能把这种不平静的意识当作了“对平衡的干扰”的一个迹象，并且相应地把欲望的满足当作了生理学意义上的平衡的恢复。由于这一假设，这个理论无可争议地适用于感官爱好的满足，这类满足像人们普遍认为的那样，构成了感官快乐中的最突出的因素。

我们已经指出，由于一种广泛流行的思想混乱，欲望常常被视为一种痛苦。与此相似，我们所考察的这种理论最初也是出于这样的一种伦理学的动机，即通过强调快乐与先前痛苦的不可缺少的联系来贬低被过高估价了的满足了的肉体欲望的快乐，而被人们提出 189
来的。然而，这种欲望作为快乐的一个必要的先决条件并不被感觉为痛苦的，——虽然它是一种不平静的状态——就此而言，这种贬低是失败的。[①]

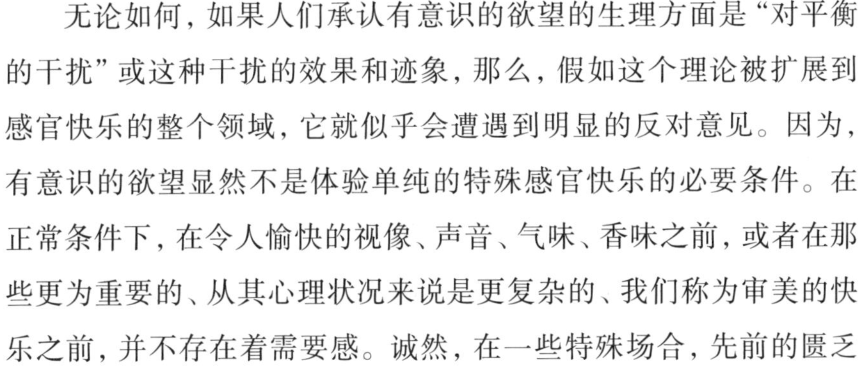

无论如何，如果人们承认有意识的欲望的生理方面是“对平衡的干扰”或这种干扰的效果和迹象，那么，假如这个理论被扩展到感官快乐的整个领域，它就似乎会遭遇到明显的反对意见。因为，有意识的欲望显然不是体验单纯的特殊感官快乐的必要条件。在正常条件下，在令人愉快的视像、声音、气味、香味之前，或者在那些更为重要的、从其心理状况来说是更复杂的、我们称为审美的快乐之前，并不存在着需要感。诚然，在一些特殊场合，先前的匮乏

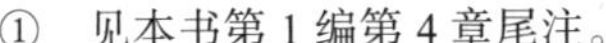

① 见本书第 1 编第 4 章尾注。

可能产生一种对这后一类快乐的需要意识，这种意识在最后获得这些快乐时能够提高它们的强度。或者，甚至在不存在任何被感觉到了的匮乏的情况下，对于享受这类快乐的期待也会产生一种强烈的享受欲望，它也像肉体爱好一样可以被视为“对平衡的干扰”。但是，应当说，没有先前的欲望或需要意识而体验到这类快乐的情况才是正常的。如果认为在这些正常的情况中也存在一种类似的干扰，那将是很难得到证明的。

为支持我的一般结论，即关于苦乐原因的心理学思考目前还不能为实践的快乐主义的演绎方法提供基础，我也许已经说得够多了。但是，在离开这个题目之前，我可以说，妨碍提出这种理论的那些困难在我们思考我们称为“审美的”的复杂快乐时会尤其严重。人们都同意，当“审美的”满足达到其高潮时，它依赖于复杂的意识状态的不同因素之间的一种微妙的和谐。产生于这种和谐状态的快乐似乎比未结合的因素所能提供的比较单纯的快乐更大。但是，甚至那些对迄今在发现这种和谐——就具体的艺术而言——的条件方面所获得的成功作了极高评价的人们也会承认，仅仅符合如此确
190 定的条件并不能保证产生较高程度的审美快乐。无论我们多么精细地用一般术语陈述了一件令人兴奋的艺术作品中的各种因素的客观关系，我们必定总是感到，根据我们的一般描述，用同样因素创造的一件作品可能根本不会给我们带来快乐。提供快乐的风格依赖于一种本能，任何演绎推理都不能提供取代这种本能的东西。即使我们不去考虑我们在人们的审美感中实际发现的广泛分歧，这种说法也是对的。所以我们就更无需去证明，根据一个在寻求其最大幸福的个人的观点，除了一种主要是归纳的、经验的估价审美快

乐的方法之外，其他任何方法都是不现实的。

3. 我现在转而考察一种这样的理论：它不同于上一节中所讨论的那些理论，它是生物学的而不是心理学的。因为，它所指引我们去注意的不是器官状态——苦乐即是它们的伴生物或直接后果——的实际存在的特点，而是它们对于整个机体的生命的关系。我所指的是这样一种理论，它认为“痛苦是与有害于机体的活动相联系的，快乐则是与有利于它的福利的行为相联系的”。上述这两个命题是从斯宾塞先生那里引来的。[1] 斯宾塞先生接着解释说，“有害的”和“有利于福利的”分别指“倾向于生命的减弱或损失的”和“倾向于生命的延续或提高的”。但是，在他为概括地确立上述结论而进行的推理中，“伤害的”和“有利的”是被当作完全等同于“破坏的”和“保存的”的词来使用的。而且，在这种更简单的意义上使用前两个词将更方便。

斯宾塞先生的论点如下：

“如果我们用一个同义的短语来替换快乐——一种我们想引
入并保留在意识中的感觉；如果我们用一个同义的短语来替换痛 191
苦——一种我们想摆脱并排除于意识之外的感觉，我们马上就会看出，如果一个生命体努力保持的意识状态是与有害的活动相联系的，如果它努力排除的意识状态是与有利的活动相联系的，它必然很快就会由于保持有害的活动和避免有利的活动而消失。换言之，能够生存下来的仅仅是那样一些种系：在它们之中，合意的或所欲求的感觉一般地说是与有利于生命保存的活动一致的，不合意的和

① 斯宾塞：《心理学原理》，第 125 节；《伦理学资料》，第 33 节。

习惯于避免的感觉是与直接或间接地破坏生命的活动一致的。而且，在其他因素相同的情况下，必定存在一些数量最大、延续最久的生命物，在它们之中，这些感觉同活动的关系被调节得最好，并且总是倾向于引出最完善的调节。”①

我在这里所关心的不是为着某种目的而否定这个概括推理的价值。但是很容易表明，用保存替代快乐并把它当作个人的直接追求目的，还不足以为个人寻求最大幸福的演绎方法提供基础。首先，斯宾塞先生只断言那个结论——如他相当含糊地说的——“一般地说”是真实的。而且十分明显的是，虽然把有害行为当作愉快的或把保存行为当作痛苦的这一倾向对生存竞争中的任何动物种系都必然不利，但是它可以——如果它只在有限的范围内存在的话——被其他的有利方面绰绰有余地抵销，因而存在有这种倾向的机体尽管有它也仍然可能存在下去。我认为这一点显然是先验的。同时常识经验也如斯宾塞先生所承认的，“以许多明显的方式”表明这实际上已经是文明人在我们所知的整个历史中的情况：“由于文明过程所产生的那些变化，在快乐与有利行为以及痛苦与有害行为之间的自然联系中，已经产生了并且必然长久地保持着一种深刻而复杂的紊乱”。仅此一点似乎就足以阻止把快乐主义的演绎方法建立在斯宾塞先生的一般结论之上。的确，文明人的显著特点是他们以各种不健康的行为为快乐，并且对遵守健康规则感到厌烦。而
192 且重要的是指出，他们可能并且实际上对不具有保存生命的实质倾向的行为和过程的强烈快乐非常敏感。基于“进化假设”来解释这

① 斯宾塞：《心理学原理》，第 125 节；《伦理学资料》，第 33 节。

一现象倒也不存在什么困难。因为，仅当具有发达的此类感受性的人的保存已经得到充分保障时，我们才能先验地从进化假设来推论说，人类神经系统的发展会产生对来自非保存性过程的快乐的强烈感受性。关于人的保存得到充分保障这一假设显然在文明社会中的消闲的人们身上实现了：他们的食物、衣着、寝居等等需要都已通过我们称作私有财产制度的复杂的社会习惯充分提供了出来。但我们没有根据来假定：由于一个有教养的人寻求和享受的那种强烈而变化不定的快乐，他倾向于比一个整天忙碌于单调的日常活动，只间或地有一些休息和消遣的微小快乐的人更长寿。

4. 然而，如果个人不能靠追求保存本身而获得最大幸福，我们仍需考察"生命的量"的情况是否将好些。诚然，就神经活动伴有在性质上令人愉快的意识而言，这种意识愈多，我们就愈幸福。但是，即使我们假定更强烈而充实的生命"一般地说"是更幸福的，也不能由此推论说我们靠追求意识的强度本身就将获得最大快乐。因为毋庸置疑，我们所经历的强烈的痛苦甚至比强烈快乐更多；在"灵魂的激荡"——在此状态下我们似乎最为活跃——中，痛苦意识几乎可能在灵魂中占据任何比例。不仅如此，我们还常常体验到达到了强度高峰的近乎于中性或基本上是中性(即既不明显地令人愉快，又不明显地令人痛苦)的激动，例如在艰苦的劳动中和在可疑的问题上陷入的错综复杂的冲突中，情况就是这样。

然而有人可能回答说，我们必须把"生命的量"视为不仅指意识的强度，而且指意识的多样性和变化性，指人的本性的和谐而全面的发展。而且，经验似乎也支持下述观点：人们由于任其部分功能或能力萎缩和衰退，由于没有使自己体验到丰富多样的感觉或活

动而丧失了幸福。在肉体器官方面尤其是这样。人们都将同意：大部分——如果不是全部——器官的一定量的运用对于机体的健康是
193 必不可少的；而且，与对一个器官的不健康的过度运用相比，通过各种功能的平衡发展而保持健康更加是个人幸福的重要源泉。不过，情况似乎是：作为健康的必要条件的功能的和谐发展是有很大伸缩性的，并且就受意志控制的器官而言是包含着各种样态的。（例如）一个仅仅运用其大脑的人可能因此而生病，但是他多用用脑子并少量地活动活动腿脚——或者反过来——就可能不生病。同样，有变化的、全面的生命是最幸福的这一命题也不能获得若作为演绎的快乐主义的基础它就必须具备的精确性。因为另一方面，我们也在很大程度上可以说：我们愈以一贯而持久的注意力运用某一能力，我们从这种运用中获得的快乐就愈多，直到它变得令人厌烦或成为意识迟钝和倦怠的半机械性的日常事务。诚然，使对这种能力的运用保持在这个限度之内对我们的幸福是十分重要的，但是在具体场合中，我们却没有特殊的经验确定它。这尤其是因为，如果我们要充分运用我们的能力，并从我们的劳动中获得充分享乐，就始终存在一定程度的厌烦和乏味需要抵制和克服。此外，消极的情感意识的情况也与此相似。如果说感觉的过多的雷同引起倦怠，那么过多的样态也不可避免地包含着浅薄。应当从哪个极限点开始把注意力转移开，从哪个极限点会开始产生倦怠，这完全是因人而异的，并且似乎必须由个人的特殊经验来确定。

然而，对“让人的本性自由发展”的准则还有另一种更简单的理解方法，即在服从于本能冲动而不是努力靠对后果的慎思的预测来调节这些冲动的意义上来理解它。对这种行为方案的一种科学

证明见诸于下述理论，即本能冲动真实地再现着先前的苦乐经验在 194
它们出现于其中的那个有机体或其前身之上的效应。基于这一理由，有人一直强调在复杂的行为问题中，在“不可能靠理智来分别估价由每一选择对象引起的苦乐的量值时”，经验将“使得（人的）素质能”做到这一点，并“将进一步使有机体本能地避开总的看来产生着最大痛苦的行为方案”。[①]我不想否认，在这一论点中含有一种重要的真理成分。但是，任何关于非理性的倾向是比理性更好的获得个人幸福的向导的一般结论都不能成立，因为它得不到我们知道是或可能判断为是与生物进化有关的理论的证明。即使不考虑自然选择对培养旨在种系保存而不是个人快乐的冲动的影响，并且承认每种感觉有机体都倾向于以这样一种方式使自身适应于环境，以至在指导它自己求乐避苦的过程中获得了一些有某种价值的本能，我们也决不能得出结论说：在人类机体中，一种特殊的适应（即由无意识的本能样态引出的适应）比另一种适应（即由有意识的比较和推理引出的适应）更可取。毋宁说，这一命题显然只能由一种比较，即服从于本能冲动的结果与通过对后果的苦乐的计算来对这些冲动进行控制的结果之间的比较，来加以证明。但是，人们很难坚持说，在大多数明显的非理性冲动与理性的预测相抵牾的例子中，事后对后果所作的计算证明了前者的合理性；这种说法将过于明显地与常识以及人类的共同经验相抵牾。所以，无论在某些情况下本能总的看来是一个比慎思计算更可靠的向导这一说法有多真

① 这些引语引自斯宾塞先生的《社会静力学》第 4 章。但是我应当说明：在所引述的这段话中，斯宾塞先生不是在根据利己的快乐主义的观点进行论述的。

实，我们似乎仍然只能靠对经验的缜密反思来弄清这些情况。我们不可能确定可以审慎地运用慎思计算的界限，除非是靠这种计算本
195 身来确定它。

所以，我们不得不得出下述结论：在确定达到个人幸福的正当手段方面没有科学的捷径，任何寻找达到这个目标的"高度演绎的道路"的尝试都不可避免地把我们带回到经验方法。因为，我们不可能达到一条明确的、普遍有效的原则，而至多只能达到一条基于一些十分重要的、不可忽视的考虑——我们只能靠对个人经验的仔细的观察和比较来估价它们的相对价值——的模糊的、普遍的规则。任何困扰着这些过程的不确定性都必然同样出现于我们关于幸福的全部推理之中。我不想夸大这些不确定性，因为我觉得我们必定都将继续为我们自己和他人而寻求幸福。但是，低估这些不确性没有什么好处，在讨论时把它们当作仿佛根本不存在的东西更是于事无补。

第三编

直觉主义

第一章　直觉主义

1. 我们在上一编缜密而无偏袒地考察了利己的快乐主义体系。这种考察可能使读者心里产生了一种对所考察的原则和方法的反感，尽管他（像我自己一样）也许觉得很难拒绝自爱的“权威”，或寻求自己的个人幸福的合理性。在考察提供一个自明的、有道理的系统化的行为原则的“开明的自我利益”时，我没有表现过这种反感，而是专注于以科学的公正态度弄清这一原则逻辑地引出的结论。然而，一当我们在对利己主义作了缜密的考察（基于严格的经验基础）之后发现，对利己主义者说来，我们被训练着视为神圣的常识义务准则必然是这样一些规则：遵守它们仅仅从一般意义上或对大多数人来说才是合理的，在特殊情况下则必须从根本上抛开和打破它们，一般利己主义对我们的同情的、社会的本性的这种触犯就加强了我们从利己主义退缩的倾向，因为它有时在实践上与常识的义务概念相抵牾。而且进一步说，我们又已经习惯于从道德那里期待明确的、决定性的准则或劝告。同时，这些能被阐明的寻求个人最大幸福的规则则似乎既不明确也不是决定性的。指向一个不体面的目的的不明确的指导，这就是利己的快乐主义的计算不得不 200
提供的全部东西。而且，巴特勒在强调良心在实践上比自爱更重

要——尽管他在前面引用过的那段话[①]中承认自爱要求在理论上的优先性[②]——时，所诉诸的正是良心或道德能力在发出命令时的更高的确定性。他说，一个人明确地知道他应当做什么，但是他不清楚什么将引导他达到自己的幸福。

我觉得，巴特勒在说这番话时几乎是表达了我们时代而不是他的时代的普通人的共同的道德感。人们在日常谈论中出于习惯而相互传递的那些道德判断，在大多数场合都意味着义务对普通人来说是不难认识的，尽管诱惑性的冲动可能使得他难于去履行它。在不论有何理由都应当履行义务，不论后果如何都应当讲真话，“哪怕天塌下来”也要主持公道这类准则中都含着这样的意思：不论某些行为的后果如何，或宁可说只考虑行为的一部分后果，而不考虑其他被公认为可能是善或恶的那部分后果，我们也有能力认清这些行为是自身即正当和合理的[③]。而且，大多数强调道德直觉存在的作者们还为人的心灵要求这种能力。因此，我认为我把这一要求视为我所说的直觉方法的特点是得到证明了的。前已指出，与此同时也

201 存在一种较宽泛的意义，在这种意义上，就无论利己的快乐主义还是普遍的快乐主义都把“幸福是行为的唯一合理的终极目的”当作

① 见(边码)第119页。

② 他似乎承认：“既然”在德性行为显然不利于行为者的利益的场合中，“利益，或一个人自己的幸福是一种显明的责任”，他就会“置身于两种相反的责任(即无责任)之下”。但是他强调说，“利益的责任实际上并不始终存在。因为反思原则或良心原则的自然权威是一个……最明确、最为人知的责任，而相反的责任至多不过是可能存在的责任。既然在任何情况下人们都不能肯定恶是他在这个世界中的利益之所在，他也更没有把握反对另一条责任。所以，明确的责任将完全替代和摧毁不确定的责任。”(巴特勒：《人类本性布道集》“前言”)

③ 前已指出(第一编第8章第1节)，我们把引发“行为”的意志所引起的一部分变化包括在常识的行为概念之中。

一个首要原则——它如果被认识的话，便只能直觉地认识——而言，“直觉的”这一术语可以被合理地用于这两者中的任何一种体系。对于这种广义我将在本编最后两章（第十三、十四章）中再作讨论，在那里我将更详细地探讨这些快乐原则的直觉特点。但是，由于采取这种广义不会引导我们达到一种明确的伦理学方法，在占据了本编前十一章的关于直觉主义的详尽讨论中，我认为我最好尽可能把自己限制在前面规定过的狭义的道德直觉的范围之内。

2. 在这里，也许有人会说，在我这样地定位直觉主义时，我就已经忽略了它的最重要的基本特点，这个特点就是：与功利主义者成为对照，恰当地说，直觉主义者根本不凭借外在标准来判断行为；在他看来，真正的道德不是与外向的行为本身而是与引发行为的心态，简言之，与“意图”和“动机”相联系的。[①] 然而我认为，这种反对意见部分地是出于一种误解。我设想，各派道德学家都会同意，我们对道德行为作出的那些道德判断主要是同被视为有意图的故意行为相联系的。换言之，在严格的伦理学意义上，被我们判定为“错误的”东西，并不是直接由人的意志所引发的肌肉运动的某一部分实际效果本身，而是他在意欲那项行为时所预见到的效果，或者更严格地说，是他的实现所预见的效果的意志或抉择。[②] 因而，

① 有些人愿意再加上“品性”和“倾向”。但是，由于品性和倾向不仅不能被直接认识，而且只能借助于它们表现在其中的那些意志与感觉才能被明确地构想，我觉得我们不能把它们视为直觉性的道德判断的对象。见本编第 2 章第 2 节。

② 诚然，当一个人的行为或疏忽的非故意的坏后果是他只要以一般的注意就可以预见到的时，我们也认为他对这些后果负有责任。不过，前已说过〔（边码）第 60 页〕，经过反思我们将承认，就这种粗心是先前对义务的故意忽视的结果而言，道德谴责只能被间接地与这类行为和疏忽联系起来。

人们必须这样来理解：当我谈及行为时，我是指——除非我在阐述相反的东西——被视为并被判定为故意的行为。我不认为在这一点
202 上有争论的必要。

动机的情况则不同，并且也需要对它作仔细的讨论。首先，由于我们把“动机”这一术语用于一项行为的被预见到的后果——就它们被视为行为者欲求的对象而言——或对这些后果的欲望，并且由于在谈及一项行为的意图时我们当然通常是指所欲求的后果，“动机”与“意图”在日常用法中的区别并不十分清楚。然而我认为，为了作准确的道德讨论或法律讨论，最好把一项行为的被预见为确定的或可能的全部后果，都包括在“意图”这个词之内。因为人们都承认：我们不能凭着下述的借口，即我们没有感觉到对我们的行为的被预见到的坏后果——它们本身或它们作为达到较远目的的手段——的欲望来摆脱对这些后果的责任。[①] 我们的意志欲求的结果的这类并非被欲求的伴随物，也显然是由我们选择或故意造成的。所以尽管一项行为的动机被承认为善的，它的意图却可以被判定为恶的。例如一个人在作伪证以挽救其父亲（或母亲）或一位恩人的生命时，情况就是这样。事实上，这类判断不断表达在常见的道德谈论之中。然而我们可以说，即使意图符合义务的要求，如果一项行为的动机是不好的，这项行为也不能是正当的。我们还可以说——举一个边沁举过的例子——一个人出于怨恨而告发一个他相

① 我认为，当我们缜密考察时，我们将发现普通用法承认这一规定。假设一个虚无主义者炸毁了一辆载着一位皇帝和其他人的火车。人们当然将认为他的意图是杀死那个皇帝的说法是正确的。但是人们也会认为他“不曾有意”杀死其他人的说法是荒谬的，尽管他可能原不想杀死他们，并且可能认为他们的死是在执行他的革命计划过程中的一个可悲事件。

信是有罪的人并不真的是做得正当的；因为虽然去告发那个人是他的义务，他却不应当出于怨恨而告发那个人。毫无疑问，我们有义务尽可能地摆脱坏动机，所以一个人的意图不可能是*完全*正当的，除非它包含着——就其是可能的而言——对一种已知是坏的动机的压抑。但是，我认为，任何人都不会承认我们始终能够压抑一种强烈的情感；而且，如果我们打算去做那些恶冲动引发的行为，这种 203
压抑还将尤其困难。不过，如果那项行为明显地是一条其他任何人都无法恰当地履行的义务，说由于我们都不能排除一种应当反对的动机，我们应当删去它仍然会是荒谬的。人们有时说，虽然我们在履行自己的义务时不能完全从自己的心灵中排除一种坏动机，但我们仍然能不按照这一动机去行动。但是，我认为，这只是就正当动机引发的行为的内容在一定程度上不同于恶动机引发的行为的内容而言的。诚然，这种区别常常是存在的。例如，用边沁的例子来说，一个恶毒的告发者的动机可能是想不公平地占他的对手的便宜，或通过煞费苦心的污辱使其蒙受不必要的痛苦；而且他显然有可能抵制——这也是他的义务——这类动机。但是，只要这种行为是由同时存在于我的意识之中的两种不同的动机驱动的，我就意识不到能用什么力量使这一行为由其中一种动机主宰而排除另一种动机。换言之，当一个人能够下决心去实现他认为他的意愿行为可以达到的一个目的时，他就不能同时下决心*不*去实现他相信将由同一行为促进的其他目的。而且，如果那个其他目的是他欲求的一个对象，在他追求这一对象时，他就不可能拒绝按照这一欲望去行动。[①]

① “意图”与“动机”之间的混淆的另一根源产生于人们据以判断它们的不同观点。例如，一项行为可能是行为者为获得一特定目的而打算做的一系列行为之一，而我们

所以，总的来说我的结论就是：(1)尽管人们通常认为有许多行为由于某些动机的存在或缺乏而变得**更好或更坏**，我们关于**正当**
204 与**错误**的判断严格地说是同与动机相区别的意图相联系的；[①](2)尽管影响行为者自己的感觉与品性的意图也和产生某种外在效果的意图一样是由道德规定的，但正像人们通常肯定和理解的那样，后者才构成了义务的主要规定的基本——虽然不是唯一的——内容。但这一陈述的真实性的范围只有在我们进一步考察时才会变得更明确。

诚然，有影响的道德学家们一直强调：我们行为的道德价值取决于我们在何种程度上是由一个他们视为真正道德的动机，即由那种做本身即正当的事、并因其之故而去实现义务或德性的欲望或自由选择[②]驱动的[③]；完善的行为必然是完全出于这一动机而作出的行

对于它的道德判断可能取决于我们判断的是具体行为的意图，还是被视为一个整体的这一系列行为的意图。这两种观点中的每一种都是合理的，而且它们都常常是必需的。因为，我们通常承认，在一个人为获得(例如)某一狂妄目的而作出的一系列行为之中，有些行为是正当的或可允许的，而另一些则是恶的；尽管那个用邪恶手段，如果必要也用正当手段——

> “如果可能，就体面地攫取地位与财产，
> 如果不可能，就不在乎任何手段”——

来达到目的的总意图显然是一个邪恶的意图。所以，在判断一个动机的善或恶时，我们可以或者直接考察它本身，或者从它与其他平行的或主宰的动机——这些动机或者是与它实际共存的，或者是当它们应当存在时不存在的——的联系中考察它。例如在上例中，我们通常不认为对财富和地位的欲望本身就是恶的，但是当它是一个政治家的社会活动的唯一动机时，我们就认为它是恶的。不难看出，这些不同区别中的这种或那种区别极容易相互混淆，从而也容易混淆意图与动机之间的简单区别。

① 道德判断主要是或最恰当地是与动机相联系的这一观点，将在本编第 12 章中得到更充分的讨论。

② 我使用这些术语是为了避免关于自由意志的论争。

③ 许多信教者可能会说，服从或热爱神的动机是最高动机。但是那些持此观点

为。然而我认为，很难把这种观点——我可以为了方便而把它区别为斯多葛主义观点——与现代正统道德学家们一直坚持的信念，即按照德性去行动始终是一个人的真正的利益之所在，相互结合起来。我不是说一个持这种信念的人必然是一个利己主义者；但是我觉得，他不可能既相信他的利益将被他意欲去做的行为提高，又从其动机中排除了对自己利益的关心。因而，如果我们认为这种自我关心损害一个否则就将是德性的行为的道德价值，同时又认为德性总是有利于有德性的人的利益，那么，我们就似乎不得不做出下述结论：关于德性与幸福的真实关系的知识是获得道德完善的一个不 205
可克服的障碍。我不能接受这个悖论。而且，在后几章中，我将努力表明：对常识道德判断的综合性概括和比较，总的来说不会支持关于道德善的斯多葛主义观点。因为在某些情况下，当行为是出于对德性本身的爱之外的某些动机时，它们似乎更明显地具有德性。在目前，我只想指出上面陈述的学说直接对立于下述观点，即人类行为的普遍的或正常的动机或者是具体的对快乐（或痛苦）——对行为者自身而言——的欲望（或反感），或者是我称之为自爱的对于他的整体幸福的更一般性的关心。指出这一学说也排除一种不那么极端的学说，即在某种范围之内，出于这类有关自身的动机也能够履行义务；以及指出上述的这种或那种观点也常常为那些明确采取直觉的伦理学方法的作者们所坚持。例如，我们发现洛克未作任

的人一般都认为，我们的服从和爱是属于作为一个道德存在物具有无限的智慧特性和善性——而不是相反——的神的。如果是这样，这些宗教的动机似乎就实际上是与对义务的关心和对德性的爱一致的，虽然它们已被外加的属于人际关系的情感改变了和复杂化了。

何保留或限定地阐述道，“善恶只不过是快乐与痛苦，或在我们身上引起和促进快乐与痛苦的东西”，[①] 所以，“为人的自由行为建立一套规则体系而不把它与将影响他的意志的奖惩联系起来，将完全是枉费气力的。”另一方面，他又以同样的强调表达了下述信念，即“可以通过必要的推理，从像数学命题那样无可争辩的命题中推导出正当与错误的标准”，[②] 以便“能够把道德置于可证明的科学的地位上”。这两种理论的结合产生了这样的观点：道德规则主要是上帝的法则，人们仅仅是或主要是出于对上帝的奖赏的希望或对它的惩罚的恐惧而不得不服从它们的。那些没有十分精细的道德感的普通人似乎普遍接受某些这样的观点。

在既承认人性中有一种无利害的对义务或德性本身的关心，又认为自爱是正当行为的恰当合理的动机的思想家们中间，我们还可以举出巴特勒及其学派作为另一个例子。巴特勒不仅把“合理自
206 爱”看作人类行为的一个正常的动机，而且把它看作与良心同等重要的“人性的主要的或更高的原则”，以至一项行为如果违反了自爱原则，就“变得不合于”人性。与此相应，他的说教并不旨在诱导人们去选择利益之外的义务，而是要使他们相信在这两者之间不存在不一致性，使他们相信自爱与良心指向“唯一的或同一个生命过程”。

在我看来，这种居间的学说总的来说比前面对比过的任何一种极端的观点都更符合人类常识。但是，我不认为这三种观点之中有

---

① 洛克：《自然法则论文集》，第 2 部第 28 章第 5、6 节。

② 同上书，第 4 部第 3 章第 11 节。

哪一种与直觉方法的基本假设不一致。甚至那些坚持认为不可能合理地期待人们会无利害地——或出于由对神的制裁而产生的动机之外的其他动机——遵守道德规则的人们，也通常认为上帝是最高理性，它的法则必然基本上是合理的。而且，就人们认为这些法则是可以“借助于自然”来认识的——所以，如洛克所说，道德属于可证明的科学之列——而言，确定这些法则的方法将仍然是直觉的；因为它是同上帝将奖励他们遵守法则的行为并惩罚违反法则的行为的信念结合在一起的。另一方面，那些认为对义务本身的关心是正当行为的一个不可缺少的条件的人也会普遍承认，正当行为不能都被定义为出于一种纯粹的正当地行动的欲望的行为；而且，虽然在某种意义上一个真诚地欲求和意欲行为得正当的人是在尽他的全部所能，并且充分地实现义务，但是这样一个人仍然可能是抱着一种关于他自己的具体义务的错误判断而行动的，因而在另一种意义上，可能是在错误地行动的，如果人们承认这一点，那么，甚至从“实现义务本身的欲望或决心是正当行为的基础”这一观点来看，我们也显然需要在两种正当性之间作出一种区别。我们可以这样来表达这种区别：一项行为是——基于上述观点——“形式地”[①]正当的，当那个自愿的行为者是由为着义务之故而去实现或选择义务的纯粹欲望驱使时，一项行为是“实质性地”正当的，当他意欲 207
达到正当的具体效果时。如果采取这一区别，那么很显然，那些在形式的正当性上分歧最大的思想家们也没有理由不采取相同的原

① 我自己在哲学阐述中很少使用形式与质料这对范畴，因为我觉得它容易被指责为具有模糊性和不明确性。在这里，我们可以把“形式的正当性”解释为既指行为正当性的**普遍的**和**基本的**条件，又指其**主观的**或**内在的**条件。

则与方法来确定实质的正当性，或具体效果的正当性。而且，有体系的道德学家的工作显然主要是与实质的正当性相联系的。

3. 上面所使用的“形式的正当性”既意味着行为的欲望或选择是正当的，也意味着行为的信念是正当的。但是这后一条件可以离开前者而存在。我不可能仅仅出于对义务的爱做出一项行为而不相信它是正当的，但是我能够相信它是正当的而出于某种别的动机做出它。而且，在采取直觉方法的道德学家们中间，在这样一种信念的道德必要性的问题上似乎有比我们在动机问题上所发现的更多的一致意见。至少是我相信，人们似乎普遍认为，无论一项行为的外在方面和关系如何，如果行为者相信它是错误的，它就不可能是绝对正当的。[①] 这样一项行为我们可以称为“主观地”错误的——尽管它是“客观地”正当的——行为。我们仍然可以提出下面的问题：在任何一个具体场合中，一个人做他错误地相信是他的义务的行为，或某种的确是——不从他的错误信念来考虑——他在那个具体场合中的义务，并且如果他能这样想就会是完全正当的行为，对于他是否更好？这对于常识来说是一个相当细微的、引起困惑的问题；因而有必要指出，它对于实践只有一种有限的、次要的意义。这是因为，当人们思考他们自己在一个具体场合中应当做出的行为时，谁也不能从的确是正当的行为中区别出他相信是正当的行为。仅当我们有能力影响另一个人的行为时，在“主观的”正当性和“客观的”正当性之间进行实际选择的必要性才显现出来。如果另一个

① 我设想，人们并不都认为为了构成一项完全正当的行为，行为者的心灵中必须实际地出现一种关于该行为是正当的信念。尽管行为者从未实际地提出它的正当性和谬误性的问题，它仍然可以是完全正当的。见（边码）第225页。

人要去做我们认为是错误的而他相信是正当的行为，如果我们不能改变他的信念、而只能以也许能压倒他的义务感的其他动机来影响 208
他，我们就需要决定是否应当这样影响他，以便实现我们认为是客观地正当的与他自己的信念相反的行为。我认为人类的道德感将反对这类尝试，并且将把一项行为的主观的正当性看得比客观的正当性更重要，除非那项由一种错误的义务感引起的行为的恶显得极其严重。[①]但是，无论一个道德的当事人应当做他相信是正当的行为这点有多么重要，正当行为的这一条件都太简单，因而不能系统化。所以，我们的进一步考察必然主要是与“客观的”正当性相联系的。

然而，如人们通常认为的，有一条仅仅靠反思正当性的一般概念[②]就可以获得的具有某些价值的实践规则。在前面的一章[③]中，我曾试图使这一概念更清晰；我在那里说，“我判定为正当的必然为所有真正在判断问题的有理性者同样判定为正当的，除非我判断错了”。这一陈述并不意味着，被判定为对一个人是正当的东西必然也被判定为对另一个人也是正当的。“客观的”正当性是因人而异的，正如人们的本性与环境的“客观的”事实是不同的一样。然而，

---

① 我认为，在作这种决定时，我们通常会把对行为者的品性的坏后果与另一类不同的坏后果加以比较。在一些极端的例子中，这后一类考虑当然会在常识观点中占上风。例如，如果一个政治家通过诱起一个将基于良心的理由而反叛的领导者的恐惧或贪心而平息了一场危险的叛乱，我们一般都赞扬他。参见后面第 4 编第 3 章第 3 节。

② “主观的”与“客观的”这一对立范畴不适用于这一段中所考察的正当行为的条件。因为这种形式的条件既是主观的又是客观的。我将证明这一条件包含于我们常识的正当行为的概念之中，因而它必然被我们判断为真正有普遍意义的。而且，虽然它并不保证完全客观的正当性，它却是排除客观的谬误性的重要因素。

③ 参见第 1 编第 3 章第 3 节。见(边码)第 33 页。

在我们关于伦理的客观性和物理的客观性的观念之间，似乎存在着下述区别：我们在前者之中通常拒绝承认那些我们找不到合理解释
209 的差别，而在后者之中经验却迫使我们承认这类差别。在各种共存的物理事实中，我们发现了一种偶然的或任性的因素：我们必须默认它，因为我们不可能设想我们能靠对于我们的物理的因果关系的知识把它排除。例如，如果我们问为什么我们凭据经验已知的一部分空间比其他毗邻的类似部分容纳了更多的物质，物理科学就只能靠陈述（并提出一些变化的法则）各部分物质的先前的位置——它们也像它们现在的位置一样需要解释——来回答。然而，无论我们确定了这些物质的多么久远以前的位置，我们所留下的不确定的部分都像我们一开始面对的那个部分一样具有任意性。但是，在我们关于正当与错误的认识之中，人们一般都将认为，我们不能给类似的不确定的变化留下地盘。我们不能把一项行为判定为对甲是正当的而对乙是错误的，除非我们能在这两个人的本性或环境中找到这样的差别：我们可以把它视作他们的义务上的差别的一个合理的理由。因而，如果我判定一项行为对于我是正当的，我就隐含地判定它对本性与环境与我相差不大的其他任何人也是正当的。通过弄清这后一个判断，我们便可以使自己避免一个困扰着良心的危险，即我们自己可能被强烈的欲望扭曲和改变，以至我们极容易认为我们应当去作我们十分希望去做的事。因为，如果我们问自己是否相信任何处于类似环境中的类似个人都应当作出我所思考的这项行为，这个问题常常会驱散我们的强烈倾向已经赋予它的虚假的正当性表象。我们看出我们不会认为它对另一个人是正当的，因而它也不可能对我们是正当的。的确，这种对于我们意志的正当

性的检验如此普遍有效，以至康德似乎认为所有具体的义务规则都能从一条基本规则——“这样地去行动，使你的行为的准则通过你的意志成为一条普遍的自然法。”[①]——中推导出来。但是在我看 210
来，这是对于形式逻辑提供了完善的真值标准这一假定的错误的套用。我同意一个经不住这一检验[②]的意志是应受谴责的；但是我认为，一个经住了这一检验的行为也可以是错误的。因为我认为，所有（或近乎所有）按其良心行动的人都可能真诚地希望他们遵循的那些准则被普遍接受；在此同时，我们又不断发现：这些人在每个人在一特定环境下应当做出的行为上存在着根本的良心分歧。在这些情况下，说由于所有这些人的准则都符合于康德的基本规则，他们都是正当地——在客观的意义上——行动的，就会全然抹杀主观的正当性与客观的正当性的区别。这种说法无异于肯定任何人认为是正当的就是正当的，除非他搞错了他所判断的那个场合的事实。但是，这样一种肯定是公然与常识相抵牾的，并且会使建立一种科学的道德准则的努力功亏一篑。因为，这样一种准则的目标就

① 见康德：《道德形而上学原理》[第 269—273 页，阿伯特英译本（1879 年版）第 54—61 页]。康德在这里先说，“因而只有唯一的一条绝对命令，这就是：只按照你同时希望它成为一条普遍法则的那条准则去行动。那么，如果所有的义务命令都能从这条唯一的命令中推导出来，就像从它们的原则中推导出来一样……我们就至少可以表明我们把〔义务〕理解为何，以及这一概念的意义如何”。然后，他阐述了这一原则在四个他挑选来作为“许多实际义务”的代表的例子中的应用，并继续说，“如果我们自己想寻找一个违反义务的机会，我们将发现，我们事实上并不希望我们的准则成为一条普遍法则，因为我们不可能有此种希望”……所以，他总结他的这一部分论点说，“我们已经清晰而明确地为一切实践应用表明了绝对命令的内容，这条命令必定包含着所有义务的原则，如果有这样一种东西的话。”

② 我不是说我打算按照康德所阐述的那种形式接受他的基本准则。但是，把那些在我看来是必要的限定放到后面去解释将更为方便。

是提供一种标准来调整人们的歧见。

所以，我们可以得出下述结论：直觉方法试图去系统化的道德判断，主要地和基本上是对人的意志的各种具体的外在效果的正当性或善性（或其反面）的直觉；这些外在效果是行为者所意求的，但是在被考虑时却不依赖于他自己对于他的意图的正当性或谬误性——虽然与意图相区别的那些动机的性质也必须被考虑在内——的观点。

4. 但是还存在这样一个问题：把这些直觉看作一直如此的（像
211 我迄今所作的那样）又是否合理呢？此外，当然还有一些这样的人，他们煞费苦心地提出一些理由，说反思并不能使他们在自己的意识经验中找到这样一些现象，例如，关于某行为自身即是正当的或善的——在其他意义上，而不是在作为达到某种较远目的的正当的或适合的手段的意义上——这样的判断或明确的知觉，等等。然而我认为，这种反驳通常被视为是自相矛盾的并且与文明人的共同经验是相悖的；至少是当我们把有关这些道德判断（或对道德性质的明显知觉）的**存在**的心理学问题与关于它们的**效准**的伦理学问题，以及关于它们的**发生**的（我们称为“心理发生学”的）问题仔细地区别开时，情况是这样。在这些问题中，第一个和第二个问题有时由于人们在使用“直觉”这一术语时的模糊性而被混淆。人们有时这样理解这一术语的含义，即它指称的判断或明显知觉是**真实的**。所以，我想说明：当我把一个关于行为的正当性或错误性的判断称为“直觉性的”时候，我不是在预先断定这一判断从哲学角度思考的终极效准问题；我仅仅是指它的真实性是被当下明显地认识到的，而不是作为推理的结果而被认识到的。我承认任何这类“直觉”都

可能被表明是含有某种事后的反思与比较可以使我们纠正的错误因素的，正如许多通过视觉器官产生的明显知觉被表明是部分地虚假的和谬误的一样。事实上，本书的以下部分将表明，我在相当大的程度上认为人们所称的道德直觉是含有这种错误成分的。

所以，道德直觉的效准问题与“它们是否现实地存在”这一简单问题是两个不同的问题；这后一个问题显然只能由每个人根据直觉的内省或反思来确定。绝不能由此推论说，由于内省总是不会有错误的，因而这一问题的确定是一件简单的事。正好相反，经验告诉我，人们常常可能把道德直觉混同于与之截然不同的其他心态或心灵活动：——对某类行为的盲目冲动，偏爱这类行为的模糊情感，从迅速的半意识的推理过程中产生的结论，已由日常的耳濡目染造
成了一种自明的幻象的流行意见。但是，由于这类错误是因粗心和 212

肤浅的反思而发生的，任何这类错误又只能通过更缜密的反思来纠正。与其他心灵的交流对于纠正这类错误的确极有裨益，以间接的方式追索明显的直觉的前因也于此颇有裨益，它可以向反思的心灵揭示出肤浅的直觉观点可能失足之处。不过，某种判断是否在反思的心灵面前把自己呈现为被直觉地认识的判断这一问题，仍然不能靠追索其前因或原因来确定。[①]

然而，人们仍然可能认为，追索道德直觉的发生在确定它们的效准方面必定有决定性的意义。而且事实上，直觉主义者们和他们的反对者们都常常认为，如果我们能够表明我们的道德能力是从其他预先存在的心灵因素或意识因素“派生”或“发展”而来的，我们

① 见本书第1编第3章(边码)第32页。

就有理由不信任它。另一方面，如果我们能表明它是自人类心灵产生之初就存在了的，我们就可以据此阐明它是值得信任的。在我看来，这两种假设都缺乏基础。一方面，我看不出有什么根据假定，一种派生的能力本身就比以不同方式在占有它的个人身上产生的能力更容易出错；[①] 换言之，我看不出有什么根据说，某些明显的自明判断已经可以通过认识的和决定论的方式产生这一点，能作为不信任这类明显的认识的有效理由。我甚至也不能承认，那些肯定这
213 类判断的真理性的人们都是要通过它们的原因表明一种使它们具有真实性的倾向。的确，接受这类举证责任（onus probandi）在我看来会使我们不可能获得哲学的确信。因为，所需要的论证的前提必然由已产生的信念构成，这些已产生出来的信念将同样需要被证明为是真实的；这样的推理是没有穷尽的，除非我们能在我们推理的前提中找到不再有前因的明显的自明判断，并且这些判断无需证明而被视为有效的。但是，这样一个结论将是极其自相矛盾的。而且，如果人们承认所有信念都一无例外地是其前因的效果，那么显然就不能只用这一特点把其中某一个信念说成是无效的。

所以，我认为举证责任必然被抛给另一方：那些基于道德或其他直觉的派生性而怀疑其效准的人，不仅必须说明它们是某些原因

① 我不可能怀疑：我们的每种认识能力——简言之，人类精神的整体——是从某种恰当地说是不具有认识能力的低等生物那里，经过一个缓慢的生理变化过程衍生和发展而来的。按照这种观点，“原初的”和“派（衍）生的”之间的区别可以归结为在发展上“优先的”和“偏后的”；而且，道德能力在进化过程中比其他能力出现得稍晚这一事实不能被当作反对道德直觉的效准的论据，这尤其是因为人们通常把这一过程视为完全同质的。实际上，这样一种推理将是自杀性的；因为，道德能力是发展而来的这一认识自然比道德认识出现得更晚，因而根据这一推理它将是更不值得信任的。

的效果，而且必须说明这些原因是一种倾向于产生无效准的信念的原因。我认为，人们既不能根据道德能力的派生性的理论证明“正当”或“应当”，“善”或“可以合理地去欲求和寻求的东西”这些基本伦理学概念是无效准的，也不可能证明所有“X是正当的或善的”形式的命题最终都是不值得相信的。因为，由于这类伦理学命题所涉及的问题是与物理学或心理学涉及的问题根本不同的，它们不可与任何物理学的或心理学的结论一致。人们只能通过指出它们相互间的矛盾说明它们包含着错误；而且，这样一种说明也不能令人信服地使我们相信它们都是虚假的这一总括性的结论。然而，人们可以证明，某些伦理学信念由于它们被产生的方式而很可能全部地或部分地是错误的。在此之后，考察在何种程度上所有的伦理学直觉——我们发现自己倾向于把它们视为有效的——都会受到这类基于心理发生学的攻击，就将是一个重要的问题。在目前我只想强调：尽管人们可以做出关于我的道德能力是派生的或后产生的一般性证明，但是任何这类证明都提不出充分的不信任这种能力的理由。

另一方面，如果我们基于其他根据——（例如）基于同一个人的道德判断中缺乏明确性与一致性的理由，以及不同人的判断之间存在分歧的理由——而被引导致不相信我们的道德能力，那么，我觉得同样清楚的是，我们不可能靠证明道德判断的“原初性”而重建对于它们的信心。我看不出有什么理由相信我们的道德认识的“原初的”因素能够被弄清；但是即使这是可能的，我也看不出有什么理由认为这种因素将是尤其不会出错的。 214

5. 那么，我们能希望以何种方式清除我们的道德直觉中的错误呢？在前面的一章中，在我讨论直觉方法的不同阶段时，我简单地指出过对这一问题的一种回答。我在那里说，为了消除我们在比较我们的具体判断时发现的不确定性和背驰所产生的疑惑，反思的人会自然而然地诉诸于一般规则或公式，直觉的道德学家通常正是赋予这些一般公式以终极的确定性和有效性的。在我们关于具体义务的判断当中有这样一些明显的错误根源：当我们考察不同行为的抽象概念时它们似乎是不存在的。因为在具体场合中，情况的复杂性必然增加了判断上的困难；我们的私人利益或习惯性的同情也会干扰我们的道德辨别的明晰性。其次，我们必须指出，我们中间的大部分人都感到我们需要这些一般公式，不仅为了纠正我们关于特殊的具体义务的直觉，而且为了补充这些直觉。只有极端自信的人才觉得他们总能看清在面前的具体场合中该做什么。无论我们能多么明确地肯定普通行为中的正当性与谬误性，我们大多数人都常常碰到一些这样的场合：在这里，我们未经推理的判断会使我们犯错误；而且，我们不诉诸某些一般公式就不能确定所提出的伦理学问题，正如我们不诉诸与问题有关的实证法就不能确定一项有争议的法律要求一样。

215　而且，我们不难找到这类公式。我们只需对人们的道德谈论作一些反思与观察，以便搜集这样一些一般规则：关于它们的效准至少在我们自己的时代与文明中的有道德的人们中间有明显的一致意见；并且，它们大致能概括整个人类行为领域。我们把这样一批规则叫做社会的实证的道德，把它们视为由个人所属的社会的舆论加给个人的一套准则。但是，如果我们把它们视为一种由人类——或至少是人类中把足够的理性启蒙与对道德的严肃关心结合起来的那个部分——的一致意见来保证的道德真理体系，把它们称为常识道德，那就会更有意义。

然而，当我们试着去运用这些普遍公认的原则时，我们发现组成这些原则的那些概念常常是不甚明晰和准确的。例如，我们会一致认为公正与诚实是最重要的德性，我们大概也都接受“我们应当给每个人以其应得之物”和“我们应当讲真话”这些一般准则。但是，当我们问(1)长子继承权是否公正，剥夺教会基金是否公正，以及靠竞争确定服务的价值是否公正，或者(2)是否(以及在何种程度上)允许在宣传演说、宗教仪式中，以及在对敌人或强盗说话或捍卫合法隐私的场合使用虚假陈述时，我们并不觉得这些或其他流行的准则能使我们作出明晰而确定的决定。这类具体问题终究还是我们自然地期待从道德学家那里得到答案的问题。因为正如亚里士多德所说，我们是为了实践而研究伦理学，而在实践中我们关心的是具体问题。

所以，如果我们真的要使直觉道德的一般公式作为科学公理发挥作用，并且能通过明确的、有说服力的证明而获得，我们首先就必须借助于一种普通人不愿意作出的反思的努力，把它们提高到更准确的水准，而不是从一般人的通常的思考与谈论中去寻找它们。事实上，我们必须作出苏格拉底率先作出的那种努力，并尽可能令人满意地定义通常被我们用来表达对行为的赞许或谴责的义
务与德性的一般概念。这就是我们在以下的九章中将要从事的工 216
作。我必须请读者记住，在这几章中我不是在试图证明或证伪直觉主义，而仅仅是通过反思我和我的读者共有的共同道德，来获得对于它的基本规则的尽可能明晰、准确和一致的陈述。

217

第二章　德性与义务

1. 然而，在我们试图定义具体的德性或各部分的义务之前，我们最好先进一步考察义务与德性的一般概念，以及这两者之间的关系。我们发现这些概念与关系隐含地表达在人类的常识之中，我们现在就打算努力表明这种常识。迄今为止，我一直把义务看作是随着正当行为而广泛变化的。然而我也指出了，前一术语——像“应当”和“道德义务”——至少具有这样的含义，即引发错误行为的动机是**潜在着的**，因而它不适用于不具有动机冲突这一特性的存在物。例如，我们并不设想上帝在履行义务，虽然我们也设想他在实现公正和行为之中的其他善性。由于一种类似的原因，当我们强烈地受非道德倾向——人们认为这是一些无需道德冲动也可以做出正当行为的倾向——的驱使而做出正当行为时，我们也通常不把“义务”这一术语用于这些行为，无论这样做多么必要和重要。例如，我们一般不说吃饱喝足是一条义务，虽然我们的确对没有口味的病人说这类话。因而，如果我们把义务规定为“那样一些正当的行为或节制：要充分地完成它，一种道德冲动被认为至少有时是必要的”，我们也许就会最接近于习惯用法。但是，由于这条界限是模糊的和不断变化的，我不认为在具体地讨论义务时有注意它的必要。我们只需指出，我们将考察的主要是上面提出的定义所包含的

那些正当行为。

然而，有人可能会说，“义务”这一术语还有另一含义，这就 218
是它是“归”或属于某个人的；他们说我一直忽略了这一含义，然而偏离义务的行为却明显地表明了它。但是我认为，这里所说的偏离并不能概括通常的用法，毋宁说人们通常承认的是：属于个人的义务，或“相对的”义务，仅仅是义务的一种；某些义务——如讲真话——则没有这种相对性。诚然，人们可以把任何义务都视为相对于个人或直接受义务行为影响的人的，但是当义务行为的直接效果是有害的时，例如当讲真话会在听话者身上引起一种生理上有害的震动时，人们并不总是这样看待义务的。虽然人们还可以认为这种义务最终是于社会有利的，是“归于”社会或整个人类的，因而即使在这种情况下也应当讲真话，这种观念仍然与“无论后果如何都应讲真话”的直觉观点不同。其次，信教者们可能认为，义务行为不属于人或其他受他影响的生物，而属于道德法的创作者神。我当然不会否认，我们常识的义务观念中隐含着个人意志与被设想为完全合理性的普遍意志的关系。不过我不想断定这种含义是必要的；同时，对这种含义中涉及的困难展开讨论也会引出我希望避免的形而上学的争论。所以，我打算在对直觉方法的这一阐述中避开一般义务与神意的关系，并且由于部分相似的原因，把直觉主义者常常区分出来的具体的“对神的义务”也放到一边。我想无论我们是否把“对人（或其他动物）的义务”视为由最高理性意志外加的，我们关于它们的一般规则的观点——就其被视为可为道德直觉所认识而言——都依然不变。这是因为在任何情况下，它们都将是这样一类规则：我们认为所有的人都遵守它们是十分合理的，因而它们就如

同是最高理性会加给我们的规则。所以，我将不把"义务"看作必
219 然意指同一个普遍的施加义务者，或同基本上受义务行为影响的人们的关系的，而是将在一般意义上把它用作正当行为的同类术语；在实践意义上用它专指道德冲动被视为是或多或少必要的那类行为与节制。

德性概念具有更大的复杂性和困难，也需要从不同观点来进行讨论。我们可以先指出，似乎存在一些这样的具体德性(例如慷慨)：它们可能体现在由于缺乏对行为后果的洞察力而导致的客观上错误的——虽然不是主观上错误的——行为中；甚至存在一些这样的德性(例如勇敢)：它们可能体现在行为者知道是错误的错误行为中。虽然对这类行为的沉思在我们身上激起一种准道德的崇拜，但我们显然不应当称后一类行为是德性的。如果我们要在严格意义上使用这个词，我们也要想想是否也不应称前一类行为是德性的。因而，如果我们只用"德性"这个术语指展示在正当行为中的性质，这将不致实质性地偏离它的习惯用法。[①] 我在以后的讨论中打算采取这种限定。

那么，我们在何种程度上把义务和(如此界定的)德性的领域视为同样宽泛的呢？按照这两个词的普通意义，它们各自的领域无疑在很大程度上是同样宽泛的，但又并不都是这样。这是因为，按照它们的通常用法，每一个词都似乎包含着某些另一个词所排除的

① 就阐发常识道德这一目的而言，把德性理解为展示在正当行为中的性质是较为方便的。因为，这样我们就能把关于具体德性的常识概念当作标题，用来划分公认的正当行为的那些最重要的种类或方面。我认为，这种用法也像任何其他同样准确的用法一样符合于这一术语的日常用法。

东西。在通常的情况下，我们很少说还帐、使子女受体面的教育，以及使年迈的双亲免受饥馑的行为是德性的，这些行为是大多数人在履行着、只有少数坏人才蔑视的义务。另一方面，也有一些具有高贵德性的行为我们通常认为是不属于行为者的义务的严格范围的；当人们做了这些行为时我们赞扬他们，而当他们没有做时我们却并不谴责他们。然而，在这里产生了一个困难，因为我们不应当否认：只要力所能及，做一个人判断为最有德性的行为就在某种意义上是他的严格的义务。

但是，我们能说实现德性也像履行义务一样是人力所能及的 220
吗？[1] 诚然，在某种程度上我们可以这样说：除非德性被想象为在某种程度上是可为——当环境为它的实现提供了机会时——所有普通人直接凭意志获得的，否则就没有任何一种性质曾被称为德性。事实上，德性与其他行为美德之间的界限通常是根据这种意愿性特点而划定的；我们称一种我们认为任何意志都不能使我们立即以可认识的程度表现出来的美德为禀赋、恩赐或天才，但不能恰当地称之为德性。抹杀这条界限的作者们，如休谟，[2] 明显地背离了常识。不过我认为，任何人在任何时候都能实现最高形式或程度的德性这一说法，显然是自相矛盾的。（例如）没有人会断言，当机会到来时任何普通人都能凭意志表现出最大的勇敢——就勇敢是一种德性而言。所以，我们似乎能确定德性行为的界限，这个界限可能由于超

① 在第 1 编第 5 章第 3 节中，我已经解释了当决定论者也像自由主义者一样主张人有能力履行其义务时所隐含的意义。

② 参见休谟：《道德原理探究》(*Inquiry concerning the Principles of Morals*)，附录 4。

出人的能力范围而比他的严格义务的界限更宽。

那么，排除这个界限，就人力所能及的范围而言，我们能够说德性的行为与人的义务完全一致吗？我们当然应当同意下述说法：一个真正有道德的人不能对他自己说："这总的来说是我所能做的最好的事，但是去做这件事并非我的义务，虽然它是力所能及的"；这种说法对常识说来当然是一个不道德的悖论。[1]不过，似乎存在着这样的一类行为与节制：我们赞扬它们是德性的，但是并不把它们作为义务加给所有有能力做出这些行为的人，例如要求一位富人
221 生活得极其简朴并把他的收入捐献给社会慈善事业。

也许我们可以通过区分下述两个问题，即"一个人应当做（或避免）什么"和"其他人应当因为他没有做（或避免）什么而谴责他"，而把这些不一致的观点协调起来，并且承认通常被用来解决后一问题的标准比被用来解决前者的标准更松散。但是，应当如何解释这个双重的标准呢？我们可以部分地借助于我们在这两种场合中的知识程度的不同来解释它。有许多行为与克制我们说不清人们是否应当去做或克制，除非我们得到一个人只对他自己的情况——而不是对其他人的情况——才具有的那种完备知识。例如，我可以很容易地决定我应当把钱捐给某某医院，但是我不知道我的邻居是否应当捐助它，因为我既不知道他的收入情况，也不知道他

[1] 如果这番话是一个有道德的人抱着真诚的、十分强烈的履行其义务的欲望说出来的，我认为它必定是基于下述两种意义之一被使用的：或者（1）在半讽刺的意义上被使用，这时说话者承认一个习惯上的德性行为标准，他不想公开反驳这个标准，但是他并不真的把它看作是有效的——例如当我们说去读一本新书，听一次布道，拜访一下友人等等是有德性的行为时就是这样；或者（2）在松散的意义上被使用，指如果说话者有另外一种气质结构的话，某某行为就可能是最好的。

所欲得到满足的要求。然而，我不认为这条解释是始终适用的。我相信有不少这样的场合：在这里我们不因为他人没有做某些行为而指责他们，尽管我们毫不怀疑若处在他们的地位上我们就会把做出那些行为视为我们的义务。在这类场合中，我们似乎是靠对人们的日常行为的或多或少有意识的考虑，以及靠对表达道德赞许或谴责的实践效果的社会本能来划定界限的。我们相信：总的看来，我们表扬高于日常实践水准的行为，而只批评明显低于这一标准的行为——至少是如果批评要准确和具体的话——是最有利于道德进步的。但是，这样确定的标准必然是模糊的，并且倾向于随着一个社会或其中的一部分的平均道德水准的变化而变化。实际上，牧师们和道德教师们的目的正是一步步地提高社会的平均道德水准。所以，用社会的平均道德水准来在德性与义务之间划出一条理论界限是不方便的。由于这一点，我一直认为最好是这样地使用这两个术语：使德性的行为既能包括义务行为，又能包括可能被普遍认为是超出了义务范围的任何好行为；尽管我承认在其日常用法中，德性最突出地表现在义务中。

2. 到目前为止，我一直在从行为的方面考察“德性的”这一
术语。但是，这个一般的术语和指称具体德性的术语——“公正 222
的”“宽容的”“勇敢的”，等等——都是既用于人又用于人的行为的；而且，我们还可以提出哪一种应用最恰当或重要的问题。我认为，在这里，反思表明我们并不认为这些特性是属于被撇开行为者而考察的行为的。所以，德性似乎主要地是灵魂或心灵的一种性质：与它赖以表现它自身的易逝的行为和感觉相比，我们认为德性是持久的。由于我们把德性看作这样一种性质，我们普遍认为它是

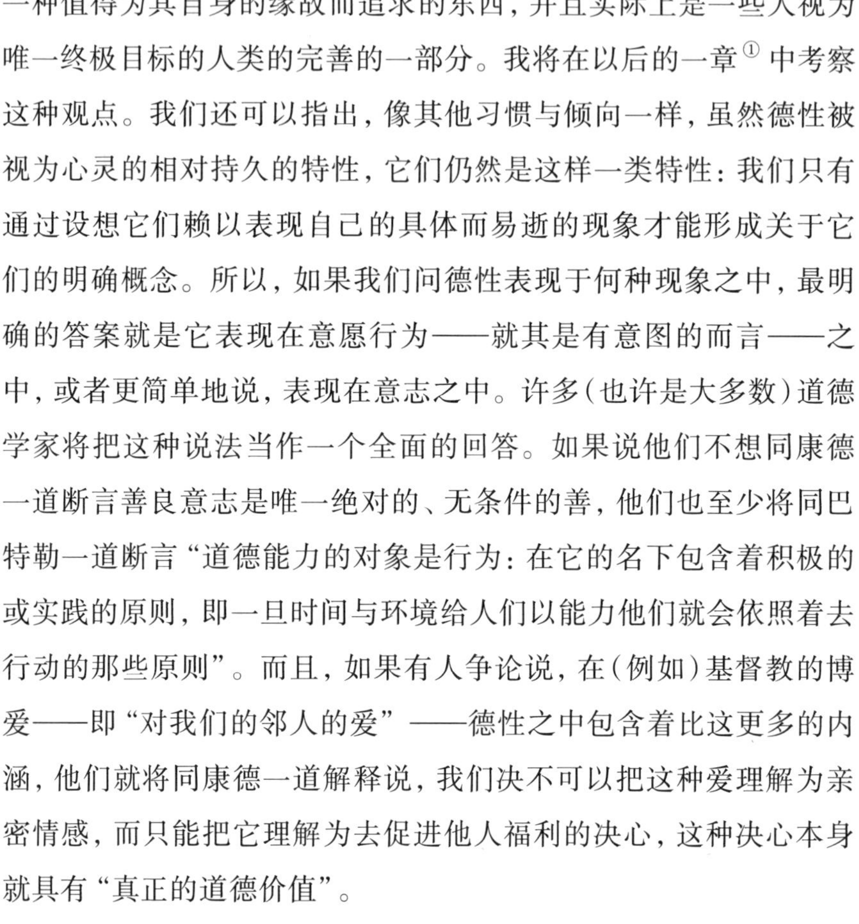

一种值得为其自身的缘故而追求的东西，并且实际上是一些人视为唯一终极目标的人类的完善的一部分。我将在以后的一章[①]中考察这种观点。我们还可以指出，像其他习惯与倾向一样，虽然德性被视为心灵的相对持久的特性，它们仍然是这样一类特性：我们只有通过设想它们赖以表现自己的具体而易逝的现象才能形成关于它们的明确概念。所以，如果我们问德性表现于何种现象之中，最明确的答案就是它表现在意愿行为——就其是有意图的而言——之中，或者更简单地说，表现在意志之中。许多（也许是大多数）道德学家将把这种说法当作一个全面的回答。如果说他们不想同康德一道断言善良意志是唯一绝对的、无条件的善，他们也至少将同巴特勒一道断言“道德能力的对象是行为：在它的名下包含着积极的或实践的原则，即一旦时间与环境给人们以能力他们就会依照着去行动的那些原则”。而且，如果有人争论说，在（例如）基督教的博爱——即“对我们的邻人的爱”——德性之中包含着比这更多的内涵，他们就将同康德一道解释说，我们决不可以把这种爱理解为亲密情感，而只能把它理解为去促进他人福利的决心，这种决心本身就具有“真正的道德价值”。

然而，我不认为这种从德性观念中全然排除情感因素的作法真
223 的会符合人类常识。我认为，按照我们的常识道德判断，有德性的人的某些情感的存在至少会给某些德性行为增色并使它们更好，尽管意志因素当然更重要和更不可或缺。例如，在纯洁或贞洁德性表现得最充分时，它不仅包含着一种避开非法诱惑的坚定决心，而且

① 本编第 14 章。

包含着对不洁的某种厌恶情感。又如，我们认识到，出于友情并友善地提供的捐赠易于为受助者接受，而那些既无友情又带着某种谁都知道是刺耳的、冷冰冰的腔调的捐赠则难于让人接受。所以，由于情感能引出更具美德的行为，在某些方面，情感——如果它是实践的和稳定的——似乎是比意志的单纯的仁爱倾向于更高的美德。在感谢的例子中，甚至康德[①]也似乎放松了他的严格态度，并且承认情感因素对于这种德性是不可缺少的。而且，还有各种其他的概念：如忠诚和爱国主义，我们既难于把它们从德性表中排除，又难于去除其所具有的情感因素。

对上面提及的后一类例子的思考将使我们得出下述结论：按照常识的观点，对于（上一章中提出的）一项行为是否愈是出于对义务或德性的关心就愈是德性的这一问题，我们必须作否定的回答。因为，即使表明一项被赞扬为勇敢的、忠诚的或爱国的行为不是出于对德性本身的爱，而是出于自然情感的，我们似乎也不应减低对它的赞扬。的确，在某些情况下，我认为我们通常是把根本没有在意识中表现出对义务或德性的关心的行为视为有德性的。例如，在出于一种本能的同情冲动而作出的勇敢的英雄行为——比方说从死亡的危险中拯救一个同伴——中，情况就是这样。又如，当我们表扬一个人"非常谦卑"时，我们当然不是说他有意在实现举止谦卑的义务，更不消说他有意在表现一种德性了。

而且我还觉得，就许多重要的德性而言，我们在说某些人具有

① 参见康德：《伦理学的形而上学原理》（*Metaphysische Anfangsgrunde der Tugendlehre*），第 33 节："这种道德是与产生于善良意志的感情和温柔的那种亲密感结合在一起的。"

某种具体的德性时，通常不考虑行为的终极动机，不考虑这种动机是某种情感冲动，还是对义务本身的合理选择。我们视为必要条件
224 的只是意欲达到某种外在效果的坚定决心。例如，如果一个人的演说明显地表现出要在其他人的心灵中产生出与事实相符的印象的坚定决心，我们就称他为诚实的人，无论他这样做的动机为何：是仅仅出于或主要是出于一种对德性的关心，还是出于一种说谎是耻辱的感觉，一种说真话从长远观点来看是上策的信念，以及一种对谎言将给他人带来的不便的同情的反感。我并不是说我们把这些动机的道德价值看成是同等的，而是说我们在说他具有诚实德性时并没有考虑这些动机中的这种或那种动机是否存在的问题。我们在赋予一个人公正（如果他具有权衡对立的要求并按其各自的重要性来满足它们的坚定习惯）、守信（如果他具有恪守明确的或默契的约定的坚定习惯）等等德性时，情况也是如此。甚至在我们显然考虑动机时，我们也仅仅是为了判定德性的程度而在考虑被抵制了的诱惑性动机的力量，而不是考虑行为的主导动机的具体性质。当行为者具有强烈的做不公正的或不诚实的行为的倾向时，我们必定认为表现在那公正的或诚实的行为中的德性是更高的；同样，当存在着某些指向好行为的被我们称为德性的倾向或习惯时，也必定有强烈的诱惑性的动机在起作用，但反之却未必。例如，当我们说一个进食和饮酒都适量的人有节制的德性时，那是因为我们认为他也有进食和饮酒过量的爱好。

同时我也承认，常识常常弄不清德性与抵制非德性冲动所需的道德努力的关系。一方面，我们普遍同意下述命题，即德性尤其突出地产生于并展示在最终成功了的与自然倾向的冲突中，也许还进

一步同意一个更极端的命题，即在做所爱好的行为时无德性可言。[①]另一方面，我们又必定会和亚里士多德一道认为：只要行为者离开了冲动的冲突便不能作出德性的行为，德性就仍然是不完善的，因为它出自一种自然冲动的恶癖，即我们觉得做最好的事是一件苦 225
事；而且，我们显然不能说我们愈是治好了这种恶癖，我们就愈缺少德性。也许解决这一困惑的途径在于承认我们的常识的德性观念中包含着两个独特的因素：一个是至善的、我们能够为人类生活去构想的道德美德理想，另一个则体现在人们获得这一理想的不完善的努力中。所以，当一个人愈发喜爱某种具体的好行为并且愈发无需道德努力便可以做到它时，我们不会说他的行为变得愈发缺乏德性了，而宁可说他的行为愈发符合一种真正的道德理想。然而在此同时，我们也会承认，在他的这一部分生命中，他展示那种体现在对诱惑性冲动的抵制中，以及体现在意志进一步接近完善理念的有力追求中的德性的机会愈发少了。

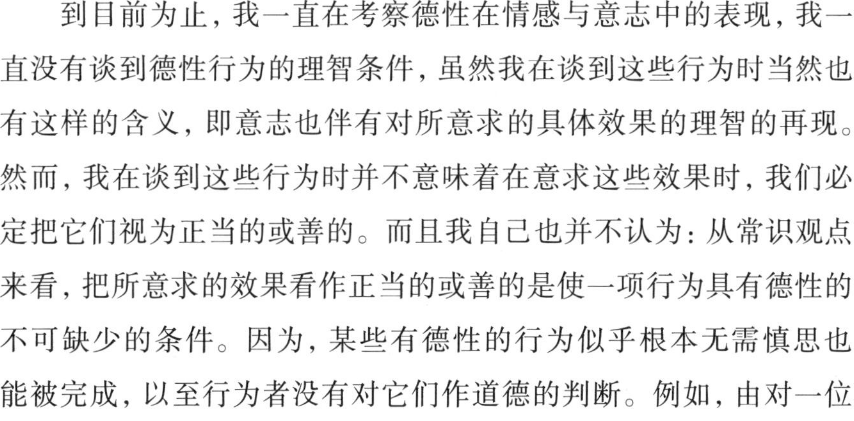

到目前为止，我一直在考察德性在情感与意志中的表现，我一直没有谈到德性行为的理智条件，虽然我在谈到这些行为时当然也有这样的含义，即意志也伴有对所意求的具体效果的理智的再现。然而，我在谈到这些行为时并不意味着在意求这些效果时，我们必定把它们视为正当的或善的。而且我自己也并不认为：从常识观点来看，把所意求的效果看作正当的或善的是使一项行为具有德性的不可缺少的条件。因为，某些有德性的行为似乎根本无需慎思也能被完成，以至行为者没有对它们作道德的判断。例如，由对一位

① 或无“优点”可言。但是，就“优点”概念是被准确运用的而言，在本编第5章（论公正）中再来考察它将更为适宜。

突然陷入危险中的伙伴的同情冲动引发的英勇行为就可能是这样。但是我认为，这一行为显然具有一个必要条件，这就是：谁也不会糊涂地把它想成坏行为。前面已经说过，更令人困惑的问题在于，一项当事人认为好而实际上坏的行为在何种程度上为常识判断为有德性的。[①]但是，如果我们同意只用这一术语指我们认为是正当
226 的行为，那么就又可以看出，离开了必要的理智条件，实现德性就不是任何人在任何时候都能做到的。[②]

我来概括一下这个相当复杂的讨论的结论。我把德性视为一种展示在义务行为（或超出了严格的义务范围的好行为）中的性质。它实际上主要是属于行为者的心灵或品性的，但是它只通过在情感和行为中的表现而为我们认识。相应地，在试图弄清我们对于具体德性的观念时，我们不得不考察它们赖以展示自身的那些意识状态。在考察这些意识状态时，我们发现意志因素是最重要的，并且在某些场合中几乎是唯一重要的；然而如果我们全然抛开情感因素，这也会背离常识。其次，在专心考察意志因素时，我们发现：在大多数情况下，被我们视作德性表现的是产生某些外在效果的意志；做出本身即正当、本身即是义务的行为的一般决心，的确被普

① 如前所述，完全错误的行为常常被看作是展示了很高程度的、我们称为——当出现在正当行为中时——具体德性的倾向的，如慷慨、勇敢、爱国主义，等等。这一点对出于未加思考的坏行为尤其是对的。

② 我认为，这是一个常识总的来说是接受的结论，虽然我注意到常识不大愿意接受它。这种不情愿倒不是表现在不愿承认做了显然是错误的行为的人也具有德性这点上；而是表现在我们总要解释他们对正当行为的无知是出于他们以前的故意的恶习这一点上。我们力图使自己相信，假如（例如）托尔克马达不知道折磨异教徒是错误的，如果他以前不故意蔑视启蒙方法，他也能够认识到这一点。但是，有许多具体的事实与这一解释不符，同时我也认为没有理由把它看作是普遍正确的。

遍看作德性行为的一个具有根本性的必要动机；但是，它并不被看
作德性在具体场合的存在的不可缺少的条件。与此相似，在考察情
感因素时，虽然一般意义上的对德性的强烈的爱或对恶的反感是引
发有德性的行为的重要动机，但是它并不是这种行为的普遍必要条
件。而且在某些行为中，其他情感的存在还使行为比它仅出于道德
动机时更好。然而，人不能凭意志控制这些情感。人也不能凭意志
控制关于我们在具体场合中该做的行为的知识，这种知识——如果 227
我们把“德性的”这一术语只用于正当行为——对于使行为具有完
善的德性显然是必要的。由于这些及其他一些理由，我认为，虽然
我们根据意愿性特征把德性与其他美德作了区分，——德性必须是
在某种程度上当契机到来时可凭意志实现的——与德性相联系的这
种意愿性却仅仅是一定程度上的意愿性。而且，虽然一个人只要认
识到了他的义务便总能履行那个义务，他却不总能实现最高程度的
德性。

然而应当指出，甚至当我们没有能力直接凭意志实现德性时，我们也承认一种培养并努力发展德性的义务。就我们能以这种方式加强我们在以后做相应行为的倾向而言，这一培养的义务可以推广到所有我们发现是不完善的德性习惯或倾向上，无论这些行为在每一场合多么完全地受着意志的控制。诚然，对于这后一类行为，——就它们是充分慎思的行为而言——假如我们具有关于正当的与合理的行为的知识，并且有足够强烈的去实施这一行为的愿望，我们就不需要任何特殊的德性习惯。[1] 但是，为了充分实现我

① 所以，苏格拉底提出“德性即知识”的学说，这一学说依赖于下述假设：一个有理性的人必然欲求善的事物。

们的义务，我们不得不在我们生命的一部分时间中突然地和不假思索地行动。在这些场合，我们没有时间作道德推理，有时甚至没有时间作明确的道德判断，以至于为了有德性地行动，我们需要这些由特殊德性的名称指明的具体习惯与倾向；而且，以某种经验表明可行的方式培养和发展这些习惯与倾向，也成为一种义务。

我将在以下几章中讲行关于具体德性的整个讨论，读者必须记住上面所确定的德性同义务的复杂关系。但是，我们已经看到，德性主要表现于意愿行为之中，这些行为是每个人力所能及的——就他承认它们是正当的而言——因而也是属于我们上面阐述过的义务
228 的范围之内的。所以，在以下讨论的大部分章节中，我们将不必区分德性行为的原则和义务的原则，因为这两者的定义将是重合的。

3. 然而，在这里有必要作一点评论，这一评论将在一定程度上修改上一章中的内容。我在上一章中把关于具体德性——公正等等——的常识概念描述为模糊得无法准确地确定它们所命令的行为。我在那里假定义务规则应当有一种普遍的准确定义，而且这种假定是属于关于道德准则的日常伦理观或法律的伦理观的。我们都会同意：如果责任是外加给一个人的，他至少应当知道这是一些什么责任；一项制定得不明确的法律必定是一项坏法律。但是，如果我们把德性作为超出严格的义务的、人们不总能凭意志实现的性质来思考，这一假定就不那么恰当。因为从这一观点来看，我们自然而然会根据这一观点把行为美与艺术品的美加以比较。关于这些艺术品，我们常常说，虽然规则和明确的规定能给我们很大帮助，但是我们仍然不能完全靠它们来创造艺术品；最高的美始终归功于一种本能或机智，这种东西不能被归结为明确的公式。当美的产品

被创造出来时，我们能够描述它，还能在一定程度上对它们的美进
行分类，给每一种美确定名称，但是我们不可能规定创造每种美的
明确方法。德性的情况可以说也是这样。由于这一点，陈述一条明
确的、我们可赖以有把握地做出某种德性行为的尝试必定会失败。
我们只能对德性作一般的描述——而不是定义——并且让老练的直
感去从具体境况中找到最能实现它的行为。关于这种我称为美学
直觉主义的观点，我以后[①]还会再谈到。但是，我认为我们的主要
工作是考察理性的或决疑意义上的直觉主义者的更为强烈的主张。
这些人坚持认为：伦理学含有准确而科学的陈述，并且把我们谈及
的那些一般规则作为它的首要原则。他们因此而给了我们一种摆
脱意见上的摇摆与分歧的希望：这种摇摆和分歧在美学讨论中是司 229
空见惯的，但是它们可能使伦理学信念的权威性陷入严重的危险。
我认为，我们不能不缜密考察被当作伦理准则而提出来的那些命
题，不看清它们是否清晰明确，以及是否可以提出其他清晰明确的
命题，就承认这些主张的效准。因为，人们——至少是较有见地的
直觉主义思想家们——不会坚持说，仅仅通过观察人们的常识道德
推理就可以以相当准确的形式制定出这些准则；毋宁说人们坚持的
是：这些准则至少隐含在这些推理之中，并且一旦被阐明，它们的
真理性就是自明的和必定马上为理智的、无偏见的心灵所接受。这
正与数学准则的情形一样：这些准则是不为、也不能为普通人认识
的，因为除非心灵受到了精细的训练，否则这些准则的确定性便不
可能被识别；但是，一旦它们的条件被恰当地理解，对它们的绝对

① 见本编第 14 章第 1 节。

真理性的领悟就是直接的和不可阻止的。与此相似，如果一条具有准确形式的明确提出的道德准则不可能得到明确而现实的“普遍”（orbis terrarum）赞同，它也仍然可能是一条人们以前只是模糊地理解、而现在将毫不迟疑地承认的真理。

在这一探索中，把德性排列成什么顺序的问题并不十分重要。我们不是要考察任何一位道德学家的体系，而是要考察（按照我在前面的称法）常识道德。我们在这一章中对义务与德性的一般概念所作的讨论也无意地表明了：从常识中引出分类具体义务与德性的明确原则是十分困难的。所以我认为，我最好在这一讨论的后一阶段再来谈它们的分类问题：一开始先以相当经验的方法，即按照我们发现它们在人类普通语言表达的普通思考中所展示的那样，探讨实际的义务与德性。道德学家们的体系常常试图把这种天然材料明确地排列成某种序列；但是由于它们是体系的，它们普遍不得不超越常识，并把残留的常识规定得有些问题。我在后面将努力表明这一点。

所以，在目前，即在这一经验的研究中，我最好先依德性的重
230 要性来分别讨论它们。而且，由于存在着一些特别有综合性、并且把所有或大多数其他德性都包括在其中的德性，我最好先从这些德性开始进行讨论。在这些德性之中，智慧也许是最突出的。所以在下一章中，我打算考察我们关于智慧的常识观念，以及某些其他同类的或有关的德性或美德。

第三章　智慧与自我控制 231

1. 智慧总是被希腊哲学家们排在德性表中的第一位，并且以某种方式被视为包含着所有其他德性。事实上，在后亚里士多德学派中，贤人或——更恰当地——智者(*σοφός*)的概念通常是被用来具体地展示所有体系所表达的生活规则的。然而，按照希腊人的通常用法，刚才提到的这个词可能既指实践的智慧，也指纯思辨科学中的美德。[①] 英语的智慧一词在某种程度上也有这两方面的意义。不过，它主要要在实践的意义被人们使用，而且甚至当用于纯思辨领域时，它也尤其是指有利于达到合理的实践结果的理智天赋和习惯，即指观察的全面性，公正对待大量难于准确估价的相反考虑的习惯，以及有关每一考虑的相对重要性的合理判断。总之，我们仅仅把实践智慧归入德性，以区别于纯理智的美德。那么，我们将如何定义实践智慧呢？它的最明显的意义在于从一般生命行为中识别出达到人的动机自然会引导我们追求的目的的最好手段。它区别于技能，或在一个有限的、特殊的人类活动领域中选择达到一个特定目的的最好手段的能力。特殊技艺的技能部分地可借助于明确的 232

① 事实上，亚里士多德——他代表产生于苏格拉底的明确将“理论的智慧”与“实践的智慧”相区别的诸学派中的一个——严格地把 σοφός 用于前者，并且用另一个词(φρόνησις)指后者。

规则来表达，部分地是一种老练或本能；它在一定程度上依赖于自然禀赋和先定倾向，但是又在极大程度上靠运用和摹仿来获得。与此相似，实践智慧——如果把它理解为生活的技艺——可能也涉及一定的科学知识，涉及不同科学中与人类行为直接有关的部分，以及与人类行为有关的经验规则。同时，实践智慧也涉及老练或上面提到的得到了训练的本能；由于人类行为的极其复杂的性质，这种老练或本能在这里甚至会更加突出。但是，从这一分析中还看不出为什么应当把这种技能视为一种德性。反思也将表明：我们通常并不仅仅用智慧指找出达到某种目的的最好手段这件事。我们不说最老练的骗子有智慧，尽管我们会毫不迟疑地说他聪明、机灵，以及具有其他纯理智的美德。同样，我们可以说一个善于选择达到其野心的最好手段的人“老于世故”，但是我们不会不加限定地说他“有智慧”。简言之，在我看来，智慧指的是对手段以及目的的正确判断。

然而，这里提出了一个十分微妙的问题。本书依据的一个假设是存在着若干行为的终极目的，它们都要求成为每个人应当接受的合理目的。所以，假如智慧包含着对目的的正确判断。那么，如果一个人把某种目的视为唯一正当的或合理的终极目的，他就不会认为一个采取其他终极目的的人是有智慧的。那么，我们能够说，在智慧这个词的通常用法中仅仅包含着某一种终极目的而排除其他的终极目的吗？人们可能指出，在我们目前正努力澄清的常识道德观点中，由于智慧本身被规定或推荐为直觉地正当的、善的行为的一种品质，有智慧者所选择的终极目的必定恰好是从一般行为中获得正当性或善性，而不是他自己或他人的幸福或者别的什么终极目的。然而我认为，如果这个概念真是这样，我们就不可能对几种独特的经历着并且也需要自身发展的方法作通常的实践理性的分析，233 而这种分析恰恰是本书的计划所依赖的基础。因为我们看到，常识的特点在于假定这些不同的相互竞争的方法是一致的或和谐的。因而，尽管在大多数具体德性和义务上，普通人的道德判断的作用显然不依赖于快乐计算，并且有时明显地与这些计算的结果相抵牾，——以至这些不同方法之间的调和成了有待解决的问题——但在综合性的智慧概念中这种对立却隐而不见了。在常识中，有智慧的人似乎是指同时达到所有不同的合理目的的人，以及通过完善地履行真正的道德准则而为自己及人类（或他的努力所及的那部分人类）获得最大可能的幸福的人。但是如果我们发现自己不能得到这种和谐，例如，如果合理利己主义引向与整个人类的真正利益相悖的行为，而且我们产生了我们该不该称寻求（或牺牲）其私人利益的人有智慧的问题，常识就不能作出明确的回答。

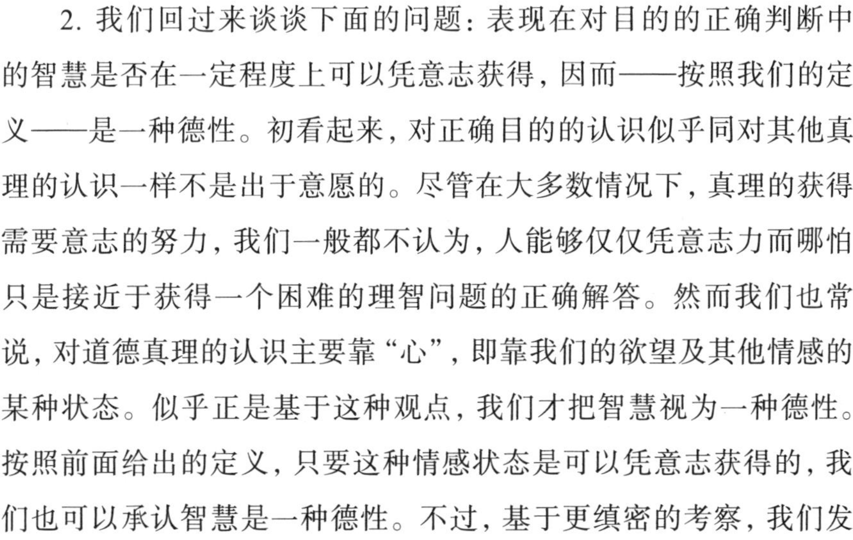

2. 我们回过来谈谈下面的问题：表现在对目的的正确判断中的智慧是否在一定程度上可以凭意志获得，因而——按照我们的定义——是一种德性。初看起来，对正确目的的认识似乎同对其他真理的认识一样不是出于意愿的。尽管在大多数情况下，真理的获得需要意志的努力，我们一般都不认为，人能够仅仅凭意志力而哪怕只是接近于获得一个困难的理智问题的正确解答。然而我们也常说，对道德真理的认识主要靠“心”，即靠我们的欲望及其他情感的某种状态。似乎正是基于这种观点，我们才把智慧视为一种德性。按照前面给出的定义，只要这种情感状态是可以凭意志获得的，我们也可以承认智慧是一种德性。不过，基于更缜密的考察，我们发

现在目的认识的正确的情感条件上似乎不存在一致意见。因为一
234 些人会说祈祷或热忱的抱负产生最有利的心态，而另一些人则会强调情感的激动可能干扰判断，并且说为了达到正确的领悟我们需求情感的安宁；一些人会争论说对自私冲动的彻底压抑是基本条件，而另一些人则会认为这是空想的和不可能的，或者如果可能的话，显然是南辕北辙的。在这些问题上，我们不可能靠常识来确定目的。但是，人们都会同意：有些强烈的情欲与感官爱好众所周知会歪曲道德领悟能力；它们在一定程度上处于意志的控制之下，以至于一个用道德的努力抵制它们的影响——当他希望确定行为的目的时——的人可以被说成是出于意愿而具有智慧的。

在某种程度上，这一结论也适用于前面讨论过的智慧的另一功能，即选择达到给定目的的最好手段的功能。因为经验似乎表明：我们对实践问题的直觉可能被欲望和恐惧歪曲，而这种歪曲可以被一种自我控制的努力克服，所以无智慧甚至在这里也至少不完全是不自愿的。例如，在一场可能发展为争吵的争论中，我也许完全不能表现出以恰当的、不会招致不必要的激化的方式维护我的权利的远见和技能，也许不能明智地左右这场争论；但是在采取每一步骤之前，我完全有能力通过我的决心而减少气愤和受伤的自尊的影响。应当指出，意志在发展或保护我们关于正当的生活行为的直觉方面所起的作用，比它在发展或保护我们的技能——我们把实践智慧比作技能——方面的作用更大。而且，表现着实践智慧的推理愈不明确、不准确，因而其结论不可避免地愈不确定，这种作用便愈大。因为，虽然欲望与恐惧不会让人在数学计算中出错，但是在估价复杂的实践概率的净值时，它们使抵制强烈倾向的影响更为困

难。而且，引导我们把智慧视为一种德性的，似乎正是对持续地抵制这类影响的需要的明确意识。

所以，我们可以说，就实践智慧是一种德性而言，它包含着一种抑制欲望与恐惧——这种抑制通常被叫做自我控制——的习惯。235
但是，即使假定某人已经以充分的直觉确定了他在任何情况下可以合理采取的行为方案，他是否一定会采取这一方案也仍然是一个问题。我不认为常识把对正当目的的*选择*（区别于对它的*认识*）也包括在智慧之内，不过我们也不会称一个有意选择他知道是与理性相反的行为的人是有智慧的。事实似乎是：虽然现代人的心灵承认这种对错误的选择是可能的，[①] 但与关于（1）冲动性的反理性或（2）把坏选择当成了好选择的错误选择的概念相比，选择错误的概念不太大众化。在后一种情况中，如果错误完全不是出于意愿的，选择当然就没有主观的错误可言。然而，错误的结论常常是由于行为者明确意识到的欲望或恐惧的歪曲影响——这种影响也许能够凭借一种意志力而抵制和排除——而引起的。由于这一点，这种错误属于那类该受谴责的错误，因为它是由于缺乏自我控制而引起的，正如一个人有意选择他知道是对他不好的行为这种更少见的现象也是缺乏自我控制的——尽管程度不同——一样。

冲动性的做错事的情况与此有些不同。显然，在慎思之后下定的符合我们关于正当行为的观点的决心只能通过慎思来放弃或修正，至少当有时间作新的思考时是如此。抵制放弃或修正这一决心

① 我已经谈到过古代思想与现代思想在这一方面的差别。见前面的第 1 编第 5 章第 1 节，（边码）第 59 页注。

的冲动所需的自我控制——我们可称之为坚定——是智慧的不可缺少的辅助因素。但是，由不同生活机遇引起的冲动高潮有时会骤然发生作用，以至它们所冲击的那种决心一时实际上被忘掉；在这种情况下，最需要的是抵制不合理行为的自我控制或坚定，而它又似乎不能凭意志产生。然而，我们能够通过不断插入冲动行为的过程
236 中的慎思来加深我们的决心，并以这种方式培养这种重要的习惯。

3. 在考察智慧的功能时，我们也碰到了一些其他的从属性的美德，它们部分地包含在我们的智慧观念中，部分地是辅助性或补充性的。然而，它们之中的某些美德很少被称为德性，例如从大量有关问题中挑选出真正重要之点的明断，看出不十分明显的有利因素与不利因素的精明，设计出达到我们的目的的巧妙的或复杂的手段的机智，以及其他被多少模糊地规定或称呼的类似性质。当我们喜悦时，我们不可能精明、机智或明断，尽管实践使我们变得比以往更具有这些性质。只要谨慎意味着把不利于我们的企望与目的的**物质的**条件考虑进来，对谨慎也可以这样说。我们不可能靠意志力看清哪些条件是物质的，它只能帮助我们更从容地或更全面地看问题。然而，“谨慎”这个词还可以被合理地用于一种我们恰当地称为德性的自我控制，即那种一当慎思被判断为必要的时就去慎思——即使强烈的冲动在推动我们立即行动——的倾向。[①]

① 人们可能注意到，我们在使用“谨慎”一词时，有时还有另一种意思。由于在我们可以用来达到一项目的的各种手段中，有些是明确的，有些则不大明确；有些是危险的，即包含着或者有害于我们的追求，或者基于其他理由而应当避免的可能后果的，有些则没有这类危险，我们常常用“谨慎”指更明确、更少危险的手段。在这种意义上，只要我们能准确地估价在每一场合达到目的的或然性，以及该目的的相对于其他目的和对它的追求可能引出的伤害的价值，我们就不难明确地划出谨慎的界限。

其次，如果我们用决断指抵制一种人们可能有的不合理的冲动——即抵制当人们知道慎思不再有好处并且他们应当行动时仍然在一定程度上沉溺于思考的冲动——的习惯，我们便可以把这种品质视为一种与谨慎相反的次级德性。然而，"决断"（像"谨慎"一样）常被仅仅或主要地用来指理智的美德本身，即指正确判定结束慎思的时间的倾向。

所以，我得出下述结论：如果我称为谨慎和决断的这类品质被 237
当作德性而不仅仅被当作理智的美德，这只是因为它们事实上是自我控制的具体形式，就是说，是因为它们包含这样的要求，即人们要出于意愿地接受并坚持关于行为的合理判断，尽管某些不合理的动机在把人们拉向相反的方向。初看起来，如果我们假定了判断的完全正确性与完善的自我控制，结论就将是义务在所有领域中的彻底履行以及完美的德性的实现，除非做到这一点要求某些不能凭意志而产生的特殊情感的存在。[①] 而且，我们当然不能把一个有完美智慧的、完全做到了自我控制的人设想为一个破坏或无视道德规则的人。但是重要的是指出，甚至这种实现我们视为正当的行为的诚恳的、真挚的努力在其强度上也是不一样的。由于这一点，我们恰当地把表现出极其强有力的这类努力的倾向称赞为活力，如果它是纯粹出于意志的；或把它归在诸如热心或道德热忱等等的名下，如果我们用意志的活力去强化情感，而不把它与某种比对正当的或善的事物的一般的爱更具体的情感相联系。

① 见（边码）第223页，以及下一章第2节。

注释。——应当指出，在这一章的讨论中，我们还没有涉及直觉的伦理学与功利主义伦理学之间的分歧问题。因为，假如我们能通过反思从智慧、谨慎和决断中引出明确的义务规则，这些规则也显然不是独立的。它们以一个否则就已经获得了或能够获得的关于正当行为或有利行为的理智判断为前提。

第四章　仁爱 238

1. 我们已经看到，每一方面的德性行为都必然产生于对行为的真正的终极目的，以及对达到这个或这些目的的最好手段的明确知识和选择；就此而言，实践智慧的德性包含了所有其他德性。[①] 从这一点来看，我们可以把特殊的德性名称看作意指这种知识的特殊方面，我们现在就准备更缜密地考察这些德性。

然而，当我们思考这些德性时，我们发现：从一些不同的角度来看，还存在另外一些其蕴涵不小于智慧的德性。尤其是在现代，由于独立的伦理学思考的复兴，一些思想家们经常以某种方式强调这样的观点，即仁爱是一种至尊的、结构性的德性，它蕴涵着并概括着其他一切德性，最适合于调节它们，以及确定它们的恰当界限与相互联系。[②] 在我们对公认的义务与德性准则的考察中，仁爱德性得到广泛承认的至尊地位似乎成了给它以在智慧之后的首要地位的充分理由。

仁爱的一般准则被普遍说成是“我们应当爱我们所有的同伴，239

① 我已经指出过，并且将在下文中进一步阐明这一前提所需要的那些限定。

② 这一观点在目前最为流行的阶段是功利主义，我们将在后面对它的原则与方法作更为充分的讨论。但是，许多更接近于直觉学派的人也以某种形式或在某种程度上接受这种理论。

或我们所有的生物伙伴”。但是，我们已经看到，道德学家们对于这句话中的“爱”的准确意义感到困惑。因为，按照康德和其他一些人的看法，被道德规定为仁爱义务的不一定就是爱的或友善的情感，——就它包含着一种情感因素而言——而仅仅是寻求他人的善或幸福的意志决心。我也同意，就情感不是能随时直接凭意志产生的而言，去感受一种情感不可能成为一条严格的义务。不过(前面已经说过)在我看来，这种情感因素是包含在我们关于被视为一种德性的博爱或普遍的爱的常识概念之中的。我认为，否认情感把意志的仁爱倾向本身提高为一种更高的美德并且使它有效率是站不住脚的。[①] 如果是这样，培养情感——就这是可能的而言——就将是一种义务。而且事实上，这似乎还是不断重复的仁爱决心和仁爱行为的正常效果。前已指出，恩惠(benefit)倾向于在捐助者心中产生对受捐者的爱，正如它也在受捐者心中产生对捐助者的爱一样。然而，人们必须承认，这种效果不如仁爱倾向的产生那么确定；而且，有些人的本性就不大让别人喜欢，以致其他人难于对他们产生感情，虽然这些人具有仁爱倾向。无论如何，培养对我们应当捐助的人们的友善情感——不仅通过做出友善的行为，而且通过把我们自身置于经验表明具有产生感情的倾向的那些自然影响之下——似乎是，并且直到我们发现这种努力无效之前一直是，一条普遍义务。

但是，我们仍需更具体地确定那些表现着这种感情或意向的行为的性质。它们通常被描述为“行善”。前已指出，在日常思考中，“善”概念不加区分地因而也不甚和谐地包含着人们所形成的关于

① 见本章尾注。

合理行为的终极目的的不同观念。[1] 由此可以推论，在“行善”这一 240
短语中也相应地存在一种模糊性。许多人会毫不迟疑地认为它指的是幸福的提高，但是由于其他人认为完善而不是幸福是真正的终极善，他们也相应地认为对人们“行善”的真正途径是提高他们的德性或帮助他们趋于完善。然而，甚至在反对伊壁鸠鲁的道德学家们中间，都有一些人——如康德——持一种相反的观点，并且争论说我邻人的德性或完善不可能是我的目的，因为它取决于他自己的意志的自由运用，而对于这种自由运用我既不能帮助也不能阻止。但是，基于这些根据也同样可以证明我不能在我自身中培养德性，而只能不时地实践它。然而，甚至康德都不否认我们能够在我们自身中培养德性倾向，并且是以实施德性行为之外的途径培养它。常识也总是认为这样做是可能的，并且还把它规定为一种义务。而且，显然同样不能否认我们能在他人身上培养德性。事实上，这种培养显然不仅是教育的目标，而且是一大部分社会活动，尤其是我们的赞扬与谴责的表达活动的目标。其次，如果德性是我们的一种因其自身的缘故而被追求的终极目的，仁爱必定引导我们去做能帮助我们的邻人获得它的事情。事实上，我们看到，在强烈的个人感情中，朋友或爱者普遍地希望被爱者既幸福又出色和值得崇拜。不过，这也许是因为爱包含着偏爱，而且爱者总是希望被爱者不仅实际上被他爱着，而且真的值得偏爱，正如从另一方面来看，这里存在着爱与理性的冲突一样。

所以，总的说来，在关于仁爱要求我们为着他人去提高的东西

① 参见第 1 编第 7、9 章。

的常识观点中，我找不到任何概括了不同的、可能相互抵牾的善因素的明确公认的观点。但是，我认为我们可以说，提高幸福实际上是常识视为仁爱的外在义务所要求的主要内容。为明确起见，我们在以下的讨论中将只限于考察这一内容。[①] 应当指出，我们不应当
241 仅仅把幸福理解为他人的现实欲望的满足，因为人们时常欲望长远地看来会导致他们的不幸的东西；而应当把它理解为他们的总体上最大可能的快乐或满足，简言之，理解为在利己的快乐主义体系中被视为每个人的合理目标的幸福。合理的仁爱要求我们为他人提供的正是这种幸福。如果一个爱者被他对于被爱者的期望的同情引导着去满足这些期望，并同时相信这一满足将伴有更大的痛苦的结果，我们便通常说这种感情是虚弱的和愚蠢的。

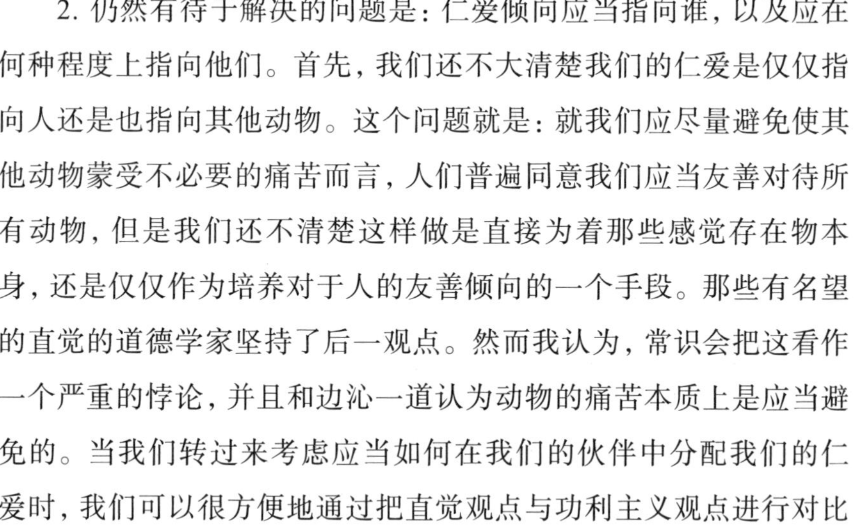

2. 仍然有待于解决的问题是：仁爱倾向应当指向谁，以及应在何种程度上指向他们。首先，我们还不大清楚我们的仁爱是仅仅指向人还是也指向其他动物。这个问题就是：就我们应尽量避免使其他动物蒙受不必要的痛苦而言，人们普遍同意我们应当友善对待所有动物，但是我们还不清楚这样做是直接为着那些感觉存在物本身，还是仅仅作为培养对于人的友善倾向的一个手段。那些有名望的直觉的道德学家坚持了后一观点。然而我认为，常识会把这看作一个严重的悖论，并且和边沁一道认为动物的痛苦本质上是应当避免的。当我们转过来考虑应当如何在我们的伙伴中分配我们的仁爱时，我们可以很方便地通过把直觉观点与功利主义观点进行对比

① 我将在下文中，即当我们结束了对构成本编主题的具体德性的考察，并开始概括作为这一考察的结论的德性与幸福的一般关系时，提出这样做的一条进一步的理由。参见本编后面的第 14 章。

而弄清前者。因为，人们时常说功利主义把所有德性都分析为普遍的、公正的仁爱。然而，功利主义不是要求我们同等地爱每个人，而是要求我们以普遍幸福为我们的终极目的，因而要求我们把任何一个人的幸福视为与任何一个其他人的幸福同等重要的，视为这个普遍幸福中的一个成分。功利主义还要求我们在分配我们的友善时尽可能加大这个总幸福，并且认为只要能达到这一目标，无论采取何种方法都可以。当然，甚至以这一观点作为基础，人的友善的 242
这种分配也将是不平等的。因为，每个人最能提高普遍幸福的方法显然是向有限的人提供服务，而且是只向某些人而不向其他人提供这种服务。在功利主义理论那里，这种不平等是从属性的和推导出来的。然而常识毋宁说是未经任何这类推理而直截了当地肯定下述说法，即我们应当把自己的特殊的友善给予与我们处于特殊关系中的人们。这样，问题就在于：当不同义务之间产生了暧昧的或明显的冲突时，我们应基于何种原则来确定产生于人类的这些具体关系的对感情或友善服务的特殊要求的性质与范围。这类问题能通过考察哪一种行动方案总体上最有利于普遍幸福来解决吗？或者说，我们能够找到在这类场合中足以充当明确而准确的实践指导的独立的、自明的原则吗？如果我们把仁爱者希望并寻求去给予他人的“善”理解为幸福，对这一基本问题的不同回答便明显地构成了直觉方法与功利主义方法之间的主要区别。

然而，当我们开始考察这个问题时，我们碰到了德性在排列上的困难。像大多数分类的困难那样，这一排列的困难需要专门的思考，因为它是由于所需排列的德性的重要特点而发生的。在其狭义上，仁爱常被区别于公正，甚至与后者作对比。我们当然可以把这

两者用于同一个人，但是我们通常认为仁爱是在公正不再起作用的地方开始发挥其特殊功能的。毋宁说，在考察对感情以及对常因为感情而引发的友善服务的要求时，我们所关心的正是这种特殊功能。如果我们认为这些服务是严格地属于处于特定关系的人的，那个赋予我们这些义务的道德概念便不大容易与公正概念相区别，尽管不能说这些义务不属于狭义的仁爱的概念。人们有时把下述事
243 实，即公正所要求的服务可以被受助者当作一种权利来要求，而仁爱却基本上不是被要求的，当作公正与仁爱之间的一种区别。但是，我们显然认为（例如）父母有权利要求子女的感情及自然地产生这种感情的服务。人们还进一步说，感情的义务基本上是不明确的，然而那些被我们划归于公正名下的义务却是可以准确地作出规定的。这部分地是对的。我们不仅很难说清一个儿子应当给予其父母多少感情，而且甚至不愿意搞清这一点。[①]我们不认为他应当准确计算出他的义务，以便他正好就履行这么多的义务而不多做一点，尽管公正主要就在于恪守公开申明的协议与准确的规则。与此同时，我们又很难认为这种区别是分类的一个根据。因为我们都承认，感情义务是可能相互抵牾以及与其他义务相抵牾的。当这种明显的义务冲突发生时，为了在摆在我们面前的各种行为方案中做出一种合理的选择，我们显然需要一条尽可能明确的关于相互冲突的责任的规定。所以，在下一章（第二节）中，我将表明这种不同要求的冲突如何使常识的公正概念也适用于感情义务，正如它适用于其

① 然而，这种不情愿似乎主要是由于下述事实，即这种准确的义务计算经常是当义务与自我利益之间出现了冲突时才需要作出。

他义务一样。在这里，单独地考察产生于那些正常地存在于其中、应当得到培养以及不存在这种感情就令人痛心的——如果不是应受谴责的话——关系中的所有义务，似乎是恰当的。因为，人们都认为存在这样一些义务：如果一个人不履行它们，他就会因此受指责，尽管这种指责不是来自法律规定或来自特殊契约的责任，而是来自一个不同的责任。

除这些义务之外，似乎还存在着一个广泛的范围：在这里，所应提供的服务不能被恰当地当作一种欠账来要求，对不提供这些服务的做法也不能恰当地进行指责。而且，在谈到涉及这一范围——它显然属于与公众作为对照的仁爱——的义务时，我们也难于陈述出常识的道德观点。这里有两个问题要考虑。首先，我们需要问，我们是否应当把基于感情而提供的服务，即超出了人们认为严格的义务所要求的范围的服务，视为德性的。其次，我们需要问，我们 244
是否应当把感情本身视为值得作为一种道德美德，因而作为一种我们应当努力获得的精神条件来崇拜。我认为，假如给予一般人实质性的积极服务并提高他们的福利的倾向是与充分的理智知识结合的，常识就显然把它视为德性的，无论它是产生于对一般人的自然的友善感情，还是仅仅产生于道德的努力与决心。[①] 而且，对于那种推动人们去提高他们所属的共同体的福利的范围较小的感情，对

① 人们必定承认：在其他条件相同时，仁爱冲动愈是与考虑呈现为选择对象的不同行为方案的复杂结果，以及比较分别产生于它们的给予他人的幸福量的习惯结合在一起，它在总体上可能产生的善就愈大。这种计算和比较的习惯与本能的友善冲动激情之间似乎存在某种本质上的不相容性；就此而言，常识在该选择何者的问题上有些不知所措，并且在一种超越了这种不相容性且同时兼容了这两者的观念那里寻求庇护。

于通常伴随着对正当的规则或对他人的正确引导的认识的感情，也都可以这样说。在某些时代和国家，爱国主义与忠诚曾几乎被视为最高德性，而且甚至在现在常识也给予它们极高的地位。

但是，一旦我们转向更严格的、在日常生活中更强烈的感情，——例如我们对亲友的感情——我们就比较难于确定是否该把它们视为道德美德，并把它们当作道德美德来培养。

首先，为了避免混乱，我们必须指出爱不仅仅是对所爱者行善的欲望，尽管它经常包含着这样一种欲望。它主要是一种似乎以与另一个人的某种融洽感为基础的愉快情感。除了仁爱冲动之外，它还包含着一种与被爱者交往的欲望：这种欲望可能超过前者甚至与之冲突，以至于被爱者的真正利益可能蒙受牺牲。在存在着这种强

245 烈感情的情况下，我们把这种情感看作是自私的；我们不但不赞扬它，反而还谴责它。如果我们现在问：对一个人的强烈的爱，一种单纯的仁爱冲动，是否本身就是一种道德美德，我们就很难从常识中找出一个十分明确的答案。但是，我认为常识在总体上倾向于对这一问题给予否定的回答。我们当然一般都倾向于崇拜某种突出的“利他的”行为，以及某种强烈的爱，无论它的范围多么狭小。不过，很难说我们把对这类个体化了的仁爱情感的感受性完全视为道德完善的基本因素，视为我们应当像追求和培养其他道德美德那样去追求和培养的东西。事实上，我们似乎怀疑在这种情况下这种努力是否值得欲求，至少是当这种感情超出了为履行公认的义务所需的程度时。同时我们又认为：由于一般地说每个人只对少数人怀有强烈感情，当他努力直接提高他人的福利时，他基本上遵循这种有严格限制的感情是正常的，而且是比较好的。但是，我们不大愿

意说，他应当给那些特殊的个人以超过他有义务提供的东西。我们也不大愿意说，一种热烈而强烈的感情的自然表达应当达到那样的程度，以至没有任何那类感情是必须表达的，虽然——前已指出——在某种亲密关系中，我们不赞成把义务界限确定得那么准确。

所以总的说来，我得出以下的结论：尽管我们赞扬和崇拜热烈的仁爱和爱国主义，并且为自发的过分的感激、友谊和家庭感情所感动和陶醉，但是就我们认为服务和友善行为的分配是道德所要求的而言，我们作为道德学家对于仁爱所关心的主要是这种分配的正当规则的明确性。因为，假如一个人履行了这些义务（并遵守了其他公认的道德规则），常识仍然就说不清他为博爱或私人感情的要求而牺牲其他高尚而有价值的目的——例如知识或某种艺术的培养——在何种程度上是正当的或善的。在确定这样的一种选择时，246
似乎没有普遍承认的“直觉的”原则。[1]

3. 那么，我们应当对我们的伙伴履行哪些义务——就它们不是更明确地属于公正而不是仁爱而言——呢？也许仅仅把它们列举出来并不难。我们都会同意：每个人都应当对他的父母、配偶、子女和其他亲戚，对那些曾帮助过他的人和他承认与他关系密切并称之为朋友的其他人，对邻人和同乡而不是其他人，对——也许我们可以这么说——那些与我们同种族的人们而不是黑种人或黄种人，以及广而言之对人类——根据他们与我们自身的亲密程度——表现出一定程度的友善。其次，对于我们的作为一个合作整体的国家，我们认为我们自己在需要时应当作出最大的牺牲（但是在文明的低级

① 我在本编的最后一章（第 14 章）中将进一步讨论这个问题。

阶段上，这种义务则被看作是为着国王或首领的)。同时，对于我们作为其成员的较小合作整体，我们似乎也承认一种相似的责任，虽然是不甚明确地以及在较低程度上承认它。第三，我们应当对所有可能与我们有关的人们都提供一些服务，提供这些服务可能会给我们自己带来不便，但是那些处于危难或极端匮乏中的人要求我们提供特殊服务。这些要求是人们普遍承认的，但是当我们试图要准确地确定它们的范围和有关的责任时，我们却碰到了相当大的困难和分歧。当我们把我们现在关于这类要求的常识意见和其他时代与国家的那些意见相比较时，这种分歧便尤其严重。例如，在社会的较早阶段上，好客被赋予一种神圣性，从这一品质中产生的要求被看得特别严格。但是，随着好客在文明进程中慢慢演化为一种奢侈的而不是必要的习惯，这种看法也就改变了。我们不认为由于我们以前请某人吃过饭，现在不再请他就是亏待了他。或者，我们可以举一个正在实际发生变化的例子——家族在遗产方面的要求。我们
247 现在都认为：一个人通常应当把他的财产留给他的子女；但是，如果他没有子女，我们就认为他可随意处理遗产，除非他的某个哥哥或姐姐处于贫困之中。在这种情况下，同情似乎与微弱的家族要求掺杂在一起并加强着后者。但是在一个距今不久的时代，一个无子女的人被认为在道德上有义务把他的钱留给他的旁系亲属。因而，我们自然而然地会推测，在不远的将来，任何类似的对于子女的责任都可能从人们的心灵中消失，除非他们处于贫困中或是他们的教育尚未完成。在公认的子女对父母的义务中也可以追溯到类似的变化。

然而，人们可能坚持说：这些习惯上的变化不妨碍我们对义务

下定义；因为我们可以说，任何社会习惯只要还存在就应当为人们遵守，正如法律只要存在就应当被遵守一样，尽管习惯与法律都是不断被人们改变的。而且，遵守现存习惯当然是对大家都有好处的。不过，经反思之后，我们看出习惯不可能被阐明为一种绝对义务。习惯与法律的情形不同：在每个进步的社会中，都存在一个正式的、确定了的废止人们发现不好的法律的程序；但是习惯却不能这样地从形式上被废止，我们只能通过私人的拒绝服从来摆脱它们。因而有的时候，如果某些习惯是令人烦恼的和有害的，例如我们经常对古代的和其他社会的习惯所判断的那样，不遵守习惯就必定是正当的。而如果我们说习惯一般地应得到遵守，但当它们造成一定程度的不便时就可以被违反，我们的方法似乎就成了功利主义的。因为，我们不能合理地把普遍责任建立在一个原则上，又用另一个原则来确定它的界限与反例。如果上面列举的义务能从独立的、自明原则中推出，揭示着这个原则的直觉就必定隐含地规定了每一义务的界限。

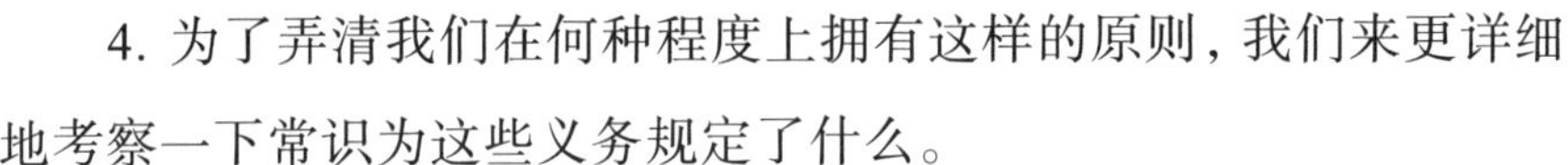

4. 为了弄清我们在何种程度上拥有这样的原则，我们来更详细地考察一下常识为这些义务规定了什么。

它们似乎把自身分为四类。这就是：(1)产生于非自愿选择的、 248
较持久的关系(如家族，以及在大多数场合下，公民身份与邻里关系)的义务；(2)产生自愿缔结的较持久的关系(如友谊)的义务；(3)产生于以前所得到的特殊服务的义务，或感激的义务；以及(4)产生于特殊需要的义务，或怜悯的义务。我认为这种分类是比较便于讨论的，但是我不能断言它明确地、完全地穷尽了并列类。例如，人们常常诉诸感激原则来提供说明子女对父母的义务的原理。然而在这里，我们碰到了确定这种义务准则问题上的一个实质性的分歧和困难。人们可能认为，子女对其父母一般地说应当表现出尊重与友善，并且当他们有病或有特殊需要时应当去帮助他们。但是，很难看出常识的这种观点在何种程度上是出于对关系本身的考虑，还是出于对孩提时期父母的照顾的考虑；也很难看出子女在何种程度上应当向野蛮的或不尽责任的父母提供这类服务。大多数人可能会说，在这里以及在其他场合中，血缘关系本身就构成了某种要求。但是他们会发现，在这种要求的具体界限问题上，他们很难有一致意见。[①]

即使撇开这一点，在子女对履行了义务的父母应尽的义务方面，例如，在已不再处于父母监护之下的或者经济已独立的子女在何种程度上应当服从父母——（例如）一个儿子或女儿是否不应当阻止其父亲（或母亲）的结婚或选择一个职业的愿望——的问题上，也仍然存在极大的意见分歧。我们在实践中发现：如果父母能通过遗嘱使其子女更富有，父母对子女的控制实际上更大些。不过我们在确定子女义务的理想时很难把这一点考虑进去。我们认为子女绝对应当履行这种义务——无论其内容为何——而不能把它当作期待将来利益的筹码。而且许多人都认为，父母没有剥夺一个子女的
249 继承权的道德权利，除非作为对他违反义务的行为的惩罚。

这一点把我们带到了我们可以方便地讨论的下一种义务，即父母对子女的义务上。我们也可以部分地把这一义务列于另一名下，

① 人们可能说，子女应当感谢父母把他（她）带到了世间。但是，离开了抚育生命并使它幸福这一点，生命本身就似乎是一种价值可疑的恩惠，一种如果不给予受与者任何关心就极少引起感激的恩惠。

即列于产生于特殊需要的义务之下。因为，子女当然自然而然地是处于父母身外的被他人怜悯的对象，因为他们无力自助。但是，他们也对父母有一种不同的要求，这种要求直接或间接地来自一条普遍公认的义务，即不要使其他人蒙受痛苦和伤害，除非以给他们应得的惩罚的方式。作为子女的无力自助的存在状况的原因，父母是它（子女）的可能遭受的痛苦和死亡——如果它被忽视的话——的间接原因。不过，这似乎还不是对常识所承认的父母义务的充分解释。我们通常谴责一位父亲把他的子女完全托付给他人照料，即使他提供了充足的抚养费，使他们在达到自食其力的年纪之前能得到抚养与教育。我们认为他应当给予他们感情（就这一点可以被看作一种义务而言），以及自然而然的产生于感情的温暖而细心的照料；而如果他不能提供这种照料，他也应当提供某种稍为丰足的食物、衣服及教育。不过，在这一限度之外他还应做到什么似乎尚不明确。人们倾向于泛泛地说：他应当尽其可能地提高子女的幸福；一位好父亲自然能够在他的子女的幸福中找到自己的最大幸福。我们还倾向于谴责任何公开的只顾自己利益而不顾子女利益的人。不过，如果他以自己的巨大牺牲来换取子女们的幸福的微小增加，似乎也是不合理的，况且还存在着可能（也的确）与这一目的相抵牾的其他有价值的和高尚的目的。举一些实际存在的现象为例。一位父亲为了多留给子女们一些财产而放弃了某些重要而有价值的、可能非他莫属的工作。另一位父亲则为了完成一项发明或从事科学研究而使其子女们处于饥饿的边缘。我们似乎会谴责这两种极端，但是，我们该怎么陈述确定真正的中道的明确而公认的原则呢？

其次，我们已经看到，有些人认为一位父亲没有权利剥夺其子 250

女们的继承权，除非他们未曾履行过义务，而且在某些国家这一点甚至是法律明令禁止的。然而，另一些人则认为子女本身没有权利要求其父母的财产，并认为仅当存在一项他们可以继承这笔财产的默契，或者他们由于是在这样的生活习惯和社会关系中长大的，以至没有这笔遗产他们将难以为生和陷入痛苦，他们才可以继承它。

详尽列举各种程度的血缘关系的有关要求可能失之琐细，因为我们对于有血缘关系的人们的相互义务的观念显然随着这种关系的愈渐辽远而愈加模糊。在同父同母并一道长大的子女们中间，强烈的感情或多或少会自然地、普遍地发展起来，以至我们认为那些对其兄弟姐妹抱着某种反感和道德上的蔑视而全无感情的人有点不近人情。我们也认为，在任何场合，我们都应当在一定程度提供正常的产生于感情的服务和友善行为。甚至对较远的亲戚，我们也认为，善意的人在想到亲戚关系时都有一种友善的情感。的确，有些人还认为当一个人没有较近的继承人时，他的堂兄弟或姐妹有继承他的财产并得到他的帮助而摆脱贫困的道德权利。但是，人们又似乎同样普遍地认为，他们至多可以要求作一个其他情况相同的接受恩惠的候选者，一位未得到许诺的堂兄弟不应比一位得到许诺的外人优先。

5. 我已经把邻里关系与家族一道列入我们认为从中会产生相互帮助的要求的关系之中。然而，也许谁也不会认为地域联系本身是义务的根据。毋宁说实际的情形是：由于邻里关系本身（撇开合作或友谊不谈）包含的联系与相互交往加强着共同人性的纽带，邻人之间似乎自然而然地比与生人之间更容易产生共鸣。而如果在一个人身上没有产生这种效果，他就会被视为或多或少是不近人情

的。所以，在这种感情的共鸣不大容易自然地发展起来的大城市中（因为，在某种意义上所有的城里人都是邻人，而且一个人不可能与众人之中的每个人都产生感情的共鸣），这种邻里关系的纽带变得 251
松散，邻人只向其邻人（作为最近的人）要求一个人可能要求另一个人的东西。有一些帮助——它们尽管在日常生活中显得无关紧要，但是在存在特殊需要时却非常重要——被看作是任何人都有权利要求于他人的，因而一个相比之下十分渺小的情况可能赋予这一一般要求一种特殊方向，并使得这一个人而不是另一个人要求得到帮助显得合情合理。例如，任何程度的血缘关系都似乎有这种效果（因为这种关系的观念再现会产生一种认同感和油然而生的同情）。同样，甚至大家来自同一个省这一事实（因为这一事实稍稍加大了同宗的概率），以及各种各样的相似性（因为一个人更容易同情与他相像的人；所以，人们在面临困难时自然而然地向那些年纪、性别、地位或职业相同的人们求助），也都具有这种效果。因而，邻里关系的义务似乎只是普遍的仁爱或博爱义务的具体应用。同胞的要求也是这样；就是说，如果把他们视为个人，对同胞的义务就也是仁爱义务的具体应用。然而，我们把一个人对自己的整个国家的关系看作另外一种关系，并且认为它包含着一些更严格的责任。

不过，爱国主义的义务也更难表述清楚。因为，仅仅像道德对每个居民要求的那样服从一个国家的法律似乎不属于爱国主义，外国侨民也同样要这样做。就人们所担负的大多数社会职责来说，爱国主义至少既不是一个突出的动机，也不是一个必不可少的动机。因为人们担负这些职责主要是为了取得报酬；而一旦担负了这些职责，他们就由于公正和守信的约束而有义务充分地履行这些职

责。然而，如果某种政府职责是无报酬的，我们就认为人们在履行它们时表现了爱国主义。虽然我们可以说他们从他们的社会荣誉上得到了报酬，但是一经反思这一观点便显得不甚妥当。既然社会
252 荣誉是人们用来表达赞誉和尊敬的情感的，我们不能恰当地把这些荣誉解释为交易的一部分，而只能把它解释为对某种德性或美德的一种称赞。但是，一个人在何种程度上有义务担负这类职责还不甚明确。这一问题似乎普遍是根据权宜的考虑来决定的，除非这类义务在一个自由国家中从法律上或制度上移交给全体公民（这种情况通常在一定程度上发生）。在这些义务之中，同国家的敌人作战的义务在许多国家中是最突出的。即使这种职责成了一种有报酬的和自愿接受的职业，我们也常常觉得这种职业是一种特殊意义上的"为自己的国家的服务"。我们认为带着爱国主义情感来履行这种职责至少是值得欲求的和最好的，因为我们觉得一个人受雇去杀戮其同类是卑劣的和可憎的。在国家的生死存亡的紧急关头，爱国主义自然而然地会得到加强。甚至在和平时代，我们也赞扬为国家提供了超出普通公民义务的服务的人。但是，一个公民是否在道德上有义务履行超出法律或制度规定的义务仍然是不明确的。而且，在自愿放弃国籍[①]能否使一个人正当地免除他对祖国的全部道德责任的问题上，人们也有不同意见。

① 美国国会 1868 年通过的一项法令宣布："放弃国籍的权利是每个人的自然的生而具有的权利。"我不知道这一陈述在何种程度上意味着一个人——假如除了爱国主义的要求之外没有任何要求能使他留在祖国——有一旦方便就离开祖国的道德权利。但是，如果这一陈述是想表达这种含义，我相信它不会不加重要限定地为欧洲人接受，虽然我表达不出能从中推导出这类限定的普遍公认的原则。

最后，在一个人对于他的伙伴负有何种义务的问题上，人们似乎也没有任何一致意见。我们已经看到，功利主义的学说是：每个人应当把任何其他人的幸福看得**在理论上**与自己的幸福同等重要，而只是**在实践上**不及后者重要（就他较能实现这后者而言）。同时，我觉得也很难肯定地说这**不**是人类常识所承认的普遍仁爱的原则。但是，我们必须承认，把我们完全有义务提供给我们的一般伙伴的帮助说得更少些和更窄些的作法也是很流行的。这种较低水准的 253
观点似乎承认（1）（前已指出的）一种除非以应得的惩罚的方式，否则就力求避免使我们的任何一个伙伴蒙受痛苦或伤害的否定性的义务，对这种义务我们可以补充一条对我们已对他们造成的伤害进行补偿的义务（作为它的一个直接推论）；[①] 以及（2）一种当时机可能时提供不致使我们自己蒙受任何牺牲或者至少只会造成微小牺牲的帮助的肯定性的义务。其次，这种观点也有些含糊地承认通过做一些有系统的工作而“有益于社会”这条普遍责任：大多数有思想的人都在一定程度上谴责那些显然是寄生虫的富有者。在这个有些模糊的义务界限之外的是没有界限的仁爱德性的领域，因为我们认为在对他人行善的行为以及在这种行善的行为意向中无极端可言，除非它引导我们无视明确的义务。

优雅、礼貌、谦恭等等都可以列入刚才限定的仁爱概念之下，因为它们要求人们在谈话和举止方面表现出普遍的善意并避免给别人造成任何痛苦。然而，有一些值得分别指出和讨论的礼貌，这

① 尚不明确的是：我们在何种程度上有义务补偿我们无意造成的伤害，例如我们以通常的注意可能避免不了的伤害。我们把对这一问题的考虑放到下一章（第 5 节）中将更为方便，因为人们更普遍地把这部分义务归在公正的名下。

就是对理应得到尊敬的人表示敬意的义务。

我们可以把敬意定义为伴随着对他人的优点或价值的承认的感觉。它本身并不必然是仁爱，尽管它常常伴有一定程度的爱。但是，它的伦理学特点似乎与仁爱行为的那些特点相近。因为，尽管它不是一种直接处于意志控制之下的感觉，我们在某种情况下还是期待它的存在，并且从道德上厌恶缺乏敬意的表现；而且有的时候，甚至当这种感觉本身不存在时，我们还通常地把表示这种敬意当作
254 一种义务。

不过，对于这后一种表达敬意的义务，似乎存在着极大的意见分歧。因为各种各样的优点（优势），不仅道德的和理智的美德，而且等级与地位上的优势，似乎都自然而然地引发着这种感觉。事实上，在人们的日常行为中，人们的敬意更经常、更正式地是产生于这后者的。不过在口头上，人们通常说敬意更应属于前者，因为它是更真实、更内在的优点。许多人都认为，向有权势者而不是其他人表示敬意是奴性的和耻辱的。有些人甚至厌恶大多数国家中的那种下属对上司表示尊敬的作法，说在这种关系中下属所应当做到的仅仅是法律规定的服从。

当我们考察我们在何种程度上有义务培养忠诚——人们在各种意义上使用这个词，我们用它指一个有良好气质的仆人或官员对一个好主人或好上司通常抱有的感情——的感情时，出现了一个与此相似的更严重的困难。一方面，人们广泛地认为和家庭关系中的那些义务一样，如果抱着感情，属于这些关系的服从就能更好地得到履行。不过，对这些关系中的服从，也有一种站得住脚的不同观点，这就是：在这种服从中无需私人感情，仅仅具有守法和守信——

自愿地服从法律，自愿地履行契约——的习惯就足够了。另一方面，当居心不良的上司提出超出他们的法律的或契约的权利的要求时，服从上司的倾向就很容易导致有害的效果。诚然，如果上司是一个明智而和善的人，下属们具有服从超出这些界限的要求的倾向显然比较有利。但是我们显然不能根据这一点说，这种倾向具有这样的性质：一旦我们感受到上司的善意和明智就将有义务去培养它们。同时，我也不认为，我们能够从常识中引出对于这一义务的明确阐述。

6. 我们接下去要考察产生于自愿缔结的关系的感情义务。在 255
这些关系中最重要的是婚姻关系。在这里，我们先来考虑缔结这种关系是不是一般人的义务的问题。人们当然在正常情况下都这样做，而且大多数人还是出于强烈的欲望而这样做的。但是，就人们可以说缔结婚姻关系是常识规定的而言，它似乎不是一种独立的义务，而是从审慎和仁爱的一般准则中派生的，并且从属于这些准则。[1] 在所有的现代文明社会，法律和习俗使得缔结婚姻关系成为完全自愿的事。但是，法律也对缔结婚姻关系的条件以及——在一定程度上——产生于这一关系的权利与义务作出了详细的规定。人们普遍认为，这条法律（而不是其他法律）应当由一些独立的道德原则来支配，并且应当仿佛是通过设置一种外在的障碍来保护道德所规定的关系的性质。如果我们问这些原则是什么，现代欧洲社会的常识似乎会回答说：婚姻关系应当是（1）排他的一夫一妻制，

① 我之所以提出这一问题，是因为如果人们真的把“按照自然而生活”——在“自然”一词的日常意义上——当作一条首要原则，缔结婚姻关系似乎就是所有人的义务。但是，这个例证似乎恰恰表明这不是一条为常识接受的原则。见第1编第6章第2节。

(2)至少旨在成为持久的关系，以及(3)不在某种程度的血缘关系之内。然而，我不认为我们经反思之后会认为这其中的任何一个命题是自明的。即使是在反对乱伦这一点上，我们也毋宁是抱有一种强烈的情操而不是一种明确的直觉。我们还普遍承认：对一夫一妻关系之外的所有其他婚姻关系的禁止，只有以功利主义为根据才是合理的。[①] 诚然，在婚姻关系的持久性问题上，人们都会认为忠实在所有感情中是最可崇拜的，尤其是在婚姻这样一种如此紧密的关系中。但是，我们不可能先验地看出我们在何种程度上能够阻止所有
256 婚姻之中的爱的消逝。而且，无论是即使爱已消逝了婚姻关系也应当维持这一命题，还是如果夫妻两方都同意分手就应当禁止他们缔结新的婚姻联合体这一规则，都不是自明的。如果说我们相信婚姻的持久性规则的正当性，我认为这也始终是出于对放松了这条规则可能引出的普遍有害的后果的考虑。

其次，在考察持久性规则的坏处时，我们看到：有道德的人们在婚姻关系的道德上必要的情感的性质问题上，意见分歧也不少。有些人会说，没有强烈的、排他的感情的婚姻是退化了的婚姻，尽管它仍然得到法律的维护；而另一些人则会认为婚姻只是一个爱好问题，或至少是一个审慎——假如这里不存在相互欺骗——的问题。在这两种观点中，我们还可以加进若干不同的意见。

第三，在产生于这种关系的外在义务问题上也不存在一致的意见。诚然，人们都会主张把忠实与互助(按照传统的男女分工——

① 人们有时直接根据两性数目上的平等而提出禁止多配偶制的道德的必要性。然而，这一论点似乎需要所有男人与女人都应当结婚这样一个前提。但是，很少有人会明确地肯定这一点。实际上，相当多的人是不结婚的。我们也没有理由相信：在允许多配偶制的国家，女性人口的不足曾使一个男人长时间地难于找到一位配偶。

除非经双方同意作些调整)作为这种义务。但是一旦超出这一点我们就看到了分歧：一些人说，“就个人的满足而言，婚姻契约要求每一方把另一方的幸福放在优先地位上”；[①]另一些人则会说，这种毫不自私的品性诚然可敬，但是作为一个义务的问题，每个人把另一方的幸福看得与他(或她)的同等重要也就足够了。此外，在妻子可以拥有的权利与自由，以及她对丈夫的服从的问题上，我现在(1874年)也无需浪费篇幅来证明在这里不存在一致的道德意见。

7. 婚姻关系开始是自由选择的，但是它一经形成，产生于它的感情义务就通常被视为类似于产生于家族关系的那种感情义务。它于是占据了一种介乎于家族关系与普通友谊、合作及交往关系——这后一类关系人们可以自由地缔结和终了——之间的地位。

人们缔结的大多数交往关系是为着某些明确的目的的，是由公开的 257
契约或默契决定的。相应地，产生于它们的义务也仅仅是忠实于契约或默契的义务(我们以后将在公正和守信的标题下考察这种义务)。但是，对于可以在一种严格意义上称为友谊的关系似乎不能这么说。[②]尽管友谊常常产生于为着其他目的而交往的人们中间，人们却都认为这种关系有其自身的目的，并且是为着朋友之间的共同感情的发展，以及伴随着这种感情发展的快乐而形成的。人们还认为，这样一种感情一经形成，就产生了先前所没有的共同义务。所以，我们必须弄清情况是不是这样，以及我们能够基于何种原则

① 参见韦兰(Wayland)：《道德科学的基础》(*Elements of Moral Sciences*)，第2编第2部分第2章第2节。

② 我在这里用友谊这个词指一种强烈的相互间的感情：一种比一个人希望感受到的、对于所有与他处于持续的社会关系中——通过公事或私事——的人的友善情感还要强烈的感情。

确定这些义务。

在这里，除了我们已经碰到的表述常识方面的困难之外，又增加了一种新的困难。我们发现有人说：由于对友谊来说，最重要的是相互间的友善情感和由此产生的服务应当是自发的和非强制性的，这两者都不应当被作为一种义务而强加给人；简言之，生活的这一领域应当不受道德准则的干预，并且留给自然本能去自由地运作。这种说法概括了一定范围内的生活事实。的确，我们甚至在考虑家庭关系中的更深刻、更细腻的情感表达时也接受这种理论。因为，为这种情感表达规定规则，或甚至（虽然我们自然而然地崇拜和赞扬强烈而纯朴的感情的优美表现）为所有人勾划一种应当追求的美德理想，似乎是迂腐的和徒劳的。不过，在子女对于父母等等的关系中似乎仍然有一个重要的严格义务的领域，无论多么难于划定它。甚至在谈及友谊时，否认义务领域的存在也似乎是违背常识的。我们时常判定一位朋友不公正地对待了另一位朋友，并且在这样说时仿佛这类关系中存在着一种显然可以认识的行为准则。

258 然而，我们也许又可以说所有明显的对朋友的不公行为都可以被一般地表述为对协议的破坏。朋友们常常作一些明确的提供服务的允诺，不过我们无需去考察这些情况，因为违反允诺的行为是一条与此不同的、更明确的道德准则所禁止的。但是，由于我们把所有的爱都理解为包含着一种对所爱者的幸福的欲望，[①] 友谊的表达似乎要求人去与这种表达的程度相应地寻求这种幸福。普遍的仁爱（参见前面的第 5 节）要求我们至少要尽可能向他人提供这样的服务：这些服务或者不带有任何牺牲，或者只带有与所提供的服

① 前已指出，这只是我们称为爱的情感状态的一个因素，而且不总是最重要的因素。

务相比微乎其微的牺牲。既然友谊的表达——虽然我用这个词包含了各种程度的感情——必定意味着某位朋友（而不是一般人）的更大幸福，它必定表白了一种当时机到来时为他作出或多或少的牺牲的意愿。所以，如果我们拒绝作这类牺牲，我们就由于没有去实现自然而合理的期望而行为不公。到目前为止，除了不可避免地产生于友谊的泛义上的不明确性之外，我们似乎还没有碰到其他困难。但是，人的本性可能引起的那些感觉的变化提出了进一步的问题。首先，尽可能地抵制这些变化是不是我们的义务？其次．如果这种努力不成功，并且爱消逝了或转移了，我们是否还应当保持按照我们过去的感情提供帮助的倾向？在这些问题上，在有道德的、感情细腻的人们中间似乎没有一致意见。一方面，我们一般都崇拜对友谊的忠实和感情的专一，我们通常把这些看作最重要的品性美德。所以，如果没有其他东西自然地激发我们去仿效，我们不像追求其他所有美德那样追求这些品性美德就显得令人奇怪。由于这一点，许多人都主张，我们不应当撤回以前所给予的感情，除非那位朋友行为不公。有些人还说，甚至在那位朋友行为不公的情况下，我们也不应当破坏友谊，除非他的罪行非常严重。然而另一方面，我们 259
又感到，这种靠意志的慎思努力而产生的感情将只是本能产生的情感的可怜的替代物，情感最细腻的人们将拒绝以这样的方式施惠；而且，隐藏感觉上的变化也似乎是不诚实的和虚伪的。

但是，说到服务，一个感情细腻的人也会拒绝接受一个已不再爱他的先前的朋友的这类服务；除非在极度匮乏之中，由于普遍人性已经使每个人有权对所有其他人提出更强烈的要求，人与人之间的任何纽带都得到加强。这样说来，当不存在此种极度匮乏时，也

许就不可能有一种在任何情况下都要提供这类服务的义务。然而这一推论不很明确：在特定感情关系中，我们常常赞扬一方提供了某种帮助，却宁可谴责另一方接受了这种帮助。但是，这类微妙的问题在正常情况下似乎只是与好爱好和细腻情感的准则有关的，而不是与正当的道德有关的。至少是，它们只是由于我们有一种培养好爱好和细腻情感的一般义务，才被包含在道德范围之内的。

所以，总的看来，我们可以说：我们在确定友谊的道德责任时碰到的困难产生于(1)这种关系隐含的默契的不明确性，和(2)我们所发现的在忠实作为一种肯定的义务的范围上的不同意见。我们还可以指出，在异性间准备结婚时期的亲昵关系中，这后一困难还尤其突出。

8. 我现在转向第三个题目——感激。前已指出，子女对父母的责任有时是基于这种感激的。在其他感情关系中，感激也通常与在人们看来是产生于关系本身的那些要求掺杂在一起，并且加强着那些要求，虽然我们似乎不能完全地从我们讨论过的任何一条义务中推导出感激的义务。但是，在存在着感激的地方，这种责任是尤其显然和简单的。事实上，只要存在着道德，人们似乎就承认报恩的义务；直觉主义者还公正地指出，这一承认本身是真实的普遍直觉的一个例证。不过，虽然这种责任的普遍意义是不容怀疑的(除非是那种我们无需在此讨论的绝对而抽象的意义)，但是它的本性和
260 范围决不是同样明确的。

首先，人们会问：我们是只应当以服务来回报呢，还是应当以称为感激的特殊感情来回报；这种还称为感激的特殊感情似乎总是把友好的报答情感与对于优势的情感上的承认——因为对接受者来

说，帮助者处于一种优势地位——结合在一块儿。另一方面，我们似乎又在想，如果感情能成为一种义务，那么对帮助者的友善情感就必然能成为一种义务。然而，对于具有某些气质的人们来说，由于他们不喜欢劣势地位，这种情感常常特别难于获得。我们还把这种气质在一定程度上看作一种正当的情感，并称之为“独立性”或“恰当的骄傲”。但是，这种情感与感激情感不太容易和谐起来，道德学家们也发现难于推荐一种这两者的恰当结合。也许，人们是不是带着爱而提供服务这一点是至关重要的。因为，如果人们是带着爱来提供服务的，不回报以感情就是缺少人性的；而如果这种帮助是冷冰冰地提供的，仅仅承认回报责任或回报倾向似乎就已足够了。况且“独立性”本身也激发人去回报所得的帮助，以便摆脱报答责任。但是我们恐怕不能够说，从道德上考虑，我们在任何时候都愿意只有这一种动机。

部分地是由于履行回报责任的急切心情，人才希望提供比他所得的帮助更多的报答。因为，否则他的帮助者就仍然有先于助人的优势。但是，那种更有价值的感情的动机也引导我们这样做。在这里，也像其他带着感情的服务的情况一样，我们不喜欢太准确地计算义务，我们所崇拜与赞扬的似乎是某种不十分过度的重报前恩的作法。然而，当双方的要求发生冲突因而使我们有必要准确地计算义务时，我们也许就认为，如果回报是一种义务，如果我们能够回报而不致忽视更优先的要求，感激所要求的就是一份相等的回报，或毋宁说是做这样一种回报的意愿。因为，如果帮助者有足够的幸福手段，我们就不认为我们有义务回报所有的帮助，尽管我们有能力回报。但是，如果他要求我们回报或者显然需要我们回报，我们

就认为不作一份相等的回报是忘恩负义的。然而，当我们试图规定“同等的回报”这一概念时，模糊性和意见上的背驰便出现了。因为——撇开比较我们不能作同类回报的那些帮助的困难不谈——同等在这里有两种不同的意义，这取决于我们考虑的是帮助者的努力还是提供给被帮助者的服务。如果这两者之一非常之大，感激也许自然而然地就十分强烈。对另一个人帮助我们的热情的领悟，倾向于在我们自身产生相应的感情反应。任何巨大的快乐或对痛苦的免除也都使我们自然而然地产生对自愿创造它的人的相应的感激情感，尽管他的努力可能十分微小。因此，有人指出，在确定我们的感激义务时，我们应取这两种考虑中的较大者，无论是努力还是帮助本身。但是，这种观点似乎不合于常识。因为，帮助可能是完全令人不能接受的；同时，我们也很难说我们有义务完全地回报所有的善意而盲目的帮助我们的努力，虽然我们也模糊地感到甚至对这种努力也应做某种回报。虽然我们可以比较合情理地说，我们应当回报一种已经接受了的帮助，不管我们的帮助者的努力是大是小，但是当我们举出一些极端的例子时，这条规则似乎就失去了效准。例如，如果一个穷人看见一个富人掉到水里并把他拉上来，我们就不认为富人应当给穷人以他愿意给自己的性命所付的价钱。不过，要是他只给穷人几个便士，我们也会觉得他小气，尽管这几个便士对于穷人的努力来说可算是慷慨的回报。这两者之间似乎有某种与我们的道德爱好相吻合的东西，但是我找不出能确定这种报答的尺度的明确的公认原则。

最后要考虑的是特殊需要的要求。实际上，我们在考察普遍的仁爱或共同的博爱时已经陈述了这种要求。我们在那里说过：我们有义务对所有人提供我们能够提供的、所付出的牺牲或努力相对较小的服务；所以，其他人的需要愈紧急，我们就愈承认以自己的 262
多余力量解除其需要的义务。但是我也指出了，单独地考察这种义务也是正当的，因为我们通常都是出于特殊的怜悯或同情情感而履行这种义务的。在这里似乎又产生了一种困惑：培养和鼓励这种情感——它区别于当紧急帮助和救济是正当的时候立即提供这种服务的实际习惯——在何种程度上也是善的。一方面，情感的冲动倾向于不仅令帮助者觉得解除需要的行为更为轻松，而且令他觉得这一行为更美好或更令人愉快。另一方面，人们又普遍承认错误的怜悯比（例如）错误的感激更容易让我们犯错误，因为它更容易干预维护社会秩序所必需的刑罚的实施，或妨碍获得经济福利所需的勤奋与勤俭动机发挥作用。

其次，当我们为了防止上述危险而试图规定解除需要的外在义务时，我们发现我们面对着的不仅是少数人碰到的个别麻烦，而且是今天大多数人碰到的严重的实践困惑。许多人都提出过这样的问题：我们是否真的有这样的义务，即在我们解除我们周围人们的痛苦与需要——就它们能用钱来解除而言——之前，禁绝所有过度的享乐？在回答这个问题时，常识似乎必然要我们去考虑为社会中所有穷困者提供充足收入——通过税收或公共消费，或通过私人的自愿捐赠——的努力的经济后果。常识还逐步用一种不同方法取代解决这一问题的直觉方法，这种方法至少与功利主义方法十分近似。①

① 见第4编第3章第3节。

所以，作为结论，我们必须承认：在这部分义务上，尽管我们找到大量的常识毫不迟疑地提出的宽泛而多少不明确的规则，但是，在确定我们在任何场合中的此类义务的范围时，我们却很难从它们——就它们是普遍公认的而言——之中提取出明确而准确的原则。不过，我们看到：我们所考察的各种义务可能明显地相互抵牾，
263 并且同道德准则的其他要求相抵牾；就此而言，那些分配产生于善良意志的服务的具体原则又是完善实践所必需的，正如它是完善理论所必需的一样。

人们也许会回答说，如果我们想准确地确定义务，我们一开始就不应当考察仁爱概念；简言之，我们应当先考察公正而不是仁爱。他们可能也承认，仅仅考察关于人们出于自然感情而履行的那些义务的常识观念，我们不可能得到我们有时实际需要的那么多的准确性。但是他们可能仍然强调说，我们至少将发现公正的概念提供着相当多的这类准确性。对于这一论点，我将在下一章中进行考察。

注释。——在这一章及下六章的讨论中，读者需要记住：我们试图澄清的主要是常识道德而不是真实的道德。所以，如果我们承认某一道德命题是自相矛盾的，这一认识便排除了这一命题。不过，这并不是说它必然是虚假的，而是说它不是常识所坚持的观点。

第五章　公正 264

1. 我们已经看到，正如人们能直觉认识到的一样，在勾划义务的范围时，我们不得不赋予日常术语以一种明确而准确的意义。这种定义方法经常需要某些反思与考察，并且有时还是一个相当困难的过程。但是，我们在考察任何其他义务时所碰到的困难，以及考察的结论所引起的争论，都不及我们在试图定义公正时所碰到的大。

在作此尝试之前，我最好再提示读者我们需要做些什么。我们不需要考察公正概念的演变过程，因为我们现在不是在研究我们的伦理思考的历史，而是在研究它的现实状况。我们也不能声称确定了一个处处都与对这个词的日常用法相吻合的定义，因为许多人无疑是模糊地、不严格地使用流行的道德概念的。但是，直觉方法[1]却假定——虽然也许是隐含地和模糊地——“公正”这一词语指一种最终值得人们在行为和社会关系中实现的品质，并且假定对这种品质可以作出这样的定义：所有有能力的法官都将接受这一定义，并认为它明确地或隐含地表达了他们经常用公正一词所指的意义。

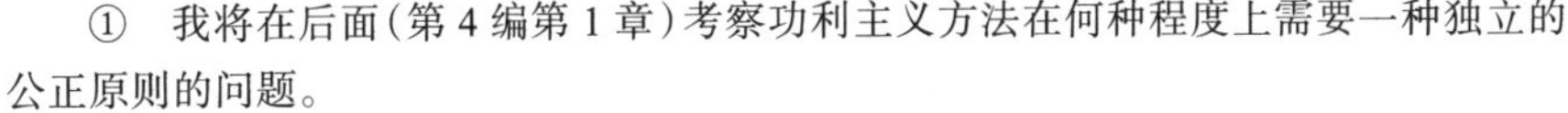

[1] 我将在后面（第 4 编第 1 章）考察功利主义方法在何种程度上需要一种独立的公正原则的问题。

这就是说，在寻求这样一种定义时，我们可以把日常用法的出入之处取齐，但是不可以删去日常用法的任何重要的部分。[①]

也许，我们在反思我们的公正概念时首先注意到的是它与法律
265 的联系。毫无疑问，公正行为在很大程度上是由法律决定的；在某些具体的场合，这两个词还可以互换。例如，我们在说“法庭”和“正义法庭”时就没有什么区别：当一个公民要求公正或他的公正的权利时，他通常是在要求依法办事。不过反思也表明我们在说公正时不光是指符合于法律。因为，其一，我们不总是认为违法者不公正，而只认为违反某些法律的人不公正；例如，我们不认为决斗者或赌博者不公正。其二，我们常常认为现行法律不能完全实现公正；我们的公正概念提供了一个标准，我们用这个标准比较现行法律，宣布它们公正或不公正；其三，一部分公正的行为恰恰就应当是在法律的范围之外的，例如，我们认为一个父亲在法律不能问津（或不应问津）的方面可能对其子女是公正的或不公正的。

所以，我们必须把公正与我们所说的秩序（或守法）义务区别开来。如果我们考察刚刚提到的那些区别，我们就能够作出真正的公正定义。

进一步地说，我们首先要问：遵守什么样的法律被普遍认为是实现了公正的？在大多数情况下，人们可能认为那些规定和保证着

① 亚里士多德在解释 *Δικαιοσύνη* 德性——它相当于我们所说的公正——时指出这个词有两种意义：在其广义上，它以一种特有方式包含了所有德性，或至少包含了社会方面的一般德性。在英语里，我们似乎不在这种宽泛的意义上使用“公正”这个词（除非有时在宗教作品中由于《新约全书》中所用的这个希腊词汇的影响而这样使用它），虽然动词“证明……的公正性（to justify）”似乎具有这种广义。因为，当我说某人做某某事“被证明是公正的”时，我的意思只是这一行为对于他是正当的。至少是在目前的讨论中，我一直在这个词的比较准确的意义上使用它。

可确指的个人的利益的法律是属于这一类的。但是这种看法不全面，因为大家也都承认，公正与把充分的惩罚落实到每个犯法者身上有关，尽管我们不会说一个人有受充分惩罚的利益。所以我们说，将实现或应当实现公正的法律是那些或者把欲望的对象（自由 266
与特权），或者把负担和约束——甚至痛苦本身——分配给人们的法律。然而法律只把这后一类东西分配给违反了其他法律的人们。法律是靠刑罚来实施的。根据这一规定，我们就可以明白人们何以把对一般法律的管理看作是对公正的管理。这不是因为所有法律一开始和首先就是分配性的，而是因为法律的实施一般都要把痛苦、损失以及约束落实到违法者身上。或者，在更准确的意义上我们应当说，这种法律的分配*应当*实现公正，因为我们已经看到它可能没有实现公正。所以我们还需要继续问：法律如果欲使自身在分配上公正必须满足哪些条件？

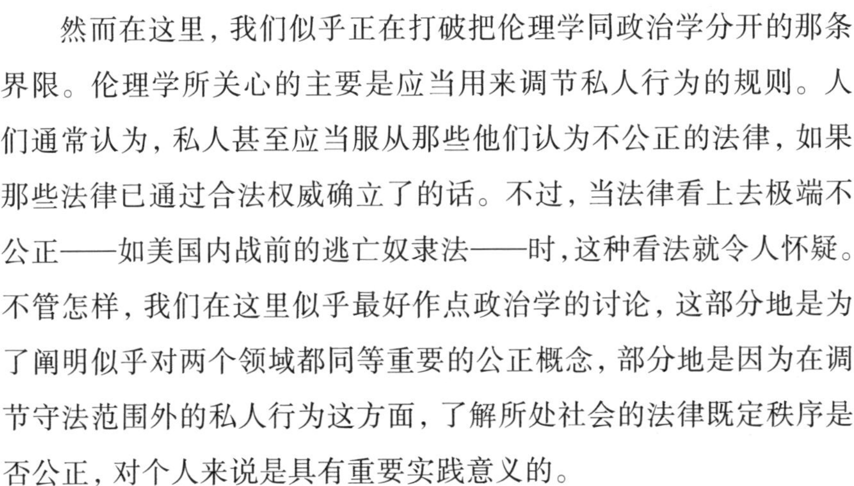

然而在这里，我们似乎正在打破把伦理学同政治学分开的那条界限。伦理学所关心的主要是应当用来调节私人行为的规则。人们通常认为，私人甚至应当服从那些他们认为不公正的法律，如果那些法律已通过合法权威确立了的话。不过，当法律看上去极端不公正——如美国内战前的逃亡奴隶法——时，这种看法就令人怀疑。不管怎样，我们在这里似乎最好作点政治学的讨论，这部分地是为了阐明似乎对两个领域都同等重要的公正概念，部分地是因为在调节守法范围外的私人行为这方面，了解所处社会的法律既定秩序是否公正，对个人来说是具有重要实践意义的。

也许，公正的法律的最明显的、普遍承认的特征在于它们是平等的。至少在某些立法领域，公正的常识概念似乎最充分地表达在平等概念之中。例如，人们通常以为，如果一种税制把完全同等的负担分配给所有的人，它就将是完全公正的。[①]尽管很难把“同等
267 的负担”这个概念本身规定得具有实际应用它所需的那种准确性，我们仍然可以说人们在这里是认为可以把公正分析为某种平等的。然而，我们不能一般地断言所有法律都应同等地影响每个人，因为这样就排除了某些把特权与负担分配给特殊社会集团的法律，而我们并不认为所有这类法律都必然是不公正的。例如，我们认为仅由以某种方式被任命的人来分担立法工作，以及要求男人而不是女人应当为其国家而作战是不无公正的。所以，有些人曾说过，公正要求法律是平等的这句话的唯一意义在于它的实施必须同等地影响每个属于法律规定的集团的人。毫无疑问，这条规则排除了相当一部分不公正行为。最重要的是：法官与司法人员决不能根据有钱没钱来表现“对个人的尊重”。然而，如果一条法律是用一般术语表达的，那么这条法律的概念本身就包含着一般的平等。同样十分明显的是，法律可以被平等地实施而同时又是不公正的。例如，我们会认为一项只强迫红头发的人入伍服役的法律是不公正的，尽管它在实施时对所有的红发人都是平等无偏的。所以，我们必须引出下述结论：在制订法律以及——同样地——在实施法律的过程中，所

① 我应当说，按照我的观点，这一看法只在一种狭义上适用于纳税问题。在这种狭义上，纳税不同于付给从政府那里领薪的人的服务的报酬。就这类报酬而言，我认为人们毋宁说认为公正是在于按照他们所得到的服务的量而付酬。有些人认为，所有付给政府的报酬都应当基于这个原则来确定。我觉得这种观点与个人主义的政治秩序理想相吻合，我在本章中将考察这种观念。但是，我已试图在另一本书［《政治经济学原理》（*Principles of Political Economy*）第3编，第8章］里表明，这一原则不适用于政府消费中的一个重要的部分。

有显得人为的、并且没有提出充足理由的影响人们利益的不平等，[1]
都被人们视为是不公正的。但是，我们仍需问：公正容许何种不平 268
等的理由？这类理由又应当从何种普遍原则（或哪儿条普遍原则）中推出？

2. 如果我们考察适用于法律范围之外的那部分私人行为的公正概念，我们也许会觉得这个问题容易回答些。在这里，我们同样地看到，公正概念经常涉及到对某种被视为有利的或不利的东西——无论它是钱或幸福的其他物质手段，是表扬、感情或其他直接的善，还是某种应得的痛苦或损失——的分配。所以，对于我在上一章（第三节）中所提出的关于在那里讨论的属于公正的义务和属于仁爱的义务的分类问题，我将回答说：仅从其自身来考虑，对任何感情义务的履行都不是公正的例证；但是，当我们来比较产生于不同感情关系的种种责任，以及考察对爱和友善的帮助的恰当分配时，公正概念就变得适用了。为了恰当地进行这种分配，我们必须探讨什么是公正的。那么，在守法的范围之外，我们在说一个公正的人时指的是什么呢？自然的回答是：我们指的是一个不偏袒的人，一个寻求同等地满足他承认是有效的所有要求，并且不让自己不适当地受私人偏爱影响的人。就我们仅仅从主观方面考察公

① 很容易举出这样一种情况：在这里，以一般术语表达的法律观念所隐含的平等运用被感受为不公正的。成文法中的措辞就是这样：它总要包括（或排除）显然不被包括在法律的真实意图和目的之内（或被排除在其外）的人与环境，这或是由于推敲得不仔细，或是由于甚至最准确的措辞都存在不可避免的缺陷。在这种情况下，一个严格地符合一条一般地看来是公正的法律的具体决定，就可能引起极端的不公正，从而使现行法律与公正之间的差异鲜明地显现出来。不过，我们仍然不能以这种方式获得一般地判断法律公正与否的原则。

正德性，并且不考虑通过行为实现客观的公正所必需的理智直觉而言，这似乎是对公正德性的充分描述。如果我们忽视了对某种我们视为合理的要求的考虑，我们的行为就不可能在意图上是公正的。这一界定足以排除故意的不公正行为，但是它也显然不足以给我们提供一个公正行为的充分标准，正如不存在任意的不平等不是一条公正法律的充分标准一样。[①] 我们还需要知道什么是合理的要求。

269 在这些合理的要求——除开上一章中讨论过的那些要求之外——之中，最重要的似乎是产生于契约的要求。这种契约在一定程度上是由法律强制实现的。但是对我们来说，一个公正的人显然一般地都将恪守契约，甚至当违反契约可能不会受到法律制裁时。我将在下一章中对这种义务的准确定义以及它的公认的限定作些讨论；但是常识对它的普遍约束力不存在怀疑。

其次，我们不仅把成文的允诺，而且把人们所说的“隐含的契约”或“默契”，包括在有约束力的约定的概念之内。但是，“默契”一词很难具有准确性。事实上，人们在使用这个词时，常常不仅包含甲以某种方式肯定地默许给予乙一种优惠的意义，而且包含乙有某些甲亦意识到的期望的意义。然而在这里，责任不是十分明确的。我们很难说，如果一个人知道另一个人会对于他的行为形成一些错误的期望，他就有义务以努力实现它们的方式去消除所有这些错误的期望。不过，如果这种期望是大多数人在这些情况下都会形成的，那么，如果实现这种期望并不与其他义务相冲突，实现它还

① 应当指出，在讨论私人行为时，我们甚至不能说所有人为的不平等都被视为不公正。如果一个富有而没有近亲的单身汉把大部分财产用来只为贫困的红头发的人们提供养老金，人们通常不会认为这是不公正的，无论这种选择显得多么不合理和任性。

似乎是一种道德责任，尽管这种责任不及产生于契约的责任明确和严格。的确，我认为我们可以说，公正一般地要求我们去自愿或不自愿地实现自然而正常地产生于我们同他人的关系的所有这些（对于服务等等的）期望。但是，上一章的讨论已经表明：甚至去规定这类义务之中的那些以某种模糊的形式显得确定和无可争议的义务都极其困难，其他的义务则更是只能靠对反思来说显得任意的习惯来规定。而且，虽然当这些习惯存在时产生于它们的期望在一定意义上是自然的，因而一个公正的人似乎有某种责任去实现它们，但是，我们不能把这种责任视为明确的和全面的。其原因——我在上一章中已指出这些原因——有二：首先，习惯是不断地变化的，而且只要一个人处于一种变化状态（成长或衰老）之中，习惯的要求的效准就显然是靠不住的；其次，不合理的、不方便的习惯似乎
没有理由永远保持下去，而它只有通过“使打破它的行为比遵守它 270
的行为更光彩”才能被人们抛弃。

通过上述反思，我们对于我们目前考察的义务的范围产生了一种真正的困惑。公正是我们相信由于其内在性质而能被完全明确地确定的东西；我们觉得，一个严格恪守公正的人必定在其行为上非常准确和严格。但是，当我们考察满足并非产生于契约的那类自然要求和习惯要求方面的公正时，准确地估价这些要求就似乎是不可能的。勾划公正的范围的尝试揭示给我们的，是某种模糊不清的边界：在这里充满了不能完全算是要求的期望；当考虑这些期望时，我们没有把握弄清公正是要求我们去满足它们，还是不要求我们这样做；因为人们的日常活动是以将来也将与过去相仿这一期望为基础的。所以，期待某个人也将像其他人在类似情况下所做的那样去

做，进而期待他继续做他迄今已习惯于做的事，都似乎是十分自然的。相应地，如果他突然停止某种习惯的行为，并且这一举动使他的伙伴受到损失或遇到不便，他们就倾向于认为他们自己受到了不公正的对待。[①] 另一方面，如果一个人没有立誓坚持一种习惯，人们似乎就不能说他对他人的未得实现的期望负有义务。在这种困惑中，常识常常对各方面都类似的情况作出不同的处理，除非这些不同处理的结论太令人沮丧。例如，如果一个穷人由于一位商人成了一名贵格会教徒而打算离开他到另一位商人那儿去做事，我们很难说这样做是不公正的，无论我们可能认为它多么不合理。但是如果一位富有的乡绅也由于类似理由而打算离开一位贫困的邻人，许多人就会说这是不公正的宗教迫害。

271 在上一章所讨论的友善义务中，甚至在特别严格和神圣的家庭感情义务与感激义务中，也同样存在上面指出的困难。我们不能靠问“公正要求我们什么”而得到解决可能产生于这些义务之间的冲突的新原则；对公正概念的运用仅仅引导我们从一个新的角度看待这一问题，即把它看作对友善的服务的正确分配问题，它并没有帮助我们解决这个问题。假如我们有确定（例如）父母对子女的要求、子女对父母的要求以及捐助者对其受捐人的要求的明确而准确的直觉性原则，我们也许能准确地说清为公正起见，我们应当在何种程度上和范围内推迟对其中一种要求的满足，以便让位给对另一种要求或某种不同类的有价值的目的的满足。但是，我不知道除了隐蔽的功利主义的或武断的教义性的不为常识支持的方法之外，还有

① 我们可以指出：有时候以这种方式产生的要求具有法律的效准。例如，一种通行权可能由于土地所有者的不断恩惠而建立起来，尽管他没有做过正式的允诺。

什么方法能够解决这种问题。

3. 如果我们现在再转向我们刚才放下了的政治问题，我们便会看到：我们已经从前面的讨论中得到了一条我们所寻求的法律公正的标准，即法律必须避免与自然的、正常的期望相对立。但是我们同时也看到：当我们把这条标准用于私人行为时，我们无法阐明它。我们也很容易表明，当我们把它用于立法时，也存在同样的不明确性并产生同样的困难。因为，法律本身是自然期望的一个主要根源，既然在平时，法律中的变化与不变的部分相比非常之小，人们就总是有这样一种自然期望，即现行法律将继续下去。诚然，虽然在我们这样一个社会——在这里法律不断通过合法权威而改变——里这是一种不明确、不确定的期望，但它仍然足以为一般人提供一个基础，使他们能安排他们的各种关心：投资、对住所的选择、生意和职业，等等。所以，当法律的某一改变使这类期望受挫时，受到挫折的人就会抱怨受了不公正的待遇；同时，人们也在一定程度上承认公正要求补偿他们以这种方式受到的损失。但是，这类期望的明确性和重要性的程度参差不等；而且一般地说来，它们就如同投石入水时所产生的水纹一样，其明确性与重要性的量值愈低，它们扩展所及的范围便愈广，以至完全补偿它们实际上是不可能的。272
同时，我也不知道有什么原则能使我们把有法律效准的要求与没有法律效准的要求，以及把不公正与简单的吃苦头区别开。[1]

① 我想说，甚至当法律是被合法地改变时，情况也是如此。当发生了政治秩序上的断裂这样罕见的危机时，情况便更是如此。因为在那时，产生于刚刚出现的、作为旧秩序的对立面的新秩序的合法要求与先前形成的那些要求发生了冲突；这种冲突是理论所无法解决的，它只能通过一种粗糙的实践上的折衷来求得解决。见下一章第 3 节。

但是我认为，即使我们能克服这种困难，更深入的反思也必然表明上面所提出的标准是不全面的，或者是被表述得不完整的，否则任何陈旧了的法律就似乎都成了公正的，因为存在了很长一段时间的法律必然产生出相当的期望。但是这一说法是违背常识的，因为事实不断使我们相信陈旧了的法律是不公正的（例如确立奴隶制的那些法律）。的确，这一不断产生的信念似乎是自我更新的社会的法律变革的一个重要根源。

我们也许可以说，有些自然期望产生于社会秩序的其他因素，它们独立于法律并且与法律相抵牾；我们把与这些自然期望相对立的规则称为不公正的规则。例如对许多人来说，长子继承权是不公正的，因为土地所有者的所有子女都同样是在奢侈的生活习惯中长大的，都同样得到了父母的关怀和父母所给予的生活费用，所以继承权上的不平等似乎是自相矛盾的和苛刻的。不过，我们不可能以这种方式来解释一切。例如，奴隶制是错误的这一信念就很难说是产生于蓄奴社会的既定秩序中的某种因素，而似乎是以一种不同的方式产生出来的。

事实是：这种“自然期望”的概念远不只是不明确。这一术语的歧义性还表明了一种根本的观念上的冲突：我们愈考察这一冲突，它的影响便显得愈为深广。因为在这种关联之中，“自然的”这个词包含并揭示了现实与理想——是与应当——之间的巨大差
273 别。前已指出，[1] 在日常用法中，这个词似乎包含着（1）与例外的观念相对立的普通观念，以及（2）与尔后的习惯与制度的结果相对照

① 第 1 编第 6 章第 2 节。

的原初的或最初的观念。但是，人们也用它指——以与上述之一种意义的不甚明确的混和的形式——“在一种理想的社会状态中将会存在的东西”。不难看出这些不同的意义是如何被掺杂和混淆在一起的。因为，当人们开始设想一种比现实地存在着的更好的事物状态时，他们用“自然”所指的实际上是上帝，或从某一具体视角所看待的上帝，——我们可以说，我们在经验中所知道的上帝。因而，他们不仅仅把这种理想的而不是现实的状态看作真正展示着神的目的的，以及看作在此意义上更为“自然的”，他们还进一步或多或少明确地假定：这种理想状态必定是神首创的状态，现存的可为人们认识的缺点必定是由人们的变坏了的行为造成的。但是，如果我们把这后一观点当作得不到历史证明的观点而摈弃，“自然的”一词的其他两种意义之间的对比和冲突，以及常识的公正概念的这两个因素之间的相应的不一致，就显露得更清楚。因为，根据其中的一种观点，我们倾向于认为：对权利、善、特惠以及负担与痛苦的习惯上的分配是自然的和公正的，法律应当维护这种分配。而根据另一种观点，我们又似乎倾向于承认一种应当存在、但也许从未存在过的理想的分配规则体系，并认为法律愈符合于这一理想就愈是公正。政治公正的主要困难正在于调和这两种观点。[①]

那么，应当基于哪些原则来确定此种理想呢？事实上，这个问题是我们在本章一开始就简略地考虑过的。但是，在我们按照人们通常的理解区分公正的两种因素——一种法律与习惯的保守性因素

① 一个不能自我更新的社会的特点在于：在这个社会里，这两种观点是难以区分的；法律理想完全与习惯的理想合为一体；社会的完善被想象为对传统的规则体系的完全遵守。

与一种倾向于改变它们的因素——之前，我们不可能令人满意地讨论它。我们现在所专心研究的正是公正的这后一种因素。

274 然而，当我们考察这种表现在不同时代和国家的不同人们的心灵中的理想时，我们注意到它有各种各样的形式；对这些不同的形式我们需要作出区分。

首先，我们必须指出：除了对善恶在组成社会的个人之间的正确分配之外，人们还可以抱着其他目的，例如抱着在战争中征服他人并取胜的目的，抱着发展工业与商业，或最大限度地发展艺术与科学的目的，来构想和追求社会的理想结构。但是，任何这样的政治理想都超出了我们目前的讨论范围，因为它不是在我们常识的公正概念的基础上形成的。我们目前的问题是：有没有一些明晰的原则可以令我们在有关个人之间合乎理想地对权利与特惠、负担与痛苦作出公正的分配？有一种人们普遍接受的观点，这就是：为了使社会成为公正的，应当赋予所有的社会成员某些自然权利；实证法至少应当体现并保护这些权利，不管它还会包含哪些其他规则。但是，我们在常识中却很难找到关于这些自然权利的内容的明确的一致意见，更不必说找到能够从中系统地推导出这些内容的明晰原则了。

4. 然而，存在着一种把这些权利系统化并统一于一个原则之下的模式，这种模式曾得到一些有影响的思想家们的坚持，并且迄今仍然相当流行，——虽然目前也许有些过时——因而值得进一步考察。人们一直认为：严格地说来，不受妨碍（干涉）的自由实际上是人们**有义务**相互**提供**的——在本来的意义上而不是在契约的意义上——的全部东西；至少是，保护这种自由（包括实施自由契约）是

法律的唯一恰当的目的，因为法律也就是靠政治权威认可的惩罚来维持的那些共同行为规则。按照这种观点，所有的自然权利都可以被概括于自由权利之中，以至这种权利的完全而普遍的确立也就是公正的完全实现，公正所旨在达到的平等也就是自由的平等。

虽然我不能够说我觉得这一观点自明地就是理想的法律的根本原则，但是我承认：在把它当作一种抽象的概念表述来思考时，275
我觉得它是很有道理的。我也许还想说服自己相信，我所以看不出它的自明性是因为我的道德能力（或道德判断）有缺陷。但是，当我试图把它进一步与人类社会的现实环境联系起来时，它马上就变成了另一副样子。

首先，我们显然需要限制它的应用范围。因为它包含一个否定性的原则，即无人应当为其自身的善的缘故而受强制，但谁也不会严肃地证明这一原则适用于儿童、白痴或疯人。但如果情况是这样，我们能先验地知道这一原则适用于所有健全的人吗？之所以问这一问题，是因为人们通常是基于下述理由，即如果强迫儿童等等按照别人认为对他们是最好的方式做或不做某些事，他们的状况将显然变得更好，来证明上述例外情况的。至少是我们不能凭直觉知道这个理由不适用于处于目前的理智发展状态下的大多数人。诚然，这一原则的鼓吹者们常常承认这一原则甚至不适用于低级文明状态下的成人。但如果是这样，这一原则除了适用于有足够理智的人们最好自己提供、而不是由他人提供标准的那些场合之外，还能提供什么其他应用标准呢？这样，这一原则便不能把自身呈现为一个绝对原则，而只能把它呈现为一个更普遍的、旨在人类的普遍幸福或福利的原则的从属性的运用。

然而其次，自由这个词的意义也是模糊的。如果我们严格地把它解释为行为的自由本身，自由权利原则似乎就将包含任何程度的相互烦扰而不包含限制。但是，显然谁也不会对这种自由感到满意。然而，如果我们把它解释为痛苦和由他人引起的烦扰的免除，我们马上就可以看出：如果我们不对行为自由施加令人不能忍受的限制，我们就不可能根除这些烦扰，因为一个人的自然冲动的满足常常会给他人带来烦恼。这样，在区别应当允许的相互烦扰和必须
276 禁止的相互烦扰时，我们似乎不得不把约束的恶与痛苦及另一种不同的损失加以权衡。如果我们承认功利主义标准，我们就难于坚持说，我们不应当允许任何为了增加善的正值的对个人的烦扰，而只能是为了防止更严重的烦扰而允许它。

第三，为了使社会结构能够建立在自由的基础之上，我们必须假定：自由权利中包含着以契约限制个人自由的权利；并且，如果这些契约的确是自愿缔结的而不是靠欺骗或强制缔结的，如果它们不侵犯他人的自由，它们就应当凭借法律惩罚来实施。但是，我不认为实现自由的概念在严格的意义上包含着契约的实施。一个人享受最完全的自由时，似乎就是他的任何意志都不致引起他人的外在强制时。如果这种限制自由的权利本身是不受限制的，人们就会通过这种自由缔约令自己从自由状态陷入奴役状态，从而这种自由原则便以作茧自缚而告终。然而，从这一原则中推导一种以契约限制自由的有限制的权利，又显然是不可能的。[①]

① 对于自由观念在何种程度上包含着以自由契约限制自由的不受限制的权利这一问题，我们将在下一章中，即当我们考察服从法律的一般义务时再作讨论。

但是，如果说我们难于把自由界定为应当在人与人的关系中实现的理想，那么当我们转而考察人与生命和幸福的物质手段的关系时，这种困难就变得更大。

因为，人们通常认为，个人的自由权利包含使用物品的权利。但是，如果从严格的意义上理解自由，我就认为，自由除了指一个人在实际使用一次只能由一个人使用的东西时的不受干涉权之外，别无他意。严格地说，如果一个人一旦占有了某种东西就禁止别人将来再来占有它，这种权利就构成了对他人的自由行动的干涉，并且也超出了维护占有者的自由所需的限度。人们也许会说，一个人在占有某件特殊的东西时并未侵犯他人的自由，因为他人仍然可 277
以去占有其余的东西。但是，其他人可能只想要他所占有的那件东西，他们可能再找不到那样好的一件东西，或至少是不付出许多劳动和搜寻就找不到它；因为许多过舒适生活的用具与资料是数量有限的。这一论点尤其适用于地产。应当指出，在谈到地产时还有一个更大的困难，即需要确定可以允许一个人通过“首先占有行动”占有多少地产。如果人们说，根据协定一个人可以占有他有能力使用的土地，那么答案就显然是任何人占有的土地都可以在面积上无限大，而在用效上无限低。例如，如果我们坚持说，一个人有权禁止别人在他可能去寻猎的地域放羊，这一推论肯定是与自由原则相悖的。[①] 但如果是这样，说一个牧人有权禁止另一个人耕种那块土地，或一个耕种那块土地的人有权禁止另一个人在那里挖矿，难道

① 有人曾主张，寻猎者对寻猎的地域没有道德权利，并以这种理由证明没收捕获于新开发地的野兽的正当性。

就是自明的吗？我看不出怎样才能推出这样的结论。另一个可能引起争论的问题是：以这种方式产生的财产权是否应包含对身后的财产处理的控制权。对大多数人说来，这种控制权似乎自然而然地是同所有权联系在一起的。不过，说我们在一个人死后对其生前占有的东西的任何处置都是干涉了他的行动自由，这恐怕是自相矛盾的。法理学家们常常把这种控制权看作纯粹习惯上的权利，因而不把它包括在“自然法”的范围之内。

还可以举出一些其他的困难，但我们无需一一尽举之。如果人们把自由的意义理解为一个人的行动应当尽可能少受他人的约束，那么显然它只有当不存在占有权时才能实现得更充分。而如果人们说除此之外自由还包含着满足欲望的能力与把握性，说我们认为应当平等分配的正是这种意义上的自由，以及说离开了占有权这种

278 自由便不可能实现；那么我们就可以回答说，在一个近乎所有物质财富都已被占用的社会里，这种自由就没有被也不可能被平等地分配。一个降生于这样一个社会而没有遗产的人，不仅远不及那些占有财产的人自由，而且比处于不存在占有权的状态中更不自由。有人可能说：由于有契约自由，他可以用他的服务换取满足其需要的手段，这种交换所给予他的必定比他降生于一个只有他存在的世界所能得到的更多；事实上，任何人类社会都比无此社会的状态更能使它所栖息的这个地球的一角满足每个人的以及它的尔后出生的成员的欲望。[1]但是，无论这一论点作为一条一般规则多么真实，它也显然不是适用于所有例证的。因为，人们有时完全没有能力出

① 这是像巴斯舍特这样的乐观的政治经济学家们所使用的论点。

卖其服务，并且常常只能为自己换回不充足的生活资料。即使我们把它看作真实的，它也不能靠占有权来证明那个社会没有妨碍那些比较贫穷的社会成员们的天赋自由，而只能证明它将补偿他们所受到的妨碍，并且这种补偿是充分的。显然，如果物质形式的补偿恰好能补偿对自由的侵夺，那么自由的实现便不可能成为分配正义的一个终极目的。

5. 所以，情况似乎是：虽然自由是——既因自身之故又间接地因其包含的自然冲动的满足之故——强烈而普遍的欲望的对象以及幸福的重要根源，但把它阐述为理论法学的基本概念的尝试却伴随着难以逾越的困难；人们甚至不能把它打算概括的那些自然权利列于它的名下，除非以一种勉强的、人为的方式这样做。[1] 但是，即使情况完全与此相反，对自由的平等分配也似乎没有完全表达我们的公正概念。理想的公正，正如我们通常设想的那样，似乎要求我们 279
不仅分配——如果不是平等地，也至少是公正地——自由，而且分配所有其他的利益与负担；我们不完全把这种分配上的公正等同于平等，而仅仅把它视为对人为的不平等的排除。

那么，我们能够找到这种最高的、最具综合性的理想的原则吗？

我认为，通过重新诉诸上一章中指出的提供帮助（服务）的责任的一个根据，——感激的要求——我们将接近这一目标。在那里我似乎已经说明：我们不仅有一种回报帮助的自然冲动，而且有这样一种信念，即作这样的回报是一种义务；忽视这种义务至少在某

① 对政治自由的进一步考察——我们将在下一章进行这项工作——将更清楚地表明自由概念中包含的困难。

种范围内是应当受谴责的，虽然我们难于界定这种范围。现在，我们似乎可以说：一当我们把这种冲动和信念普遍化，我们就可以得到常识的公正观点中的一种我们一直在试图确定的因素。如果我们接受“对某人所行之善理应由他回报”这一命题，并且不去考虑善与应当这两个词表达的与那个人的关系，我们似乎就得到了对“善行理应得报”这个更普遍的陈述的真理性的同样强烈的信念。[①]如果我们把各种不同种类、不同程度的服务——它们的相互交换是社会赖以建立的基础——都考虑进来，我们就可以得到“人应当依其劳绩而得报”这一命题。人们通常认为，在不存在产生于契约或习惯的影响分配的要求的情况下，这一命题是真实而简明的分配原则。

例如，人们可能承认，如果没有事先的契约，某项工作或事业的获利应当在为之作出了努力的人们中间按照他们的服务的价值来分配。应当指出，有些思想家不是把上一节中讨论过的那个命题——法律当以保证每一个人的最大可能的自由为指归——当作绝
280 对的、公理性的原则，而是把它当作从劳绩理应得报原则中派生的准则。他们的理由是：对劳绩的最好回报是让人们尽可能自由地满足其欲望，从而让每个人都能得到他自己的回报。如果上述说法是通过“每个人都对其劳动的创造有一排他的权利”这一命题来证明的，它似乎就实际上是财产权利赖以建立的原则。因为一经反思，

① 如果上文中的观点是合理的，它就十分鲜明地表明了自然冲动和道德直觉之间的区别。因为从情感的方面看，回报一种帮助的冲动与引发我们去要求劳动所得，或“以公平的劳动换公平的报酬”的冲动是颇为不同的。不过，我们对感激义务的理解似乎可以被归结到“劳绩理应得报”这条更普遍的直觉之下。

人们就会看出，劳动实际上并不“创造”任何物品，而只增加它的价值。我们并不认为一个人能凭借他在一件属于他人的物品上花费了劳动这一点而获得对于它的权利，——尽管他在从事劳动时真诚地相信它是他的财产——他只能获得对他的劳动的充分补偿的权利；因而这种权利就是上述命题的必然含义。诚然，人们有时也用那条原则去解释对在某种意义上是被首先发现者“创造（即发现）的”物质财富的原初权利。[①] 但是在这里，反思又一次表明：常识不完全承认这种权利（是一种道德权利），而只在这一权利似乎是对发现者的辛苦的充分补偿的意义上承认它。例如，我们不会认为首先发现一大片无人居住的区域的人具有完全占有它的道德权利。所以，这种对于财产权的证明最终还是使我们去诉诸“人应当依其劳动而得报”这一原则。其次，当我们说神公正地管理着世界时，我们似乎是在说，如果我们能了解全部人类存在状况，我们就会发现幸福是依照人们的功过分配的。而且，我们还认为，神的公正是一个范型，只要人类社会状态允许，人类的公正便应起而效尤。

前已指出，这种公正似乎类似于被普遍化了的感激；同样，我 281
们也可以把应用于惩罚的公正原则看作被普遍化了的不满，虽然如果考虑到我们目前的道德观念，这一类比便不很全面。历史告诉我们，在一段时间里，报仇也像报恩一样不仅被视为自然的，而且

① 要把“首先发现的权利”置于“人的劳动创造的权利”的概念之下当然还存在相当大的困难。所以，洛克和其他一些人都觉得有必要假定一种存在于一般人之中的“默契”，即所有先前未被占有的东西将属于首先占有它们的人；并且把这一默契当作对前一种权利的最终证明。但是，考虑到那种不幸的能力——人们几乎可以用这一理由为实在法中的任何人为性辩护，——人们必然承认这是一种相当极端的对伦理政治的结构的设计。

被视为完全正当的和一个人有责任去做的事。但是随着道德反思的发展，这种概念在欧洲被摈弃了。所以柏拉图教导说，伤害他人永远不可能是正当的，无论他人曾如何地伤害过我们。从个人对别人的恶行的态度这方面来看，这也是基督教社会中公认的学说。但是，这种古老的信念仍然以被普遍化了的形式徘徊在刑法正义的流行观点之中。人们似乎仍然普遍认为，公正要求对一个做了坏事的人施加痛苦，即使这种痛苦对他或对其他人都不会产生好结果。从个人方面来说，我很不赞成这种观点，以至对它有一种本能的、强烈的道德反感。我也不愿意把它说成是常识，因为我认为它正在慢慢从大多数发达社会中的有教养者的头脑中消失。但是我认为，它也许仍然是较为常见的观点。

这种观点也就是亚里士多德所说的体现于刑法中的矫正的公正的一个因素。决不可以把它与作为法律赔偿的基础的补偿原则混淆起来。前已指出，这一原则是普遍仁爱准则的一个直接推论，它禁止我们去伤害我们的同类。如果我们已经伤害了他们，我们仍然能通过补偿那种伤害而大致遵循仁爱准则，尽管在这里产生了我们是否有义务补偿不受谴责地引起的伤害的问题，并且也很难明确
282 地回答这个问题。[①] 总的说来，我认为我们应当谴责对别人造成了

---

① 读者将在 O. W. 小霍姆斯（Holmes）的《习惯法》（*The Lommon Law*）第 3 章中发现对常识在这一问题上的困惑的有趣说明。作者在那里通过英国法中关于民事侵权行为的内容的发展过程，深入探讨了下述两种对立观点：(1)“人的行为不端的危险是由于某种道德缺点所致”的观点，和 (2)“人的行为不端的危险始终并且全然与他对事实的意识状态无关”的观点。前者是主要流行于英国法中的观点；就法律上的可能性而言，我觉得这种观点当然是符合人类常识的。但是，我不认为它也同样适用于涉及道德责任的情况。

严重伤害而不作一些补偿的人，尽管他是无意的，并且不是出于疏忽而造成那种伤害的。不过，我们也许是把这种谴责看作一种仁爱的义务，一种产生于每个人对其他人应有的、由于这种特例而加强起来的一般同情的义务，而不是把它看作一种严格意义上的公正义务。然而，如果我们按照严格的公正的要求，只考虑由在某种程度上应受谴责的行为或疏忽造成的痛苦的补偿，就产生了这样一种困难，即基于某种道德观点的应受谴责性，与基于维护社会稳定的观点的应受谴责性相互背离。我很快就将谈到这种背离现象。[①] 无论如何，在目前已经不存在补偿的公正原则和回报的公正原则——前者显然与受伤害者的要求有关，后者则与作恶者的恶绩有关——相互混淆和冲突的危险。[②] 虽然在实际的司法过程中，对不公正行为的补偿有时被视为对作恶者的一种充分的惩罚。

然而，当我们再来讨论回报的公正——它涉及对服务的回报——的其他方面时，我们发现另一个概念（我将称之为才能）常常与劳绩概念难以区分地混淆在一起，[③] 因此需要仔细把它与后者区别开来。一旦我们作出了此种区分，我们就可以看出这两个概念可能相互抵牾。严格地说，我没有把握断言从日常的公正概念中能够

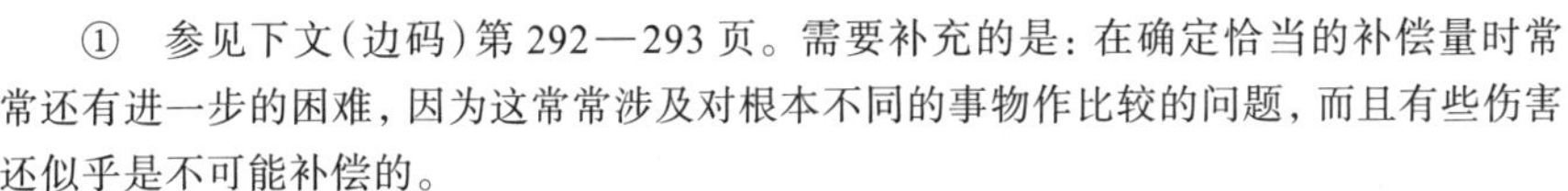

① 参见下文（边码）第292—293页。需要补充的是：在确定恰当的补偿量时常常还有进一步的困难，因为这常常涉及对根本不同的事物作比较的问题，而且有些伤害还似乎是不可能补偿的。

② 我们在上一段话中已经提到，在道德发展的较早阶段上，对作恶者实行报复被视为对受伤害者进行补偿的正常方式。但是这种观点是与基督教社会的道德常识相悖的。

③ 我认为“功绩”这个词常常把这两个概念混淆起来，例如当我们说“按照功绩来提升”时就是这样。然而一般地说，道德学家所使用的“功绩”也就是我们所说的“劳绩”。

283 分析出“按照才能[①]分配”这一原则。但是,在对于用品与职务以及(至少在某种范围内)对幸福的其他资源的分配上,它无疑影响着我们关于理想的或完全合理的社会秩序的常识观念。我们当然都认为:用品应当给予那些最善于使用它们的人,职务应当给予那些最有能力履行它们的人,但这些人不一定是过去已经作出了最多贡献的人。其次,我们认为:应当把享乐的具体物质手段给予那些有能力感受那种特定的快乐的人,因为谁也不会希望把图画分给一个盲人,或者把名酒分给一个毫无对酒的嗜好的人。因此,我们也许认为:艺术家应当比机械师得到更大份额的社会财富,虽然他们可能并没有那么大的劳绩。这样,劳绩概念与才能概念就至少有时显得相互抵牾。但是,前已指出,我们也许应当把才能视为一个必定限制着我们去兑现绝对公正的功利主义分配原则,而不应将其视为对公正本身的部分解释,而我们现在所讨论的正是这后者。无论如何,正是对劳绩的回报构成了理想的公正的主要因素,因为这种回报不仅包含着平等和无偏袒,而且包含着更丰富的意义。那么,就让我们进一步考察一下劳绩的含义。我们先来考察善的劳绩或功绩,它在劳绩中具有最根本的、最持久的重要性。我们可以希望犯罪和对犯罪的惩罚将随着外界的改善而减少并逐渐消失;但是,对福利手段的正当的或最好的分配却是我们必须始终去实现的目标。

6. 首先,我们在界定感激时不得不考虑的那个问题,即应当是按照所付出的努力还是按照所获得的结果来回报的问题,又重新提出来了。人们可以说,任何贡献的实际功利都必然在很大程度上

① Fitness,原意为合适、合理,此处依上下文之意转译为“才能”,仍不尽达意;但中文中似无恰当对等词,姑且用之。——译者

依赖于有利的环境和幸运的机遇，而不是依赖于当事人的劳绩；或者，这种功利依赖于当事人的能力与技能，它们是天生的或者是在有利的生活环境下或通过良好的教育而培养起来的，那么，我们为什么应当因为这些而奖赏他呢？（就他通过良好的教育而获得能力与技能而言，我们毋宁说是应当奖赏教育了他的那些人。）诚然，人 284
们仅仅是由于**道德的**美德总表现在人类成就之中的缘故，才通常认为道德美德应得到神的奖赏的。但是，这种推理方法仍然不能使我们摆脱困难。因为，人们还可以说：那些好行为完全取决于，或在很大程度上取决于良好的行为倾向或习惯，这些品性部分地是天生的，部分地是由父母与老师的关心而培养起来的；所以，奖赏这些品性也就是在奖赏自然的和偶然的有利条件的结果；把这些品性同其他东西——例如技能与知识——区别开来并且说奖赏这一种而不是另一种东西是完全公正的，这是不合情理的。那么，我们能说应当按照为实现一个良好的目的而作出的意志努力的大小来奖赏吗？决定论者将会说，甚至这种努力也是外在于人的自我的那些原因的效果。所以，按照决定论的观点，完全公正的状态（假如有某种这样的状态）似乎是所有的人都享受同等的幸福的状态。如果仅仅因为甲所处的偶然环境一开始使得他境况较好，我们就让他比乙更幸福，似乎就无公正可言。但是，我们又何尝不应当不说“所有的人”，而说“所有的有感觉的存在物”呢？因为，人何尝应当比其他动物有更多幸福呢？但是，如果这样地探索理想的公正，我们就会走向一个常识可能会摈弃的危险悖论。至少是，这样会使我们完全离开日常的劳绩观念。[①] 所以，我们似乎达到了我在第一编第五章中所

① 按照我的看法，对于劳绩的唯一站得住脚的决定论解释就是功利主义的解释。

预见的那个结论，即在我们的道德意识的这个方面，自由意志观念似乎以一种特有的方式包含在常识的道德观之中；如果这一观念被
285 根除了，对最为重要的劳绩或功绩的概念和公正概念就需要作实质性的修正。[①]同时，决定论者的公正和自由主义者的公正之间的差别也很难说有什么实践的效果。因为在任何情况下，要在实践中把一个人的严格地依赖其自由选择的成就同依赖于原初天赋和有利环境的成就区别开，都是不大可能的。[②]所以，对于我们所设想的理论的公正理想的实现，我们只能听天由命；我们只能按照意愿行为有意识提供的服务的价值来尽量地奖赏它们。

这样，如果我们把按照自愿的服务的价值来回报当作理想的公

按照这种解释，当我们说一个人应当因他对社会的某种服务而得到奖赏时，我们的意思是说，为了诱使他和其他人出于对类似奖赏的期待而作出类似的服务，奖赏他是有利的。参见下文第 4 编第 3 章第 4 节。

① 对于上面讨论的那些困难，我们也许可以部分地解释说：劳绩的概念曾经来自社会的乌托邦改革家们的理想，“幸福方面的平等”也曾被当作唯一目的。人们曾经认为由于幸福依赖于他人的活动，公正明白地要求每个人都享受一份同等的幸福。但是，要证明这一论点似乎有许多困难。因为（撇开对刚才提到的才能方面的考虑不谈），平等地分配欲望的对象并不总能产生同等的幸福。就获得同等的幸福而言，有些人需要较多的欲望对象，有些人则需要较少的欲望对象。所以，我们似乎必须把需要上的差别考虑进来。但是，只要我们把精神需要考虑在内（这似乎是合理的），我们就不得不给那些快乐的、满足的、自我牺牲的人较少的欲望对象，而给那些本性上不快乐的、苛求的人较多的欲望对象。因为前一种人有较少的欲望对象就能快乐。这种说法显然太自相矛盾，以至对常识说来没有什么价值。

② 诚然，在某种范围之内，消除可归诸于环境的那些不平等是可能的，这需要使社会的所有阶级的人都受到最好的教育，从而使每个儿童都有被挑选和被教育得能担任他们似乎适合担任的任何职务的平等机会。就这种作法将消除或减轻人为的不平等而言，它似乎是理想的公正的要求。相应地，在那些理想的社会结构——我们可以在人们的抽象的公正概念中找到这类结构——中，这样一种直觉也总是占有一定的地位。然而，有不少自然的不平等将是我们无法消除或甚至减轻的。

正的原则，——就它能够作为人类社会的实践目标而言——我们就仍需考虑：应当基于哪条或哪些原则来合理地估价不同服务的相对价值。毫无疑问，我们通常认为这样一种估价是可能的，因为我们不断地谈到某种服务的“公平的”或“适当的”价格，把它说成某种大家都知道的东西，并且把要求更多东西的作法谴责为过分的。人们可能说，我们通常用在这类判断中的公平或公道的概念不同于公正概念；事实上，公道常常被人们用来同严格的公正相对照，并且被视作可能与公正相抵牾的。这种说法部分地是对的。但是我认为，我们在伦理学著作中唯一适合于采取的公正一词的意义，是它 286
的广义与常义，这种意义是把公道或公平包含在内的。这是因为，一当公道与严格的公正相抵牾，它的命令就被当作是一种更高的公正，或在所考虑的那个场合中应当有终极效准的东西，虽然这也许不是执法者们的看法。所以，我把公道视为公正的一部分，虽然我要指出，公道这一术语通常更多地被用于有关的要求不甚明确的场合，而不是用于正当的要求是产生于法律或契约的正常场合。那么，我们能基于何种原则确定服务的“公平的”或“公道的”价格呢？我认为，当我们考察实践者们的常识判断——公平或公道判断就出现于这些判断之中——时，我们会发现：在这些场合中，人们是诉诸于类比和习惯来确定“公平”，并且认为某种服务“的确抵得上”通常付给那类服务的报酬的。所以，总起来说，公正概念的这种因素似乎可被分析为第二节中讨论过的那种因素。而且情况似乎是：在某些社会状态下，付给服务的报酬也像任何其他习惯性的义务一样完全由习惯来确定，从而偏离这种习惯就将明显地令正常期望沮丧。但是，在现代文明社会，大概没有人会完全认为公正就是服务

的习惯价格。就实践者的判断可能有这种含义而言，我认为我们必须承认他们是肤浅的或无心的，并且忽略了靠生产者和商人的自由竞争来确定商品的市场价格的既成模式。因为，只要这种竞争在起作用，市场价值就有升有降，就因地因时而不同，以至任何受到良好教育的人都不能指望它固定不变，或只因为这种价格的涨落就抱怨受到了不公正待遇。

那么，我们能够说（由自由竞争确定的）“市场价值”符合于我们关于理想的公正的概念吗？

这是个十分有趣的问题。因为十分明显，它涉及确定在一个建立在前面讨论过的那个原则上的社会中会普遍化的服务报酬，以及
287 保障社会全体成员的最大可能的自由的模式的问题。应当指出，这种模式——我们可以称之为个人主义的理想——正是现代文明社会至今一直在努力去接近的范型。因此，弄清楚它是不是一种完全满足道德的要求的模式，以及自由——如果不是一种绝对目的或抽象的公正的首要原则——还是不是实现一种公正的社会秩序的最好手段，并作为这种手段而成为赏功罚过的一般准则追求的目的，就是极其重要的。

初看起来，我们似乎可以认为，“市场价值”再现了一般人对某种东西的估价，因而正好给我们提供了有关我们正在寻求的“常识判断”。但是一经考察，情况便似乎是：由于对其本性及其影响的知识的不完备，大多数人都没有足够能力确定许多重要的服务的价值，以至于当涉及这类知识时，真实的判断不可能被再现于市场价值之中。甚至就一个人一般说来有能力估价的那些东西而言，他在作具体估价时也显然可能不了解他所交换的东西的真正价值。

在这种情况下“自由的”契约就很难说是公平的，虽然如果这种无知不是由交换的另一方造成的，常识就不会因后者不公正地利用了这种无知而谴责它。例如，如果一个人通过合理运用其地理学知识与技能发现了一位素不相识者所占有的土地内可能有一种有价值的矿藏，讲道理的人就不会谴责他隐瞒他的发现并要求他按照那座矿藏的市场价值来购买它，不过人们也不会说那个出卖地产的人得到了那块土地的真正价值。事实上，在这样的问题上常识会被弄得相当困惑。同时我认为，常识所达到的最终原则也必定要到经济的考虑中去寻找，这些经济的考虑远远超出了对常识的公正概念的分析的范围。[①]

其次，还有些公认为极其重要的社会服务——例如科学发现——一般地说没有市场价值，因为它们的实际功用是间接性的和
不确定的。一种科学发现将能应用于工业发明的范围是如此之不 288
明朗，以至即便能够方便地保守其秘密，购买这一发现也未必能带来利益。

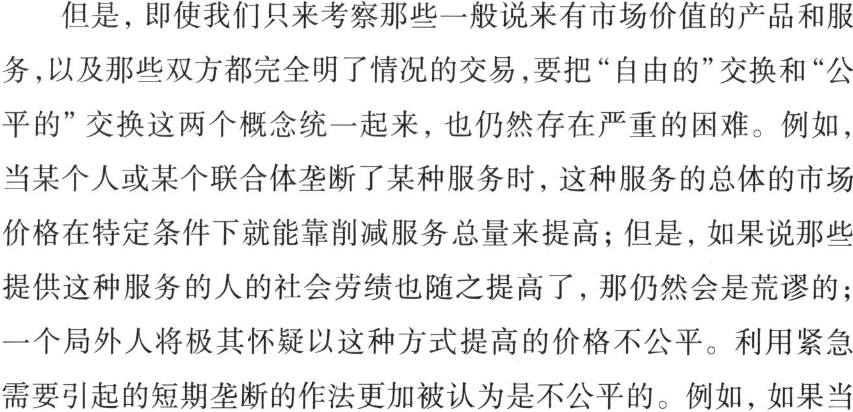

但是，即使我们只来考察那些一般说来有市场价值的产品和服务，以及那些双方都完全明了情况的交易，要把“自由的”交换和“公平的”交换这两个概念统一起来，也仍然存在严重的困难。例如，当某个人或某个联合体垄断了某种服务时，这种服务的总体的市场价格在特定条件下就能靠削减服务总量来提高；但是，如果说那些提供这种服务的人的社会劳绩也随之提高了，那仍然会是荒谬的；一个局外人将极其怀疑以这种方式提高的价格不公平。利用紧急需要引起的短期垄断的作法更加被认为是不公平的。例如，如果当

① 参见下文第 4 编第 3 章第 4 节。

我看见克罗伊斯[①]将溺水而死而且周围没有人时，我趁机敲诈他的一半财富，否则就拒绝去救他，人们就不会认为我的所为是公平的。但如果是这样，一部分人利用同他们打交道的另一部分人的不利的经济状况通过竞争而获利就是公平的吗？而如果我们承认这也不公平，我们又应当把界限划在何处呢？之所以这样问，是因为任何一方人数上的增加都使其在交易中的地位更不利。同时，不同服务的市场价格还部分地取决于获得这些服务的难易程度；用政治经济学家们的话说，“取决于服务的供求双方的关系”。一个人的社会劳绩能够只因为提供同种服务的人数增加，或只因为其他人也愿意提供这种服务就变小，这似乎是不合理的。其次，如果他的劳绩能够因为他自己愿意提供这种服务而变小，这似乎也不合理。因为，如果我们因为一个人热情而急切地想提供服务就少给他一些奖赏，这是十分奇怪的；然而在讨价还价中，较缺少成交意愿的人却总是占便宜。最后，我们似乎也不能说，当一个人的服务是提供给一些大方的买主时，它的社会价值必然会提高；然而在这种情况下他所得的奖赏却可能更大。

上述这些考虑已经引导某些政治思想家们得出这样的认识：公正要求一种分配服务报酬的模式，这种模式应当完全不同于目前的
289 受自由竞争影响的分配模式；所有劳动者都应当按照他们的劳动的、由开明而有能力的评价者来估定的内在价值而取得报酬。如果社会主义的理想——我们也许可以这样地称呼它——能够实现而不产生同样大的恶，它似乎就比现存社会状态更接近于我们所设想的

① 罗伊斯（Croecus，?—约公元前 546 年），小亚细亚吕底亚国最后一代国王，以富有闻名。——译者

神的公正。但是这一说法的前提是我们已经发现了确定价值的合理方法，然而我们还没有找到这样的一种方法。我们能够说这些评判者应当根据一项服务所产生的幸福量来确定它的价值吗？如果是这样，这种计算当然又会面临第二编讨论过的快乐主义方法的全部困难。但是假定这些困难能克服，我们也很难说清应当如何比较不同服务的价值，因为它们必定是共同地创造着幸福生活。例如，我们应如何比较必需品与奢侈品的不同价值？我们可能对产生于后者的快乐更敏感，但是我们又不能完全脱离前者来享受这种快乐。其次，当不同种类的劳动在协同进行同一项生产时，我们应如何估价它们的相对价值？即使我们能以一种共同标准来衡量非技术劳动，用一种共同标准衡量不同类的技能却几乎是不可能的。因为，我们如何把设计劳动与装配劳动相互比较？如何把实际生产的劳动与教育生产者的劳动相互比较？或者，如何把发现了一个新原则的学者的服务与应用这一发现的发明者的劳动相互比较？

我不知道靠分析我们常识的公正概念在多大程度上能解决这些问题，或上一段话中指出的那些困难。我认为，要完全满意地解决这些问题与困难，我们就不得不采取一种不同的推理方法。我们不必去问何种服务是内在地具有价值的，而必须去问何种奖赏能产生出这些服务，以及社会中的其他人是否从这些服务中得到了比那些奖赏额更多的东西。简言之，我们不得不把完全公正的社会秩序结构[①]——在这种结构中，所有的服务都依照其内在价值而得到精确的报酬——当作不可实践的理念而放弃。同时，由于类似的理 290
由，我们似乎不能不得出一条更普遍的结论：准确确定善绩的不同

① 在这里，我也许不必详述实现这样一种理想制度的实践上的障碍。

量的推理方法不可能获得明晰的前提。事实上，常识也许并不认为这样一种方法是可能的。虽然常识认为理想的公正就在于赏功罚过，它仍然把在对幸福手段的社会分配中实现这一理想的尝试视为乌托邦的。在现实的社会状态中，人们只是在一个十分有限的范围内才做奖赏善绩的尝试。父母们与他们的子女打交道时在某种范围内做这种尝试，国家也在奖赏政治家、军人等等的服务时做这种尝试。但是，对这些情况的反思将表明：人们在确定恰当的奖赏额时所使用的标准是何等的粗略和不完善。此外，在日常生活中，我们力图实现的唯一公正就是实现契约和明确的期望的公正，并且不大关心通过讨价还价来分配社会奖赏是否普遍公平。

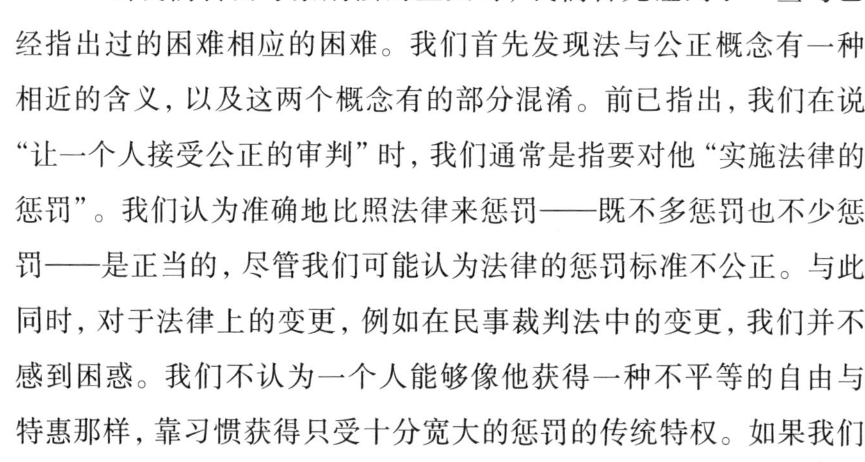

7. 当我们转而考察刑法的正义时，我们首先碰到了一些与已经指出过的困难相应的困难。我们首先发现法与公正概念有一种相近的含义，以及这两个概念有的部分混淆。前已指出，我们在说“让一个人接受公正的审判”时，我们通常是指要对他“实施法律的惩罚”。我们认为准确地比照法律来惩罚——既不多惩罚也不少惩罚——是正当的，尽管我们可能认为法律的惩罚标准不公正。与此同时，对于法律上的变更，例如在民事裁判法中的变更，我们并不感到困惑。我们不认为一个人能够像他获得一种不平等的自由与特惠那样，靠习惯获得只受十分宽大的惩罚的传统特权。如果我们现在考察人们直觉地确定的刑法正义的理想，我们肯定会发现：就
291 惩罚不被视为预防性的[①]而言，人们通常认为惩罚应当与罪行的严

① 我已经表达过这样的意见，即这种功利主义的惩罚观将逐步流行起来，但是我不认为它已经流行了。

重程度相应[①]。不过，当我们制订完全合理的和准确的量刑方法时，我们碰到的困难至少与在善绩那里碰到的一样大。因为首先，自由意志的假设在这里也必然起作用：既然人的坏行为完全是由本性和环境造成的，那么——像 R. 欧文所说的那样——他不应当因这些坏行为受惩罚当然就是顺理成章的。公正毋宁说要求我们去努力改变他的行为的条件。而且，我们对慎思的犯罪的确比对那种冲动的犯罪惩罚得更重；这也许是认为前者包含了一种对于恶的更为自由的选择。第二，我们觉得由没受过道德教育或受过歪曲的道德教育的人作出的犯罪实际上算不上犯罪，与此同时我们又通常认为犯罪者不能因为这一点而被减免惩罚。第三，从道德的观点来看，如果动机是值得称赞的——例如当一个人杀死一个恶贯满盈而未受到法律制裁的坏蛋，或为了他的祖国的利益领导一次毫无希望的反叛时——犯罪的性质似乎至少是可以大大减轻的，不过断言我们应当相应地减轻惩罚仍然是自相矛盾的。无论神会怎样做，常识将坚持认为：一般地说，有意地作了法律所禁止的极其有害行为的人必须受严厉的惩罚，尽管这种行为可能出自一种良好的动机。

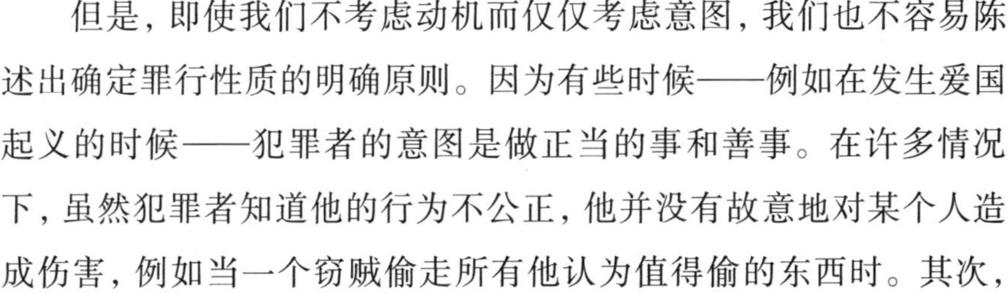

但是，即使我们不考虑动机而仅仅考虑意图，我们也不容易陈述出确定罪行性质的明确原则。因为有些时候——例如在发生爱国起义的时候——犯罪者的意图是做正当的事和善事。在许多情况下，虽然犯罪者知道他的行为不公正，他并没有故意地对某个人造成伤害，例如当一个窃贼偷走所有他认为值得偷的东西时。其次， 292

① 当然，有些人认为公正的本质在于维护社会成员的永恒自由，认为惩罚只有作为达到这一目的的手段才能得到证明；他们自然都觉得：在实施惩罚时，我们应当仅仅考虑它作为这种手段的效果。但是，我们不能把这种观点当作对常识关于公正的惩罚的概念的解释。

我们通常不认为一种罪行因为被严格地保守了秘密其性质就变轻了，然而一种罪行的很大一部分伤害却是由它引起的惊恐不安这种“派生的恶”（按照边沁的叫法），而且这部分伤害可以由对罪行的完全保密来避免。人们可能回答说，这后一种困难不是一种实践上的困难，因为谁也不要求我们直到罪行败露时，直到派生的恶已经产生了并且还由于先前的保密而变得更大时，再去惩罚它。但同样真实的是，犯罪者并不想让罪行被发现，所以罪行所引起的这一部分恶并不是犯罪者有意造成的。如果我们说罪行的严重性取决于这类行为如果不受惩罚一般会引起的幸福损失量，如果我们说我们必须假定犯罪者完全意识到了这种损失，我们似乎就是在借助于法律的虚构使功利主义理论换上一种直觉的外表。

我们刚才谈的是故意的作恶，但是，实证法也对由冒失或疏忽而造成的伤害施行惩罚；对这种惩罚的正当性证明更为困难。一些法理学家似乎把冒失与疏忽视为积极的心态：在这种心态下，行为者有意拒绝他知道他本应给予的注意与反思。诚然，这种故意的粗心的确常常存在，并且似乎如果它引起的伤害是出于故意的就应当受到惩罚。但是，在其实际的运行中，法律并不要求行为者存在这种心态的证据（在大多数案例中也的确不可能找出这种证据），而只要求以常人在此情况下会表现出的注意将能防止那种伤害的证据。当我们说“粗心大意”时，我们最常指的是一种纯粹否定性的心理事实，即行为者没有作某种观察或反思，所以严格地说，行为者当时是非故意的因而似乎是不带有恶绩的。人们可能会说，尽管眼下的粗心大意是不应受谴责的，但是过去没有培养细心的习惯这一点却是应受谴责的。但是在许多个人的例子中，我们甚至不能合理地

推导出这种过去的疏忽。在这类例子中，似乎唯有功利主义的惩罚 293
理论才适用，这种理论把惩罚视为防止类似的有害行为在未来发生的手段。前已暗示过〔(边码)第282页〕，在确定补偿的恰当范围时，也存在类似的困难。这种困难是基于这样的观点而产生的，即我们没有义务补偿我们的肌肉活动造成的所有伤害，而只有义务补偿由于我们的冒失和疏忽——如果不是有意的——而造成的伤害。

对公正的这番考察可总结如下。人们通常设想的公正的主要因素是某种平等，即在遵守或实施在个人中间分配善恶的某些一般规则时的无偏袒。但是一当我们清楚地界定了这一因素，我们就看出作为实践向导的平等德行的定义显然仍不全面。在更深入地探讨正当的善恶分配的一般原则时，我们发现常识的公正概念包含——除对于伤害的补偿原则之外——两个颇为不同并且相互抵牾的因素。其中之一我们可以称之为保守性的公正，它实现于(1)对法律、契约和明确的协议的遵守，对法律已确定并宣布的对违反这些约定的行为的惩罚的实施；以及(2)对自然的、正常的期望的满足之中。然而这后一项责任是一种不甚明确的责任。另一个因素我们可以称之为理想的公正，但是这一因素更难于界定。因为在其中似乎包含着两种颇为不同的观念，它们分别体现于我们称为个人主义的政治社会理想与社会主义的政治社会理想之中。在这两种理想之中，前者把自由的实现当作终极目的和正当的社会关系的标准。但是当进一步考察时，我们发现自由概念不可能不带有某种人为的[①]限定和限制地提供社会结构的实践基础。而且，即使我们承

① 我在此用“人为的”一词，是指这类限定和限制是破坏原则的自明性的，以及，当我们缜密地考察它们时，引导我们把这个原则视为从属性的。

认这些，一个能充分实现自由的社会也仍然不完全符合于我们的公
294 正感。这种公正感显然更能够由建立于奖赏劳绩的原则之上的社会主义的分配理想来满足。但是当我们试图准确地表达这个原则时，我们发现我们又陷入了严重的困难。当我们基于这一原则来制定刑法正义的规则时，也碰到了类似的困惑。

第六章　法律与允诺 295

1. 我们在讨论公正时已经论及了守法与守约的道德责任，这两种责任也的确是通常被列于公正名下的复杂的私人义务体系中的最明确的内容。我们也已经看到，存在着这样一些法律，违反它们的行为并不侵犯他人的权利，因而也并不具有不公正行为的特点。然而人们又通常认为，忠实于允诺的义务应当得到遵守，这与违反它的行为可能对受诺者产生的伤害无关。（例如）人们通常判断道：对死者的允诺应当付诸实施，尽管他们不会受到伤害。事实上，有些人可能把对死者的允诺看得比对活人的允诺更神圣。所以，我们最好把“应当守法”和“应当守诺”这两个命题当作两个各自独立的原则来考察。

我们先来考察前者。我们应如何按照通常的思考来确定我们有义务服从的法律的本质呢？显然，在这里，我们不能像在前面的一章[①]中曾做的那样，靠考察现实地与法律规则联系在一起的制裁来把它与其他规则相区别。人们认为反叛者和篡权者发布的命令本身没有普遍的约束力，尽管他们可以凭借司法手法强迫人们执行
这些命令。人们将普遍同意：如果说我们有义务服从这类命令，这 296

① 参见上文第 2 编第 5 章第 2 节。

只是为了避免我们自身和他人可能因不服从而招致的更大的恶；这样一种义务的范围必定是由权宜的考虑来确定的。其次，我们也不能说应当把一个合法的主权者的所有命令都看作法律，看作“应当守法”这一命题中的这个词的通常意义上的法律。因为我们都知道，一个合法的主权者可能命令他的臣民作错误的事，这时臣民的义务就是不服从他。因此，为了我们眼下的目的，我们必须把法律规定为由一个合法权威制订的、其要求不逾越它的权限的行为规则。

这样，如果“应当守法”这一命题要充当实践的向导，就有两个问题有待解决，即(1)我们应如何界定合法的立法者——无论个人还是团体，和(2)我们应如何界定这个立法者的权限。应当把这两个问题区别开，但是我们将看到，它们只能被部分地分开。先从第一个问题谈起。我们可以假定立法权威掌握在某个在世的人或某些人手里。诚然，在某些社会的某些发展阶段上，人们曾经相信：那些人们习惯于遵守的或至少是被公认为有约束力的法律全部是——或部分地是——神创的或近乎神创的，或是来自具有比任何一个在世的权威者更高的智慧的先祖，因而是不可变更的。但是，我们在我们目前的反思所依赖的文明欧洲的常识中却找不到这种观点。至少是在我们的社会里，任何成为实在法的明确规定的内容的思想都不会因其起源而不可以由现世的权威来改变。

那么，应当去哪里寻找这一权威呢？

在对于这一问题的常见的回答中，那个在我们寻求公正的定义时曾令我们困惑的理想的东西与传统的（或习惯的）东西的冲突，又以更复杂的形式出现了。有些人说，在任何国家人们都只能服从传统上合理的权威；而另一些人则说，按照某些抽象原则而建立的权威才从根本上是合法的，一个民族有权利要求建立这样一种权威，297 甚至冒内乱和流血的危险。不仅如此，已经实际地建立的权威也可能从传统的观点来看是不合法的。所以，我们不得不区别对于权威的**三种**要求，即(1)对被视为理想的或绝对正当的，从而应当去建立的政府的要求；(2)按照某一特定国家的宪法传统的对法律上的政府的要求；(3)对事实上的政府的要求。这三种要求中的每一种都可能同其余的一种或两种相冲突。

2. 我们先来考察理想。在这里，我不打算考虑思辨的思想家们提出过的关于最高权威的正当结构的所有观点，而只打算考察明确地想表达这一问题上的人类常识的那些理论。其中最重要、也得到了最多强调和公认的理论是下述原则：任何社会的主权只有由臣民的同意来构成。上一章中已经指出，把自由作为政治秩序的终极目标的作法本身就包含着这一原则。如果最初一个人对其他人除了不干涉(妨碍)之外再无其他义务，那么显然只能根据他自己的同意而将其置于臣民与主权者的关系中。所以，为了把原初的自由权利与守法义务协调起来，某种社会契约的假设是必要的。借助于这种假设，守法就仅仅成了守诺义务的一种特殊应用，

那么，我们用何种方法来了解这一基本契约的条件呢？现在已经没有人坚持那种古老的观点，即通过一种“原初的契约”——它把不可剥夺的合法性授予某种社会组织——而从“自然”状态过渡到“政治”状态这件事真实地发生过。那么，我们能够说，只要一个人继续留在一个社会之内，他就表达了一种“默契”，即他将服从由那个社会的公认为合法的权威强加给他的法律和其他命令吗？一

298 俟同意了这一点，理想就将蜕化为习惯，大多数不受约束的专制主义——如果它们是已经建立了的和传统的——就将要求凌驾于自由的同意以及任何其它形式的政府之上。所以说，抽象的自由原则将导向为最不受制约的暴君与奴役作证明，因而我们的理论也就将以名则予人以自由、实则缚人以枷锁而告终。如果我们为了避免这种结果而假定某些“自然权利”是不可转让的，——或隐含于默契之中的——并假定剥夺一个人的这些权利的法律严格地说来是不合法的，我们就又需要确定应当从哪些明晰而公认的原则中推导出这些不可转让的权利。例如，我们已经看到，一种普遍接受的意见是所有这些权利都可被包含于自由概念之中，但是我们也看到了这一原则是模糊的，尤其是，公认的私有财产权利不能以这个原则推导。如果是这样，坚持下述原则，即除了那些旨在实现保护其治下的个人的自由不受干涉的原则的命令之外，任何政府都不能要求个人服从其他的命令，就是一个最大的悖论。有人曾认为：我们可以建立一个最高政治机构，使它制订的每条法律都是每个被要求服从它的人直接同意或通过其代表而同意的，这样就可以避免上述的困难。而且，一个这样地建立的政府，一个——用卢梭的话来说——人人都“只服从自己”的政府，将把自由与秩序这两者完全协调起来。但是，怎样得到这一结果呢？卢梭认为可以通过纯粹的直接民主得到它：每个人要使自己的意志服从主权者——每个人都是其中的平等的一员——的“普遍意志”。但是这种“普遍意志”必然实际上是大多数人的意志，同时，如果人们断言少数不同意者的自由和自然权利将靠订立多数人可以压迫少数人这样一个条件来有效地保证，这又是一个悖论。而且，如果原则要具有绝对性就应当适用于所有

的人，并且如果为了避免这种荒谬性我们把儿童排除在外，我们就不得不划出一条人为的界限。把妇女排除在外的作法似乎更站不住脚，然而甚至那些把投票权视为一种自然权利的人都常常坚持这 299
样做。此外，如果假定——像有些人所做的那样——“只服从自己”的理想能通过代议制民主而接近于实现，这显然更加荒谬。因为，议会的议员在正常情况下只是由一部分社会成员挑选的，而且每一条法律又仅仅是由议会的一部分议员批准的。如果我们说，一个人同意了一项由反对他投票支持的那个议员的议会多数通过的法律，这将是十分可笑的。

但是，要绝对地说任何社会的法律都应当表达该社会大部分成员的意志，这似乎又违背了苏格拉底及其最著名的追随者有力坚持的观点，即法律应当由懂得立法的人们来制订。因为，虽然某一时代某一国家中的议会中的大多数人可能比以其他方式挑选的任何一批专家更适合于为其国家立法，但是我们当然不能把这说成是普遍的情况。不过，苏格拉底的命题——它其实是上一章后一部分指出的“职务应当分配给最有才能胜任者”原则的一种特殊应用——也像上面讨论的那个命题一样有资格被视为一个基本直觉。事实上，世俗社会的寡头制与民主制的背离似乎最终可以归结为那两个原则的冲突。只要这种争论停留在先验的领域，我们就不可能找到解决这一冲突的办法。

3. 然而，对这个问题的深入讨论将远远超出伦理学本身的范围。但是，我们或许可以作下述的结论：从常识中不可能引出有关理想的宪法所依循的那些原则的明晰而确定的直觉，在把这样一个与传统的、既定的秩序相悖的宪法引入社会是否有内在的合法性的

问题上，人们也缺乏一致意见。有些人认为：一个民族有选择一个接近于这种理想的政府的自然权利，而且这种权利最终可能要诉诸暴力来坚持。另一些人则认为：虽然我们可以正当地提出并推荐理想的政体，以及一个国家的现存政府所允许的任何用来促使它实现
300 的手段，但是反叛永远不能仅因为这个目的就成为可辩护的。其他的人——也许是大部分人——则基于权宜的考虑来解决问题，把改善的好处与打破旧秩序的坏处加以权衡。

但其次，我们已经看到，我们不大容易说清楚现存政府的性质。有时一个被法律宣布为不合法的权威也颁布法令并实行法治。于是就产生了这样的问题：我们在何种程度上有义务服从这样一个权威？我们都同意这样的看法：篡权行为应受到抵制，但是关于对一个已成功地通过篡权而建立了的政府应采取哪些行为才正当的问题，我们却存在巨大的意见分歧。有些人认为：只要这个政府已牢固地建立了，就应当把它看作合法的。另一些人认为：我们应当马上服从它，但是应当表达我们的抗议，并且在时机有利时重新反抗它。还有些人则认为：这后一种态度在开始时是正当的，但是一个稳定地确立了的篡权的政府会慢慢地获得合法性，因而经过一段时间之后，反抗它也像当初建立它一样是犯罪的。最后的这种观点总的看来是常识的观点。但是，要确定这个据信是发生了转折的关节点是极其困难的，除非靠一些权宜的考虑来确定它。

然而第三，只是在一个集权的政府——在这里惯例性的服从是对一个人或若干人的无条件的服从——的治下，确定权威的合法性的基本困难才具有刚才论及的那种简单形式。在一个法治的国家里，会产生数不清的其他道德分歧。因为在这样一个国家里，尽管

人们都认为从道德意义上说君主应当遵守宪法，[1]但是在把臣民的 301
服从责任看作相对于君主遵守的程度是否合理，以及在臣民们是否有(1)拒绝服从一项违宪的命令的道德权利，和(2)因为君主违宪而对他实施叛国罪的惩罚的道德权利的问题上，人们仍然有争论。而且，在确定宪法责任的真实性质时，我们还碰到许多困惑和分歧，它们不仅涉及对有关历史事实的准确确定，而且涉及判断这些事实时所依循的原则。因为，君主权威所含有的各种限制最初常常是臣民们出于担心而从先前的绝对君主那里敲诈来的让步；人们怀疑这些让步在何种程度上对君主——它们被从他那里强取过来的那个君主——有道德的约束力，更怀疑它们是否对继位的君主有这种约束力。或者，反过来说也是一样，一个民族曾答应放弃它曾使用过的自由，人们怀疑它是否保留着重新要求它们的权利。一般地说，当一条宪法规则是人们不得不根据对先例的比较确定的时，它就会引出这样的争论：是否应当把一方的某种行为视为宪法的先例或不合法的越权。因此，我们发现：在宪法国家中，人们关于他们的宪法的惯有性质的观点常常受他们关于它的应有性质的观点的影响。事实上，这两个问题从未被十分清楚地区分过。

4. 但是，甚至在我们能弄清应当服从何种权威的情况下，一旦

① 也许我无需在此提到霍布斯的下述理论：——这一理论以一种修正了的形式被奥斯汀重新阐发了——“君主的权力不能有〔法律的〕限制。”因为今天没有人坚持纯粹的霍布斯主义，而且奥斯汀的意思也远不是说，在君主与臣民之间不可能有这样的明确的或隐含的契约：君主的违约可令臣民有反叛的道德权利。事实上，在奥斯汀那里，霍布斯的理论已经演化为下面这个不那么重要的命题：只要一个君主还是君主，他就不会因违宪行为而受到他自己的法庭的惩罚。我愿借此机会指出：奥斯汀关于法律的定义显然不适合于我们目前的目的。因为按照他的观点，法律不是一种应当服从的命令，而是一种我们可以期望对违反它的行为作某种惩罚的命令。

我们试图规定这种服从的界限时，进一步的困难就可能产生。因为我们已经看到，在现代社会里，人们都承认我们不应当服从命令我们作不道德的行为的权威；但是这只是一个同义反复的命题；这类命题常见于流行的道德观之中，但是不表达什么真实的信息。问题是：一个合法权威命令的哪些行为不再是道德的？似乎不存在确定
302 这一点的明晰原则。人们有时说，法律不能超越明确的义务，但是忠实于契约的责任也是特别明确的；然而当一条后通过的法律禁止实施一条先前订立的契约时，我们也并不认为实现那条契约是正当的。事实上，在不愿意采取靠权衡相互冲突的经验来解决问题的功利主义方法的人们中，我们找不到关于这一问题的任何实际的一致意见。有些人可能认为：家庭关系中的义务必须服从于守法的义务，作儿子的不应当积极主动地帮助其父亲逃避对他的罪行的惩罚。另一些人则可能认为这条规则太不近人情，因而不能成为一条规则。还有些人则希望在帮助和默许之间划一条界限。与此相似，当一个合法建立的政府命令我们做不公正的、压迫他人的行为时，常识就既不愿说我们应当服从这些命令，也不愿说我们不应当服从这些命令。然而我觉得，除了功利主义的考虑之外，任何明晰的公认原则都无法把一个合法政府的我们应服从的不正当的命令同不应服从的同类命令区别开。其次，有些法理学家认为：当法律命令着并非是一条义务，或禁止着并非是一条罪恶的行为时，我们严格地说来没有义务服从这些法律，因为就实在法规定的那些义务而言，从道德意义上说我们既可以去服从法律，又可以宁去违反它并接受它的惩罚。[①] 然而另一些人则认为这样一条原则太松散：如果

---

① 参见布莱克斯通（Blackstore）：《导论》（*Introduction*），第 2 节。他写道，“我

人们对一条法律的反映都是宁愿受罚也不愿服从，我们当然就会认为这项立法本身是失败的。另一方面，关于一个人是否有义务受不公正的惩罚，人们也没有一致的意见。

既然在所有这些问题上都存在如此之多的意见分歧，我们就没
有必要认为，存在着某种可为人类的常理和良心直觉为真实的、明 303
确的秩序准则或首要原则。诚然，存在着一种模糊的服从法律（甚
至是坏法律）的一般习惯；它可能得到文明社会的普遍同意。但是
一旦我们试图陈述相应于这种一般习惯的明晰原则时，这种同意似
乎就不复存在，我们也就不可避免地陷入了不以功利主义方法便无
法解决的歧见之中。[①]

5. 我们接下来考察守信，或对允诺的忠实。我们的确应当在这里来考察它，因为我们已经看到，有些思想家已经认为守法义务是建立在守约这一更优先的义务基础上的。然而，前已指出，社会契约似乎至多是一种方便的虚构和逻辑的假设：借助于它文明社会的成员之间的相互的权利义务关系能得到清楚的表达；但是它在陈述常识的伦理原则时不大适用。然而，我们却应当承认：在守法义务与守信义务之间，却常常有一种密切的历史联系。首先，在某些时代和国家，至少有相当多的一部分宪法内容曾是通过社会各集团间的明确契约而确立和肯定的；这些集团同意这些内容是因为未来的政府将依据某些规则而建立。遵守这些规则的义务于是就表现为

觉得，我们的良心活动与那些只命令肯定的义务、只禁止并非因其自身而是因被禁止才具有恶性的行为——这些行为不含有任何道德上的恶，而只伴有对不服从行为的惩罚——的法律没有多少联系；它毋宁说更多地是在我们违犯了这些法律时要求我们去接受惩罚……每个人都面临着这样的选择：‘要么别干，要么认罚’。”

① 我认为没有必要在这里去谈论属于国际法的特殊的伦理学难题。

忠实于契约义务。当加给社会的是一名立法者而不是一条法律时，情况更是如此。立法者的权威是通过其臣民——或他们之中的有代表性的部分——要求他宣誓将忠实于他们而得到加强的。不过，甚至在这类情况下，我们也只能借助于一种合理的虚构，才能把全体公民看作有义务遵守只由其中的少数人实际订立的约定的。

在我们开始考察守诺义务时，我们可以先指出下述事实：有些道德学家把守诺和诚实视为同类的义务，甚至直接把这两者等同起来。从某种观点来看，这两者之间的确有类似之处，因为我们都是靠言行一致来履行诚实责任和守信责任的：有时是靠使行合于言而
304 履行之，有时则是靠使言合于行而履行之。但是这种类比显然是肤浅的和不全面的，因为我们有义务兑现的并不是我们的所有的话，而只是我们的允诺。如果我只说我想戒一年酒，但是过了一个礼拜又喝了一些，人们（至多）会笑话我没有决心。但是如果我已经立誓要戒酒，人们就会谴责我失信。所以守信义务的基本因素似乎不是兑现我自己的陈述，而是兑现我已有意在他人身上唤起的期望。

不过，在这一点上又产生了这样的问题：当别人在一种非允诺者所含的另外的意义上理解其允诺时，他是否有义务满足他并非故意引起的期望？我认为，常识的意见是：如果在某些场合，所引起的期望是自然的和大多数人在那些情况下都会产生的，他就有义务这样做。但是，这似乎是一种或多或少不明确的公正义务，而不是守信义务，因为严格地说这里根本不存在允诺。语言的正常效果是将言者的意思转达给听者（在这里即将允诺者的意思转达给受诺者）。我们也总是假定当我们说出一项允诺时，这种效果已经产生了。如果由于某种意外的原因这种正常效果没有产生，我们可以说

这里不存在允诺，或不存在一个完全的允诺。

所以，当允诺被双方以同样的意义理解时，承诺的道德责任才完全形成了。而且，在“允诺”的概念里不仅包括言词，而且包括所有表意方式，甚至包括没有以任何方式明确表达的默契，如果这些默契明确地构成一种约定的话。允诺者有义务去做他和受诺者都理解为将得到兑现的事情。

6. 那么，这种责任是否在直觉的意义上被看作一种独立的和明确的责任呢？

人们常常回答说是。我们也许还可以说，对未经反思的常识来说它似乎是这样。但是反思似乎表明：对这一原则需要作相当多的限定，其中有些是明晰而准确的；有些则是或多或少不明确的。

首先，有头脑的人们将普遍承认：允诺的责任是相对于受诺者 305
的并且可以由他来取消的。因而，如果受诺者已去世，或者是受诺者不同意和不可能解除允诺，这便构成了允诺中的一种特例，解决这种特殊的允诺中的问题存在着某些困难。[①]

其次，做一项不道德的行为的允诺被视为没有约束力的，因为不做不道德行为这一优先的责任更重要，正如在法律中做一个人不能合法地去做的事的契约是无效的一样。如果不是这样，人们就可以靠许诺不去履行道德责任而逃避任何道德责任，这显然是十分荒唐的。[②] 这一原则当然也适用于不道德的取消行动或抑制行动。不

① 向神起誓构成了另一种特例。许多人认为：如果这些允诺是有约束力的，神就必定是被设想为能以某种方式解除允诺的。但这个问题超出了我的讨论范围。

② 如果在作了允诺之后行为变得不道德了，情况就更为复杂。不过，人们普遍认为不做恶的优先义务在这里也更为重要。

过在这里，也由于区别义务的不同性质与程度的约束力的必要性而产生了某种困难。因为显然有这样的时候：一项允诺使得不作一件本来是我们的一条义务的事成了我们的责任。例如，如果我已许诺把我能拿出来的所有的钱都给一位并无劳绩的朋友，我不把这钱交给一所值得称赞的医院就成了我的义务。然而，我们已经看到：在许多场合中，确定严格的义务的界限是一件极困难的事。例如，我们可能很难弄清：去帮助一位朋友的允诺在多大程度上比对自己的子女进行一次有益的教育更重要。于是，允诺责任可以压倒优先责任的范围就在实践上变得颇为模糊。

7. 当我们更缜密地考察作出允诺的条件以及兑现允诺的后果时，我们碰到了一些在考虑时更困难、分歧更大的对守诺义务的限
306 定。首先，人们对于靠“欺骗或暴力”得到的允诺是否有约束力有争论。说到欺骗，如果说允诺相对于陈述的真实性，那么当这个陈述被表明是假的时，按照我原先阐述的原则，它当然就没有约束力。不过一项允诺也可以是出于欺骗的而又是无条件的。尽管是这样，如果人们都知道了要不是因为那些虚假的陈述[①]就不会有这项允诺，大概大多数人仍然不认为它有约束力。但是，虚假陈述可能只是许多考虑中的一个因素，而且它还有程度上的差别。所以，如果我们因为一种欺骗性的陈述是作出允诺的部分原因就违反这项允诺，我们就会怀疑这样做是否正当。如果在这之前并没有明确的陈述，而只有关于虚假内容的暗示，或者根本没有陈述过或暗示过的虚假内容，而只有一种物质状况上的隐瞒，我们就更加怀疑这样做

① 这里关于“陈述”所说的东西可以被扩展到任何产生虚假印象的表达方式上去。

的正当性。我们可以指出，某种这类隐瞒是我们的法律所允许的。例如，在大多数商业契约中，法律采取“货物售出概不退换”的原则，并且也不因为卖方没有说明所售商品的缺陷而拒绝实施契约，除非他曾通过某些言词或行为使买方相信它没有这种缺陷。不过，这一点并没有解决下述道德问题，即如果表明了在达成承诺时一方作了物质上的隐瞒，这项承诺还是否有约束力。我们还必须考虑错误的印象不是故意造成的，而或者是受诺人本身就有的，或者是以无意的方式造成的情况。对于后面这种情况，也许大多数人会认为允诺的约束力不应受影响，除非它明确地是一项相对的允诺。但是，常识似乎在所有这些问题上都摇摆不定。当我们界定部分地出于某种程度的非法暴力和恐吓而作出的允诺时，也存在某些多少与此相似的困难。

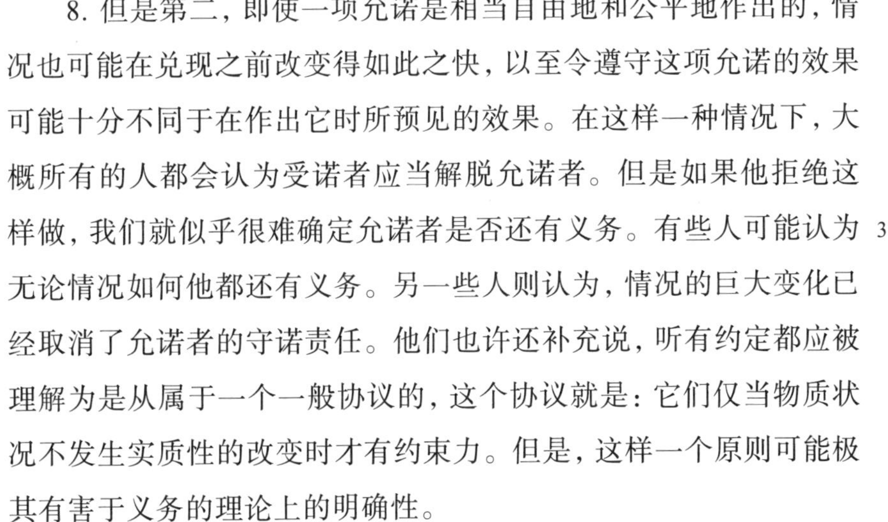

8. 但是第二，即使一项允诺是相当自由地和公平地作出的，情况也可能在兑现之前改变得如此之快，以至令遵守这项允诺的效果可能十分不同于在作出它时所预见的效果。在这样一种情况下，大概所有的人都会认为受诺者应当解脱允诺者。但是如果他拒绝这样做，我们就似乎很难确定允诺者是否还有义务。有些人可能认为 307
无论情况如何他都还有义务。另一些人则认为，情况的巨大变化已经取消了允诺者的守诺责任。他们也许还补充说，所有约定都应被理解为是从属于一个一般协议的，这个协议就是：它们仅当物质状况不发生实质性的改变时才有约束力。但是，这样一个原则可能极其有害于义务的理论上的明确性。

当我们考察前面已指过的、对已去世者或暂时无法与之联系的人的允诺时，这种困难采取了一种新的形式。这时，允诺者无法得到来自对方的对允诺的解除，尽管履行这项允诺可能在事实上违背双方的意愿——或双方可能有的意愿。人们可以说，我们的义务是兑现允诺的“意图”；这种说法有时把这种困难掩盖起来了。因为如果这样使用意图一词，按照一般的说法，它的意义就十分模糊：它可能或者是指受诺者加到这个词上的、不同于其通常用法可能包含的任何意义的东西，或者是指他在恳求这项允诺时所期望的、履行这项承诺的后果。我们通常不认为允诺者会关心这后者。他当然并没有保证去追求受诺者所期望的那个总目的，但这只是就一些具体的手段而言的。如果他认为这些手段不利于实现这个目的，在通常的情况下，他就无法摆脱他的允诺责任。但是在上面假定的情况下，即当环境发生了实质性的改变，并且对那项允诺又无法加以修正时，大概大多数人就会说：我们应当考虑受诺人的更长远的希望，把我们真诚地认为可能是他的意图的东西付诸实施。但是这样责任就变得非常模糊了。因为我们很难从一个人在特定环境下的希望中，找出他在复杂地改变了的环境下可能希望的东西。而且在实践上，这种对允诺责任的观点也总是引出极大的意见分歧。有些人认为在这样一种情况下也应当对责任作出严格的解释；另一些人
308 则走到另一个极端，认为责任已完全不复存在，这种意见的对立丝毫不令人奇怪。

此外，还有这样一种说法：允诺不能令一项优先的责任失效；而且，作为这一规则的一种具体运用，人们都认为允诺不应损害任何人。然而，更深入的思考表明：我们很难弄清哪些为允诺所涉及的人属于这一限定的范围。首先，人们似乎不常认为，一个人有义务像避免伤害他人那样严格地避免伤害自己。所以，很少有人觉

得，一项允诺可以因为它是一项愚蠢的允诺，并且将要求允诺者承担超出给受诺者带来的好处的痛苦和负担而不具有约束力。不过，如果举出一个其牺牲极其不相称于其所得的极端的例子，许多有良知的人就会觉得应当放弃而不是恪守这项允诺。当我们考察兑现允诺可能伤害受诺者的情况时，就产生了一个不同的问题。因为，当我们说伤害任何人都不公正时，我们通常不仅仅是指受诺者自己认为是伤害的东西，而且是指实际上是伤害的东西，虽然他自己可能认为那是一种好处。我觉得，给某人一种我知道有毒的食品显然是犯罪，尽管他可能愚蠢地相信那是一种好吃的食品。但是，假设我已经答应某甲为他做某件事，而在我兑现这一允诺之前，我看出这于他会有伤害。环境可能并未改变，而仅仅是我对于环境的观点改变了。如果甲仍然持着与我不同的观点并要求我兑现允诺，我应当服从他吗？当然，谁也不会说这个例子也像下毒的例子那么极端。但如果那条规则不适用于极端的例子，那么我们该在哪里划定界限呢？究竟在哪一点上我应当放弃我的判断——除非我的信念已经削弱了——而服从甲的判断呢？常识对此似乎没有提供明确的答案。

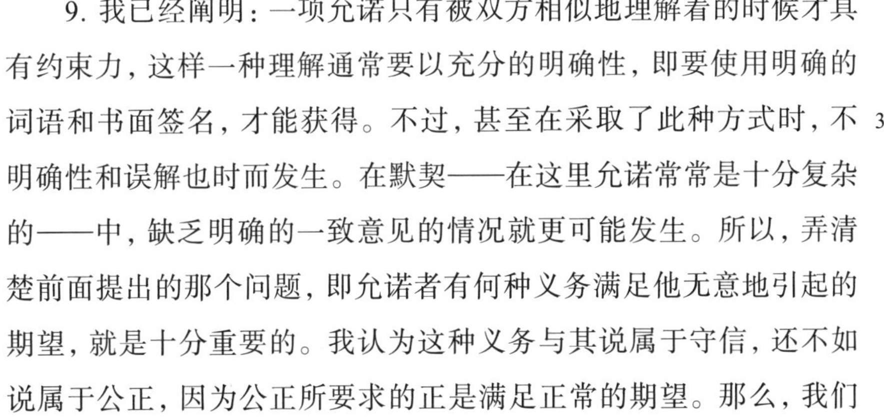

9. 我已经阐明：一项允诺只有被双方相似地理解着的时候才具有约束力，这样一种理解通常要以充分的明确性，即要使用明确的词语和书面签名，才能获得。不过，甚至在采取了此种方式时，不 309
明确性和误解也时而发生。在默契——在这里允诺常常是十分复杂的——中，缺乏明确的一致意见的情况就更可能发生。所以，弄清楚前面提出的那个问题，即允诺者有何种义务满足他无意地引起的期望，就是十分重要的。我认为这种义务与其说属于守信，还不如说属于公正，因为公正所要求的正是满足正常的期望。那么，我们

将如何确定这些期望的性质呢？我们通常用来确定这些期望的是下述方法。我们探讨一般的人们在类似环境下具有的信念与期望，从而构建起一种一般人或正常人的观念，并考察他在那些环境之下会具有哪些期望。因此，我们所诉诸的是语言的习惯用法，以及在处于特殊关系——允诺者与受诺者所处的关系——中的人们中流行的习惯性的默契。这种习惯的解释和理解当然并不对进入一种约定的人有约束力。但是它们构成了这样一种标准：我们可以假定它能为所有人理解和接受，除非它明显地是人们所拒绝的。如果约定的一方偏离这个标准而没有作明确说明，我们就觉得他遭受可能由于这种误解而产生的损失是正当的。所以这一标准是普遍适用的。但是如果习惯是模糊的或正在变化的，我们就不能运用这一标准。那时，双方的公正要求就成了一个难题，解决它将非常困难，如果不是完全不可能的话。

至目前为止，我们一直假定允诺者能够选择他自己的词语，并且假定如果受诺者发现这些词语不清楚，他就能够要求允诺者对它们作出限定或（不改变原意的）解释。但是我们现在要指出：在对社会作允诺——作为获得某种公职或报酬的一项条件——时，如果需要作允诺，我们就不得不使用某种固定的词语。对这种允诺作道德解释的困难变得更大了。诚然，人们可能会说：应当按照社会对
310 那些词语的通常理解来解释这类允诺。如果它们的惯用法是一致的和不产生歧义的，这条解释规则无疑就是足够明确和简单的。但是，既然这些词语常常由同一社会的不同成员以不同方式，尤其是带有不同程度的严格性与松散性使用着，我们常常就很难说我们能严格地从某一种意义上来理解这种允诺。于是就产生了下述的问

题：允诺者是否有义务按照最通常解释的那种意义来遵守这一允诺？或者，他是否可以选择这一允诺可能有的其他意义？如果这种允诺的词语形式是一种古老的誓词，就又产生了下述进一步的问题：我们究竟应当在这些语词的现在一般具有的意义上，还是在它们在产生时带有的那种意义上解释这项允诺？或者，如果这些词语兼有这两种意义，我们是否应当在由政府赋予这些词语并强加给允诺者的那种意义上理解它？在这些问题上，我们很难从常识那里得到任何明确的观点。这种困难还由于下述事实而变得更大，这个事实就是：通常存在着做这类形式上的约定的诱惑，它们甚至使得相当有良知的人也在一种勉强的、做作的意义上作出这种约定。一旦许多人不断地作了这种约定，对这种约定的意义就产生了一种新的一般的理解。有时候它们被视为“纯粹的形式”；或者，如果它们还没有达到堕落程度的话，至少是被人们在一种不同于其最初含义的意义上理解的。于是就产生了下述的问题：这种缓慢的不合惯例的松散或歪曲过程，能在何种程度上修正允诺对于一个有完全的良知的人的道德责任？当这一过程完成时，我们采取守信这一词语的新意义——尽管它可能与它的自然意义相冲突——就显然是正当的，虽然在这类场合中我们最好也使允诺的形式改变得适合于改变了的内容。但是，当这一过程由于一部分社会成员仍然在原来的严格意义上理解约定而没有完成——这是我们更常碰到的情况——时，允诺的责任就变得难于确定，有良知者的关于它的判断也就会充满歧见与困惑。

我们把这一讨论的结论概括如下。我们似乎可以说，只有下面 311
这个原则才能得到人们的一致同意，这个原则就是：一项明确的或

隐含的允诺是有约束力的，如果它满足一系列条件，即如果允诺者对于受诺者在理解允诺时所含的意义有明确的信念；如果受诺者仍处于能够解除这项允诺的地位并且仍然不打算解除它；如果这项允诺不是通过暴力或欺骗而获得的；如果它不与明确的优先责任相抵牾；如果我们确信它的兑现将不致伤害受诺者，或者使允诺者蒙受不相称的牺牲；并且如果自从允诺作出以后环境没有发生实质性的改变。如果这些条件之中的任何一项不成立，这种一致意见便不复存在，有头脑的人们的常识的道德感就将陷入模糊性和歧见之中。

第七章　义务的分类。诚实 312

1. 不难看出：当我们讨论了仁爱、公正以及守法和守约之后，我们就已概括了整个社会义务的领域，我们发现任何为常识接受的其他准则也必然从属于我们迄今所力图界定的那些原则。

这是因为，除了遵守具体契约和遵守实在法的义务之外，我们对自己的伙伴的任何明确的义务都似乎自然而然地——至少是按照一种稍稍扩展了的通常用法——被包括在公正之中；而我们所承认的那些更不明确的责任则似乎与善良意志——我们认为它应当存在于人类大家庭的所有成员之间——以及那些适合于特殊关系和环境的更强烈的感情相吻合。所以，人们可能认为：研究义务问题的最好方法可能是把一般义务分为社会的义务和有关自身的义务，把前者进一步分为我已逐一讨论了的那些义务，然后再给所获得的更细小的义务加上名称和特殊认识。在这里解释我为什么没有采取这种方法也许是适宜的。虽然把义务区别为社会义务和有关自身的义务的作法十分明确，并且我们也可以把它作为对义务的近乎于自明的分类，但是更缜密的考察表明，这种分类方法似乎不完全适合于直觉方法。这是因为，这些标题自然地给人以这样的暗示：人自身的或他人的幸福或福利始终是正当行为的目的和最终决定因素。然而直觉理论的意义却恰恰在于：至少某些种类的行为是被绝 313

对地、不虑及其后果地规定的。而如果给予这些术语一种更一般的意义：用社会义务指在他人身上产生某类效果的义务，用有关自身的义务指在我们自身产生某类效果的义务，这种分类也仍然是不恰当的，因为这些后果显然并不是常识道德规则的内容。在许多情况下，我们同时在自身和他人身上产生明显的效果，并且很难说清何者（按照常识的观点）最为重要。其次，这种分类原则有时会把为某种常识概念规定的一组义务一分为二，因为同一个规则可以既支配我们的社会行为，又支配我们的个人行为。以勇敢在道德意义上规定的行为为例。显然，只要人类社会还不断地被号召为其存在与福利而战斗，这种德性在历史道德体系中的重要性就是根源于人们必须始终赋予它的社会的重要性。但是勇敢的品质本身却并无什么不同，无论它表现在自私的目的上还是表现在社会的目的上。

诚然，当我们带着一种下定义的观点来考察为某种公认的德性体系所推荐或规定的行为时，我们将在相当大的范围内发现：我们所得到的准则显然不是绝对的和独立的；仅当我们的术语所指称的品质提高个人的或普遍的福利时，它才被承认为是应受赞扬的；而当它起相反作用时，它就成为应受谴责的，尽管它在其他方面没有什么不同。我们已经举出过这种结论的一两个例证，在以后的几章里我们还将详细说明这种情况。但尽管这在很大程度上是事实，就我们目前的目的而言，指出规则的例外情况——真实的和表面上的——是尤其重要的，因为它们更加是我们称为直觉主义的方法的特点。

314 在这些例外情况之中，最重要的是诚实。这种义务与守信或守诺义务之间的某种相似性——尽管它们之间存在着根本差别——

使我们接连地考察这两者变得十分方便。诚实和守信都要求言行之间的某种一致，所以，当我们试图准确地确定它们的准则时所出现的问题也就有些相似。例如，正如守信义务不在于使我们的行为合于某些词语的可被公认的意义，而在于使它们合于我们知道由受诺者加到它们上面的意义一样，讲真话的义务也不是要我们去讲那些按照通常用法可能在他人心中产生与我们一致的信念的话，而是要我们去讲那些我们相信将在我们的听者身上产生这种效果的话。这通常是一个非常简单的问题，因为语言的自然效果就是把我们的信念转达给其他人；我们也通常清楚地知道我们是否做到了这一点。也像在允诺的例子中一样，由于人们使用着由法律或习惯强加的固定形式，[①] 在这里也产生了某种困难。在上一章中对类似困难所作的讨论的大部分内容，在经过明显的修正之后也都适用于这里。关于由法律规定的誓词，——例如对于宗教信仰的申明——人们在我们究竟是在通常的意义上理解那些词语，还是在由立法机关有意强加给它们的那种意义上理解它们的问题上，常常感到困惑。另一个困难产生于那些词语的意义的逐步演变和曲解；这种演变与曲解是一些展示给人们让人们接受的强烈诱惑的结果。因为这些词语不断地被人们扭曲和曲解，直到对某些语言的意义的一种新的理解逐步发展起来；与此同时，在我们是否可以诚实地在这种新意义上使用这些语言的问题上，人们又不断地进行争论。一个与此相似的过程也在不断地改变着流行于上流社会中的习语。当一个人宣布他“极其愉快地接受”一个令人苦恼的邀请，或者他是一个他

① 使用固定形式的是那种防止日后的例外行为的规则。

视为地位更低的人的“恭顺的仆人”时，他就在使用着大概曾经具315 有欺骗性的语言。如果它们不再具有欺骗性，而有些人却在大家已习惯于使用它们的地方也拒绝使用它们，常识就会谴责这种作法是多虑。但是，当这种演化过程尚未完成时，常识就会陷入疑虑和困惑，而且还可能有人会受骗，例如在用某某“不在家”[①] 这样的话回答一位从乡村来的不速之客时就是这样。

然而，除了习语的用法之外，“讲真话”的规则一般不难用于行为。许多道德学家根据其简洁性和明确性而把它看作伦理准则的一个无懈可击的例证。但是我认为，耐心的反思将会表明，这种观点并不真为人类常识所肯定。

2. 首先，常识似乎并未清楚地说明诚实究竟是一种绝对的、独立的义务，还是某种更高原则的具体运用。我们发现（例如）康德把讲真话视为根据在于语者自身的义务，因为“谎言是对人尊严的放弃，或者，也可以说，是对人的尊严的毁灭”。有一种观点似乎与这种说法一致，按照这种观点，说谎是被名誉法则禁止的，除非（有名誉的人们本身）不认为**某种**谎言会损害人的尊严；但是为着自私的目的而说谎——尤其是当受恐惧的影响时——则是卑鄙而低贱的。事实上，似乎存在这样的场合，在这些场合下，名誉法则还要求说谎。诚然，在这里，人们可以说名誉法则明显地背离了常识道德。不过，常识道德似乎并没有明确肯定讲真话是无需进一步证明的绝对义务，还是一种人人都有的听他周围的人对他讲真话的——然而在某些情况下可能会失去或被推延的——权利。正如每个人都

① not at home，在现代英语中既有不在家的原意，又有不会客、不爽适的引申义。——译者

被视为拥有一种对人身安全的自然权利，但如果他自己去伤害他人的生命财产就没有这种权利一样，如果我们可以为了自卫或为了保护他人而杀人，那么，当说谎能更有效地保护我们的权利不受可能的侵犯时，说我们不可以说谎就是令人奇怪的。况且常识似乎也不绝对禁止我们这样做。其次，正如我们称为战争的有序而有步骤的杀人在某些情况下被视为完全正当的——尽管也是痛苦的和令人厌恶的——一样，在法庭辩论中，律师们在严格规则和界限内的不诚实也被视为是可被证明为正当的。因为，如果一位律师被指示可 316
以说假话但拒绝这样做，人们就会认为他多虑。[①] 此外，当欺骗是为着增进被欺骗者的利益时，常识似乎也承认它有时是正当的。例如，如果只有对一位病人说假话才能隐瞒可能产生危险的震惊的事实，大多数人就会毫不迟疑地这样做。据我看，也没有人不在那些据认为最好不要让孩子们知道的事情上对他们编造些假话。但是，如果某种仁爱的欺骗的合法性得到了承认，我就看不出，除了权宜的考虑——即把某种欺骗的好处同所有说谎行为对相互信任的危害加以权衡——之外，我们能靠什么来确定它何时以及在何种程度上是可以允许的。

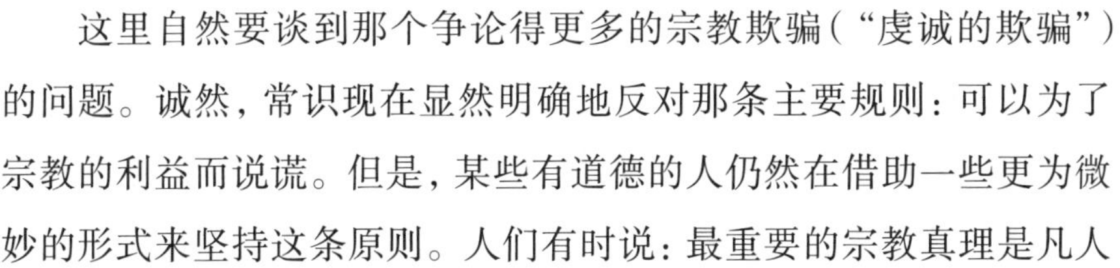

这里自然要谈到那个争论得更多的宗教欺骗（“虔诚的欺骗”）的问题。诚然，常识现在显然明确地反对那条主要规则：可以为了宗教的利益而说谎。但是，某些有道德的人仍然在借助一些更为微妙的形式来坚持这条原则。人们有时说：最重要的宗教真理是凡人

① 人们不能说律师只是在报告别人的虚假证词。因为他的辩护的说服力取决于他接受这些陈述，并且把它们综合成一种他似乎坚持着——至少在当时——的对该案例的观点。

之心不能悟解的，除非用某种虚构的东西来启迪它们；所以，在把这类虚构当作事实来谈论时，我们实际上是在履行一项实质上是诚实的使命。[①] 在对这一论点进行反思之后，我们看到诚实在这里的
317 含义毕竟是不明确的。因为，从一组肯定陈述直接表达的信念中自然可以引出一些推论，而且我们还可以清楚地预见到这些推论将会被推导出来。虽然我们通常希望这些被直接表达的信念和从它们之中引出的推论是真实的，并且把一个始终致力于这一目标的人称赞为公正而诚实的；但我们发现：至少某些值得尊重的意见从两个不同方面要求放松规定着这种意图的规则。首先，如上文中刚刚指出的，人们有时认为，如果一个结论是真实的和重要的，但是又不能被令人满意地转达给听者，我们就可以通过虚构的前提引导听者了悟这一结论。但是，与此相反的也许是一种更为常见的观点，这种观点认为：使我们的实际的肯定陈述具有真实性只能是一条绝对义务。因为人们说，虽然人类交流的理想条件包括完全诚实和坦率，并且我们应当在可能时愉快地表现这些德性；但是在我们的现实世界中隐瞒对于社会的福利常常是必要的；我们可以合法地借助于任何不带有真正谎言的手段作这种隐瞒。例如，人们时常说，在保守秘密时我们不能真的说谎，[②] 即直接使人产生与事实相反的信念；但是我们可以"避开问题"，即通过我们的回答的自然推论间接地使人产生一种反面的虚假信念；或者"诱使询问者去追索一种错误线索"，即以类似方式使人产生一种正面的虚假信念。这两种隐

---

① 例如，某些宗教人士认为，——或在 1873 年认为——肯定神以六天创世而在第七天休息的信念从神学意义上是正当的；这意味着 1∶6 是神定的休息与劳动的比例。

② 参见休厄尔：《道德的基础》，第 2 编第 15 章第 299 节。

瞒方法被分别称为“以真话来隐瞒”和“以假相来暗示”；许多人认为它们在某些情况下是合法的。然而另一些人则认为，如果欺骗是可以实践的，那么反对某种运用欺骗的方式而不反对别的方式就纯粹是形式主义。

所以，总起来说，反思似乎表明：人们通常接受的诚实规则不能上升为一种明确的道德准则，因为人们对于我们是否有义务把真实的信念转达给其他人实际上没有一致意见；而且，尽管不分场合地强求绝对的坦率是违反常识的，我们仍然找不到明确规定着何时不可以强求这种坦率的从属性原则。

3. 然而，有一种先验地揭示绝对的讲真话义务的方法是我们绝不可以忽视的。因为，如果它是有效的，上面提到的例外与限定就都不过是由于思想的疏漏和肤浅才被常识承认了的。

人们说，一旦人人都知道了在某些情况下可以说谎，那么说谎 318
马上就变得无用了，因为谁也不会再相信它们。人们还说，道德学家们不能制定一条如被普遍接受了就会作茧自缚的规则。对这种说法似乎有三种回答。首先，人们的相互信任**在某些特殊情况下**受到损害并不必然是恶，它甚至可以是我们最想产生的结果本身。例如，人人都理解并且期待于这样的惯例——问不该问的问题的人将只能得到谎话作为回答，显然是保守合法秘密的一个最有效的办法。我们也完全可以宣布：为了防止无赖们从诚实者的诚实那里捞便宜，以假话来对付假话是合法的。诚然，在这些情况下，普遍不诚实的最终结果可能是无人会再说谎的状态。但是，除非这种最终结果是不合意的，否则人们就不会因为期待这种状态而当说谎还有用时也不说谎。第二，既然一般人的信念不完全是建立在理性基础

上的，在不诚实被普遍理解为合法的情况下，不诚实行为就可能长时间地部分有效。我们在法庭中就看到了这种情况。虽然陪审员们完全知道，律师的义务就是代表他所辩护的犯罪者去尽可能合理地陈述他被指示去说的话，一篇巧妙的辩护却常常会产生他真诚地相信他的当事人无罪的印象。最后，人们也不能假定：按照一条如果被普遍运用必定是恶的准则去做永远是不正当的。这一假定似乎已表达在前面所承认的一条伦理学公理之中；这条公理就是：对
319 于我是正当的也必定对“所有处于类似情况下的人”都是正当的。[①]但是反思将表明：这条公理在应用时有一特殊情况，即行为者具有（1）对于他的准则不是人们普遍接受的这一点的知识，和（2）对于他的行为将不会使他的准则为人们普遍接受这一点的经推理而得到的信念。在这种情况下，这条公理的运用必然会自我限制，并且将排除它表面上所表明的那种实践上的普遍性。这是因为，在这种情况下，这条公理在实践上将仅仅意味着：如果所有的人都真诚地相信那种行为将不会为人们普遍仿效，他们也像那位行为者那样去做就将是正当的；而如果那种行为*事实上*被普遍仿效了，这种信念就必然不再存在了。我们很难说这两个条件是不成立的。而如果它们是可能的，那么在这种特殊的运用中，我们所讨论的那条公理就只能使我们注意到不诚实的重大危险，这种危险构成了讲真话的一条强有力的——但不是形式意义上的最终的——功利主义论据。[②]

注释。——斯蒂芬先生在《伦理学的科学》中对讲真话规则的

① 参见本编第 1 章第 3 节。

② 对这一公理的进一步讨论见第 4 编第 5 章第 3 节。

例外情况作了如下解释：——

“‘勿说谎’的规则是一条外在的规则，它大致相当于‘要诚实’这条内在规则。当这两条规则不相吻合时就会出现麻烦；在这类情况下，人们在道德上认可的是内在的规则。诚实是一条规则，因为我在绝大多数情况下都信任一个肯讲真话的人；只在例外的情况下，相互信任才会因为讲了真话——而不是假话——而受损害。”（第5章第33节）

我觉得，这一解释是不全面的，其理由如下。(1)如果我们有时可以为保护他人的生命或秘密而说谎，说我们不可以为保护我们自己的生命和秘密而说谎就是自相矛盾的；但是为保护自己而说谎又显然不能诉诸“要诚实”的准则而得到证明。(2)甚至当说谎是为着合法地保护他人免受攻击时，我们也不能不加限定地说说谎者表现了“诚实”。因为受骗的攻击者相信了他的诚实，否则他就不会受骗。所以问题在于：在哪些情况下，我可以为了不挫伤乙对于我将保护他的生命和名誉的信念而令甲对于我将讲真话的信念被挫伤。斯蒂芬先生的解释完全没有帮助我们回答这一问题。

斯蒂芬先生所提出的那个一般问题，即以“成为这个”(Be this)的形式表达的“内在的规则”相对于以“做这个”(Do this)的形式表达的外在规则的价值的问题，我将在后面的一章(本编第14章第1节)中进行讨论。

320 第八章　其他社会义务与德性

1. 当我们研究常识承认的经考察不是第四章中所讨论的仁爱——普遍的或特殊的——的具体运用的那些更小的社会义务与德性时，有一个义务的领域最引起我们的注意，这就是处理与仁爱相反的情感并确定其合理性的义务。

这是因为，恶毒的感情似乎也同仁爱感情一样是人的自然感情，但当然不是在同样的意义上。当没有使得一个人去爱或恨的特殊原因时，他在正常情况下对他的伙伴总会有某种友善的情感，尽管在社会发展的较低阶段上，这种倾向由于陌生的部落和人种间的习惯性的敌意而十分朦胧。但是，引起恶毒情感的那些特殊原因仍然不断产生出来，它们也在主要方面展示着与仁爱情感的发展所表现着的类似的心理法则。正如我们倾向于去爱通过自愿的或不自愿的帮助给我们带来快乐的人一样，我们也本能地厌恶那些有意地出于恶意或纯粹的自私或无意地——如当另一个人是我们实现某一非常想实现的目的的障碍时——伤害了我们的人。例如，我们本
321 能地厌恶一个夺走了我们的竞争目标的对手。又如，在向上爬的欲望十分强烈的人们中间，对某个较成功的或较走运的人的厌恶很容易产生。而且这种妒忌，无论它对我们的道德感说来多么丑恶，似乎也像任何其他恶毒的情感一样自然。还应当指出：构成恶毒情感

的每种因素都在构成仁爱情感的因素中有自己的对立面，因为前者中含有一种对其对象的存在的厌恶，也含有一种对它施加痛苦的欲望，以及一种从如此施加给对方的痛苦中获得快乐的能力。[①]

如果我们现在问，沉溺于恶毒情感在何种程度上是正当的和恰当的，我们就很难把常识的回答表述出来。有些人会泛泛地说，应当完全压抑这些情感，或者尽可能地压抑它们。我们当然谴责所有妒忌（虽然要完全排除它常常需要一种我们所赞扬的宽宏）。不仅如此，我们还把**好脾气**（它使人感觉不到他人施加的那些琐碎的烦恼，更不必说不满了）、**宽厚**（它使人甚至对严重的伤害也不会产生不满）、**温和**与**文雅**（它们使人不去报复这些伤害），以及**平和**（它使人很快并很愉快地宽宥别人）视为德性或自然美德。我们甚至还习惯于赞扬取消公平的应得惩罚的**宽恕**。因为，虽然我们从不完全否认实施应得惩罚的必要性，并且认为它一般地说是政府的——在某些情况下也是个人的——一种义务，但是我们也认为这种义务可以有例外。在这类例外情况下，与公正问题没有直接关系的考虑可以被看成免受惩罚的恰当理由；而且，我们还崇拜热忱地在这些法律场合中呼吁宽恕的同情本性。

另一方面，常识也承认对于不公正的本能的不满足是合理的和 322

① 应当指出：人们也可以不带有我称为恶毒感情的特殊情感而——以各种不同的方式——从他人的痛苦和损失中得到快乐。在这种情况下，这种快乐或者(1)来自能力得到了运用的感觉，——这解释了男孩子和专制暴君等等的大部分蛮横的残忍行为——或者(2)来自对他们自己的优越性和安全性以及对他人的失败和挣扎的感觉；或者(3)甚至仅仅来自由他人身上的强烈的情感表现或再现而引起的兴奋；一场真实的悲剧也像一个虚构的悲剧一样使人感到有趣。但是，虽然从心理学方面研究这些事实是很有意思的，它们却不构成重要的伦理学问题，因为谁都不怀疑：我们不应当从这些动机出发对他人施加痛苦。

恰当的。人们甚至还通常把一种持续的、慎思的恶意当作有德性的义愤来赞扬。所以，问题就在于如何协调这些相反的赞扬。甚至在外在的义务方面，协调这两者也有一定困难。因为，虽然常识明确认为，在一个组织良好的社会里对成人的惩罚一般应当由政府来实施，而且一个受到不公正对待的人不应当“用自己的双手去执法”，但是在社会的各个阶层中都有一些法律无法惩罚或无法充分惩罚的对个人的伤害，对这种伤害常常不违反法律也能有效地报复；同时人们对于处理这类伤害的正当方式也似乎没有明确的一致意见。诚然，人们普遍认为基督教的准则要求我们完全而绝对地宽恕这些伤害，许多基督教徒也一直在努力实践这条规则，并尽可能地从他们心中抹去对这些伤害的记忆，或至少是使这些记忆不影响他们的外部行为。然而，很少有人否认：如果我已遭到了一次不公正的对待并且我有理由相信那个挑衅者以后还会对我或他人施以伤害，那么我作为一个有理性的人，就有义务采取某些预防未来伤害的措施。大概大多数人都会承认：在我们所考虑的这种情况下，当不受惩罚可能产生一种重犯那种未受惩罚的罪行的危险诱惑时，这类预防未来伤害的措施就可以包括实施对过去的伤害的惩罚。因而，如果我们问宽恕在何种程度上是可行的，公认的回答就似乎取决于(1)由不满引发的惩罚在何种程度上真的是为社会利益所需要的，以及(2)如果它的确为社会利益所需要，当蒙受不公的人拒绝实施它时，它将在何种程度上被充分实施。但是．就我们允许以这两点考虑来解决这一问题而言，我们显然已经在采取一种难于与功利主义方法相区别的方法了。

当我们讨论恶毒情感的合理性时，我们似乎也会得出类似结论。在这里，我们也发现：在有头脑的人们中间存在着许多分歧。许多人可能说：虽然气愤情感是合理的，但是我们应当把它引导到始终只针对着不公正行为本身，而不是针对着行为者的方向上去。323
因为尽管气愤可能合理地引发我们去惩罚他，它决不应当压倒我们对他的友善情感。而且，如果这种状态是可能的，它显然就是协调普遍的仁爱准则和公认的实施惩罚的义务的最简单的方法。另一方面，他们又根据某些理由强调：当我们通过对一个人施以痛苦来满足对他的行为的反感冲动时，保持对他的真正友善情感要求一种更细腻复杂的情感，这种情感远非普通人的情感所及，它应当成为一条义务。而且，我们还必须把在对作恶者们实施惩罚前的出于仁爱的暂时悬而不决视为正当的和恰当的。另一些人则要求区别本能的不满和慎思的不满。他们说，前者是合理的，因为它对于个人的自卫和减少相互间的暴力是必要的；但是慎思的不满则不是必要的，因为如果我们要慎思地行动，我们可以从一个更好的动机出发。然而，其他的人则认为慎思的和持久的惩罚作恶者的欲望是维护社会利益的需要，因为只有实现公正的欲望在实践上还不足以压制犯罪。他们还认为，把对公正的欲望混同于本能的不满是一个严重错误，正如把慎思混同于吃喝方面的自然爱好，把义务性混同于对父母的感情是严重的错误一样。①

其次，在实施痛苦时，意识到犯罪者将遭受这种痛苦也可以引起的一种厌恶性的快乐；在实施痛苦的冲动与对于上述这种快乐的

① 巴特勒承认，慎思的不满“事实上对这个世界的事务有一种好的影响”，虽然“人们最好从一个更好的原则出发而行动”。（《人类本性布道集》第 8 篇，“论不满”）

欲望之间也可以作出区分。所以，尽管我们在某些情况下赞扬前者，我们仍然可以把后者视为完全不可允许的。然而，当一个人处于强烈的不满激情的影响之下时，他似乎很难从心中完全排除对这种激情得以满足时他将感受到的那种快乐的期望。而如果是这样，他就很难完全排除对这种满足的欲望。因而，如果人们从一个恶毒的罪犯所受的惩罚得到强烈的满足对于社会的福利是重要的，欲完全禁止对这种满足的欲望就似乎走得太远，虽然我们可以说人们不
324 应当珍视这种欲望，以及贪婪地渴求这种厌恶性的快乐。

总起来说，我们也许可以作如下的概括：一种肤浅的观点常常引导我们去绝对地谴责恶毒的情感和由它们引发的恶毒的行为，把它们视为对立于普遍的仁爱义务；但是反思的人们的常识承认为社会的利益而放松这条规则的必要性；不明确的只是在放松这条规则时应有何种界限或应遵循何种原则，虽然人们倾向于凭借权宜的考虑来确定这一点。

2. 人们将不难看出，明确而绝对地属于社会德性的其余的德性没有独立的准则，分别地体现着这些德性的行为也仅仅是已讨论过的这些规则在特殊条件下的实现。所以，我们就无需再详尽地考察这些细小的德性，因为我们的目的并不是构造一个完整的伦理术语的总表。但是，为了说明起见，我们最好还是讨论其中的一两种德性。我将选择豪爽及其同类的概念来进行考察；这部分地是由于它在人类早期思想中占有重要地位，部分地是由于人们在思考它时通常带有某种复杂的情感。当被作为一种德性来考察时，豪爽似乎仅仅是超出通常承认的严格义务界限的仁爱，它表现于以给钱的方式提供帮助的具体行为中。如果说它能被称为一种要豪爽的义务，这

是因为在履行第四章中所列举的那些或多或少不明确的义务时，我们不喜欢那么精确。如果要履行好这条义务，过量一点是必要的。穷人也许会由于审慎而无法给出这部分美好的过量。虽然一个穷人也会作出极大的牺牲而给人一种小小的恩惠，我们却只会说这种行为慷慨而很少说它豪爽。豪爽似乎需要恩惠的外在的丰富性更甚于需要自我牺牲的倾向。因而，豪爽似乎只对富人才是可能的。而且，前已暗示过，在豪爽通常受到的崇拜中，似乎混杂着一种审美的因素而不是道德的因素。因为，我们都倾向于崇拜权力，我们也认识到财富的潜在权力美好地表现在某种程度的不经心的大方——当其目标是把幸福给予他人时——上。事实上，普通人甚至 325
崇拜表现在自私的奢侈享受方面的不经心。

所以，豪爽的意义一般地说就在于履行那些不甚明确的仁爱义务。但是，在公正和仁爱之间存在着一个分工不明的地带，在这里豪爽表现得尤其明显。就是说，在充分满足所有习惯性的期望，例如对服务的报酬的期望——就它是受习惯支配的而言——的过程中，当这种期望不明确也不确定时，甚至在这种期望完全由自由契约决定，因而自然而然地由争论和讨价还价（就像一般的市场价值那样）决定的情况下，一个豪爽的人的特点就在于避免这种争论，给比对方可能要求的更高一些的报酬，并且相应地为他自己的服务索取他可以向别人索取的低一些的报酬。其次，由于法律和允诺——尤其是默契——有时候很模糊并且有歧义，一个豪爽的人在这类情况下将毫不迟疑地接受对他自己最不利的解释，付出任何公道的人认为他可能应当付的最高报酬，并且索取人们合理地认为他有权为自己要求的最低报酬，如果这种危险量相对其财产不致成为大问题的话。[①] 而且，对于一个做得完全与此相反的人，我们会说他小气：这是一种与豪爽相反的恶。在这里也同样，如果危险量相当大，这种恶也就不存在。因为那时我们会认为坚持充分实现自己的权利不是小气，而拒绝给另一个人他所应得之物又比小气还糟糕。事实上，在这类场合中，我们认为有关权利的任何不明确性都应当由一位法官或仲裁者来澄清。那样我们就可以说，小气这种恶肯定在不公正的恶的那一方面：小气的人之所以受人指谪不是因为他违反了公正的精神，而是因为他宁肯为了他自己的一点点收益而
326 让他人失望。在这里还应指出：在通常由小气引起的失望中含有一种不完全是道德的因素。因为，前已指出，某种在花钱上的不经心被当作权力和优越地位的象征而被人崇拜；因此，那种相反的习惯也被当作卑微地位的象征。小气的人容易因为具有不必要地表现出后一种象征的恶好，以及宁愿为了那一点点好处而不尊重他的伙伴而被人蔑视。

然而，小气还有一种比豪爽更宽泛的意义，它不仅指愿意拿钱或不愿意花钱，而且指一般地贪便宜，在这种广义上与它相反的德性是慷慨。

就慷慨的意义与豪爽的一致而言，前者似乎部分地超越了后者，部分地更多指情感而不是外部行为，并且标志着不自私的冲动对于自私冲动的更彻底的胜利。在其广义上，慷慨鲜明地表现在各种冲突和竞争之中。在这方面，它有时被称为骑士风度。反思向

① 如果危险量达到这样的程度，以致构成一种真正的牺牲，这种行为就似乎不再是豪爽的，并且毋宁说是被赞誉为慷慨的或高尚的。

我们表明：这种美好的德性是仁爱在某些环境下的实现，这些环境使得表现这种骑士风度尤其困难，因而也使得它尤其令人崇拜。因为，对于对手或竞争者的慷慨或骑士风度就在于表现出与冲突的目的和条件相容的友善，以及表现出对于他们的福利的关心。这种骑士风度的一个突出表现是努力在竞争条件方面实现理想的公正。这不仅需要遵守进行竞争本身所需的所有规则和默契，甚至还需要人们放弃偶然的有利条件。然而放弃这种条件并不被视为一种严格的义务。在这样做是否是正当的和有德性的这一点上，人们也存在不同意见。一些人可能赞扬和认可的东西，其他人则可能视之为唐吉诃德式的和过分的。

作为总结，我们可以说：就其严格的伦理学意义而言，豪爽和慷慨这两个术语是指以特殊方式在特殊条件下表现出来的仁爱（也许还包括某一部分的公正）。对其他细小的社会德性的考察也显然将引向类似的一般结论，虽然人们不总能同意对它们所下的定义。

327 第九章　有关自身的德性

1. 我认为，常识道德设想或假定了(1)自我利益和(2)德性之间的一种最终的和谐，所以按照常识道德的观点，履行义务和培养德性都可以在一般意义上被视为“有关自身的义务”，以及始终有利于人自身的真正利益和福利的。但其次，(现代欧洲社会的)常识又承认一种严格的自我保存的义务，甚至当在生命的前景中痛苦将超过快乐时也承认这种义务。诚然，人们认为：为了履行严格的义务，为了保存他人的生命，或者为了某种真正的社会利益而死是正当的和值得称赞的，但是只为了免除自身的痛苦而死却不正当和不值得称赞。此外，我还认为，在由这种义务和其他义务确定的限度内，常识还认为寻求我们自身的幸福是一种义务，[①] 除非我们能够靠牺牲它而提高他人的福利。这种“对我们自身的利益或幸福的恰
328 当的关心”可以被称为审慎的义务。然而，应当指出，由于“人们

---

① 康德论证说，由于每个人都“必然欲求”提高他自身的幸福的手段，寻求自身幸福不成其为一种义务。[《伦理学的形而上学原理》(*Met. Anfangsgr. d. Tagendlehre*)，第1部分，第4节]但是，前已指出(第1编第4章第1节)，一个人并不“必然欲求”去做他相信将最有利于他自身的**最大**幸福的事。

正文中表述的这种观点是巴特勒的；他承认“自然界并没有像非难谎言、不公正和残忍那样明显地非难不明智和愚蠢”。但是他又指出，由于各种理由，对不明智和愚蠢的非难并不像对前者那样必要。[《关于德性本质的演讲》(*Of the Nature of Virture*)]

不总是欲求着他们自身的最大的善”这句话不如“人们的努力不总能使他们获得这种最大的善”明确，在把明智设想为一种德性或美德时，我们常常仅仅注意它的理智的方面。我们可以把这种意义上的审慎直接视为当自我利益被当作唯一终极目的时才变得更为明确的智慧，即仔细计算获得我们自身利益的最好手段，以及抵制可能妨碍我们的计算或妨碍我们按照它们去行动的所有不合理冲动的习惯。

2. 然而，在那些具体的可以说是关乎人自身的德性方面，也存在着一些流行的概念。但是，关于这些具体德性，我们仍然不清楚它们是否只是审慎的具体运用，或者，它们是否有独立的准则。在这些具体德性中，节制——古代公认的四大德性之一——似乎是最重要的。在其日常意义上，节制是控制基本欲望（或有直接肉体原因的欲望）的习惯。这种调整和控制我们的欲望的习惯一般被常识承认为有用的和值得欲求的，但是常识在承认这点时不那么明确和强调。

人们都同意下述说法：我们的欲望需要得到控制。但是如果要建立一种节制的准则，我们就必须确定：应当在何种限度内，基于何种原则，以及为着何种目的控制这些欲望。在对于食物、饮料、睡眠、刺激物等等的欲望方面，任何人都不会怀疑：身体的健康与活力是我们在满足它们时自然地促进的目的；一当对这些欲望的满足会损害这一目的时，这类满足就应当受到节制。（在这个健康的概念中还包括精神能力的最完善的状态，因为这种状态似乎依赖于肉体的一般状态。）进一步说，如果沉溺于肉体欲望包含着对任何更大满足的损失，这样做就显然是不明智的；而如果沉溺于肉体欲

望会妨碍我们履行义务，这样做就是不公正的，虽然我们不清楚这后一种做法会在何种程度上被普遍谴责为“无节制”。

然而，有些人却从那条显见的真理，即身体的健康是欲望的主要自然目的那里，推导出一条更为严格的约束规则，一条超越了审
329 慎的规则。他们说，这一健康目的不仅应当规定享乐的消极界限，而且应当规定它的积极界限；产生于欲望的满足的快乐永远不应当为其自身之故而被追求（甚至是当它不损害健康，也不妨碍一种不同类的更大快乐时），而只能因为这类满足积极地促进健康而被追求。当我们考察这一原则引向的行为将与一个富有道德的人的通常习惯何等地不同时，我们就倾向于认为它明显地不符合常识。但是它却常常得到一些字面上的赞同。

此外，还存在第三种居中的观点。这种观点采取这样的原则：欲望的满足不应为其自身之故而被追求，而应当不仅以保持健康与活力，而且以其他目的为指归，如“精神上的愉快，和社会感情的修养”。[①] 许多人似乎都有意无意地持着某种与此类似的原则。所以我们发现：人们常常带着某种类似道德反感的态度看待以贪食为唯一嗜好的行为；同时，那些为有道德的人们提供的并为他们所享受的宴会在一般人眼里也并不是为了大家欢宴一场，而是为了促进交际和使聊天更有乐趣。人们普遍相信：共享一餐美味佳肴能促进社交情感，并刺激人们机智、幽默以及——一般地说——生动的谈话能力。而且，那些在设计时显然没有考虑这类交际和谈话方面的满足的宴会也似乎受到情趣高雅的人们的谴责。不过，如果把下述

① 见休厄尔：《道德的基础》，第 2 编第 10 章。

说法，即除非一般感官享乐积极地提高那些更高级的快乐，否则人们就决不可以追求它们，说成是为在这方面的常识所支持的准则，就恐怕是走得太远了。

3. 在上节中我们主要谈到了对食物与饮料的欲望。然而，恰是在对性的欲望上，由道德规定的规则才最明显、最确定地超过了仅仅审慎规定的规则。这种区别表现在贞洁或纯洁的概念中。[1]

初看起来，公认的道德准则所规定的性欲方面的规则，似乎只 330
要求对性享乐不超出法律准允了的婚姻的范围。而且似乎仅仅在这里，由于自然冲动尤其有力并且容易被激起，才尤其有必要禁止任何甚至间接地倾向于超出这些界限的外部行为和内心行为。这种印象也在很大范围内是对的。不过我认为，经过反思我们就可以看出，我们关于贞洁的常识概念含有一个独立于法律的标准。因为首先，遵守法律而不必然保证贞洁，其次，不合法的性交并不都被视为不贞，[2] 仅仅是由于疏忽这两个概念才时而被人们混淆。但是这条标准的内容却不甚明确。当我们从人类道德意识中寻找这些内容时，我们似乎找到两种观点：一种严格的观点和一种松散的观点，这两种观点正好与上述对节制的两种解释相对应。人们都认为，决不应当仅仅为获得性满足而享受性欲的快乐，性欲只能作为某种更高目的的手段来满足。但是有些人说，种系的繁衍是唯一的合法性，因为它显然是首要的自然目的；其他人则认为性交中的互爱是一个最可接受的、最正当的永恒目的。我无需再说明：这两种

① 纯洁的概念近乎与贞洁的概念相同，仅仅更为外在和更具有外表性的意义。

② 就人们认为不合法的性交不论从审慎来考虑还是从仁爱来考虑都应被直接地和以特殊方法禁止而言，人们把它视为一种对秩序的破坏，而不是对贞洁的破坏。

观点在实践上的差别非常之大，因而它是一个需要提出来并加以解决的问题。但是我们可以指出：如果有人尝试制定出在这一问题上的细微的、详尽的规则，这种努力似乎会被常识谴责为倾向于毁掉贞洁的目的的，因为道德立法的这种细微性要求一般人去深入思考这一问题，以至到达一种于实践有害的危险程度。[1]

我应当指出贞洁德性当然不只是有关自身的，因而恰当地说不适合于在这一章中进行讨论。但是，我觉得把它和节制放在一起
331 讨论比较方便。出于这一考虑，我打破了它本身的自然秩序。然而有些人走得更远，他们说应当把贞洁作为一种独特的社会德性来讨论，因为繁衍并抚育后代是最重要的社会利益之一。他们可能还认为，贞洁仅仅是一种保护这些重要功能的情操，它支持着我们认为为保证它们恰当地得到履行所必需的规则。但是，虽然常识无疑承认贞洁情操的这种维护实现人类延续的最好方式的倾向，它却显然并不认为这种倾向是贞洁规则的定义中的根本之点，也不把它视为确定特定行为是否违反了这一规则的唯一标准。

大多数其他的欲望似乎没有类似的特殊问题。我们当然承认一种普遍的自我控制义务。但是，它只是达到合理地行动（无论我们对合理行为的解释为何）这一目的的手段，它只要求我们不去屈从于背离我们慎思地接受的目的和规则的行为冲动。其次，在有道德的人们中间总是存在着一种苦行主义的观点，即认为对纯粹感觉冲动的满足本身就在一定程度上应受谴责。但是这种观点在具

① 部分地是由于严重忽略了下述事实，即贞洁本身禁止为了遵守贞洁的要求而制定过于细微的规则体系，中世纪的纯洁才变得声名狼藉的。

体的事例上似乎不为常识接受。(例如)我们通常并不谴责肌肉运动、晒太阳或洗澡所带来的最强烈的享乐。在我们上面讨论的欲望中间，除了贞洁的例子之外，我们时代和国家的常识把对自然冲动的——超出审慎和仁爱的要求的——压抑视为正当的和令人崇拜的唯一例子，就是痛苦和恐惧的冲动。一个重要的例证是前面提到的绝对禁止自杀的规则；这条规则要求：一个人甚至在其余生很可能将既痛苦又给他人造成负担的情况下，也不能自杀。但是在其他的例子中，常识也赞扬忍受并非旨在获得幸福的痛苦和危险的行为，我们将在下一章中指出这种情况。

332 # 第十章　勇敢，谦卑，等等

1. 除了我们发现放在上一章中讨论较为方便的贞洁德性之外，还有一两个重要的品性美德：它们似乎并不明显地凭借与私人幸福或普遍幸福的联系而为人们普遍崇拜和传颂。而且，虽然它们在大多数情况下明显地有利于其中的这种或那种目的，它们有时却似乎以一种与这些目的不同的方向影响行为。

例如，勇敢是一种激起普遍崇拜的品质，无论它表现于自卫中，
386 表现在帮助他人中，还是表现在我们看不出它的具体表现能带来什么好处的时候。又如，在基督教社会中，谦卑（如果被视为诚实的）常常得到无限的赞美，尽管当一个人贬低自己的能力时他显然会蒙受损失。所以，我们最好来考察一下，在这两种德性中，我们在何种程度上能分别引出规定着这两个概念各自推荐的行为的明晰而独立的准则。

我们先来讨论勇敢。我们一般用这个词指毫不退缩地直面任何危险的倾向。我们有时也称那些毫不退缩地忍受痛苦的人是勇敢的人，但是我们更多地把这种品质叫做坚忍。显然，如果我们寻找为常识承认的关于勇敢或坚忍的**严格义务**的定义，我们就会发现，任何一个这样的定义都要诉诸于其他的准则和目的。因为，任何人都不会说，面对或忍受一般可以避免的痛苦是我们的**义务**；毋

宁说，仅当我们在履行义务时遇到了痛苦时，面对或忍受它才是我
们的义务。[①] 然而甚至这一点也需要进一步限定。因为，人们一般 333
都承认：在实际地确定（例如）普遍仁爱的那些义务时，当事人的痛苦与危险是要被考虑进来的。人们可能认为：我们没有义务忍受任何痛苦，除非为了防止另一个人的显然更大的痛苦，或为了获得一种更大的正值的善；我们也没有义务冒险，除非这样做给另一个人带来利益的可能性高于冒险的代价以及在失败时我们蒙受损失的可能性。的确，我们不清楚我们能否说，常识对仁爱义务的估价接近上面这种说法。[②]

然而，当我们把勇敢作为一个美德而不是作为一种义务来考察时，它似乎在我们的道德评价中占有一种更为独立的地位。而且，这种观点也比把勇敢视为义务的观点更符合于勇敢概念的通常意义。的确，有许多勇敢的行为完全不受意志支配，因而也不可能被视为严格的义务。这有两个原因：(1)危险常常是突然发生的，并且需要人不假思索地去处理，所以我们处理危险的方式可能只是半出于意愿的。(2)虽然当时间允许人们慎思时，生性胆怯的人也许能努力抑制住恐惧，就像他们能气愤和欲望一样，并且抵制因恐惧而放弃义务的倾向，但是这种结果与其说是履行所需的勇敢行为的那些勇力，不如说只是普通的活力；这种胆怯的有德性者的活力可能完全消耗在抑制其恐惧的努力之中；例如在战斗中他也许也能像勇

① 在对待不能避免的痛苦方面，我们认为坚忍能够压抑叫喊和悲恸，虽然当这种叫喊与悲恸能令痛苦者解脱痛苦而不烦扰他人时，我们不知道是否存在这种坚忍的义务。

② 参见本编上文第 4 章第 5 节。

敢的人那样经住死亡的考验，但是，他却没有勇敢者那样的不屈精神，也不能像勇敢者那样生龙活虎地和从容不迫地同敌人战斗。[1]

所以，由于勇敢不完全是出于意愿的，我们需要考察的不是我
334 们是否绝对有义务表现它，而是它是否是一种值得欲求的品质。在这里，我们无疑认为勇敢本身就是道德上值得称赞的品质：这种性质根本不依赖于它所服务的目的，而且当引起勇敢行为的危险是不放弃义务也可以避免的时，情况也是这样。与此同时，我们又称一个过分地冒不必要之险的人是傻瓜。那么，界限应在哪里划定呢？按照功利主义原则，有这样两个方面需要我们加以权衡：一个方面是一个具体场合可能招致的危险的大小，另一个方面是通过实践培养锻炼一种恰当地履行重要义务常常需要的习惯可能带来的好处；我们应当努力使这两个方面有一尽可能准确的正值的余额。显然，这种观点引出的结论将因社会状态、行业和职务的不同而不同，因为大多数人在文明社会中不像在半野蛮社会中那样需要这种本能的勇敢，平民也不像军人那样需要这种勇敢。人类对勇敢行为的本能崇拜也许完全不服从这些限制。但是我认为我们可以说：就勇敢试图通过反思来证明自身的正当性而言，它通常还没有做到这一点，而且常识也似乎没有指明它在哪里该诉诸于一个不同的原则。

2. 如果说勇敢德性在非宗教的伦理学中，以及在名誉准则——它可以被视为非宗教道德观的一种幸存物——中占有突出地位，那么谦卑则典型地属于基督教为人类树立的理想。然而，常识对谦卑

---

① 上述评论也在稍轻的程度上适用于人们在履行——冒着遭社会谴责的痛苦和危险——他们认为是义务的行为时的“道德的勇敢”，因为这类行为的充分完成也依赖于（同样在稍轻的程度上）在特定的瞬间不受意志支配的品质。

德性的解释却有些自相矛盾。通常的见解是说，谦卑要我们对自己的功绩作较低的评价，但是如果我们的功绩是比较高的，要求我们对它们作较低评价就是令人奇怪的。人们可能回答说：虽然与普通人的功绩相比我们的功绩可能很高，但是总有些人功绩更高，我们只能往上比并且——从极端的观点来看——和理想的美德比：与这样的美德相比，我们都是远远不及的；而且，我们应当从某个方面而不应当从另一方面与其他人比，应当多想想自己的缺点——在这方面我们肯定能找到一种自满——而不是优点。但是，在确定我们将从事何种工作以及我们将追求何种社会职务时，如果我们要正确地作出决定，我们当然有必要通过人生提供的最重要的慎思把我们 335 的资格仔细地与一般人的资格相比较。贬低我们自己也同抬高自己一样不合理。虽然大多数人更容易犯后一种错误，但是也的确有人更容易犯前一种错误。

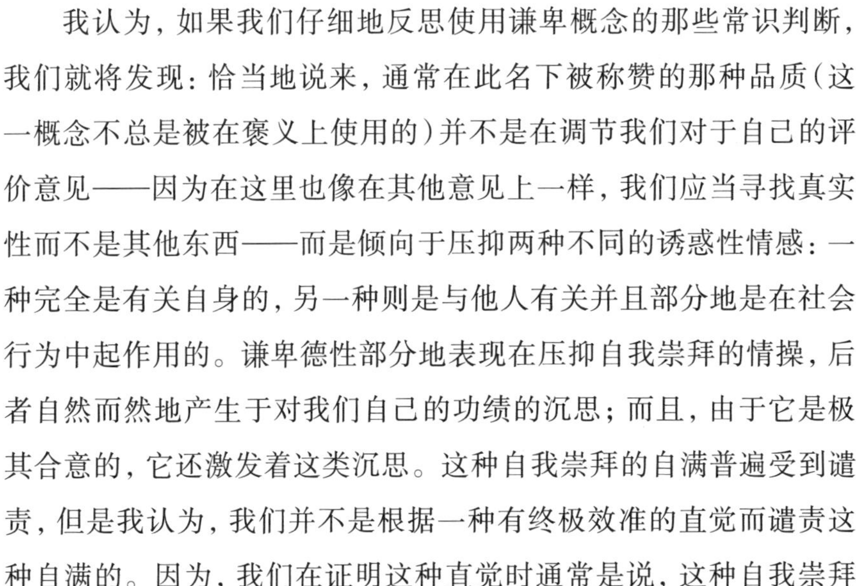

我认为，如果我们仔细地反思使用谦卑概念的那些常识判断，我们就将发现：恰当地说来，通常在此名下被称赞的那种品质（这一概念不总是被在褒义上使用的）并不是在调节我们对于自己的评价意见——因为在这里也像在其他意见上一样，我们应当寻找真实性而不是其他东西——而是倾向于压抑两种不同的诱惑性情感：一种完全是有关自身的，另一种则是与他人有关并且部分地是在社会行为中起作用的。谦卑德性部分地表现在压抑自我崇拜的情操，后者自然而然地产生于对我们自己的功绩的沉思；而且，由于它是极其合意的，它还激发着这类沉思。这种自我崇拜的自满普遍受到谴责，但是我认为，我们并不是根据一种有终极效准的直觉而谴责这种自满的。因为，我们在证明这种直觉时通常是说，这种自我崇拜

会妨碍我们获得更高的德性。我们把我们有自我崇拜感这一事实视为我们没有充分地把自身与理想相比较，或者我们的理想不够高的证据，并且认为树立一个很高的理想并不断地沉思它是道德进步的必要条件。然而，在运用这条准则时，我们又显然需要一定程度的谨慎。因为，尽管大家都承认自尊是正当行为的一种重要的辅助因素，并且道德学家也不断教导我们要满足良心，说这是上帝给予德性的自然奖赏的一部分，我们仍然很难把履行一种德性行为时产生的自我赞许同谦卑力图排除的自满意识区别开。我们也许可以说：自我赞许的情感是自然地产生的一种合理的快乐，但是如果我们沉溺于这种情感并且鼓励它，它就会妨碍道德进步；而谦卑所要求的恰恰是在总体上促进道德进步的对自满的压抑。按照这种观

336 点，谦卑的准则显然是一个独立的准则：它所服从的目的是德性的总体上的进步。至于那些不是以我们自己的行为及其结果为基础，而是以外部的、偶然的有利条件为基础的骄傲和自满，我们谴责它们含有一种关于实际功绩的性质的虚假而可笑的观点。

但是，我们不仅从对自己的尊重和崇拜中得到快乐，而且更多地从对他人对我们的尊重和崇拜中得到快乐。我们还认为，对后一类尊重和崇拜的欲望在某种范围之内是合理的，甚至是极其有益于道德的。但是，由于它也是一种有危险的诱惑性的冲动，并且常常朝着与义务相反的方向起作用，我们也觉得它尤其需要得到自我控制。然而，谦卑的作用主要不在于控制这种欲望，而在于压抑我们本能地倾向于向他人提出的满足这一欲望的要求。我们倾向于要求他人作出“尊重的表示”，即以外部行为表现出他们认识到我们在人群中的较高地位，并且当我们的要求没有得到满足时产生抱

怨。谦卑命令我们去压抑这类要求与需要。我们还把在许多场合中不去强求他人完全有义务作出的尊重的表示视为一条义务。而且在这里，按照常识的观点也同样存在一种界限：超过了它这种行为品质就变成了一种缺陷。这是因为，不作出尊重的表示[①]有时是一种侮辱，那些通常被视为合理的甚至有德性的冲动（尊严感、自尊、恰当的骄傲，等等）会引发我们起而反抗这种侮辱。然而我不认为，在确定这种界限时，我们能够要求对任何明确的陈述的一致意见。

① 我不是指对官员的习惯上的尊重表示，——缺少这样的表示将是对现有秩序的一种破坏——因为要求这些表示的那种特殊政治原因显然使问题超出了谦卑德性所适用的范围。

337 第十一章　对常识道德的评论

1. 按照本编第一章中阐明的计划，我们到现在为止已经以合乎理想的详略程度完成了对常识道德的考察。我们没有讨论我们的常识道德词表中的所有概念。但是我相信，我们没有漏掉那些或者本身就重要，或者相对于我们目前的研究而具有重要性的概念。因为，对于我们略去的那些概念，我们可以公平地说，它们显然不能提供独立的准则。的确，反思将表明：那些概念所要求的行为或者只是履行已经讨论过的那些义务的手段，或者——当从某种特殊的方面来审视，或者在由于某种特殊环境或条件而获得的特殊意义上——实际上等同于其中的某种义务本身或它的一部分。

我们现在把这种考察告一段落，并且来概略地总结一下我们的考察过程，以及我们所引出的结论。

我们承认道德学家们常常力图证明的一个论点，即存在着显然是独立的道德直觉，并以这一论点作为出发点。似乎不容否认：人们把某些行为判断为自身即正当的和错误的；在做出这类判断时，人们并不虑及它们给行为者或他人带给幸福的倾向，也实际上完全不考虑它们的后果，除非这些后果属于行为的常识概念。然而我们看到：当这些判断被用于具体事例中时，它们似乎是（至少对善于反思的人们而言）诉诸某一种一般义务规则来解决具体事例问题的；而当人们关于具体行为的正当性的判断中存在怀疑和冲突——这种情况是时常发生的——时，它们就通常是诉诸于几种规则或准 338
则，并把它们视为有终极效准的道德认识原则。因而，为使常识道德获得一种科学的形式，获得对于这些公认原则的一种尽可能准确的陈述是必要的。我不认为我可以借用某种基于常识道德的不科学性的一般概括而免除这项工作。的确，普通人的道德意见在许多问题上是不严谨、变化不定的和相互矛盾的；但是又不能由此推论说，我们不能从这些变动而庞杂的意见中引出一些可得到公认的明晰而准确的结论。至于我们是否能做到这一点，在我看来这似乎是一个不应当在认真地尝试之前先验地解决的问题。部分地是为了给这种尝试准备材料，我们才对前八章作了上述概括。我一直力图通过对我们通常的道德谈论的反思公正地说明：我们是依据哪些普遍原则或准则把各种不同行为判断为不同生活领域中的正当而合理的行为的。我希望读者特别注意：就我意识到它们都不是我自己的观点而言，我决没有把我自己的观点引入有关陈述之中。我唯一的目标一直是澄清我们的常识道德推理的隐含的前提。我现在打算对这一总结的结论作最后的考察，以便确定这些概括是否具有自明真理区别于普通意见的那些特点。

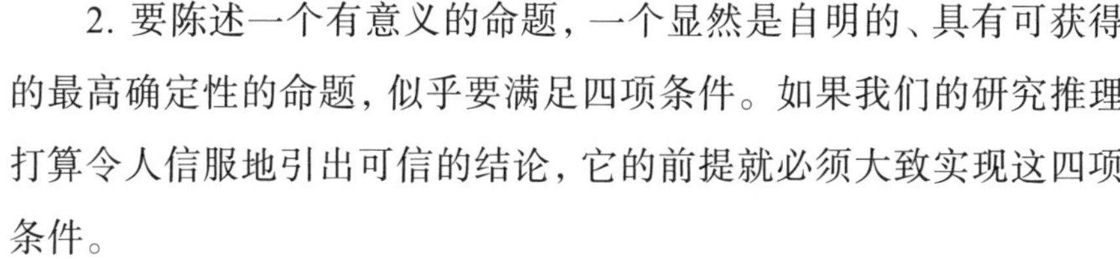

2. 要陈述一个有意义的命题，一个显然是自明的、具有可获得的最高确定性的命题，似乎要满足四项条件。如果我们的研究推理打算令人信服地引出可信的结论，它的前提就必须大致实现这四项条件。

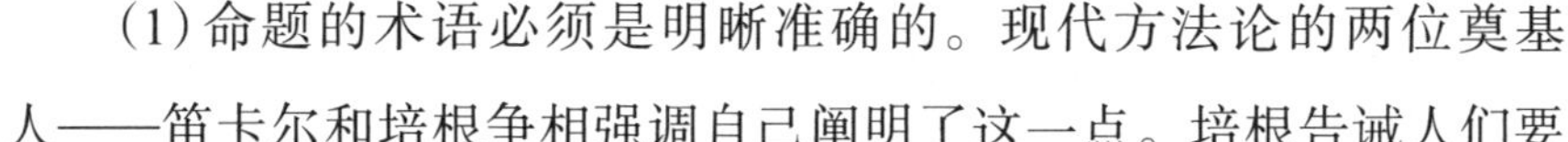

(1) 命题的术语必须是明晰准确的。现代方法论的两位奠基人——笛卡尔和培根争相强调自己阐明了这一点。培根告诫人们要 339

反对日常思想中的界限不明确的概念，这一警告在伦理学讨论中尤其适用。事实上，我在上述的概括中所作的主要就是尽可能地使常识的伦理学术语不受到这类批评。

(2)命题的自明性必须是经缜密反思确认了的。这一点之所以必要，是因为大多数人容易一方面把直觉混同于单纯的印象或冲动，这些印象或冲动经过缜密的观察显然不成其为理性的命令；另一方面把直觉混同于单纯的意见，这类意见常常被耳濡目染的日常性加上一种虚假的、会被认真的反思驱除的自明的表象。在这些容易产生混淆的场合，笛卡尔的方法——通过问自己我们是否相信我们推理的终极前提是真实的来检验它们——是极其有用的，虽然它并不像笛卡尔假定的那样保证我们全然不犯错误。对我们的前提的自明性的严格要求能有效防止我们的不合理冲动对我们的判断发生错误影响，尽管在此同时它不仅把权威与传统的外部证据视为不充分的，而且否认它们在培养我们的心灵敏捷迅速地接受未经证实的常识假设方面的细微而潜在的作用。

我们还可以指出，这种检验对伦理学尤其有意义。一方面，一个不容否认的事实是：任何强烈的情操，无论它多么纯粹地是主观的，都容易呈现为某种类似于直觉的东西；要识别幻觉人们就需要作缜密的思考。我们容易把我们欲求的任何东西都宣布为值得欲求的，我们还强烈地倾向于赞许任何给我们带来快乐的行为。[①] 另一方面，在我们出于习惯而遵守的行为规则中，有许多经反思我们

① 这也就是康德所坚持的正当性的形式的检验方法的实践意义。参见本编第1章第3节。

看出实际上是根源于某种外在权威的规则，因而即使它们的约束力是毋庸置疑的，它们仍然不可能以直觉的方式得到证明。我们社会的实证法无疑就属于这类规则。诚然，我们应当——至少在一般意义说是如此——服从这种法律，但是我们当然不能靠任何抽象的反 340
思方法，而只能靠查阅案例汇编和成文法来证明它。然而在这里，知识的来源是如此的明确和显然，以致我们根本没有把通过学习法律而获得的知识同抽象思考的结论相互混淆的危险。存在于每一社会中的、补充着法律本身的调节功能的传统的和习惯的行为规则的情况则有些不同。在这里，我们难于把最好由有道德的人自为地确定的规则同外在的规则——这种规则以某种外在于个人的权威为最后仲裁者[1]——区别开。

我们可以以两种我们曾用以与道德相比较[2]的规则体系为例说明这一点，这两种规则体系就是名誉准则与举止或礼节准则。我曾指出，“光彩的”和“不光彩的”这两个常用概念有时被用来指——像伦理学术语那样——一种绝对标准，这时它们的含义不明确。不过，当我们说到名誉准则时，我们似乎是指这样的一些规则：它们的真正性质要诉诸有良好教养的人们的一般意见来最后决定。我们承认，当一个人受这种意见谴责时，他是“不光彩的”，尽管我们可能认为他的行为是无可指摘的，甚至是内在地值得崇拜的。[3]与

① 即关于规则为何的问题的最后仲裁者。当然，如果存在遵守由一种外在权威规定的规则的道德责任，这种责任也必定是建立在某种个人的理性不得不运用的原则之上的。

② 参见第 1 编第 3 章第 2 节。

③ 同上。

此相似，当我们从理性的观点考察举止和礼节准则时，我们发现其中有些规则可能是有用的和值得推荐的，有些是没有作用的和人为的，还有一些则是荒谬的和繁缛的。但是，我们总是承认在礼节问题上的最终权威是上流社会的习惯，这种习惯从不把使其规则服从于合理原则当作它的责任。然而必须指出：在任何社会中，每个人都会在自己身上发现一种显然不完备的关于名誉准则和礼节准则
341 的知识，以及一种遵守它们而不问进一步的理由的冲动。每个人似乎都尽可能清楚地浏览一下光彩的礼貌的行为，就像他也浏览一下正当的行为一样。我们需要经过一些思考才能发现：在前一类例子中，习惯和意见一般地是最后权威，它们无需再诉诸其他原因。甚至在被视为独特的道德规则的那些规则中，当我们思考其他人——甚至我们时代和国家的其他人——的道德时，我们一般也能找到一种我们认为显然像上述准则一样的约定俗成的因素。所以，我们也许有理由怀疑在我们自己的道德准则中也存在一种类似的因素。同时，我们也必须承认：严格检验每条我们发现自己已习惯于去遵守的规则，弄清它是否真正表达着一种明晰的正当性直觉或者以这种直觉为最终依据，具有重要的意义。

(3)被视为自明的命题必须是不自相矛盾的。在这里，任何两种直觉间的冲突都是一个证据，它表明在这种或另一种直觉——或同时两者——中存在错误。不过，我们发现伦理学作者们常常不大看重这一点。他们似乎把终极规则间的冲突视为一个可以被忽略或留待将来去解决的困难，而不认为这些相互冲突的陈述缺乏科学的特点。然而，这样一种冲突是一个绝对的证据：它表明人们至少需要对一个陈述作些限定；表明人们对于正确地限定了的命题是否

具有那个较简单但不全面的命题那么多的自明性，对于我们是否没有把一个实际上是派生的、从属性的规则误作一个终极的、独立的公理，存在一种怀疑。

（4）既然真理的概念本身意味着真理对所有心灵都大致是同样的，另一个人对一个我所肯定的命题的否定就会伤害我对它的效准的信心。事实上，“普遍的”或“广泛的”同意常常本身就被视为构成了最重要的信念的真实性的充分证据，而且在实践上成了更大部分的人类能够依赖的唯一证据。诚然，仅仅基于这一理由而被视为真实的命题既不是自明命题，也不是我们把它视为自明命题的证据。但是，我们之所以通常接受经验科学的普遍陈述，主要是因 342
为——甚至在专家们那里也如此——我们相信其他专家已直接看出这些普遍陈述的证据，并且对它的充分性基本上没有歧见。其次，不难看出：不存在歧见必然是我们的信念具有可靠性的不可缺少的条件。因为，如果我发现我的某个判断——直觉的或推理的——与其他某个心灵的判断直接冲突，那么就必定在某个地方存在错误。如果我既没有理由怀疑我自己的心灵有错误，也没有理由怀疑那个人的心灵有错误，对这两个判断的反思比较就必然使我暂时持中立态度。虽然我的心灵活动的最终结果不完全是判断的悬置，而是一种思想行为引出的积极的肯定陈述与另一种思想行为引出的中立性之间的交替与冲突，但是这种结果显然与科学的确信相去甚远。

如果前几章中对常识道德的描述基本上是正确的，那么一般地说，它的那些准则就显然不能满足上述条件。只要它们还处于某种模糊的一般性之中，就像我们在日常谈论中所见到的那样，我们就倾向于不加质询地同意它们，而且还可能公平地断言这种同意——

就任何不同意的表达都是怪僻的自相矛盾的而言——是普遍的。但是，一旦我们试图赋予它们以科学所要求的明确性，我们就发现我们不能这样做，除非我们放弃这种同意的普遍性外观。在某些场合，我们发现还存在一些其他的准则：我们有必要在其中进行选择，但是我们不能说常识已明确作出了选择；同时这些准则又似乎常常是同样或近乎同样可行的。在另一些场合，道德概念又似乎完全抵制着从中引出一种明确的规则的努力。而在其他场合，我们又发现，道德概念把我们无法归结为一种共同标准的因素——除非运用功利主义方法或某种类似方法——都包含于自身之中。甚至在我们似乎能从常识中引出对定义过程所提出的问题的多少明确的回答时，所引出的原则也被以一种十分复杂的方式限定着，以致它的自
343 明性变得十分模糊，甚至完全消失殆尽。所以，在所有这些情况下，初看时像是一种直觉的东西后来都或者成了一种模糊的冲动的表达——它需要一些它自己不可能作出的调整和限制，但是这些调整和限制必须来自其他方面——或者成了一种其合理性仍需借助某种其他原则来揭示的流行意见。

为了充分说明这一结论，我不得不请读者和我一起回顾前几章从常识引出的一系列原则，并从一种不同的观点考察它们。在前几章中，我们的主要目的是公正地弄清楚常识的正式意见为何，我们现在则是在问，这些意见在何种程度上能有资格被视为直觉真理。

读者应当注意：这一考察将诉诸于两方面的根据。一方面，它诉诸于读者个人的道德意识；另一方面，它也诉诸于他打算依赖其判断的那个层次的人们普遍表达的人类常识。我将问他（1）是否能陈述一种清楚、准确而自明的首要原则，并依照它去判断每个人的

行为；以及(2)如果回答是肯定的，这一原则是否真的是他认为表达着常识的人们在实践中普遍运用的。[①]

3. 如果我从第三章中讨论的明智地行动的义务开始这一考察，摆在我们面前的也许是一种具有不容置疑的自明性的公理。因为，明智地行动似乎意味着采取正确的手段去实现最好的目的，即采取理性所启示的手段去实现理性所规定的目的，而合理地行动也显然是正当的。这一原则的一个直接推论——或它的否定的方面——也 344
同样是不容否认的，这个推论就是：按相反于合理判断的方式去行动是错误的。从在我们心灵中冲动与理性相抵牾这一经验事实来看，这个推论——作为另一个自明原则——对节制或自我控制准则，即“理性永远不应屈服于欲望或激情”的准则，作出了最宽泛的解释[②]。人们有时是带着极其郑重的态度宣布这些原则的，正如他们在回答伦理学基本问题和阐述一种实践理论的基础或大纲时抱着十分郑重的态度一样。

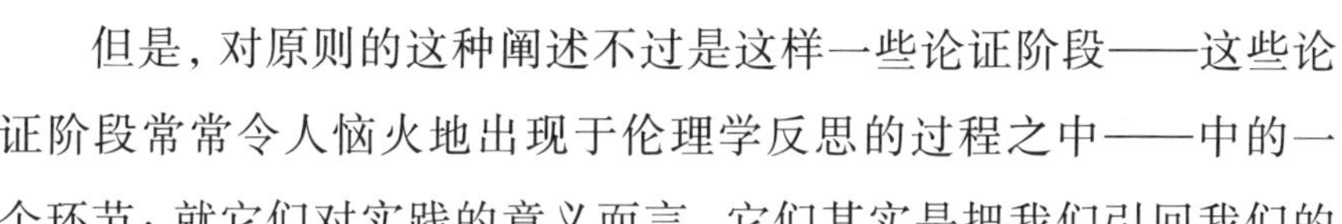

但是，对原则的这种阐述不过是这样一些论证阶段——这些论证阶段常常令人恼火地出现于伦理学反思的过程之中——中的一个环节：就它们对实践的意义而言，它们其实是把我们引回我们的

① 有人已经公开地指出：我把常识的决定作用看得非常松散和不确定，而且如果我想从这一考察中引出一个更为肯定的结论，我当然就应当进一步讨论在这个问题或其他问题上，我们在何种程度上能确定我们将依赖其“一致意见”的“专家”。但是我的科学结论在如此之大的程度上是否定的，以致我认为没有必要作这种讨论。我一直十分注意不去夸大常识的不明确性和不一致性。如果结果表明常识比我对于它的表述更不明确和更不一致，这将只会加强我的论点。

② 在第9章中，节制被视为从属于道德化了的审慎或自爱的德性，或是它们的一种特殊运用。因为这总的看来似乎是常识的观点。我在前几章中一直努力通过陈述从常识引出的原则，以及通过依次地解释它们，来尽可能接近地追踪常识的观点。

出发点的简单循环。或者——为了防止误解——换句话说，上述准则可以从两种意义上理解：在一种意义上，它们是自明的，但也是没有意义的；在另一种意义上，它们对一种重要的实践义务有或多或少明确的指导作用，但是它们在被这样理解时失去了它们的自明性。因为，如果智慧规则和自我控制规则意味着(1)我们应当始终如一地做我们认为合理的事，以及(2)我们不应当屈服于任何把我们引向相反方向的冲动，它们也就肯定了做我们断定为我们的义务的事(1)一般地，以及(2)在存在特殊诱惑时是我们的义务，[①] 并且不表达任何有关我们赖以确定义务的方法和原则的信息。

但是，如果人们进一步认为这些准则（就像它们时常被理解的那样）要求我们培养一种合理地行动的习惯，即一种使每项行为以明确认识到的原则和目的为依据，而不是听凭它受本能冲动的支配
345 的习惯，我就看不出人们能据何理由断言这一要求是一条普遍而绝对的义务规则。因为，一当人们不是把理性看作在目前有现实要求的东西，而是把它看作一个我们不得不在将来再去更充分实现的目的，我们据以判断理性的至上性的视角就根本改变了。问题不再是我们是否应当始终服从理性的命令，而是理性的支配是否始终是一种善，以及，理性对于单纯冲动的支配地位是否必然指向包含着这两种因素的那个意识的自我的完善。如果人们说这种支配地位不能过头，并且说理性不是自明的，因为有时那些不直接追求合理目的的人倒更能达到这些目的，这些说法当然不是自明的。常识当

① 必须了解：我是基于前面阐明的“主观的”正当性与“客观的”正当性的区分而承认这些准则的自明性的。我正当地行动的一个必要条件是我不做我断定为错误的行为；但是如果我的判断是错误的，我的行为也就相应地不可能是“客观地”正当的了。

然倾向于认为，在许多事情上，本能是比理性更好的行为动机。例如，人们常说，好胃口是比医生的药方更好的饮食指导；热恋而产生的婚姻比平静而慎思地设计的婚姻更圆满。而且，前已指出，自发感情引发的服务——它与纯粹义务感引发的行为不大相同——还具有某种美德。经验似乎还以同样方式表明：许多需要敏捷和力量的行为可能更富于活力和更有效；许多需要老练和灵巧的行为也可能更优美和令别人更愉快，如果它们是出于其它的动机，而不是出于对理性命令的有意识的服从的话。在这里，我们不必去弄清这种观点在何种程度上是真实的，我们只需要说我们不能直觉地知道它在某种范围内不是真实的，以及我们不知道个人灵魂中的“**过度控制**”——用柏拉图的比喻来说——不是与国家中的“过度控制”一样多的，就已经足够了。所以，我们关于明晰的直觉所得到的只是这样的毫无意义的命题：我们的义务是做我们判定为我们的义务的事。

4. 我们现在转向我已称为感情义务的那些义务，以及那些或规定着爱本身，或规定着——在人们期待和希望存在爱的那些关系中——自然地产生于爱的那些服务的规则。首先，在这里，不同的 346
人对于下述问题，即当我们没有感受到这种感情时我们在何种程度上有义务提供这些服务的问题，在许多情况下都作了不同的回答，同时解决这一问题的界限也似乎不是自明的。如果我们问感情是否本身就是一种义务，——因为一方面，它至多只是部分地受意志支配，而且就算它能凭意志力而产生，其结果也总被认为是令人不满意的和不吸引人的；另一方面，在某些关系中，它似乎又通常被视为一种义务——情况也与此相似。在这些问题上，常识的理论与

其说是能够从一种清晰而公认的原则中引出的，不如说是相互抵牾的思想观点的一种粗糙的折衷。而如果我们只考察这样一些特殊关系：在这里，常识无疑至少提供了自然地产生于感情的那类服务的广泛道德责任，有关这些关系中的外在义务的公认规则就同样缺乏清晰性和准确性。就其**具体内容**而言，这些义务——当我们严格加以考察时——似乎既不是独立的直觉，也不能被归结这种直觉。我们举父母对子女的义务为例。我们不怀疑这种义务是现存社会秩序的一部分，依靠这种秩序，对正在成长的一代人的抚养和教育的责任被分配给成年人。但是，当我们反思这种安排本身时，我们不可能**直觉地**看出它是可能的安排之中的最好安排。有人可能坚持说，如果孩子们生活在由公众税收支持的庞大社会机构中，并且在医生和哲学家的指导下长大，他们就会在生理上和精神上受到更好的教育。我们不能先验地确定哪种方法更好，我们只能诉诸从对现实社会中的人类本性的经验研究引出的心理学理论和社会学理论。然而，如果我们抛开这种社会秩序关系而仅仅考察父母对子女的义务本身，我们当然就不能自明地说，我们对自己的子女有比对其他孩子——他们的幸福同样依赖于我们的努力——更多的义务。为使问题明确起见，我们假定我和我的家人流落到一个荒岛上，在
347 这里我发现了一个被遗弃的孤儿。难道我抚养这个孩子的义务——就我有能力提供养育他的物质资料而言——自明地比抚养自己的子女的义务小吗？按照一部分人的看法，我对自己的子女的特殊义务来自我把他们带入了人世间这一事实，但如果是这样，按照这种原则我似乎就有权利减少他们的幸福，假如不把它变为一个负量的话。因为，由于没有我他们就不会来到这个世间，作为我的子女，

他们不再有权利要求我提供比这更多的东西，即提供总的看来是超过零值的正值的幸福量。我们甚至可以把父母的权利（就在这种环境中的特殊要求而言）说成是在子女存在的任何时刻平静地消灭他们的权利，如果他们至那时为止的生存总的看来已经值得了的话。因为，那些没有我便不能降生的人如何能公平地抱怨我只让他们活这么长的时间呢？[①] 我不想断言常识中含有这些理论，而只想表明：在这里，也像在别的问题上一样，追求不容辩驳的直觉会把我们不知不觉地引入一系列自相矛盾之中。

所以，我们似乎至少不能说，从其自身考察的父母对子女的特殊义务具有清晰的自明性。而且不难表明：即使按照常识的观点，这种义务的界限也是不确定的（参见第四章）。

对规定着子女对父母的义务的规则我们同样可以作如是说。因为对常识来说，这种义务是否不过是一种特殊的感激肯定是一个不明确的问题；同时，有关对不应得到感激的父母应尽何种义务的问题，我们也肯定没有清晰的直觉。此外，夫妻之间的道德关系也似乎主要取决于契约和明确的协议。诚然，人们通常认为道德也像法一样为所有的婚姻契约规定着某种条件；而且在我们的时代和我们的国家，人们还认为婚姻契约应当是（1）一夫一妻制的和（2）持久的。但是很清楚，这些意见没有一条可以被当作一种基本直觉。348
至于这些或其他有关性关系的法律规则是否能从某种直觉性的贞洁原则中推导出来，我们马上就要来考察。但是对于法律没有作规

① 我们可以指出：人们在思考上帝同人类的准父子关系所产生的上帝对于人的公正义务时，也常常坚持一种与此十分相似的观点。

定的那类夫妻间的义务，大概在今天没有人会说：人们在这些义务的内容上存在着一致意见，而且这种一致意见能够证明这些义务可以被先验地认识[①]。

如果在这些家庭关系——在这里感情的义务通常被人们看得具有绝对的意义并且极其重要——中，我们都找不到真正独立的、自明的确定义务的原则，我也许就无需再花费时间来说明，在考察较少亲密性质的把我们同他人联系起来的关系（血缘关系、邻里关系等）时，情况也同样如此。实际上，在我们以前的关于这类其他义务的讨论中，我已经足够明确地指出了这一点。

诚然，还存在某些对一般人的从广义上说是无可置疑的责任，例如，除非以应得惩罚（无论这种惩罚是属于公正还是仁爱名下的）的方式、否则便不可令他人产生非其所愿的痛苦的否定性义务，以及对我们已经引起的痛苦进行补偿的义务。不过，一旦我们考察这些义务的范围并试图确定它们的界限，一旦我们问：我们在何种程度上可以为了自身的或第三者的幸福，甚至为了被施予痛苦的那些人（或其他感觉存在物）——如果痛苦是违反其意愿的——本身的更大善，而合理地对他们施加痛苦，我们似乎就得不到解决这一问题的任何清晰而公认的原则，除非我们承认功利主义的原则本身。其次，在补偿方面，我们已经看到，对于我们在何种程度上有义务补偿我们并非故意造成的痛苦的问题，在人们中间存在着一种根本

---

① 指出在较好的婚姻规则方面的明显的意见分歧也许并不离题：一当反思的心灵摆脱了传统和习惯的束缚，它们似乎就会探求这样一种规则，这种规则在所有时代的哲学家——尤其是我们不能把感觉的或放荡的偏见妄加其上的那些哲人（如柏拉图）——的沉思之中得到了表达。

的困惑。

与此相似，人们也都承认我们有向自己的伙伴，尤其是向那些有特殊需要的人提供服务的一般义务，而且，当我们所提供的帮助
明显地超过我们自己所受的损失时，我们还有义务为他们作出牺 349
牲。但是如果我们问，我们在何种程度上有义务为提高我们伙伴的幸福而根本放弃——尽管很难说常识明确接受功利主义原则——我们自己的幸福，常识就仍然不能明确地肯定任何其它说法。

而且，甚至常识的感激原则也似乎基本上是不确定的——虽然人们都直接地和普遍地感觉到它具有严格性。因为我们应当按照帮助者付出的努力来回报一种帮助，还是按照它对受助者的价值来回报它的问题，仍然没有解决。

5. 当我们转而考察公正的表现为普遍化了的感激的成份时，同样的困难便表现得更为复杂。因为在这里，我们也必须问：我们应当按照所提供的贡献来回报善绩，还是按照在提供它时所付出的努力来回报它？如果我们缜密地思考常识道德的回报的公正的概念，那么严格地说，它就似乎蕴涵着形而上学的自由意志理论。这是因为，按照这种观念，奖赏功绩的合理性只被看作是相对于过去而言的，而与不奖赏功绩可能在今后产生的坏后果无关；而如果一个人的活动与创造产生的所有美德最终都与前因有关而与他本身无关，从这种观点看来，个人对回报的权利便不存在了。另一方面，在估价劳绩时，忽略道德美德同遗传及教育的关系显然是自相矛盾的。我们甚至不能忽略道德美德同理智美德的联系，因为我们通常认为缺乏预见的善意是一种很不完善的优点。即使我们避开这种思辨的困难，把对真正的劳绩的最终奖赏留给神的公正，我们仍然找不

到任何清晰的原则作度量功绩的砝码。此外，在对细节作了修正之后，上面所说的也同样适用于刑法正义所需的对劣绩的度量。

即使这些困难都被克服，我们也只是碰到了基于自明的原则作
350 实际的公正裁决所包含的全部困惑的一小部分。这是因为，对公正概念的考察——我们在第五章作了这一考察——所引出的不是一个单独的明确的原则，而是一大批原则。不幸的是，这些原则可能相互冲突，甚至对那些单独考察时具有自明真理外观的原则，我们也找不到有关它们的相互区别和联系的可以直觉地确定的定义。例如，要构建一种完全理想的分配幸福手段的方法，我们就需要把才能（按照我的称谓）概念考虑进来，而才能概念似乎与劳绩的概念有根本的区别，虽然人们常常把它们相互混淆。社会的“分配对象”不仅包括获得令人愉快的消极感受的资料，而且包括职务与用品，职务与用品是重要的幸福资源，但只有把它们分配给有能力履行和使用它们的人才合理。我们还发现：甚至在舒适与奢侈的物质手段——简言之，财富——方面，我们也不能说等量的手段总是产生等量的幸福结果。合理的作法似乎是把那些高雅而富有变化的快乐手段分配给有相应的享受能力的人[①]，然而这些人却不是最有劳绩的人。所以说，才能原则可能明显地与回报劳绩的原则相抵牾。

我们已经看到，这两个原则中的任何一个都可能同那个普遍承认的学说，即法律的恰当的终极目的是保障所有社会成员的最大可能的自由的学说，以及严格地说，每个人对任何他人负有的全部义

① 例如，许多人似乎认为：严格地说，当有教养的人得到丰足的资料而没有教养的人只得到较少资料时，财富才是被正当地分配了，因为前者比后者更能从财富中得到快乐。

务就是不干涉(不妨碍),除非他通过自由契约对自身作了进一步约束的学说,相抵牾。但是,当我们进一步考察这条原则时,我们发现:为了能够给社会结构提供实践基础,这一原则也亟需一些限制和修正。这些限制和修正使得它不大像一个独立的原则,而像一条功利主义的“中庸之道”。然而如果没有这样一种约束,它就不可 351
能概括实证法所维护的那些最重要的权利。例如,严格地说,对永久占有权的证明当然是它提供着唯一充分的劳动动机,而不是它实现着自由。对于在确定财产权的界限时出现的问题,——例如它是否包括遗产权——我们也不能靠从这一假定的基本原则推理的办法来解决。其次,我们也不能恰当地说契约的实施就是自由的实现。因为严格地说,当一个人的任何意志都不引起另一方的外在制约时,他似乎更自由。如果我们把这一说法作为自相矛盾的悖论抛在一边,我们就又碰到了一种相反的困惑,即如果抽象的自由与某种未来活动安排一致,它必定也基于同样的理由与永久性的、无限制的安排一致,以致甚至与实际的奴役一致。许多人已经通过假定每个人同他的社会的其他成员之间的一种“默契”或谅解,把服从实证法的义务同抽象的自由权利这两者调和起来,当我们考察这一事实时,这一问题就变得尤其重要。然而,这种契约似乎一经考察就显出是杜撰的,以致不能被当作一种道德基础提出来。不同思想家们在理解“谅解”时所作的各式各样的限定和保留进一步证明了这一点:他们借助于这些限定和保留把“谅解”(understanding)领悟为“被理解了的”(understood)。所以,许多坚持“天赋的自由权利”的人们认为,只有一种可以在抽象意义上得到证明的社会秩序,这就是未经将服从法律者的直接的同意便不可以法律强加于他们的

秩序。但是，我们发现社会不可能真正建立在这种基础上。诚然，一些代议制的政府已经实际地建立了，但是它们也只是借助一些绝对的限制和明显的虚构来实现这一观念的。显然，所谓最大的宪法自由，亦即政府行为与其多数臣民的希望的最完善的一致，只能体现在这一政府统治下的那个社会的最大的公民自由之中。

但是，即使我们能满意地勾划一种理想的社会秩序，包括一种理想的政府形式，我们仍然不得不把实现这一理想的义务同遵守现实社会秩序的义务协调起来。因为，我们有一种强烈的信念，即一
352 般地说实证法应当得到遵守；我们的公正概念也似乎包含着一种满足产生于习惯和先例的期望的一般义务。不过，如果现实社会秩序严重偏离我们认为应当存在的东西，遵守这种秩序的义务就会变得十分模糊和可疑。除此之外，我们也不能说常识把法律应当得到遵守视为一条公理。实际上，我们都认为当法律要求不公正时应当不服从法律，虽然我们似乎说不清楚，什么样的法律经君主发布之后仍然不公正。同时，我们应当服从的实证法本身必须是由一个（道德上）合法的权威发布的要求，虽然这些要求通常与合法施加的要求一致，我们却不能够说它们始终是一致的；因为法庭可能暂时屈从于一个篡权者，或者说，人们习惯于服从的君主可能是一个人们有权反抗（既然人们普遍承认这有时是正当的）的君主。所以，我们需要确定僭越的权力何时变得合法，以及反抗何时可以得到证明的原则。我们似乎不能从常识中得出这些原则，除非我们能够说常识在这个问题上比在私人道德问题上更倾向于功利主义方法。

把满足“自然期望”——即一个普通人在特定环境下会形成的那种期望——的一般义务陈述为清晰准确的道德公理可能更为困

难。诚然，一个公正的人一般会满足习惯性的要求。但是，我们不能说，一种习惯的存在本身清晰地表明了这样的义务：任何没有允诺遵守习惯的人也应当遵守习惯。这尤其是因为，不良习惯只能通过人们不理睬这类习惯才能废止。

6. 我们还要接下去考察履行直接的允诺或明确的协议的义务，无论它是公正的分支还是另有一个名目。道德学家们对这一原则 353
普遍抱有一种特殊的信心，这种信心最鲜明地表现在我们上面指出的那类把这一原则的适用范围扩大的努力中。而且，这一原则也的确在简明性、确定性和明晰性方面优于我们迄今讨论过的道德规则。所以在这里，我们似乎可能找到一种我们所追求的伦理学公理，如果我们能在某个地方找到它的话。现在我们看到：允诺概念要求一些通常没有被说清的限定，但是，仅这一点还不能说明为什么它不足以构成一条当被阐明和领悟时就能被公认为自明的准则。因为一个相似的例子是：未受教育的多数人同样不能把圆定义为由与圆心等距的点构成的封闭曲线图形，然而一旦把这个定义向他们作了解释，他们就会认为它表达着他们一直在思索的最完善的圆的概念。在我看来，那些有关允诺的命题，例如为人类常识承认为有约束力的允诺必须为允诺者与受诺者在作出允诺时以同种意义理解；允诺相对于受诺者并且可由他来解除；允诺不能使明确的[①]优先责任失效，也都含有这种潜在的普遍同意。

但是，我们不得不讨论的其他限定的情况与此不同。一旦引入这些限定的问题提出来，我们就看出常识的回答是有明显分歧的。

① 我在下文中〔(边码)第 360 页〕中谈到了前已提到的那种困难，即严格地说有些优先的责任是不明确的。

假如我们问:(例如)如果我们的允诺是基于虚假的陈述——然而不认为它由于这些陈述就是有条件的——而作出的;如果有些重要情况在我们许诺时被对方隐瞒了,或是我们以某种方式认识到守诺的后果将变得完全异样;如果它是在外部压力之下作出的;如果自我们作出这项允诺后环境发生了实质性的变化,并且我们发现履行它的结果将与我们许诺时所预见的极其不同;或甚至如果只是我们关于这种结果的知识改变了,并且我们现在认识到履行它需要作出与受诺者的收益不相称的牺牲,或认识到履行它甚至会对受诺者带来
354 伤害——虽然他可能不这样认为,我们的允诺在何种程度上具有约束力,不同的有良知的人就会以不同方式回答(一般地和具体地)这些问题以及其他[①]问题。虽然在上述这些限定之中,我们也许能在赞成某些限定和反对另一些限定上获得决定性的多数,但是在这两种情况下都显然不会有明确的一致意见。进一步说,对这些问题的讨论本身似乎表明:我们的下述信心,即"纯朴的良心"绝对承认"允诺应得到遵守"这一准则,纯粹是出于一种疏忽。当我们认真考察了上述限定时,这种信心就必然改变为犹豫和困惑。还应补充一点,某些限定本身还隐含地诉诸于一个蕴涵更广的功利主义原则,一个为"允诺应得到遵守"这一特殊规则所自然地从属着的原则。

其次,当我们对守诺义务在道德责任分类体系中的地位进行反思时,我们也倾向于肯定我们对有关守诺义务的普通常识内容的不信任。因为,我们已经看到,对允诺的忠实通常被与诚实排在一起,仿佛我具有这种品质这一事实本身就说明假如守诺是我们的义务

---

① 我略去了一些与对死者或不在场者的允诺、或规定了固定词语形式的允诺相联系的特殊问题,我认为它们并非如此重要。

我就会守诺似的。但是经过反思我们发现：我的守诺责任必须被视为取决于另一个人对我的陈述的依赖性之上的。事实上，如果我不恪守诺言，其结果就是我故意地引起了他的失望。一旦我们看清楚了这一点，我们就不会像原来那样坚持这种义务的绝对性。它现在似乎取决于由于失望而引起的伤害的程度；当我们恪守诺言可能包含一种似乎会大大超过这一伤害的伤害时，我们就不愿意说允诺应得到遵守了。

对于诚实我们可以说得稍微简单些，因为在这里更容易说明：关于讲真话的绝对义务的常识内容不是出于充分思考的，并且也不能把自身作为绝对的首要原则推荐给反思的心灵。首先，我们发现 355
在诚实责任的基本性质上，或者在它的准确范围上，亦即，我们究竟是有义务按照听者的理解去（尽我们可能地）兑现我们的那些肯定陈述，还是有义务兑现我们预见到他可能由此产生的任何期望，还是同时这两者，都不存在明确的一致意见。要实现真正的坦率和真诚，我们必须同时追求这两者，而且我们当然崇拜这些德性的表现，但是很少有人会认为我们在任何情况下都应当表现出这些德性。其次，常识也似乎承认——虽然是模糊地和不情愿地——诚实原则不是普遍适用的，无论对它作什么样的限定。至少是，常识不认为向孩子、疯人或病人讲假话，由律师说假话，以及对敌人、强盗，甚至在问他们无权过问之事的人们（如果简单地拒绝回答会实际上暴露一个重大秘密）说假话是完全错误的。而且当我们考察人们普遍承认的界限时，我们在这里比在守诺的例子中更清楚地看出，人们通常是凭着隐含的或明确的功利主义推理而确定它们的。

7. 那么，如果常识所强调的公正、守信和诚实的规定都不能成

为科学的伦理学的首要原则，我们似乎就无需去探索这类公理是否能从较小的社会行为准则，例如从自由准则或约束着恶毒感情的规则中，或者从勇敢和谦卑——我们发现很难把它们归在社会德性或者有关自身的德行的类下——中引出。事实上，我们在第三章中就已经表明：在对不满进行恰当的调节这方面，常识唯有以“社会利益”为终极标准才能不陷入自相矛盾和不可解脱的模糊性。同样，如果我们要把勇敢与蛮干区别开，我们也只有诉诸勇敢行为可能提高自身福利或他人福利的倾向，或诉诸于某种由其他概念规定的明确的义务规则。

诚然，在通常所谓的“有关自身的义务”中，我们发现自我保
356 存的义务带有表面上的绝对性，至少是，他人生命的保存或某种据认为十分重要的社会目标的获得并不绝对地要求一个人去牺牲其生命。然而我认为，如果我们面对的是这样的问题，即我们要不要保存这样一个生命：我们可以看出它将不仅给自己带来痛苦，而且给他人带来负担——例如一个身患绝症、无法作任何活动且只能再挣扎地活个把月的人的生命，尽管常识甚至在这种情况下仍然否认自杀的合理性——我们就会承认有找出否认自杀的理由的必要性。这一让步可能意味着自杀的普遍错误性质至少不是自明的。而且在我看来，所能找出的理由——就它们不是最终依赖于从启示神学引出的那些前提而言——也最终都是功利主义的（在这一术语的广义上）。人们可能强调，如果允许禁止自杀的规则有例外，就有鼓励其他情况下的自杀冲动的危险，而在这种情况下，自杀可能真的是一种逃避社会义务的软弱而怯懦的行为。人们大概还会强调，容忍自杀会使谋杀更为方便。简言之，在这个问题上也像在其他地方

一样，我们所追求的独立的公理似乎一经考察就消失殆尽。同样，反思似乎也表明：节制、自我控制及其他同类德性的义务也仅当我们把它们设想为从属于审慎（我们通常是这样看的）、仁爱，从属于某种明确的社会义务规则，或至少是某种其观念中包含着据认为已经明确的义务概念的目的——例如“推动道德进步”[1]——时，才是清晰明确的。常识当然不足以作为对食物和饮料的肉体欲望进行限制的权威，因为这种节制并不属于常识。

然而，在性欲方面，有一种特殊的规则似乎是由属于贞洁或纯洁概念的某种独立的原则规定的。在本编第九章中我们曾考察这
一概念；在那里，常识在这一问题上似乎不仅是不明确的，而且实 357
际还讨厌明确性。由于我在前几章的目的首先是忠实地解释常识道德，所以我允许我自己的研究止于这种（看上去）显然大家都承认的情操。但是当我们的主要目的转变为检验公认的道德原则的直觉证据时，我们就有必要克服这种反感。因为，如果我们不像考察其他主要伦理学概念那样缜密地考察这一概念，我们就很难弄清，我们是否能获得关于这一概念及其对立概念允许和禁止的那些行为的合理信念。在这里，仅以最简明的方式作这样一种考察就足够了。我意识到，即使只作这样一番考察，我也无法不引起有良好道德习惯的人们的心灵上的反感。但是，我相信我有权利涉入到心理学家们通常达到的那种深度，这些心理学家也常常引导学生去注意健康的心灵自然地会拒绝去深思的对象。

8. 那么，贞洁禁止（因为从否定的方面讨论这一原则更容易些）

① 当我们把这个概念理解为一种纯粹的内在义务时，它似乎提供了真正的谦卑的标准。

什么行为呢？由于性交的正常而明显的目的是种系的繁衍，有些人
认为除了作为生育的手段之外，所有的纵欲活动都应当禁止。但是
对常识来说，这种理论似乎会导致对性交的过于严厉的限制。那
么，我们能够说贞洁禁止除满足法律规定的婚姻条件之外的纵欲
吗？但是反思表明，这种回答也不令人满意。因为第一，经过思考
之后，我们不应当**仅仅**因为男女双方故意忽略了满足法律条件，并
且订立了一个法律拒绝去实行的契约，就说一种性关系不贞。我们
可以谴责他们的行为，但是我们不应当用这个概念来谴责它。第
二，我们感到实证法也许不能全然维护贞洁；也像公正一样，贞洁
事实上是法律应当维护但未能始终维护的东西。所以，我们必须
问：我们应当说何种性关系——无论它是否得到法律与习惯的支

358 持——是基本上不贞的？在这里似乎没有独特的、具有自明性的原
则，以便基于它们作出的对上述问题的回答能赢得普遍的同意。甚
至陈述一个确定构成乱伦关系的夫妻间的近缘程度的原则都十分
困难，虽然人们对这类关系通常抱有的反感是一种特别强烈的道德
情操。当我们考虑禁止何种程度的近缘关系才合理时，这种困难还
变得更大。同时，大概也很少有人会谴责合法的一夫多妻关系不
贞，无论他们可能多么不同意那种法律和建立了那种法律的社会状
态。但是，如果合法的一夫多妻关系不是不贞的，合法的和传统的
一妻多夫关系——这种关系常见于男性地位较低的种族之中——就
应当被说成不贞的吗？如果不应当，那么，不贞的概念何以可以被
用于制度和行为呢？此外，当双方同意的离婚及尔后的再婚合法化
时，我们也不把这种行为视作亵渎贞洁的。不过，如果人们一旦承
认了自由改变婚姻的原则，仅仅依据改变的时间上的短促性来区分

贞洁与不贞，[①]甚至把“自由同居”谴责为不贞就显得自相矛盾，因为后者是被人们真诚地当作完善男女间的情感和谐的手段，而不是被当作单纯的纵欲的手段来宣传的。

那么，我们能够回到互爱（区别于单纯的欲望）是构成贞洁的性关系的基础这一说法上来吗？但是，尽管这一说法从一种观点来看过于松散，它对常识来说却似乎过于严厉。我们并不谴责没有感情的婚姻不贞，尽管我们谴责他们会产生不幸。诚然，这类婚姻有时被指责为“合法化了的卖淫”，但是我们觉得这一说法过于夸张并且自相矛盾。我们甚至怀疑我们是否在任何情况下，例如当皇族间缔结婚姻时，都谴责这类婚姻。

另一个问题是：我们该如何评价像柏拉图的理想国中的建立妇女和儿童的共同社会，同时根据社会的目的对性交实行最严格的控制的那样一类制度？我们的习惯的标准似乎不适用于这类虚构的 359
情况。 415

事实似乎是，对流行的性道德的反思向我们揭示了支持着它的两条不同理由：首先的和主要的一条理由是维系某种据信是最有利于人种的延续发展的社会秩序；第二条理由是保护据信是对个人的完善及其幸福至关重要的情感习惯。我们通常认为：对性关系的调节应当同时达到这两个目的。在理想的社会状态中这也许是可以做到的，但是在现实生活中这两者之间常有部分的分离和不相容性。但是，进一步说，如果仅仅为了达到这些目的而压抑性活动，我们似乎就不能说这种压抑在这两种社会状态中自明地就是始终

① 应当指出，我并不妄求准确的定量结论，我只想知道我们是否真能认为这种结论取决于定量方面的考虑。

必要的。恰恰相反，这样一种断言离开了经验的证据就会是不可信的。如果不根据社会学观察来推理，我们就不能合理地说，某种程度的性活动将与维持充分而优质的人口这一目的不相容。而如果我们从性关系与个人的完善的关系方面来考察，答案显然就是：如果他的性关系仅仅是感觉层次上的，他就会失去他的情感本性的至高至善的发展状态；但是我们不能先验地知道，这种低级的性关系会妨碍高级的性关系的发展（而且事实上经验也没有表明普遍存在此种情况）。这后一种论证方式还有一个进一步的困难。因为，我们不得不去证明的常识意见不仅仅根据高级性关系来谴责低级性关系，而且根据无性关系来谴责它。既然我们不明确地因为一个人坚持独身生活而谴责他（虽然我们也许有些讨厌他，除非他过独身生活是为了达到一种高尚的目的），我们就很难说明，我们何以应当仅仅因其对于个人的情感完善的影响而谴责纯粹性关系所产生的不完善的发展。

9. 我们还可以再充分地说明我们界定贞洁或纯洁规则的尝试
360 所陷入的困惑。但是，我希望把这一讨论停止于完成我的论证所需要的程度上。我觉得我在本章第二节中提出的结论现在已经得到了充分的证明。我们已经考察了那些明显地要求成为独立而自明的道德规则的道德概念。我们也已经从每个概念那里看到：当我们平心沉思时，从人类常识实际支持的行为规则中不可能引出哪怕只是具有科学公理外观的命题。因此，我们无需去系统地考察常识把这些原则协调起来的方式。事实上，我们似乎已经以一种尽可能有益的方式讨论了这一问题。因为，分别界定每一个原则的尝试已经不可避免地引导我们考虑了它们的相互联系。而且，恰恰是当两个道德原则发生冲突时，我们才最清楚地看到了由常识确定的每一个概念的界限的模糊性和不一致性。例如，我们常常看到极其严格的道德责任同由个人自己的行为修正了的比较松散的义务之间的区别：我们看到，在陈述关于允诺在产生新责任方面的作用的常识观点时，常识当然是必要的；但是，我们却不可能以实践的准确性去运用它，因为常识的义务概念——我们常把最高程度的严格性归诸于这些概念——具有极大的不确定性。

我还需要作一件事，即防止人们从一种绝对意义上而不是从我的本意或恰当的含义上理解我的论点。我的阐述决不是说我们没有这样一些明确的道德冲动：它们要求对所有的人具有权威，规定或禁止种种行为。对于这些要求，在人们中间，至少在同一时代同一国家的有教养的人们中间，存在着一种大体一致的意见。我仅仅强调了我们不能借助于对常识的反思而科学地界定这些冲动的对象。仁爱、公正、诚实、贞洁等等概念并不必然由于我们发现无法准确地界定它们就对我们没有意义。由每一概念规定的绝大部分 361
行为都是足够明确的。规定着它的普遍规则也并不因为在每一具体情况下都有些边缘行为具有模糊性和困惑性，或因为经过反思它似乎不再是绝对的和独立的而必然失去意义。简言之。常识道德可能仍然足以在通常情况下为普通人提供实践的指导。但是，把它提高为一种直觉的伦理学的尝试将使它的不可避免的不完善性充分显露出来，并且丝毫无助于我们克服这些不完善性。[①]

① 应当指出：对常识道德的这一更为肯定性的阐述——以及我们将在下一编第3章对常识道德同功利主义的关系的阐述——是对前面所作的否定性批判的一个必不可少的补充。

362

第十二章　作为道德判断的主题的行为动机

1. 我在本编第一章中已经指出，动机——以及意图——构成了我们常识道德判断的部分主题。的确，在我们的“良心”概念中，反思动机并判断其善恶的习惯是一个十分重要的因素。因此，为了完成我们对直觉方法的考察，我们有必要考察一下对动机的比较，弄清我们在何种程度上能把这种比较系统化，并从中得出有科学价值的结论。我们在这里讨论这一问题是极其适宜的。因为，一些重要的英国道德学家一直坚持认为伦理判断的恰当主题是欲望和感情而不是行为；而且，在对常识道德的系统反思表明了准确而满意地确定外部行为的正当性和错误性的困难后，回过来考察这种观点将是十分自然的。

为避免混淆，应当指出“动机”这个词通常被使用时的两种方式。人们有时用它指一项行为的为行为者意欲实现的那些被预见到的后果；有时用它指欲望，或意识的冲动本身。由于当冲动不同时这两种意义所指的对象必然有所区别，它们也以某种方式相互对应。但是就我们目前的目的来说，我们采取后一种意义更为方便。
363 这是因为，在控制、抵制、放纵不同冲动的过程中，我们在实践上所

要对付的是我们自己的冲动，因此我们关心的主要是这些冲动的伦 363
理价值。而且，我们还常常发现两种在任何心理学词表中都区别很大的冲动指向一个实质上相同的——虽然是从不同视角看待的——目的。例如，欲望和合理自爱都可以驱使一个人去寻求一种具体的感官满足，虽然在合理自爱是动机时这种满足被视作从属于快乐的一般概念并构成一定量的幸福。所以在这一章中，我将用动机指对于据信可作为我们的意愿行为的结果而获得的特定结果的欲望，我们正是被这些欲望引发着意欲作出那些行为的。[①]

在考察一种综合性的动机比较的伦理学结论时，首先要指出的一点是：我们常常认为，内心冲突的问题不是发生于好动机和坏动

① 格林在他的《伦理学引论》的第 2 编第 1 章和第 2 章中，对“动机，即那种我们应当据以确定道德的或属人的行为的优点的动机”持着一种独特的观点。他强调，我们必须把这类动机区别于“人们意识到的单纯诱惑”意义上的欲望，它们由“人的自我对于这些欲望的反应，以及它的将自身与其中之一相等同的统觉构成”。事实上，“自我意识到的自我去实现一种目标的倾向”——我将称之为一种意志行为——也就是格林用“作为可谴责的人类行为的原则和概念的欲望”所指称的现象。

我觉得术语的这种使用方法是不方便的，它所包含的心理学分析也在很大程度上是错误的。我承认在某些简单的选择场合，在所展现的选择对象都各有一种单独的明确的欲望时，如果人们说，当行为者在意欲一项他被其中的某一种欲望引发着去做出的行为时，他是在“把他自身等同于那种欲望”，这从心理学方面来看并非不正确。但是在较为复杂的选择场合，这一术语就似乎不正确，因为它抹杀了我们通常习惯地区别为“欲望”和意志的这两类心理现象的重要区别。首先，前已指出（本编第 1 章第 2 节），常常有这样的情形：意志行为的某些后果虽然被行为者预见到了，并且作为被预见到的后果也**被**他们**意欲**和——在某种意义上——**选择**，但它们却根本不是他的欲望的对象，甚至还可能是他的反感的对象；当然，这种反感已被他对同一行为的其他后果的欲望克服。第二，从伦理学观点来看，尤其重要的是指出下述事实：在因一项慎思行为的所预见的复杂后果而产生的各种欲望与反感中，常常存在这样一些冲动，我们非但不把自身与它们等同，而且甚至试图尽可能地压抑它们，虽然由于它们不可能完全被压抑，——尤其当我们在做它们所引发的行为时——我们不能说它们不起动机的作用。

364 机之间，而是发生于比较好的和不那么好的动机之间，以及比较值得尊敬的或高尚的和不那么值得尊敬的或高尚的动机之间的。我们通常判定为内在地坏的（如果有的话）唯一动机——撇开它的背景不谈——是恶毒感情，即对其他某个有感觉的存在物施加痛苦或伤害的欲望（无论它是如何产生的）。而且反思还表明（就像我们在本编第八章中看到的）：常识并不把这种冲动宣布为绝对地坏的。因为，我们通常承认“合理的不满”和“正当的义愤”的存在；虽然道德学家力图区别“针对行为的”气愤和“针对行为者的”气愤，以及区别施加痛苦于他人的冲动和对能从这一行为中获得的厌恶性快乐的欲望，我们仍然怀疑普通人是否内在地有能力在实践上作出这些区分。至少是，除了慎思的恶毒之外，常识不把别的动机谴责为绝对坏的。我们通常用“指责的”语言谈到的其他动机更恰当地说似乎是（用边沁的话说）“诱惑的”而不是坏的。就是说，它们以极大的力量和极高的频率引诱人们去作被禁止的行为，但是当我们仔细考察时，我们发现存在某种界限，无论多么狭窄，它们的引诱只在这界限内才合理。

所以，我们得到了这样一种直觉性的知识：我们的常识判断似乎意味着不同种类的动机有不同程度的善性。问题在于：经过反思之后，这种直觉性的知识在何种程度上仍然满足上一章中所提出的条件？我在前面[①]已经证明：把这种**动机**的比较看作我们常识道德判断的正常形式是不正确的，同时，把它看作这类判断的原初形式也没有什么根据。我认为，在人的——个人的和种族的——道德

① 参见本编上文第 1 章第 2 节。

意识的正常发展中，道德判断首先是对外部行为的，动机直到后来
才被明确考虑，正如对自然对象的外在性的认识先于反省一样。同
时，按照我的观点，我们也不能由此推断动机的比较不是最终的、
最完善的道德判断。它可以通过它所产生的结论的体系上的明确 365
性和一致性，——当它们为不同思想家们独立地追求时——以及通
过它避免了直觉方法的其他形式似乎面临着的那些困惑和困难这
一事实，来证明自己是这样一类道德判断。

然而，基于考察我们发现：一方面，当我们试图把各种动机按照它们的优劣程度排列为一个动机表时，许多（如果不是全部）在前面对公认的行为原则的讨论中出现过的困难又以一种不同形式出现；另一方面，这种排列结构也提出了一些特殊的困难，而且，与有关外在行为的正当性的那些困难相比，解决这种困难的尝试也使直觉的道德学家们陷入了更大、更根本的分歧。

2. 首先，我们不得不确定：我们是否应当把道德情操，或对于具体的有德性的行为本身的冲动，例如坦率、诚实、坚忍，列入我们的动机表。排除它们似乎没什么道理，因为我们在大多数有良好教养的心灵中都可以观察到这类情操，它们是一些独特的、独立的冲动，而且我们有时承认它们以相当强烈的形式存在着，例如当我们说一个人“极其勇敢”“极其诚实”，或“有一种主持公道的激情”时。与此同时，把它们列入我们的动机表又会使我们陷入下述两难处境之中。或者我们把这些冲动的对象视为被我们一直在考察的这几个概念观念地再现的。在这种情况下，当我们确定了何种冲动比其他冲动更好之后，在我们能够按照这种选择去行动之前，我们在前几章中提出的那些困惑就会再次出现。因为，如果我们不知道怎

么做才是公正的，我们根据什么承认主持公道的冲动具有至上地位呢？或者我们把道德情操引发我们去实现的对象设想为是更简单的东西，并撇开对常识的全面反思迫使我们承认的那些限定。在这种情况下，正如前面的考察所表明的，我们将肯定找不到有关这种冲动和其他冲动间的关系的一致意见。例如，当诚实似乎或者与普遍
366 善，或者与某个具体人的利益相抵牾时，亦即，当它与“具体的”或“普遍的”仁爱相冲突时，在我们该不该按照讲真话的冲动去做的问题上就不可避免地会产生争论。哈奇森明确地把“具体的”或“普遍的”仁爱冲动置于比“坦率、诚实、坚忍”更高的地位，坚持把最高的道德赞誉留给“最广泛的仁爱”或“对所有人的平静的、稳定的、普遍的善意”。[①] 但是，这种实际上与功利主义一致的观点当然会受到大多数直觉的道德学家的非难。而且在这些道德学家之中，有些人（如康德）还把所有不是出自对义务或正当行为本身的纯粹关心的行为视为坏的（或不好的）。尽管哈奇森——他代表着直觉的伦理学的另一极端——同样把对德性的爱区别为一种单独的冲动，但是他马上又把这种爱看作在地位上与普遍仁爱相等同，在效果上与之相吻合的。

同样，道德学家们也在估价自爱的伦理价值方面存在广泛的分歧。巴特勒把它看作两个优先的、自然地具有权威性的冲动之一（另一个是良心），他甚至在前面引证过的一段话中承认：如果这两者会相互抵牾，良心应当服从于自爱。另一些道德学家（以及巴特

① 哈奇森：《道德哲学体系》（*System of Moral Philosophy*），第1编第4章第10节。

勒在某处的阐述[①])则似乎把自爱视为属于审慎一类的德性冲动，虽然在这些冲动之中他们把自爱排得比较低，并且一当存在冲突时就使它服从于更高的德性。还有一些道德学家则把自爱完全排除于德性之外。例如康德在他的一部著作[②]中说：自爱的目的，即一个人自己的幸福，不可能成为道德理性的一个目的；德性存在于理性意志之中，而理性意志的力量始终展示在对自然的利己冲动的抵制之中。

马蒂诺博士(Dr. Martineau)——我马上将考察他的体系的基础——否认任何德性的冲动存在，只承认"在每个"动机冲突的场合中"对相互冲突的行为动机中的最好的动机的偏爱"，力图以这种方法来避开上面指出的某些困难。他说，"我不能承认对德性(对坦率、诚实、坚忍)的爱或德性本身，因为那么多的其他冲动都产生于这些道德性的冲突。我决不为了坦率而承认过失……除非我是个道学先生，否则我决不想让坦率成为或将成为我的属性。"[③] 367
然而，我不知道马蒂诺博士真是想否认有人能从实现坦率或坚忍的理想的良心愿望出发而行动，还是只想表达对这类人的非难。在前一种意义上，他的陈述在我看来是一个背离日常经验的心理学悖论；在后一种意义上，它似乎是一个伦理学悖论，并且提供了我所考察的有关在动机地位上的对立判断的生动例证。

① 见《对比》的附录："关于德性本质的演讲"。

② 《伦理学的形而上学原理》。但是应当指出：康德在《纯粹理性批判》中已简单阐述的这一观点与巴特勒的观点有许多相近之处。

③ 马蒂诺：《伦理学理论类型》(*Types of Ethical Theory*)，第2版，第2卷第284页。

3. 但是，即使我们把道德情操和自爱放到一边，我们也仍然不能形成一个大致能为人们——甚至有教养、有头脑的人们——明确同意的、按优劣程度排列的动机表。诚然，我们似乎普遍同意肉体欲望低于仁爱感情和理智的欲望，也许还普遍同意主要指向个人福利的冲动低于我们界定为有关外物的或无利害的冲动。但是，这种看法除了提出几条模糊的陈述外，很难再提供别的东西。例如，当我们把私人感情同对知识的或对美的爱，或者同对某种理想的激情相互比较时，许多怀疑和歧见就会显露出来。的确，在从其自身考察的仁爱感情的相对地位的问题上，我们很难达成一致意见。有些
368 人可能偏爱那种较为强烈、然而也较为狭窄的仁爱感情；另一些人则可能把较为平静、较为宽泛的仁爱感情置于最高地位。又如，我们已经看到[①]，爱是一种复杂情感，而且常常除了对被爱者的善或幸福的欲望之外，还包含着对某种融洽或亲密关系的欲望。有些人可能认为前一种因素愈突出，这种爱就愈强烈；另一些人则可能认为后者至少对于最高的爱同等重要。

再如，我们还可以指出，对名望的爱作为一种重要的和广泛起作用的动机，也会被不同的人赋以不同的地位。有些人可能把这种"的确提高着精神的刺激"置于仅次于道德情操的最高级的冲动之列：另一些人则认为把自己的幸福建立于公众口味之上是耻辱的。

其次，我们愈沉思先于意志活动的现实动机，就愈发现动机的复杂性是普遍的情况而不只是例外，至少在有教养的人们那里是这样。即使假定我们对基本冲动的相对价值有一种明确的观点，不同

① 参见本编上文第 4 章第 2 节。

冲动的组合也将使我们在所需要确定的原则方面陷入根本性的困惑。因为，这种组合一般都同时包含着较高尚的动机和较为低劣的动机，而我们很难排除后者。这是因为，——前已指出——尽管我们常常可以靠强力抵制来压抑并排除一种动机，但我们在做着它引发的行为时似乎无法就排除它。那么，假定我们被一种高尚的和低劣的动机的组合推向一个方向，又被一种居间的冲动推向另一方向，我们如何决定应遵循哪一个方向呢？这种情况绝非罕有。例如，一个受到伤害者可能为一种宽恕其伤害者的怜悯冲动驱使，也可能为一种对公正的关心和一种复仇的欲望共同推动着去实施惩罚。又如，一个持自由观点的犹太人可能为一种勿激起朋友反感的欲望驱动而不吃猪肉，也可能为一种夹杂着对猪肉的嗜好的表现真正的宗教自由的欲望驱使而吃猪肉，当此情况之下，我们应如何作决定？显然，如果有人说，我们应当比较不同动机的相对强度并相应地作决定，这将无所裨益：对我们的动机作定性分析在某种范围内是可能的，然而这种决定所需要的定量分析却不是我们力所能及的。

但是我认为，即使撇开这种产生于动机的复杂性的困难，我们也不可能赋予每种不同动机以明确的、稳定的伦理学价值，除非我 369
们诉诸于这种动机所由产生的具体环境，诉诸于它所要求的放纵程度，以及这种放纵在某种具体场合可能引起的后果。我可以方便地借助于马蒂诺博士[①]拟出的依优劣程度排列的下述行为动机表，来具体地说明这一点。

① 《伦理学理论类型》，第2卷第266页。马蒂诺博士解释说：主要的合成的动机在表中所处的位置取决于其合成形式可能使它们发生的变化。

最低动机

1. 派生的激情：刻薄、恶毒、多疑。

2. 派生的肉体嗜好：对闲适和感官快乐的爱。

3. 基本肉体嗜好：欲望。

4. 基本身体嗜好：自发性活动（非选择性的）。

5. 对获得的爱（经反思而派生于欲望的）。

6. 派生的感情（对同情的情感上的依恋）。

7. 基本激情：反感、恐惧、不满。

8. 原动力：对权力的爱，或抱负；对自由的爱。

9. 派生的情操：对文化的爱。

10. 基本情操：遐想和崇敬。

11. 基本感情：对父母的和对社会的；以及慷慨与感激（大致位于此）。

12. 基本感情：怜悯。

13. 基本情操：虔诚。

最高动机

这个动机表在我看来似乎会受到许多非难，包括从心理学观点和从伦理学观点提出的非难。[①] 但是，即使它普遍地合乎人们对不同动机的不同地位的通常看法，如果我们不诉诸于环境与后果，断言人们总是宁取高一级的动机而摈弃低一级的动机，也似乎是极其

① 例如，我可以问：为什么“激情”被排得这么低？为什么性感情被略去了？遐想被当作一种明确的动机是否恰当？把“刻薄”与“恶毒”共列于“最低级的激情”是否妥当？等等。

自相矛盾的。如果“良心对每一个人说，‘等到你饿时再去吃，等到你不再饿时就别再吃’”，这并不是——我冒昧地设想——因为“调节权明确地属于相对于其派生需要的基本本能需要”，而是因为 370
经验已经表明：如果我们不是为满足食欲而进食而是追求口味的满足，那么一般说这是有害于身体健康的；良心也正是有鉴于这样一种危险才发出上述告诫的。如果我们谴责“一位在雾中令船陷入危境的船长，说他由于懒惰和贪图闲适而忘记了减速，忘记了注意船位周围的环境和拉汽笛”，这不是因为我们直觉地看出恐惧是一种比对闲适的爱更高的动机，而是因为我们认为他所忽视的后果比他所得到的满足重要得多。如果我们举一个审慎并不那样支持恐惧的例子，我们的判断当然就会不同。

毋宁说，常识的观点是：大多数自然冲动都有其适用范围，在这个范围之内它们将正常地发挥作用。因而，对于一种较高动机是否会屈从于一种较低动机的问题，我们不能按照马蒂诺博士采用的那种泛泛的方式来回答。正确的回答必然依赖于产生冲突的具体条件和环境。我们认识到：一种我们通常看得较高的动机可能误入属于一种我们看得较低的动机的范围，正如较低的动机可能侵犯较高动机的范围一样。只是因为前一种侵犯的危险小一些，它才自然而然地属于具有实践目的的伦理学讨论和规劝的背景范围。如果我们考虑到下述事实，即随着一个道德当事人的品性的提高，我们看得“较高”的动机也还会发展，以致它们的正常作用范围会扩大，而“较低的”动机的范围则会缩小，问题就会变得更为复杂。所以，在道德调节和道德文化——就它们与动机有关而言——方面存在着两个不同的目标：(1)把“较低的”动机保持在其作用总起来看是合

理的和善的那个限度之内，如果我们不能以一种较高的动机的同等有效作用代替它的话；以及在此同时(2)逐步以“较高的”动机代替“较低的”动机——就这样做没有危险而言——直至达到一个我们不能明确地确定，但大致认为不能完全排除较低动机的限度为止。

371　我可以举前面谈到过的不满激情为例：我认为，反思的常识观点在于：只要恶毒冲动严格地止于反对邪恶和辅助公正的限度之内，它就在现实地构成了的人类社会生活中有一合理的活动范围。因此，压抑它可能是极其有害的，除非我们能同时加强普通人对公正和社会福利的关心，从而引发人们惩罚犯罪的动机的总强度不致减弱。诚然，如巴特勒所说，人们“最好是”从较高的动机而不是从不满激情来压抑恶，但是除非依靠一种缓慢的、日积月累的品性改进过程，否则我们便不能寄希望于在人们中间普遍发生这种变化。因而，假如在马蒂诺博士的表中居于仅次于虔诚的最高位的“怜悯”与居于中位的“不满”发生冲突，这决不意味着怜悯普遍地优于不满。毋宁说，我们应当——和巴特勒一道——把不满视为“对怜悯的弱点”的有益“补充”。因为，如果不满被排除了，怜悯的这种弱点就可能妨碍公正的仲裁。

或者，我们再举马蒂诺博士的表中近乎位居最低的(属于那些于尚未受谴责的动机之列的)“对闲适和感官快乐的爱”为例。诚然，这种冲动，或这一组冲动，不断引诱人们逃避或敷衍他们的严格义务，或引诱他们以某种不甚明确的方式降低他们的行为理想，因而牧师们和实践的道德学家们一般都主张压抑它。然而，常识无疑承认这样的情况：在这里，甚至这种冲动也压倒了在马蒂诺博士的表中位居它之上的那些冲动。我们常常发现人们被引发着——譬

如被“对获得的爱”引发着——去不适当地缩短娱乐时间；而当在这类情形下产生了动机间的冲突时，我们总是认为应当让“对闲适和快乐的爱”取胜，并阻止“对获得的爱”的越位。

然而，我并不认为这两个例子中的动机冲突仅止于我所描述的 372
程度。我认为，虽然冲突开始时是不满与怜悯，或对闲适的爱和对获得的爱之间的冲突，但是冲突不会只在这个范围内得到解决。更高的动机不可避免地会卷进来：对公正和社会福利的关心会站在不满一边，对健康和最终的工作效率的关心会站在对闲适的爱一边；如果要正确地和令我们满意地解决这类冲突，就应当由这些更高的动机来作最终仲裁。如果这种冲突是严肃的并且对它的解决是认真的话，在我所举的例子中情况就只能如此。这一点也构成我对马蒂诺博士所制订的动机表的下述看法的最终理由，即我认为这样一个按照动机的道德地位制订的动机表永远只能具有一种派生性的伦理学意义。我也承认：这个动机表可以粗略而一般地告诉我们，哪几种欲望我们在日常生活中适宜去鼓励和满足，哪几种欲望通常会同它们竞争和冲突；而且，我们也可以大致地运用这种知识去处理某些相对琐细的动机冲突，即由我们日常生活中的需要、习惯、利益及伴随着它们的情感的变化不断引起的动机冲突。但是，一旦提出了一个严肃的行为问题，我就不可能靠对在最高动机之下的那些动机作比较来从道德上解决它；我就认为必须把这个问题提交我们视为有最高仲裁权威的那种动机——无论它是何者——来裁决。所以，有最终决定意义的比较不是根本相互冲突的较低动机之间的比较，而是这两种较低动机分别引发的行为方案的效果之间的比较。而且，这些效果需要联系于我们视为终极目的或合理行为目的

东西来加以考察。我认为，这不仅是功利主义者的正常的道德反思过程，而且是所有追随巴特勒的人们——他们与巴特勒一道认为：我们的激情与嗜好自然地构成一种“体系或结构”，在这种体系之中，较低动机的目的或作为某些主导动机的目的的手段而服从于它们，或作为这些更广泛的目的的组成部分而被蕴涵于其中——的正常的道德反思过程。

第十三章　哲学的直觉主义 373

1. 那么，难道对我们的常识的道德思考作更广泛、更深入的考察也不可能达到真正的伦理学公理，即具有真正的明确性和确定性的直觉性命题吗？

这个问题把我们带入了对直觉办法的第三阶段——我们称之为哲学的直觉主义——的考察。[①] 因为，我们认为哲学家的目的本身不是界定和陈述人类的常识的道德意见，而是作更多的事。他的功能是告诉人们他们应当想些什么，而不是他们在想些什么。我们期待他通过他的假设来超越常识，也允许他得出与常识相反的结论。诚然，这种偏离只能在一定的限度——虽然不明确——之内：哲学家的前提的真实性始终要由其结论的可接受性来检验。如果在某个重要之点上他公然与常识意见相抵牾，他的方法就可能被宣布为无效。然而，虽然我们期待他阐明普遍接受的主要道德规则并把它们彼此联系起来，他并没有义务把它们作为构建他自己的体系的基础。我们应当期待的毋宁是：道德哲学的历史将是——至少就那些我们可称为正统思想家的人们而言——以充分的广度与明确性阐发那些基本的理性直觉的尝试的历史，通过对这些理性直觉的科学运 374

① 参见上文第 1 编第 8 章第 4 节。

用，人类常识的道德思考可以马上得到纠正和被系统化。

这种期望也是在一定范围内实现了的。但是道德哲学，或应用于道德的哲学，还接受了一些别的任务，这些任务甚至比剖析义务的基本原则的任务更为困难。尤其是在现代，道德哲学承认了揭示义务与利益——即与每一场合中的义务承担者的幸福或福利——的和谐关系的必要性。道德哲学还把确定一般的正当或善同现存世界的关系作为自己的任务，要令人满意地完成这个任务，它就必须对恶的存在作出充分的解释。道德哲学还讨论了有关我们的义务概念的“天生性”，以及有关产生这些概念的能力的起源的问题，这些问题在我看来具有心理学的意义而不是伦理学的意义。由于把精力放在这些困难的问题上，而且这其中的每个问题又以各种方式同对基本道德直觉的讨论交织在一起，哲学家们已慢慢地满足于接受默认了整个常识道德的伦理学陈述而忽略它的缺陷，并且仅仅表达了一种对于这种道德同个人心灵或同现实世界的关系的观点。他们也许还担心，如果他们给自己和读者们提出一个过于严格的科学性的标准，他们将得不到“普遍的同意”（我们已经看到，这不是没有根据的），这种担心也阻碍了他们向前跨进一步。不过，尽管有所有这些倒退，我们发现哲学家们还是给我们提供了大量的综合性的道德命题，他们把这些命题作为明确的自明的命题进行了阐发，以致看上去我们完全可以接受它们，并把它们用作科学道德的首要原则。

2. 但是在这里，我们似乎需要加以小心：谨防虚假的公理。虽然我们在前几章也同样应当小心，但是在目前的讨论中尤其需要强调它。这是因为，这类假公理很容易引诱在真诚地寻求对实践规则

的哲学综合的心灵接受它们，也很容易以某一诱人的具有明确的自明性的方面欺骗易上当者。有些原则之所以看上去是确定的和自 375
明的，是因为它们是同义反复。就是说，一旦仔细地考察它们，我们就发现，它们不过是在断言做——在某一生活领域，在某些环境与条件下——可以正当地去做的事是正当的。道德哲学史上的一个重要教训就是，在这一领域中，甚至极有能力的学者都有可能默认这类同义反复。它们有时被扩展为循环推理，有时则被隐含于一个不明确的概念之中。然而它们又如此地显然，以致一旦它们被揭穿，人们就简直不能理解，它们何以能一直被视为重要的命题。

为举例说明这一点，我们来讨论那些历史悠久而一直受人们推崇的基本德性。如果我们被告知：智慧和节制的命令可以被概括为两个清晰而确定的原则，并且这两个原则可被分别陈述为

(1)合理的行动是正当的，

(2)我们本性中较低级的部分受较高级的部分支配是正当的，

我们最初就不会感到没有获得有价值的知识。但是，当我们发现(参见上文第九章第三节)“合理地行动”不过是“做我们看出是正当的事”的另一种说法，并且，我们本性中的“较高级的部分”——其他部分应当服从的那个部分——被解释为“理性”，因而“有节制的行动”其实就是“合理地行动”加上非理性的冲动应得到抵制这一特殊条件，我们的“原则”的同义反复性质便一清二楚了。与此相似，当人们要我们把“我们应当给每个人以他自有之物”当作公正的原则接受下来时，这个定义表面上也是有道理的，直到我们看出我们只能把“他自有之物”界定为“他可以正当地占有的东西”时，我们才会改变这种看法。

上面引用的这些定义可以在一些现代作者们那里找到，但是值得提到是：在整个古希腊的伦理思考[①]中，如果这类普遍陈述——它们表现为有关德性和好行为的陈述——被理解为对有待解决的问
376 题的定义，而不是解决问题的尝试，它们就似乎始终是一些只能以同义反复来证明的命题。例如，作为建设性的道德学家，柏拉图和亚里士多德似乎提供了苏格拉底断言不存在的伦理学方面的科学知识，即有关人生的善恶的知识。而且，他们似乎都认为，能够在具体的人生和社会中实现的善主要是德性或（像亚里士多德更准确地说明的）德性的**运用**，所以伦理科学的实践部分必然主要由德性的知识构成。然而，如果我们问：我们如何弄清何种行为可被恰当地称为德性的，那么柏拉图似乎只能告诉我们：德性的行为由两种东西构成，即（1）对特定环境和关系下的好行为的知识，以及（2）人的欲望本性的不同因素之间的完美和谐——这种和谐令这些欲望因素产生的冲动总能符合于这种知识。但是，我们所期待于他的正是提供给我们这种知识（或至少是它的原则和方法）本身，仅仅向我们解释我们在哪些不同情况下需要这种知识是不能满足我们的期望的。同样，当亚里士多德只告诉我们应当在不同种类的恶中找到行为的善时，他也没有使我们更接近于这种知识。这种说法至多只能表明德性**表现于何处**，而不能给我们提供一种确定它的方法。

① 我充分地意识到古希腊伦理思想的特殊意义与价值。实际上，在本书的很大一部分篇幅中，柏拉图和亚里士多德对我在这一问题上的阐述具有比任何一位现代作者都更大的影响。但是，我在这里仅仅考察古代体系宣称提供了的确定正当行为的一般原则的价值。

对于斯多葛派的体系[①]，例如由芝诺和克吕西波建立的体系，根据像普鲁泰克这样的论敌，以及像西塞罗、第欧根尼·拉尔修和斯托贝这样的半明白的阐释者对于它的描述，明确地作这样一个结论也许是不公平的。但是，就我们所能判断的而言，我们必须说对于 377
它的一般原则的阐释是一种复杂的循环推理，它不断地引导着思考者表面地接近实践上的结论，又不断地引导他回到他的出发点上。

斯多葛派的最典型的一般陈述是宣称“按照自然生活”是行为的终极目的。维系着这种生活的动机在植物那里是一种完全无感觉的冲动；在动物那里是伴随着感觉的冲动；在人那里则是他身上的自然地优于所有单纯盲目的非理性冲动的理性的指导。那么理性指导些什么呢？“按照自然生活”就是一个答案，所以我们得到的是对伦理学教义的最简单的循环解释。然而，有时我们被告知说，把我们引入前已指出的柏拉图和亚里士多德的哲学的循环论证之中的又恰恰是“按照德性生活”，因为斯多葛派仅仅把德性界定为对不同环境和关系中的善恶的知识。的确，这后一种循环在斯多葛派那里还更为清晰和完善了。因为，在柏拉图和亚里士多德那里，德性不是用于人生的善概念的**唯一**内容，而只是**它的**主要内容，然而在斯多葛派的观点中，这两个概念是绝对重合的。因此结论就是：德性是关于善是什么，关于应当追求或选择什么，以及关于恶是什么，关于应当躲避或拒绝什么的知识；与此同时，除了德性或恶性之外，没有任何东西是善的因而值得去追求，或是恶的因而应

① 以下的评论不大适用于**后期**斯多葛派——尤其是我们从塞涅卡和马可·奥勒留的著作中直接了解的罗马斯多葛派。在这一学派中，个人对于一般人类的关系比在早期斯多葛派那里更为重要。

当去阻止的东西。但是，如果德性被以这种方式宣布为一种除自身外别无对象的学问，这个概念就必然是毫无实际内容的。因而，为了避免这一结论并把他们的体系同常识调和起来，斯多葛派解释说，在人生之中还有其它一些值得选择的——虽然严格地说不是善的——事物，其中包括人的正常冲动的基本对象。那么，当我们的冲动相互抵牾或游移不定时，我们当依据何种原则选择这些对象呢？如果我们能得到对这一问题的回答的话，我们就终于获得了某种实际的内容。但是在这里，斯多葛派仍然提供不出一般的答案，
378 而只能或者回答说我们应当选择合理的东西，或者回答说我们应当按照合乎自然的方式行动。显然，这两种回答都从不同的地方把我们带回到原来的圆圈之中。[①]

按照巴特勒对斯多葛派的陈述的用法，这种循环推理看上去被避免了。但是，也只有当正当行为的内在的合理性被否认或被贬低了的时候，这种循环推理才能被避免。巴特勒同他的论敌一样认为按照自然生活是合理的，并且证明良心或给心灵施加道德规则的能力自然地是人身上的最高本性，因而服从良心是合理的。但是，良心阐明的规则难道不是仅仅作为人为的权威的命令，而不是作为自身就合理的东西，才为我们所知吗？这种看法将赋予某人的可能未

① 应当指出：在确定外部义务的具体内容时，斯多葛派也在某种范围内以一种不同的方式使用“自然”概念。他们努力地调整手段，使之适合于展示在有机世界中的目的，试图通过这一复杂的活动来找出指导性的原则。但是，由于按照他们的观点整个世界进程既是完善的，又完全是先定的，他们就不可能从对现实存在的观察中得到关于选择和拒绝某些行为的清晰一致的原则。事实上，他们的最典型的实践准则表现了一种奇特的冲突，即接受因习惯而是“自然的”东西的倾向与拒绝因人为性而是不合理的东西的倾向之间的冲突。

开化的良心以十分危险的绝对权威。巴特勒极其小心地避免这种结论。事实上，他在《对比》一书的许多地方[①]，明确采取了克拉克的学说，即真正的道德规则是内在地合理的。但是，如果良心终究是被运用于实践的理性，那么巴特勒的论点似乎就又回到了那个古老的循环："按照自然生活是合理的，按照理性生活是合乎自然的。"

在下一章中，我将不得不讨论另外一种逻辑循环论证，一种如果我们在描述任何特殊德性时诉诸于善或完善——当事人自己的或他人的——如果我们在解释善或完善时允许自己使用一般德性概念（人们通常认为德性概念是善和完善观念中的重要因素），我们就容易陷入的逻辑循环。到目前为止，我也许已经相当充分地说明了困扰着伦理学学习者的一个最重要的危险。这种危险就是：为了避免

流行的道德意见的不明确性、歧义性和明显的人为性，伦理学学习 379
者很可能把一些无可争议的然而是同义反复的和没有意义的原则作为庇护所。

3. 那么，在伦理学探索的这种进退维谷的境地——我们一方面要避免仅仅把我们带回极其不完善的常识的理论，另一方面又要避免把我们引向一种循环的理论——中，我们能够找到通向真正有意义的自明的道德原则的路径吗？常识的直觉强烈地表明着这类原则的存在，一大批阐述过这类原则的道德学家也对之抱着慎思的信念，如果我们不得不说这种直觉和这些信念都是虚幻的，这可能是令人失望的。然而与此同时，我们愈是扩展我们关于人及其环境的知识，愈是意识到已存在于不同时代、不同国家的人类本性与环

① 参见《对比》第2部分第1章和第8章。

境的巨大差别，我们就愈不相信存在着一无例外地适用于所有人类的明确的绝对准则。我认为，我们将发现真理存在于这两种结论之间。有些绝对的实践原则的真理性——当它们被明确地陈述时——是自明的，但它们又在性质上太抽象，在范围上太狭小，以致我们不能直接地用它们来弄清我们在具体场合中应当做些什么，而仍然需要通过某种其他方法来确定这些具体的义务。

在本编第一章第三节中我已经举出一个这样的原则，在那里我指出，无论我们中间的任何一个人把何种行为判定为对他而言是正当的，他就隐含地把他判定为对所有处于类似情况下的类似的人都是正当的。换言之，“如果我作出一项行为是正当的（或错误的），而另一个人作出这项行为却是不正当的（或不错误的），其理由必定是这两个例子中的情况存在某种差别，而不是我和他是不同的人。”

在应当**对**——而不是**由**——不同的人做些什么的问题上，我们也可以提出与此相应的具有同等真实性的命题。这些原则一直得到人们的最广泛承认，但不是在它们的最抽象、最普遍的意义上，而是在它们对于两个（或更多的）类似地相互联系着的人的情况的特殊意义上。当它们被这样运用时，它们体现在人们喜欢称为“黄金规则”的准则之中；这条准则就是：“对人家做你愿意人家对你做的事。”这条准则在陈述上显然不正确，因为一个人也许会希望另一个
380 人帮他干坏事，并且也愿意回报这种合作。甚至“我们应当只对人家做我们认为人家可以正当地对我们做的事”这种说法也不真实，因为谁都不否认：两个人——甲与乙——的环境上甚至本性上可能存在一些差别，以致乙对甲那样做是正当的，而甲对乙那样做就不正当。简言之，如果要严格地表述这条自明的原则，它就必须采取

下述否定的形式:“仅仅由于甲和乙是两个不同的人,而不是因为他们的本性或境况中存在差别,并且这种差别可以作为对他们作区别对待的理由,甲对待乙的这样一种方式不可能是正当的,如果乙以这种方式对待甲可能是错误的话。”显然,这样一条原则不能提供全面的指导。事实上,严格地说,它的作用仅仅是要一个将己所不欲施于他人的人对自己的作为作出解释。但是常识已经充分地承认了这条准则的实践意义,而且它的真实性——就本身而言——在我看来也是自明的。

在对法律或(按照我们的称法)“公正”的日常管理中,我们也以略有不同的方式运用着“类似个人应受类似对待”的基本原则。相应地,在本编第五章第一节中,我已经研究了“在运用一般原则方面的无偏袒性”,并把它当作常识的公正概念中的一个重要因素。事实上,除了这个因素之外,没有任何别的因素是我们可以凭直觉而知道具有完善的清晰性和确定性的。然而在这里,这一无偏袒性准则也显然不足以完全确定公正的行为,因为它不能帮助我们决定应当不偏袒地运用的是哪些规则,尽管人们都承认在这种管理中——以及在人们的一般行为中——排除所有意识偏见和“对人的考虑”是重要的。

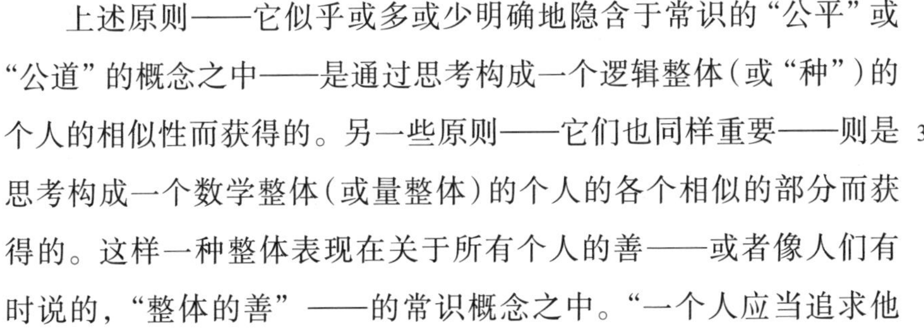

上述原则——它似乎或多或少明确地隐含于常识的“公平”或“公道”的概念之中——是通过思考构成一个逻辑整体(或“种”)的个人的相似性而获得的。另一些原则——它们也同样重要——则是 381
思考构成一个数学整体(或量整体)的个人的各个相似的部分而获得的。这样一种整体表现在关于所有个人的善——或者像人们有时说的,“整体的善”——的常识概念之中。“一个人应当追求他

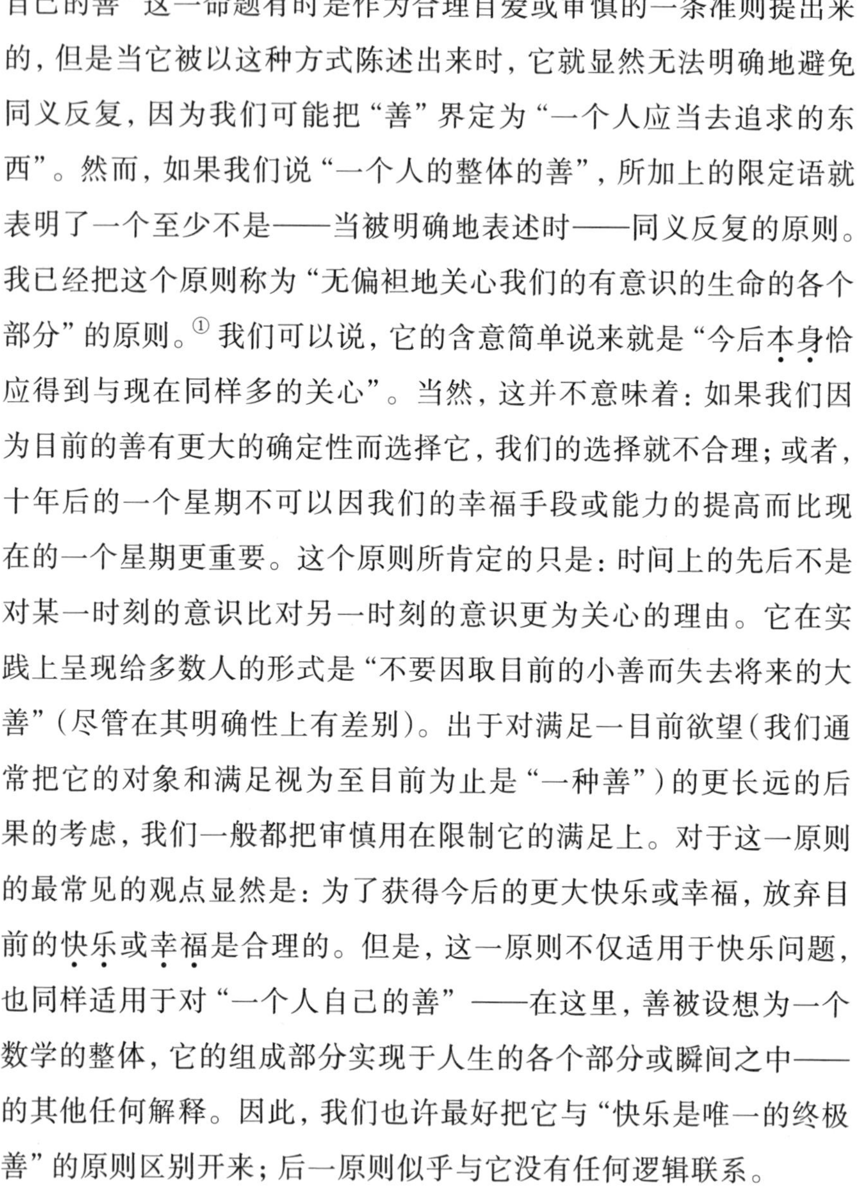

自己的善”这一命题有时是作为合理自爱或审慎的一条准则提出来的，但是当它被以这种方式陈述出来时，它就显然无法明确地避免同义反复，因为我们可能把“善”界定为“一个人应当去追求的东西”。然而，如果我们说“一个人的整体的善”，所加上的限定语就表明了一个至少不是——当被明确地表述时——同义反复的原则。我已经把这个原则称为“无偏袒地关心我们的有意识的生命的各个部分”的原则。[①] 我们可以说，它的含意简单说来就是“今后**本身**恰应得到与现在同样多的关心”。当然，这并不意味着：如果我们因为目前的善有更大的确定性而选择它，我们的选择就不合理；或者，十年后的一个星期不可以因我们的幸福手段或能力的提高而比现在的一个星期更重要。这个原则所肯定的只是：时间上的先后不是对某一时刻的意识比对另一时刻的意识更为关心的理由。它在实践上呈现给多数人的形式是“不要因取目前的小善而失去将来的大善”（尽管在其明确性上有差别）。出于对满足一目前欲望（我们通常把它的对象和满足视为至目前为止是“一种善”）的更长远的后果的考虑，我们一般都把审慎用在限制它的满足上。对于这一原则的最常见的观点显然是：为了获得今后的更大快乐或幸福，放弃目前的**快乐**或**幸福**是合理的。但是，这一原则不仅适用于快乐问题，也同样适用于对“一个人自己的善”——在这里，善被设想为一个数学的整体，它的组成部分实现于人生的各个部分或瞬间之中——的其他任何解释。因此，我们也许最好把它与“快乐是唯一的终极善”的原则区别开来；后一原则似乎与它没有任何逻辑联系。

---

① 参见前文（边码）第 124 页注释。

到目前为止，我们还仅仅考察了单独个人的“整体的善”。但 382
是正如我们可以比较和累积我们意识状态之流中的前后相继的不同的“善”，并通过这种方式形成个人的“整体的善”的概念一样，我们也可以通过比较和累积所有单个人们的——或有感觉的存在物的——善而形成普遍善的概念。而且也像前者中的情况一样，通过考察它的组成部分对于整体的以及它们相互间的关系，我也获得了下述的自明原则：从普遍的观点（如果我能这么说的话）来看，任何一个人的善都不比另一个人的善更重要，除非我们有特殊根据相信在前者身上能比在后者身上实现更多的善。我觉得，作为一个有理性的人，我显然有义务追求普遍善，而不仅仅追求它的一个特殊部分。

从这两种理性直觉中，我们可以推出——作为一个必要的推论——一种抽象形式的仁爱准则，即每个人都在道德上有义务把其他任何一个人的善看得与自己的同等重要，除非他通过公正的观察而判定那个人的善是比他的善更小的，或者是他更没有把握去认识或获得的。我已经指出，常识所承认的仁爱义务似乎缺少这种意义。但是我认为，在解释这种意义时可以公平地强调：**在实践上**，甚至一个抱有普遍善的观点的人都应当主要去提高有限的一部分人的善，并且这种关心一般应当相应于这些人同他的亲密程度。我认为，如果向现代文明社会中的一个“普通人”的良心提出这样一个假设的问题，即如果在某一场合，他追求自己的幸福会使某个其他人的幸福蒙受更大牺牲，并且没有任何第三者能够受益，他追求自己的幸福在道德上是否正当，他就会毫不迟疑地作出否定的回答。

我在上面的讨论中力图表明：在人们通常承认的公正、审慎和合理仁爱的原则中，至少存在一种可以直接凭抽象直觉认识的自明因素，以及这种因素在每一场合都依赖于个人及其目的所体现的部分同其整体的及这些部分同整体的其他部分的关系。在我看
383 来，人们对这些抽象真理都有多少带一些明确性的领悟，这种领悟构成了“基本的道德准则是内在合理的”这一常识信念的持久基础。诚然，这些准则常被与另外一些被习惯和普遍同意赋予了一种自明假象的准则混杂在一起，但是在我看来，只要对它们进行反思，这两类准则之间的区别就会愈来愈清楚。凭着直觉的反思，我知道“我应当讲真话”，“我应当恪守我的允诺”——无论它们多么真实——不是自明的，它们把自身呈现为需要某种合理证明的命题。另一方面，“我不应为目前的小善而牺牲今后的大善”，以及“我不应为我自己的小善而牺牲另一个人的大善”[①] 则的确将自身呈现为自明的，正如“等景相加其和相等”这一类数学公理呈现为自明的一样。

我已在(1)那些反思表明不具有终极效准的道德准则和(2)那些是或含有真正的伦理学公理的道德准则之间划出了一条界限。正是考虑到这种区别的——按照我的观点——基本的、显明的意义，我才从这一研究的开始就避免过深地涉及显明的道德直觉的起源问题。迄今已提出的任何心理学理论都不曾通过下述方式，即表明产生出我视为真正公理的这些命题的那些原因具有令这些命题失

① 为避免误解，我应当指出，我在这些命题中作了这样的假定：人们已经在把未来的善和他人的善判定为更大的善之前，对目前的善与未来的善，以及自己的善和他人的善的各自不同的确定程度作了充分考虑。

去效准的倾向，而宣布这些命题不可信赖。而对于前一类准则，一种心理发生学的证明，即当它们被绝对地、不加限定地视为真实命题时它们就是不可信赖的，在我看来又纯属多余；因为直接的反思已向我们表明它们没有资格要求这一点。另一方面，心理发生学理论也把道德规则表达为——广泛地和一般地说——获得个人和社会的善或福利的手段。就此而言，它显然以一种不同的方法给上述讨论引出的结论提供了一种一般的支持，因为它引导我们把其他道德 384
规则看作从属于审慎和仁爱原则的。[①]

4. 然而，有些道德学家也一直在最真诚地从常识接受的道德准则中寻找真正的实践理性的直觉。如果上一节中提出的结论与他们的理论不在实质内容上相互契合，我就不能那么自信地依赖那些结论。前已指出，[②] 在英国伦理学历史上，早期直觉主义学派在这个方面表现了一种哲学的转向，而不是对休谟的反动所导致的那种转向。在这一派的作者中间，没有人比克拉克 [③] 表现出了更多的寻求真正自明的原则的热忱。在我们对我们的伙伴的行为方面，我发现克拉克也刚好阐述了两条基本的“正当性规则”[④]：第一条他称之为

① 然而有人可能认为：在表现常识道德的这一方面时，心理发生学理论引导我们对“善”或“福利”的概念作了一种特殊的界定：把它当作道德显然自然地倾向于产生的结果。我将在后面（本编第 14 章第 1 节和第 4 编第 4 章）考察这一观点。

② 参见上文第 1 编第 8 章尾注，（边码）第 103、104 页。

③ 在讨论克拉克的体系时，我应当指出，由于他急于表明伦理学真理与数学真理之间的类似（在他之前洛克已经坚持了这一点），他使用术语的方式不甚妥当，并时而使他陷入了直率的夸张。例如，说“一个故意反公正之道而行之的人必定指鹿为马，颠倒黑白”就可能是荒谬的，“关系和比例”或“事物的和谐或不和谐”也不适于用来指代道德直觉的题材。但就眼下的目的而言，我们不必去纠缠这些缺陷。

④ 我略过了克拉克对“有关我们自身的正当性规则”的阐述；因为正如他所指出的，这是一个派生的、从属性的规则。这条规则就是：我们应当**从履行义务的观点出发**

公道，第二条是爱或仁爱。公道规则说：“无论我把另一个人对我作出的何种行为判定为合理的或不合理的，我都通过这一判断宣布
385 了：我**在类似情况**下对他作同样的行为将是合理的或不合理的。”[①] 这条规则显然是对“黄金规则”的准确陈述。对于对“普遍的爱或仁爱”，他作如下述：

“如果善恶之间存在一种自然而必然的差别，并且善的东西是可以和谐地、合理地去做的，恶的东西是不可能合理地去做的；如果选择至善是最和谐、最合理的，那么……每个有理性的创造物就应当在它的范围内和位置上，尽其能力与功能为其同类创造最大的善。而普遍的爱和仁爱显然是达到这一目的的最明确、最直接和最有效的手段。”[②]

在这里，有理性的人有义务追求普遍善这一陈述可能被指责为同义反复，因为克拉克把“善”规定为“可以和谐地、合理地去做的”。但是，克拉克明确认为，每个“有理性的创造物”都能够获得更大些或更小些的善，并且这种善构成了普遍善的一个组成成分。这一看法实际上隐含在他所使用的“为其同类创造最大的善”——或者，像他以另一种方式表达的，“提高他们的福利和幸福”——的常识概念之中。所以他的原则其实就是上面所说过的那个原则，即一个人必须把任何一个其他人的善或幸福当作他合理追求的一个目标，

而保存自我、节制、勤勉，等等。这条规则当然是以已确定了的义务（即终极的和绝对的义务规则）为前提的。我可以指出，克拉克仅仅在我已引述过的一段话〔（边码）第120页〕中间接地承认了审慎或自爱的合理性。

① 《波义耳演讲集》（1705年），等等，第86、87、92页。

② 同上。

正如他自己的类似的善或福利是他的目标一样。

（然而应当指出：普遍仁爱是获得普遍善的正确手段这一命题似乎不是自明的，因为直接地追求这一目的通常不是达到它的最好方法。例如，像合理的自爱一样，合理的仁爱也可以自我限制，可以对自身施加有利于其他冲动的单方压抑。）

在克拉克以后的道德学家中间，康德以其强有力地从道德准则中分离出纯粹理性因素而享有盛名。在我看来，康德的伦理学观点 386
也在相当大的程度上——如果不是完全地——符合于上一节提出的观点。前已指出，他的基本原则是一种“形式的”规则，其意义是：“按照一条你意欲它成为普遍法则的准则行动”；这条规则是——如果得到适当限定[①]的话——我在上节中提出的前一原则的一个直接的推论。我们还发现：当康德转而考察德性行为追求的目的时，他阐明的唯一真正的终极目的就是通常理解的合理仁爱的目标——他人的幸福。[②]他认为：作为一个有理性的人，每个人自明地就有义务追求他人的幸福。实际上，按照他的观点，仅当我把我自己的幸福视为一般人类的幸福的一部分时，追求我自己的幸福对于我才可被陈述为一条义务。我不同意这一陈述的否定方面，因为我赞同巴特勒的说法：“一个人自己的幸福是一条显明的责任”，它不依赖于

① 我认为，康德在运用这条公理时没有把某些限制性因素考虑进来。参见本编第 7 章第 3 节，也见第 4 编第 5 章第 3 节。

② 诚然，康德也把一个人自己的完善当作另一个绝对目的，但是当我们来考察他的完善概念时，我们发现这一概念离开了对其他理性目的——我们正是为了实现这些目的才应当去完善我们自身——的阐述就不是真正确定的。见《伦理学的形而上学原理》第 1 章第 5 节。“一般人的完善……不是别的，它不过是对一个人的满足一般义务要求的能力与意志的培养。”

他同他人的关系。但是，从其肯定的方面来看，康德的结论似乎在很大程度上符合我已经提出的关于合理仁爱的义务的观点，虽然我不尽同意他为得出这一结论而提出的论据。[①]

5. 我现在必须指出——如果这一点对读者说来尚不明显的话——第三节中所阐述的那些自明原则并不专属于我于本书开始就赋予了严格意义（为明确方法间的区别起见）的直觉主义。前已指出，审慎公理是隐含于人们通常接受的合理利己主义中的一条自明原则。[②] 又如，前已陈述过的公正或公道公理——“类似情况类似
387 处理”——也都适用于功利主义，正如它适用于任何通常所说的直觉的体系一样，尽管——按照我的观点——功利主义需要把合理仁爱公理作为一种理性的基础。

与此相应，我发现我通过寻求真正清晰明确的伦理学直觉而达到了功利主义的基本原则。然而，我必须承认：虽然一些现代思想家已经讲授了这种体系，但他们基本上没有通过上述这种步骤明确揭示他们的首要原则的真理性。甚至当我考察由英国最有说服力，大概也最有影响的功利主义的阐述者——J. S. 密尔——提出的“功利原则”的“证明”时，我都十分明显地感觉到用这种步骤来完善其论据的必要性。

密尔是这样开始他的解释的：[③] 虽然“终极目的的问题在证明这个词的日常流行的意义上”是“无需证明的”，在“这个词的更宽泛

① 见本章尾注。

② 我将在本书尾章中表明我对于合理利己主义和合理仁爱的关系的看法；在我看来，这是最深奥的伦理学问题。

③ 《功利主义》，第 1 章第 6、7 页；第 2 章第 16、17 页。

的意义上”它们却需要这种证明。“这个问题”，他说道，是“存在于理性能力的认知范围之内的……可以提出这样一些思考：它们能令理智”接受“功利主义的准则”。他接着说明，他所说的“接受功利主义的准则”是指把“最大的幸福总量”——而不是个人自己的最大幸福——视为“人类活动”的终极“目的”和“道德标准”。按照功利主义观点，提高“最大的幸福总量”是“人类行为的”最高“指导性规则”。然后，当他提出这一规则或准则的“证明”——在上面所解释的广义上——时，他提出了下述论据。“某物是值得欲求的这一说法的唯一可能的证据是人们的确欲求它。……普遍幸福是值得欲求的这一说法的唯一可能的理由是每个人都欲求他自己的幸福——就他相信这种幸福是可以获得的而言。然而，如果这是事实，我们就不仅获得了这一事实包含着的全部证据，而且获得了它

可能需要的全部证据，即幸福是一种善，每个人的幸福是那个人的 388
一种善，因而普遍幸福是个人的总和的一种善。”[①] 然后，密尔又接着向我们证明，快乐且唯有快乐才是所有人实际欲求的东西。

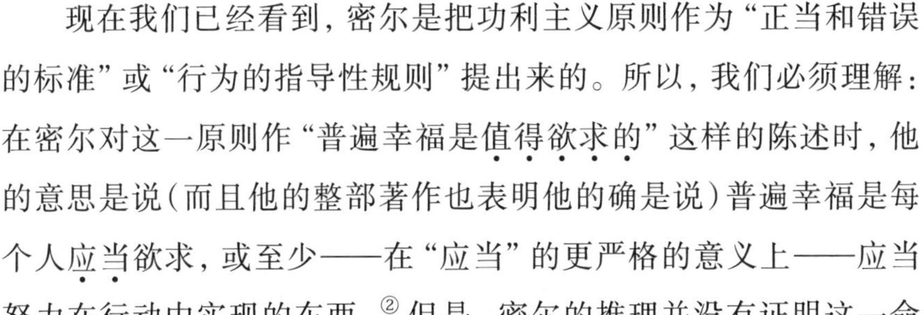

现在我们已经看到，密尔是把功利主义原则作为“正当和错误的标准”或“行为的指导性规则”提出来的。所以，我们必须理解：在密尔对这一原则作“普遍幸福是**值得欲求的**”这样的陈述时，他的意思是说（而且他的整部著作也表明他的确是说）普遍幸福是每个人**应当**欲求，或至少——在“应当”的更严格的意义上——应当努力在行动中实现的东西。[②] 但是，密尔的推理并没有证明这一命

① 《功利主义》，第 4 章第 52、53 页。

② 有人指出，我忽略了密尔在思想上对“值得欲求的”一词的两种意义——(1) 能被欲求的和 (2) 应当被欲求的——的混淆。我希望这一段的开首两句话表明我意识到

题，即使我们可以合理地说实际被欲求的东西就是值得欲求的东西，情况也是这样。因为，即使各种实际的欲望是指向普遍幸福的各个部分的，它们的总和也不构成一种存在于某人身上的对普遍幸福的欲望。密尔当然不会认为，一种不存在于任何个人身上的欲望能够存在于个人的总和之中。而如果不存在对普遍幸福的实际欲望——就这一推理能够成立而言——普遍幸福是值得欲望的这一命题就不能以这种方法得到证明。所以，在密尔表述的论据之中存在一个漏洞；在我看来，这个漏洞只能靠我一直力图揭示为合理仁爱的直觉的那些命题来弥补。

这样，功利主义就被描述为面临寻求真正自明的首要原则的严格压力的直觉主义所采取的最终转变形式。然而，为了在逻辑上完成这一转变，我们还需要把“普遍善”解释为“普遍幸福”。按照我的观点，即使我们从下述心理学事实，即幸福是人们实际欲望的唯一对象，推出只有它才是值得欲求的或善的这一伦理学结论，我们
389 也仍然没有证明这种解释。因为我在本书第一编第四章已经表明：幸福或快乐不是每个人自己实际欲求的唯一对象。我认为，只有采取一种较为间接的推理方法才能恰当地把终极目的和幸福统一起来。我将在下一章中对这种方法进行解释。

注释。——鉴于康德的学说在当前有很大影响，我有必要对他为证明提高他人幸福的义务而提出的论据作一概述，并扼要地说明我何以不认为它们是有说服力的。在某些地方，当康德结合在紧

这一混淆，但我认为就我眼下的目的而言，我没有必要去进一步讨论它。

急情况下人人都有的（他是这样认为的）得到他人的善意帮助的欲望来考察这条义务时，他试图把它阐释为他的基本准则——“按照一条你能够意欲它成为普遍法则的准则行动”——的一个直接推论。诚然，他说道，我们也许可以设想“让每个人都既无外援又无干扰地自生自灭”这样一条普遍法则，但是我们不可能意欲它成为这样一条法则。“决心使它成为这样一条法则的意志可能是自相矛盾的，因为，有这一意志的人可能在许多情况下都需要他人的仁爱与同情”（《道德形而上学基础》第 50 页）。在另一处地方（《伦理学的形而上学原理》，“导言”第 8、30 节）他还更详细地解释了自爱；他认为这种必然存在于每个人身上的自爱含有被他人爱以及当需要时从他人那里得到帮助的欲望。我们必须以这种方式把我们自身构建为他人的一个目的，并且要求他们将促进我们的幸福。同样，按照康德的基本原则，我们也必须承认他们的幸福也是我们的目的。

我不能认为这种推理是真正有说服力的。首先，每一处于贫困中的人都需要他人的帮助是一个康德不能先验地认识的经验命题。我们无疑可以设想这样一个人：他的自立精神和对回报责任的反感可能如此强烈，以致他将宁愿忍受任何匮乏也不接受他人的帮助。但是，即使假定在实际的匮乏中每个人都必然希望得到他人的帮助，一个强者——在他权衡了生活的机遇之后——也会认为他（以及像他这样的人）在一般情况下采取利己主义准则总的来说好处更多，而仁爱则可能给他们带来麻烦而不是好处。

然而，在另一些地方，康德是借助于一个显然不同的论据而达到他的结论的。他强调说，由于理性存在物的所有活动都是为着某

390 种目的的，必定存在某种与前面举出的绝对规则相应的绝对目的：它赋予我们的准则以普遍法则的形式。这种由理性必然地、先验地为所有有关的理性存在物规定的绝对目的只能是理性自身，或理性整体。因为事实上，那条绝对规则所反复告诫我们的就是：在一个理性存在物的世界中，我们应当作为理性存在物而行动，因而按照被设想和领悟为有普遍效准的原则而行动。或者，我们还可以从否定的方面达到同一个结论。因为，人们追求的所有具体目的都是由于存在着指向某种具体对象的冲动才成为这种目的的。我们不能先验地知道某种这类特殊冲动是所有人都具有的，因而我们也不能说追求某种这类特殊对象是理性的绝对命令。如果我们排除所有具体的经验目的，那么，就只存在一个唯一的原则："所有的理性存在物本身都互为目的"；或者像康德有时说的，"人是作为一种内在的目的而存在的。"

于是康德说，就我只限于不干涉他人而言，我不是在肯定地把人当作我的目的，我的目标仍然是自私的，虽然它们严格受到了不干涉他人这一条件的限制。所以，我的行为不真正是德性的，因为德性就展示于并存在于实现与自私冲动相对立的理性目的的努力之中。进一步说，"如果把人视为自身即为目的的观念应当充分影响我的行为"（《道德形而上学基础》，第 59 页），并且我的行为应当是真正有理性的和德性的，"那个自身就是一个目的的主体的目的就必然是我的目的"。

在这里，我同样不能接受康德的论据的形式。"自身即为目的的人"的观念是令人困惑的，因为我们通常用目的指某种有待实现的东西，而"人"——用康德的话说——是"一种自在的目的"。此外，用这种观念推导仁爱原则也似乎是不合逻辑的。因为，康德强调自身即为目的的人——就其是有理性的而言——是大写的人（或人的总和）。但是按照康德的观点，其他人的主观目的——仁爱教导我们把它们当作我们自己的目的——则似乎依赖于和相应于他们的非理性的冲动，即他们的经验的欲望与反感。我很难看出，为什么如果一个作为理性存在物的人是其他理性存在物的一个绝对目的，他们就必须接受由他的非理性的冲动决定的那些主观目的。

391 第十四章　终极善

1. 在本书开首[①]我就指出，有两种考察伦理学研究的对象的方式：它有时被看作一条或一组行为规则，即“正当”；有时被看作一个或一组目的，即“善”。我在那里指出，在现代欧洲的道德意识中，这两个概念是明显不同的：一方面，人们通常认为服从道德规则的责任是绝对的，另一方面，又很少有人认为，人的全部善就在于服从道德准则，——我们可以说，人们已含糊地、尊敬地然而确凿无疑地把这种观点当作一个斯多葛派的悖论而摈弃了。毋宁说，人们是把人的终极善或福利视为这样一种后果：人们的确通常把它同他的正当行为的联系视为确定的，但是也常常把这种联系视为超自然的，因而超出独立的伦理学思考的范围的。但是我现在要指出：如果前几章的结论是可信的，正当行为的实践上的决定作用就是依赖于终极善的决定作用的。我们已经看到：(1)一经缜密的考察，我们就发现大多数公认的义务准则——甚至那些初看起来是绝对的、独立的义务准则——都是隐含地从属于更普遍的审慎原则和仁爱原则的；(2)除这两个原则以及公正或公道的形式原则之外，我们不能认为任何其他原则可以凭当下的直觉而被确认为清晰明确的原则。

① 见第1编第1章第2节。

其次，我们已经看到：我们可以把这些原则——就它们是自明的而言——陈述为（1）寻求一个人自己的整体的善，并压抑所有引发对 392 具体的善的不恰当的偏爱的诱惑性冲动的准则；以及（2）寻求他人的同样的善，并压抑对某一个人的超过他人的不恰当的偏爱。所以，我们又被带回到欧洲的伦理学思考一开始就提出的那个古老的问题——“什么是人的终极目的？”——上，虽然这个问题不再带有它开始采取的那种利己主义形式。然而，当我们考察这一问题一开始就引起的那些争论时，我们发现：把我们带回这一问题的那项研究明确倾向于排除早期道德反思可能提出的一个答案。这是因为，如果我们用德性指对构成常识道德的主要部分的命令与禁令的遵守，说“普遍善”仅仅存在于普遍的德性之中就显然会令我们陷入逻辑的循环论证，因为我们已经看到这些命令与禁令的决定作用必然依赖于这种普遍善的定义。

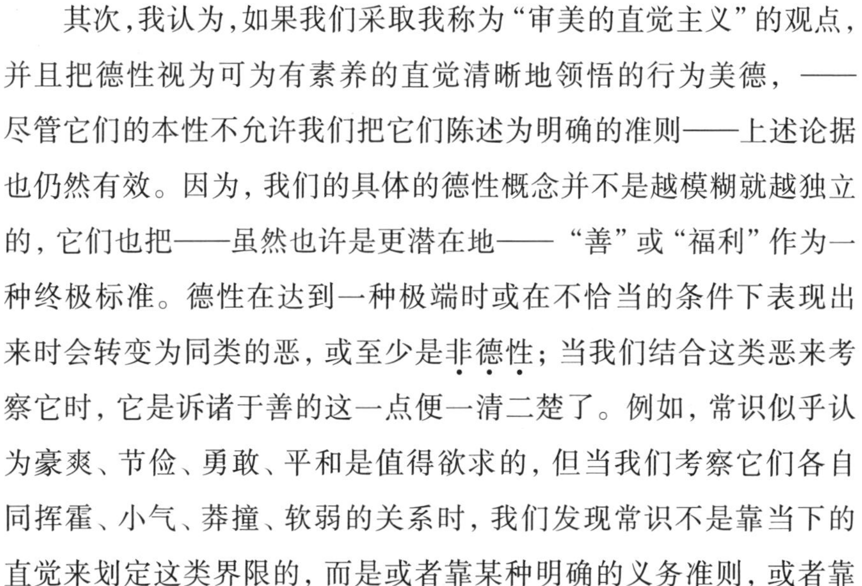

其次，我认为，如果我们采取我称为“审美的直觉主义”的观点，并且把德性视为可为有素养的直觉清晰地领悟的行为美德，——尽管它们的本性不允许我们把它们陈述为明确的准则——上述论据也仍然有效。因为，我们的具体的德性概念并不是越模糊就越独立的，它们也把——虽然也许是更潜在地——“善”或“福利”作为一种终极标准。德性在达到一种极端时或在不恰当的条件下表现出来时会转变为同类的恶，或至少是**非德性**；当我们结合这类恶来考察它时，它是诉诸于善的这一点便一清二楚了。例如，常识似乎认为豪爽、节俭、勇敢、平和是值得欲求的，但当我们考察它们各自同挥霍、小气、莽撞、软弱的关系时，我们发现常识不是靠当下的直觉来划定这类界限的，而是或者靠某种明确的义务准则，或者靠

"善"或福利的一般概念来划定它们的。当我们问坦率、慷慨、谦卑超出了哪一点就变得"过分"从而不再是德性时，情况也与此相似。其它通常受崇拜的品质，例如活泼、热情、自制、体贴，显然也仅当它们在引导人们达到好的目的时才被视为德性。简言之，能被看作
393 内在而确定的并且不会变得过分的德性只有智慧、普遍仁爱和（在某种意义上）公正这样一些品质；它们的概念中都明显包含着已预先确定了的善概念。智慧是对善及获得善的手段的直觉；仁爱表现在被称为"行善"的有目的的行为之中；公正（当被看作一种内在而确定的德性时）则存在于无偏袒地按照正当的规则分配善（或恶）之中。所以，如果有人问我们：倘若有这样一种善，我们认识了它，把它赠予了他人，以及无偏袒地分配了它，我们便具有了美德，这种善是什么，如果我们回答说这种善就是这种认识、这些仁慈的目的，以及这种无偏袒的分配本身，这显然是荒谬的。

第三，我也不能设想，如果我把德性视为一种"品性"的品质而不是"行为"的品质，并且把道德法则表达为"成为这个"而不是"去做这个"，[①] 这个困难就得到了解决。诚然，如果从实践的观点看问题，我将充分强调人们追求一种品性理想的重要性，并且从行为对品德的影响方面来考虑行为。但是，我不能由此推断品性及其构成因素——能力、习惯或某种倾向——是终极善的组成成分。在我看来，一种能力或倾向的观念本身也包含着它的对立面；我们只能把它界定为一种在某些条件下以某种方案去行动或体验的倾向。这样一种倾向显然不是自身就有价值的，而是对于它所影响的行为

① 参见斯蒂芬：《伦理学的科学》，第 4 章第 16 节。

和感情，或对于这些行动和感情的后果——这些后果也不能视为终极善，因为它们只被当作对能力、倾向等等的改变——才有价值的。所以，当我说目前的行为或感情对品性的影响是重要时，我便是在以一种扼要的方式说明：由于我们的精神本性的法则，这种行为和情感是一种倾向于在或近或远的未来明显地改变我们的行为和情感的原因。那个据信将在心灵或灵魂之中产生的较持久的结果，作为一种将体现在或多或少的具体行为和情感中的倾向，可能是更重要的：相对于终极目的而言，它比一个单独的行为或一个单独时刻的短暂情感更重要。但是在我看来，它的相对持久性并不是把它看 394
作终极善的组成成分的理由。

2. 然而，我迄今还只谈了体现在被判定为客观地正当的行为中的具体德性。人们可能反驳我，说我只从外在的方面分析了这类据称构成着终极善的德性。人们可能说：如果我们追索具体德性的起源和德性的一般本质——即意志在驱使我们做我们判断为正当的事，以及实现我们判断为最好的事方面的决定作用——我所强调的那种困难就不存在了；因为意志的这种主观的善性或正当性不依赖于关于客观的正当性或善性的认识，也不依赖于“善是已知的和已确定了的”——前已指出，这种观点隐含在“德性表现于外部行为中”这一常识概念之中——这一前提。我承认，如果我肯定意志的主观的正当性或善性是终极善，这一肯定并不含有我一直强调的那种逻辑困难。然而它仍然与常识根本冲突，因为意志的主观的正当性或善性的概念本身含有一种客观的标准：它指点我们去寻找这种标准，但没有给我们提供这种标准。如果我们一方面肯定寻求着正当性的心灵，断言这种寻求本身就是唯一的终极善，并否认正当

的意志努力本身——除了未来的意志（自己或他人的）的主观的正当性之外——是善的，另一方面又不给这一心灵确定任何目标，这将是一个极大的悖论。诚然，除了去做个人判定为正当的事这条规则之外，任何有理性的个人都不可能承认别的规则。因为在思考我眼下的行为时，我无法确定做客观地正当的行为和实现我自己的主观的正当观念这两者的区别。但是，我们却不得不经常对其他人的行为作这种区分，并且判断说主观上正当的行为可以是客观上错误的。我们还常常认为：某项行为之所以是客观地错误的，是因为它倾向于给他人带来痛苦或幸福方面的损失，而不是因为它倾向于给
395 他们的主观的正当性带来某种影响。正是由于这样的判断，我们才普遍承认盲信的损害和危险。我们认为一个盲信者是这样的一个人：他抱着坚定的决心去实现他自己的正当性观念，然而这种观念却显然是错误的。

即使在意志的主观的正当性与客观的正当性之间不存在盲信概念所包含的这样明显的分离，也可能出现同样的结果。前已指出，[①] 虽然我们总要服从“理性的命令”，这并不意味着“理性的命令”——即道德动机对于非道德动机的支配——是不受限制的。而且事实上，常识还表明有这样一些事情：如果出于其他动机而不是出于对实践理性或良心的有意识的服从而去做这些事，我们还可能把它们做得更好。所以，理性的命令——或道德的选择和道德的努力对于人的生活行为的支配——在何种范围内是值得追求的目标成了一个实际问题。而承认了这一问题也就意味着意志的意识上的

① 本编第 11 章第 3 节，也见第 12 章第 3 节。

正当性不是唯一的终极善。所以总的看来，我们既不可以把(1)意志的主观的——区别于其客观的——正当性或善性，也不可以把(2)德性的品性——除非它表现于德性的行为中——视为构成着终极善的东西；尽管另一方面，我们也不可以把终极善视为德性的行为，因为我们已经看到：我们赋予了其不同方面以各种具体德性名称的德性的行为是以善——即我们认为德性行为创造着、提高着或正确地分配着的那种善——概念的优先确定为前提的。

而且，我们关于德性所说的这些似乎更适用于常识的美德(或完善)概念中的其他天资、禀赋和风度。无论我们多么倾心地承认这些禀赋和技能的德性，反思都表明，它们只是因善的(或值得欲求的)、有意识的生命——它是这些禀赋与技能赖以表现或者将表现它们自身的形式，并且将在某种程度上由于它们的运用而被提高——才具有价值的。

3. 那么，我们能够说终极善是善的(或值得欲求的)、有意识的 396
(或有感觉的)生命，德性的行为是其中的一个因素而不是唯一的因素吗？这种看法似乎是符合常识的。纵使具体的德性、天资与禀赋主要是作为达到较远的善的手段才有价值，这一事实也不妨碍我们把它们的运用视为终极善的一个因素；正如肉体的适度结合的活动、营养、休息是维持肉体生命的手段，但这一事实不妨碍我们把它们视为这种生命的必要因素一样。不过，要从同一个方面、着眼于同一种品性而把某种活动和过程既当作手段又当作目的，似乎仍然很困难。在上面这两种情况中，我觉得我们很容易区别出这两个不同的方面，即一个把有关活动或过程视为手段的方面，和一个把它们视为自身即善的或值得欲求的方面。我们来考察肉体生活情

况的第一个方面。正是在其纯粹的生理方面——如物理变化的复杂过程——肉体生活才是维持生命的手段。但是，只要我们仅仅考察它们的物理方面，即仅仅把它们看作有机体特定部分的复杂活动，我们就不可能把这些运动本身说成善的或者恶的。我不可能认为，合理活动的终极目的是确保这些复杂运动是某一种运动而不是别的运动，以及确保它们持续到某一时间而不是短一些的时间。简言之，如果生命的某种品质是最终值得欲求的品质，它也必定属于生命的心理的方面，或者简单地说，属于意识。

其次，从心理方面考察的生命活动并不都是最终值得欲求的，因为我们知道心理的生命既有快乐又有痛苦，而如果它是痛苦的它就不是值得欲求的。因此，我不能接受一种隐含于流行的动物学观念之中，并得到有影响的作者或多或少的明确支持的有关人（及其他动物）的幸福的观点。按照这种观点，当我们说某种有机体的存在方式是善的或恶的时，我们是说它具有有利于自我保存的倾向，
397 或者具有有利于它所属的社会或种系的保存的倾向，所以，“好生活”（well-being）之“好”（well）只是对未来生活（being）的允诺。在我看来，这种理论只是由于我们要反驳它才值得我们去思考。按照我自己的经验以及（我相信是）所有人的（或大多数人的）经验，如果所有的生命都像它的某些部分那么不值得欲求，我就会把保存它的倾向看作恶的。诚然，在实际生活中，由于我们一般都认为人的生命——甚至是现在的人们的生命——有一平均的幸福净值，我们一般都认为有利于保存生命的东西是善的，毁灭生命的东西是恶的。我也承认，道德的最根本的功能是维护为现实生活条件下的人类社会整体的存在所需要的习惯与情操。但是，这并不是因为我觉

得人类机体的存在本身——即使它将是永恒存在的——是值得欲求的，而仅仅是因为我认为它伴有一种总的说来是值得欲求的意识。所以，正是这种值得欲求的意识才是我们必然视为终极善的东西。

同样，如果我们把德性的行为视为终极善的一部分，这也是因为我们认为伴随着它的意识本身值得有德性的人欲求，虽然这一考虑不能充分表现德性对人的好生活的意义——因为我们不得不把它的价值既视为目的，又视为手段。为更明确起见，我们可以考察：如果我们假定有德性的生命伴有极端的痛苦，它对有德性的人总的说来还是不是善的？对这一问题的肯定回答从希腊哲学家的讨论中得到强有力的支持，但它是一个现代思想家不愿陷入的悖论。现代思想家不再断言一个饱受折磨的殉道者的生命自身即值得欲求，虽然从他人的善着眼忍受这种磨难可能是他的义务，并且从他自己的终极幸福着眼甚至可能是他的利益。

4. 那么，如果我们只能把终极善视为值得欲求的意识，——它 398
把对德性的意识作为且只作为一个部分而包含其中——我们能够把这一概念等同于幸福或快乐，并且赞同功利主义者的普遍善即普遍幸福的说法吗？在讨论的这一阶段上，许多人会认为这一结论是不可避免的。对他们来说，说所有其它善事物只是使意识生命更好或更值得欲求的手段无异于说它们是幸福的手段。但是在这里仍有一些重要的区别有待考察。按照先前的一章[①]中的观点，在断言终极善是幸福或快乐时，我们是说(1)除值得欲求的感觉之外，任何事物都不值得欲求，以及(2)每种感觉的值得欲求性只对于当下

① 第 2 编第 2 章。

感觉着它的有感觉的人才是直接可认识的；因而有感觉的人的这一具体判断须被视为对一种感觉因素是否有终极善性问题的最终[1]判断。我认为，没有人会以其它方式来估价只作为感觉来考察的感觉的值得欲求性。但有人可能坚持认为，我们的意识经验中除感觉之外还有认识和意志，我们必须把这些因素的值得欲求性考虑进来，并且不可以用上述的感觉标准来估价这种性质。然而我认为，当我们把认识作为人的心理经验中的一种短暂易逝的经验——即把它一方面区别于在正常情况下伴随着它的感觉，另一方面区别于认识着的心灵同被认识对象的由“真实的”或“有效的认识”[2]这一术语所表达的认识关系——来思考时，我们便发现它是一种相当中立的、与值得欲求性无关的意识因素。当我们撇开伴随着意志的那些感觉，撇开意志同客观的规范或理想，以及同它们自身的后果的联系

399 来考察时，对它们也可以作如是说。诚然，在日常思考中，人们有时基于其他理由而把意识状态——如对真理的认识、对美的沉思、实现自由或德性的意志——判断为比它们的令人愉快性更值得欲求的。但是对这种情况的一般解释（我们在第二编第二章第二节中提出了这种解释）似乎是：在这些场合中，我们真正偏爱的不是当下的意识本身；毋宁说，我们所欲求的或者是它对于被或多或少清晰地预见到的未来意识的影响，或者是某种严格说来不存在于当下的

---

① 最终的，即就当下的感觉的性质而言是最终的。前已指出：对一种感觉的值得欲求性和令人愉快性的任何估价都涉及对仅仅再现于观点中的感觉的比较；就此而言，它可能由于观念再现的不完善而出错。

② “认识”一词在未得到限定时，常常指“真实的”或“有效的”东西，但是为了眼下的目的，我们有必要撇开这种含义。

意识之中而存在于客观的意识联系中的东西。

我们可以借助于如下示例阐明上述后一类欲求对象。一个人可能偏爱领悟真理的精神状态而厌恶半依赖于公认的虚构[1]的精神状态，尽管他认识到前一种状态可能比后一种状态更痛苦，并且未必会有他所期待于一种状态对他的未来意识的那种效果。在这里，按照我的观点，偏爱的真正对象不是对真理的认识，即单纯的意识，——在这种意识状态中，伴生的痛苦远远超过了快乐或满足——而是心灵同某种别的东西的联系：这种东西，正如“真实性”概念所意指的，可以是不依赖于我们的认识的东西，因之我称它是客观的东西。如果我们想象当我们知道了我们原先以为是真实的东西其实不是真实时的情形，这一点就更清楚了。因为在这种情况下，我们肯定会觉得我们的偏爱是错误的；然而，假如我们是在两种飘然易逝的意识因素中作出这一选择的，它的合理性就不会受任何事后发现的影响。

类似的例子是：一个人还可能宁做清贫的自由人也不愿做舒适的奴才——不是由于自由的愉快意识胜于对后一种生活的全部舒适和安逸的期望，而是由于他对于我们称为奴役的他同另一个人的意志关系有着强烈的反感——一个哲学家还可能宁取他视为“精神自 400
由”（即意志的始终一贯的自我决定）的东西而舍弃欲望的满足；虽然后者若只作为短暂的感觉来考虑便更值得欲求。在这两个例子中，如果这个人后来被说服得相信他的自由或自我决定的观点是虚

① 参见莱基：《欧洲道德史》，第 52 页及以后。

幻的，以及我们都是环境和命运等等的奴隶，他都会承认其偏爱是错误的。

又如，一个人宁愿服从德性或沉思美而舍弃一种公认为更令人愉快的意识状态，这似乎是出于一种信念，即他的德性观点或美的观念在某种范围内符合一种对所有心灵都真实有效的理想。撇开对后果的考虑不说，我们一般都同意这样的说法：一个为一种错误的德性观点或美的观念而牺牲了他的幸福的人是做了一个错误的选择。

然而人们可能说：这仅仅是一个定义的问题；我们可以在一种广义上理解“有意识的生命”，把我们的德性、真理、美、自由概念中的客观的意识联系包含进来；从这种观点出发，我们就可以把对真理的认识、对美的沉思，以及把自由的或德性的活动，都视为明显优于快乐或幸福的选择对象，尽管我们也承认幸福也必须作为一个部分而被包含在终极善之中。在这种情况下，合理仁爱的原则——我们在上一章中把它阐述为一种不容置疑的实践理性直觉——就不仅在引导我们把普遍幸福当作最终值得一般人类欲求的目的来追求，而且引导我们把这些“理想的善”当作这样的目的来追求。

5. 然而我认为，这种观念对于反思的人的清醒判断说来毫无意义。为说明这一点，我不得不恳请读者再度运用我在考察常识道德准则的绝对而独立的效准时请他用过的两步法。我首先请他在充分考虑了摆在面前的问题后诉诸于他的直觉判断，然而再请他诉诸于对人类正常判断的综合比较。就这第一个论据而言，至少在我看来，意识主体的这些客观联系如果离开了伴随着它们以及由它们产

生的意识，就不是最终地、内在地值得欲求的，正如被割断了与意 401
识的联系的物质或其他对象不是最终地、内在地值得欲求的一样。我承认我们有这里所描述的这样一类偏爱：它们的终极目标是某种不纯属于意识的事物。但是我觉得，当我们（用巴特勒的话说）“冷静地坐下思考时”，我们就会得出这样的结论：如果我们要向自己证明我们重视某个这样的对象是对的，我们就只能强调它以这样那样的方式有利于有感觉的存在物的幸福。

第二个论据，即诉诸于人类常识的论据，显然不能被说成是有充分说服力的，因为——前已指出——有些有教养的人的确习惯于认为知识、艺术等等（更不必说德性）是不依赖于它们所产生的快乐的目的。但是，我们不仅可以指出所有这些“理想的善”都以各种方式产生快乐，而且可以指出它们——大致地说——愈产生快乐似乎就愈得到常识的推荐。美的情形显然是这样的；社会理想的情形也很难说不是这样。如果有人坚持说：即使我们知道某种自由或社会秩序不能提高普遍幸福，它仍然可能被公认为值得欲求的，他是不能自圆其说的。知识的情形则复杂些，但是当它是“会结果的”这一点得到证明时，肯定是常识对于它的价值印象最深之时。然而我们也知道，经验时常表明：长期“不结果”的知识会意想不到地变得“硕果累累”；某一个领域中的知识也会由于另一个显得十分遥远的知识领域而变得明晰起来。即使一个具体的科学研究部门能被证明是甚至不产生这种间接的功利的，它也应当基于功利主义的理由而得到尊重，这一方面是因为它给研究者带来了高雅而纯粹的探索的快乐，一方面是因为它所表现和鼓励的理智倾向总的看来会产生“会结果的”知识。不过，在这类情况下，常识难免会抱怨

402 有价值的努力不该以此为取向，以致通常应给予科学的那份奖赏似乎要以功利主义的衡码精确估量之后——虽然也许是无意识地——才可以授给它。而且，一旦人们在某一科学研究部门的合理性的问题上产生严重分歧，争论双方就必须基于功利主义的根据来进行争论。

对于德性的情形还需作一些特殊的考察。这是因为，由于在相互间鼓励德性的冲动和倾向是人们日常的道德谈论的一个主要目标，甚至提出这种鼓励是否会走得太远这样一个问题都显得理由不足。不过，我们的经验中也很少出现这样的例外：由于德性的培养被强化成为一种道德迷信，以致幸福的其他条件被完全忽略了，从而这种努力已经对普遍幸福产生了有害的效果。我认为，如果我们承认德性的培养已经产生了或可能产生这类“不幸的”效果，我们也一般都将承认：在上面指出的例子中，有利于普遍幸福应当成为确定德性培养的恰当范围的标准。

与此同时，我们也必须承认：我们发现常识对于把幸福（当它被说成是意味着一定量的快乐时）作为唯一的终极善和正当行为标准的作法抱有反感。但是我认为，这种反感可以从以下几方面得到说明。

（1）我们使用的快乐这个词并不是明确地包括我们希望保持和产生的**所有**意识状态的。在日常用法中，它更多地指较为粗俗和平庸的感觉。甚至那些力图科学地使用它的人都很难幸免于这种日常用法的影响，都很难用快乐仅仅指那些值得欲求的意识（或感觉）。其次，我们关于人生的知识不断向我们揭示出这样一些例证：在这里，快乐将不可避免地产生一种更大的痛苦或损失一种更重要

的快乐。我们自然不愿意哪怕以假设的方式把这些——用边沁的话
说——“不纯的”快乐包含在我们的终极善的观念中，这尤其是因
为我们在许多情况下都具有一些道德的或审美的本能，它们在告诫 403
我们抵制这类快乐。

(2)我们已经看到，[①]有许多的快乐：我们之所以能感受到它们，只是因为我们在体验着一些对快乐之外的其他事物的欲望。因此，如果要把快乐当作行为的终极目的，我们就要接受一条实践的规则：不应当始终把快乐当作意识的目标。所以，即使我们仅仅考虑一个单独的人的善，并且不考虑他的行为对他人的影响，常识不情愿把快乐当作唯一值得欲求的东西的态度也是可以得到证明的。因为如果人们仅仅盯着个人的幸福，他们就会更不幸。例如(前已指出)，如果我们不能真正体验为他人创造幸福的无利害的冲动(事实上，这些冲动就存在于“仁爱感情”的概念之中)，我们就将失去伴随着仁爱感情的很大一部分快乐。

(3)但是我认为，正如我在上一章中所解释的，无利害的仁爱不仅普遍地与合理的自爱相吻合，而且还在另一种意义上并且是独立的意义上是合理的。就是说，理性告诉我：如果我的幸福是值得欲求的以及是一种善，任何其他人的同等幸福也必定是同样值得欲求的。然而，当我们把幸福当作人的唯一的终极善时，我们最通常表达的观念就成了：每个人都应当以牺牲(如果必要的话)他人的幸福为代价，或至少是以无视他人的幸福的方式，来追求他自己的幸福。这种观念既违反我们对他人的幸福的同情的关心，也违反

① 第1编第4章；参见第2编第3章。

我们对它的出于理性的关心。事实上，这种观念是为常识所厌恶的利己的（而不是普遍的）快乐主义的目的。即使我们撇开专一地追求个人幸福会使我们陷入同合理的或同情的仁爱的直接冲突这一点，个人幸福也在许多方面不能令人满意地表现人的高级目标。诚如亚里士多德所说，它不具有我们“推测”属于终极善的那些特性：当它的存在时间短暂（就它是可以经验地预见的而言）时它如此之
404 狭隘和有限，而当其存在时间较长时它又是如此之变动不居和不可靠。但是，普遍幸福——这种值得现存的和未来的无数感觉存在物欲求的意识或感觉——却似乎是一个以其广泛性满足我们的设想，以其相对的可靠性支持着我们的决心的目的。

然而，有人可能会说，如果我们要个人为他人的较大幸福而牺牲他自己的幸福，并且以这样做是合理的作为理由，我们实际上就给个人指定了另一个终极目的，它不同于我们为感觉存在物的整体阐明的那个终极目的。因为，我们要他把整体的幸福，而不是把他为了他自己而服从理性，当作他的终极目的。我承认这一陈述的内容上的真实性，虽然我自己宁愿采取一些别的语言，以避免弄模糊前面解释过的一种区别，即“服从命令”和“提高”理性的“命令”的区别。但是即使不谈这种区别，我也不认为这一陈述构成了反对这里所坚持的观点的论据。因为，个人与他意识到所生活于其中的那个更大的整体——感觉存在物的整体——有着本质的、根本的区别：他与这一整体的其他类似部分有一种众所周知的关系，然而这个整体自身却没有这种关系。所以，我认为下述说法不存在什么不一致性：一方面，如果感觉存在物的整体能够整体地行动，它把它自身的幸福作为一个终极目的来追求就**可能**是合理的；如果个人是

世界上唯一的感觉存在物，他这样做也同样可能是合理的。另一方面，个人为了他人的较大幸福而牺牲他自己的善或幸福也**在实际上**是合理的[①]。

同时我承认，在以希腊哲学为代表的早期伦理思考中，甚至当一项行为的后果总的说来对行为者是痛苦时——例如在义务的召唤下舍弃幸福的生活而选择痛苦的死亡的英雄行为——人们也常常认为它**对于行为者**是“善的”。我认为产生这种观点的原因部分 405
地在于一种思想的混乱，即对于一个人是一个唯一的存在时他可以合理地欲求的东西，与他采取一种更大的整体的观点时必然承认应被合理地欲求的东西的混淆；部分地在于一种深深地植根于人类道德意识中的信念，即在这两种合理性之间不可能真正地、最终地发生冲突[②]。但是，当我们像巴特勒及其追随者们那样把“合理自爱”明确地与良心区分开时，我们发现我们自然而然地含用它指称对个人自己的幸福的欲望，以致对“个人自己的善”的解释——在古代思想中，几乎只有昔勒尼学派和伊壁鸠鲁学派才专门作了这样的解释——甚至为某些最正统的现代道德学家接受。事实上，这些道德学家常常不曾想到过这个概念还有其他的解释。[③]所以，假如一俟某个人专心考虑他自己的善，他就会自然而然地把善理解为快乐，

① 我同时应当说，我认为一个人把自己的幸福当作他的终极目的也同样合理。对于这种“实践理性的二重性”我们将在本书尾章中作进一步的讨论。

② 我们可以以柏拉图的某些对话——如《高尔吉亚篇》(*Gorgias*)，在这里，伦理学论点对于心灵有一种混杂的影响——为例来说明这种具有两重性的解释。这篇对话在我们看来半是利用隐含于常识的善概念中的一种思想混乱而作出的机巧的诡辩，半是对一种根深蒂固的道德信念的高尚的、激动人心的表达。

③ 参见斯图亚特(Stewart)：《关于行动能力与道德能力的哲学》(*Philosopy of the Active and Moral Power*)，第2编第1章。

我们就可以合理的得出下述结论：任何数量的同类存在物——无论它们的相互关系如何——的善也都大抵如此。

(4)但是最后，即使撇开个人的观点而从普遍的观点看问题，我们也应当说：如果对我们令自己有意识地去追求幸福的范围小心地作些限制，我们就能更好地获得它。这不仅是因为，如果我们把注意力暂时集中在更有限的目标的实现上，我们的行为可能更为有效，——虽然这无疑是一个重要的理由——而且是因为，如果一个人要获得最充分的快乐，他就不仅要把其他有意识的存在物的幸福作为兴趣（利益）的对象，而且要有其他的外在的兴趣（利益）对象。所以我们可以得出结论：如果我们**因其自身的原因**而追求前已提到
406 的那些理想目标——德性、真理、自由、美，等等——这种努力就是间接地、在第二位的意义上（虽然不是直接地、在绝对的意义上）合理的。这不仅是因为这些理想目标的获得将产生幸福，而且是因为对于它们的无利害的追求活动也产生幸福。然而，如果我们寻求一个最终的标准，以便确定那些为人们热情追求的不同目标的相对价值，以及每一个这类目标可以合理为人们追求的界限，我们就仍然要依赖于它们各自有利于幸福的程度而构想它。

即使人们不接受这种普遍的观点，他们也仍然要考虑我们是否能形成对于终极善的其他的自圆其说的观点的问题。如果我们不应当通过把普遍幸福当作人们的共同目的的办法把人类行为系统化，那么我们又该基于何种原则把它们系统化？应当指出：这样的原则不仅要能帮助我们比较我们一直在考察的不同的非快乐主义目的的自身价值，而且要提供把这些价值与幸福的价值相互加以比较的共同标准，除非我们准备采取一种自相矛盾的态度，即把幸福

作为全无价值的东西而加以摈弃。这是因为，由于实践的需要，我们不仅要确定我们是否应当追求真理而舍弃美，是否应当追求自由或某种理想的社会结构而舍弃真理或美，或甚至是否应当舍弃这一切而追求宗教的生活或宗教的沉思；而且要确定当我们在某种后果中预见到了人的或其他感觉存在物的痛苦，甚至预见到了他（它）们否则就会享受的快乐的失却时，我们还在何种程度上应当进行某种这类的追求。[①]

在这个问题上，我没有发现——也无力去构建——任何在我看来值得认真思考的系统的答案。所以我最终得出了这样的结论（这一结论在上一章结尾时似乎还不能得出）：被严格运用的直觉方法最终将导致一种纯粹是普遍化了的快乐主义[②]的理论，简言之，将导致功利主义。

① 我现在要提到关于活体解剖的争论，它生动表明了我所指出的这种需要。我没有看到任何人在根据这样一个悖论，即感觉存在物的痛苦不是自身就应当避免的，来进行争论。

② 前已指出〔第2编第3节（边码）第134页〕，某些作者对于幸福是终极善的观点提出了一种形而上学的诘难。他们认为：幸福（=一定量的快乐）只能一部分一部分地实现，“至善”则必定是“某种我们可以设想某人是完全占有的东西”，即某种他能同时占有的东西。在考虑了这种反对意见之后，我认为，就它具有合理性而言，它的合理性依赖于准确理解的“至善”（Summum Bonum）概念，这种概念也许不适用于幸福。因此，我在本章中使用了“终极善”的概念。因为我认为没有理由断言，那种自身即为善的和值得欲求的东西，即不是作为某种更远目的的手段的东西，必然是能被同时占有的。我可以设想一个人在追求能被同时占有的善，但只要时间是人类存在的必要形式，人类的善只能一部分一部分地实现这一点就不足奇怪。

第四编

功利主义

第一章　功利主义的含义

1. 在今天，功利主义已经成了一个人人都使用的术语，人们认为它所指的是一种我们大家都很熟悉的理论或方法。但是经过更缜密的考察，我们发现它似乎适用于几种独特的理论：它们彼此之间没有必然联系，甚至也没有共同的主题。所以，我们最好尽可能仔细地界定本书中功利主义一词所指的理论，把它与这个词按照通常用法也适用的其它理论区别开，并表明它同这些理论的关系。

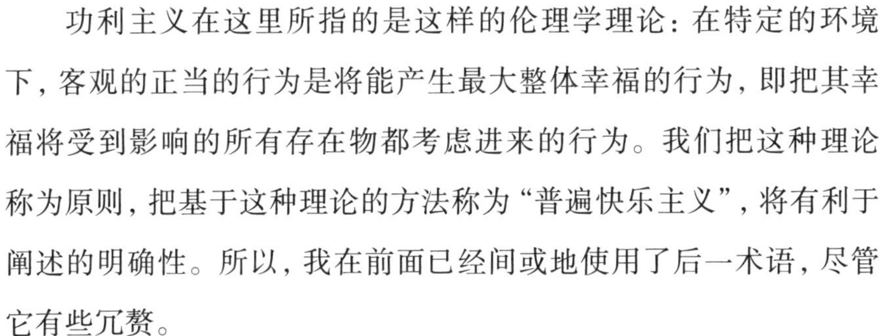

功利主义在这里所指的是这样的伦理学理论：在特定的环境 473
下，客观的正当的行为是将能产生最大整体幸福的行为，即把其幸福将受到影响的所有存在物都考虑进来的行为。我们把这种理论称为原则，把基于这种理论的方法称为“普遍快乐主义”，将有利于阐述的明确性。所以，我在前面已经间或地使用了后一术语，尽管它有些冗赘。

有必要与这种理论相区别的第一种理论是本书第二编中阐述了的利己的快乐主义。然而，(1)每个人应当寻求他的最大幸福与(2)每个人应当寻求所有人的最大幸福这两个命题的区别是如此明显和突出，以致我们用不着去阐述这种区别，而只需解释它们曾以何种方式被混淆，或如何被包含在一个概念之中。我们已经在前面的一章[①]中简略地讨论了这个问题以及这两种理论的一般关系。在那里我曾指出，这两种伦理学理论的混淆部分地是由它们分别同一种心理学理论的混淆所推动的。这种理论就是：在意愿行为中，每个人的确在普遍地或自然地追求他自己的个人幸福或快乐。这后一个命题似乎与上述任何一种伦理学理论都没有必然的联系。然而，由于存在着一种从心理快乐主义转向伦理快乐主义的自然倾向，这个心理学命题向伦理学理论的转变必然——至少最初是这样——采取利己主义的形式。这显然是因为，我们不可能从每个人都实际上在追求他自己的幸福这一事实中得出结论——作为一个直接的、明显的推论——说，他应当追求其他人的幸福。[②]

其次，作为一种伦理学理论，功利主义也同下述心理学理论，即道德情操是从不同行为在行为者或他人身上产生的非道德的苦乐经验中派生——通过"观念的联系"或不借助于这种联系——出来的，没有必然联系。就这种理论能得到科学的证明而言，一个直觉主义者可以接受它，但他同时会认为：虽然作为独立的冲动存在于我们目前的意识中的这些道德情操产生于更原始的欲望与反感，它们仍然应当具有它们对于这些欲望与反感所要求的那种权威性。另一方面，一个利己主义者也可以充分承认从上述心理学理论中推导出来的利他主义因素，但他同时会强调：所有其他冲动（甚至包括普遍仁爱）都应当服从于合理自爱的准则；仅当我们期待着从这些冲动的满足中获得个人幸福时，满足它们才是合理的。简言

① 第1编第6章。有必要指出，在密尔关于功利主义的著名著作中，由于他对这一问题的阐述方式，这种混淆在一定程度上得到了鼓励，尽管他本人明确地否认这一点。

② 我已对密尔在进行这一推理时所采取的形式进行了批判。见第3编第13章。

之，人们通常所说的关于道德情操的起源的"功利主义"理论本身 413
并不是一种证据，它不提供对于我在本书中用功利主义一词所指称的伦理学理论的证明。然而，我将在后面努力表明：这种心理学理论在阐明伦理的功利主义方面有重要的——虽然是从属性的——作用。[①]

最后，普遍幸福是终极**标准**的理论也决不意味着普遍的仁爱是唯一正当的和始终最好的行为**动机**。因为，前已指出，提供着正当性标准的目的不一定始终应当是我们有意识追求的目的。如果经验表明出于其他动机而不是出于纯粹的博爱的行为常常能更好地实现普遍幸福，那么根据功利主义的原则，我们选择这些其它动机就更合理。

2. 我们来进一步考察一下原则本身。我曾试图尽可能清晰明确地解释最大幸福的概念（第二编第一章）。我在那里引出的结论当然不仅适用于利己的快乐主义，也适用于普遍的快乐主义。这样我们就知道：我们说的最大幸福指的是快乐对于痛苦的最大可能的余额，我们说的痛苦指的是与快乐同值的负量，所以在伦理学的计算上这两种相反的量是相互抵销的。当然，和前面一样，在这里我也采取了这样的假设：我们的计算中所包括的所有快乐都能作相互间的以及同所有痛苦之间的量的比较；每种快乐感觉都在其值得欲求性方面有强度上的、正的或负的（或者也许还有零的）量值；所以每种这样的感觉都至少可以按一种理想的衡码大致称出相对于某种其他感觉的量值。这个假设隐含于最大幸福的概念本身之中，因

① 参见下文第 4 章。

为“尽可能地”扩大一组在量上不可公度的因素从数学上看是荒谬的。所以，针对这个假设的反对意见（我在第二编第三章中讨论了这些反对意见）对目前谈到的方法当然同样有意义。

我们接下来要考察其幸福要被考虑进来的“所有存在物”是谁。
414 我们的关心应当扩展到其感觉将受我们的行为影响的所有有苦乐感的存在物呢？还是应当只限于人的幸福？前一种观点是边沁和密尔以及（我相信）一般功利主义学派所持的观点，也显然是最符合于他们的原则的普遍性特征的观点。正是被解释和界定为“幸福”或“快乐”的普遍的善，才是一个功利主义者认为他有义务追求的东西。从这个目的中排除某种感觉存在物的快乐——就像有人设想的那样——似乎是武断的和不合理的。

有人可能说：这样扩展这个概念将加大前已指出的（第二编第三章）科学的快乐比较上的困难；因为，如果把他人的苦乐同我们自己的苦乐加以比较是困难的，把我们的（或他人的）苦乐同兽类的苦乐加以比较就显然更为困难。然而，功利主义者面临的这个困难至少不比任何其他不想采取全然不顾兽类的苦乐这一悖论的道德学家们的更大。退一步说，即使我们只考虑人，快乐的主体的范围也仍然是十分不确定的。首先，人们会问：当后代的利益似乎与现在的人们的利益相抵牾时，我们在何种程度上应当考虑后代的利益？然而，从一种普遍的观点来看，一个人所生活的时代本身又显然不能影响他的幸福量值。而且，一个功利主义者必然像关心他的同时代人的利益那样关心后代的利益，不同的只是他的行为对后代——甚至将受其影响的人的生存条件——的影响必然更不确定。但是，当我们考虑到我们能在一定范围内影响未来的人（及感觉存

在物）的数量时，就产生了一个进一步的问题。我们不得不问，按照功利主义原则，我们应当如何运用这种影响？在这里我将假定：对一般人说来，一般生命提供的快乐多于痛苦。这一假设已遭到一些有见识的人们的反驳。但是在我看来，这一反驳显然是违反表达 415
在公认的行为准则中的人类常识经验的。在人类赖以生活的绝大多数条件下，绝大多数的人似乎都认为死亡对他们以及他们所爱者来说是最大的恶。刑法正义也是以这一假设作为基础的。[①]

假如人的平均幸福是一个正值的量，那么情况显然就是：如果人们所享受的平均幸福的量值保持不减，功利主义就要求我们去尽可能地扩大享受它的人数。但如果我们能预见到人数的增加将伴随着平均幸福的降低，或者反过来，平均幸福的提高伴随着人口的减少，就产生了一个不仅从未被正式指出过，而且实际上被许多功利主义者忽略了的问题。因为，如果我们按照功利主义的要求把整体的幸福而不是任何个人的幸福——除非它被当作整体的一个因素来考虑——当作行为的终极目的，我们就会得出一个结论，即如果增加的人口将使整体的幸福增加，我们就应当把他们所获得的幸福

① 那些持相反意见的人似乎都认为，构成人类日常活动的主要动机的爱好与欲望本身就是充分痛苦的。这种观点是与我自己的经验，而且我相信，也与人类的常识经验完全相反的。见第 1 编第 4 章第 2 节。就他们的论据不是这种心理学错误的扩展而言，它所具有的合理性来自它对无疑偶然地存在于正常的人生中的烦恼和失望，以及对少数人的、或许也是多数人在其人生的短暂瞬间中的罕见痛苦的片面沉思。

读者如果希望了解由一位有见地而且给人以启发的作者认真阐述的悲观功利主义的似是而非的结论，可参看麦克米伦（Macmillan）教授的《普遍幸福的提高》（*the Promotion of General Happiness*）（斯旺·索南夏因出版公司，1890 年版）。作者认为，“哲学世界被相当均等地分给了乐观主义者和悲观主义者”，而他自己对这两部分人所争论的问题的判断似乎有些飘忽不定。

量与所有人口的损失量加以权衡。所以，严格地说，按照功利主义原则，应当不再鼓励人口增长的那个限阈不是平均幸福达到其最大
416 可能值的那个极点，——象马尔萨斯学派的政治经济学家们常常假定的那样——而是在平均幸福总量的基础上新增人口所提供的产品所达到的极限点。

我最好在这里对一般的功利主义讨论作一点评论。刚才提出的结论从常识观点来看表面上是荒谬的，因为它的准确性外观与我们意识到的所有这类实际计算的不可避免的不准确性极不协调。我们实际的功利主义推理必然是粗糙的，但是这一点不构成我们不应使这些推理尽可能准确的理由。如果我们尽可能地弄清我们应当使用的严格的计算方法，如果所有的相关因素都以数学的精确性得到了估价，我们就更能使这些推理臻于准确。

还应当指出一点。在一定数量的个人中间分配一定数量的幸福时，显然可以有许多不同方法。所以，为了尽可能地完善功利主义标准，我们应当弄清哪种分配方法最可取。这个问题在功利主义的阐述中常被忽略。它也许一直被看作一个无意义的问题，因为它提出了一种纯粹抽象的、理论上的、不可有实际例证的困惑。的确，如果行为的所有后果都能以数学的精确性来估价和概括，我们大概永远不可能发现两个行为选择的快乐对于痛苦的余额是相等的。但是，如果所有的快乐计算都存在第二编中充分表明的那种不明确性，在两组不同的后果之间就有可能不存在**可认识**的区别。我们的估价愈粗糙，我们就愈不可能在两个表面上差不多的行为选择中作出明确的决定。因此，在所有这类例子中，弄清一种分配既有幸福的方法是否比另一种方法更好就具有了实践的意义。功利主义准

则似乎没有回答这个问题；至少是，我们不得不用某种公正（或对 417
这种幸福的正确分配）原则来补充追求最大整体幸福的原则。多数功利主义者已经隐蔽地或明确地接受的这种公正原则是纯粹平等原则，它体现在边沁的“每个人只算作一，无人算作多”的准则之中。这条原则似乎是唯一的不需要一种特殊证明的原则。因为，我们已经看到，以对待另一个人的同种方式对待一个人必然是合理的，除非有明显的理由以不同方式对待他。[1]

[1] 应当指出，这里的问题是与**幸福的分配**有关的，而不是与**幸福的手段**有关的。如果把某一幸福手段给予乙而不是给予甲能产生更大的整体幸福，从功利主义原则推断我们应当把这个手段给予乙就是显然的和不存在争议的，无论这种作法可能包含着何种幸福手段的分配上的不平等。

418 # 第二章　功利主义的证明

我们在第二编中讨论了利己的快乐主义的方法；在那里，我们没有考察对它的首要原则的证明。在论及普遍的快乐主义时，我们所关心的也主要不是如何向不接受它的人证明它的原则的问题，而是接受它逻辑地包含着哪些后果的问题。同时也应当指出：我们普遍感到追求普遍幸福的原则比追求个人自己的幸福的原则更需要某种证明，或者至少（如密尔所说）需要一些“驱使心灵去接受它的思考”。然而，从抽象的哲学的观点来看，我看不出利己的原则何以可以不像普遍的原则那样受到诘难。我看不出利己主义者何以可以依据一种理由拒绝接受合理仁爱的公理，而当审慎公理与当下的倾向相抵牾时，却又不基于一种相似的理由对审慎提出质询。如果功利主义者不得不回答“为什么我应当为另一个人的更大幸福而牺牲我自己的幸福？”他也必定可以问利己主义者“为什么我应当为未来的更大快乐而牺牲当下的快乐？为什么我对自己的未来感觉的关心应当超过对他人的未来感觉的关心？”探究一个人追求自己的整体幸福的理由对常识来说当然是自相矛盾的。但是我不明白，那些接受极端经验心理学派的观点——尽管这些观点也被公认为同
419 利己的快乐主义十分相近——的人何以能把这一要求当作荒谬的东西抛在一边。就算自我完全是一致的现象体系，就算持久的“我”

自身如休谟及其追随者们所说的不是一个事实而只是一种虚构，我也仍然不明白：这一感觉系列中的保持着自我的那一部分何以应当更关心它的另一部分，而不是更关心另一感觉系列？

然而，既然我承认常识认为不必去说明个人追求他的自身利益的理由，我现在就先不去追究这个问题。[①] 常识不认为说明个人履行其义务——按照公认的义务标准——的理由同样多余；事实上，我们发现人们不断地为这条或那条公认的道德规则提出功利主义的理由。不过，有些规则却是公认为有约束力的；这一事实——虽然它不足以说明这些规则是自明的——常常使我们不必向接受了它们的常识证明其权威性。另一方面，由于这一原因，直觉主义者也自然地像利己主义者一样向主张以一个更高原则取代这些准则的功利主义者发难，要求他证明他的主张的合理性。在回答这一诘难时，有些功利主义者会说："证明"一个首要原则是不可能的。如果我们说的证明是指这样一个过程：它把有关原则表现为它据以获得其确定性的那些前提的一个推论，这个回答当然是对的。因为，这些前提而不是从中引出的那个推论又成了实际上的首要原则。然而，如果功利主义要在一个已经持有某些其他道德原则的人——无论他是一个把讲真话、公正、服从权威、贞洁等等原则视为最终原则的直觉的道德学家，还是一个把他的自我利益视为其行为的最终合理目的的利己主义者——前面得到证明，那个过程就似乎成了一个表明一个推论实际上在效准上优于它的前提的过程。这是因为，在某些问题上和某些情况下，功利主义所规定的义务显然既与

① 我将在本书尾章中进一步考察利己的快乐主义同普遍的快乐主义的关系。

420 直觉主义者视为自明的规则相抵牾，也与合理利己主义的命令相抵牾，以至如果功利主义被人接受了，它也必定是作为优于直觉主义和利己主义的理论而被接受的。与此同时，如果其他原则根本不被当作有效的原则，这种所谓的证明似乎就根本不是对直觉主义者或利己主义者作的证明了。我们如何解决这个二难推理？这样一个过程——它显然不同于普通的证明——是如何可能的或可以想象的？然而，我们显然普遍地需要这样一个过程。也许我们可以说，我们需要的是一种论证的方法：它一方面在一定范围内承认已为人们接受的准则的效准，另一方面表明它们没有绝对的效准，而有待于某种更具综合性的原则来调节和完善。

以利己主义为对象的这样一种论证已在上一编第十三章中提出来了。应当指出，这种论证的意义取决于利己主义的首要原则的陈述方式。如果利己主义者只陈述了他的信念，即他应当把他自身的幸福或快乐作为他的终极目的，我们就无法通过推理来引导他把普遍的快乐主义作为一个首要原则。[①] 我们不可能向他证明：他自己的幸福同另一个的幸福的区别**对于他**不是十分重要的。在这种情况下，功利主义所能够做的就是通过向利己主义者说明从普遍的原则中引出的规则的**制裁力**，即向他指出遵守和违反这些规则会分别令他产生哪些快乐和痛苦，来尽可能把这两个原则协调起来。显然，这样一种阐述不打算说服他把最大多数人的最大幸福当作他的终极目的，而仅仅要他把这一原则当作获得他自身幸福的手段。所

① 应当指出，我们可以用其他方法——即诉诸他的同情、他的道德情操或准道德情操——而不是用论证来引导他接受这个原则。

以，它完全不同于对普遍的快乐主义的（在前面所解释的意义上的）
证明。然而，当利己主义者隐蔽地或明确地提出这样的命题，即他
的幸福或快乐不仅**对于他**自己而且从普遍的观点来看也是善的，例 421
如当他说“自然创造他就是为了让他去寻求他自身的幸福的”时，我们就需要向他指出：从普遍的观点来看，他的幸福不可能比任何其他人的同等幸福更重要。这样，他就可以从他自己的原则出发而被引导着接受普遍幸福或快乐，把它作为绝对地、无需任何限定地善的或值得欲求的东西，因而把它作为一个应当为有理性的人本身的行为追求的目的。

读者将会记得：这是我在前一编第十三章中为了表明合理仁爱原则是一种经得住严格批判的直觉时使用的推理。[①] 然而应当指出：作为向直觉主义者所作的推理，这种推理仅仅表明功利主义的首要原则是**一个**道德公理，它并不表明它是**唯一的**或**最高的**道德公理。直觉主义者所由出发的前提通常包括据认为是独立的、自明的其他准则。因此，功利主义必须通过上面描述过的双重关系——否定和肯定的——向这些准则表现它自身。首先功利主义者必须向直觉主义者表明，讲真话和公正等原则仅仅具有一种从属性的、派生的效准：他必须或者证明这种原则——例如讲真话的原则——实际上仅仅是被常识当作容有例外和限定的一般规则而肯定的，因而我们需要某些进一步的原则来把这些例外和限定系统化；或者证明这种基

① 我应当提醒读者：第 13 章中的论证仅仅引导他达到功利主义的首要原则，如果他承认幸福是唯一最终地、内在地善的和值得欲求的东西的话。我在随后的第 14 章才尝试着令常识承认幸福具有这种性质。

本概念——例如公正概念——是模糊的和需要进一步界定的。[①]其次，功利主义者必须向直觉主义者表明，不同规则可能相互抵牾，因而我们需要某种更高的原则来解决如此产生的冲突。第三，功利主义者还必须向直觉主义者表明，这些规则被不同个人作了不同的
422 表述，直觉不可能排除这些差别，尽管它们表现了直觉主义者所诉诸的常识道德的模糊性和歧义性。

我在上一编中也许已经充分地作出了这一部分论证。对这种论证仍需补充的只是阐明功利主义同常识道德的肯定的关系。要阐明这一点，我们就需要表明功利主义如何支持着流行道德判断的普遍效准，因而弥补着对于严格的直觉认识的反思所发现的缺陷，并同时提供着一个综合的原则和一种方法，这种方法将常识道德推理中的彼此没有联系并时而相互抵牾的原则结合成一个完整的、和谐的体系。如果对常识道德的反思以这种方式表明功利主义原则是常识道德自然而然地诉诸——倘若它要获得这一反思表明了其必要性的它的体系上的进一步发展——的原则，功利主义的证明似乎就已达到了最大可能的完整性。而且，既然——撇开证明的问题——在考察功利主义方法时准确地确定它同公认的道德准则的关系是十分重要的，在下一章中详尽地考察这种关系就是十分恰当的。

① 就是说，就我们用公正一词指人为的不平等的简单否定面而言，这一概念是模糊的。

第三章　功利主义与常识道德的关系 423

1. 前已指出(第一编第六章),功利主义同常识道德的双重关系的两个方面在英国伦理思想史的两个不同时期中表现得十分突出。自边沁以来,我们已经基本熟悉了功利主义理论的否定的或批判的一面。但是,当坎伯兰——在反驳霍布斯的过程中——提倡提高“所有有理性的人的共同善”[①]的对公认道德准则的基本态度时,他的目标就完全是保守性的。他从未想到通常表达的这些准则是否有不完善之处,也从未想到过在这类常识道德观点与合理仁爱的结论之间是否有矛盾。所以在沙夫茨伯里的体系中,“道德感”或“内省感”(Reflex sense)始终喜欢趋向于整体的善或幸福的“纯”感情而不喜欢相反的感情。在休谟的著作中,这种一致性得到更详细的阐述。并且还伴随着一个更明确的断言,即功利意识[②](或其反面)始 424

---

① 应当指出:坎伯兰并不接受对善的快乐主义的解释。不过,我们赞同哈勒姆关于坎伯兰是英国功利主义的奠基者的意见。因为,似乎是经历了一个缓慢的、半无意识的过程,“善”才逐步获得了隐蔽地表现在沙夫茨伯里的体系中,并明确地表达在休谟的体系中的明确的快乐主义含义。

② 我们应当指出,休谟在一种比边沁的用法更狭窄的意义上使用“功利”,这种用法更符合于日常语言的用法。他把“有用的”区别于“直接合意的”,所以他一方面承认“功利”是我们在道德上赞扬比较重要的德性的主要根据,一方面又认为还有一些其他的个人功绩,我们之所以表扬它们是因为它们是对占有它们的人或他人是“直接合意的”。然而,在自边沁以来变得流行的广义上使用这个词似乎更方便。

终是人的不同品性与行为在我们身上激起道德好感（或反感）的根源。还可以指出，休谟的同时代的最深刻的批评者亚当·斯密也无保留地承认正当性（或可赞许性）与功利的客观一致性，尽管他针对休谟的观点而坚持“这种关于功利或伤害性的观点不是我们的赞许或谴责的首要原因或基本原因”。在陈述了休谟的意见——“没有被赞扬为德性的心灵品质，而只有对自身或他人有用或合意的品质；也没有被谴责为恶性的心灵品质，而只有具有一种相反倾向的品质”——之后，他评论道，“自然似乎已经令我们的赞许与谴责的情操完美地适合于个人的和社会的利益，以至在经过最严格的考察之后，我相信我们将发现，上面所说的是普遍真实的。”

而且，读过休谟的《道德原理探究》的人最后都会认为：假如拟出一份直接或间接地有利于我们自己的或他人的快乐的品性及行为表，它能囊括所有被公认为德性的品性和行为。无论我们关于道德善或道德美德的概念的原意为何，“功利”都无疑是我们用这个概念所指的倾向的一般特征，常识道德都至少可以在观念上实际上被再现为无意识的功利主义道德。但是，有人仍然会提出反对意见，说这种一致仅仅是一般的和质方面的。一旦我们试图准确地阐明这种一致性，它就会因边沁引入讨论的那种量的准确性而告失败。其次，在“德性始终是产生幸福的”和“正当的行为在任何情况下都是将产生最大可能的整体幸福的行为”这两个断语之间，当
425 然存在着极大的差别。但是，我们必须记住：功利主义并不打算证明直觉方法和功利方法在结果方面的完全一致性。事实上，假如它真的能成功地证明这一点，它的成功也会近乎毁掉它的实践意义。因为，到那时接受功利主义原则将成为一件无所谓的事情。功利主

义者们毋宁说应当表明一种从常识道德到功利主义的自然转变，这种转变有些像特殊实践活动中的一种转变，即从后天本能和经验规则到体现并运用着科学结论的技术方法的转变。这样，我们就可以说：功利主义是在整个人类历史中始终指向同一方向的行为规则的转变形式，即它的科学完善的、系统反思的形式。对于这一目标而言，我们无需去证明现存道德规则比其他规则更有利于普遍幸福，而只需在每一场合中指出这些规则所具有的某些明显地有利于幸福的倾向。

然而，休谟的著作有时甚至想证明更多的东西，而不只是我们在判断行为时抱有的道德情操同它们的被预见到的愉快(或痛苦)后果之间的简单而普遍的和谐。事实上，除非我们把功利主义论点从功利主义与常识的复杂的一致性中得到的复证充分考虑进来，否则我们就无法说功利主义的论点是合理的。

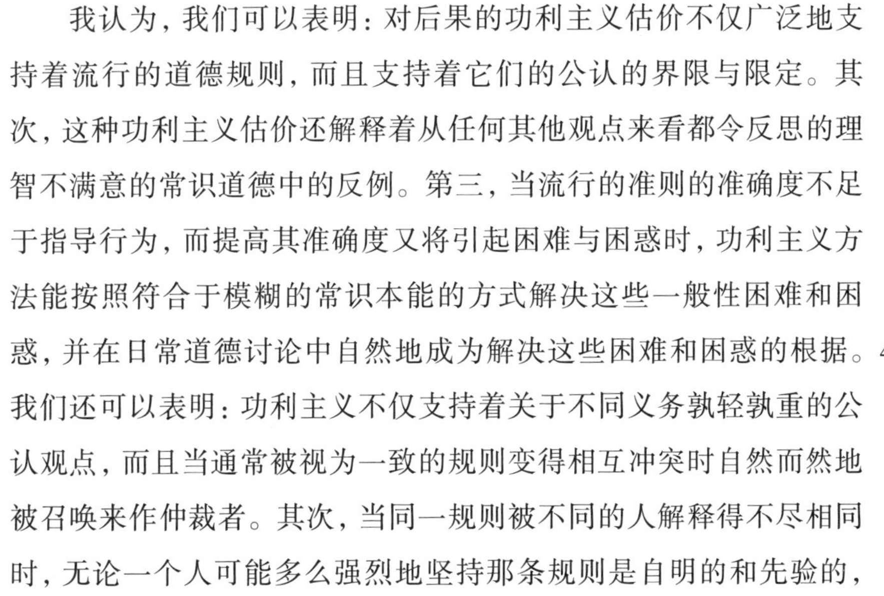

我认为，我们可以表明：对后果的功利主义估价不仅广泛地支持着流行的道德规则，而且支持着它们的公认的界限与限定。其次，这种功利主义估价还解释着从任何其他观点来看都令反思的理智不满意的常识道德中的反例。第三，当流行的准则的准确度不足于指导行为，而提高其准确度又将引起困难与困惑时，功利主义方法能按照符合于模糊的常识本能的方式解决这些一般性困难和困惑，并在日常道德讨论中自然地成为解决这些困难和困惑的根据。426
我们还可以表明：功利主义不仅支持着关于不同义务孰轻孰重的公认观点，而且当通常被视为一致的规则变得相互冲突时自然而然地被召唤来作仲裁者。其次，当同一规则被不同的人解释得不尽相同时，无论一个人可能多么强烈地坚持那条规则是自明的和先验的，

他都自然而然地以强调它的功利来佐证他的观点。第三，当我们在同一时代同一国家的人们关于某个问题的道德意见中发现明显的歧见时，我们通常会对双方的功利主义理由产生明显的、深刻的印象。最后，对不同时代、国家的道德准则的评价中的明显分歧主要与行为对幸福的不同影响有关，或者与人们对这些影响的不同预测和关注有关。上面叙述的主要之点都已经由休谟提出来了，虽然是以一种随便的、片断的方式提到的。其中的许多问题我们也已在上一编中对常识道德所作的考察中偶然地举例说明了。但是考虑到目前问题的重要性，我们最好系统地说明上面刚刚概括的复证，即便冒在一定程度重复先前提出的结论的危险。

2. 我们可以从回答一条时常为人们强调的、针对功利主义的反对意见开始。有人问：如果行为的道德善恶的真正根据就在于它们是否有功利，我们该如何解释由常识在道德和我们的其他本性之间划定的深刻界限呢？为什么我们都如此强烈地感到德性的美德在性质上不仅不同于一架机器或一块肥沃土地的优点，而且不同于人的肉体上的美和力量，以及理智上的禀赋与天资呢？我想按先前的一章（第三编第二章）中的论证作如下回答。人们经常认为：严格意义的德性的品质能凭借意志努力直接实现，至少在某些范围内是这样，因为充足动机的缺失是德性行为的主要障碍。所以，我们期待着由行为者自己或他人表达的道德善恶判断至少能——借助于它们从德性方面提供的新动机——间接地引发外在的德性行为。我们在
427 沉思非人为的（或非意志的）功利（或无功利）时产生的道德情操与苦乐感之间的所有差异，几乎都可以以这种习惯性的意识而得到说明。然而人们可能反驳说，在严格的意愿行为倾向中，有许多倾向

通常不被看作是德性的，然而它们不仅有用而且在总体上比许多德性更有用。“诱人去攒的自私本能比最终能诱人去花的慷慨本能给世界带来更大好处。……很少有人怀疑：由于一种谦卑的、不自信的、谦让的气质本性常常不相信自己的能力和躲避冲突，而一种鲁莽而傲慢的专断却常常推动人参加到一切斗争中去，并发展自己的各种能力，前者给世界带的益处总的看来不及后者的多。感激当然在使生活交往更轻松、更甜蜜方面很起作用，但与此对立的复仇感也在许多世纪中成了抵抗社会无政府状态的壁垒，甚至至今还是对犯罪行为的一种主要的约束。在公共生活的巨大舞台上，尤其是在强烈地诱发激情的大动乱时期，能给世界带来最多益处的人既不是严肃认真和诚实正派的人，也不是不善伪装和拖延的专一地虔信宗教的人。毋宁说，主宰世界的是那种狡猾的政治家：他忠诚于他的目的，但对于他的手段却毫无顾忌；他既不服从良心的约束，也不陷于盲目的热情。但是……人们很少认为在这些场合中损害功利的高雅良心构成恶。”①

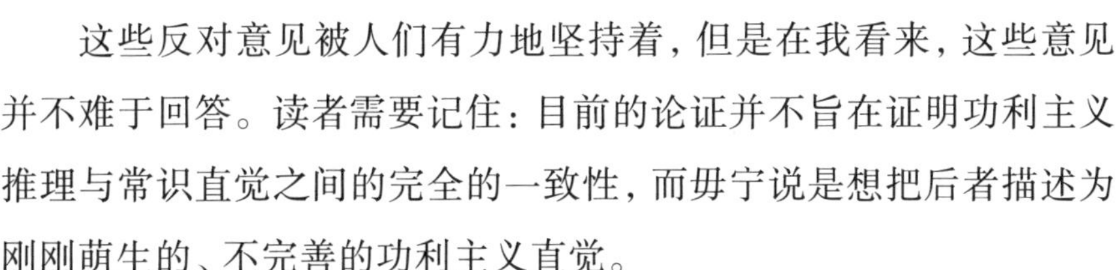

这些反对意见被人们有力地坚持着，但是在我看来，这些意见并不难于回答。读者需要记住：目前的论证并不旨在证明功利主义推理与常识直觉之间的完全的一致性，而毋宁说是想把后者描述为刚刚萌生的、不完善的功利主义直觉。

首先，我们必须仔细区分对倾向上的善的认识和对行为中的善 428
的认识。一个功利主义者必然由于一个行为的害可能大于利而谴责它，不过这个行为可能仍然表现了一种在总体上产生的利将大于

① 莱基：《欧洲道德史》（第 13 次重印本），第 1 章第 37、40 页及以后。

害的倾向。严肃的良心行为的情形尤其是这样。无论未开化的良心曾引导人们做出过多少狂热的暴行、荒谬的禁欲和其他不产生幸福的行为，没有一个直觉主义者会认为认真遵守公认的道德规则不在总体上是倾向于提高幸福的。然而可以指出，当我们知道了一种一般会产生幸福的倾向在某一个具体场合不利于幸福时，我们常常用一些起谴责作用的词来说它。例如，在以前指出的例子中，我们会说它是“多虑”或“盲信”。但是，由于我们知道它一般会产生好的结果，我们泛泛地——撇开具体结果——说它是一种好品性也不自相矛盾。第二，虽然按照一个功利主义者的观点只有有用的东西才值得赞许，他却未必认为它愈有用就愈值得赞许。前已指出，从一种功利主义的观点来看，我们在说一种品质“应受到赞许”时，必然是说考虑到它的长远作用赞许它有好处。相应地，按照功利主义原则，在赞许人的品质时，我们要考虑的主要不是品质的有用性，而是这种赞许的有用性。显然，通过赞许来鼓励我们认为容易过头——而不是不达——的品质是没有好处的。所以，无论（例如）自爱或不满对于社会多么必要，按照功利主义的观点，常识都不认为它们是德性的，因为我们可以合理地认为它们在强度上至少始终是足够的。然而我们发现：当自爱与总体上有害的冲动相冲突时，它就被赞扬为审慎；当一个人明显地缺少不满品性时，他也被指责为驯服，虽然由于恶毒的冲动产生的痛苦显然多于快乐，它们偶尔
429 地带来的功利常常受到一定的忽视。对于谦卑和不自信也可以作相似的分析。我们已经看到，[1] 常识仅仅是由于疏忽才赞扬贬低自

[1] 第 3 编第 10 章。

己的能力的倾向。人们经过反思都会承认，这种错误以及任何其它错误都不可能是善的。然而，对优越地位和尊敬的欲望在大多数人身上是如此地强烈，以至傲慢与专断既比与其相反的不达之品质常见得多，又成了尤其令别人讨厌的毛病。所以，谦卑给我们一种合意的意外，因而常识容易忽略不恰当的不自信的潜在的、遥远的坏结果。

我们还可以进一步指出，一旦我们采取一种功利主义的观点，常识道德关于道德美德与道德努力的关系的困惑就得到了满意的解释，并且被完全排除了。因为一方面，我们不难看出：当有些行为——如友善的服务——是被人无意识地、出于其他动机（而不是出于对义务的关心）而作出时，它们反而更能产生幸福；另一方面，当一个人作出这样的行为时义务就战胜了强烈的诱惑性倾向，因而他就表现了一种我们更普遍地承认是产生幸福的品性，即倾向于在所有生活领域中引起普遍的义务行为的品性。同样，对于我所提到另一个困难，即在主观的正当性和客观的正当性均被呈现为选择对象时进行选择——即当我们在考虑是否应当引导另一个人作出相反于他的正当信念的行为时——的困难，功利主义也提出了一种简单明了的解答。功利主义者会将那种正当行为的幸福后果与那个人以后的道德退化——这种退化之所以会发生，是因为他的良心信念被其他动机压倒——引起的不幸结果（这些结果是应当被考虑在内的）加以权衡：除非前一类效果极其重要，否则他就会合情合理地把品性退化的危险看作更应当得到考虑的。但是，如果那个人的错
误的义务会产生更严重的灾难，他就会毫不迟疑地用他所能使用的 430
其他动机去压制它。我认为，在实践上，人类常识也会模糊地、半

无意识地通过这类推理而达到类似的结论。

然而，为了明确地廓清功利主义同意或不同意常识的范围，我最好按照我们常识的德性和义务概念中的那些具体名目，去考察关于行为方面的正当与错误的那些更明确的判断。在我开始这一考察时，我想再次指出，德性与义务概念的任何充分准确的定义都包含着——隐蔽地或明确地——已被假定为是确定了的“善”或“恶”的概念，就此而言，它们不能够提供反对关于这些基本观念的功利主义解释的根据。例如，我们看到，第三编第三章中讨论的最重要的理智美德就是这样。众所周知，智慧不完全是选择达到普遍幸福目的的正当手段的能力。毋宁说，我们看到，智慧的概念中包含着在本书中作了区分并得到分别考察的不同目的与原则的一种未经批判的综合。但是，如果它的含义不完全是功利主义的，那么这种含义也肯定不是某种与功利主义全然无关的东西。如果我们只能把智慧界定为选择达到正当（或最好）目的的正当（或最好）手段的能力，由于上述的理由，我们的定义就使我们能够赋予“善”和“正当”的概念一种功利主义的含义。

3. 我们先考察在第三编第四章中讨论过的属于仁爱名下的那些德性与义务。对于这条义务的一般观念，我认为在直觉的体系和功利主义体系之间不存在我们必须去考察的分歧。因为，虽然仁爱可能更普遍地被界定为提高一个人的伙伴的善（而不是他们的为功利主义者们明确地理解的幸福）的倾向，但由于常识的善（而不是幸福）概念中的主要因素是道德或德性，[①] 所以如果我们能表明其他

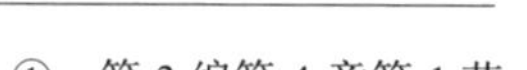

① 第3编第4章第1节。

德性一般地说都是有利于自己的或他人的幸福的品质，仁爱——无论它是引发我们去提高别人的德性还是去提高他们的幸福——就直接或间接地指向功利主义的目的。[①] 431

其次，当功利主义者把所有感觉存在物的最大幸福陈述为他们的终极目的时，他们赋予仁爱的这种广泛性并不真的是与常识对立的。因为，如果某些直觉的道德学家把直接的仁爱义务只限在人的范围之内，并且认为我们对动物的义务只是间接的和“从自我发展的义务中”派生的，陷入理论上的矛盾的就将是他们自己，而不是他们的功利主义对手。即使在强调每个人应当把所有其他人的幸福视为与自己的幸福同等重要时，功利主义超出了仁爱通常要求的标准，我们也不能说它在这点上与常识相冲突。这是因为，功利主义的这种理论上的不偏袒性的实践应用是受到一些重要考虑的限定的。首先，一般地说，由于每个人都更了解他自己的欲望与需要，也有更多的机会来满足它们，他更能增进他自己的而不是他人的幸福。其次，正是在自我利益的刺激下，大多数人的积极活力才最容易充分发挥出来。假如没有这种刺激，普遍幸福就会由于劳动创造的幸福手段的严重减少，以及——在某种程度上——由于劳动本身的减少而减少。由于这些原因，在实际生活中，每个人都像关心自己的幸福那样地关心他人的幸福是不会提高普遍幸福的。然而如果我抽象地、观念地考察义务，甚至常识道德也似乎要求我“爱人如己”。

诚然，人们还可以从另一方面合乎情理地反驳说，在慷慨、自

① 读者将会看到：我在这里并未全然采取上一编第 14 章中的结论。

我牺牲等等概念之下，常识比功利主义更热情地表扬一种对利己主义的压抑，虽然它不把这种做法当作责任来要求。这是因为，我们
432 也许把一个为他人而放弃其幸福的人当作有德性的人来崇拜，甚至当他给予那个人的幸福小于他放弃的幸福，因而整体的幸福受到了损害时亦如此。但是，(1)当这种牺牲与帮助显然极其不相称时，我们似乎十分怀疑我们是否完全赞许这种作法。而且，(2)由于(a)一个旁观者不可能看出牺牲者在何种程度上能通过同情的和道德的快乐而得到补偿，并且由于(b)他必须把这一牺牲对牺牲者及其他人的道德影响所产生的更长远的幸福后果考虑在内，他常常不能判明整体幸福是否受到了损失。另一方面，(3)即使在某一具体场合中会产生此种损失，我们对自我牺牲的崇拜也能得到功利主义的证明。因为这种行为表现了一种远远高于一般水准的一般趋向于提高幸福的倾向，而我们所崇拜的毋宁说正是这种倾向而不是那个具体的行为。

然而，有人已经指出[①]，由于这些特殊的要求和义务属于把每人与整个人类中的一小部分人联系起来的特殊关系，它们是明确地为功利主义准则的严格的无偏袒性拒斥的。所以，虽然功利主义与常识都可以同意下述命题：所有的正当行为都有利于某个人的幸福并在此意义上是仁爱的，它们在仁爱的**分配**这一根本问题上仍然是不可调和地相互对立的。

然而在这里，似乎连无偏见的论敌都没有理解功利主义的观

① 参见 J. 格罗特(J. Grote)：《对功利主义哲学的考察》(*An Examination of the Utilitarian Philosophy*)，第 5 章。

点。他们攻击边沁的“每人只算一，无人算作多”的著名准则，理由是对个人的服务的不平等分配最有利于实现普遍幸福。但是，如果不平等明显地是最能达到普遍幸福的方法，功利主义就必定要求我们以这种方法达到它。我们必须这样理解：边沁的命令仅仅是为了使终极目的概念更准确，——他强调：作为普遍幸福之中的一个因素，一个人的幸福应当被视为与另一个人的幸福（假如它们是同质的）同等重要，——而不是在直接规定最能达到普遍幸福的行为规则。而且一般地说，每个人以公认的联系和要求所规定的方式分配他的仁爱的确有利于普遍幸福，且其原因是相当明白的。 433

第一，在第三编第四章所讨论的主要关系——家庭关系，以及那些由血缘、友谊、先前的帮助和特殊的需要构成的关系——中，被常识规定为义务的那些服务通常是由自然感情引发的，尽管它们也同时倾向于发展和维护这类感情。维护人们之间的仁爱感情本身就是实现功利主义目的的一个重要手段。因为（像沙夫茨伯里及其追随者们有力强调的），我们的最强烈、最有价值的快乐就来自这些感情。对这两者来说，这种感情本身就极其令人愉快，并且还把这种性质赋予它所引发和维护的活动。同时，这样产生的幸福也由于赋予他人的快乐所引起的感情共鸣而不断提高。其次，在存在着真正的感情的地方，对自发的仁爱的实践上的反对意见——我们在前面指出过这些意见——就变得更没有力量了。因为，这种感情倾向于互爱，而且它所引起的和所表现出来的友善通常能得到感情上的回报。就此而言，友善不会削弱受助者的行为动机，并且还由于激发了利己动机之外的其他动机——私人感情、感激、对得到爱的欲望，以及对亲密的仁爱的欲望——而加强着它们。所以，人们

常常指出，如果施舍是以真诚的同情与友善，并以一种激起真正的感激的方式提供的，它的有害效果就至少是极大地减小了。此外，产生于感情的仁爱还不会因知识缺陷而失败。因为我们不仅被强烈地刺激着去研究我们所爱者的幸福的实际条件，而且这类研究还由于自然地伴随着感情的同情而变得更加有效。

基于这些理由，功利主义者将明确地赞扬培养感情和带着感情提供服务的作法。然而应当指出，我们所应当赞扬的不是对特殊个
434 人的感情，而是一定范围内的较为普遍的情感——即博爱或（按照人们以前的叫法）“仁爱激情”。诚然，由于所有特殊感情都在某些场合下与提高普遍幸福的原则相抵牾，功利主义必定要人们尽可能培养一种感情以抵销这种倾向。但是，情况似乎是：由于大多数人只能对少数处于亲密关系——尤其是家庭关系——中的人产生强烈感情，如果这些感情受到抑制，他们对一般伙伴的感情就只能是“一种淡泊的友善”（亚里士多德语）和一种抵销着自爱的、非常微弱的情感。所以，这种特殊化了的感情——例如由目前的社会组织在正常情况下产生的这类感情——是大多数人发展那种扩展了的仁爱，以令他们能感受到这种感情的最好手段。其次，由于能力与知识上的限制，每个人在大多数情况下都只能对很少一部分人有较大帮助。似乎仅因为这一理由，他的主要的仁爱冲动就应当只指向少数人。

第二，这一结论引导我们进一步考察另一个问题：除感情的理由之外，为什么普遍承认对服务的特殊要求只与特殊关系相联系，从而修正功利主义表面地要求的仁爱分配中的无偏袒性有利于普遍幸福？为明确起见，我最好单独地考察这个问题，虽然由于这里

所谈的服务常常不能离开感情，这一问题不易于同前一个问题分开。我们已经看到[①]，在这类情形中，就这种感情是能够培养的而言，常识把这种感情本身视为一种义务。但是，如果这种感情不存在，常识也仍然要求人们提供这类服务。实际上，通常由家庭感情引发的服务，以及出于感激和怜悯的服务，是对由法律明确规定的
(或基于交换条件并作为交易的一部分的）那些更基本的服务的不 435
可缺少的补充，我们可以恰当地把它们视为我们据以维系社会的正常生活和幸福的那个互助体系的一部分。诚如政治经济学家们所解释的，幸福手段由于在文明人中间逐步形成的复杂的合作体系而极大地增加了。尽管人们认为：在这样一种体系下，最好每个人通过自由契约以他能够提供的服务交换他能获得的回报，这条一般原则仍然有许多例外。其中最重要的例外是儿童的情况。人类福利的一个必要条件是：每一代人中有恰当数量的儿童，既不过多也不过少。而由于儿童不可能自食其力，他们在婴儿时期应当得到充分的喂养和保护，并且在以后的时期得到智、德、体方面的良好习惯的细致教育。人们通常认为，提供着实现这些目的——哪怕是在最低的限度上——的最好的、甚至是所知道的唯一手段的是现存家庭制度，它是以结合在一起的法律的、道德的规则为基础的。法律规定最起码的互助，并为家庭的不同成员制订了广泛的行为准则。它要求父母保持终身的婚姻关系[②]，相互忠诚，并完成抚养子女到法定年龄的义务。作为回报，它给予他们在同一时期中的对其子女的控

① 第3编第4章第1节。

② 诚然，严格地说，现代国家的法律并不强行规定这一点，而仅仅拒绝承认其他形式的婚姻契约，但是，其社会效果实质上是相同的。

制权，有时还要子女在父母年老和贫困时赡养他们。所以，道德在反复灌输更完美的利益和谐和更丰富的友善交往的意识时，只是在充实法律规定的准则。然而，在我们试图明确地表达常识承认的不同家庭义务时，我们发现在大多数情况下都存在一个宽泛的、模糊不清的边缘地带：我们不可能在这里找到普遍的一致意见，而且这里事实上还成了一个不断产生争吵的场所。但是，我们现在不得不指出：正是这个边缘地带把常识道德意见中的潜在的功利主义最清
436 楚地表现出来了。因为，一旦提出了有关（例如）夫妻间、父母与子女间的确切义务的问题，每个争论者就通常借助一种预测，即对于普遍地建立某种规则可能对人类幸福发生的影响的预测，来支持他的观点。这种作法似乎是一种被公认为可以作为解决这个问题的依据的标准。

与此类似，产生于特殊需要（本能的同情心驱使我们承认这类需要）的对服务的要求也显然以一种功利主义为根据。的确，恰当地履行这种义务对社会的福利是如此之重要，以致在现代文明社会中，政府一般都在或大或小的范围内履行这种义务。我们曾指出，不应当由每个富人来把他的多余财富分给穷人。其主要功利主义的理由在于，要最大限度的提高所有人的整体幸福，我们就必须在一般成年人（已婚妇女除外）中支持下述期望：每个人都能靠自己的力量满足其需要。但是我如果意识到，由于一次不可能预见的横祸，另一个人的财产显然不足以使他免于痛苦与严重的不适，情况就不同了。我的一种理论上的责任，即我应当把他的幸福看作与我自己的同样重要，这时变成了实践上的责任；我有义务尽力解除他的困境，只要这不致使我自己或其他人损失更多的幸福。然而，如

果这场灾祸是他只要小心就可以预见和避免的，我的义务就变得较为可疑了。因为，如果去解除他的困境，我似乎会冒鼓励他人的依赖性的危险。在这种情况下，一个功利主义者不得不将这种间接的恶同解除痛苦与不幸的直接的善加以比较。而且正是在今天，越来越多的人承认，我们不得把为贫困者提供帮助的问题当作一个功利主义的难题——间接的恶与直接的善构成了这个难题中的两个因素——来解决，不得不确定我们是否将考虑一个由法律或者适当的私人博爱行为为贫困者保障的最低生活标准。

然而，贫困还不是为另一个人提供并非他购买的服务有利于普遍幸福的唯一例证。任何身份和职业的人都会发现，离开了某种他无法以正常的商业价格购买的帮助，他就可能无法抵制某种恶或实 437 现某种合理的、有价值的目的：而这种帮助一方面不会对受助者产生不良影响；另一方面也不会给帮助者带来麻烦，在这里，一些法学家认为：在所需提供的服务非常大且提供它的责任非常小的情况下，我们就可以恰当地说它是一个与法律责任有关的问题。所以，如果（例如）我伸一下手就能拯救一个溺水者，我不救他就应当受到法律的惩罚。但是，不论是不是这样，谴责在这类紧急情况下拒绝提供帮助的行为的道德规则都显然有利于普遍幸福。

其次，除了这些——可以说——**在偶然情况下**无法购买的服务之外，还有某些在正常情况下亦无市场价格的服务，例如在产生内心困惑时一个人愿意从真正的朋友那里得到的忠告与帮助。如果人们普遍能得到这类服务，这将极大地提高普遍幸福。由于这一事实及直接产生于友谊的情感快乐，我们把友谊当作实现功利主义目的的一种重要手段。与此同时，我们又感到，如果这种情感之流不

是自发的和非强制的，友谊就失去了魅力。这两种观点的混合物表达在那种不尽是崇拜的同情（常识抱着这种情感看待所有亲密而强烈的感情）及那种不尽是谴责的遗憾（常识抱着这种感情沉思这类感情的退化）之中。

500

在提供无法购买的服务有利于普遍幸福的所有场合，功利主义都和常识一样要求感激（如用这个词指在一适当场合以力所能及的方式回报一种帮助的倾向的话），因为经验可能使我们作出这样的推测：人们将不会充分地提供繁重的服务，除非存在一种回报它们的一般倾向。事实上我们可以说：下述默契，即从功利计算甲应当提供给乙的全部服务都将由乙以某种方式回报给甲，是那些更明确的契约——我们正是基于这些契约安排主要的社会服务的交换的——的自然补充。事实上，一种回报总是跟着另一种回报，而且
438 在两者之间难于划出明确的界限；我们也总是分不清对一种帮助的回报是纯粹的报恩行为还是对一项默契的履行。[①] 然而，这种把感激当作交易的兑现的观点中存在一种困难。因为我们可以说，无利害性是出于友谊的服务的不可缺少的特性。在任何情况下，助人而不图报的行为都具有一种特殊的美德，而且的确特别引起感激；而如果施恩是为了图报，它们就失去了这种德性。不过，我们又很难把一个不能指望他报恩的人当作朋友。这初看起来似乎是一个无法说清的问题，但是在这里也像在其他例子中一样，表面上的伦理学矛盾其实最终是一种心理学的复杂现象。我们的大部分行为是

---

① 有时候，这种非交易性的回报甚至是法律要求的。例如，子女有义务以赡养衰老的父母来回报他们以前得到的照料。

出于几种或共存或很快前后相继出现的动机而作出的。例如，一个人可能怀有一种完全无利害地帮助他人的愿望，以及一种纵使全无得报的希望也能支配其他抗争的动机的愿望，不过这种宽宏的冲动也可能是由对方不致不作回报这一模糊信念支持的。事实上，这种表面上的困惑提供了对常识中潜在的功利主义的又一说明。因为一方面，功利主义要求我们只要提供服务有利于普遍幸福就去这样做。功利主义常常这样要求我们，而不大考虑帮助者是否得到回报。另一方面，既然我们可以从一般人的实际的自私性推断，如果没有图报之心人们就不会充分地提供这类服务，人们承认一种回报帮助的道德责任就也是有利于普遍幸福的。

我们已经讨论了最突出的感情义务，但是对其他例子显然也都可以以此类推。

在所有这类例子中，有三种推理倾向于表明下述结论，即虽然 439

关于特殊关系中的特殊要求与特殊义务的公认观点显然与功利主义原则的无偏袒性对立，它实际上却是对功利主义原则的慎思运用所支持的观点。首先，道德在这里是保护自然的仁爱感情的正常渠道与过程的方式。这些感情的发展对于人类幸福是至关重要的，它既是直接的快乐源泉，又是达到一种更加扩展了的“功利主义”的必要阶段。其次，这些感情是正常的感情这一事实引起了一种期望，即这类感情自然地会引出那些特殊的服务，而这种期望的受挫则不可避免地产生痛苦。最后，除了这些考虑之外，我们在每个例子中都可以表明这样一些强有力的功利主义理由，它们说明（一般地说）我们应当向公认为具有这类要求的人——而不是其他人——提供这类服务。

作为结论，我们必须指出：在功利主义体系中，我们在用直觉方法确定这些义务的界限和相对重要性时碰到的困难被减轻为快乐比较上的困难。[①] 因为，上面的每一论点都向我们揭示了满足这些要求所得到的各种快乐和所避免的各种痛苦。在这些快乐与痛苦之中，首先是所要求的服务直接地提高或避免的那些快乐与痛苦；其次是当人们没有提供这种服务时由于失望而引起的痛苦和间接的伤害；第三是——我们必须这样推断——与自然的仁爱感情（尤其当它们是互爱的感情时）的运用相联系的各种快乐，包括对行为者的坚持这类感情的品性的影响。所有这些不同快乐与痛苦都以不同方式掺杂在一起，并随着环境的变化而获得了近乎无限多的样态，它们构成了有关的特殊要求的功利主义理由。这些理由中没有一条是绝对的和决定性的，但是每一条又都有它自己的意义，尽管它可能被其它理由压倒。

440 4. 我接下来考察在广义的公正概念名下的另一类义务，它们常常同仁爱的义务形成对照。

“公正”，休谟这样说，“对社会是有用的，这是无需去证明的”。他想详细证明的是“社会功利是公正的**唯一**起源”，这个起源的问题也是 J. S. 密尔关注的重要问题。[②] 然而在这里，我们所关心的与其说是公正情操从功利经验的产生过程，不如说是这个成熟的概念的功利主义基础。如果前面作出的分析是正确的，我们通常要求的和反复灌输的公正就是比这些作者所承认的更为复杂的东西。

---

① 我将在下两章中进一步讨论解决这些困难的功利主义方法。

② 《功利主义》，第 5 章。

(例如)休谟所说的公正毋宁说是我所说的秩序(在它的最宽泛的意义上),即对于这样一种纯粹法律的或习惯的现实规则体系的服从:它把社会不同成员结合为一个有机整体,抵制着恶毒及相反的有害冲动,分配着人们的相互冲突的欲望的不同对象,并要求着公认为应当的出于习惯的或出于契约的积极帮助。虽然柏拉图引述的那个革命的反论——“法律是为着统治者的利益的”——从来不缺乏合理的经验论据,但是秩序或守法习惯有利于社会幸福的一般性质却是——如休谟所说——明白而无需证明的。的确,这种习惯对于一个社会是如此之重要,以致当具体的法律显然有害时,遵守它们也通常是有利于社会的,不利的仅仅是违法行为会使个人受到惩罚。然而,我们看到:常识有时要我们拒绝服从坏法律,因为“我们应当服从上帝而不是服从人”(虽然似乎不存在证明着反抗的正当性的关于这种“坏”的性质与程度的明确的直觉)。常识还在特殊的紧急情况下允许我们违反一般地是好的规则,因为“必要性没有法”,而且“公众的利益高于法律”(salus populi suprema lex)。

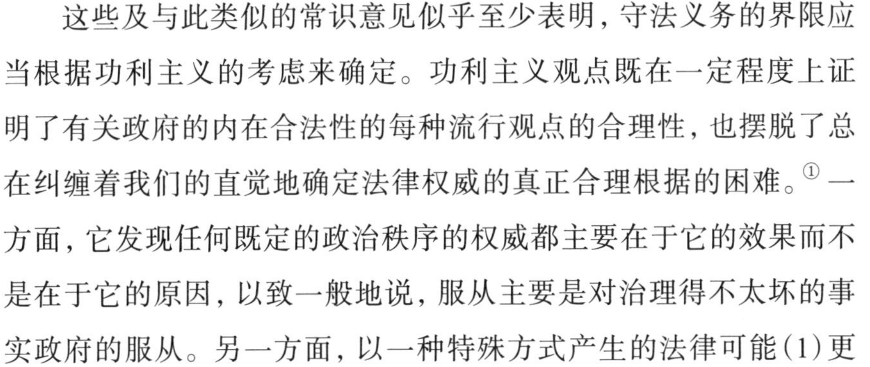

这些及与此类似的常识意见似乎至少表明,守法义务的界限应当根据功利主义的考虑来确定。功利主义观点既在一定程度上证明了有关政府的内在合法性的每种流行观点的合理性,也摆脱了总 441
在纠缠着我们的直觉地确定法律权威的真正合理根据的困难。[①]一方面,它发现任何既定的政治秩序的权威都主要在于它的效果而不是在于它的原因,以致一般地说,服从主要是对治理得不太坏的事实政府的服从。另一方面,以一种特殊方式产生的法律可能(1)更

① 参见第3编第6章第2、3节。

好，或(2)更容易得到遵守，就此而言，努力采取这种方式来产生法律是一条功利主义的义务。所以，在社会发展的一定阶段上，人们要求甚至(在极端的情况下)靠强力来实行一种“代议制”就可能是正当的。不过，维护一种过去的立法方式也有其便利，因为人们容易服从这种方式。同时，为了让野心家们知道篡权并不是容易的事，忠诚于一个被废黜了的政府——甚至以暂时的痛苦和紊乱为代价——也可能在整体上是有利于社会的。在这里也同在其他地方一样，功利主义同时支持着常识作为绝对的东西而提出来的不同理由，并且在理论上给它们提供了一个共同的尺度，使我们在具体场合中有一个解决相互冲突的政治论据的原则。

前已指出，至少就其对于他人利益的影响而言，这种守法是我们在说公正时通常所指的意思。然而，详细的分析似乎表明[①]，公正概念包含着以一种颇为复杂的方式掺杂在一起的几种不同的因素。因此，我们不得不研究这之中的每一种因素表现了哪些潜在的功利。

首先，公正的概念的一个不变的成分——甚至当公正没有与法律区别开时，它也存在于公正的概念之中——是无偏袒性或对人为的不平等的否定。我们已经看到[②]，这种无偏袒性(无论它表现在法律的建立上还是表现在法律的管理上)只是“若两人的所有实质条件均相似，区别地对待他们便不可能是正当的”这一较宽泛的准则
412 的特殊应用。而且，我们已经看到，功利主义也完全像其他伦理学

① 参见第3编第5章。
② 第3编第13章第3节。

体系一样承认这条准则。与此同时，这个否定性标准又显然不足以完全确定何为法律中的公正或一般行为中的公正。一当我们承认了这一点，余下的问题便是："什么才是法律中的以及法律之外的苦乐分配中的非人为的、合理的不平等？这些不平等又可以被归结为哪些一般原则？"

在这里，我们首先可以基于功利主义原则来解释：为什么在一部分个人行为[①]中，明显的人为的不平等不被视为不公正，甚至在某些场合也根本不被视为应受谴责的。这是因为，行为自由是行为者的重要的幸福根源，也是一种从社会的观点看是有用的刺激他们的积极性的东西。所以，如果在分配财富或友善服务时，一个人的自由选择能不受对——并非为维护他人利益明显需要的——法律惩罚的恐惧或甚至对社会谴责的恐惧的限制，这将显然是有利于社会的。因而，当明确地为人们公认的要求得到满足之后，个人的纯粹偏爱就应在此范围内被其他人当作他不平等地分配其财富或服务的合理理由。不仅如此，我们已经看到，在一定限度内，每个人在实践上把他自己的不合理冲动视为行为的合理理由也是有利于社会的。例如在出于公正的、正当的本能感情与非强制性的感情而提供服务时，情况就是这样。

当我们转过来考察公认的"公正的要求"所依据的那些一般原则时，我们注意到：这类要求的根据可以被归诸于"正常期望"的一般概念之下。但是，这类责任的严格程度却是不确定的，它取决于这类期望是建立在明确的约定之上，建立在某些含糊的默契之

① 参见上文（边码）第 268 页注。

上，还是仅仅从一个普通人过去的有关他人行为的经验中形成的。在这后一类情况下，常识对于这类要求的效准感到困惑。但是对功
443 利主义者来说，这个困难就不再存在了。他将把任何失望视为某种程度上的恶；期望者以前的确信程度愈大，这种恶便愈大（因为它给他对其伙伴的行为的信托的打击更大）。更多见的是，这类期望愈普遍地被视为正常的和合理的，这种恶便愈大（因为在这种情况下，这一打击将波及所有以某种方式承认他的失望的人）。能够彼此依赖其活动这一点对于人类是如此之重要，以致在日常的完全明确的约定方面，没有任何东西能抵消违约所引起的伤害。不过，我们已经看到[①]，常识也或多或少明确地承认守信规则的几种例外情况与限定，而且其中的大部分例外与限定都具有一种不难识别的功利主义基础。首先，我们可以指出：把允诺责任归因于允诺者的陈述而不是——像功利主义者认为的那样——归因于它会使受诺者产生的期望的肤浅观点不属于常识。对于下述两种情况下的违诺，即当他人已经变得依赖于这项允诺时的违诺，和当遵守它与他人无直接关系，违反它对于他们也仅仅因为它开了一个坏头而构成一种间接的恶——例如一个人违反了完全戒酒的誓言——时的违诺，常识当然谴责前者远胜于谴责后者。其次，我们看到，支持着守诺的功利主义随着环境上的实质性变化[②]而变得无力了。因为在这种情况下，违诺所伤害的期望至少不是允诺原先引起的那些期望。第三，如果人们可以要求兑现他们骗得的允诺或靠非法暴力强迫别人

① 第 3 编第 6 章。

② 参见上文第 3 编第 6 章第 8 节。

作出的允诺，这也显然是对社会不利的，因为这样将会鼓励人们为这一目的而使用欺骗或暴力。[①] 第四，我们也已经看到[②]，当允诺的兑现可能伤害受诺者时，常识也倾向于承认守诺的责任是可以取消的，并且至少是不能肯定这项允诺应得到遵守。甚至当可能受到伤 444
害的仅仅是允诺者时，常识也可能持此种意见，如果那种伤害可能非常大的话。这两个限定都是与功利主义相吻合的。对其他限定与例外情况亦可以此类推，它们最终都显然是功利主义的限定与例外，因为守诺的一般功利是显而易见的。

但是其次，满足正常期望——甚至当它们不是建立于明确的契约之上时——的功利性又是不容否认的：它显然是有利于社会存在的安定，也有利于对于社会幸福至关重要的稳定的、组织良好的活动的，因而这类期望应当尽可能地少受挫伤。而且在这里，功利主义也使我们免除了那些困扰着常识观点——这种观点把公正行为视为某种绝对严格确定的行为——的困难。因为，在这个模糊地带，我们无法在合理的要求和不合理的要求之间划出一条明确的界限，“不公正”也逐渐地难于与单纯“吃苦头”相区分。所以，下述功利主义观点，即对自然期望的挫伤是一种恶，然而是一种我们有时为了更大的善而不得不选择的恶，是常识在实践上不得不接受的观点，虽然我们很难把这一观点同直觉道德观的公正概念的理论上的绝对性协调起来。

当我们考察我所说的理想的公正，以及对于这种公正的一般观

① 然而在暴力的例子中，还有一种从两恶中权其轻者的考虑：如果被强制者不兑现他的允诺，那个违法的施暴者就可能对他施加更大的伤害。

② 参见第3编第6章第8节。

念——我们发现它们明确地表现于或潜在于对现存社会秩序的流行的批判之中——时，我们就将更清楚地感觉到承认这种责任的相对性的好处。

我们已经看到，存在着两种关于理想的公正社会秩序的观点，——或者可以说，存在着两种极端的模式，普通人的较为松散的观点就在它们之间摇摆——我们已经把它们分别称作个人主义的观点和社会主义的观点。按照前一种观点，一种理想的法律秩序应当把自由——或社会所有成员的完全的互不干涉——作为一个绝对目的。功利主义为“让每个成人以他自己的方式自由地追求幸福”这一结论提出的一般理由是显而易见的。首先，一般地说：每个人最能寻求他自己的利益；因为甚至当他不知他的利益为何以及他如何能获得这些利益时，他也至少最敏锐地关心着这些利益。其次，

445 对自由及伴生的责任的意识提高着人们的一般活动的有效性。此外，约束的不适本身就是一种恶，并且就此而言是应当加以避免的。不过，我们也已经看到[①]，构建一种以最大自由（而不是幸福）为绝对目的的具有一致性的法律准则必然导致惊人的悖论和无法解决的困惑。事实上，人们对“自由”概念的实际解释，以及人们在实际地追求其实现时所受到的限制，都或多或少是他们有意识地通过权宜的考虑而确定的。所以，我们可以公平地说，就常识已经在政治方面采取了个人主义理想而言，这种理想一直是服从于功利主义的首要原则并受着这一原则的限定的。[②]

① 第 3 编第 5 章第 4 节。

② 我已在另一著作（《政治经济学原理》，第 3 编第 2 章）中努力表明：工业组织中的完全的自由放任倾向于以各种方式阻碍经济财富的最大增长。

然而，我们通常以理想的公正之名要求的东西与其说是自由的实现，不如说是按劳绩分配善恶。事实上，喋喋不休地鼓吹自由仅仅是达到这一目的的一种手段。因为人们说，如果我们保障人人互不干涉，每个人就将依其行为而各得其果，因而将依其劳绩而获得幸福或不幸。具体地说，人们普遍认为，如果允许财富与服务间的自由交换，每个人就将从社会那里得到——以货币或其他好处的形式——他的服务的实际所值的东西。然而我们看到，当一个人在一种完全自由的交易制度下用他的财富或服务进行交易时，他所得到的价格可能由于若干理由而与他的财富或服务的社会功利不相称。反思的常识似乎在一定程度上承认这种不相称的交易的合法性，并且基于功利主义的考虑而纠正未经反思的道德情操发出的抗议。

举一个具体的例子。如果一个有道德的人被问及在交易中利用另一个人的无知而占便宜是否正当，他的第一个冲动可能是完全 446

谴责这样一种作法。但是我认为，反思将向他表明这样一种谴责过于宽泛，并且将告诉他，“假如甲在同一个陌生人乙作交易时，他的更优越的知识是通过合法地使用勤奋和谋虑而获得的，并且乙如果有此勤奋和谋虑也可以获得这种知识，因为甲在交易中利用了乙对于他自己所知的事实的无知而谴责他”就是违反常识的。“……我认为，阻止我们在此例及类似例子中作这种谴责的是对下述结果的一种或多或少有意识的直感，即如果对自由地追求和运用”经济知识“施以严格的社会限制，社会就不知道要损失多少财富”。由于一些与此颇为相似的普遍功利方面的理由，如果被问及一组个人利用与他们作交易的另一组个人的不利经济状况占便宜是否公平，常识至少会在谴责这种作法上表现出迟疑，尤其是当这种不利状况是由于“一般原因的潜移默化造成时，因为那些占便宜的人们对这些原因的存在不负有特殊责任”。[1]

实际上，如果说常识把“回报善绩”的一般原则视为在实践上适用于人的社会关系的，这个一般原则也是同功利主义普遍一致的。因为，我们显然是通过奖励人们的有利于幸福的行为来促进普遍幸福的。所不同的只是，功利主义的奖励标准不完全由所提供的服务量确定，而是也部分地由引导人们提供这些服务的困难程度来确定。但是常识也似乎总把这后一个因素考虑进来。因为，我们曾附带地指出[2]，如果正当行为是人们本能地就倾向于做得过多而不是不足的，我们通常就不承认它们的功绩。当“恶在于意图不良”这一直觉原则同“惩罚是纯粹预防性的”这一功利主义观点相冲突时，我们发现常识在刑法正义的实际管理中不得不——无论多么不

447 情愿——实际上同意功利主义。例如，在一次之后，它要求处死大多数纯粹出于爱国动机的反叛者；在一次又一次铁路交通事故之后，它大肆鼓噪对非故意的过失者作出严厉的惩罚；而这些过失者，若不从他们造成的后果来考虑，本来是可以被视为情有可原的。

然而，如果某种对快乐与特惠或痛苦与负担的分配与劳绩方面的考虑无关（即如果要分配的善或恶与其可能的接受者的个人行为无关），或者，如果在实践上不可能作这样的考虑，常识似乎就将把简单的平等当作公正分配的原则。[3] 我们已经看到，在上文中假设

---

① 这段引语摘自我的《政治经济学原理》第 3 编第 9 章，我在那里对这些问题作了更详细的讨论。

② 参见上文第 2 节，以及第 3 编第 2 章第 1 节。

③ 我已经指出：承认在私人行为的范围之内，每个人可以随意不平等地分配他的财富与友善服务而不应被谴责为不公正，是与功利主义原则相当一致的。

的例子中，功利主义者也将合乎情理地把平等视为唯一的非人为性的分配样式。我们还可以指出，这种分配幸福手段的样式可能产生更大的整体幸福。这不仅因为人们有一种对于不合理的事的无利害的反感，而且更因为他们有一种对于任何相对于他人的劣势的反感（当这种劣势显然不合理时，这种反感就更加强烈）。这后一种情感是如此强烈，以至它常常压倒甚至十分显明的劳绩方面的要求；而且它占上风时有时甚至能带来功利。

因为，最后，我们必须指出：功利主义还给了我们一种共同的标准，公正概念所包含着的各种因素都可以用这个标准来化约。这样一个标准是极其必要的，因为这些不同因素可能不断地相互冲突。例如，在实际政治生活中，保守派与改革派的争论就常常表现了这样的冲突。问题在于：在考虑创造一种更符合理想的公正的分配幸福手段的方法时，我们是否应当以某种强制力对待正常地产生于现存社会秩序的期望。在这里，如果我对常识公正概念的分析是合理的，想从这一概念中引出解决这一争论的清晰结论的尝试就必然是失败的。因为，这种冲突可以说是永恒地潜在于常识的深处的。但是，功利主义者将仅仅把这种公正概念用作指示着不同功利的向导。当这些功利不相容时，他将把一组功利与另一组功利加以 448
权衡，并选择其中的较大者。

5. 讲真话的义务有时被视为道德规则不依赖于功利基础的一个突出例证。但是，在对于人类常识在实际灌输这条义务时提出的那些限定作缜密的研究之后，我们似乎被引向一个相反的结论。因为，不仅讲真话的普遍功利明显得无需证明，而且一当这种功利不存在或被具体的不良后果超过时，我们就会发现常识至少在实行这

条规则上迟疑不决。例如，如果一个人在追求犯罪的目的，别人对他讲真话就无异于在帮助他犯罪，就显然是有害于社会的。所以在这里，用欺骗作为抵制犯罪的手段显然是合理的，虽然当我们虑及哪怕是一个孤立的不诚实行为习惯的或作为榜样的不良影响时，这种做法从功利主义原则来看是可疑的；而且，这正是常识的看法。又如，虽然一般地说一个人的利益在于了解真相，但是在一些例外情况之下，了解真相也会伤害他——例如当一个病人听到坏消息时。而且在这里，常识也倾向于取消这条规则。再如，我们也很难确定诚实是以什么形式表现出来的，因为我们可能或者在要求言语说出的真相，或者在要求言语者预见将能从言语中引出的推理隐含的真相，或者在同时要求这两者。诚然，完全的坦率将同时要求这两者，但是当这种坦率不能带来功利时，我们常常发现常识至少在一定程度上愿意取消这一双重责任的这一方面或那一方面。例如我们看到，有一派值得尊敬的思想家一直认为可以借助于一种历史的虚构来传达宗教真理。另一方面，完全的坦率在我们现存的社会关系中的不适合性也在公认的礼貌规则中得到了承认：这些规则不无经常地要求我们少说真话并故作假态。我并不是说在上述这些例子中常识明确地支持不诚实，但是功利主义在这些例子中也不明
449 确地支持不诚实。因为坚持一种普遍讲真话的习惯的功利是如此之大，以致我们不大容易证明这种功利明显地被更强有力的打破这一规则的特殊理由超过了。

不过值得指出：虽然我们发现很难表述出常识对于恶毒冲动的合理性的一贯理论，在此问题上的不同观点却同对于满足这类冲动的后果的不同预测正相吻合。初看上去，伤害某个人的欲望与增进

尽可能多的一般人的幸福这一慎思的目的不一致。而且，我们还发现，那种我可以称为肤浅的常识观点也无一例外地谴责这类欲望。但是对社会生活现实的研究表明：不满在维护着社会福利的对伤害的压抑中起着重要作用；所以有头脑的道德学家们不会完全排除它。然而，人的恶意是一种非常危险的达到普遍幸福的手段，因为它的直接目的恰恰是幸福的反面。虽然这个目的的实现在某些情况之下可能是两恶中之轻者，但这种冲动若得到鼓励便可能引发那个气愤的个人对他人施加超出公正惩罚的限度的痛苦，并对他的品性产生有害影响。因此道德学家总是要求我们对事不对人。如果作了如此限制的义愤仍能有效地抑制伤害，这种冲动就可能成为最有利于普遍幸福的心态。但是我们很难知道一般人的本性是否能坚持这条界限，以及如果能够，那种比较高雅的反感本身是否足够有效。因此常识在谴责针对着做坏事者的恶意时犹豫不决，即使当它含有一种对恶的满足的欲望时。

最后，不难表明：节制、自我控制，以及一般所谓有关自身的德性，都是对具有它们的人“有用的”。如果按照常识观点，为道德学家们如此宣传和推崇的对欲望和激情的调节与控制应指向何种 450
目的还不明确，那么我们也至少可以把这个目的规定为幸福。甚至在自我控制的禁欲主义极端——这种学说有时把感官快乐作为完全恶的东西而摈弃——那里，我们也追溯到一种无意识的功利主义。因为，禁欲主义所谴责的始终主要是那些人们尤其容易放纵、从而容易危害健康的快乐。而且，甚至当对这类快乐的过度耽溺不损害健康时，这种行为也被人们看作是妨碍作为重要的幸福根源的其他能力与感受力的发展的。

6. 在性欲的例子中，由贞洁或纯洁概念规定的规则似乎构成了以上陈述的一个明显的例外。的确，我们发现在这一概念下受到了特别激烈、特别严厉的谴责的是这样一些行为：它们的直接效果是显然没有被尔后的痛苦超过的快乐。但是，对这一例外的更深入的考察却使它变成了对这一陈述的一个重要论据，因为它显示出道德情操与社会功利之间的一种特别复杂和微妙的契合。

首先，调节性关系的道德情操显然是服务于维护持久的婚姻——这种婚姻被认为是抚养、教育儿童的必要条件——这一目的的手段，它所特有的强度和微妙性也因为这一目的对于社会的极端重要性而被证明为完全正当的。所以，这一领域的首要的、基本的规则就是直接维护夫妻间的忠诚的规则。通过谴责一切婚外性交而间接地维护婚姻的功利主义理由也是十分明显的。因为，如果取消对这类性交的道德谴责，人们接受婚姻所需的限制与负担的动机就可能被严重地削弱；青年男女就可能形成会使得他们不适合于结婚的情感和行为习惯。此外，如果这类性交是生育的，后代人就可能得不到持久的婚姻旨在提供的那种良好照料。而如果它是不生育的，人类的未来——就我们能预见的而言——就可能面临极其严重的危险。

451 但其次，也只有基于功利主义原则，我们才能说明常识道德通常为两性间的不洁行为而制订的反常的区分。因为，男人的不洁通常是出于图谋——男人有一种特殊的犯罪形式，即勾引和说服女人，而女人方面的不洁则更多是出于我们排在单纯的爱欲之上的某种动机；所以，按照直觉道德的正常规范，应当更严厉地谴责男人的不轨行为。我们只能诉诸社会在维护高度的女性纯洁方面的更

大利益，才能证明这种事实上的因果倒置的正当性。因为，女性纯洁标准的堕落将损害男人在运用其家长感情上的安全感，因而必然危及家庭生活的基础。而男性的不洁却没有这样的后果：它可以在一个相当大的范围内流行而不伤害家庭的存在本身，虽然它伤害家庭的幸福。

另一方面，当代基督教国家的常识道德对男性的不洁也作了十分清楚明确的谴责，虽然我们承认一种较为宽松的、将此种不洁视为无所谓的或可原谅的准则——它被称为“尘世”的道德——的存在。但是，这两种准则间的区别本身却为目前的论点提供了另一种支持：它印证了一种容易解释的差别，即我们对坚持某种道德制裁的后果的见解上的差别。一方面，“尘世中的男人”认为，男人实际上不可能在性享乐方面限制自己，尤其是在情欲最强烈的人生阶段。所以，容许某些种类与程度的不直接危及家庭幸福的通奸是有利的。另一方面，还有些更大胆地反对常识的男人认为，有所限制的（同一个例如在今天已被小心地同社会的其余部分分开了的特殊阶层的妇女的）通奸的存在不真正是恶，甚至还可以增进普遍幸福。因为节欲也许在一定程度上损害健康，至少是损失了相当强烈的一部分快乐。同时，保障原有社会人口的适度发展也不需要每一代人中的所有妇女都去做母亲。如果一部分无需做母亲的妇女把同男 452
人发生偶然的、暂时的性关系作为职业，从幸福计，她们的生活就必定不会比不利的社会阶级中的其他妇女的生活差。

这种观点也许表面上有些合理性，但是它忽视了一个基本事实，这个事实就是：正是依靠目前针对不洁妇女的——以道德谴责为基础的——严厉的社会蔑视和排斥的惩罚，妓女阶级才得以充

分地同女性社会的其他部分分开，从而防止了不洁行为的蔓延；通奸才得以限制在这样的不致严重妨碍人口的适度发展的限度之内。这一考虑驱使功利主义者普遍支持反对这种通奸的既有规则，并基于违反这些规则的行为在总体上不产生幸福这一理由谴责它们，即使它们也许只是由于受到道德谴责才具有这种性质。[1]其次，“尘世中的男人”还忽视了维护更高级的性关系——这类关系，一般地说，只有在男女双方都确认了性纯洁的高度价值时才是可能的——对于人类的极端重要性。从这一观点来看，贞洁提供着一个必要的庇护所，它令异性间的那种强烈的、高雅的感情——这种感情同时最有利于个人幸福和家庭幸福——得以发展和升华。

以这种方法，我们就能够解释在沉思贞洁名下的常识行为规则时困惑着反思心灵的东西。一方面，支持着这些规则的情操非常强烈，以至这一领域中的正当与错误间的主观区别非常有力量。另一
453 方面，我们又觉得不可能提供一个有关在贞洁名下受谴责的行为的明确定义。因为，受到限制的冲动是如此强烈和对所有刺激都如此敏感，以致为使贞洁情操充分发挥其保护性功能，它就必须十分敏锐和有力；对不贞的反感也必须远远超过原来需要得到禁止的那些行为的范围，并且把可能挑起淫荡意念的一切（穿着、语言、社会习惯，等等）都包括进来。然而，我们又没有必要在这些事实上以理论的准确性划出正当与错误的界限。就实践的目的而言，只要义务的主要核心部分得到了强有力的说明——尽管其边缘部分仍然有些

① 显然，只要这种社会制裁还被实行着，妇女——社会发布这方面的法令就是针对她们的——的生活就必然会由于不轨和羞耻而变得不幸，并且成为他人的不幸的根源；男人对公认的、必要的道德规则的破坏也就会对他们的一般道德习惯产生有害影响。

模糊——就足够了。事实上，社会有必要坚持的具体规则如此地依赖于习惯和观念的联系，以致它们必然在很大程度上因时代和国家的不同而变化。

7. 以上的概述已经给我们提供了几个例证，它们表明了在常识对于确定那些相互冲突的要求——如不同的感情义务，以及分析表明存在于我们常识的公正观中的不同原则——的相对价值感到困难时，人们通常用功利主义来权衡这些不同要求的方式。我们也已经指出，当人们在同一条道德规则的准确范围和定义上产生分歧时，他们通常把这条规则的不同含义对普遍幸福或社会福利的影响视为解决分歧的终极依据。事实上，这两个论点在实践上是合而为一的。一般地说，当出现了准则之间的冲突时，人们才感到有必要提出每条准则的准确定义。有人可能指出，按照功利主义者的理解，我们在这类场合通常诉诸的后果与其说是对“普遍幸福”的影响，还不如说是对“社会福利”的影响，这两个概念是不应被混淆的。我同意这一意见。但是我在上一编最后一章中已努力表明：在实际地确定终极善（或好生活）概念——它们至少初看起来容有一种快 454
乐主义的解释——的那些特殊因素时，常识也无意识地采取了功利主义的观点。我们现在可以指出，这一“无意识的功利主义”假说解释了不同阶级的人赋予各种具体德性的不同相对意义，也解释了一般人赋予同一种德性——当他们在反复灌输它时——的对不同阶级的不同意义。这些差异通常与这些德性在不同场合中的不同功利意义相吻合。例如，我们已经指出过，人们更强调的是女性的而不是男性的纯洁。另一方面，勇敢则对男人更为重要，因为人们更多地要求男人去有力地应付紧急而严重的危险。由于类似的理由，

人们期待一个士兵表现出比（例如）一个牧师更多的勇敢。又如，虽然我们在大多数人中推崇坦率和诚实，我们却不希望在一个必须隐藏秘密的外交家身上看到它们，也不指望一个商人在描述他的商品时会向他的顾客坦率地指出它们的缺点。

最后，当我们比较不同时代和国家的不同道德准则时，我们发现它们之间的背驰现象或者与——至少在很大程度上——行为对幸福的实际影响上的差异，或者与这类效果一般为坚持这些准则的人们预见（或推崇）的范围上的差异相吻合。这个一向较多地为功利主义作者思考的一般事实也为他们的论敌承认甚至强调。例如，D. 斯图亚特强调，人类道德判断在一定范围内被“他们的物质环境方面的多样性”“他们所达到的文明的不同程度”，以及“他们的知识或能力的不同水准”所修正。[①] 他指出，在南海岛民中偷盗被视为一种情有可原的侵犯行为，因为在那里一个人只要付出极少劳动或无需劳动就能生活；放贷只有在商业不发达的社会中才普遍受谴责，因为在这些社会中，“高利贷者”通常因利用其伙伴的紧急需
455 要获利而遭人唾骂；在惩罚犯罪的法制不健全的地方，个人凶杀不是被证明为可原谅的，就是直接被看作可原谅的。但是我认为，研究过这个问题的人大都不会否认：在道德准则的时代差异与道德准则规定的（或禁止的）行为对普遍幸福的影响——实际的和被察觉到的——上的差异之间存在某种相互联系。我们对后果的认识愈具有综合性和愈准确，我们就愈能看清：道德准则不仅在为人类世代相传时发生了变化，而且是朝着更接近于一种完全启蒙了的功利主

① 《行动能力与道德能力的哲学》，第 2 编第 3 章。

义的方向变化的。我们只需明确指出一个斯图亚特没有提到的重要因素，即社会一般成员的同情能力的发展。同情能力上的缺陷至少与智力缺陷一样构成了早期道德准则的不完善性的原因。诚然，野蛮人常常认识不到他的行为对别人的影响，但情况也常常是，他们或多或少地认识到了一些这类影响，然而却不理会或很少理会这类影响。所以，社会良心的变化常常是与社会一般成员对他人情感的敏感程度及范围上的变化同步的。在这方面，基督教影响下的历史地形成的道德发展提供了一些世人尽知的例证。①

我不想断言，流行道德的发展与借助同情而预见到的行为后果上的变化这两者是完全同步的。相反——正如我将在下一章中指出的——道德史给我们提供了许多从功利主义观点来看是偏离了道德感的东西的证据。但是甚至在这些例证中，我们也常常能发现 456
无意识的功利主义的萌芽：偏离常常只是对一种显然有用的情操的夸大，是对它的运用上的一种扩展（由于错误的类比而被用到它不很适用的场合），或者是一种曾经有用而现在已不再有用的情操的延续。

此外我必须指出，我一直小心地避免作这样的断言：从对结果的功利的认识中经常能——甚至始终能——靠意识推导出对某种行为的正当性的认识。虽然前面的概括中自然地包含着这一假设，但是我并不觉得历史的证据支持这一假设。当我们追溯伦理思想的

① 希腊-罗马文明世界的流行道德已经发生了一些明确的变化，它们主要——如果不是全部的话——归功于由于基督教而发生的同情的扩展与强化。在这些变化之中，我们尤其可以指出以下几点：(1)严厉谴责和完全禁止弃婴；(2)强烈憎恶角斗的野蛮风尚；(3)对奴役给予直接的道德慰藉，并热烈地鼓励解放；(4)普及对病人与穷人的慈善服务。

发展时，常识道德意识对于流行道德的功利主义基础——我在这一章中一直在致力于表明这种基础——的理解就似乎变得更为模糊了。例如，亚里士多德认为希腊常识所承认的勇敢德性只适用于面临战争危险的场合。我们现在可以这样解释这种限制：在那个历史阶段，由于个人的幸福比现在更紧密地与他的城邦的幸福联系在一起，而且后者的存在更经常地受到敌意的侵犯的破坏，这种勇敢就具有了一种功利主义的意义。但是这种解释也有些超出了亚里士多德本人的反思的范围。我们的道德概念和道德情感的起源消失在假设的历史的那些模糊不明的时期之中，在这里遐想可以自由驰骋。但是我们并不认为，当我们的反思接近这一王国的边缘时，公认的道德规则同被预见的对普遍幸福的影响在人们心灵中的意识联系就变得明确可溯了。古代人对美或品性美德的崇拜大抵像他对任何其他的美一样地直接和未经反思。在古代，法律习俗的严格性似乎是由神降的恶——被惹怒的神将以超自然的方式把这类恶降到冒犯这些法律习俗的人身上——来约束的，而不是由对不遵守它们会产生的不良后果的哪怕是粗糙朦胧的预测来约束的。所以，功利主义能向常识提出的最合理的要求并不是它应被视为那种作为人类起点的行为调节方式，而是它被视为我们现在看出是人的发展
457 一直在追求的、成熟的道德（而不是萌芽形式的道德）的行为调节方式。

[①] 如果我们从功利主义的观点来考察伦理学同政治学的关系，

① 以下的这段话在本书第 2 版至第 5 版中见于第 1 编第 2 章，在准备本书第 6

立法者应当为受治理者们制订——以及法官应当贯彻——何种行为规则的问题就将由对后果的预测来确定，就像所有私人道德方面的问题都将由这种预测来确定一样。我们将努力估价这类规则对于普遍幸福的效果，并将它们相互比较。然而，如果我们把个人行为的功利主义理论与立法的功利主义理论分开，并且想弄清何者更为优先，其答案就似乎因法律准则的内容的不同而不同。

(1)由一种功利主义的法则确定的规则在很大程度上将具有这样的性质：任何真诚地希望促进普遍幸福的人都会努力地遵守它们，即使它们没有法律的约束力。在这类规则中，有除非为了自卫或对不公行为进行报复，否则勿对任何人施以肉体伤害或无理烦扰的规则；勿妨碍(干涉)他人对幸福手段的追求，以及对他的通过劳动或经与另外的人自由缔约而获得的财富的享受的规则；履行同任何人自由地缔结的约定——除非(至少是)这一行为会伤害他人，或对自己的伤害大于给那个人的好处，或者我们有正当的理由假定那个人将不履行他在这个共同契约中的责任——的规则；以及当子女不能自立时抚养子女，当父母衰老时赡养父母，以及使子女获得适合他们的未来生活的教育的义务。在这类规则上，功利主义伦理学似乎是独立于并优先于政治学的。我们首先是思考何种行为对个人是正当的，然后才是思考法律要求他们履行多少此种行为对他们 458
有利。

(2)还有一些这样的规则：如果他人也被要求遵守它们，遵守

版时，西季威克教授从那里删去了这段话，准备把它放到第4编里，然而他生前未能完成这一编的修订工作。——E. E. C. 琼斯

它们就显然是有利于普遍幸福的，例如不对他人造成的伤害施行个人报复的规则，以及更普遍、更果断地履行契约——而不是看它们若无法律的强制是否有利——的规则。

(3)但其次，在全面确定社会成员相互服务与相互克制的有关要求时，由于与各种环境有关的考虑在意义上相距甚远，在许多问题上，关于正当的私人行为——而不是法律——的功利主义理论将引出一些大相径庭的结论。另一方面，一致性又或者（对于防止争论和失望）是必要的，或者至少（对于把这类行为规则当作一般地——虽然不是普遍地——有功利的规则而有效地坚持下去）是极其值得欲求的。在关于正当的私人行为的功利主义理论下，可以产生关于占有，例如文学作品和技术发明的占有，关于主要的遗产法。以及关于调节家庭关系的法律的界限的更准确的定义。在这些例子中，就它们能被从理论上确定而言，功利主义伦理学似乎以一种颇为复杂的方式同功利主义政治学混杂在一起。因为，我们不可能为一个处于一个特定场合中的个人规定正当的行为，除非我们先考虑一下，在他生活于其中的社会中，我们依靠法律惩罚——以及更软弱、更不明确的道德舆论的制裁——来坚持何种规则（如果有的话）是在总体上能带来功利的。而且，如果我们考虑到实证法与实证道德——我们可以这样称呼在一定时期的特定社会中人们一般坚持的实际道德意见——之间的微妙的相互关系，这个问题在具体场合中还必然变得更为复杂。一方面，通过禁止一般为人们认可或容忍的行为〔或无行为（inactions）〕来超越实证道德在立法上是危险的。另一方面，也只有在这种危险变得严重之时，立法才能最有效地修改或强化舆论，使它沿着它应当依循的值得欲求的方向发展。

我们姑且把这个困难的问题留给社会动力学去解决。我们可以这样说：在一个组织良好的社会中，最重要、最必要的社会行为规则 459
通常是由法律强制实行的，那些在重要程度上稍轻的规则则是由实证道德来维系的。法律仿佛构成社会秩序的骨架，道德则给了它血与肉。

460 # 第四章　功利主义的方法

1. 如果上一章所坚持的那种观点——常识道德一般都具有功利主义的基础——能被视为有充足理由的，我们现在就可以进一步考察承认功利主义将在实践上引出何种确定正当的方法。当然，最明显的方法是在第二编第三章中讨论过的经验快乐主义的方法，按照这种方法，我们在每一场合都必须比较我们的各种行为选择可能产生的结果的全部可预见的苦乐，并采取可能导致最大整体幸福的行为。

然而，在第二编中情况却似乎是：甚至以较有限制的方式运用这一方法——我们在那里不得不作这样的考察——我们也将遇到许多困惑和不确定之处。甚至当一个人仅仅要预测他自己的快乐时，他也似乎无法避免大量的错误，无论是在准确地比较再现于记忆中的他自己以往的感觉的愉快性时，在借用他人的经验时，还是在从过去推断未来时，都同样如此。当我们不得不考虑我们的行为对所有可能受到影响的感觉存在物的影响时，这些困难就显然更大了。同时，在第二编中，我们也没有找到替代这种经验比较方法的理想方法。到一般人关于幸福源泉的未经批判的信念那里寻求庇护显
461 然是不合理的。的确，从常识在这个问题上的混乱的、变动不居的意见中不可能引出充分清晰明确的一致意见。一个人也不可能靠

这样的作法，即只去努力实现可以科学地确定的生理的或心理的幸福条件，去获得他可能达到的最大幸福。他同样不能基于经验作这样的推断：靠遵守公认的道德原则，他就可以达到所欲的结果。但是，一当我们不是联系个人幸福，而是联系一般人（或感觉存在物）的幸福来考察这些目的时，我们马上就在上一章中看到：快乐主义与直觉主义的一致的问题完全呈现出了另一番样子。实际上，从上面概述的考虑中我们可以极其容易地得出下述结论：在常识道德之中已经有了一种功利主义的理论："众人的道德规则"应当被看作"人类对其行为对幸福的影响的肯定信念"，[①] 以至常识的那些表面的首要原则可以被看作功利主义的"中间准则"。为了解决它自己只能提供模糊的、矛盾的意见的那些问题，常识也仅仅诉诸于功利主义的考虑。按照这种观点，德性的倡导者和幸福的倡导之间的传统对立似乎最终能得到和谐的解决。

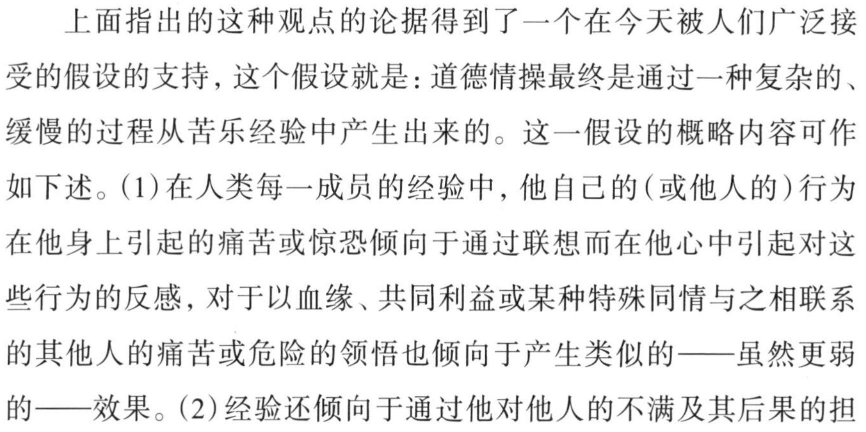

上面指出的这种观点的论据得到了一个在今天被人们广泛接受的假设的支持，这个假设就是：道德情操最终是通过一种复杂的、缓慢的过程从苦乐经验中产生出来的。这一假设的概略内容可作如下述。(1)在人类每一成员的经验中，他自己的（或他人的）行为在他身上引起的痛苦或惊恐倾向于通过联想而在他心中引起对这些行为的反感，对于以血缘、共同利益或某种特殊同情与之相联系的其他人的痛苦或危险的领悟也倾向于产生类似的——虽然更弱的——效果。(2)经验还倾向于通过他对他人的不满及其后果的担 462

① 参见 J. S. 密尔：《功利主义》，第 2 章。然而密尔仅仅断言在哲学家获得更好的道德规则之前，他应当暂时接受"众人的道德规则"。

心，尤其是对他的上司的以及——在宗教影响十分强烈的地方——超自然存在物的愤怒的担心，在他身上间接地产生去克制那些会给他人带来痛苦和惊恐的行为的情操。(3)在上述情感中一般还掺杂着一种对他人的痛苦的同情的反感，这种情感——起初是微弱的——倾向于随着道德的发展而加强。同样，快乐与感激的经验，以及对他人的善意及其后果的欲望，也倾向于引起对据信将给自己或他人带来快乐的行为的喜爱。以这种方式在社会大多数成员身上产生的类似的反感与喜爱——因为他们在本性上和条件上具有一般相似性——倾向于通过交流与模仿变得更接近：每个人的保持他人的善意的欲望压抑着个人的偏离倾向。这样，对于给社会整体或它的一部分带来快乐的行为的共同喜爱，以及对产生痛苦与惊恐的行为的共同反感，就逐步地发展起来。它们也许部分地通过生理遗传，但主要是通过父母给予子女的传授以及年轻人对成年人的仿效而世代相传。这样，它们的起源就变得模糊不清了，并且最后都表现为被称为道德情操的东西。在我看来，这种理论仍然不足以说明道德判断和推理能力的实际结论，——就我能通过对我自己的道德意识的反思而考察它们而言——因为(前已指出)这种理论不提供任何经得住严格考察检验的自明的直觉，而只能提供由于它们的抽象的一般的性质而与任何具体经验没有可认识的关系的直觉。[①]

但是我毫不怀疑，这种理论提供了对具体的道德情操和道德习惯，以及对公认的准则的历史起源的一种部分真实的解释。所以，
463 我把它看作是对上一章的那些论据——它们倾向于表明常识道德是

① 我指的是在第 3 编第 13 章中规定的审慎原则、公正原则和合理仁爱原则。

无意识的或“本能的”功利主义——的一个补充。

但是，承认流行道德表达着——部分地是有意识地、然而主要是无意识地——人类关于行为效果的经验结论是一回事，完全把这种道德（就它是清晰明确的而言）当作我们所能得到的实现最大普遍幸福的最好向导又是另一回事。在我看来，无论直觉方法与功利主义方法的这种简单的调和多么诱人，它都是得不到实际证明的。首先，我认为，如果从道德感的整个发展过程着眼，应当更加强调的是伴有引发行为的冲动及产生于行为的情感的同情的作用。应当指出，亚当·斯密[①]把同情的这种作用——每一行为者的激情在一个无利害的旁观者心中的回声（似乎可以这样说）——视为决定着我们对行为的赞许或谴责的最最要的东西[②]，而把对行为在他人身上的效果的同情视为第二位的和纠正着、限制着前者的。我并不想走得这么远，我认为在许多例子中，最终的道德意识似乎表现着这两种同情的平衡与折衷。而且，这种折衷很容易程度不同地偏离功利主义所要求的规则。因为，虽然激情和其他行为冲动以及道德情操都受苦乐经验的影响，这种影响却不足以使它们成为——就像 464
我们的某些道德情操本身强烈显示的那样——达到普遍的（以及个人的）幸福的可靠向导。但是，即使把我们的常识道德情操完全看

① 《道德情操论》，第 1 编。

② 同情的这种作用特别鲜明地体现在原始社会的刑罚准则之中：既表现在对杀人者的惩罚的轻微上，也表现在根据杀人者是否是后手杀人而施行的惩罚的悬殊差别上。“我惊奇地注意到，”H. 梅因爵士（Sir H. Maine）写道（《古代法》（*Ancient Law*）第 10 章），“古代人竟如此一致地认为受伤害者的冲动是他有权要求严格的复仇的正当尺度，他们在确定惩罚的尺度时，竟如此真实地仿效着受害者的激情的起伏与波动”。甚至在比较文明的社会中，在实施对很久以前的犯罪的惩罚时，也存在一种关于这种惩罚的正当性的不很明确的共同情感，它似乎是源自古代社会的同一类情感的。

作——直接或间接地——根源于积累起来的（和改变了形态的）原有的（和同情的）苦乐经验，情况也显然是：如此产生的情操在指导我们提高普遍幸福方面的准确性仍然不是绝对的，它在程度上必然主要依赖于另一种准确性，即社会一般成员的意识再现某一行为过程的快乐（和痛苦）总量的准确性。十分明显，这种意识的再现容易产生大量的错误，我们已经在前面的一章——即当我们考虑道德的发展时——指出了部分的原因。首先，我们不得不限制同情，因为虽然在每一时代和每一国家，普通人对于其他感觉存在物始终有某种同情，或至少对他（它）们的喜爱与反感具有一种利己主义的关注，但这种同情与关注在范围上比他的行为对他（它）们的感觉的影响所及的范围要小得多。其次，我们不得不限制理智，因为在所有时代，普通人对于行为的自然后果都只有一种极不完善的知识，以致于由于对手段同目的的关系的不全面的理解，行为的为我们感知的间接后果常常被追溯到错误的原因上，并且被使用错误的道德药方来治疗。第三，在服从权威和尊重权位的习惯十分顽强的地方，我们还必须考虑一种赢得上司的青睐和避免惹怒上司的欲望的可能的歪曲性影响。与此相似，我们不得不考虑虚假宗教的影响，以及在传教者们的感觉非但不正常和不具有代表性、而且十分离奇和怪癖的那些问题上，考虑这些感觉是否已经影响了其追随者们所接受的义务准则。[①]

① 诚然，这种影响是极其有限的：没有任何权威能够把全然不产生幸福的规则长久地强加于人；大部分在实践上有创造性的传教者也主要靠赋予存在于他们活动的那个社会中的（并且为合法权威承认的）情操以新的意义和活力，才产生了他们的影响。不过，假如（例如）穆罕默德嗜酒而不好女色，他对人类就会有一种极其不同的影响。

另一方面，我们也必须假定：这些偏离的影响或多或少被过去 465
时代的不同种族、社会的生存斗争缩小和抵消了。因为如果某种道德习惯或道德情操不利于社会机体的保存，它就会成为生存斗争中的一个不利因素，因而倾向于使坚持它的那个社会灭亡。但是，我们却没有理由假定这种力量足以使实证道德始终合乎于一种功利主义理想。这是因为：(1)不完善的道德可能只是许多不利因素中的一个，并且在我看来不是最重要的一个，除非它的不完善性极其严重，尤其是在社会发展和道德发展的早期阶段，即当生存斗争最为严酷的时候；而且，(2)一种完全有利于人类社会的保存的道德仍然可能不完全产生幸福，因而从一种功利主义观点来看亟需改进。[①] 其次，对比将引导我们得出这样的结论：无论社会的道德本能在某一具体时代多么适应于社会的存在条件，环境的根本变化都可能打破这种适应，使先前有用的本能的继续存在由于这一变化而变得无用或有害。的确，撇开外部环境方面的明显变化不说，就是从人类自身发展的某些法则的作用着眼，我们也会得出以下结论：纵使我们能获得对以往人类幸福的最完善的经验，它也只能不完善地指导我们寻找实现未来的最大的人类幸福的正当手段。例如，哪怕某种共有的冲动只是在平均强度上略微减弱了一点点，它也会使调节着它的传统规则和情操不再产生幸福。而且，当我们撇开这些抽象的考虑而转向历史，并且去考虑其他时代和国家的实际道德时，如果我们毫不怀疑地发现：作为增进普遍幸福的一个手段，实际道德似乎经常表现出明显的不完善，我们当然就会形成一个强烈

① 我将在下一节中更详细地讨论这一点。

466 的假设，即在我们自己的道德准则中也存在着类似的不完善，虽然习惯和日常性使它们变得不很明显。

最后，我们决不可以忽视下述事实：我们在比较不同时代和国家的道德时所发现的那些歧见，在某种程度上也共存于任何时代的任何社会的道德之中。前已指出：当如此之多的少数人采取着对立的意见，以致我们不能恰当地把多数人的教义当作常识的清晰声音时，我们就必然诉诸某种更高的原则，并且通常是诉诸功利主义。但是，较少的少数人也同样可以合理地激起我们对常识的不信任，尤其是当它是由开明的和特别熟悉所判断的行为效果的人们构成的时候；正如在更具技术性的实践中，我们宁听取少数训练有素的专家的判断而摈弃粗陋的本能一样。但话又说回来，对这些不同准则及其与不同环境的关系的沉思表明：常识道德实际上只是普通人在普通环境下采取的道德，虽然他们把它视为绝对地、普遍地有约束力的道德将能带来更大好处，因为其他观点可能危险地削弱它对他们的心灵的控制力。如果情况是这样，我们就必须用功利主义方法确定：在特殊环境下人们是否需要一种常识不愿意承认的、特殊地适用于他们的道德，以及具有特殊生理结构或精神结构的人是否应当不受普通规则的约束——就像人们有时为有天才的人、特别爱动感情的人，以及具有超群的明智和自制力的人所要求的那样。

而且重要的是要指出：除了不同阶级和不同个人的道德本能中的大量歧见之外，在同一阶级或同一个人的道德本能中也常常存在巨大差异，他们的缺少训练的理智的功利主义推理就体现于这种不一致的行为习惯之中。在行为中有许多这样的东西：许多人认为它们是正当的，然而不认为它们是有功利的；或至少是如果他们原来

不认为它们是正当的，他们就不会认为它们具有功利。就他们仅仅 467
根据经验来推理而言，他们关于有利于普遍幸福的东西的结论是与他们的道德直觉相反的。有人可能会说，这种情形一般是产生于一种草率的、肤浅的功利考虑，在我们对行为的后果作了更深入、更全面的考察之后，这种背离现象便不会再存在了。我并不否认上面这种说法常常是对的，但是由于我们不能先验地知道它在多大程度上是对的，它仅仅构成了应当全面系统地运用一种纯粹功利主义方法的又一个论据。

所以，我们必然得出下述结论：我们不能认为常识道德规则表达着有能力的法官们关于何种行为能产生最大整体幸福的一致意见。相反，情况似乎是：有系统的功利主义必须对常识道德规则作出彻底的修正，才能够弄清前面列举的原因（也许还有其他原因）在何种程度上引起了常识与完善的功利主义道德准则之间的实际背离。

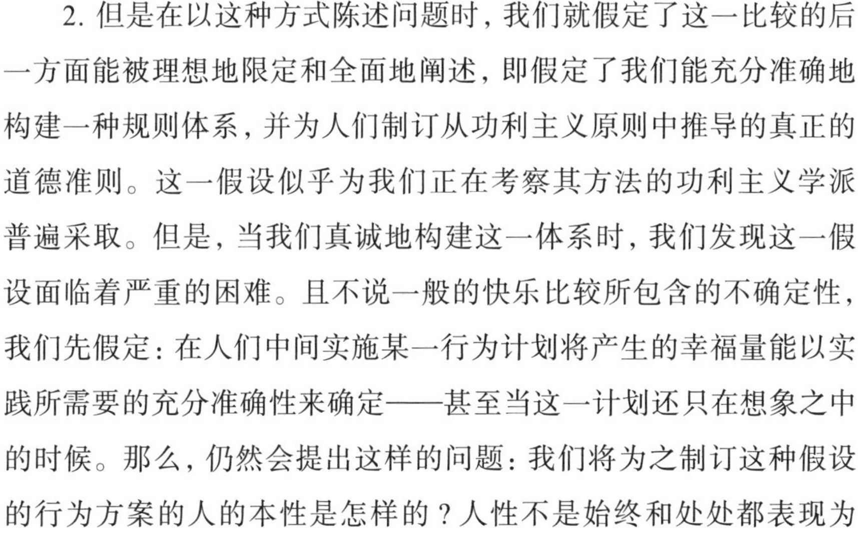

2. 但是在以这种方式陈述问题时，我们就假定了这一比较的后一方面能被理想地限定和全面地阐述，即假定了我们能充分准确地构建一种规则体系，并为人们制订从功利主义原则中推导的真正的道德准则。这一假设似乎为我们正在考察其方法的功利主义学派普遍采取。但是，当我们真诚地构建这一体系时，我们发现这一假设面临着严重的困难。且不说一般的快乐比较所包含的不确定性，我们先假定：在人们中间实施某一行为计划将产生的幸福量能以实践所需要的充分准确性来确定——甚至当这一计划还只在想象之中的时候。那么，仍然会提出这样的问题：我们将为之制订这种假设的行为方案的人的本性是怎样的？人性不是始终和处处都表现为

同样性质的东西。无论是考虑人的理智、人的情感，还是考虑他的生理条件与物理环境，我们都发现它们在不同时代和不同国家中差
468 别极大，以致为整个人类制订一套理想的功利主义规则，一看便显得荒谬。有人可能会说：这些差别毕竟主要是关于细节的；在任何情况下，在人类生活的本性与环境方面都存在充分的一致性，它使我们始终地、处处地都能为大多数人制订理想行为的大略方案。但是必须指出，我们现在所讨论的主要就是细节问题。因为，前面的讨论已充分表明常识所赞许的行为与功利主义可能要求的行为之间有普遍的相似性，但是我们希望更准确地弄清它们相似的程度，以及流行的道德适应于人类生活的现实需要和条件的准确及细微程度。

假定我们缩小研究的范围，并且仅仅想弄清适合于我们熟悉的、我们时代和我们国家的人的那些规则，我们马上就碰到了一个难题，我们所熟悉的这些人是或多或少明确地接受某种道德准则的人。如果我们从这方面来看待他们，我们就不能同时把他们看作有待于为之从头构建一种准则的人。另一方面，如果我们把他看作一个现实的人（比方说一个一般的英国人）却又假设他没有自己的道德，所剩下的就是一个纯粹假设意义上的实体，以致为由这样的个人组成的一个社会制订一种道德规则体系似乎没有什么实际意义。诚然，我们可以假定这样一种体系的科学推理可以确保它为人们普遍接受。我们也可以根据推理而期待所有人——甚至所有受过教育的、有头脑的人——会马上皈依功利主义原则，以致所有牧师和教育者都毫不怀疑地把普遍幸福当作他们的努力目标，就像医师把人体的健康当作他们的目标一样。我们还可以相信人们的道德习

惯和情操能立即而彻底地适应这些新规则，以致在制订功利主义准则时我们可以不考虑现存的道德。但是，我不认为这些假设是能够得到证明的。我认为，我们必须把人们的道德习惯、冲动和欲望当作——与其本性的其他部分同样的——我们可以去推理和改造的现 469
实材料，当作由于只是部分地产生于过去的推理因而只能部分地靠我们现在能应用于它的推理来修改的东西。因此，这个假设的功利主义难题——为被设想为在其他方面是经验的、而只是被抽掉了其现实道德的人制订理想的道德——的解决将不能给我们提供我们实际需要的结论。

人们也许会说，“诚然，我们只能慢慢地、也许是不完全地引入这样一种理想的功利主义道德，不过把它作为一种我们可以接近的范型而制订出来仍然是有用的。”但是首先，接近这一范型也许实际上是不可能的。因为，虽然任何具体的现存道德规则甚至对现实环境下的现实的人说来都不是理想意义上的最好规则，它们仍然可能是他们所能够去遵守的最好规则。所以，提出另一套规则可能是无用的甚至有害的，因为它可能损害原有的道德习惯而不能有效地以新的习惯取代之。其次，如果我们基于人们现有的非道德本性是不变的这一假设来构建一种道德，那么逐步地接近这种道德的尝试就可能使我们走入歧途。因为，人的知识和理智能力、他们的同情的范围、他们的主要冲动的方向与强度，以及他们同外部世界的以及他们相互间的联系都是不断变化的，这些变化在一定范围内能为我们控制，并且很大程度上是能产生幸福的。人类生活内容及条件上的任何重大实质性变化都要求现有道德规则和情操方面的相应改变，以保证其生活被以此方式改变了的人能获得最大可能的幸

福。简言之，构建一种我们应当接近的理想的功利主义准则的努力遇到了第二个难题：一方面，除非只考虑目前的及最近将来的情况，否则假定人的本性及他的生活条件的不变性就毫无用处；另一方面，如果我们考虑目前的或最近将来的人，我们就必须考虑到，人们的现实道德习惯与情操并不比他们的其他本性容易改变些。

470 另外，我也不能同意斯宾塞先生的下述意见，[①] 即我们可以靠构建作为人类历史过程的目的的、最完善的社会形式，以及靠规定应当得到——也必定能得到——这个完善的社会的成员们的遵守的共同行为规则，来解决实践伦理学的问题。因为首先，即使我能够把一个从功利主义观点来看是完善的人类社会设想为可能的，并且也承认斯宾塞先生的这种完善定义——即全体成员的意愿行为在所有受其影响的人们身上都产生“不掺杂任何痛苦的快乐”，[②]——我也似乎不可能足够清晰明确地预测构成这一社会的人们的本性与关系，以便哪怕是大略地勾划他们的道德准则。其次，即使情况与此相反，即使我们能科学地构建斯宾塞先生所说的理想的道德，我也不认为这样一种建构能够解决现实人类的实践问题。因为，一个不存在惩罚——仅举此为例——的社会必然是一个具有根本不同的基本结构的社会，以至任何模仿它的行为规则的尝试都是毫无意义的。虽然尽可能遵守这些规则对我们说来可能是最好的，但是我们只能靠详尽地考察每种具体规则而获知这一点，我们可能没有普遍

① 我尤其是指斯宾塞先生在他的《伦理学资料》最后几章中提出的观点。

② 然而，从一种功利主义观点来看，这一定义似乎是不可接受的。因为，一个这种意义上的完善社会不可能实现最大可能的幸福：它仍然可能以斯宾塞先生的观点可能会排除的夹杂着轻微痛苦的快乐来实际地提高幸福。

的根据说尽可能遵守它们对于我们是最好的。即使假定这一理想社会最终是能被实现的，它也至少与我们间隔着相当漫长的进化阶段。所以，接近它的最好方式很可能是某种不那么直接的方式，我们也很可能要通过起初是偏离的运动才更容易接近它。要弄清情况是否如此以及在何种范围内是如此，我们只能缜密地考察行为 471
对现实人类的影响，以及它对于将存在于最近将来的人们的可能影响。

3. 其他进化论思想家们还指出，可以借助一种比斯宾塞先生的方法更为简单的方法来避免功利主义方法的困难，这就是把社会机体的“健康”或“效率”而不是把幸福当作**实践上**的终极目的和道德标准。这一观点在例如L. 斯蒂芬先生的《伦理学的科学》[1]中得到了坚持，并且应当得到更缜密的考察。按照我对斯蒂芬先生的理解，他所说的“健康”是指社会机体的这样一种状态：它倾向于在社会机体的目前存在条件下保存它，因为这些条件是已被认识的或可被预见的；他所说的“效率”也是指同样的意思，因为按照他的观点，社会机体不得不“有效率地”去做的工作就是生存，即“活下去”。我之所以说到达一点，是因为“效率”可以被理解为不仅包含着生存的任务，而且包含着社会机体不得不完成的“人的任务”。同样，“健康”也可以被理解为这样一种状态：它不是倾向于存在本身的保存，而是倾向于**值得欲求**的存在——值得欲求性在这里是在某种非快乐主义的意义上被理解的——的保存。在这种情况下，对这之中任何一个词的考察都会把我们带回到讨论终极善（见上一

① 见该书第9章第12—15节。

编第十四章）时涉猎的那个根据上。[①]但是，我不认为在斯蒂芬先生的心中有此类含义；而且这些含义也的确与他的论点的要旨不相和谐。所以问题就在于：如果把普遍幸福当作一种道德体系的实际终极目的，把社会机体的保存当作道德规则的实践上的终极“科学标准”是否仍然合理。

472 我对这一问题的回答的理由是双重否定的。首先，我认为我们没有充分理由假定，如果我们完全以社会机体的保存为目标，我们就将保证每一社会成员的最大可能的幸福。事实上——就我所知——在两个同等地能够保存下去的社会状态中，一个状态可能比另一状态更幸福。前已指出，[②]有教养的人最推崇的主要快乐——审美快乐——产生于不具有实质性的保存个人生命倾向的行为与过程[③]；如果我们在这里用社会机体取代个人，这一陈述也仍然是对的。此外，我想补充一点：更高雅的道德是旨在防止那些看不出会导致个人或社会的毁灭的痛苦的。所以，尽管我承认自我保存的习惯与情操是功利主义道德的最不可少的功能，——在道德发展的早期阶段上，即当生存是人类社会的一个艰巨任务时，也许几乎是它的唯一功能，——我却并不因此认为我们应当满足于保障整个人类

---

① 显然，如果按照前面的定义对“值得欲求性”作快乐主义的解释，“健康”一词就仅仅给功利主义道德的一般问题更换了一个新名称，而不是提出了新的解决办法。我应当说，斯蒂芬先生在其他一些地方又用“社会福利”或“福利”概念代替“健康”与“效率”，但是除了我所理解的他赋予后一组概念的那种意义——即社会机体的倾向于在其目前存在条件下保存它自身的状态——之外，我不认为他的前一组概念有什么别的意义。

② 第 2 编第 6 章第 3 节。

③ 我并不是说某种形式的“消遣”对于健康是不必要的，但是从刺激性的消遣——就它有益健康而言——到提高社会文化还相距颇远。

的生存，应当仅仅致力于提高这种保障的程度，而不去努力地令这种得到了保障的存在更合乎理想。

第二，我看不出斯蒂芬先生根据哪些理由得出了下述结论：“倾向于社会机体的保存”的标准必然能以比“倾向于普遍幸福”的标准的更大的准确性——甚至当这两者是一致的时候——被用于的实践，而且前者“满足科学标准的条件”。我愿意承认：假如我们所知的社会学是一门业已建立了的科学，而不只是一门可以在未来建立的科学的草图，他的这种说法就很可能是对的。但是斯蒂芬先生
自己已经告诉我们，社会学在目前“还只含有一些或多或少以准科 473
学概念伪装起来的、未经证实的猜测和模糊的概括”。这些措辞强烈的语句连我都不敢断然使用，但是一般地说我同意它所表达的观点。在我看来，一个持此观点的作者很难坚持下述的论点，即作为正当行为标准，“社会健康”的观念明显地比“普遍幸福”的观念更“科学”。

抱着对目前的社会学的这样一种估价，我认为，从功利主义观点来看，我们也有同样确定的理由反对把诸如社会机体的“发展”——而不仅仅是保存——这样的概念作为实践的终极目的和道德的标准。一方面，如果“发展”是指“效率”或自我保存品性方面的提高，这个概念就仅仅是刚刚讨论过的概念（我担心还包括那个未经证实的假设，即社会机体倾向于不断变得更有效率）的乐观的特殊形式，因而我们就无需对它作出新的反驳。另一方面，如果发展有某种不同的意义，——例如它在斯宾塞先生的一个门徒那里可能指在“兼容”方面的提高，无论这一提高是否有利于自我保存——我便没有科学的理由断定，我们专心致力于提高这种兼容性就将最

大限度地提高普遍幸福。我不断言人类社会的兼容性的提高不可能引起或产生社会成员的总幸福方面的提高，但是我相信斯宾塞先生——或其他什么人——未曾尝试过提出这一命题所需要的证明。[①]

474 概括地说：我认为在我们目前的知识水准上，功利主义者不可能从头为像他这样的（抽去其道德）人，或他应当是（或必将是）的那种人构建一种道德。一般地说，他必须从现存社会秩序和作为这个秩序的一部分的现实道德出发。在确定对这一准则的背离是否应当推荐时，他必须着重考虑这种偏离对于在一般情况下得到这一准则支持的那个社会的直接影响。诚然，一个有头脑的、受到良好教育的功利主义者可以模糊地看出前进的道路，而且这种认识可以在一定程度上修正他对于现实道德的态度。一方面，他可以看清某些即将发生的，只能通过在某些领域中采取新的、更严格的义务观点来避免的恶；另一方面，他也可以看清某些即将发生的、将会放松某些其他道德准则势在必行和能够产生功利的社会变化。但是，如果他不越过划分着科学规定和乌托邦幻想的那些界限，与他的实践结论相联系的那种社会就将具有这样的性质：它只在极小的程度上偏离那个现实的社会、它的现有道德规则体系，以及它对于德性与恶的习惯判断。

① 应当指出：现代工业的发展已经通过产业的专门化——它倾向于全产业工人的生活更狭窄和单调——而提高了社会的异质性；慈善家们通常认为这种提高了的异质性是严重的不幸，并且认为亟需通过极大地普及目前尚只为少数人享有的理智文化来抵消它。他们认为，如果这种文化普及得以实现，它将倾向于在此范围之内减少这一社会的不同阶级的生活的异质性。

第五章　功利主义的方法(续) 475

1. 如果我们应当把常识道德视为一架由规则、习惯和情操组成的，粗略地、一般地(而不是准确地、完全地)适合于生产所有感觉存在物的最大可能幸福的机器，如果——另一方面——我们又不得不把它当作实现这一目的的业已组合好的机器而接受下来，并且不可能一次性地替换它，而只能一部分一部分地改进它，那么我们就还需要考察：由于一个科学的功利主义者似乎是站在他的时代和国家的实证道德一边，这样一种复杂的进退维谷的关系将产生何种实践效果。

一般地说，他将明确地服从它，并且将努力促进它在其他人身上的发展。因为，虽然只要我们把道德当作实在来思考，我们在人类的现实生存条件中——我们甚至可以说在从人的观点判断的整个宇宙中——发现的那种不完善就最终也存在于道德本身之中。但是在实践的意义上，我们所关心的与其说是纠正和改进道德，还不如说是实现和加强道德。功利主义者必须完全抛弃将现实道德视为纯粹外在的和习惯上的东西而反对它的倾向。应当说，当反思的心灵开始懂得了既有的规则不是内在地合理时，它总是容易陷入这种情绪。诚然，他也必须抛弃将道德敬为直觉的道德学家们反复宣传

的那种绝对物和上帝法[①]的观念，因为这种观念是出于迷信的。不过，他将自然而然地带着崇敬和惊奇来沉思它，把它看作在许多例证中表明了手段对于复杂需要的良好适应性——就像自然机体的
476 微妙结构展示了这种适应性一样——的大自然的杰作，看作大自然的经久不息的发展的结果。他也将以极其精细的态度把它用作一个——由流动的意见和倾向构成的——唯有借助于它人类的实际幸福量才能不断被生产出来的设置，即一个这样的设置：任何“政治家或哲学家”都无法造出它；然而离开了它，那个更坚固、更粗糙的实证法机器就不可能持久地运转，人的生活也就会变得——就像霍布斯生动表达的那样——“孤独、穷困、险恶、野蛮和短促”。

不过，由于人们都承认这个实际的道德秩序是不完善的，帮助改进它就是一个功利主义者的义务，正如现代文明社会的守法的成员们把改革法律的要求包含在他的政治义务观中一样。因此，我们不得不考虑：当在某一特定时间和地点改进实证道德的努力在实践上有利时，他将依据何种方法确定对实证道德的具体修改。在这里，我们的思考似乎突出地把经验的快乐主义当作通常适用于解决这类问题的唯一方法，至少是在社会学真正建立起来之前是这样。我并不是说我们目前所占有的社会学知识基础不具有实践意义。社会学当然可以揭示这样一些道德变化：甚至我们的不完备的知识也会告诉我们它们是危害社会机体的存在的。而且事实上一些真诚地关心其同伴的福利的人已经揭示了这类变化。但是，这类变化

① 我并不是说这种情操在我看来不合于功利主义。我的意思是：它不必把自身同任何从属性的行为规则联系起来，而只需与那条最高原则——抱着对普遍幸福的所有因素的公正的关心而行动——联系起来。

在大多数情况下都同时包含着实证法方面的变化。因为，由于对大多数道德规则的遵守对一个有组织的社会的保存是至关重要的，它们总是直接或间接地靠法律制裁来维系的。在本书中讨论这类变 477
化，在我看来，将远远越过把伦理学同政治学分隔开的那条界限。在考察确定私人义务的功利主义方法时，我们需要考虑的主要是仅仅由道德制裁支持的规则；坚持或修改这类规则的问题也主要与人类社会的福利有关而不是仅仅与其存在有关。因此，从功利主义观点来看，我们可以把对这一问题的思考简化为一种比较，即坚持已建立的现有规则可能产生的苦乐量与引入据信将取代它的新规则可能产生的苦乐量的比较。我们已经看到，这种比较在一般情况下必然是粗略的和不确定的。记住这一点是极其重要的。迄今为止我们似乎还不能找到替代它的东西。当然，这并不意味着在解决这类问题时每个人只能依靠他自己的判断。我们可以通过交流和阅读来借鉴有关行为对幸福的影响的大量传统经验。但是，转达着这种经验的那些陈述是如此地不明确，它们的适用范围是如此的不确定，它们所依赖的观察与推理又是如此的经不起批判，以致它们不断地需要经验的证明，尤其是在它们对于具体情况的适用性方面的证明。

某些功利主义思想家[①] 会认为这样给功利主义道德学家规定的快乐计算任务过于宽泛，并且会划去“一大块”“伦理学命令”不适用的“个人选择和自我指导的领域”，以便简化这种计算，这也许不足为怪。我乐于承认划出这样一条分界线有明显的好处。但是

① 例如贝恩先生，见《心灵》(1883 年 1 月号)第 48—49 页。

在我看来没有划定这条界限的简单的一般方法，我们只能靠对人类生活的各种关系和环境的缜密的功利主义计算以及它们的不同结果来划定这一界限。如果有人想靠例如这样的普遍的陈述，即“社会不应干涉个人的只与他自身有关的行为，以及他的只是由于他人的自由的、而非靠欺骗产生的同意才与他人有关的行为”[①]来划定
478 这条界限，我觉得这是没有什么实践意义的。因为，由于把文明社会的成员联系在一起的利益与同情的复杂关系，几乎任何个人的幸福损失都在相当大的程度上未经同意地影响着某些其他人。而且我看不出：何以在广义上附和 J. S. 密尔的下述说法，即如果是“建设性的或假设性的”，这类间接的伤害就可以由于它容许个性的自由发展这一优点而忽略不计，是可以从功利主义观点那里得到证明的。因为，如果所担心的伤害是极其严重的，而且它将会发生这一假设被经验表明是有充足理由的，取消道德制裁所产生的明确的恶就必然超过向某种方向压抑个性所产生的不明确的可能损失。[②]其次，即使假定我们能根据某种简单的普遍准则划出“个人选择和自我指导的领域”，如果个人在这个领域之内希望按照功利主义原则合理指导自己，他们仍然要考虑他的行为对他人幸福的所有重要影响。而如果他是通过一种系统的方法做到这一点的，在我看来，他就必然采用我们在第二编中考察了的经验方法。为了防止人们对这种看法感到过分惊奇，我们还可以指出，按照人们的通常假定，

① 这句话不是一句准确的引语，而是对 J. S. 密尔在他的《论自由》一书导言中提出的观点的一种概括。

② 见密尔：《论自由》(*On Liberty*)，第 4 章。我们可以指出：密尔的理论肯定是违背常识的，因为它将排除对未婚者和单身者的所有不道德的性关系的指责。

每个明智的人实质上都是采取这种方法来决定他的大部分行为的。人们假定：在道德划定的界限之内，一个明智的人将以某种方式把他自己的以及他人的有关行为对幸福的影响的经验结合起来，并根据他人与自己的关系去努力为他自己和他人获得尽可能多的幸福。实际上，每个人通常都是以这种方式来思考他应当为自己选择何种职业或者为他的孩子选择何种教育，他应当结婚还是过单身生活，应当住在城里还是住在乡下，应当呆在英国还是住在同外等等问题 479
的。我们已经看到：[①] 除了幸福之外，另外一些目的（例如知识、美等等）也通常被视为毋庸置疑地值得欲求的，因而主要是不虑及后果地被人们追求的。但是，当某种这类追求包含着其他方面的明显牺牲时，人们又似乎总是用——无论多么不准确——纯粹的经验快乐主义的方法来解决实际问题的，即应当坚持还是放弃那种追求的问题的。

而且，当我说这必然是功利主义道德学家的方法时，我的意思仅仅是：他通常无法以其他方法将他所需要考虑的问题的不同因素化约到一个共同的尺度上。当然，在确定这些不同考虑中的每种因素的性质和重要性时，功利主义的道德艺术还需借重于各种科学。例如，它将从政治经济学那里了解对高利贷者的普遍谴责——或者对慷慨施舍行为的普遍赞赏——可能对社会财富产生的影响；从生理学家那里了解普遍戒酒或属于节制范围的其它节欲行为可能对健康产生的影响；从某一领域的科学家那里了解不趋附于流行道德或宗教情感的探索引发知识的可能性。但是，要解决在具体环境下

---

① 参见第 3 编第 14 章。

财富与知识的提高——或甚至健康的改善——在何种程度上应当服从其他考虑这一问题，在我看来则非经验的快乐主义方法莫属。我已说过，在传统道德家们所说的“自然善”——即除德性或道德之外的所有内在地值得欲求的东西——的界限内，人类常识从未运用和寻求过其它方法来调节对它的追求。在这里，功利主义者仅仅是比普通人更一贯和系统地作了公认为适合于由这一追求引出的问题的推理。作为一个功利主义者，他的独有特点就是必须运用同一种方法去批判和纠正具有局限性的道德本身。显然，这一批判的
480 具体细节几乎随着人的本性和环境上的变化而具有无限多的样式。在这里，我只打算讨论一个功利主义批判者必然采取的观点中的主要之点，以便不致忽略了重要的有关考虑。

2. 我们首先要回顾一下前面指出过的[①]一种区别，即通常理解的义务——一个人有责任去履行的义务——同值得赞赏的或美德的行为之间的区别。因为，由于前一种因素在流行道德中更重要、更不可或缺，在考察功利主义对于常识道德判断的关系时，先从这种因素开始考察是比较方便的。也就是说，我们最好从由一个社会的常识加给人们，并借助于社会的冷淡与蔑视这类惩罚来实施的规则总和开始。这些规则总和构成了一种补充着法律本身的不成文的立法。由于这种立法不是由一组共同履行着某种职能的个人发布的，它不能由其一致意见构成它的基础的人们的形式上的考虑和决定来改变。因此，它的任何改变必然产生于个人的私人行为，无论它们是否出于功利主义的考虑。我们马上就会看到，实践的功利主

① 着重参见第 3 编第 2 章。

义问题可能由于不同社会群体的道德意见的冲突和分歧——这种冲突与分歧在某种程度上存在于一切社会之中——而复杂化。但是，我们先来考察明确得到“共同的同意”支持的义务规则将比较方便。我们假定一个功利主义者在考虑了这样一条规则的后果之后，断定另一条规则一旦被确立就将更有利于普遍幸福，如果那个社会在其他方面保持目前的状态，或者只有细微的不同（就我们能充分明确地预测社会变化以便指导实践而言）的话。我们还预先假定这条新规则不仅在肯定的方面而且在否定的方面都不同于旧规则，即假定它不仅超越了和包含了后者，而且实际上与它相抵牾。在他能够确定他通过榜样和要求支持新规则和反对旧规则是正当的——即有利于普遍幸福的——之前，他应当先估计一下某些必然伴随着这一创新的不利因素的意义，这些不利因素可以很方便地被列举如下。 481

首先，由于他自己的幸福以及与他相联系的其他人的幸福构成 545
他所追求的那个普遍目的的一部分，他就必须考察他将招致的社会谴责对他自己及那些人的影响。除了这种谴责所带来的直接痛苦之外，他还必须考虑它在削弱他为社会服务和以其他方式提高普遍幸福的能力的间接影响。当然，对此种痛苦和损失的预见不是反对这种创新的决定性理由，因为它必然在某种程度上被看作改革现有道德所产生的利益的正常的、必要的代价。但是，正如许多功利主义计算的情况一样，在这里，一切都取决于所产生的效果的大小。在前面假设过的例子中，这种量值的变化可以非常之大：从细微的不信任和冷淡直到严厉的谴责和社会排斥。常常可以看到这样的情况：由于过早地推行一种改革，一个创新者可能招致最严重的道德谴责。而如果他等待几年，他就只会受到最温和的责备。因为，

一种道德规则对普通心灵的影响是从人们看出它与功利和计算相抵触时开始衰退的。对社会以及对个人来说，在这个衰退的过程达到一定程度之前，这条道德规则最好不受到公开的攻击。

然而，更重要的是指出一些怀疑一种表面上的改进真有有益于他人的效果的一般理由。很可能发生这样的情况：尽管一条新规则如果能被同样地确立就会比旧规则产生更大的幸福，它却不大容易被它旨在改变的那个社会的公众接受，或者即使被接受了也不容易得到遵守。它可能过于微妙高雅，或者过于繁琐复杂；它可能需要一种我们不可能在社会一般成员身上发现的更高的理智和更完善的自我控制，或者需要一种罕见的品质或情感平衡。但是，也显然
482 不能回答说：根据所作的假设，创新者的榜样在它影响的任何范围内都必然是善的——它在这个范围内总是在以一条好规则取代一条坏规则。因为经验似乎表明：一个这样的榜样的作用与其说是肯定的，还不如说是潜在地否定的。像在其他人类事业中一样，在这里也是破坏容易建设难。削弱和摧毁一个一贯而普遍地得到遵守的道德规则对人们心灵的约束力容易，以一种新的不能同样以传统和习惯来支持的新的约束习惯来取代于它则很难。所以，一个内在地善的榜样可能在整体上是恶的，因为它的破坏性作用最终比它的建设性作用更大，因而在整体上是恶的。而且，我们不仅必须从被触犯的具体规则方面，而且必须从所有其他规则方面来考虑上述这种破坏性作用。因为，正如对任何实证法的触犯都必然倾向于鼓励普遍的无法状态一样，对任何公认的道德准则的触犯也都在加强社会中的始终指向道德无政府状态的因素。

此外，我们也决不可忽视对传统道德的破坏在行为者自己的心

灵上产生的反作用。因为，一个人通过遗传和教育而获得的调节性习惯或情操构成了一种重要的心理力量，它在大部分场合都推动着他的意志去做出他的理性所要求的行为。它仿佛是在与诱惑性的激情和欲望进行着对抗的理性的一个天生的帮手，削弱这些帮手的力量在实践上可能是危险的。另一方面，情况又似乎是：按照理性去行为的习惯是所有习惯中最好的习惯，一个理性存在物的目标应当是使他的所有冲动和情操愈来愈合于理性。事实上，当一个人真诚地接受某种道德原则时，他原有的不合乎这一原则的调节性习惯和情操就自然而然地逐渐衰弱乃至消失。它也许不再值得我们去考虑，除非因为我们为博得别人的同情而考虑到它。

但是，这最后一点却是一个十分重要的考虑因素。因为，每个人的道德冲动都从其他人的同情中获得极大的力量。我的意思不仅是说，每个人通过同情而从别人的道德爱好与反感中获得的苦乐
既是构成他的幸福的因素，也是推动他作出产生幸福的行为的重要 483
动机。我还指下述的意义，即其他人对于行为的判断和情感在一个人身上引起的直接共鸣支持着他自己的类似判断和类似情感。由于同情的这两个方面的作用，大多数人在实践上更容易服从他们社会中已经确立了的道德规则，而不是由他们自己提出的道德规则。同时，削弱这种普遍的道德同情对自身影响的作用，也倾向于令履行义务的行为更为困难。另一方面，我们又不得不考虑——除了某种具体的改变本身的好处之外——为人类提供一种自我一致的功利主义的明确范型的一般功利。因为，像在其他场合中一样，在这种情况下，一个人通过与舆论相对立的行为提供了对真正的信念的强有力的证明，而如果他服从舆论，他就显然不能提供这种证明。然

而，如果这种效果能够产生，不服从一般不会令创新者感到更便利。因为在那种情况下，不服从几乎必定是出于利己的动机的，无论对于它的正当性的功利主义推理表面上显得多么合理。

这些不同考虑的确切意义将依具体情况的不同而呈现出无限多的变化，而且对它们作任何一般估价都似乎是无益的。但是总起来看，对于这类具有否定性或破坏性的对常识道德的功利主义创新来说，我们上面指出的那些一般论据构成了一种重要的理性制衡因素。

如果我们现在考察那类仅仅具有肯定性和补充性的创新，即那种只给已由常识确定了的规则补充一个新规则的创新，那么，就功利主义者自己对新规则的遵守而言，在这里实际上不存在任何冲突。因为，由于根据假设他确信这条新规则是有利于共同善的，他只是在常识对普遍仁爱义务的解释不严谨、不明确的地方对它作了
484 一种特殊的、更严格的解释。所以，上面列举的那些限制性的考虑不适用于这里。只要某一行为对于他是正当的，他就显然可以去赞扬它，以及向处于类似情况下的其他人推荐它。但是，他是否应当把这条新规则加给别人——通过表达对所有不愿接受它的人们的明确谴责——却是一个不同的问题。这种作法不仅包含着对他人的烦扰这一直接的恶，而且还包含着因这种侵犯性的态度所引起的反应而削弱他的榜样的一般好效果的危险。由于这一点，他的决定将主要取决于——就他能估计的而言——他的创新是否能得到他人的支持与同情。

然而应当指出，在一个彻底的功利主义者试图引入的对常识道德的改造中，有很大一部分与其说是旨在建立新规则（无论是与旧规则相冲突的还是纯粹补充性的）的，不如说是旨在实施旧规则的。因为，有相当一部分道德始终处于这样的状况之中：它们得到了形式上的尊重和承认，然而它实际上没有得到舆论的有效支持。而且，任何两个社会的道德差异都常常鲜明地表现在对每条道德准则的不同部分的强调上，而不是表现在对那条准则所含规则的歧见上。在下面将考察的例子中，功利主义者着意于比现在更严厉地谴责的主要是那种缺乏普遍同情或公共精神的行为。这类行为是大量存在的，它的直接效果是给个人带来表面上的快乐，然而其遥远的、间接的更大伤害却不易为常识识别。所以，常识对这种行为——甚至在人们承认它是错误的情况下——持着非常温和的态度，尤其是当它是出于某种并非与自身有关的冲动时。在上述这三类情况下，我们所需要的都并不是传播新的道德学说，而仅仅是激励和砥砺社会的道德情操，使之与功利主义体系特有的那种更全面的观点和对人类幸福的更无偏袒的关怀相吻合。

3. 到目前为止，我们一直在假定：那个创新者不仅想为自己， 485
而且想为其他人引入一种比常识承认的规则更有利于普遍幸福的新规则。有人可能认为这不是功利主义与常识最常争论的问题；最引起争论的毋宁说是为这双方认可的规则是否应当有例外的问题。因为**一般地说**，谁也不怀疑诚实、守诺、守法、满足他人的正常期望、严格控制恶毒冲动和感官欲望是有利于共同幸福的，但是人们也都认为：对苦乐后果的排他的考虑常常要求我们承认常识视为绝对物的那些规则有例外。然而应当指出，基于一般理由而承认一种例外实际上是在建立一条更复杂、更细微的规则，以取代一条更宽泛、更简单的规则。因为，如果在某种情况下承认这样一种例外有利于

普遍善，在所有类似情况下承认这种例外也将同样如此。假定一个功利主义者在考虑了一些一般理由之后，认为对一个有关他在一次秘密政治选举中的投票方式的问题作欺骗性的回答是正当的。他的理由很可能是这样的：功利主义是根据（1）对特定的个人进行欺骗会产生伤害，以及（2）假话具有损害人们之间本应存在的相互信任的倾向这两点而禁止说谎的；而且在目前的这个例外中，（1）让问话者上当是有利的，而且（2）就假话倾向于产生对有关那次他参加了的选举的投票方式的所有陈述的普遍不信任而言，它还促进了安排那次秘密投票的目的。显然，如果这些理由对某一个人有效，它们就对所有人都有效。事实上，它们证明了一条比旧规则更复杂的有关讲真话和假话的新规则，一条功利主义者将希望它得到普遍遵守的规则的功利。

486 当然，由于其自身的性质之故，某些道德的创新，例如在功利主义推理引导一个人参加一次政治革命，或支持一项被常识视为不公正的或失信的社会措施时的道德创新，不可能经常发生。不过，在这些情况下，一个有理性的功利主义者通常将运用他希望处于类似情况下的所有人都使用的普遍原则来进行推理。

然而，我们还必须考察似乎为功利主义者承认的另一类与此根本不同的例外。在这类例外中，行为者并不认为他的行为所依循的规则若被普遍接受就能产生功利，而是认为他的个人行为是正当的，是将会产生比他所能采取的其他行为更大的快乐对痛苦的余额的。

我们不可能合理地证明：因为某类行为的总合会产生恶而不是善，一个单独的这类行为就必然产生这种效果。甚至说这个行为具有产生这种效果的**倾向**都在语言上不甚妥当。没有人会说，（例如）由于一队军人通过一座桥可能使它坍塌，一个单独的过路人也具有使其坍塌的倾向。正如在提出有关饮食的规则时，一位明智的医生可能认为某种偶然的偏离比绝对地守规则更有利于健康一样，也存在一些这样的社会行为规则：一方面对它们的遵守是实现社会的福利所需要的，另一方面一定程度的不遵守又比遵守更能产生功利。

然而在这里，我们似乎同康德的基本原则——正当的行为必然是行为者能够“意欲其准则成为普遍法则”的行为[1]——发生了冲突。但是，前面在谈到诚实的实例时已经指出[2]，我们必然承认康德原则在应用中常常被具体情况作了重要修正。我们必然承认这样的情况：有关行为不会被广泛仿效这一信念构成对一条我们用康德原则来检验的准则的一个基本限定。因为，就我承认它是一条自明原则而言，这条原则仅仅意味着：如果一个行为对某一个人是正当的，它也必定基于一般的理由，因而对某一**类**人是正当的。因此，这一原则不阻止我们用上面提到的那个特征——即相信那个行为将 487
仅仅是一种例外的行为——来划分出这一类人。当然，如果这种信念最终是错误的，这种推理就可能产生严重的伤害；但是这种说法对许多其他功利主义推理也同样可以成立。我们不难找到这样的行为：常识之所以视其为合理的，仅仅是因为我们不担心它会被太多的人仿效。举独身生活为例。从一种功利主义观点来看——即按照人类幸福优于其他动物的幸福这种普遍接受的信念——完全拒绝

① 参见第 3 编第 1 章和第 13 章。

② 第 3 编第 7 章第 3 节。

繁衍人种是所能设想的最大犯罪。所以，如果在应用原则时不如上所示地作出必要限定，有关原则就将把任何认为过独身生活最有利于他自己的幸福的人的选择视为犯罪。但是常识（至少是目前时代的常识）却把这种选择看作是处于正当行为的界限之内的，因为我们不担心人口不能充分增长。事实上，我们认为生育的倾向不是不足，而是过度。

在这个例子中，我们相信我们在推理上可以依赖的是一种中等强度的非道德冲动，但是似乎不存在形式的或普遍的理由，说明功利主义者不可以将这种方法用于现实存在的道德情操。其结果可能是功利主义与常识道德间的一种特殊的背叛。因为，常识道德依赖的牢固性本身可以成为解除个人的责任的功利主义理由。我们被假定看到了这样一种可能，即普遍幸福将通过对公认规则的普遍服从和少量的不服从的某种混合来提高（正如韵律散文的美将由这种混合来提高一样）；并因而被假定将基于这样一个理由，即我们可以合理地预期其他社会成员的合规则的行为是充分的，去证明少数人的不合规则的行为的正当性。

我并不觉得，作为一种被用于目前的人类社会的推理，上述这种推理被证明为全然不合理的。但是在一个真诚地想提高普遍幸
488 福的人看来，它真正适用的场合必定是十分少的。应当指出，当我们一方面依赖一种情操来充分支持一条一般规则，一方面又依赖它来承认这条规则的例外时，这种情操在整个人类中是道德的还是非道德的是有根本区别的。因为，作为一种道德情操，它是与一种信念不可分离的，这个信念就是：它所引发的行为对个人自己以及类似情况下的类似个人是客观地正当的——即无论它是否被认为或

感觉为正当的，它都是正当的。这种情操在任何具体场合中都不能赞许地同相反的行为和平共处，除非在某一场合中，行为者身上的反对这一行为的普通道德情操发生了某种实质性的变化（然而不是不存在）。假定普遍的不诚实和普遍的独身都是最严重的恶。考虑到结婚的自然情操的强烈程度，我们可能仍然认为如果一般的人愿意独身，他们过单身生活仍然是合理的；因为结婚的自然情操的存在不受对独身的合理性的普遍认识的影响，但是，无论现实的抵制说谎的情操有多么强烈，我们也不可能都认为如果人们愿意说谎，他们说谎就是合理的；因为一旦承认这种合理性，那种情操就必定会衰弱乃至消失。所以，假定我们都是明智的功利主义者，就不会有人一方面承认处于类似情况下的其他人说谎是不产生功利的，一方面又认为他自己说谎是正当的。因为他没有理由相信那些人会按与他不同的方式行动。当然，在实际组成的社会中情况并不是这样。我们可以设想：在这样一个社会中，实际起作用的道德既不依赖于功利主义推理。也不依赖于某种其他推理，因为它不会受某一个人的具体行为或明确表达的意见的影响。但是我认为，我们很少碰到这样的情况：在这里，一个真正有良知的人一方面认为对一条规则的*一般的*（虽然不是*普遍的*）遵守显然是能产生功利的，另一方面又如此相信上述设想，以致认为在他认可一次破坏时，他不会伤害整体幸福。这尤其是因为，如果那个创新者不是在公平地引入一种新的、更好的一般规则，上一节中指出的对创新的所有反对意 489
见就将变得更为强烈。

所以我觉得，容易产生实践的困惑——即按照功利主义原则，普遍规则是否可以有例外这一困惑——的场合主要是我在本节第一

段中讨论过的那些场合。在那些场合中，人们不是直接以少数人之人数少为理由为这少数人要求例外，而是或者为处于例外情况下的一般人要求例外，或者为在理智、气质和个性方面赋有超群品质的一类个人要求例外。在这类场合中，功利主义者可能并不怀疑在一个完全由明智的功利主义者组成的社会中，这些要求特殊道德待遇的理由将被人们视为有效的。不过我已经指出：他也可能怀疑这条承认这类例外的更细微、更复杂的规则是否真有利于他所实际生活的那个社会，并且怀疑引入这条规则是否真的不会令削弱流行道德所产生的恶超过改进流行道德所产生的善。假如可能产生对这种情况或者在上一段讨论过的那些罕见例子的怀疑，功利主义者就需要缜密地考虑：如果他的劝告或榜样对于某些人可能有害，它们对那些人究竟会有多大的不良影响。显然，这一考虑的结果可能主要取决于他提供的这些劝告或榜样的公开度。例如，按照功利主义原则，在某些情况下，公开地宣传一件事是不正确的，而私下地去做或推荐它却是正确的；公开地向某些人讲授某种观点是错误的，而公开地向另一类人讲授它却是正确的；公开地做一件事是错误的，而相对秘密地去做它——如果可能的话——却是正确的；甚至，私下地以劝告或榜样推荐某件事是错误的，而完全秘密地去推荐——如果可能的话——却是正确的。这些结论都具有一种自相矛盾的特点。[①] 诚然，普通人的道德意识通常排斥与公开教导的道德不同
490 的秘密道德的一般概念；而且人们通常以为，如果公开地做某件事

① 然而在具体事例中，它们却在一定程度上为常识所承认。例如，在公开讲话中表达妨碍社会生活的宗教意见和政治意见通常被视为错误的，然而以著作来表达这类意见则被视为合理的。

是不好的，那么秘密地做这件事也不会使它变好。然而我们可以指出，对这后一种常识意见的普遍支持有着强有力的功利主义理由。一般地说，如果通过社会的谴责来压抑某些行为是有利的，让每个人都知道这些行为就显然是有好处的，因为否则这种谴责就无法起作用。所以，不仅一般人的隐瞒其恶行的行为在大多数场合严重损害行为者的诚实习惯，而且以道德鼓励来支持这种自然倾向也似乎是不能产生功利的。所以，如果把功利主义的结论准确地阐述出来，这个结论就是：秘密性使一项否则便不正当的行为变得正当这种见解自身就应当是相对秘密的。或者说，如果这种隐瞒是难于持久的，常识抛弃那些如仅让明智的少数人知道便能产生功利的理论就可能是值得欲求的。所以，功利主义者可以根据功利主义原则合理地期待他的某些结论被一般人拒绝，甚至期待普通人全然抛弃他的体系——如果其计算必然带有的不明确性和复杂性可能在他们身上产生坏结果的话。

555

我已经说过，在一个由明智的功利主义者组成的理想社会中，这一系列的困惑和悖论当然会消失。因为在这样一个社会里，谁也没有理由相信别人将按照与他所采取的道德原则不同的原则去行动。而且，任何明智的功利主义者也必然欲求着这种结局，因为所有的道德意见上的冲突都必然被他视为一种恶，一种倾向于损害道德抵抗诱惑性的冲动的力量。不过，在现实的文明社会状态下，即在存在着如此之多的理智发展、道德发展的差别的社会状态下，这种冲突仍然可能是一种必然的恶。

这样，我们便回到了我们在上一节中留下的那个问题的讨论上，这个问题就是：功利主义如何处理同一社会的不同成员同时持有不同意见这一事实。我们已经看到：虽然在相同情况下，两种不同的行为不可能都正当，但是关于行为的正当性的两种相互矛盾的意见却可能都能产生功利。甲做出某项具体行为可能最有利于普遍幸福，与此同时，乙、丙、丁谴责这项行为也可能如此。功利主义者当然不可能真的加入这场谴责，他可能认为睁一眼闭一眼地悄悄放过这个行为是有利的。与此同时，他又可能认为：如果根据假
492 设来推理，做一项普遍受谴责的行为也可以是正当的。而且，从总体上来看，在一个处于自身特定发展阶段上的社会中存在相互抵牾的道德准则常常是最好的事情。此外，我也曾暗示过：根据道德感的可能的起源和它对变化的人类生活条件的适应所作的推理是同一个一般推理，这个推理带有一个假设，即常识道德大致上与适合于目前状态的人的功利主义准则相吻合，它可以被用来同时支持这些对立的道德准则。我们可以说：这些对立的准则还是人对于他的环境的复杂的适应活动的组成部分，人需要用它们来补充和修正常识道德。

无论这种理论看上去多么自相矛盾，我们可都能找到它得到常识默认的例子，至少是能找到常识需要用它来消除自身矛盾的例子。我们举有关反叛的常识道德判断为例。一方面，人们通常认为这些骤然破坏秩序的行为有时在道德上是必要的；另一方面，人们又认为这类行为应当始终是非常有限的，并且在失败时至少是其头目应当受极刑；因为否则这类行为就会在它们得不到充分证明的场合中发生。但是，在人们的实际道德情感状态中，这种严厉的镇压需要一种强有力的意见的支持：这种意见把反叛谴责为恶的，而不只是谴责它们在对成功的概率的计算上犯了错误。由于相似的理

由，在某些职业和社会圈子中存在一些特殊的放松道德规则的现象可能会产生功利，与此同时，这种现象又不断受到社会的其它部分的谴责。然而，这类必然产生于这种永恒的意见冲突的恶是如此之严重，以致一个明智的功利主义者在大多数情况下都想努力地消除它。消除它的方法或者是公开坚持在这类特殊环境下放松普通道德规则的必要性；或者——另一方面——是努力地使普通规则在破坏它的行为已变得司空见惯的那个社会圈子里得到所有有良知的人们的承认和实行。在这两种方法中，功利主义者很可能将采取后一种方法。因为经过考察我们发现：人们经常是为了个人方便，而不是为了整个社会的利益而放松这些规则的。

4. 最后，我们来考察功利主义同超出严格义务之外的那部分常识道德，即同品性的、行为的理想——它在任何时代、任何社会都被普遍地崇拜和称赞为美德（或完善）的总和——的一般关系。首先，我们必须承认：功利主义似乎不完全接受美德与严格的义务的区分，除非某些美德仅仅部分地或间接地处于意志的控制之下，而且我们需要把这些美德在行为中的实现与义务行为本身——它始终是某种人们在某一时刻能够做到的行为——区别开。因为，一个功利主义者必定认为：如果一个人相信某项行为是最有利于普遍幸福的，他故意舍此而求它就是错误的。不过，在判断他人的哪怕是最严格的义务行为时，坚持值得赞扬和崇拜的行为与单纯的正当行为的区别又似乎是能产生实践上的功利的，因而是间接地合理的。因为一方面，我们不会把一个人的品性或行为同我们的最高理想——功利主义的或其他类型的——加以比较。另一方面，我们又自然而然地崇拜超出一般水准的品性或行为，而且鼓励和培养这类自然的 493

崇拜情操似乎最终是有利于普遍幸福的。这是因为，为了在目前境况下最有效地履行义务，人的本性需要两方面的刺激，即来自他人的赞誉和谴责。所以，如果“社会制裁”变为纯粹惩罚性的，它将不那么有效。的确，由于悔悟和谴责的痛苦本身是我们应当避免的，功利主义的公正道德的结构就显然将从根本上限制自己的作用范围。就是说，它定自己回避这样一部分行为：实施由社会惩罚维系的规则而作出这些行为是否能促进幸福这一点是可疑的或不可思虑的。然而，在这类行为中，道德的审美方面仍然合理地占有一席之地：我们在仲裁和谴责都毫无益处的地方仍然可以去恰当地崇拜和赞扬某种东西。所以，我们可以作这样的结论：功利主义者可以合理地赞扬一个行为，如果它能比普通人在给定环境下可能做出的行为产生更大幸福。与此同时他又意识到：一方面值得赞扬的东西的界限必定是相对于他自己的时代和国家的一般人所达到的道德进步的具体状态的；另一方面，不断地尽可能提高这个标准是值得欲求的。同样，功利主义者也将赞扬他认为将引发有利幸福的行为的倾向或稳定品性，以及他认为是引发这种行为——当这些倾向或稳定品性更经常地发挥作用显然有利于普遍幸福时——的动机。另一方面，我们也已经看到[①]：功利主义者可以毫不自相矛盾地崇拜一种倾向或动机，如果鼓励它——甚至当他不赞成它在某一具体场合引出的行为时——是普遍值得欲求的话。

当我们转而对功利主义的品性理想同常识承认的德性与其他美德作内容上的比较时，我们首先发现这两者之间存在普遍的一致

① 参见本编第 3 章第 2 节。

性；这种一致性在休谟和其他思想家那里也一直受到强调。如果一种品性不能被证明具有某种明显的促进幸福的效果，以及在一定程度上明显地有利普遍幸福的倾向，它就不会一直被整个人类赞扬为美德。然而我们不能由此推论说，这类品质在一个功利主义者所欲求的社会里是始终受到支持和鼓励的。事实上，在沉思其他社会的 494
道德时，我们仅仅靠常识的观察就可以看出：某些有用的品质受到过分的忽视，而另一些则受到过分的赞扬，而且甚至当它们表现得很极端以致在总体上变得不利于幸福时也受到崇拜。所以，彻底的功利主义者可能觉得有必要在重要的细节上纠正流行的道德理想。而且在这里，他似乎碰不到创新在公认的义务规则那里受到的那些功利主义约束。这是因为，关于（严格的义务之外的）不同行为美德的常识概念通常是如此的模糊，以致它们至少不能明确地抵抗功利主义对它们的外延的解释；同时，一个人在身体力行这样一种解释时，也不会与常识发生不幸的冲突。这尤其是因为，在同一个社会的界限之内，道德美德理想的变化范围比严格的义务准则的变化范围大得多。例如，如果一个生活在极端的禁欲行为受到赞扬的时代中的人树立了一个享受有害的肉体快乐的榜样；或者，如果一个生活在盲目的勇敢受人景仰的社会圈子里的人宁愿表现出谨慎和小心，并且向人称赞这种品质，他至多是得不到他否则本可以得到的赞誉，并被认为有点呆板或迟钝，而不会同常识意见发生明显冲突。也许我们可以在一般意义上说：一个明智的功利主义者可能不大重视对那些否定性的德性或限制人、约束人的倾向——它们在常识的品性理想中占有突出的地位——的培养，而更重视作为行为者或其他人的积极快乐的直接根源的那些精神品质（其中有些品质很少被

常识承认为美德）。不过，他不会去做那种将招致普遍谴责的创新。因为，没有一个明智的功利主义者能够否认限制性、压抑性的德性的极端重要性，或者认为它们已经在目前时代的普遍人身上得到了长足的发展，以致人们已没有必要对它们抱着道德的崇拜；虽然他可以认为它们在常识的道德完善观念中一直被强调得过分，以致其他有价值的品质受到了忽视。我们甚至可以冒昧地说：在大多数情
495 况下，一个真诚地、成功地努力实现功利主义理想的人——无论他可能多么偏离公认的完善品性理想——有可能赢得常识的充分承认和赞扬。因为，无论全部道德都产生于同情这一说法是否正确，自爱与同情在一般人身上的结合都足以使他们崇拜提高普遍善的非凡努力，即使这些努力有些离经叛道。对于任何超常的同情或热诚的公共精神的表现，以及任何在他人身上发展这些品质的尝试，常识都不会提出反对。当然，这要以这些冲动伴有对实际环境的充分知识及对目的与手段关系的直觉，以及它们不与公认的义务规则冲突为前提。[①] 新近流传的功利主义主要是朝着这个方向积极修正了我们社会的理想，并且可能在将来进一步修正它。对功利主义者赋予社会行为和政治行为的注意，以及功利主义伦理学经常显示出的转向政治学的倾向，也可以作如是说。这是因为，如果一个人认为行为的价值取决于它所带来的幸福后果，他更为重视的就自然是公共事务中的有效的仁爱行动，而不是私人生活细节中的纯粹德性的表现。而另一方面，直觉主义者（虽然他无疑也泛泛地承认一个人

① 我们已经看到：一个功利主义者有可能不得不违反这些规则，但那时问题已经属于上一节所讨论的问题的范围了。

应当在公共事务中尽可能作好事）则通常认为小事上的德性也同大事上的德性同样地值得崇敬。所以说，一个真诚的功利主义者可成为一个热诚的政治家；但是他应当根据哪些原则来确定他的政治行为的问题，却不属于本书的研究范围。

496 尾章　三种方法的相互关系

1. 在直至上一章结束时的本书的主要部分中，我们一直在考察确定正当行为的三种方法。我们发现在普通人的实践推理中，这三种方法在大多数情况下是或多或少模糊地结合在一起的。但是我一直致力于尽可能单独地对它们进行考察。本书无意对这三种不同方法作出全面的综合。与此同时，不对它们的相互关系作些讨论，我们也似乎不能说是令人满意地完成了对它们的分析。事实上，我们已经在分别考察这些方法时感到了在一定范围内讨论它们的相互关系的好处。所以，在这一编及前面的几编中，我们已经直接或间接地相当充分地考察了直觉方法与功利主义方法的相互关系。我们已经看到：必须完全抛弃通常理解的直觉主义者同功利主义者之间的对立。因为，我们能够承认为真正自明的那类抽象的道德原则不仅与功利主义相吻合，甚至还为功利主义体系提供了一个必要的理性基础。例如，我们已经看到：公正或平等的本质（就它是清楚明确的而言）就在于不同的个人不应受不同的对待，除非以有普遍效准的理由为根据，以及在于普遍仁爱的原则——它把所有其他人的幸福作为与个人自己的幸福同等重要的一个目的摆在个
497 人的面前——才构成这种根据。而其他强调时间的德性则似乎被恰当地解释为公正的仁爱在人生各种环境下的特殊表现，或者被解

释为在各种非理性冲动的诱惑下坚持明智的、仁爱的行为所必需的习惯与倾向。其次，虽然当有些规则受到质询时，我们共同的道德感似乎认为它们有绝对的约束力；但是当人们对这种常识本身作缜密的、系统的反思——这类反思表现在普通人的习惯性的道德判断中——时，这种反思便最终表明这些规则实质上是从属于上述基本原则的。第三，这种将具体德性与义务加以系统化的方法还从对道德史的比较研究中得到强有力的支持。因为，处于不同阶段的不同社会的道德准则的变化基本上相应于道德史指明的一种变化，即旨在提高人类不同部分的普遍幸福的实际的（或可信的）行为倾向上的变化。另一方面，对道德能力的前历史状态和起源的最合理的推测，似乎也完全与这一观点相吻合。诚然，即使这样一种方法上的综合完全被人们接受，在我们的具体的道德情操、未经推理的判断与特殊的功利主义计算的明确结果这两者之间，也还会存在某些细节上的分歧。而且，我们在将后者与服从前者的更一般的功利主义理由加以权衡时，也常常会碰到一些实际的困难。但是，我们似乎不会再碰到有关确定社会义务的原则的理论困惑。

我们还需要考察两种快乐主义——我们已把它们区分为普遍的快乐主义和利己的快乐主义——的关系。在本编第二章中，我们已经讨论了这样一种推理过程（它由于一种语言用法上的扩展而被称为“证明”）：根据这种推理，一个认为追求自己的最大幸福是合理的人可以将普通幸福当作他的正当行为的终极标准。然而我们已经看到：这一推理的有效性是以他将——隐含地或明确地——肯定他自己的最大幸福不仅是他本人的合理的终极目的、而且是普遍善的一部分为前提的。我们也已经看到；他可以通过拒绝肯定这一点

498 来废止这条功利主义的证明。否认在一个人与任何一个其他人之间存在实在的、根本的区别，否认“我”最终关心的是我作为一个人的某种极其重要的意义上的存在，而不是其他人的在这种意义上的存在，将是违反常识的。如果上述说法是对的，我就看不出人们何以能证明，在为个人确定合理行为的终极目的时，这种区别并不具有根本的重要性。其次，我们可以指出，无论多数功利主义者多么急于说服人们相信追求普遍幸福的合理性，他们都很少尝试用从利己原则到普遍原则的逻辑过渡来获得这种结果。他们几乎完全依赖于功利主义规则的制裁，就是说，依赖于个人服从这些规则所获得的快乐和所避免的痛苦。事实上，如果一个利己主义者仍不接受我们所说的证明，引诱他追求所有人的幸福的唯一合理方法就是告诉他只有这样做才能获得他自己的最大幸福。第三，即使一个人承认合理仁爱原则的自明性，他可能仍然认为他自己的幸福是一个这样的目的：为任何一个他人而牺牲这个目的对于他说来都是不合理的；并且认为如果道德要成为完全合理的道德，它就必须表明审慎准则与合理仁爱准则之间的契合性。从总体上看（前已指出），这后一种观点在我看来实际上是常识的观点，同时也是我自己所持的观点。所以，我们就需要进一步考察：我们在何种程度上，以及以何种方法，能够作出所需要的这种证明。

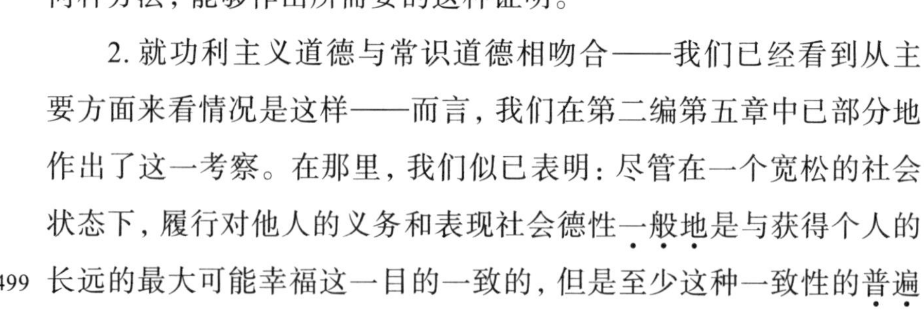

2. 就功利主义道德与常识道德相吻合——我们已经看到从主要方面来看情况是这样——而言，我们在第二编第五章中已部分地作出了这一考察。在那里，我们似已表明：尽管在一个宽松的社会状态下，履行对他人的义务和表现社会德性*一般地*是与获得个人的
499 长远的最大可能幸福这一目的一致的，但是至少这种一致性的*普遍*

性与**完整性**是不能得到经验证明的。而且，我们愈缜密地分析和估价被认为在现实人类生活条件下起作用的不同制裁——法律的，社会的和良心的，——我们就愈难于相信它们能够产生出这种一致性。这一论据对一个具有功利主义信念的人的正常影响仅仅是使他急于改变人类生活条件。如果我们能够按这一方向改进一个社会的法律机器的适用性，促进和指导以赞扬与谴责为形式来进行的社会奖惩，并且发展和训练社会成员的道德感，使之明智地指导每个人尽可能地提高普遍善，这将是对人类实际幸福的一个最有价值的贡献。然而，我们现在考察的不是一个彻底的功利主义者准备在将来推行些什么，而是一个彻底的利己主义者在目前会做些什么。我们必须承认：实际情况是，无论功利主义道德与常识道德之间的差别的性质为何，这种差别都使得前者更不符合于利己主义。因为，我们已经看到：在私人利益与最大多数人的最大幸福不相容时，功利主义比常识更严格地要求个人为后者而牺牲其私人利益。而且，显然是由于功利主义者的原则总是使得他同所有公认的道德准则发生冲突，所有的社会制裁也总是阻止他去履行他视为其义务的行为。

3. 然而，有些功利主义作家[①]却似乎明确地或隐含地认为，通 500

① 见密尔：《功利主义》，第3章“悲观主义”。然而，由于对三种研究对象的混淆，密尔在那里的论点难于得到坚持。这三种研究对象就是：(1)同情在推动人们遵守功利主义伦理学的规则方面的作用；(2)同情在将来可能具有的这种作用；(3)同情的苦乐在一个明智的利己主义者眼中的价值。由于密尔持有“每个人自己的快乐是他欲求的唯一对象”这样一种心理学理论，他未能将第一和第三个问题区分开。但是，如果我对这种心理学理论的反驳(第1编第4章第3节，是有效的，我们就必须区分同情的两种作用：一方面，它产生同情的苦乐；在作利己的快乐主义的计算时，行为者必须把它们考虑在内。另一方面，它也可能产生利他主义的行为冲动；这种行为的意义同行为可能给行为者带来的同情的快乐(或痛苦的免除)可能极不相称。所以，即使普通人由于从未感觉

过深入思考同情作为人类幸福的一个因素的突出地位，我们将看出每个人的善同所有人的善的一致性。与这种观点相反，我则希望尽可能地贬低同情作为人类——甚至是目前状态下的人类——幸福的根源的价值。诚然，我持有这样的意见：同情的苦乐实际上构成了对社会德性的大部分内心的奖赏，以及对社会不轨行为的内心的惩罚（我在第二编第五章中粗略地把这种内心的赏罚归结为道德的情操）。因为事实上，虽然在对我自己的意识作内省的分析时，我能够在某种程度上区别同情的道德情感和直接的道德情感，但是我却不能准确地说出这两种成分是以何种比例掺杂在一起的。例如，我似乎能区分我曾谈到过的“利己主义的卑贱感”（在我看来，它是“整体的善理应优先于部分的善”这种道德直觉的正常的情感上的伴随物或直接表达）和一种由同情的不安（它伴随着我的有意以他人的痛苦或损失为代价而选择我自己的快乐的行为）引起的刺激，但是我发现我无法确定如果把前者与后者区分开，它具有多大的影响力。我还倾向于认为，这两种情感在不同个人身上是以迥然不同的比例结合在一起的。事实上，我们也许可以从人类以及个人的道德意识的发展中发现这两种因素的比例变化的一般法则。因为在道德意识的一定发展阶段上，心灵似乎对于呈现为绝对的抽象道德观念和规则更为敏感，而在这个阶段结束之后及进入这个阶段之前的时期，属于私人关系的情感更为强烈。[①] 在一个功利主义者的心中，
501 同情的确成了所有与社会行为有关的本能道德情感中的主导因素；

到普遍善应当为他自己的善而牺牲而能达到这种同情的高峰，这一点也不能证明他按照这种冲动去行动从利己主义的观点来看是合理的。

① 我并不是说，这一变化过程是简单的循环。在前一个时期，同情更狭隘，更简单、更直接；在后一个时期，它变得更宽泛、更复杂、更间接。

因为按照他的观点，道德冲动的合理基础最终必然依赖于为自己或他人而获得的快乐或免除的痛苦。所以，一个功利主义者永远不会为一条非人格的法则而牺牲自己，而仅仅是经常为某个或某些他至少对之怀有某种友善感的存在物而牺牲自己。

但是，在承认同情的快乐对多数人的重要性的同时，我还应当指出：明智的自我利益可以仅仅依据经验来引导多数人培养和发展其同情感，并使之发展得比目前所能达到的状态更为广泛。巴特勒反对将自爱与仁爱庸俗地对立起来，这一著名论点的有效性是毋庸置疑的。我们似乎可以毫不夸张地说：在人们对幸福手段的巨大浪费中，任何不明智性都不及通常意义上的自私的不明智性所起的作用更坏。这种自私使人过分地盯着个人的幸福，从而使他不可能感受到对他人的苦乐的强烈兴趣。由此而产生的自我的独尊地位倾向于使所有享乐失却其敏锐而热烈的情绪，倾向于很快达到餍足的程度并产生无聊。自私的人失去了由广泛的兴趣（利益）提供的升华与拓展感；失去了不断伴随着对比个人幸福更稳定的那些目的的追求的更安详、更平静的满足；也失去了以一种复杂的共鸣——它常见于我们为那些被我们所爱、并且对之怀有感激之情的人们提供的服务之中——为基础的那种独特的、丰富的甜蜜感。他不得不千方百计地按照他的本性已经达到的细微程度，去感受他自己的生命与那个包含他的生命（作为一个细小的部分）的更大生命的不相和谐的节律。

但是，即使承认所有这一切[①]，我也把下述结论视为确凿无疑

① 然而我不认为：把上段话中所承认的情况说成普遍地正确的，是可以得到证明

的，正如快乐比较所引出的其他结论是确凿无疑的一样；这个结论
502 就是：同情的最充分的发展——内涵上的和外延上的，它目前只对少数超群的个人才是可能的——不能产生功利义务与自我利益的完全一致性。在我看来，我在第二编第五章第四节中为证明良心制裁的不充分性时所说的那些话——在细节上作了必要修正之后——也适用于同情。假设一个人发现，对普遍善的关心这条功利主义义务要求他作出生命的牺牲或最大冒险。也许有一两个人与他非常亲近，以致甚至从一种利己主义的观点来看，通过牺牲他们的幸福来维持他的生命对于他也是没有价值的。但是也的确很难断定，当人们“坐下来冷静思考”并作出估计时，多数人是否会肯定这种选择的正确性。那一特殊部分的普遍幸福——即个人被号召去为之牺牲其生命的那部分幸福——当然很可能不是与他特别亲近的人们的幸福。但是，由于我们的最敏锐、最强烈的同情在正常情况下只是对极少数人的，从同情的局限性中可能产生这样的结果：同情的发展本身可能加强反对功利主义义务的论据。很少有人具有这样的气质，即对于一般人的苦乐也能感受到与对妻儿、爱者或密友同样的同情，无论他们具有多么强烈、多么广泛的同情心。如果我们现在能进行一种将实质性地改变我们对同情的一般分配比例的感情训练，这种训练也似乎不会被当作总体上有利于幸福的东西而得到推荐[1]。所以，当功利主义义务要求我们为了普遍善而牺牲我们自己

的。有些非常自私的人至少看起来比大多数不自私的人快乐些。而且也存在其他一些例外的本性：它们的主要幸福似乎来自于指向人类幸福之外的其他目的的、实际上是无利害的活动。

① 见本编第3章第3节（边码）第432—433页。

的、以及我们所爱的那些人的幸福时，功利主义最为依赖的制裁本身必定是在强力地反功利主义准则之道而行之的。

但是，即使我们撇开这些例外——不过它们足以确定抽象的问题——不谈，个人能据以最充分地获得对其同情的回报（就我们能 503
根据经验来确定它们而言）的行为过程，也常常与另一类行为方案，即一种提高普遍幸福的真诚愿望引导他去采取的行为过程，相去甚远。因为，解除不幸和灾难是功利主义义务的重要组成部分，但由于被解救的个人在总体上是痛苦的，这类情况下的同情必定是一个痛苦的而不是快乐的根源；并且这种同情愈强烈，痛苦就愈深重。一般地说，在解除不幸的过程中，复杂的仁爱快乐中的其他因素大概能充分抵消这种同情的痛苦。因为，怜悯的传播本身就是令人愉快的。我们通常对不幸者的状况因我们的努力而得到的改善，而不是对他否则会遭受的痛苦，更为敏感。此外，我们还从他的感激中，从指向一个有持久价值的目的的强烈冲动引发的活动的正常反应中，得到快乐。不过，当不幸是极其深重的和持续的，以致我们的努力只能部分地减轻它时，那位慈善家的同情的不安必然是非常强烈的。同时，与痛苦作斗争——尽管不乏高尚的幸福——从总体上看比许多其他活动更缺少快乐；而义务号召我们去从事的似乎正是这种斗争。或者说，一个人可能会发现：通过相对孤独地去追求他从不抱实现希望的目的；通过与他不可能怀有很深感情的人一块工作并为他们工作；通过做一些必然使那些他爱得最深的人们与他疏远和感到痛心，或者必然使他失去最亲密的私人关系的事情，他最能提高普遍幸福。简言之，他作为一个功利主义者必须服从的合理仁爱的命令似乎以数不清的方式同享受友善感情——沙夫茨伯里

及其追随者们令人信服地把这种感情描述为合理仁爱的回报——相冲突。

4. 从第二编第五章中提出、并在上一节的讨论中得到补充的那些论据中，我们似乎必然得出下述结论：即使在功利主义义务同履行这种义务的个人的最大幸福之间存在不可分割的联系，这种联系也不可能在经验的基础上得到满意的证明。所以，另一派功利主义者宁愿从宗教的制裁那里寻求对义务的证明。某些把同情视为一
504 种动机的人们也部分地采取了这种方法。从这一观点出发，他们把功利主义准则设想为神法，并把这个神设想为这样一个存在物：他命令人们去促进普遍幸福，并宣布他将奖赏那些服从他的命令的人并惩罚不服从者。显然，如果我们相信——无论以何种方式——一个万能的主宰已经宣布了这些命令和他将施予的赏罚，一个合理利己主义者便无需进一步地引诱也能遵守功利主义的原则。这样，剩下的问题就只是这种信念是如何获得的。通常的看法是，它或者是通过超自然的启示，或者是通过对理性的正常运用，或者是通过这两者，而获得的。关于前一种方式，应当指出：尽管一些道德学家认为神已经以某种超自然的方式或者向过去时代的一些特殊个人——他们留下了对所受启示的文字记录——或者向一批以特殊方式挑选出来的不朽的人，或者向一般的信教者宣示了他的律法，但是他们认为神所宣示的并不是功利主义的准则，而是经过了某些特殊修正与补充的常识道德规则。不过，正如密尔所强调指出的，就功利主义比常识更严格地要求个人为整个人类的幸福而牺牲他的幸福而言，它在严格的意义上是符合最典型的基督教教义的。然而，我们似乎无需去一一讨论不同的启示的准则同功利主义的关

系，因为这种讨论涉及这些准则的神的起源方面的根据，这将超出我们的研究领域。

然而，就人们相信关于神法的知识可以通过理性获得而言，伦理学与神学似乎是十分紧密地相互联系着的，以致我们无法明确地区分它们各自的领域。因为——我们已经看到[①]——人们普遍认为，借助于我们把这些规则识别为有约束力的这一思想行为，我们就间接地认识了道德规则同神法制订者的关系。而且，我们在谈到 505
这些规则时经常使用的那些词（例如“道德责任”）也自然而然地意指着法律的制裁，因而意指着一个宣布并实行着这些规则的君主。事实上，自洛克以来，许多思想家都不承认正当、义务等术语的其他意义，而只承认它们意指着一条由一个法律制订者加给人们的规则。然而，这种看法似乎是违反常识的，我们只需指出神法的制订者本身是被设想为一个规定着正当并设计着善的道德主体的，就足以说明这一点[②]。显然，在神法的制订者的观念中，至少“正当”和“善”的概念是在绝对的意义上被使用而不诉诸一个更高的法律制订者的。而且，信教者们似乎也**一致**认为，这两个概念在这里是在一种与其通常意义无根本区别的意义上被使用的。不过，虽然常识不把道德规则**仅仅**看作一个万能主宰的命令，——他根据人们是否服从这些命令进行赏罚——但它显然认为这是对于这些道德规则的一种真实的——尽管有些片面的——观点，并且这种观点也许可以被直觉地领悟。所以，如果反思引导我们得出结论说，我们应当

① 见第3编第1章第2节，也见第3编第2章第1节。

② 参见第1编第3章第2节。

把常识的具体道德原则视为从属于那个异常明确的、无可辩驳的直觉——作为功利主义的首要原则——的东西，我们就将认为神的制裁应与之联系的是功利主义准则。

或者，我们可以这样来论证。如果我们应当按照所有神学家的看法把神设想为在为某种目的而行动，我们必定把那个目的设想为普遍善和——如果功利主义者们是对的——普遍幸福。我们不可能假定：在一个道德统治的世界中，一个人有意反对我们相信是神设计创造的东西是明智的。所以，在一具体的环境中，如果我们在计算了两种行为方案的后果之后，选择了那种似乎不很有利于普遍幸福的行为，我们就是在以一种我们不得不期待着恶果的方式行动。

有人已对此提出反驳说，对现实世界的观察表明：感觉存在物所获得的幸福是如此地不完善，并且掺杂着如此之多的痛苦和磨难，以致我们实际上不能把普遍幸福设想为神的目的，除非我们承
506 认他不是万能的。诚然，我们在理解神是万能的这一断语时需要加上某种限定，但是这种限定似乎超不出有见地的神学家们所隐含指出的限定。因为，这些限定似乎都承认了某些事——例如改变过去——是神所不能做的。而且情况也许是：如果我们对宇宙的知识是完善的，我们就会看出，全部获得了的幸福量正好与不去完善它所能获得的一样大。所以说，这种完善看来也正如改变过去一样是不可设想的和荒谬的。然而，这是一个毋宁说应当由神学家来阐述的观点。我想强调的只是，对于善似乎不可能作这样的一般解释：似乎它能在这个现实的宇宙实现得更充分。在自然界中，我们所崇拜的自然造物的完善处处都掺杂着不完善，并且容易毁灭和失色。与此相似，在人的行为的世界中，德性也至少像幸福被痛苦抵销那

样地容易被恶抵销。[①] 所以，如果引导我们把终极善解释为幸福的伦理学推理是合理的，自然神学的论据似乎不会提出反对。

5. 所以，如果我们可以根据神学家们的一致意见，假定像神这样的一个存在物可以被设想为真实存在的，功利主义者似乎就可以基于功利主义基础而推论社会义务准则的神的制裁的存在。而且，这类制裁也许还足以使每个人把尽其可能地提高普遍幸福当作他的利益。然而，如果这一假设仅仅得到伦理学论据的支持，在我们作出结论之前，我们最好缜密地考察这一假设的有效性。因为，在
我们结束这一考察时，那十分重要的问题——即伦理科学是否能建 507
立于一种独立的基础之上，或者，伦理科学是否不得不从神学或某种其他学科 [②] 中借用一个基本的、必要的前提——就将得到解决。为能恰当地作出这种考察，我们先要思考一下我们的最清晰、最明确的道德直觉。我发现有两件事是我毫不怀疑的，并且被我视为同数学公理或几何公理同样清晰明确的。这两件事就是：对于我来说，给他人以我自己在类似情况下应受到的待遇，以及做我相信最

① 我们也许可以说，这种比较对于将德性的本质归结为自由选择的自由主义者没有意义。但是，说任何自由选择都是德性的却是一个悖论，而且大多数自由主义者——他们承认恶也像善一样是可以自由选择的——都不愿陷入这种悖论。因此，被设想为实现着神的目的的必定是对善的自由选择。如果是这样，支持着功利主义对（被自由选择的）善的解释的论据，在稍加限定后也适用于这里。如果这也是对的，把功利主义义务规则视为神的制裁也就同样是适用的。

② 如果我们径直地把伦理学作为一种可能的、独立的科学来思考，我们就不必使它的基本前提——我们现在正在考察其有效性——具有有神论的形式。伦理学也不必为维护实证的宗教对道德的支持而采取这种方式。在佛教教义中，与正当行为不可分割的善报概念似乎比在任何基督教教义中都发展得更精致、更有体系。但是，诚如明智的佛教徒们所认为的，这些善报不是由一个最高主宰，而是由一种非人格的法则的自然运作来分配的。

终是有利于普遍善（或幸福）的事情是“正当的”和“合理的”。但是，我并未发现这个信念是与一个这样的认识，即存在着一个最高主宰，他将充分地[①]奖赏我的服从这些规则的行为并惩罚我的不服从行为，密不可分地联系在一起的，而且也不觉得这种认识可凭借反思的直觉而直接获得。[②]或者我可以这样说，撇开这一命题的严格的神学因素不谈，我没有在我的道德意识中发现这样的直觉：它表明义务行为及违反义务的行为将分别得到充分的奖赏与惩罚；并且有资格作为清晰明确的直觉。实际上，我感到的是一种与道德情操不可分割的欲望，即希望这种结果不仅在我自己身上而且普遍地产生。但是考虑到经验表明人类的大部分欲望都命定地是以失望为结果的，这种欲望的存在本身并不足以证明它能被实现。其次，
508 我还在某种意义上判定这种结果应当被实现。然而在这个判断中，“应当”不是在严格的伦理学意义上被使用的。它仅仅表现了一种极其重要的需要，即如果我们的实践理性要表明自身的一致性，它就需要证明德性与自我利益的这种联系，并且以这种联系为出发点。因为，如果这种联系被否定，我们就不得不承认在我们关于行为的合理性的那些明显直觉之中存在终极性的、根本性的矛盾。而且，我们就可能从这一让步中进一步推论：表现在这些相互矛盾的

① 我最好提醒读者，这里所说的“充分的”是指“足以使促进普遍善成为行为者的利益（兴趣）”，而不必然指“相应于劳绩”。

② 我不能后退到接受下述理由，即认为我自己具有这样一种道德上的需要，就是说：我需要这样地看待道德，**仿佛它们**是神的命令，尽管我没有资格通过缜密的思考而认为某种这类最高主宰的确存在。如果我不承认某种东西具有思想的真理性，我便决不会为着实践的目的而相信它。我甚至不可能设想这些词所描述的那种“相信”心态，除非把它设想为一种哲学家的出于强烈的绝望而产生的暂时的、半意识的无理性状态。

判断中的实践理性的表面上的直觉性完全是虚幻的。

我并不是说，如果我们采取某种合理获得的关于世界的道德秩序的结论或前提，而放弃从实践上解决这一基本矛盾的希望，我们就可以全然摈弃道德。但是，摈弃将道德完全理性化的观念则是必要的。诚然，不仅由于自我利益，而且由于保护着社会福利的同情和情操——它们是借助于教育来传递的，借助于与他人的交流来维系的——我们仍然会感受到一种欲望，即希望人们普遍遵守有利于普遍幸福的规则。而且，在更多的日常生活场合中，由于我们承认为义务的东西与恰当理解的自我利益一致，实践理性还明确要求我们履行义务。但是，在我们承认自我利益与义务存在冲突的少数场合中，由于实践理性自身之中产生了矛盾，它可能不再成其为这一方面或另一方面的一个动机。冲突也将不得不听凭这两组非理性冲动的相对强度来裁决。

所以，如果我们需要这样地看待义务与自我利益的一致，即把它视为避免我们的一个主要思想领域中的基本矛盾的必要的逻辑假设，有待解决的问题就是这种必要性在何种程度上构成接受这一假设的充足理由。然而，这是一个十分困难的、颇有争议的问题，
对这一问题的讨论与其说属于一本关于伦理学方法的著作的范围， 509
还不如说属于一本有关一般哲学的著作的范围。因为，离开了对真实的和虚假的信念的标准的一般考察，这一问题就不能得到令人满意的回答。由于一些人认为物理学大厦的确是由自明前提的逻辑推论构建的，他们可以合理地要求声称具有哲学的确定性的实践判断有同样坚实的基础。另一方面，如果我们发现，在我们对于自然界的假设性的知识中，命题只是通常被视为是普遍真实的，且它们

的根据仅仅在于我们具有接受它们的强烈倾向；如果我们还发现，这些命题对于维护我们的信念的系统的一致性是必不可少的，我们就更难于拒绝一个同样得到支持的伦理学假设而不为普遍怀疑主义敞开大门。

附录 康德的自由意志观念① 511

我的目的是表明：在康德对他自己的理论的不同表述中，自由一词表达着两种根本不同的观念；然而康德似乎没有意识到这个词的意义上的任何区别。

〔在一种意义上，自由 = 理性；所以一个人的行为愈合乎理性，他就愈自由。〕我决不是因为这种用法偏离日常用法而反对它。相反，我还认为它极大地支持了人们在日常谈论中表达道德经验的正常方式。在非理性冲动与被我们视为实践理性的命令的东西之间的冲突——它不断地发生在我们每个人身上——之中，我们习惯于把我们自身等同于后者而不是前者。诚如休厄尔所说，“我们说欲望、爱、愤怒挟制着我们，说我们自身驾驭着它们”。我们总是称人们为欲望或激情的“奴隶”，却从不称一个人为理性的奴隶。所以，如果自由这个词不曾被道德学家们用来指另一种意思，如果问题只在于从日常用法中确定它的意义、并为着伦理学讨论的意义而赋予它更大的精确性，我就不会反对“一个人的行为愈合乎理性，他就愈自由”这一陈述。但是，人的自由主体性的英国的维护者们通常关心的却是另一类自由，他们强调“人具有一种在善与恶之间进行

① 重印自《心灵》第13卷（1888年）第51期，有删节。

选择的自由”，它实现于或体现于他慎思地选择恶和选择善时。显然，如果我们说一个人的行为愈合乎理性他就愈自由，我们就不能在这个词的同一种意义上说：当他在不合理地行动时，他是通过他的自由选择而这样做的。我们必定承认自由概念在这两个陈述中是根本不同的。而且，虽然在我们肯定上述两个命题中的任何一个时，自由一词的日常用法能表达这个概念，但是在同时肯定这两者
512 时，用它表达这两者却显然不方便。同时，如果不指出这种意义上的区别的话，这种用法还包含着一种思想的混乱。

如果人们承认这一点，接下去的问题就在于表明康德的确是在这两种意义上使用这个词的。在证明这一点时，比较方便的是给我们承认的这两个不同观点各起一个名字。因此，我将把我先提到的那种自由——即一个人的行为愈合乎理性他就表现得愈自由——称为“善的”或“理性的自由”，把在善与恶之间进行选择的自由称为“中性的”或“道德的自由”。[①]

但是，在我着手考察出现“善的自由”和“中性的自由”这两个概念的那些康德的原话之前，我最好先把后者与一个容易与它混淆的、更宽泛的概念——把这个概念说成是康德的概念显然是错误的——区别开。我指的是“无动机的行动能力”，莱德和其他通常被称为自由主义者的作者们认为要求这种能力是必要的。“如果一个人没有动机便不能行动”，莱德说，“他就可能根本没有能力”——按照莱德的意见，也就没有自由主体性。为了方便起见，

① 当我希望表明这两个自由概念的亲缘关系时，“理性的”和“道德的”在我看来是最贴切的；当我希望强调其差别时，“善的”和“中性的”也似乎是较为适用的。

我把这种自由观称为“任性的自由”。我已经说过，这一概念显然不是康德的概念：康德不仅明确地摈弃它，而且在任何地方——就我所知——都没有无意识地使用过它。事实上，这一概念仅仅与他对人类意志的解释不相容：他为中性的自由——在善与恶中选择的能力——辩护的初衷就是彻底抛弃任性的自由，或当没有**处于某种意志之下**的动机时的行动能力。

〔这种〕区别使我明白了何〔以〕许多细心的读者未能在康德的表达中看出我所发现的这两种自由——善的（或理性的）自由与中性的（或道德的）自由。他们把眼睛盯在康德所坚持的理性的或道德的自由与康德明确摈弃的任性的自由的区别上，于是忽略了他那里的另一种区别，即我们愈行为得正当便愈实现着（或表现着）的自由与在选择正当或错误时实现着（或表现着）的自由的区别。一俟我们完全撇开关于任性的自由（即无动机的行动能力，或当纯自然的或非理性的欲望或反感中产生冲突时逆最强烈的动机而行动的能力）的观点，一俟我们同意排除这种自由观并把注意力放到善的自由与中性的自由的区别上，我敢说任何一个人都能在康德那里看出包含在这后一对立中的两种自由。我们不难理解：由于康德自己未能区分这两种自由观，连最细心的读者也经常无法知道应当按哪一种观念来理解自由。但是，在康德的许多表述中，他的论点清楚地要求一种观念；在许多其他论述中，它也清楚明白地要求另 513
一种观念。一般地说，我可以这样说：当康德不得不把自由概念同道德责任或道德非难的概念联系起来时，他就像在这种联系中强调自由意志的所有其他道德学家一样，用自由一词指（主要地，但不是唯一地）中性的自由——即选择善以及选择恶的自由。事实上，

在这些地方，他所关心的主要是做恶者的自由。因为，他尤其希望的正是阻止做恶者把他的责任推卸到他所不能控制的原因上。另一方面，当他不得不证明的是不受感觉冲动的挟制而无利害地遵守法则的可能性时，当他想表明理性在影响选择方面的独立性时，他就在许多(虽然不是所有)表述中明确地把自由等同于理性的独立性，因而明确地用自由指一个人的行为愈合乎理性他就愈自由这一命题。

作为第一种自由观的一个例证，我指出“实践理性的分析”[①]第三章结尾处的一段话，他在那里结合道德责任阐述他特有的关于人的行为的双重因果性的形而上学理论。按照康德的看法，人们的每一个行为，当被视为一种在时间上被确定了的现象时，必然被视为先前的决定因素的一个必然结果，否则它的存在就是不可设想的。但是它又可以被看作关涉那个被视为自由之物，被视为“本体”——相对于它行为只是一种现象——的主体的。因而这种自由观也适用于那个被这样相对于其现象地理解的主体。因为，既然他作为本体的存在是不受时间条件影响的，这种本体的存在就丝毫不受前因决定原则的制约。所以康德说，“在他的这种存在中，任何东西都不优先于他的意志的决定作用；但是，在他的超感觉存在的意识中，他的每个行动……甚至他作为一个感觉存在物的整个存在，都不是别的，而是他作为一个本体的因果关系的结果。”这就是著名的对调和自由意志与普遍的自然因果性的难题的形而上学解答。我现在不是要对它作出批判，而是想指出：如果我们完全接受这种自由

① 《康德全集》(哈登斯坦版)，第5卷，第100—104页。

观，它必然明显地是中性的自由。它必然表达着一个表现为恶棍的本体同一系列恶意的关系（由于这种关系，道德法则才遭到破坏），正如它表达着一个表现为圣者的本体同善意或理性意志的关系（由于这种关系，道德法则或绝对命令才得以遵守）一样。而且，前已指出，由于康德尤其关心解释道德非难的可能性和证明良心审判的正当性，他在这段话中尤其把表现着恶现象的本体作为例证。他直截了当地提出这样一个问题："我们何以"能够"说一个行窃者"在行窃时"是自由的"？并且回答说，这是由于他的"先验的自由"。由于有这种自由，"理性存在物才能公正地把他做的**每项违法行为**
说成他本可以不去做的行为"，虽然作为现象这个行为是由前因决 514
定了的，因而是必然的。"因为，这个行为，连同决定着它的全部过去的行为，是属于他的品性的一种独特现象，而这种品性是他为自己造成的；由于这一点，他把"那些产生于他的坏品性——它与其他原因一道起作用——的坏行为"归咎于他自身"。所以，无论他如何从他已经允许其在自己身上发展起来的坏习惯来解释他的错误，无论他以何种艺术把他记忆中的一次违法行为描绘为他受制于外在必然性而作出的行为，他都不可能使自己不受自我谴责。甚至当他是在他很小以致人们可以合理地认为他那时道德上尚不成熟的时候做了一件坏事，他也会正当地受到自我的审判，并宣判他自己"也像任何他人一样有责任"。因为，相对于他的本性的自我，他的整个生命——从生至死——都应被视为产生于一种绝对的自由选择的独特现象。

我无需更深入地探讨这一问题。显然，康德意识到对道德责任作出形而上学的解释的必要性，这使得他以其特有的强调口吻和充分程度表达了被我称为中性的自由的概念，即某种既表现在坏的、不合理性的意志中也表现在好的、理性的意志中的因果关系。

另一方面，也不难找出一些在我看来自由一词是特别清楚地指善的(或理性的)自由的陈述。事实上，我认为这样的论述比清楚地表达着另一种意义的论述更多。例如他告诉我们，“自由意志必然在〔道德〕‘法则’中找到它的决定性原则”；[①]“自由——它的因果关系只能由法则来确定——就在于：它通过遵守纯粹的法则这一条来限制所有倾向。”[②]另一方面，在前面所考察的论点中，他的全部努力都在于证明本体或超感觉存在物——相对于它，每种意志只是现象——在违法行为中运用了“自由的因果关系”。他在同一著作的另一个地方告诉我们，也具有“感觉本性”的理性存在物的“超感觉本性”是他们的“按照法则的存在，这些法则独立于所有经验条件”，因而是“纯粹〔实践〕理性的自律”。[③]与此相似，在早些时的一部著作中，他解释说，“由于因果关系概念包含着法则的概念……，尽管自由是不依赖于自然法则的意志属性，它也不因这一理由而是无法则的。恰好相反，它必然是符合于永恒法则的因果关系，然而属于一种特殊的种类；不然的话，自由意志就会是一件怪物(Unding)。”[④]康德继续说，“自由的”或“自律的”意志的这条不变法则是道德的基本原刚，“所以，一个自由意志和一个从属于道德法则的意志是一个东西，是同一个意志。”

① 《康德全集》，第5卷，第30、83页。

② 同上。

③ 《康德全集》，第5卷，第46页。

④ 《康德全集》，第4卷，第294页。

我引述最后这个短语不是因为它清楚地表现了理性的自由概念。相反，它毋宁说是表明了这一概念多么容易被与另一概念相混淆。一个从属于其自身道德法则的意志可以指一个遵守——就其是 515
自由的而言——这些法则的意志，也可以被设想为能自由地不遵守这些法则的、运用着中性的自由的意志。但是，当自由被说成“符合于不变法则的因果关系”时，这种歧义就被排除了。因为，这种自由显然不能仅仅指一种制订人们可以服从也可以不服从的法则的能力。它必然是指这种自由的意志将按照符合这些法则的方式行动。诚然，人常常按照相反于它们的方式行动，但是——按照这种自由观——那样他对那些行为的选择就不是“自由地”决定的，而是由“自然的”和“经验的”行为动机“机械地”决定的。

如果有必要进一步说明康德的自由有时必须被理解为理性的或善的自由的话，我还可以在康德的大量论述中举出他将意志——明确地或隐含地——等同于理性的一两个例子，因为这种做法显然排除了意志在理性与非理性的冲动之间进行选择的可能性。例如，他在《道德形而上学基础》中告诉我们，“由于需要借助于理性来从法则中推导行为，意志不是别的而只是纯粹实践理性。”[①] 同样，在《实践理性批判》中，他谈到“一个纯粹意志的客观真实性，或一种纯粹的实践理性——它与前者是同一个东西。”[②] 与此相应，在某些段落[③]中，与“自由”相等同的“自律”被说成“意志的自律”；在

① 《康德全集》，第 4 卷，第 260 页。

② 《康德全集》，第 5 卷，第 58 页。关于对康德对于“意志”一词的令人困惑的用法的极有见地的讨论，见舒尔曼教授的《康德伦理学》，他在那里比我更先使用了上述引语。

③ 例如《康德全集》，第 4 卷，第 296 页。

另一段落[1]中，我们被告知说，“道德法则只表达纯粹实践理性的自律，即自由。”

我认为我现在已阐明了我认为根源于康德对自由意志的表达的词义上的歧义性。我已经表明：在他的表述中，这一类基本术语在两种不相容的意义之间摇摆。但是，有人也许认为：上面指出的缺点可以通过对词义本身的纠正来弥补；我们仍然可以坚持康德的伦理学理论的实质内容，并且把它与他的形而上学理论联系起来。有人还可能进一步认为：理性命令我们始终按照一个我们能意欲它成为一条普遍法则的准则行动，命令我们出于对理性和理性的法则的纯粹关心而行动，但是又在此同时承认它是一条我们能够自由地不服从的法则。他们还可能认为，通过把这种道德自由设想为主体的本体自我（它独立于时间条件）和他的品性（它表现于时间之中）的关系，我们就可以把道德自由的现实性与自然因果关系的普遍性调和起来，唯一要纠正的就是不要把自由与善（或理性）同主体或行为的特性等同起来。

我乐于承认下述看法：康德的道德理论和自由理论的绝大部分内容是可以保留的。我甚至愿意说，他的自由理论可以留下来作为同现代遗传和进化概念进行斗争的武器。至少是，我承认他的自由理论基本上不受我目前的论点的影响。但是我认为，如果由于自
516 由这个词的歧义性而引起的混淆应当以我所指出的方式来消除，更多的人就将不得不从一种修正了的康德主义出发，而不是直接从康德的某些段落中的自由“词汇”出发。我认为，我们将不得不抛

① 例如《康德全集》，第5卷，第35页。

弃或彻底修正意志的“他律”——这时意志屈从于经验的或感觉的冲动——问题。而且，我还担心康德的大多数读者将会感到极其失望，因为在康德的伦理学著作中，他只是反复以各种形式表达的下述观念：当一个人在服从道德法则时，他实现着他的真实的自我；当他错误地听凭自己的行为受经验的或感觉的刺激支配时，他就变得屈从于自然的因果性，即屈从于一个野蛮的外部世界的法则；除此之外，再没有什么吸引人的东西。但是，如果我们否认自由与理性的这种一致性，并且明确地、唯一地认为康德的另一种自由概念表达着作为自由之物的人与其现象的关系，我也担心这种鼓舞人心的对自由情操的信念将被作为空洞的夸夸其谈而抛弃。因为，圣者的生命在某一特定瞬间中必然与恶棍的生命同样地受自然因果关系的必然法则的支配。而且，恶棍也必然在他对一种坏生活的先验的选择中表现着他特有的自我，正如圣者在他对一种好生活的先验的选择中表现着他特有的自我一样。另一方面，如果我们为避免此种结果而接受这一两难推理的另一极，并且把内在的自由等同于理性，我们就将不得不丢掉更多的东西。因为，和“中性的”或“道德的”自由一道，我们将不得不抛弃康德关于本体的自我与经验的品性的关系的全部观点，以及他论证道德责任和道德非难的全部方法。事实上，这样就将抛弃康德学说中使（通常意义上的）自由意志的英国鼓吹者们产生兴趣并获得深刻印象——甚至在他们尚未相信它的合理性时——的一切。

索　引

（本索引依中文词条的音序排列，所注页码为原书页码，即本书边码，所注注码亦为原书注码。）

C

D

E

F

G

P

Q

R

S

T

W

Y

中译本附录一 西季威克著作和主要哲学论文年表*

Ⅰ 著作

1874 *The Methods of Ethics*（伦理学方法）. 1st ed. ，London, Macmillan.

1878 *A Supplement to the First Edition of the Methods of Ethics*（《伦理学方法》第 1 版补白）. London，Macmillan.

1883 *The Principles of Political Econmy*（政治经济学原理）. 1st ed., London, Macmillan.

1884 *A Supplement to the Second Edition of the Methods of Ethics*（《伦理学方法》第 2 版补白）. London, Macmillan.

1886 *Outlines of the History of Ethics for English Readers*（伦理学史纲要）. 1st ed., London, Macmillan.

1891 *The Elements of Poitics*（政治学原理）. 1st ed., London, Macmillan.

1898 *Practical Ethics*（实践伦理学）. 1st ed., London, Swan Sonneschein.

1902 *Philosophy, Its Scope and Relations*（哲学：其范围与联系）. Ed. by J. Ward, London, Macmillan.

1902 *Lectures on the Ethics of T. H. Green, H. Spencer, and F. Martineau*（格林、斯宾塞和马蒂诺伦理学讲演集）. Ed. by E. E. Constance Jones. London, Macmillan.

1903 *The Development of European Polity*（欧洲政体之发展）. Ed. by E. M.

* 该附录由译者整理。——译者

Sidgwick. London, Macmillan.

1904　*Miscellaneous Essays and Addresses*(杂稿与通信集). Ed. by M. E. Sidgwick & A. Sidgwick. London, Macmillan.

1905　*Lectures on the Philosophy of Kant and other Philosophical Lectures and Essays*(康德哲学及其它哲学讲演集). Ed. by J. Ward. London, Macmillan.

II　论文

1866　Ecce Homo(“这个人”栏目), WESTMINSTER REVIEW, July.

1869　Review of Baring-Gould's Origin and Development of Religious Belief (评拜林-古德的《宗教信念的起源与发展》), CAMBRIDGE UNIVERSITY GAZETTE, 15 Dec.

1870a　Clerical Engagements(教士职业的约束), PALL MALL GAZETTE, 6 Jan.

b　The Ethics of Conformity and Subscription(遵奉国教与签署信条的伦理学), in PRACTICAL ETHICS.

1871a　Review of Grote's Examination of the Utilitarian Philosophy(评格罗特的《功利主义哲学剖析》), CAMBRIDGE UNIVER SITY REPORTER, 8 Feb.

b　Review of Maguire's Essays on the Platonic Ethics(评马圭尔的《关于柏拉图伦理学的论文集》), CAMBRIDGE UNIVERSITY REPORTER, 1 Mar.

c　The Verification of Beliefs(信仰的证明), CONTEMPORARY REVIEW, July.

d　Review of Lewes's History of Philosophy(评刘易斯的《哲学史》), ACADEMY, 15 Nov.

1872a　Review of Cobbe's Darwinism in Moral(评考伯的《道德中的达尔文主义》), ACADEMY, 15 June.

b　Review of Mahaffy's Kant's Critical Philosophy for Eglish Readers (评马哈菲的《康德的批判哲学》), ACADEMY, 15 Sept.

c　Pleasure and Desire(快乐与欲望), CONTEMPORARY REVIEW, Apr.

d　The Sophists(诡辩学派), JOURNAL OF PHILOSOPHY, v. 4—5, no. 8—9.

1873a　Obituary Notice of John Stuart Mill(J. S. 密尔讣告), ACADEMY, 15 May.

b　Review of J. F. Stephen's Liberty, Equality, Fraternity(评 J. F. 斯蒂芬的《自由、平等、博爱》), ACADEMY, 1 Aug.

c　Review of Tuke's Effect of the Mind upon the Body(评图克的《心灵对肉体的影响》), ATHENAEUM，12 July.

d　Utilitarianism(功利主义), read to METAPHYSICAL SOCIETY, 16 Dec.

1874a　On a Passage in Plato's Republic(理解柏拉图的《理想国》), JOURNAL OF PHILOLOGY, v. 5, no. 10.

b　Review of Green and Gros's Edition of Hume's Treatise(评格林和格罗斯编休谟《人性论》), ACADEMY, 30 May.

1876a　Philosophy at Cambridge(剑桥的哲学), MIND, v. 1, no. 2.

b　Bradley's Ethical Studies(布拉德雷的《伦理学研究》), MIND v. 1, no. 4.

c　Prof. Calderwood on Intuitionism in Morals(考尔德伍德教授论道德直觉主义), MIND, v. 1, no. 4.

1877a　Hedonism and Ultimate Good(快乐主义与终极善), MIND, v. 2, no. 5.

b　Rejoinder to Bradley's Reply to 1876b(驳布拉德雷对“布拉德雷的伦理学研究”一文的答复), MIND, v. 2, no. 7.

c　Review of Grote's Treatise on the Moral Ideals(评格罗特的《道德理想论》), MIND, v. 2, no. 6.

d　Reply to Barratt on “The Suppression of Egoism”(答巴勒特“论利己主义的压抑”), MIND, v. 2, no. 7.

e　Bentham and Benthamism(边沁与边沁主义), FORTNIGHTLY REVIEW, May.

1878a　The Relation of Psychogony to Metaphysics and Ethics(心理学与形而

上学及伦理学的关系), read to the METAPHYSICAL SOCIETY, 15 Jan.

b Article 'Ethics' ("伦理学"条目), ENCYCLOPADIA BRITANNICA, 9th ed.

c Dr. Georg von Gizycki on Hume's Ethics (G. 冯·基茨奇博士论休谟的伦理学), ACADEMY, 5 Oct.

1879a The Establishment of Ethical First Principles (论伦理学首要原则的建立), MIND, v. 4, no. 13.

b Incoherence of Empirical Philosophy (经验主义哲学的不一致性), read to the METAPHYSICAL SOCIETY, 14 Jan.

c The So-called Idealism of Kant (所谓的"康德唯心主义"), MIND, v. 4, no. 15.

1880a Kant's Refutation of Idealism (康德对唯心主义的拒斥), MIND, v. 5, no. 17.

b The Scope of Metaphysics (形而上学的界限), read to the METAPHYSICAL SOCIETY, 10, Feb.

c Mr. Spencer's Ethical System (斯宾塞先生的伦理学体系), MIND, v. 5, no. 18.

1882a On the Fundamental Doctrines of Descartes (论笛卡儿的主要学说), MIND, v. 7, no. 27.

b Review of L. Stephen, The Science of Ethics (评 L. 斯蒂芬的《伦理学科学》), MIND, v. 7, no. 28.

1883 A Criticism of the Critical Philosophy, I, II (《批判哲学的批判 I、II》), MIND, v. 8, no. 29, 31.

1884 Green's Ethics (格林的伦理学), MIND, v. 9, no. 34.

1885a Review of Fowler's Progressive Morality (评福勒的《渐进的道德》), MIND, v. 10, no. 38.

b Review of Martineau's Types of Ethical Theory (评马蒂诺的《几种伦理学理论》), MIND, v. 10, no. 39.

1886 Dr. Martinean's Defence of Types of Ethical Theory (马蒂诺博士对《几

种伦理学理论》的辩护), MIND, v. 11, no. 41.

1888a　The Kantian Conception of Free-Will(康德的自由意志观), MIND, v. 13, no. 51.

b　The Scope and Limits of the Work of an Ethical Society(伦理学界的工作的范围与局限性), in PRACTIOAL ETHICS, 18 May.

1889a　Plato's Utilitarianism: a Dialogue by J. Grote and H. Sidgwich(柏拉图的功利主义：格罗特与西季威克的对话), CLASSICAL REVIEW, Mar.

b　Some Fundamental Ethical Controversies(几个基本的伦理学分歧), MIND, v. 14, no. 56.

1890　The Morality of Strife(冲突中的道德), INTERNATIONAL JOURNAL OF ETHICS, v. 1.

1892a　The Feeling-Tone of Desire and Aversion(论欲望与反感), MIND, N. S., v. 1, no. 1.

b　Review of Spencer's Justice(评斯宾塞的"论正义"), MIND, N. S., v. 1, no. 1.

c　Aristotle's Classification of Forms of Government(亚里士多德对政府形式的分类), CLASSICAL REVIEW, Apr.

d　Is the Distinction between "Is" and "Ought" Ultimate and Irreducible？("是"与"应当"的区分是最终的和不可互推的吗？), PROCEEDINGS OF THE ARISTOTELIAN SOCIETY, N. S., v. 1.

1893a　Unreasonable Action(不合理行为), MIND, N. S., v. 2, no. 6.

b　My Station and Its Duties(我的地位及其责任), INTERNATIONAL JOURNAL OF ETHICS, v. 4.

1894a　Luxury(论奢侈), INTERNATIONAL JOURNAL OF ETHICS, v. 5.

b　A Dialogue on Time and Common Sense(关于时间与常识的对话), MIND, N. S., v. 3, no. 12.

1895a　The Philosophy of Common Sense(常识的哲学), MIND, N. S., v. 4, no. 14.

b Theory and Practice(理论与实践), MIND, N. S., v. 4, no. 15.

c Review of Ritchie's Natural Rights(评瑞奇的《论自然权利》), MIND, N. S., v. 4, no. 15.

d The Ethics of Religious Conformity(论遵奉国教的伦理学), INTERNATIONAL JOURNAL OF ETHICS. v. 6.

1896 The Ethics of Religious Conformity(论遵奉国教的伦理学(续)), INTERNATIONAL JOURNAL OF ETHICS, v. 7.

1897a Public Morality(公德), Read to the ERANUS SOCIETY, 26 Jan.

b Clerical Veracity(论教士的诚实), in PRACTICAL ETHICS.

1898 On the Nature of the Evidence for Theism(论神教证据的本质), Read to the SYNTHETIC SOCIETY, 25 Feb.

1899a Authority, Scientific and Theological(科学的权威与神学权威), Read to the SYNTHETIC SOCIETY, 25 Feb.

b The Relation of Ethics to Sociology(伦理学与社会学的关系), INTERNATIONAL JOURNAL OF ETHICS, v. 10.

c Article "Political Economy and Ethics"("政治经济学与伦理学"条目), DICTIONARY OF POLITICAL ECONOMY, v. 3.

1900 Criteria of Truth and Error(真理与谬误的标准), MIND, N. S., v. 9, no. 33.

1901a The Philosophy of T. H. Green(格林的哲学), MIND, N. S., v. 10, no. 37.

b Prof. Sidgwick's Ethical View: an Auto-Historical Fragment(西季威克教授的伦理学观点：一个自述的片断), MIND, N. S., v. 10, no. 38.

中译本附录二 西季威克研究参考文献*

Albee, Ernest: An Examination of Professor Sidgwick's Proof of Utilitarianism(西季威克教授的功利主义的证明剖析). PHILOSOPHICAL REVIEW, v. 10.

——*A History of English Utilicarianism*(英国功利主义思想史). London, Sonnenschein, 1902.

Barker, Henry: A Recent Criticism of Sidgwick's Methods of Ethics(对西季威克《伦理学方法》的批评). PHILOSOPHICAL PEVIEW, v. 11, 1902.

Benson, Arthur C.: The Leaves of the Tree: III—Henry Sidgwick(《思想之树》第三卷：亨利・西季威克). CORNHILL MAGAZINE, v. 102, N. S., 1910.

Blanshard, Brand: Sidgwick the Man(西季威克其人). MONIST, v. 63, 1974.

Bradley, F. H.: Mr. Sidgwick on Ethical Studies(西季威克论伦理学研究). MIND, O. S., v. 2, 1887.

Brink, David O.: Sidgwick's Dualism of Practical Reason(西季威克的实践理性二重性). AUSTRALASIAN JOURNAL OF PHILOSOPHY, v. 66, no. 3, 1988.

Broad, C. D.: *Five Types of Ethical Theory*(五种伦理学理论). London, Routledge & Kegan Paul, 1930.

——Henry Sidgwick(亨利・西季威克). HIBBERT JOURNAL, v. 37, no. 1,

* 该附录由译者整理。——译者

1938.

——Henry Sidgwick and Psychical Research(亨利·西季威克与心理学研究). PROCEEDINGS OF THE SOCIETY FOR PSYCHICAL RESEARCH, v. 45, 1938.

Bryce, James: The Late Mr. Henry Sidgwick(已故亨利·西季威克先生). NATION, v. 62, no. 1839, 1900.

Darwall, Stephen: Pleasure as Ultimate Good in Sidgwick's Ethics(西季威克伦理学中的作为终极善的快乐). MONIST, v. 63, 1974.

Dicey, A. V.: Review of Sidgwick's Methods of Ethics(评西季威克的《伦理学方法》). NATION, v. 22, no. 558—559, 1876.

Fowler, T.: Professor Sidgwick on "Progressive Morality"(西季威克教授论"渐进的道德"). MIND, O. S., v. 10, 1885.

Frankena, William K.: Henry Sidgwick(亨利·西季威克). ENCYCLOPEDIA OF MORALS, New York, Philosophical Library, 1956.

——Sidgwick and the Dualism of Practical Reason(西季威克与实践理性的二重性), MONIST, v. 63, 1974.

Garcia, J. L. A.: Why Sigwick's Project Had to Fail(为什么西季威克的构想必然失败?). HISTORY OF PHILOSOPHY QUARTERLY, v. 4, no. 1, 1987.

Gombert, Paul, Self and Others in Bentham and Sidgwick(边沁和西季威克论自我与他人的关系). HISTORY OF PHILOSOPHY QUARTERLY, v. 3, no. 4, 1986.

Green, T. H.: Hedonism and Ultimate Good(快乐主义与终极善). MIND, O. S., v. 2, 1887.

Havard, W. C.: *Henry Sidgwick and Later Utilitarian Political Philosophy*(西季威克与尔后的功利主义政治哲学). Gainesville, University of Florida Pr., 1959.

Navward, F. H.: *The Ethical Philosophy of Sidgwick*(西季威克的道德哲学). London, S. Sonnenschein, 1901.

——The True Significance of Sidgwick's "Ethics"(论西季威克伦理学的真正影响). INTERNATIONAL JOURNAL OF ETHICS, v. 11, 1900—1901.

James, David Gwilym: *Henry Sidgwick: Science and Faith in Victorian England*(西季威克：英国维多利亚时代的科学与信仰). London, Oxford University Pr., 1970.

Jones, Emily Elezabeth Constance: *As I Remember*(我所记得的西季威克). London, A & C Black, 1922.

——Henry Sidgwick's Philosophical Intuitionism(亨利·西季威克的哲学直觉主义). BERICHT UBER DEN III INTERNATIONALEN KONGRESS FUR PHILOSOPHIE. Heidelberg, C. Winter, 1909.

——Mr. Hayward's Evaluation of Professor Sidgwick's Ethics(海沃德先生对西季威克教授的伦理学的评价). INTERNATIONAL JOURNAL OF ETHICS, v. 11, 1900—1901.

——Practical Dualism(实践的二重性). PROCEEDINGS OF THE ARISTOTELEAN SOCIETY, N. S., v. 18, 1918.

——Professor Sigwick's Ethics(西季威克教授的伦理学). PROCEEDINGS OF THE ARISTOTELEAN SOCIETY, N. S., v. 4, 1904.

Lacey, A. R.: Sidgwick's Ethical Maxims(西季威克的伦理学准则). PHILOSOPHY, v. 34, 1959.

Leavis, Q. D.: Henry Sidgwick's Cambridge(亨利·西季威克的剑桥). SCRUTINY, v. 15, no. 1, 1947.

Lyons, David: *Forms and Limits of Utilitarianism*(功利主义的形式与局限). Oxford, Clarendon Pr., 1965.

Martinean, James: Professor Sidgwick on "Types of Ethical Theory"(西季威克教授论《几种伦理学理论》). MIND, O. S., v. 10, 1885.

Masterman, C. F. G.: Henry Sidgwick(亨利·西季威克), COMMONWEALTH, 1900.

McTaggart, J. M. Ellis: The Ethics of Henry Sidgwick(亨利·西季威克的伦理学). Quarterly Review, v. 205, 1906.

Melitz, Jack: Sidgwick's Theory of International Values(西季威克关于国际价值的理论). ECONOMIC JOURNAL, v. 73, 1963.

Murry, John Middelton: *Newman and Sidgwick*(纽曼与西季威克). THINGS TO

COME. New York, Macmillan, 1928.

Myers, F. W. H.: Henry Sidgwick(亨利·西季威克). PROCEEDINGS OF THE SOCIETY FOR PSYCHICAL RESEARCH, v. 15, 1000—1901.

Raphael, D. D.: Sidgwick on Intuitionism(西季威克论直觉主义). Monist, v. 58, 1974.

Rashdall, Hastings: Professor Sidgwick on the Ethics of Religious Conformity(西季威克教授论遵奉国教的伦理学). INTERNATIONAL JOURNAL OF ETHICS, v. 7, 1896—1897.

——Professor Sidgwick's Utilitarianism(西季威克教授的功利主义). MIND, O. S., v. 10, 1885.

Rawls, John: *A Theory of Justice*(正义论). Oxford, Clarendon Pr., 1971.

Rayleigh, Lord: Some Recollections of Henry Sidgwick(对亨利·西季威克的部分回忆). PROCEEDINGS OF THE SOCIETY FOR PSYCHICAL RESEARCH, v. 45, 1938.

Rees, Daniel: *Contemporary English Ethics*(现代英国伦理学). Leipzig, 1892.

Schneewind, J. B.: First Principles and Common Sense Morality in Sidgwick's Ethics(西季威克伦理学中的首要原则与常识道德). ARCHIV FUR GESCHICHTE DER PHILOSOPHIE, v. 45, 1963.

——Henry Sidgwick(亨利·西季威克). ENCYCLOPEDIA OF PHILOSOPHY, v. 7. New York, Macmillan, 1967.

——*Sidgwick's Ethics and Victorian Moral Philosophy*(西季威克的伦理学与维多利亚时代的道德哲学). Oxford, Clarendon Pr., 1977.

——Sidgwick and the Cambridge Moralists(西季威克与剑桥的道德学家), MONIST, v. 58, 1974.

Seth, James: The Ethical System of Henry Sidgwick(亨利·西季威克的伦理学体系). MIND, N. S., v. 10, 1901.

Sidgwick, Arthur & Sidgwick Eleanor M.: *Henry Sidgwick;A Memoir*(西季威克回忆录). London, Macmillan, 1906.

Sidgwick, Ethel: *Mrs. Henry Sidgwick;A Memoir*(西季威克夫人回忆录). London, Sidgwick & Jackson, 1938.

Singer Marcus G.: Common Sense and Paradox in Sidgwick's Ethics(西季威克伦理学中的常识与悖论), HISTORY OF PHILOSOPHY QUARTERLY, v. 3 no. 1, 1986.

——The Many Methods of Sidgwick's Ethics(西季威克伦理学中的方法). MONIST, v. 63, 1974.

Singer, Peter: Sidgewick and Reflective Equilibrium(西季威克与反思的平衡). MONIST, v. 63, 1974.

Sorley, W. R.: Henry Sidgwick(亨利·西季威克). INTERNATIONAL JOURNAL OF ETHICS, v. 11, 1900—1901.

Stephen, Leslie: Henry Sidgwick(亨利·西季威克). MIND, N. S., v. 10, 1901.

Sully, James: Review of Methords of Ethics(评《伦理学方法》). EX. AMINER, no. 3349, 3500, 1875.

Sverdlik, Steven: Sidgwick's Methodology(西季威克的方法论). JOULNAL OF THE HISTORY OF PHILOSOPHY, v. 23, no. 4, 1985.

Ward, Wilfrid: *Some Characteristics of Henry Sidgwick*(西季威克的一些个性特点). TEN PERSONAL STUDIES, London, Longman, 1908.

Winter, Ernst S. F.: *Henry Sidgwick's Moralphilosophie*(亨利·西季威克的道德哲学). Flensburg, L. P. H. Maass, 1904.

再版后记

《伦理学方法》在商务印书馆再版把我的思绪带到上世纪的后20年。

西季威克的这部著作是我在20世纪90年代初翻译的。在80年代中后期，我与何怀宏和中国社会科学出版社哲学编辑室苏晓黎一道帮助罗国杰、郑文林两位老师编辑“外国伦理学名著译丛”，我们首批列入出版计划的就有西季威克的《伦理学方法》。

西季威克吸引我的似乎首先是他在做宗教信念的告白时的那种诚实与认真的态度。这一点我在“代译序”中谈到了。那时，对于刚刚接触到一些伦理学学术著作的我，这一点留下了相当强烈的印象。

另一个吸引我的东西是西季威克的这个看法：一个值得追求的目的不应当仅仅看起来值得追求，还要能具有我们能够从中推导出我们应当怎样做才正确的方法。这在当时真的让我眼前一亮：我也能希望找到这个么?! 有些事是要回过头来看的。西季威克认为目的与方法之间本应具有这样的关系。并且，他坚持方法对于我们的实践决定更重要，因为它事实上就是行动的准则或指导性的规则。西季威克无疑是最早提出了“准则后果主义”的思想家之一。他关于哪种目的能引出这样的方法的想法则十分有意思：幸福似乎可以，因为它似乎既可以被个别地追求又可以被普遍地追求；德性或完善似乎不行，因为个别地还是普遍地追求它似乎就分不开来，因此它似乎不产生行动动机。他因此把古典哲学的德性主义看作不结果实的学说。非常有意思的是，他又认为个别地追求幸福虽然的确能引出行动的准则或规则，却缺少一种重要的直觉——普遍的幸福或普遍的快乐。康德据此排除了把“一个人自己的幸福”作为先验的目的的合理性。西季威克也发现，在他自己的直觉主义伦理学观点中就有这种直觉。他由此陷入直觉主义与普遍快乐主义之间的选择困境。他最终的抉择是我们熟知的：普遍快乐主义或普遍幸福主义，放弃直觉主义，因为它也像德性主义一样不能引出导向一个动机的明确方法。但是这个抉择对于他来说并不完全是愉快的，因为他发现普遍幸福主义时常忽略对幸福的分配的问题——这恰恰就是罗尔斯后来要借助康德的程序主义的直觉来解决的问题，因此不得不用某种正义原则来补充。另一方面，常识直觉主义也绝不是可以简单丢弃不用的，因为它保存着普遍幸福这样一种重要的直觉。宁可说，要把它当作实现普遍幸福的“一架”业已组合好的“机器”接受下来，然后用普遍幸福主义来一部分一部分地改进它。这也就是罗尔斯后来在西季威克那里发现的“反思的平衡”。就西季威克的经历而言，他似乎最终承认了，尽管我们能发现一些值得追求的目的，但是我们不可能找到一个这样的目的：我们能从中找到一种合乎理想的、引向我们的每日行动决定的精确方法。

我就是在 1990 年的初春开始翻译《伦理学方法》的。那时，我作为哈佛燕京学社访问学者正在哈佛哲学系访问，正逢罗尔斯对他的“公平的正义”学说做“再陈述(Restatement)”。期间我曾与罗尔斯做过几次交谈。我那段时间的思考的生活就是在罗尔斯与西季威克之间徜徉。当然在他们两人之间，我更倾向罗尔斯。那时还没有产生要好好读读希腊伦理学的想法。这个想法是后来回到社会科学院哲学研究所，在把《伦理学方法》交付出版之后才产生的。在那之前加入何怀宏翻译包尔生《伦理学体系》，在那之后与何怀宏、何包钢一道翻译罗尔斯《正义论》，以及 90 年代初，翻译《伦理学方法》的工作，构成我的伦理学学习与思考阶段的一段“旅行”。《伦理学方法》在商务的再版勾起了我对这段“旅行”的一些回忆。

廖申白

2019 年 11 月 9 日

识于北京昌平王府家庭农场诗林园 3 号

图书在版编目(CIP)数据

伦理学方法/(英)亨利·西季威克著;廖申白译.—北京:商务印书馆,2024
(汉译世界学术名著丛书:120年纪念版:珍藏本:增订本)
ISBN 978-7-100-23681-2

Ⅰ.①伦… Ⅱ.①亨…②廖… Ⅲ.①伦理学 Ⅳ.①B82

中国国家版本馆CIP数据核字(2024)第076636号

汉译世界学术名著丛书
(120年纪念版·珍藏本·增订本)
伦理学方法
〔英〕亨利·西季威克 著
廖申白 译

商 务 印 书 馆 出 版
(北京王府井大街36号 邮政编码100710)
商 务 印 书 馆 发 行
北京通州皇家印刷厂印刷
ISBN 978-7-100-23681-2

2024年5月第1版 开本710×1000 1/16
2024年5月北京第1次印刷 印张42¼
定价:232.00元